Die Symbole Österreichs

Peter Diem

Die Symbole Österreichs

Zeit und Geschichte in Zeichen

Mit über 300 Schwarzweiß- und Farbabbildungen

K&S

Meinen Eltern Robert Diem (1901–1993)
und Henriette Diem (1902–1994),
Zeugen der Zeit und ihrer Zeichen,
in Dankbarkeit gewidmet

Schutzumschlagentwurf: Mag. Kurt Rendl, Wien
Computergraphik: Mag. Barbara Guggenberger
Lektorat: Brigitte Stammler
Graphische Gestaltung und Herstellung: Ing. Josef Embacher, Stockerau
Satz und Repro: BTZ, Korneuburg
Druck und Bindung: Tlačiarne, Banská Bystrica
ISBN 3-218-00594-9

Inhalt

Vorwort

Der Ambition des Titels „Die Symbole Österreichs“ gerecht zu werden, war eines der Hauptprobleme dieses Buches, für das ich mehr als drei Jahrzehnte lang Material gesammelt habe, bevor es im anbrechenden Computerzeitalter zu Diskette und zu Papier gebracht wurde. Als das Manuskript schließlich vorlag, mußten einige Kapitel geopfert werden, um den Umfang nicht zu sprengen.

An erster Stelle sei dem Verlag Kremayr & Scheriau, vor allem seiner unermüdlichen Lektorin, Dr. Brigitte Stammler, dafür gedankt, das Projekt ermöglicht und rechtzeitig zum fünfzigjährigen Jubiläum der Zweiten Republik fertiggestellt zu haben.

Weiters möchte ich allen jenen Fachleuten, werten Bekannten und lieben Freunden, danken, die in den Archiven, in Bundesländer- und Bundesdienststellen, in vielen wissenschaftlichen Institutionen, Parteien, Verbänden, Organisationen und Firmen, mir, einem „Abendschriftsteller“, mit Rat und Tat zur Seite standen. Auch nur einen einzigen Namen zu nennen, verbietet die Höflichkeit allen jenen gegenüber, die so viel beigetragen haben, ohne dafür irgendeine Gegenleistung zu verlangen.

Meine Familie hatte viel unter der ständigen geistigen Abwesenheit zu leiden, die ein derartig umfangreiches nebenberufliches Werk erfordert; ich bitte sie auch an dieser Stelle um Vergebung.

Das Anliegen des Buches war nicht nur die wissenschaftliche Analyse und kühle Interpretation jener Symbole, welche die Zeit und die Welt, in der wir lebten und leben, kennzeichneten und kennzeichnen, sondern auch der Wille, das im Laufe der Beschäftigung mit den Symbolen Österreichs erworbene Wissen für einen modernen, unverkrampften und überparteilichen österreichischen Patriotismus im europäischen Geist nutzbar zu machen. Wie weit mir dies gelungen ist und wie sinnvoll dieses Vorhaben überhaupt ist, muß der Leser nach der für ihn hoffentlich interessanten und spannenden Lektüre entscheiden.

Wien, im Februar 1995 *Peter Diem*

Aber alle bitte ich inständig,
die rot-weiß-rote Fahne hochzuhalten
und unser schönes Österreich
als einen Hort der Freiheit zu bewahren.
Julius Raab

Einleitung

Dieses Buch beschäftigt sich mit Vergangenheit, Gegenwart und Zukunft der Symbolkultur Österreichs. Unter „Symbolkultur“ wird die Gesamtheit aller im weitesten Sinne öffentlichen und politischen Zeichen, ihr Gebrauch, Nichtgebrauch und Mißbrauch verstanden. Im besonderen geht es um die Einstellung des Österreichers zu seinen nationalen bzw. regionalen Symbolen (Flagge, Fahne, Wappen, Hymne, National- und Landesfeiertag). Der Klärung des Begriffes Symbol ist ein eigenes Kapitel gewidmet.

Mit dem Begriff der „Symbolpublizistik“ oder „Symbolpolitik“ soll ausgedrückt werden, daß die verschiedensten Symbole (vom Parteiabzeichen bis zum politischen Kampflied, vom Gemeindewappen bis zum Staatssiegel, von der Nationalflagge bis zum UNO-Emblem) auf allen gesellschaftlichen, politischen, staatlichen und internationalen Ebenen und von den verschiedensten Organisationen bis hin zum Staat und der Staatengemeinschaft verwendet werden, um für ihre Ziele, ihre Identität, Souveränität oder auch Superiorität zu wirken.

Dabei ist immer auf eine doppelte Funktion zu achten:

- auf die Wirksamkeit eines politischen Symbols nach innen – zur Erzeugung von Zusammenhalt, Vaterlandsliebe, Corpsgeist etc., und
- auf die Wirksamkeit eines politischen Symbols nach außen – Gewinnung neuer Anhänger, Bekämpfung von Gegnern, Nachweis der Identität unter anderen Gruppen oder Nationen.

Selbst bei übernationalen politischen Symbolen – denken wir nur an die Flagge des Roten Kreuzes oder die UNO-Flagge – sind beide Aspekte gegeben, stellt man den tatsächlichen persönlichen Einsatz der UNO-Soldaten oder der Rotkreuzhelfer in Kriegs-, Krisen- oder Katastrophengebieten in Rechnung.

Ausgangspunkt des Buches ist die Beobachtung, daß Österreich zwar ein überaus reiches Erbe an Symbolen besitzt, daß das Verhältnis des Staatsbürgers zu den geltenden Staatssymbolen aber äußerst ambivalent ist. Der Grund dafür ist zunächst im häufigen Wechsel der politischen Systeme Österreichs, vor allem im 20. Jahrhundert, zu suchen: Monarchie, Erste Republik, Ständestaat, Nationalsozialismus, Besatzungszeit, Zweite Republik – die Österreicher und Österreicherinnen erlebten im Durchschnitt alle fünfzehn Jahre ein neues Regime mit neuen Loyalitäten und neuen Symbolen. Erst in der freien Zweiten Republik, ab 1955, ist ein hohes Maß an Beständigkeit eingetreten; vier Jahrzehnte sind seit dem Staatsvertrag vom Belvedere vergangen, und Österreich darf sich freuen, in dieser Zeitspanne ein wohlhabendes, stabiles Land geworden zu sein. In dieser Zeit hat sich übrigens auch zum ersten Mal seit den Tagen der Monarchie – ja, vielleicht überhaupt zum ersten Mal – so etwas wie ein organischer, unverkrampfter österreichischer Patriotismus, ein unprätentiöses Nationalbewußtsein, d. h. kein taktisches oder der Bevölkerung aufgezwungenes, sondern ein reales Gefühl österreichischer Identität herausgebildet. Ernst Bruckmüller hat jüngst in einer sehr dichten Form alle Aspekte des Österreichbewußtseins der neunziger Jahre zusammengetragen und auf empirischer und theoretischer Grundlage Identität und Selbstverständnis des Österreichers von heute dargestellt. Nach den neuesten Daten repräsentativer Erhebungen meinten 1994 nicht weniger als 79 Prozent der Befragten, die Österreicher seien eine Nation – gegenüber nur 47 Prozent im Jahre 1964. Der vom Historiker Bruckmüller gewählte interdisziplinäre Ansatz der Identitätsforschung ergänzt in idealer Weise unsere Ausführungen und sei deshalb wärmstens zur Lektüre empfohlen.[1]

Wenn sich in der Gegenwart eine – allerdings vergleichsweise sanfte – Veränderung in den Loyalitätsbezügen und auch ein wenig an neuer politischer Symbolik ankündigt (die Österreicher werden ja durch den Beitritt zur Europäischen Union „Europäer" im engeren Sinn), so ist das eine Kleinigkeit gegenüber den weltanschaulichen, politischen und wirtschaftlichen Verwerfungen und Veränderungen, von welchen die früheren „Umbrüche" in Österreich begleitet waren.

Der Wiener Kabarettist Rudolf Weys, Gründer des „Wiener Werkels" (1938), bemerkte in einem seiner Sketches (1940) treffend:

Seit zwatausend Jahr bin ich Wiener
und stimme seit jeher mit „Ja",
als ganz gehorsamster Diener
des Staates, der jeweils grad da.

Aus einer solchen „erlebten Geschichte", wie sie etwa ein heute neunzigjähriger Österreicher erlebte oder erleben mußte, konnte sich kein krampfloses, natürliches Verhältnis des einzelnen zu den symbolischen Darstellungsformen der Gemeinschaft ergeben. Vielmehr mußte aus dem oftmaligen Systemwechsel, aus dem wiederholten Zusammenbruch der herrschenden Staats- und Wirtschaftsordnung, aus dem Durchleiden zweier Weltkriege und eines Bürgerkrieges eine profunde Skepsis über die Gültigkeit von Symbolen, ja ein tiefer Zweifel an der Sinnhaftigkeit nationaler Symbole überhaupt entstehen. Das schwerste diesbezügliche Trauma hat zweifellos die Flut an nationalsozialistischen Flaggen, Fahnen und Hakenkreuzsymbolen ausgelöst, von der der „Anschluß" Österreichs an das „Dritte Reich" begleitet war.

Es scheint also durchaus gerechtfertigt, von einem *neurotischen Verhältnis des Österreichers zu seinen nationalen Symbolen* zu sprechen.[2]

Mit dem Ende der Donaumonarchie war 1918 nicht nur ein 50-Millionen-Reich zusammengebrochen, sondern auch die emotionale Stabilität eines über Jahrhunderte gewachsenen Symbolsystems. Der „alte Kaiser" war den Österreichern schon 1916 genommen worden – nach 68jähriger Regierungszeit mußte das schmerzen. 1918 verloren sie auch noch den schirmenden Doppeladler und das beschützende „Gott erhalte" (österreichische Staatssymbole, darauf werden wir in diesem Buch noch öfter zu sprechen kommen, hatten und haben immer einen defensiv-bewahrenden Charakter – ein deutlicher Unterschied zu den Symbolen anderer Nationen).

Es soll an dieser Stelle jedoch keineswegs verschwiegen werden, daß die genannten Symbole der Kaiserzeit für verschiedene ethnische und soziale Gruppen eher Unterdrückungssymbole als Heilszeichen waren. Doch vom Standpunkt der deutschsprachigen Kernbevölkerung der Monarchie und damit aus der Sicht der Vorfahren der meisten heutigen Österreicher betrachtet, waren sie eher positiv besetzte Zeichen.

---

[1] Ernst Bruckmüller, Österreichbewußtsein im Wandel. Schriftenreihe des Zentrums für angewandte Politikforschung, Band 4, Wien 1994

[2] Vgl. hiezu: Erwin Ringel, Die österreichische Seele. Graz – Wien 1984

Österreich hatte 1918 in Wirklichkeit seine gesamte staatliche Identität verloren und suchte diese in der ersten Verzweiflung im Anschluß an das größere Deutschland. Dieser wurde von den Signatarmächten des Friedensvertrages von St. Germain zunächst verhindert, bis er 1938 dennoch – mehr durch Zwang als freiwillig – erfolgte. Und nach unter schweren Opfern errungenen Siegen an Donau und Alpen waren es wieder die alliierten Mächte, die die Selbständigkeit Österreichs herstellten, auch wenn es sich diesmal – anders als 1919 – nicht dagegen wehrte.
So lebten die Österreicher fast ein halbes Jahrhundert lang unter staatlichen und politischen Systemen, die sie mehrheitlich nicht wollten, und unter Symbolen, mit denen sie sich vielfach nicht identifizieren konnten, weil diese Symbole entweder nicht Wurzel hatten fassen können oder weil sie der Bevölkerung überhaupt von einer fremden Macht oktroyiert worden waren: Der einköpfige Adler der Ersten Republik, der „nackte" Doppeladler und das plötzlich aus der Versenkung der Geschichte geholte Kruckenkreuz, der „kalte" nationalsozialistische Adler und das Hakenkreuz, der Sowjetstern und das Sternenbanner, ebenso wie auch die damit verbundenen Hymnen und politischen Lieder – keines dieser Symbole war durch einen breiten, durch alle Bevölkerungsgruppen gehenden Konsens gestützt.
Erst ab 1955, nach Staatsvertrag, Abzug der Besatzungstruppen und Neutralitätsgesetz, konnte sich mit der vollen Unabhängigkeit Österreichs so etwas wie eine „Symbol-Souveränität" herausbilden. Vier Jahrzehnte sind im Leben eines Volkes nicht sehr viel. Wenn sie nicht dazu ausreichten, daß sich heute jedermann mit einer wiederum neuen Symbolkultur identifiziert, ist das nicht weiter verwunderlich. Dennoch: Österreich ist in diesen wenigen Jahrzehnten zu einer Nation geworden – eine Entwicklung, die ihre Wurzeln letztlich in den Gestapo-Zellen und Konzentrationslagern des „Dritten Reiches" hatte und deren Realität heute empirisch nachgewiesen werden kann. Dabei stellt sich immer wieder die interessante, schwer zu beantwortende Frage, ob es zur vollen Entfaltung einer demokratischen Symbolkultur zunächst der Nationswerdung bedarf oder ob – umgekehrt – die Propagierung der Staatssymbole notwendig ist, um zu nationaler Identität zu finden. Wir neigen der Ansicht zu, daß es sich dabei um einen Konvergenzvorgang handelt, d. h. daß beide Faktoren wichtig sind und einander ergänzen.

Von der *Methode* her beschränkt sich dieses Buch nicht auf die möglichst genaue Beschreibung dessen, was man als die „Österreichische Staatssymbolik des 20. Jahrhunderts" bezeichnen könnte. Vielmehr wird breiter und tiefer nachgeforscht:
Zunächst muß eine Einführung in die Grundbegriffe der *Heraldik* (Wappenkunde) und der *Vexillologie* (Flaggenkunde) gegeben werden, vor allem auch deshalb, weil sonst gewisse Fachbegriffe immer wieder definiert werden müßten. Wenn auch beides heute eher „Hobby-Wissenschaften" sein mögen: zum Verständnis einer „Zeitgeschichte in Zeichen" sind sie sehr hilfreich. Zusammen mit einem kleinen kunstgeschichtlichen, semiotischen (zeichenkundlichen) und psychologischen Besteck lassen sich viele Zusammenhänge erkennen, manche Geheimnisse lüften und jede Menge Skurrilitäten entdecken.
In der weit gefaßten Darstellung der *Symbole Österreichs* werden alle in diesem Buch behandelten Phänomene möglichst immer in einem Dreischritt analysiert. Es wird somit gefragt:

1. Was bedeutet der Gegenstand unter dem Aspekt der *Ursymbolik*, d. h. inwiefern enthält er weit in die Menschheitsgeschichte zurückreichende Bedeutungselemente, interkulturell ähnliche Eigenschaften – was wird ihm im Volksglauben, in der Religion, im Aberglauben oder durch die moderne Wissenschaft zugeschrieben? So ist es etwa selbstverständlich, sich der mythologischen Bedeutung des

Adlers zu vergewissern, bevor man sich der Geschichte und Problematik unseres Bundeswappens widmet.

2. Was war/ist die *allgemeine politische Bedeutung* eines Symbols im europäischen Kulturraum, im deutschen Sprachraum, in den Nachbarstaaten Österreichs? Dies erweist sich insbesondere dann als wichtig, wenn es darum geht, in mehreren Ländern *gleichzeitig* auftretende Phänomene, wie etwa die spezielle Symbolik des Faschismus, zu untersuchen.
3. Was ist schließlich die *besondere Bedeutung* eines Symbols *in und für Österreich?* Gerade im Hinblick auf das politische Wechselspiel, dem Österreich im 20. Jahrhundert unterworfen war, soll herausgearbeitet werden, was der eigenständige österreichische Beitrag zu einem Symbol, die spezifisch österreichische Bedeutung eines Zeichens ist. So sind etwa Hakenkreuz und Judenstern nicht nur von außen auf Österreich eingestürzte Schreckenszeichen; beide gehen vielmehr auf in der österreichischen Geistesgeschichte wurzelnde Vorbilder zurück.

Wichtig scheint es auch, die eigene nationale Symbolik um die *internationale* („entgrenzende") *politische Symbolik* zu ergänzen. Dies nicht nur, weil Österreich Mitglied verschiedener internationaler Organisationen (UNO, Europarat etc.) ist, sondern auch deshalb, weil richtig verstandener österreichischer Patriotismus seinem gesamten Wesen nach immer auf Völkerverbindung und nicht auf Völkertrennung angelegt war und ist.

Es ist selbstverständlich, daß ein grundlegendes Werk über nationale Symbolik auch auf einschlägige *Legenden*, *Mythen* und *Anekdoten* eingehen muß, runden sie doch die Analyse der bewußten und unbewußten kollektiven Einstellungen eines Volkes zu seinen Symbolen ab.

Reitersiegel Přemysl Ottokars II. von 1273

An der Symbolik der neun österreichischen *Bundesländer* wird das starke föderalistische Element deutlich, das Österreich seit jeher kennzeichnet, zumindest seit ein Reitersiegel König Pržemysl Ottokars II. aus dem Jahre 1273 den österreichischen Bindenschild mit den Wappenbildern Steiermarks, Kärntens, Krains, Mährens und Böhmens verband.

Das Buch enthält auch eine detaillierte Auseinandersetzung mit der gegenwärtigen Praxis und den zukünftigen Möglichkeiten einer spezifisch *österreichischen Symbolkultur*. So wie sich in vielen anderen Bereichen des politischen, wirtschaftlichen und kulturellen Lebens eine „Europäisierung", d. h. Verwestlichung und Modernisierung Österreichs als notwendig erweist (und auch schon vor sich geht, wobei es unser Bestreben sein sollte, möglichst wenig von den Schattenseiten „westlicher" Einflüsse mit zu übernehmen), so sollte der Binnenstaat Österreich als gefestigte Demokratie und selbstbewußte Nation einen Mindeststandard an Symbolkultur erreichen. Dazu gehören vor allem der geziemende Respekt vor der Nationalflagge, aber auch ein Minimum an Kenntnissen über ihren praktischen Gebrauch so wie die Kenntnis zumindest der ersten Strophe der österreichischen Bundeshymne. Aus diesem Grund enthält das Buch auch eine *„österreichische Fahnen- und Flaggenordnung"* im Sinne einer *Flaggenetikette*, die der Autor in ihren Grundzügen bereits 1964 entworfen hat.

Bei all diesen Erwägungen stellt sich eine grundsätzliche Frage:
Kann sich ein Verständnis für Fahne, Flagge und die übrigen Staatssymbole herauskristallisieren, das auch der kritischen Sicht eines aufgeklärten, humanistischen Demokraten von heute gerecht wird, der die Auswüchse eines überspannten nationalstaatlichen Denkens ebenso ablehnt wie die quasireligiöse Verehrung weltlicher Symbole und Gegenstände?
Wir glauben ja, doch muß dabei sorgfältig und immer wieder selbstkritisch vorgegangen werden, handelt es sich doch ex definitione um ein Gebiet, das nicht der kognitiven Erkenntnis allein vorbehalten ist, sondern zuvorderst von Tradition, Usance und Gefühl beherrscht wird. Wer die Tradition nicht im Auge behält, droht leicht zu übersehen, wie tief manche Dinge im kollektiven Unterbewußtsein einer Gesellschaft verwurzelt sind.
Es ist das klassische Muster, nach dem viele Reformer – man kann sagen, spätestens seit Joseph II. – scheitern, indem sie die elastische Urkraft des Überkommenen unterschätzen. Traditionen sind imstande, nach oft jahrzehntelanger Verbannung in den Untergrund strahlend wieder hervorzutreten. Dabei muß es sich keineswegs nur um positive Phänomene handeln. Es können genausogut Dinge, die in lauterer, aufklärerischer Absicht in Frage gestellt oder sogar zum Verschwinden gebracht wurden, unversehens wieder aus der Versenkung auftauchen, als hätte es die sie betreffende Reform oder Reformabsicht nie gegeben.
Ein kleines Beispiel:
In den späten sechziger Jahren wurde in einer theologisch sehr ernsthaft geführten Diskussion die in Österreich übliche Fronleichnamsprozession in Frage gestellt. Aus dem Wesen der Einsetzungsworte (Matthäus 26,26; Lukas 22,19) und dem ursprünglichen Verständnis der Eucharistie schien der „umhergetragene Gott" eher aus heidnischem Flurzauber als aus christlicher Tradition hervorgegangen zu sein. Anna Coreth hat dargetan, daß die „Pietas Eucharistica" ein wesentliches Element der „Pietas Austriaca" der Habsburger war. Die intensive Verehrung des Altarsakraments, das in einer an die Sonne erinnernden strahlenden Goldmonstranz vorangetragen wird, hat ihr Urbild in der Haltung Rudolfs von Habsburg, von dem erzählt wird, er habe einem mit dem Allerheiligsten vorbeikommenden Priester sein Pferd überlassen und diesen zum Kranken begleitet.[1]
Heute stellt niemand mehr derartige Erwägungen an. Traditionskatholiken und Spitzenpolitiker aller Couleurs schreiten mit ernster Miene wie bei einem Trauerzug hinter dem „Himmel" her, wenn sich der von Ordensrittern im feierlichen Ornat, Chargierten und Vertretern anderer katholischer Verbände begleitete Zug durch die Wiener Innenstadt bewegt, wo es zwar keine Feldfrüchte zu segnen gibt, wo aber höfische Tradition hochgehalten wird. Vorchristliche Ursymbolik und die traditionelle Frömmigkeit eines jahrhundertelang regierenden Herrscherhauses sind eben wirksamer als noch so kluge theologische Erwägungen über die zentrale Bedeutung eines christlichen Glaubenssymbols.
Wer andererseits aus Einfallslosigkeit oder mangelndem Mut nicht bereit ist, auch neue Wege zu gehen und Traditionen in Frage zu stellen, der begibt sich der Möglichkeit, Entwicklungen einzuleiten, die nach sorgfältiger Analyse des Bestehenden objektiv notwendig sind.
Unter Beachtung beider Aspekte soll in diesem Buch daher eine für Österreich geeignete Zusammenfassung aller jener Grundsätze versucht werden, die ein demokratisches Verständnis und einen zeitgemäßen Gebrauch der Staatssymbole, insbesondere von Fahne und Flagge, gewährleisten können. Dabei geht es nicht zuletzt um so etwas

[1] Anna Coreth, Pietas Austriaca. Wien 1959, 17 f.

wie „Etikette“, das heißt um Regeln der Ästhetik und des Anstandes, die dem „flaggenungewohnten“ heutigen Binnenland Österreich und der „symbolgeschädigten“ Republik ein Mindestmaß an Europareife und Internationalität auch im Hinblick auf die staatlichen Symbole verschaffen sollen.

Von Herolden und Wappen

Heraldik

Heraldik ist die Lehre von den Wappen und ihrem richtigen Gebrauch. Das Wort „Heraldik“ für „Wappenkunde“ existiert erst seit etwa dreihundert Jahren. Es leitet sich vom Begriff „Herold“ (ahd. hariwalt = Heer-Walter, altfrz. herault) ab.
Die Herolde hatten die Aufgabe, während der zahllosen Fehden und Schlachten des Mittelalters Freund und Feind nach Wappen und Fahne zu unterscheiden, den Verlauf kriegerischer Auseinandersetzungen zu beobachten und gemeinsam mit den Herolden der Gegenseite den Ausgang einer Schlacht zu beurkunden: Sieger war in der Regel jene Partei, die die geringere Zahl von Gefallenen aufzuweisen hatte. Die Herolde konnten zu diesem Zweck als unverletzliche Boten und Parlamentäre die Schlachtreihen durchschreiten. Als unverwechselbares Kennzeichen ihrer überparteilichen Funktion trugen sie einen weithin sichtbaren Wappenrock, den „Tappert“, über ihrem Ringelpanzer. Sie waren unbewaffnet und hielten sich stets in unmittelbarer Nähe ihres Fürsten bzw. Heerführers auf. Sollte eine Verfügung des Feldherrn bekanntgemacht werden, legte der Herold den Tappert an und verlas den Text nach drei Hornsignalen seines Trompeters. Der Herold wurde auch zum Gegner gesandt, um Kampf, Kapitulation, Übergabe, Waffenruhe oder Zweikämpfe zwischen Einzelpersonen anzubieten. Die Tätigkeit des Herolds erforderte gute Sprachkenntnisse, ein unfehlbares Gedächtnis und große Diskretion, da er seine Wahrnehmungen im gegnerischen Lager dem eigenen Herrn nicht mitteilen durfte. Die Herolde hatten auch als Zeugen beim Ritterschlag und bei der Identifizierung im Kampf gefallener Ritter wichtige Funktionen.
Im Lauf der Zeit entwickelte sich eine dreistufige Hierarchie: Der König der Herolde („Wappenkönig“) stand über den Herolden und diese wieder über den Persevanten (von frz. poursuivant, Anwärter).
Später übernahmen die Herolde auch die Organisation der Turniere. Sie überprüften die Ebenbürtigkeit der Teilnehmer (durch die sogenannte „Helmprobe“, die Beurteilung der Helmzier, wurde die notwendige Zahl adliger Ahnen festgestellt) und nahmen die Auslosung der jeweiligen Gegner vor.

Wiener Herold (Zeichnung von H. G. Ströhl)

Manche Herolde führten genaue Wappenverzeichnisse, bis heute wichtige Quellen für die Entwicklung des Wappenwesens.
In Staaten mit starker Bindung an die Tradition – wie etwa Großbritannien – existiert das Heroldsamt bis heute. In den meisten Ländern ist es jedoch spätestens im 19. Jahrhundert untergegangen; seine Funktionen als Sachwalter des Wappenwesens und Vertreter der Wappenkunde sind auf Protokoll- bzw. Archivbeamte, auf private Vereine und wissenschaftliche Gesellschaften übergegangen.
Das Wappenwesen selbst hat sich unter arabischem Einfluß aus der Waffentechnik der Ritterheere entwickelt. Während der Kreuzzüge stießen die europäischen Heere auf so erbitterten Widerstand, daß sie ihre Schutzbewaffnung verstärken mußten. Durch die Einführung des Ritterhelms mit Visier wurden die Krieger unkenntlich und mußten sich durch leicht identifizierbare Zeichen wieder kenntlich machen: durch bemalte Schilde, verzierte Helme und Pferdedecken sowie Reiterfahnen. Einfache Farbgebung und Schildteilung machten diese Kennzeichen weithin sichtbar und erkennbar.
Ein weiteres Element der schrittweise entstehenden Heraldik war die Kennzeichnung nach Nationen. Vor dem Dritten Kreuzzug schlossen sich Kreuzfahrer gleicher Sprache unter einem gleichartigen Kreuz zusammen.
Schließlich wurde das Wappenwesen durch die mittelalterliche Lehensordnung gefördert. Zwischen Lehensherrn und Knecht wurde ein auf gegenseitiger Treue und Unterstützung beruhendes Rechtsverhältnis begründet, das vor allem in der Übertragung von Nutzungsrechten an Grund und Boden bestand. Als Gegenleistung hatte der Lehensnehmer Naturalabgaben und Kriegsdienste zu leisten. Mit der Zeit konnte die Erblichkeit der Lehen durchgesetzt werden, womit auch das erbliche Wappen entstand. Es hat sich in vielerlei Formen bis in die heutige Zeit erhalten: als Staats-, Landes-, Gemeinde- und Familienwappen, als Wappen kirchlicher Würdenträger, als Ordens-, Universitäts- und Vereinswappen.

Heraldische Regeln

Charakteristisch für die Wappenkunde ist zunächst ihre kunstvolle und komplexe Fachsprache, nicht nur im Deutschen, sondern auch in den anderen europäischen Sprachen. Ähnlich wie in der Waidmanns- oder Seemannssprache haben viele Dinge in der Heraldik ihre ganz speziellen Namen. Für die einzelnen Teile des Wappens und für die Formen seiner Bilder werden vielerlei überlieferte Fachausdrücke verwendet. Hiezu einige Beispiele:
Ein Turm, durch dessen Tor und Fenster die Grundfarbe des Wappenfeldes sichtbar wird, heißt „betagleuchtet". Ein Fisch ist „beflosset", ein Wal hingegen „gefiedert", beides aber nur, wenn die Flossen andersfarbig dargestellt sind. Ein Löwe wird in der Regel „steigend" (auch: „zum Grimmen geschickt") dargestellt, der Adler auffliegend (ebenfalls „steigend"). Wendet sich der Kopf eines Adlers ausnahmsweise nicht nach rechts, sondern nach links (z. B. der nationalsozialistische Parteiadler, aber auch der burgenländische Wappenadler), so wird er als „widersehend" bezeichnet.
Besonders wichtig ist die folgende Regel über „rechts" und „links": Die Seiten eines Wappens werden immer in Richtung *zum* Beschauer beschrieben: heraldisch „rechts" ist also auf dem Papier links und umgekehrt. „Schrägrechte Schraffur" (zur schwarzweißen Darstellung von Grün) läuft somit auf dem Papier von der linken oberen („vorderen") zur rechten unteren („hinteren") Schildecke.
IN DIESEM BUCH WIRD IMMER NACH DIESER REGEL VORGEGANGEN!
Ein Wappen kann neben dem Schild (es heißt immer „der" Schild, nicht „das"

Schild!) u. a. noch folgende Elemente enthalten: Helm mit Helmdecke und Helmzier sowie die „Pracht“- oder „Prunkstücke“ – Schildhalter, Postament, Wappenmantel oder Wappenzelt, Rangkrone, Orden mit Kollane und Kreuz, Wort- oder Bilddevise. Ausgehend vom schlanken, oben abgerundeten „Normannenschild“ (Schlacht bei Hastings 1066, dokumentiert im berühmten Teppich von Bayeux), folgte die heraldische Schildform zunächst den Erfordernissen des Kampfes, später des ritterlichen Kampfspieles, des Turniers, um sich in der Neuzeit nach rein ästhetischen Gesichtspunkten zu verändern. Als „Tartsche“ bezeichnet man jene Schildform, deren oberer Rand rechts an einer Stelle eingebuchtet ist, um eine Auflage für die Lanze zu bilden („Speerruhe“). Die „Setztartschen“ („Pavesen“) konnten zu Schutzwällen vereinigt werden, hinter denen sich vor allem die Armbrustschützen verbargen.
Mit der Zeit veränderten die Turniere ihren Charakter; statt den Gegner mit der Lanze aus dem Sattel zu heben, genügte es beim „Kolbenturnier“, ihm mit einem Kolben die Helmzier abzuschlagen. Gegen Ende des 15. Jahrhunderts verloren sie dann gänzlich an Bedeutung; nach der Einführung des Schwarzpulvers in Europa zu Anfang des 14. Jahrhunderts waren sie zum kostspieligen Luxus geworden, den auch die Wiederbelebungsversuche Kaiser Maximilians (1459–1519) – wegen seiner Vorliebe für das Turnier der „letzte Ritter“ genannt – nicht mehr retten konnten.
Die Schilde wurden in der Folge dem Formempfinden der Renaissance und des Barock unterworfen. Erst im 20. Jahrhundert wurde die Schildform wieder „klassisch“ – im deutschen Sprachraum unten meist rund verlaufend.

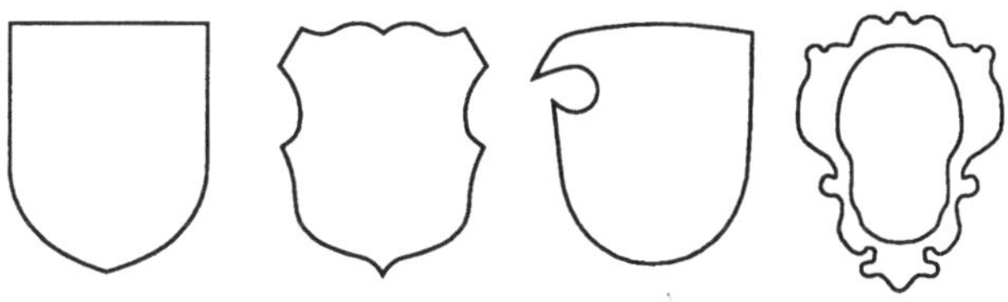

Deutschland 14./15. Jh. — *Deutschland 16. Jh.* — *Deutschland 16. Jh.* — *Italien 18. Jh.*

HELM UND HELMZIER

Auch der Helm folgte in seiner Formgebung zunächst der Entwicklung der Waffentechnik. Zunächst als Schutz gegen Schwertschläge ausgeführt, erzwangen Bogen- und Armbrustschützen im 12. Jahrhundert das Vollvisier. Wichtiger für die Heraldik erwies sich aber das Turnierwesen. Hier führte die Entwicklung vom Stechhelm zum Kolbenturnierhelm („Bügel“- oder „Gitterhelm“). Demgemäß deuten Stechhelme eher auf bürgerliche Wappeninhaber, Bügelhelme eher auf adelige Besitzer, die sich dem Turnier ja länger widmen konnten.
Helmzier („Kleinod“ oder „Zimier“) und die (ursprünglich rote) Helmdecke stammen ebenfalls aus der Waffen- und Turniertechnik, wurden aber bald als rein künstlerische Möglichkeiten zur Verzierung des Wappens aufgefaßt. Die von der Wirklichkeit oft in idealisierender Weise abweichende Darstellungsform war stark der

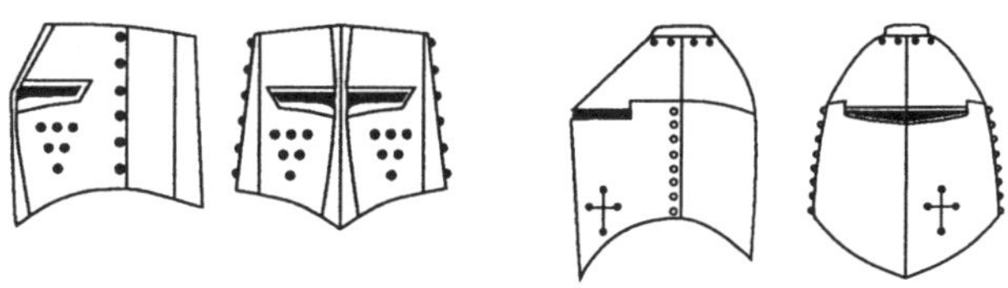

Topfhelm — *Kübelhelm*

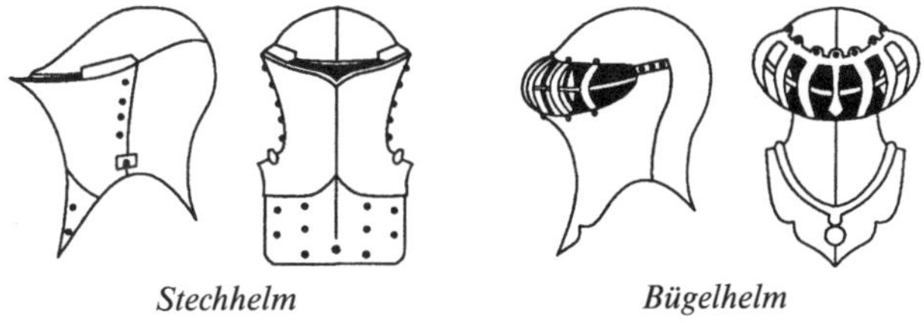

Stechhelm — *Bügelhelm*

Mode unterworfen und bildet so eine gute Grundlage für die Datierung eines Wappens.

Schildhalter

Menschliche Figuren oder Fabeltiere, die den Wappenschild tragen oder halten, heißen Schildhalter. Ursprünglich wurde oft eine Abbildung des Wappeninhabers selbst verwendet. Später kamen geharnischte Männer oder allegorische Fabeltiere auf. Sehr beliebt waren die sogenannten „Wilden Männer“ oder „Wilden Frauen“, nackte, behaarte Waldmenschen mit Laubkränzen und Keulen. Auch Engel oder Heiligengestalten wurden als Schildhalter verwendet.
So wurde etwa das gemeinsame Wappen der österreichisch-ungarischen Monarchie (1915) von einem Greifen und einem Engel gestützt.

Postament, Konsole

Sockel oder verziertes Gestell, das als Basis für das gesamte Wappen dient und auf dem in der Regel die Schildhalter stehen.

Wappenmantel, Wappenzelt

Oben mit einer Rangkrone zusammengehaltener Umhang, der den Schild umschließt. Außen meist purpurfarbig, innen meist hermelinbesetzt, ist der Wappenmantel mit goldenen Fransen und an beiden Seiten mit goldenen Quastenschnüren versehen. Von einem Wappenzelt oder Pavillon spricht man, wenn der Umhang aus einer Kuppel fällt und wie ein Baldachin das ganze Wappen umgibt. Die Außenseiten sind oft mit dem Hauptmotiv des Wappens besät.

Rangkrone

Ähnlich wie der Schild hat sich die Krone in mannigfacher Weise entwickelt. Als Bekrönung des Wappens wurde sie zuerst nur von Königen verwendet, setzte sich aber dann für alle Rangstufen des Adels durch. Die Heroldskunst erfand eine Reihe von stilisierten, mit Edelsteinen und Perlen besetzten Reifen, die meist nur in der Wappendarstellung, nicht aber in der Wirklichkeit existierten. Jedem Adeligen stand nur die Rangkrone zu, die seinem Titel entsprach. Die Zeichnungen der Rangkronen folgen nationalen Besonderheiten.

Orden

Das Konzil von Clermont (1095) hatte in Europa eine Welle der Begeisterung für die Kreuzzugsidee ausgelöst. Die Gefahren auf der Reise in den Orient veranlaßten jene, die „das Kreuz genommen“ hatten, sich in Gemeinschaften zusammenzuschließen. So entstanden die kirchlich orientierten Kreuzfahrerorden, darunter die drei bedeutendsten Ritterorden:

- die Johanniter oder Malteser,
- der Deutsche Ritterorden,
- die Tempelritter.

Dazu kamen später unter anderem:

- der Hosenband-Orden,
- der Orden vom Goldenen Vlies,

- der Stephansorden,
- der Maria Theresien-Orden,
- der Leopoldsorden,
- der Orden von der Eisernen Krone,
- die französische Ehrenlegion.

Da manche dieser Orden für die österreichische Symbolgeschichte wichtig sind, wird an anderer Stelle auf sie näher eingegangen werden (vgl. das Kapitel über die Orden, S. 213 ff.).

Schon sehr früh begannen die Angehörigen der geistlichen und weltlichen Ritterorden, ihre Ordenskennzeichen in das Wappen einzufügen. Es gab aber keine feste Regel, an welcher Stelle das Ordenssymbol in das Wappen integriert werden sollte. Dort, wo der Souverän sich zum Haupt eines Ordens gemacht hatte oder diesen selbst gestiftet hatte, wurden Kollane und Ordenskreuz bald in das Staats- oder Familienwappen aufgenommen, wobei der ranghöchste Orden immer den äußersten Ring bildet. Der Orden vom Goldenen Vlies ist daher auf allen kaiserlichen Wappen Österreichs gut sichtbar.

DEVISE, WAHLSPRUCH

Wappen können einen kurzen, auf Zettel oder Bänder geschriebenen Spruch, eine *Wortdevise* beinhalten, so z. B. „Gott mit uns“ im preußischen Wappen. Dieser Spruch fand sich im übrigen auf dem Koppelschloß der deutschen Uniformen im Zweiten Weltkrieg.

Daneben gibt es *Buchstabendevisen* (vgl. das Kapitel über AEIOU, S. 191 ff) und *Bilddevisen*. Beispiele für die letzteren sind die Säulen des Herkules, die Kaiser Karl V. als Zeichen dafür verwendete, daß in seinem Reich „die Sonne nicht unterging“. Sie sind noch heute Teil des spanischen Wappens. Ein anderes Beispiel ist der Feuerstahl als Emblem des Ordens vom Goldenen Vlies (s. d.).

BLASONIERUNG

Die fachgemäße Beschreibung eines Wappens heißt „Blasonierung“ (Rückbildung aus dem Französischen von dt. „blasen“, der lautstarken Beschreibung eines Wappens durch den Herold). Dabei gelten vor allem folgende Regeln:

1. Ist der Wappenschild ungeteilt, kann er eine oder mehrere „gemeine Figuren“ oder „Wappenbilder“ enthalten.
2. Ist der Wappenschild durch „Schnitte“ unterteilt, entstehen geometrische Figuren, die sogenannten „Heroldsstücke“, die ihrerseits als „Plätze“ für Figuren verfügbar sind.
3. Ist der Wappenschild selbst aus einzelnen Wappen zusammengesetzt, spricht man von „Feldern“, die mit arabischen Ziffern nach ihrem Rang bezeichnet werden.

Schildbord

Gestürzte Schnecke

Barben

Feuerstahl

Dreiberg

Jungfrauenadler

Bei der Blasonierung beginnt man immer mit der Beschreibung des Schildes. Ist dieser ungeteilt, wird zunächst seine Farbe angegeben. Dann beschreibt man die Figuren oder Heroldsstücke, deren Farbe man dabei als Adjektiv „meldet".

Zwei Beispiele:

- In Grün ein weißer, rot gewaffneter und rot gezungter Panther (Wappenbild) – das Wappen der Steiermark.
- In Rot ein silbernes Kreuz (Heroldsstück) – das Wappen Wiens.

Als nächstes werden der Helm und die Helmdecke beschrieben und zuletzt – nach außen fortschreitend – die Prachtstücke.

Tinktur, Pelzwerk und Schraffur

Die heraldischen Farben werden „Tinkturen" genannt. Die klassische Heraldik unterscheidet zwei „Metalle", nämlich Gold (= Gelb) und Silber (= Weiß) von vier „Farben": Rot, Blau, Schwarz und Grün (Reihenfolge ihrer Häufigkeit). Selten tritt auch Purpur (die Farbe Karminrot, nicht Scharlachrot wie im „Kardinalspurpur"!) auf; später kommen noch Braun, Orange, Violett, Lila, Asch-, Eisen- und Naturfarbe hinzu.

Für die Verteilung von „Metall" und „Farbe" stellt die strenge Heraldik zwei Grundsätze auf, die freilich sehr oft durchbrochen wurden, insbesondere beim päpstlichen Wappen, bei komplexen Heroldsstücken und bei mehrfarbigen Wappen.

1. Jedes Wappen soll wenigstens eines der beiden „Metalle" enthalten.
2. „Farbe" soll nicht an „Farbe" grenzen, Farben sollen durch „Metall" getrennt werden.

Der Sinn dieser alten heraldischen Regeln liegt darin, daß die Kombination von „Metall" und „Farbe" besser sichtbar ist als Farbe auf Farbe. Insofern ist der österreichische Bindenschild ein gutes Beispiel für strenge Heraldik. Auch gab es die Regel, daß Metall nie auf Metall gemalt werden dürfe, da sich die Farben auf weite Entfernungen schlecht abzeichnen würden.

Es ist bemerkenswert, daß auch heute noch sämtliche Straßenverkehrszeichen allein in den sechs klassischen heraldischen Tinkturen ausgeführt werden.

Was die Symbolbedeutung der Farben in der Heraldik betrifft, so ist diese im Kapitel „Farben" jeweils mitbeschrieben (vgl. S. 23 ff.).

Die Leuchtkraft der Farben richtet sich vor allem nach der Größe der Darstellung: so sind größere Felder in leicht gedämpften Farben darzustellen, weil sie sonst schreiend und kitschig wirken, in kleinen Wappendarstellungen sollten die Farben aber leuchtender gewählt werden.

J. M. Galliker empfiehlt zur drucktechnischen Darstellung der heraldischen Farben folgende Werte auf der in jeder Druckerei vorhandenen Pantone-Skala:

Gelb: 109, Rot: 032 C, Blau: Process Blue C, Grün: 355 c.[1]

Die einzelnen heraldischen Farben werden durch Schraffuren in Schwarz-weiß ausgedrückt (vgl. Abbildungen bei den einzelnen Farben).

[1] Joseph Melchior Galliker, Schweizer Wappen und Fahnen. Zug – Luzern 1987, 18

Zu den Tinkturen treten die Pelzwerke. Ihre wichtigsten Vertreter sind Hermelin, Kürsch und Feh, die in verschiedenen Spezialformen vorkommen.
Das Zeichen für Hermelin kommt von seiner Befestigung durch eine Spange und drei Stecknadeln.

Feh

Hermelin

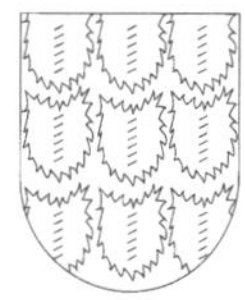
Kürsch

Von den Pelzwerken zu unterscheiden ist die „Damaszierung“, die feine Verzierung von Wappenflächen. Diese darf bei der Blasonierung nicht erwähnt werden, weil sie der Freiheit des künstlerischen Gestaltens unterliegt.

KIRCHLICHE HERALDIK

An die Stelle von Helm und Helmzier treten in der Heraldik der katholischen Kirche der breitkrempige Pilgerhut, der Hirtenstab („Pedum“ – oft auch mit daran befestigtem Schweißtuch) und das Vortragekreuz. Nur dem Papst steht eine Krone zu, die auch „Triregnum“ genannte Tiara.
Der Rang des Wappeninhabers innerhalb der kirchlichen Hierarchie wird durch Farbe und Zahl der aus dem Pilgerhut fallenden Quasten („fiocchi“) ausgedrückt (ein Brauch wohl nicht ganz im Sinne der Ausführungen Jesu über „auffällig breite Gebetsriemen und besonders lange Quasten“ – vgl. Matthäus 23,5).
Kardinal: roter Pilgerhut, 30 rote Quasten
Patriarch: grüner Pilgerhut, 30 grüne Quasten
Erzbischof: grüner Pilgerhut, 20 grüne Quasten
Bischof: grüner Pilgerhut, 12 grüne Quasten
Pfarrer: schwarzer Pilgerhut, 2 schwarze Quasten

Die Heraldik als historische Hilfswissenschaft reicht darüber hinaus in die Bereiche der Siegelkunde, des Münzwesens (Numismatik), des Gewerbes (Zunftwesen), der Universitäten (Studentenverbindungen) und – vor allem – der Genealogie (Adels- und Familienheraldik).
Fachliche Auskünfte erteilen folgende heraldische Vereinigungen im deutschen Sprachraum:
Österreich: Heraldisch-Genealogische Gesellschaft „Adler“, Haarhof 4a, A-1010 Wien.
Deutschland: Der HEROLD, Verein für Heraldik, Genealogie und verwandte Wissenschaften, Archivstraße 12–14, D-14195 Berlin, Tel. 0049/30/83 901 100.
Schweiz: Schweizerische Gesellschaft für Heraldik und Genealogie, Habsburgerstr. 52a, CH-6003 Luzern, Tel. 0041/41/513 172.

Was Farben zu sagen vermögen

Die große und verschiedenartige Wirkung der Farben braucht im Zeitalter der Farbphotographie, des Farbfernsehens und des farbigen Computerbildschirms nicht weiter betont zu werden. Seit Beginn jeglicher Kultur diente die Farbe als unbewußt oder bewußt eingesetztes Unterscheidungsmerkmal, als Symbol, als Signal. Wir wollen hier dem Charakter der wichtigsten Farben als Ursymbolen und politischen Symbolen nachspüren und ihre spezifische Bedeutung in und für Österreich erörtern.

Die Farben in der Heraldik und ihre Darstellung

In der Heraldik wird nur eine beschränkte Zahl von Farben verwendet, die als *Tinkturen* bezeichnet werden und genauen Regeln unterliegen. Es werden hier nur jene Farben behandelt, die im Wappenwesen gebräuchlich sind. Farben sind in der Heraldik äußerst wichtig, da es zwar Wappen, Fahnen und Flaggen ohne Bilder gibt, aber niemals solche ohne Farbe.

Die heraldischen Wappenfarben sind:

Gold (= Gelb), Silber (= Weiß), Rot (Zinnoberrot), Blau (Kobalt- oder Ultramarinblau), Grün, Schwarz und Purpur (Karminrot). Braun ist erst in späterer Zeit als eigentlich unheraldische Farbe dazugekommen, soll aber hier wegen seiner Rolle für den Nationalsozialismus mitbehandelt werden. Orange und Fleischfarbe spielen ebenfalls nur eine geringe Rolle im Wappenwesen. In der Renaissance wurden die Wappenfarben oft auch mit den Planeten, mit den wichtigen Metallen und den Edelsteinen in Zusammenhang gebracht:

Rot	=	Mars/Eisen/Rubin
Blau	=	Jupiter/Zinn/Saphir
Gelb	=	Sonne/Gold/Topas
Grün	=	Venus/Kupfer/Smaragd
Schwarz	=	Saturn/Blei/Diamant,
Weiß	=	Mond/Silber/Perle
Purpur	=	Merkur/Quecksilber/Amethyst
Orange	=	keine Beziehung zu einem Gestirn, Metall oder Edelstein
Braun	=	Drachenhaupt/Erde/Hyazinth.

Die verschiedenen Farben zeigen oft verblüffende assoziative Gemeinsamkeiten über die Geschichtsperioden und Kulturkreise hinweg, umgekehrt aber auch starke Gegensätze. Der bekannteste davon ist wohl die Verwendung der Trauerfarbe Schwarz im westlichen und jene von Weiß (besser: des ungefärbten Gewebes) im östlichen Kulturkreis. In letzter Zeit setzt sich allerdings auch in Europa Grau oder Weiß für Todesanzeigen durch.

In seiner über 700seitigen, in den ersten Jahren des 19. Jahrhunderts verfaßten Farbenlehre versuchte schon Johann Wolfgang von Goethe, sowohl mit Hilfe naturwissenschaftlicher Beobachtungen als auch unter Verwertung seiner umfassenden Geschichtskenntnis und reichen Lebenserfahrung, dem Geheimnis der Farben auf die Spur zu kommen. Dabei ließ er sich freilich mehr von Optik und Physik faszinieren als von Psychologie und Ethnologie beflügeln. Deswegen muten seine Betrachtungen über die „sinnlich-sittliche Wirkung der Farbe" trotz seines Wissensstandes eher dünn an. Hier ein paar Beispiele:
„Die Farben von der Plusseite sind Gelb, Rotgelb (Orange), Gelbrot (Mennig, Zinnober). Sie stimmen regsam, lebhaft, strebend" (Absatz 764).
„Die Farben von der Minusseite sind Blau, Rotblau und Blaurot. Sie stimmen zu einer unruhigen, weichen und sehnenden Empfindung" (777).
„Zimmer, die rein blau austapeziert sind, erscheinen gewissermaßen weit, aber eigentlich leer und kalt" (783).
„Es ist nicht unangenehm, wenn das Blau einigermaßen vom Plus partizipiert. Das Meergrün ist vielmehr eine liebliche Farbe" (785).
Goethe wußte es noch nicht so genau wie wir, ahnte es aber bereits: Die Wirkung der Farben hat mit physiologischen Faktoren zu tun (kurzwellig/blau = „kühl", langwellig/rot = „warm"). Dennoch ist der kulturell-soziale Kontext das wesentlichere Element bei der Beschreibung ihrer Bedeutung. So gilt beispielsweise der Purpur seit der Antike als Symbol des Herrschers. Das leuchtende Rot (als Märtyrerfarbe) wird fälschlich ebenfalls als „Purpur" bezeichnet und in der katholischen Kirche als Farbe der Kardinäle und damit als Zeichen der höchsten Würde verwendet, das nur vom Weiß des päpstlichen Gewandes (vgl. Weiß als Farbe des Göttervaters Zeus!) überstrahlt wird. Die – vielleicht unbewußte – Wahl einer Farbe durch eine politische Bewegung mit großer Strahlkraft führt dazu, daß eine bestimmte Farbe automatisch und auf Dauer mit einem politischen oder weltanschaulichen Konzept verbunden wird:

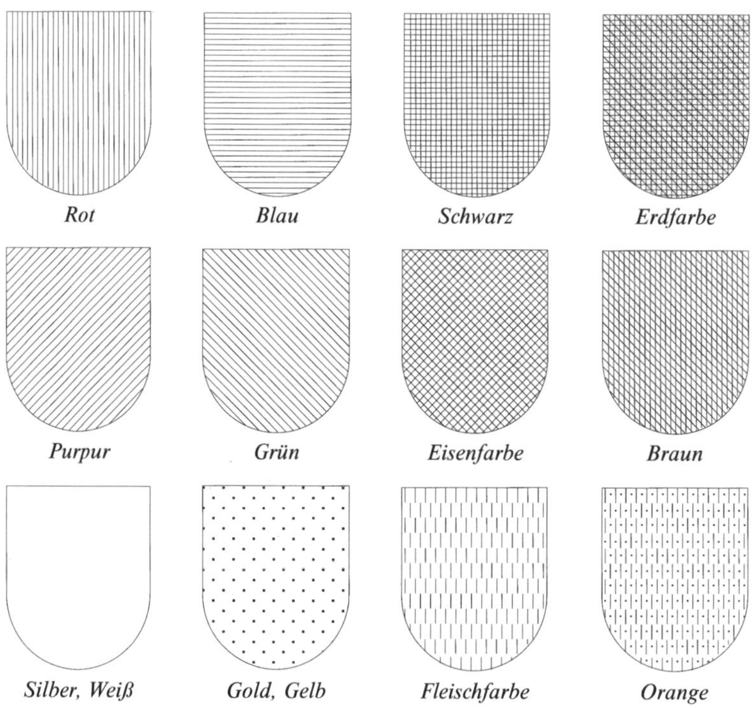

das Rot der Arbeiterbewegung, das Schwarz des Klerus, das Braun der Nationalsozialisten und zuletzt das Grün der Ökologiebewegung sind dafür die besten Beispiele. Im folgenden haben wir die wichtigsten symbolischen Bedeutungen der Farben zusammengefaßt, wobei die soziokulturell-politischen Konnotationen im Vordergrund stehen.

Die Farbe Gold (heraldisch auch als Gelb dargestellt)

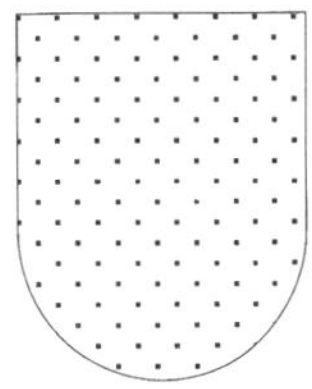

Gold ist eines der beiden Metalle der Heraldik. In der Schwarzweißdarstellung wird es durch ein Punktmuster symbolisiert.
Im alten China stand Gold für die Uressenz Yang als Gegenstück zu Yin (Silber). Ein zentrales Bild der Alchimie ist die chemische Vermählung und sexuelle Verschmelzung des männlichen (goldgelben) Schwefels mit dem weiblichen (silberfarbenen) Quecksilber. Ihr gemeinsames Kind ist der „Stein der Weisen".
Biedermann[1] schließt aus dem Satz, „aurum nostrum non est aurum vulgi", daß die Alchimisten mit „Gold" weniger das eigentliche Metall als die tiefste Erkenntnis, das höchste Stadium geistiger Entwicklung meinten.
In jedem Fall gehören Gold und Silber zusammen, sie bilden ein Dualsystem. In der Heraldik vereinigen sie sich zur einzigen privilegierten Farbkombination zweier Metalle, zu den Farben des Papstes bzw. des Vatikans.
Gold ist ein sehr seltenes, korrosionsfreies und glänzendes Metall. Als das edelste der Metalle symbolisiert es Unvergänglichkeit, Ewigkeit, Vollkommenheit und Tugend. Gold ist „verflüssigte Sonne" und steht daher auch für Energie, Fülle und Stärke. Seiner der Sonne ähnlichen Strahlkraft wegen wird es zum Zeichen für (esoterische) Erkenntnis, aber auch zum Hoheitssymbol.
Für die Kirchenväter symbolisiert Gold das Königtum Gottes (die Magier aus dem Morgenland brachten es ja dem neugeborenen König der Juden dar).
In der mittelalterlichen Kunst weist Gold als Hintergrundfarbe bei Heiligendarstellungen auf die Verklärung hin. Dieselbe Funktion mag es in der Kunst der griechischen und russischen Ikonen haben. In der christlichen Symbolik bezeichnet Gold auch die höchste aller Tugenden, die Liebe.
Wie alle Symbole ist auch die Farbe Gold ambivalent. Sie drückt im negativen Sinne irdischen Reichtum und die Abwendung von den wahren Werten aus – so im Fluch, der auf dem Nibelungenschatz ruht, oder im „Mammon" im „Jedermann". Als Ausdruck des Geizes und des Geldes wird Gold in der Traumsymbolik in die Nähe der Exkremente gerückt (vgl. auch das Bild vom „Goldesel", der schon bei den Azteken ein Vorbild hat, die das Gold als die „Ausscheidung des Sonnengottes" bezeichneten).
In der österreichischen Heraldik spielt der „Orden vom Goldenen Vlies" eine große Rolle. Das Gold kommt in unzähligen Herrschaftssymbolen (z. B. den Reichsinsignien und Privatkronen) zum Ausdruck. Gold hat auch als Farbe der Attribute des österreichischen Wappenadlers eine heute kaum jemandem bewußte Bedeutung (vgl. das Kapitel über das Bundeswappen, S. 117 ff.).

[1] Hans Biedermann, Knaurs Lexikon der Symbole. München 1989, 165

Die Farbe Gelb

Gelb besitzt nach Goethe eine „heitere, muntere und sanft reizende Eigenschaft". Gelb ist Ausdruck von Unbeschwertheit und Jugendlichkeit. Unter leichter Beimischung von Rot zeigt die Farbe Gelb Weisheit an.

Obwohl wir bei der Betrachtung der Farbe „Gold" darauf verwiesen haben, daß diese im heraldischen Verständnis mit Gelb austauschbar ist, zeigt sich bei der genauen Analyse der Bedeutung von Gelb im politischen Bereich, daß das ganz und gar nicht immer der Fall ist. Zwar war Gelb die Farbe chinesischer Kaiser und malaiischer Sultane (also eine Herrscherfarbe, abgeleitet vom Gold der Sonne), zwar kleidet diese Farbe bis heute die buddhistischen Mönche als Zeichen von Anspruchslosigkeit und Demut, doch schwenkte schon in der Antike das Positiv-Dionysische in das Negativ-Hetärenhafte um. Die Farbe Gelb ist äußerst ambivalent besetzt: Das Gelb des Ostereis, vom geliebten Mädchen als Zeichen der Erhörung dargebracht, kann bald zur Farbe brennender Eifersucht werden. Gelb ist nach der Überlieferung auch die Farbe des Neides: in der mittelalterlichen Kunst trug Judas ein gelbes Kleid, da Gelb als Farbe des Neides und der Heimsuchung galt. Deshalb war schon im Mittelalter das Gelb die Symbolfarbe für die Ausgestoßenen, jene, die sich in „sozialer Quarantäne" befanden: Juden, Dirnen, Ketzer. Nach einer Verordnung Karls V. hatten die Juden einen gelben Tuchlappen zu tragen, oder es wurde ihnen der gelbe Judenring an die Brust geheftet – in dieser Tradition war auch der Judenstern der Nazizeit gelb (vgl. das Kapitel über das Hexagramm, S. 279 ff.). In einem Park im Berlin des Jahres 1936 fand sich folgende Aufschrift: „Die gelben Bänke sind für Juden i. S. d. Reichsbürgergesetzes zur Benutzung freigegeben." Gelb ist übrigens heute noch Quarantänefarbe in der Schiffahrt, in der ein gelbes Kreuz früher die Pest signalisierte. Das Wort „Gelbkreuz" bezeichnet eine Reihe überaus giftiger chemischer Kampfstoffe. Gelb ist also gewissermaßen jene Farbe, die ausdrückt: „Achtung, da kann Gefahr lauern." Das signalisiert schon jede Verkehrsampel, das Abzeichen der (de facto auch am Rand der Gesellschaft lebenden) Blinden, die Farbe der Warnzeichen vor Strahlungsgefahr im Nuklearbereich etc.

Als „Gelbe" wurden mit dem Betriebseigentümer kooperierende Werksgemeinschaften von den offiziellen „roten" Gewerkschaftern stigmatisiert – vielleicht deshalb, weil „yellow" im Englischen auch „feig, furchtsam" bedeuten kann. In Österreich gründete der steirische Heimwehrführer Dr. Walter Pfrimer 1927 im obersteirischen Industriegebiet gelbe Gewerkschaften, um die Arbeiterschaft zu entzweien.

Im politischen (Unter-) Bewußtsein Österreichs ist die Ambivalenz der Farbe Gelb bis in die Gegenwart spürbar. Es könnte sogar sein, daß in unserem Land – besonders im sozialistischen Lager – außer den erwähnten Faktoren noch die Ablehnung der ehemaligen kaiserlichen Farben Schwarz-Gelb mitschwingt.

Ein Beispiel für die latente Ambivalenz von Gelb: Als im Präsidentschaftswahlkampf 1986 die ÖVP gelbe Plakate mit der Aufschrift „Jetzt erst recht" und „Wir Österreicher wählen, wen wir wollen" affichierte, brach ein wahrer Sturm los. Dies ist nur erklärbar durch das (un-)bewußte Nachwirken aller oben genannten negativen Faktoren, wobei bewußt nur auf die gelbe Farbe des Judensterns, wie er im Dritten Reich Verwendung fand, eingegangen wurde.

Auf der positiven Seite der Farbe Gelb steht die Tradition: Für Österreich hatte das „Schönbrunnergelb" eine große Bedeutung, da diese auf das „Schwarz-Gelb" des Kaiserhauses verweisende Farbe eine Vielzahl öffentlicher und privater Gebäude in der gesamten österreichisch-ungarischen Monarchie trugen.

Schwarz-Gelb

Die aus dem alten Reichswappen – in Gold ein schwarzer (Doppel-) Adler – abgeleiteten Farben Schwarz-Gelb waren die Farben des im Grunde nicht existenten „Gesamtstaates“ der österreichisch-ungarischen Doppelmonarchie. Sie waren die Farben des Kaisertums und wehten daher auch von den Flaggenmasten vor dem Parlament, dem Sitz des Reichsrates. Der Wiener Bürgermeister Dr. Karl Lueger meinte einmal: „Wenn man mich auseinanderschneiden würde, würde man finden, daß ich in meinem Inneren schwarzgelb gestreift bin.“ Das sagte ein Mann, dessen Wahl zum Bürgermeister vom Kaiser erst beim fünften (!) Mal, nämlich am 16. April 1897, bestätigt wurde! Der galizische Schriftsteller Leopold von Sacher-Masoch wurde von seiner Frau Wanda als ein Mann „bis in den letzten Blutstropfen Slawe . . . von der echten schwarz-gelben Färbung“ bezeichnet.[1] „Schwarzgelb“ – als abschätzige Bezeichnung – hielt sich noch in die Erste Republik hinein. Das kleine Österreich hatte nach 1918 auch die Pensionen jener Offiziere und Staatsbeamten zu tragen, die ursprünglich aus dem deutschsprachigen Teil der Monarchie stammten, ihren Dienst zuletzt aber in einem nichtdeutschsprachigen Kronland versehen hatten. Sie kehrten nach dem Krieg in ihre Heimat zurück, weil die neuen Herren der Nachfolgestaaten sie als „Schwarzgelbe“, also als Anhänger und treuen Diener des „Ancien régime“ diffamierten, um ihnen keine Pension zahlen zu müssen.[2]
Natürlich wurden auch die bekennenden Legitimisten und Monarchisten, die in der Ersten Republik politisch eine weit wichtigere Rolle spielten als nach 1945, als „Schwarzgelbe“ bezeichnet. Heute ist der Gebrauch dieser Bezeichnung praktisch ausgestorben, an die Stelle restaurativen Gedankengutes trat die Paneuropa-Idee (s. d. S. 413 f.).

Die Farbe Silber (heraldisch auch als Weiss dargestellt)

Das zweite Metall der Heraldik entspricht dem Weiß und wird daher bei Schwarzweißzeichnungen als leeres Feld behandelt.
Silber gilt zunächst als Symbol der Reinheit. Während das Gold dem männlichen Sonnengott zugehört, repräsentiert das strahlend weiße Silber den Mond und damit das weibliche Prinzip. So haben schon die Azteken gedacht, die Gold als Ausscheidung der Sonne und Silber als Ausscheidung des Mondes ansahen.
Auch in der Alchimie wird Silber mit dem Mond in Verbindung gebracht: die *Femina Alba*, die weiße Lilie, ist auch die Frau, das Quecksilber, die Reinheit des ungeteilten Lichts und die zweite Stufe des Großen Werkes.
Der Mond wieder ist in der Ikonographie das Attribut der „Frau der Frauen“: Maria gilt als „pulchra ut luna“ – Hohelied 6, 9; ein Weib auf dem Mond stehend – Apokalypse 12, 1. Daneben gilt das durch Läuterung gewonnene Silber auch als Läuterung der Seele und wird in der christlichen Symbolik mit der reinen Jungfrau Maria in Zusammenhang gebracht. Anna, die Mutter Marias (des Silbers), ist die Patronin des Silberbergbaus. Ein Beispiel für die mögliche Kongruenz von Mythos und moderner Naturwissenschaft könnte im jenem alten Volksglauben liegen, nach dem silberne Ge-

[1] Zit. nach Claudio Magris, Der habsburgische Mythos in der österreichischen Literatur. Salzburg 1966, 159
[2] Fritz Molden, Die Österreicher oder die Macht der Geschichte. München 1986, 177

wehrkugeln, in Gewitterwolken geschossen, Wetterhexen zu töten vermochten. Heute werden mit Silberjodid versehene Hagelraketen abgeschossen, um Unwetter abzuwenden.
Silber galt – und gilt – als Symbol des bürgerlichen Wohlstandes. Es ist das Material für zahllose Gebrauchs- und Votivgegenstände, nicht zuletzt auch im traditionellen Judentum. In der Heraldik gilt Silber auch als Zeichen der Weisheit, des Friedens, der Aufrichtigkeit und der Freude. Ein silberner Balken im roten Feld ergibt den österreichischen Bindenschild.

Die Farbe Weiss

Weiß ist entweder „noch keine Farbe" oder die vollkommene Verbindung aller Farben – d. i. das Paradies oder die Vollendung der Geschichte. Die Farbe Weiß hat als Ursymbol einen dualistischen Charakter: sie signalisiert Leben und Liebe, aber gleichzeitig auch Tod und Begräbnis. So wird sie zum Attribut der Aphrodite von Delphi und der nordischen Freya, der „geliebten" Göttin des Todes. Die Todesbedeutung von Weiß geht wohl auf das Erblassen des Sterbenden zurück. So signalisiert das weiße Pferd im Traum den Tod. Die Farbe der Gespenster ist ebenfalls das Weiß – gewissermaßen der umgekehrte Schatten.
Weiß – d. h. das ungefärbte Material – war in der Antike und ist in China die Trauerfarbe.
Als hochzeitliche Farbe bedeutet Weiß den Tod des bisherigen und den Beginn eines neuen Lebens; als Farbe der Trauer signalisiert Weiß das Ende des irdischen und den Anfang des ewigen Lebens.
In der Alchimie ist die Aufhellung oder Weißung („Albedo") das Zeichen für den Übergang der schwarzen Urmaterie in den Stein der Weisen.
Im Christentum bedeutet Weiß vor allem Unschuld, Reinheit, Jungfräulichkeit und Keuschheit. Weiß war die Farbe der Heiligen, die kein Martyrium zu erleiden hatten. Weiß ist daher auch die Farbe des Taufgewandes und die Farbe des päpstlichen Ornats. Die weiße Lilie gilt als Symbol der Keuschheit (Maria: „sicut lilium inter spinas" – Hohelied 2, 1, Lilien am Stab des hl. Josef). Sie steht für Gnade (Lilie vom Mund des Weltenrichters ausgehend) sowie für Recht und Ordnung (Darstellung am Zepter). Der Heilige Geist wird als weiße Taube dargestellt.
Seit Jahrhunderten gilt das Zeigen einer weißen Flagge oder Tragen einer weißen Fahne (Parlamentärsfahne) als Zeichen der Übergabe- oder Verhandlungsbereitschaft (vgl. das Kapitel Fahnen- und Flaggenkunde, S. 73 ff.).

„Christkönigs-symbol" der Katholischen Jugend

In der Politik bezeichnete die weiße Farbe vor allem die mit den „Roten" um die Vorherrschaft im nachzaristischen Rußland ringenden konservativen Kräfte.
In Österreich war das zur Bundhose oder zur kurzen „Ledernen" und zu weißen Kniestrümpfen getragene weiße Hemd Kennzeichen der (illegalen) Nazi-Bewegung. In Deutschland, wo 1931/32 ein Uniformverbot erlassen wurde, tauschte die NSDAP das Braunhemd ebenfalls mit dem weißem Hemd, das die Bezeichnung „Verbots-Hemd" erhielt.
Als „weiße Juden" wurden von den Nazis „Volksgenossen" bezeichnet, die ein Faible für Demokratie, Liberalismus und Menschenrechte hatten.[1]

[1] Mitteilung von Franz Stoß an den Autor

Nach dem Zweiten Weltkrieg wurde das weiße Hemd ohne weiteres zum „Uniformstück“ der Katholischen Jugend – bescheiden geschmückt mit dem „Christkönigs-Symbol“, dem Kreuz mit dreizackiger Krone (in Rot für die KJ allgemein, in Grün für die Katholische Landjugend und in Blau für die Katholische Mittelschuljugend).

DIE KIRCHENFARBEN GELB-WEISS

In Österreich, einem vorwiegend katholischen Land, spielen die Kirchenfarben Gelb-Weiß/senkrecht auch heute noch eine gewisse Rolle, so etwa, wenn zu Fronleichnam, bei Kirchweihfesten, bei Visitationen des Bischofs oder bei Papstbesuchen die Kirchen mit gelb-weißen Hausfahnen geschmückt werden. Zur Unterscheidung von den „barocken“ katholischen Farben Gelb-Weiß wird der evangelischen Kirche auf den an den Straßen stehenden Ankündigungstafeln für Gottesdienste, auf Drucksorten, Briefmarken etc. das eher puritanische Violett zugeteilt.
Die Geschichte der Farben der katholischen Kirche ist die Geschichte der Farben des Vatikans und des seit den Lateranverträgen 1929 souveränen Vatikanstaates. Pius VII. tauschte 1808 das bis dahin gebräuchliche Rot gegen die imperialen Ursymbole Gold/Silber (= Gelb/Weiß) aus. Das Wappen selbst blieb aber rot. Es zeigt die unter der Tiara gekreuzten Schlüssel Petri durch eine rote Kordel verbunden. Seit dem 13. Jahrhundert gelten die beiden Schlüssel als Symbole des Papsttums – sie stehen für die Binde- und Lösegewalt des Papstes gemäß Matthäus 16, 17–19. Seit dem 15. Jahrhundert wird der eine Schlüssel in Silber, der andere in Gold dargestellt. Die Schlüssel Petri galten als Gegenstück zum kaiserlichen Reichsadler – unter diesen beiden Machtsymbolen wurde ja bis in die Neuzeit um den geistlich-weltlichen Supremat gerungen.
Die päpstlichen Symbole in ihrer traditionellen Form sind keineswegs urchristliche Sinnbilder für Brüderlichkeit, sondern ausgesprochene Machtsymbole, die natürlich theologisch aus der Funktion des Papstes als Stellvertreter Gottes auf Erden abgeleitet werden können: Die Tiara ist seit der Bulle „Unam Sanctam“ (1302) Sinnbild beider „Gewalten“ (beider „Schwerter“) und damit ein doppeltes Herrschaftssymbol; die „Sonnenfarbe“ Gold ist die imperiale Farbe schlechthin. Beides hat die Reformbestrebungen des Zweiten Vatikanums, das ja auf eine brüderlichere Ausrichtung der Kirche abzielte, überlebt.
Durch die zahlreichen Besuche und Flugreisen Johannes Pauls II. ist das vatikanische Wappen und sein eigenes (in Blau ein goldenes „M“ für Maria) weltweit bekannt gemacht worden.

DIE FARBE ROT

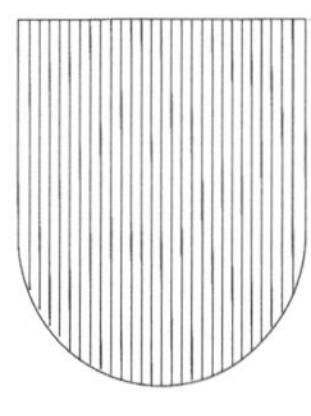

Das heraldische Zinnoberrot wird bei schwarzweißer Darstellung durch vertikale Schraffur wiedergegeben. Diese Darstellungsweise soll nach symboltheoretischen Quellen folgende Bedeutung haben: die vertikale Linie ist nichts anderes als eine verkürzte Form der emporzüngelnden Flamme, die das Rot ausmacht. Gleichzeitig symbolisiert sie auch das männliche Prinzip, den Phallus, das Zepter, den Marschallstab, die Lanze und damit die Standhaftigkeit, das Sich-nicht-Ergeben. Das konverse Symbol – die waagrechte Linie – finden wir weiter unten im Blau. (Eisenoxid – Rötel – war schon dem Urmenschen zugänglich, während die Farbe Blau erst viel später, mit dem pflanzlichen Indigo, verbreitet wurde.)
Die Farbe Rot muß natürlich in erster Linie im Zusammenhang mit dem Symbol des

Blutes gesehen werden. Und gerade bei der Analyse der staatlichen und politischen Symbolik Österreichs muß dem Symbol des Blutes nachgegangen werden, wird doch die Entstehung der rot-weiß-roten Farben gerne mit einer blutigen Legende (Schlacht von Akkon, 1191) verbunden, mit der wir uns jedoch an anderer Stelle (vgl. S. 83 ff.) beschäftigen wollen.

Blut gilt von altersher als Sitz des Lebens bzw. der Seele, als Lebensprinzip schlechthin. So ließen die Griechen Blut in die Gräber tropfen, um den Schatten der Toten neue Lebenskraft zuzuführen. Der antike Seher versetzte sich in Ekstase, indem er Blut trank.

Im germanischen Mythos wurden die Runen durch rote Farbe magisch belebt (altangelsächsisch teafor = Mennige: rotes Bleioxid, wie es in Rostschutzmitteln verwendet wird. Davon kommt das deutsche Wort „Zauber").

Nach 2 Moses 12,7–13 sollte das von den Juden in Ägypten an die Türpfosten gestrichene Blut des Passahlammes den Bund mit Gott erneuern. In 3 Moses 17,11–12 wird ebenfalls auf die Bedeutung des Blutes als Opferzeichen verwiesen. Die Farbe des eingetrockneten Blutes wurde später von Homer und Plinius zum Symbol „höchsten Ruhms" hochstilisiert.

Durch den Kreuzestod Christi erlangte Blut in Lehre und Praxis des Christentums eine besondere Bedeutung: austauschbar mit dem – ursprünglich wohl roten – Wein der Eucharistie, wurde es zum Symbol der Erlösung.

Auch im Begriff der Blutsbrüderschaft kommt die symbolische Kraft des Blutes zum Ausdruck. Bis heute lebt das Symbol des Blutes als Träger ewigen Lebens in der Dracula-Legende fort.

Negativ besetzt ist das Blut menstruierender Frauen – sie waren bei vielen Naturvölkern bestimmten Absonderungs- und Reinigungsvorschriften unterworfen.

Zu großer verführerischer und zerstörerischer Wirkung führte das Blutsymbol im Nationalsozialismus; einerseits als symbolische Basis des Rassenwahns: jüdisches Blut und Erbgut wurden als minderwertig erklärt, Verkehr zwischen „Ariern" und „Nichtariern" galt als „Rassenschande", „Blut und Boden" waren Sinnbilder für den Expansionsdrang und die Mythologie des NS-Regimes. Andererseits spielte das Blutsymbol in der Aufbauphase der NSDAP und im gesamten Hitler-Militarismus eine entscheidende Rolle (vgl. dazu den Mythos der „Blutfahne", S. 78).

Rot symbolisiert Aggression und Krieg, aber auch Organisation und Ordnung – daher wohl auch die Beliebtheit dieser „männlichen" Farbe im politischen Bereich. Als Farbe urtümlicher Vitalität steht Rot auch für das materiell-stoffliche Prinzip.

Rot bezeichnet in der Wappenkunde Dienst am Vaterland, militärische Tapferkeit und Großmut, aber auch das Opfer des Märtyrers. Die roten Zahlen in unseren Kalendern gehen ebenso darauf zurück wie der Kardinalspurpur. Der Zusammenhang mit dem schon beschriebenen Blutsymbol ist nicht zu übersehen. Schon seit der Antike ist Rot aber ebenso auch die Farbe des Lebens, der Leidenschaft und der Liebe; diese Bedeutung hat Rot heute noch, im roten Muttertagsherz und im Strauß roter Rosen, die man der Geliebten bringt. Vor allem aber ist es die Farbe des Herrschens und der Macht – in einer patriarchalisch bestimmten Geschichte natürliches Symbol des Männlichen.

Vergegenwärtigen wir uns anhand des schon erwähnten Purpurmantels den leichten Übergang vom Herrschersymbol zum Symbol für die blutigen Strafen an Leib und Leben: Gott Vater trägt in der christlichen Ikonographie einen roten Überwurf als Zeichen seiner universellen Machtausübung und Liebe; der rote Mantel zierte aber auch die römischen Kaiser, Konsuln und Feldherren (Rot ist in der mittelalterlichen Kunst damit auch zur Farbe Roms geworden). In der Passion Christi ist ein Purpurmantel das Zeichen für die Verspottung Jesu als „König der Juden". Auch der Mantel des mittelalterlichen Henkers war blutrot. Bis auf den heutigen Tag ist der Talar des Staatsanwaltes mit einem roten Saum versehen, ebenso sind die Roben der Höchstrichter in manchen Staaten rot – Hinweise auf die zumindest früher in der Blutgerichtsbarkeit gipfelnde Macht des Staates.

Rot mußte so auch zum Signal für „Gefahr" werden, was sich ja bei jeder Verkehrsampel und bei jedem Eisenbahnsignal beobachten läßt.

In durchaus ambivalenter Konnotation tritt uns Rot als Farbe der Prostitution entgegen – schon in der Bibel ist Rot Symbol der Sünde. Die große Hure Babylon (Offenbarung 17,4) ist in Purpur und Scharlach gekleidet und reitet auf einem „scharlachroten Tier voll Lästerungen". Auch heute zeigt die rote Laterne den Weg ins Bordell. Rot ist die Farbe des Teufels oder – in gemilderter Form – der Krampusfeier.

Rot kann also vom gerechten/brutalen Herrschen bis zur aufopferungsvollen/unbändigen Liebe reichen. Es ist in jedem Falle eine aktive und aggressive Farbe. Daher ist Rot auch zur Farbe der proletarischen Revolution und zur Farbe von Sozialismus und Kommunismus geworden, deren Strahlkraft sich dann auch der Nationalsozialismus bediente, wie wir weiter unten sehen werden.

Wir haben uns sehr ausführlich mit dem Ursymbol „Rot" und seinem offensichtlichen Zusammenhang mit dem Ursymbol „Blut" auseinandergesetzt. Doch gebietet die äußerst wichtige Rolle, die diese Farbe im politischen Bereich spielt, eine weitere Konkretisierung.

Die rote Farbe überragt alle anderen durch ihren aggressiven und Aufmerksamkeit heischenden Charakter. Sie ist deshalb seit der Antike gerade im politischen Bereich von besonderer Bedeutung gewesen. Die Edda berichtet davon, daß das Aufziehen eines roten Schildes an einem Mast als Kriegserklärung aufzufassen war. (Wenn heute auf einem Truppenübungsplatz scharf geschossen wird, wird ebenfalls ein warnendes Zeichen hochgezogen – in Österreich ein rot-weiß-roter Korb.)

Im Mittelalter signalisierte das Rot die Blutgerichtsbarkeit – die Stempelfarbe des Todesurteils war deshalb ebenfalls rot. Wie schon erwähnt, ist noch heute der Talar des Staatsanwaltes rot eingesäumt. In der Neuzeit waren es die roten Mützen der Jakobiner, die die Revolution ankündigten.

Zu Beginn des 19. Jahrhunderts wurde Rot zur Farbe der Arbeiterbewegung. Die Kommunisten nannten sich selbst „Rote" und trugen bei ihren Aufmärschen rote Fahnen.

Im russischen Bürgerkrieg konnten die „Roten" symbolstrategisch darauf zurückgreifen, daß „krassnij" (rot) denselben Stamm wie „prekrassnij" (schön) oder „krassiwij" (hübsch) hat, während ihre Gegner, die „Weißen", wohl eher Blässe oder den allgegenwärtigen Schnee als Assoziation ins Treffen führen konnten. Die „Rote Armee" hat durch ihren Blutzoll im Zweiten Weltkrieg ihrem Namen alle Ehre gemacht.

Das Kampfblatt sowohl der deutschen als auch der österreichischen Kommunisten der Vorkriegszeit hieß „Rote Fahne".

Umgekehrt wurde „Rot" zur angstvollen Bezeichnung des Gegners bei der Bourgeoisie. Der behauptete „Sturm auf die roten Rathäuser" hat der CDU bzw. der ÖVP bei mancher Kommunalwahl symbolpublizistisch Schützenhilfe geleistet.

Vom demokratischen Sozialismus wurde die rote Farbe ursprünglich genauso verwendet wie von den Kommunisten: die Sozialdemokraten haben sich allerdings nach und nach von der Tradition der roten Farbe losgesagt, ohne daß dies im allgemeinen politischen Sprachgebrauch viel verändert hätte: noch heute ist die Bezeichnung „die Roten" – als Auto- und Heterostereotyp – gang und gäbe. Und in der Traditionspflege der Sozialdemokraten wird die rote Fahne wohl noch viele Jahrzehnte ihre Bedeutung behalten, zumindest in Wien, beim Aufmarsch am 1. Mai.

Rot spielte aber auch im Nationalsozialismus eine bedeutende Rolle. Hitler schien selbst von der Wirksamkeit der roten Farbe und der roten Fahne sehr beeindruckt. So schreibt er in „Mein Kampf“:

> *Ja, wie oft sind sie damals buchstäblich in Kolonnen hereingeführt worden, unsere Freunde von der roten Farbe ... Schon die rote Farbe unserer Plakate zog sie in unsere Versammlungssäle. Das normale Bürgertum war ja ganz entsetzt darüber, daß auch wir zum Rot der Bolschewiken gegriffen hatten, und man sah darin eine sehr zweideutige Sache ... Wir haben die rote Farbe unserer Plakate nach genauem und gründlichen Überlegen gewählt ...*[1]

Hitler befaßte sich auch mit den diversen Farbkombinationen, die für die Fahne der NSDAP und ihr Parteiabzeichen in Erwägung gezogen wurden. Wir haben an anderer Stelle dargelegt, daß in der Realität nicht alles genau so ablief, wie es Hitler in seinem Buch darstellt (vgl. das Kapitel über das Hakenkreuz, S. 263 ff.), doch ist es ein Faktum, daß die Farbe Rot bewußt betont wurde:

> *Als nationale Sozialisten sehen wir in unserer Flagge unser Programm. Im Rot sehen wir den sozialen Gedanken unserer Bewegung, im Weiß den nationalistischen, im Hakenkreuz die Mission des Kampfes für den Sieg des arischen Menschen und zugleich mit ihm auch den Sieg des Gedankens der schaffenden Arbeit, die selbst ewig antisemitisch war und antisemitisch sein wird.*[2]

Unter Hitler wurde somit das Hakenkreuz – wie bereits in der pränationalsozialistischen Thule-Gesellschaft – in eine rote Fahne gesetzt, die Propaganda der NSDAP (Lastwagen, Plakate) wurde mit möglichst viel Rot unterlegt – einerseits seiner physiologisch/psychologischen Werbewirksamkeit wegen, andererseits, um auch die Arbeiterschaft zur Mitarbeit in der neuen nationalsozialistischen Bewegung zu bringen. Durch die Verbindung mit Weiß und Schwarz ergaben sich dabei gleichzeitig die Reichsfarben der wilhelminischen Zeit, womit die Nationalsozialisten auch die deutschnationale Wählerschaft, allen voran die ehemaligen Kriegsteilnehmer, in der Zeit nach Versailles anzusprechen vermochten.

In der österreichischen Symbolgeschichte spielt Rot nicht nur eine bedeutsame Rolle als Ursprung der Nationalfarben Rot-Weiß-Rot, sondern auch eine ebenso wichtige Rolle im Aufeinandertreffen der großen weltanschaulichen Lager, insbesondere in der Ersten Republik. Wir werden auf die Bezeichnungen „die Roten“ und „die Schwarzen“, „die Blauen“ und die „Braunen“ zurückkommen – genauso wie auf die „Gelben“ und – neuerdings – die „Grünen“.

DIE FARBE BLAU

Das Kobaltblau oder Ultramarinblau der Heraldik wird in schwarzweißer Form durch eine horizontale Schraffur dargestellt.

Wie schon bei der Behandlung des senkrecht schraffierten Rot angedeutet, bedeutet die waagrechte Linie als Ursymbol das weibliche Prinzip. Zunächst gilt die liegende Strecke als Symbol für den Horizont und die Erdoberfläche, dann für den ruhigen, blauen Wasserspiegel. In der Zeichensprache des Fahrenden Volkes („Zinken“) ist der waagrechte Strich die Aufforderung, sich zu ergeben, die Waffen niederzulegen, sich „weiblich“ zu geben. Der vertikale Strich fordert hingegen zum „männlichen“ Verhalten, zum Widerstand, zum Kampf auf.

Durch seinen Bezug zum Himmel und zum Meer weist Blau auf das Unendliche, auf

[1] Adolf Hitler, Mein Kampf. München 1938, 541 f.

[2] Hitler, Mein Kampf, a. a. O., 557

die Ewigkeit hin. Der Farbe Blau wird aber auch Wahrheit und Festigkeit und damit Treue und Beständigkeit zugeschrieben.
Treue signalisiert das Blau auch in mittelhochdeutschen Dichtungen, in der „Frau Staete", die Allegorie der Stetigkeit, einen blauen Überwurf trägt. Blau ist deshalb die Farbe des Sakraments der Ehe. Wir kennen Blau sowohl als die Farbe des Vergißmeinnichts – offenbar eine Ableitung aus dem bei Blau mitschwingenden Treuegedanken – als auch der Kornblume, der wir eine eigene Betrachtung widmen werden (siehe S. 400 f.).
Je lichter das Blau, umso mehr symbolisiert es Reinheit; daher auch der immer hellblaue Mantel Mariens. Ihre oftmalige Darstellung auf der Mondsichel läßt Blau ebenfalls als geeignete Farbe für Maria erscheinen. Für das Jesuskind bildet das Blau eine zärtliche, beruhigende, kühlende Umgebung. Dazu tritt das Silber der Mondsichel – wie wir oben gesehen haben, ist Silber das „weibliche" der beiden Metalle und der Mond das „weibliche" der beiden Gestirne. Es ist daher nicht verwunderlich, daß sich die Farben Blau-Weiß auf den Abzeichen und Fahnen der Marianischen Kongregation finden. Die gleiche Farbkombination wurde für das an viele Tausende Mütter verliehene „Ehrenkreuz der deutschen Mutter" gewählt: Sowohl das Kreuz als auch das Band waren in der Kombination Blau-Weiß gehalten (vgl. das Kapitel über Orden und Ehrenzeichen, S. 213 ff.).
Als Farbe des Universums kann Blau aber auch zur Farbe des Herrschergottes werden – so bei Wotan, der in der Edda, dem nordischen Heldenepos, einen blauen Mantel trägt. Blau wurde mit Jupiter assoziiert, und schon manche ägyptische Götter trugen blaue Bärte.
Als die Himmelsfarbe ist Blau tiefenpsychologisch Symbol für seelische Gelöstheit und überlegene Lebensgestaltung. Die Farbe Blau gewährt Schutz und stößt Negatives (auch Insekten!) ab, sie gilt als apotropäisch, also Böses abweisend; vielleicht ist sie deshalb so populär als Signalfarbe der Rettungsfahrzeuge.
Schwenkt die Konnotation ins Negative um, signalisiert Blau zunächst das Irreale, Phantastische – so in der „Blauen Blume" der Romantik, die bei Novalis („Heinrich von Ofterdingen") als Zeichen für eine unstillbare, in die Ferne gerichtete Sehnsucht und für die Romantik schlechthin steht. Vergleiche auch: „Fahrt ins Blaue", „ins Blaue hineinreden", „das Blaue von Himmel erzählen".
Schon im Mittelalter standen den guten Engeln (in Rot) schlechte Engel (in Blau) gegenüber. Auch im Islam ist Blau die Farbe der Verbrecher am jüngsten Tag. Als „Gegengift" werden daher im Orient noch heute blaue Amulette (Augen) als Mittel gegen den bösen Blick verwendet.
Blau war die Farbe der spanischen Falangisten und der irischen Faschisten: Im Gegensatz zum Schwarz der italienischen Faschisten entschied der spanische Falangistenführer Primo de Rivera anläßlich seiner Wahl zum „Caudillo" am 6. 10. 1934: „Die Falange de las J. O. N. S. muß jetzt noch mehr als vorher eine geschlossene, feste und mannhafte Organisation sein. Für uns ist eine einfache, strenge und proletarische Hemdfarbe angebracht. Ich befehle hiermit, daß wir ein blaues Hemd tragen."
In Irland wurde 1931 eine „Nationalgarde" ins Leben gerufen, die blau uniformiert war und den faschistischen Gruß verwendete. Aus ihr ging die „United Ireland Party" hervor, deren „Jugendliga" in Anlehnung an das Festland ebenfalls faschistische Formen pflegte.
Die „blaue Kluft" der Arbeitswelt übte offenbar einen starken Einfluß auf die Symbolstrategie „proletarischer" Organisationen aus. Das blaue Hemd ist bis auf den heutigen Tag Symbol der kommunistischen – zum Teil auch jungsozialistischen – Jugendorganisationen geblieben.
Seit dem Ende des Zweiten Weltkrieges wurde Blau im nunmehr obsoleten kommuni-

stischen Machtbereich als universelle „Friedensfarbe“ verwendet. Ein helles Blau diente als Grundfarbe bei zahlreichen „Weltfriedenskongressen“ und anderen Werbeveranstaltungen der Kommunisten. Begleitet war es von der zumeist weiß dargestellten „Friedenstaube“, die auf antike Vorbilder zurückgeht.
In der Gegenwart hat Blau eine wichtige Funktion im internationalen Bereich: als Farbe der Vereinten Nationen signalisiert sie deren friedensstiftende und friedenserhaltende Funktion. „Blauhelme“ – auch aus Österreich – stehen an vielen Waffenstillstandslinien in drei Kontinenten. Aber auch die Symbolik der europäischen Einigung beruht auf der Farbe Blau, in dunklerer Schattierung als die UNO-Farbe. (Vgl. hiezu die Kapitel über die UNO- und die Europa-Symbolik, S. 415 ff.)
Seit etwa 1850 führt das Passagierschiff, das die höchste Durchschnittsgeschwindigkeit bei der Atlantiküberquerung zuwege bringt, das „Blaue Band“. Der Ursprung dieser Trophäe ist unbekannt. (Formell hat die „United States“ diese Auszeichnung 1952 zum letzten Mal erobert, obwohl dasselbe Schiff im August 1968 mit einem Schnitt von 42 Seemeilen/Stunde seinen eigenen Rekord noch einmal übertraf.) Berühmte Schiffe wie die „Lusitania“, die „Bremen“, die „Normandie“ und die „Queen Mary“ haben ebenfalls das Blaue Band geführt.
In Österreich war die Bedeutung der Farbe Blau in Heraldik und Staatssymbolik immer schon überraschend gering – das blutvolle Rot-Weiß-Rot im Banner eines typisch in sich selbst gekehrten Binnenlandes („. . . liegst dem Erdteil du inmitten, einem starken Herzen gleich . . .“) verträgt sich offenbar nicht mit einem in die Weite orientierten Blau, wie es die Flaggen der großen seefahrenden Nationen Europas charakterisiert: Von Norwegen und Schweden über die Niederlande, Großbritannien und Frankreich bis nach Griechenland – sie alle haben zumindest einen Drittelanteil Blau in ihren Nationalflaggen. Heraldiker werden eine andere Erklärung wissen: die Farbkombinationen Österreichs gehen auf frühe mittelalterliche Vorbilder zurück, die sich immer wieder an den „Herrscherfarben“ Gold, Silber und Rot orientiert haben. Damit aber steht aber auch etwas anderes fest: „Liberale“ Farbelemente (blau, grün) gibt es in der gesamten österreichischen Staatssymbolik so gut wie keine – ähnlich wie es auch praktisch keine „demokratischen“ Symbole (Sterne und Rautenmuster) gibt.
Das dunkle Marineblau war selbstverständlich die Uniformfarbe der k. u. k. Kriegsmarine. Da Österreich aber längst keinen Zugang zum Meer mehr und fast keine Binnenschiffahrt hat, ist das Marineblau als Symbolfarbe kaum mehr relevant. Aber auch der „Rock des Kaisers“, die altösterreichische Offiziers- und Beamtenuniform, war blau. Diese Farbe ist – wahrscheinlich mit voller Absicht – aus dem gesamten Bereich der Exekutive verschwunden. Weder bei der Gendarmerie noch bei der Polizei noch beim Bundesheer spielt Blau eine Rolle, auch nicht bei der Fliegertruppe. Das Uniformblau Altösterreichs überlebte nur mehr bei der Post und in den Matrosenanzügen der Wiener Sängerknaben, den friedlichen Botschaftern unseres Landes.
Blau findet sich in einem einzigen Länderwappen: im uralten Fünfadlerwappen Niederösterreichs.
Blau ist an der „blauen“ Donau die Parteifarbe der Freiheitlichen; Lichtblau wurde vom Liberalen Forum gewählt. Diese Farben leiten sich, wie weiter unten genau geschildert werden wird, von der Kornblume der frühen Deutschnationalen ab.

Die Farbe Grün

Grün wird in schwarzweißer Schraffur durch schrägrechte Linien dargestellt.
Grün ist die Farbe des Frühlings, der erwachenden Natur, der Fruchtbarkeit, des Wachstums und damit der Hoffnung. Im Judentum/Christentum finden sich viele Hin-

weise auf die Hoffnungsträchtigkeit der Farbe Grün (Jesus Sirach 40, 22; Apokalypse 4, 3). So wurde im Mittelalter das Kreuz Christi vielfach auch in Grün dargestellt. In der Ikonographie symbolisiert Grün Hoffnung, neues Leben, den Kosmos, aber auch die Beschaulichkeit. In einer weiteren Bedeutungsebene ist Grün das Symbol der Eucharistie. Grün ist – wie der noch zu behandelnde Purpur – eine Mischfarbe, keine Grundfarbe. Als Ursymbol bedeutet Grün daher eine Kombination zweier Gegensätze: Blau, die kühle Farbe des Intellekts bzw. des Himmels mischt sich mit Gelb, der wärmeren Farbe des Irdischen bzw. der Sonne, zur Farbe einer gleichgewichtigen Daseinsentfaltung: Hoffnung und Wiedergeburt eingeschlossen. Grün symbolisiert insofern auch die Jugend, als es der Reife bis zum goldgelben Korn bedarf (vgl. „Greenhorn" und „Grünspecht"). Grün ist Erneuerung, Wiederkehr, Ausdauer, Stabilität und langes Leben, ja Unsterblichkeit. So werden etwa einige der Heiligen auf Dürers „Allerheiligenbild" in grünen Gewändern dargestellt und tragen grüne Palmzweige. Für die mittelalterliche Mystikerin Hildegard von Bingen (1098–1179) war das Grün des Smaragds die Farbe der keimenden Natur und der Lebenskraft. Grün ist heute daher nicht von ungefähr die Farbe für „freie Fahrt".

Grün reicht freilich auch von „Moosgrün" bis „Giftgrün". In negativer Bedeutung meint Grün weniger das Unreife als vielmehr das in den Tod Übergehende: Grün gilt als Farbe von Giften und von Verwesungserscheinungen. In der Alchimie ist der grüne Drache das Symbol für scharfe Lösungsmittel, wie etwa Königswasser; die grünen Augen des Basilisken können den Tod bringen.

Die positiven Eigenschaften von Grün gelten nicht nur für den euopäischen Kulturraum, sondern in noch intensiverer Weise für den islamischen Bereich. Grün findet sich daher in vielen arabischen, afrikanischen und asiatischen Emblemen. Der Koran verheißt dem Gläubigen das Paradies mit „grünen Wiesen und sprudelnden Quellen" – gerade für nomadisierende Wüstenvölker wohl der Inbegriff der Zuversicht und des Glücks. Grün soll auch der Mantel des Propheten Mohammed gewesen sein. Dieser wurde sogar dadurch vor einem Mordanschlag gerettet, daß sein Schwiegersohn Ali sich den grünen Mantel überzog und damit die Verfolger ablenkte.

Grün wurde so zur allgemeingültigen Farbe der arabischen Bewegung.

Für die Politik Europas bedeutsam ist die Farbe Grün als Farbe der „smaragdenen" (engl. emerald) Insel Irland, der „Grünen Insel". In ihrem jahrhundertelangen Unabhängigkeitsbestreben gegen die britische Dominanz wurde das Grün des irischen Kleeblatts zu einer Kampffarbe, der das ebenso kämpferische Orange der Nordiren gegenüberstand. Als Sinnbild früherer Versöhnungsversuche zwischen den Katholiken der Republik und den Protestanten Nordirlands entstand die grün-weiß-orange Trikolore.

Grün hat in vielen Fällen seine Funktion als Hoffnungs- und Freiheitsfarbe erfüllt. Hiezu einige Beispiele:

- In den Separationsbestrebungen gegen den Vatikanstaat wurde 1796 in Reggio Emilia das Blau der französischen Trikolore demonstrativ durch Grün ersetzt. Daher die Flagge Italiens. Im Rathaus von Reggio befindet sich ein diesbezüglicher Gedenkraum.
- Drei Schweizer Kantone (St. Gallen, Thurgau und Waadt) nahmen Grün als Farbe der Freiheit in ihre Flaggen. Im Wappen des Waadtlandes (Vaud) prangt dazu noch die Devise: „Liberté et Patrie".
- Bulgarien modifizierte 1878 die panslawischen Farben weiß-blau-rot, indem es das Blau durch Grün ersetzte. Dadurch entstand das heute noch gebräuchliche weiß-grün-rot.

Wen wundert es da noch, daß in einem einzigen österreichischen Bundesland Grün Wappen- oder Flaggenfarbe ist, und zwar in der freiheitsbewußten Steiermark, deren

Wälder hoffentlich ebenso lange grün bleiben mögen wie die Farben ihres Wappens und ihrer Flagge! Grün hat somit in der österreichischen Symbolgeschichte ähnlich wie Blau eine eher singuläre Bedeutung: das Wappen der „Grünen Mark“ zeigt den steirischen Panther im grünen Feld.
Grün war zusammen mit Braun eine der Farben der ungarischen Faschisten, zuletzt bei den 1933 mit anderen Gruppen vereinigten Pfeilkreuzlern. Weiß-Grün waren die Farben der österreichischen Heimwehren.
Die ökologische Bewegung hat sich die Farbe Grün als Symbol für die Erhaltung der natürlichen Ressourcen und der gesunden Lebensweise gewählt.

Die Farbe Braun

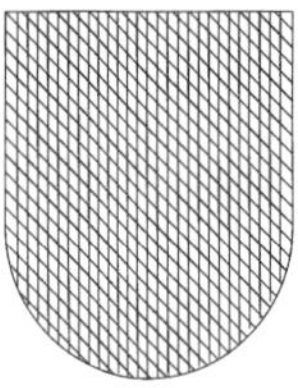

Die Farbe Braun hat von allen Farben die kürzeste Symbolgeschichte. Sie ist wie Orange ein „Außenseiter“ in der strengen Heraldik. In Schwarzweißdarstellungen erhält sie ein Strichmuster, das aus vertikalen Linien (= Rot) überlagert von schrägrechten Linien (= Grün) besteht. In der Tat ist das ja auch die Methode, Braun durch Farbmischung zu erhalten.
Zunächst wird Braun als Farbe des Erdbodens mit der Erde als dem fruchttragenden Element, aber auch dem Bestattungsort verbunden. Sie erhält dadurch einen bodenständigen, heimatverbundenen Charakter.
Das dunkle Braun als Farbe einiger katholischer Orden läßt sich als Symbol dafür interpretieren, daß die Welt, das Irdische, für den Ordensmann/die Ordensfrau „gestorben“ ist oder daß er/sie zu einer besonders einfachen, urtümlichen Lebensart gefunden hat. Braun ist somit auch die Farbe der Buße und der Weltverleugnung.
Im Volkslied erhält die Farbe Braun hingegen einen erotischen Beigeschmack: das „braune“ oder „schwarzbraune“ Mägdelein wird dort gerne besungen. Wahrscheinlich galten unter den vielen blonden und blauäugigen Mädchen im germanischen Siedlungsraum die wenigen dunkelhaarigen, braun- bis schwarzäugigen als besonders attraktive Partnerinnen. Der dunkleren „Rasse“ wird ja von der helleren in der Regel besonderer Reiz („rassige Südländerin“) zugesprochen.
Braun gilt als „kraftvoll, derb und gesund.“ Man leitet aus dieser eher männlichen Farbe eine Assoziation zum „nicht durch Kultur Angehobenen“, somit „Ursprünglichem, Inferioren“ ab.
Durch das Anfang 1925 eingeführte Braunhemd wurde Braun zur Grundfarbe des Nationalsozialismus: Parteifunktionäre und SA, Hitlerjugend und Arbeitsdienst trugen braune Uniformen. (Über die Entstehung des Braunhemdes vgl. das Kapitel über die faschistischen Symbole, S. 255 ff.).
Der Nationalsozialismus hat durch den Gebrauch des Braunhemdes die Farbe des (hellen) Braun in Österreich wahrscheinlich auf Generationen politisch belastet. Nicht betroffen davon ist – wie erwähnt – die dunkelbraune Tracht der Kärntner Männer, der Kärntner Anzug, der wohl das Erdnahe, Heimatverbundene ausdrücken mag.

Die Farbe Schwarz

In der Heraldik wird Schwarz entweder als Schwarz oder als übereinandergelagerte horizontale und vertikale Schraffur, also als enges rechtwinkeliges Gitter dargestellt. Schwarz ist wie Weiß ein Extrem; es kann sowohl den totalen Mangel an Leben wie auch seine gesamte Fülle ausdrücken. Tiefenpsychologisch bedeutet Schwarz das Versinken in völliger Unbewußtheit, im Dunkel, in der Leere oder Ferne, in der Trauer.

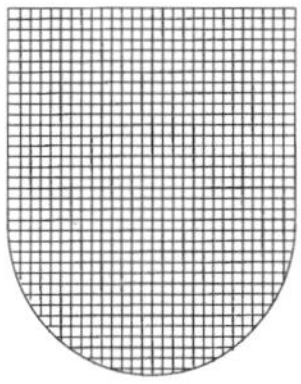

Ursprünglich leitet sich Schwarz zweifellos von der nächtlichen Finsternis ab, wodurch Schwarz automatisch mit den Kräften der Unterwelt in Zusammenhang gebracht wird. Schon bei den alten Ägyptern und bei den Germanen war Schwarz die Farbe des Todes und des Unheils. Begriffe wie „Schwarze Magie" und „schwarzsehen" deuten noch heute darauf hin. Schwarze Tiere gelten als Unglücksbringer. Auch der Teufel als Fürst der Finsternis und Verneinung wird im Christentum schwarz dargestellt. Herodes und Judas erhielten in der mittelalterlichen Kunst einen schwarzen Nimbus (Heiligenschein).
Schwarz war früher die Farbe der Totenmesse und der Karfreitagsliturgie. Schwarz hellt sich jedoch durch Buße zum Grau auf und führt so zum Weiß der Auferstehung. Deshalb erscheint Christus in Deesis-Darstellungen (mit Maria und Johannes beim Jüngsten Gericht) mit einem grauen Mantel bekleidet.
Im Satanskult werden „Schwarze Messen" gefeiert; in Umkehrung der primären Anmutung wird aber der Rauchfangkehrer zum Glücksbringer.
Schwarz signalisiert auch Unordnung und Chaos – vielleicht stammt daher die schwarze Fahne der Anarchisten. Diese kann auch einfach Verneinung des Bestehenden ausdrücken, oder Trauer um versäumte Umgestaltung.
Schwarz erlangte große Bedeutung im spanischen Hofzeremoniell, wodurch sich sein Einfluß bis auf die gegenwärtige, insbesondere „vornehmere" österreichische Mode erklären mag (vgl. das „kleine Schwarze"). Willy Lorenz vermutet, daß die von den Habsburgern aus Burgund nach Spanien und von dort durch Ferdinand I. 1522 nach Österreich gebrachte schwarze Kleidung („Trauer kleidete Spanien") eine unterbewußte Vorahnung der schlimmen Ereignisse des 16. und 17. Jahrhunderts gewesen sein könnte. Die spanischen Zeremonien und strengen Kleidungsvorschriften, die seit Mitte des 16. Jahrhunderts an den meisten Fürstenhöfen in Gebrauch waren, hielten sich auch am Wiener Hof bis in die Zeit Maria Theresias. Erst Joseph II. schaffte die Mantille (Schleiertuch) und die vielen spanischen Theaterstücke ab, von denen die Wiener ohnedies nur zu sagen wußten, „das kommt mir spanisch vor". Alle „antispanischen Säuberungen" überlebt hat die Spanische (Hof-) Reitschule.[1]
Es gibt aber noch eine andere, tiefenpsychologische These über die Beliebtheit von Schwarz in der Damenkleidung bis hin zu erotischen Dessous: die Sexualität vernichtet den Tod, da sie Leben erzeugt. Insofern wird im Mann die Begierde geweckt, sich der teilweise in Schwarz gekleideten Frau zu nähern, da so das Leben weitergegeben werden kann. Vielleicht liegt hier sogar die Erklärung für den sonst rätselhaften, in Europa und Lateinamerika verbreiteten Kult der schwarzen Madonnen (Tschenstochau, Einsiedeln, Montserrat, Guadeloupe etc.), die der üblichen Mariendarstellung so diametral entgegengesetzt sind.
Als Symbol des Verzichts auf weltliche Werte und weltliche Eitelkeit ist die Farbe der heutigen Priesterkleidung das Schwarz. „Schwarz" wurde zum Symbol für christlichsozial und erlangte große Bedeutung als Farbe im Faschismus und Nationalsozialismus; vgl. hiezu das diesbezügliche Kapitel, S. 255 ff.

DIE FARBE PURPUR

Purpur gilt als heraldische Farbe und wird im Schwarzweißmuster durch schräglinke Linien dargestellt.
Purpur ist nicht kardinalsrot, wie dies oft im Sprachgebrauch scheint, sondern eine

[1] Willy Lorenz, AEIOU. Linz 1979, 135 f.
Egon Caesar Conte Corti, Die Kaiserin. Anekdoten um Maria Theresia. Graz 1953

karminrote Farbe. Der Name leitet sich von der Purpurschnecke her, deren Farbstoff sehr kostbar war und daher für die Kleidung von Königen und Priestern verwendet wurde. So wurde der Purpur zum Begriff für Macht, Reichtum und Luxus. Im späten Rom war er den Cäsaren vorbehalten.
Purpur ist ein Mittelding zwischen Rot und Violett. Als solche kommt die Farbe in der deutschen und österreichischen Heraldik selten vor. International geht die Farbe eher ins Violette. Sie wird auf Wappenschilden kaum verwendet, eher für Wappenzelte, Wappenmäntel und für das Futter der Kronen.
Purpur gilt als die majestätischste aller Tinkturen. Es wurde schon bei Blut und Rot, an deren Symbolgehalt der Purpur partizipiert, viel über seine Bedeutung ausgesagt. Im byzantinischen Kulturkreis trägt der Christkönig öfters einen purpurfarbenen Mantel, wohl als Zeichen seiner Allmacht. Auch in anderen Kulturkreisen, z. B. bei den Azteken und Inkas, hatte die Farbe dieselbe Bedeutung: die Majestät des Souveräns auszudrücken.
In esoterischer Bedeutung signalisiert der Purpur höchste Weisheit.
In der in Geltung stehenden österreichischen Heraldik tritt der Purpur als Kronenfutter (Haube) im steiermärkischen und im österreichischen Erzherzogshut sowie im Salzburger Fürstenhut auf.

Die Farbe Violett

Violett existiert in der Heraldik nicht, obwohl man manchmal die Purpurfarbe mit soviel Blau versetzt, daß nicht ein Karminrot, sondern ein Veilchenblau entsteht.
In der mittelalterlichen Kunst steht Violett für das Fasten, die Buße und die Priesterweihe. Diese Farben finden sich in der katholischen Liturgie bis auf den heutigen Tag in der gleichen Bedeutung.
In der politischen Symbolik Österreichs bezeichnet das Purpurfarben-Violette seit dem Ende der Monarchie noch am ehesten den Klerikalismus: hier dominiert die Assoziation mit den in Fastenzeit und Advent getragenen Meßgewändern und den purpurfarbigen oder violetten Verzierungen an den Talaren von Prälaten und Bischöfen. Wie erwähnt, gilt Violett auch als Farbe der evangelischen Kirche.

Die Farbe Orange

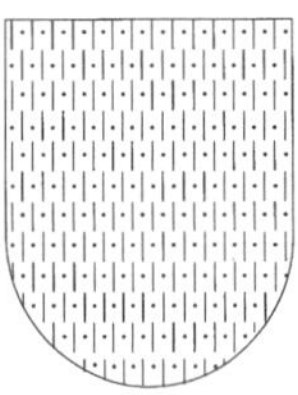

In der strengen Heraldik kann die Farbe Orange, so wie die Farbe Braun, höchstens als „Zaungast" mitmischen. Sie heißt dort auch manchmal noch „Hyazinth" und wird in Schwarzweißdarstellungen durch eine Schraffur ausgedrückt, deren vertikales Strich-Punkt-Muster nichts anderes als die Kombination von Rot und Gelb darstellt, was ja dem tatsächlichen Mischungsvorgang entspricht.
Orange vereinigt als Zwischenton von Rot und Gelb die Bedeutung beider Grundfarben in sich. Es symbolisiert die „humanisierte Staatsgewalt" und die „erotisierte Sexualität", mit anderen Worten: es mildert und „verjüngt" die Eigenschaften des Rot, und es intensiviert die Eigenschaften des Gelb und macht sie „älter". Als Farbe, die in der nördlichen Hemisphäre und ihren gemäßigten Zonen in der Natur nur selten vorkommt, hat Orange einen eigenen, erfrischenden Reiz.
In Flaggen kommt Orange öfter vor, so in den Flaggen Irlands, Indiens, Nigers und Sri Lankas. Nach dem Fürstenhaus Oranje-Nassau war die niederländische Flagge ursprünglich orange-weiß-blau.

In der bundesdeutschen und österreichischen politischen Symbolik trat Orange in der Kombination mit Schwarz früh als Farbe des Kolpingwerks auf, jener katholischen Jungarbeiterbewegung, die der „Gesellenvater", der seliggesprochene katholische Priester Adolf Kolping (1813–1865), im Jahre 1849 begründete. Die Farbzusammenstellung macht durchaus Sinn: sie steht für eine von Priestern in schwarzen Soutanen geführte Arbeiterorganisation, die sich einer gemäßigten Sozialpolitik und Sozialreform verpflichtet fühlt. Und genau das ist die wichtigste politische Bedeutung der Farbe Orange: In den späten sechziger Jahren entfernten sich die SPD und in der Folge auch die SPÖ vom Rot ihrer Gründungszeit und stützten sich insbesondere in der Wahlpropaganda massiv auf Orange. Beide Parteien erzielten damit anfänglich auch gute Erfolge, weil ihr strategischer Weg in die Mitte des politischen Spektrums und ihr neues Selbstverständnis als „linke Volksparteien" durch diesen Farbton symbolpublizistisch wirkungsvoll unterstützt wurde.[1]

SCHWARZ-ROT-GOLD UND SCHWARZ-WEISS-ROT – DEUTSCHLANDS UMKÄMPFTE FARBEN

Die Entstehung der deutschen Nationalfarben wird auf ein Mißverständnis zurückgeführt. Die Jenaer Urburschenschaft trug im Andenken an das Lützowsche Freikorps einen schwarzen Waffenrock („Flaus") mit rotsamtenen Aufschlägen („Vorstoß"). Sie führte eine rot-schwarz-rote Fahne mit einem goldenen Eichenzweig. Diese drei Farben wurden von den Studenten fälschlicherweise für die alten Farben des Reiches gehalten, als die deutsche Burschenschaft 1818 (im Gefolge des hiezu motivierenden Wartburgfestes von 1817) durch Vertreter von vierzehn Universitäten gegründet wurde. Die Studenten beschlossen, die sogenannten „alten Reichsfarben" („in Gold ein schwarzer rotbezungter Adler") landauf landab zu propagieren. Je mehr sich die Restauration gegen diese neuen „Freiheitsfarben" wehrte, umso populärer wurden sie. Sie erschienen auf Kokarden und in Gedichten, und der als Verfasser des Textes zum Deutschlandlied bekannt gewordene Hoffmann von Fallersleben widmete ihnen sogar eine eigene „Deutsche Farbenlehre", nach welcher ein roter Strahl und goldenes Licht aus schwarzer Nacht hervorbrechen würden, um sich im Reichspanier zu vereinen. 1832 erließ der Deutsche Bund ein ausdrückliches Verbot der Farben – wieder mit dem Effekt weiterer Publizität. 1848 brach dann der Sturm los, die Freiheitsfarben ließen sich nicht mehr bändigen. Ferdinand Freiligrath schrieb in seiner Londoner Verbannung folgendes Gedicht:

In Kümmernis und Dunkelheit,
Da mußten wir sie bergen!
Nun haben wir sie doch befreit,
Befreit aus ihren Särgen!

Ha, wie das blitzt und rauscht und rollt!
Hurra, du Schwarz, du Rot, du Gold!
Pulver ist schwarz,
Blut ist rot, golden flackert die Flamme![2]

„Was ist des Deutschen Vaterland" fragte Ernst Moritz Arndt auf einem schwarzen Flugblatt mit goldener Schrift in roter Umrahmung. Solche und ähnliche publizistische Bemühungen verfehlten nicht ihre Wirkung. Die deutschen Fürsten änderten ihre Strategie, und am 13. November 1848 verkündete Erzherzog Johann als Reichsverweser die Annahme der drei Farben als gemeinsame Kriegs- und Handelsflagge des Deutschen Bundes. Doch daraus wurde nichts, denn das Blatt wendete sich erneut. Der Arbeiterschaft waren die Farben Schwarz-Rot-Gold zu bürgerlich, den

[1] Über die verschiedenen einfarbigen Fahnen: rote Fahne (Arbeiterbewegung), schwarze Fahne (Anarchismus), weiße Fahne (Kapitulation, Matura), blaue Fahne (volles Strandbad, sauberer Strand) siehe das Kapitel „Fahnen- und Flaggenkunde", S. 73 ff.

[2] Zitiert nach: Arnold Rabbow, dtv-Lexikon politischer Symbole. München 1970, 219

Preußen waren sie zu „österreichisch". Die ersteren hielten sich an die rote Fahne, die letzteren propagierten ihre „Nationalfarben" Schwarz-Weiß – die alten Farben des Deutschen Ritterordens. Vollends unakzeptabel wurden die großdeutschen Farben für die Preußen, als diese sich im Krieg von 1866 Soldaten mit schwarz-rot-goldenen Armbinden gegenübersahen: Österreich hatte sich die Sehnsüchte der deutschen Jugend zu eigen gemacht und war zu seinem (vergeblichen) Kampf um die Vorherrschaft in Deutschland unter der schwarz-rot-goldenen Trikolore angetreten – ein Umstand, der uns heute kaum mehr bewußt ist, wenn wir überhaupt je davon Kenntnis hatten. Zur Zeit der Republikgründung mag den Menschen davon noch mehr in Erinnerung gewesen sein. So schrieb Hermann Bahr (1863–1934) in seiner 1917 in Berlin erschienenen Betrachtung „Schwarzgelb": „Man muß als kleiner Bub 1866 erlebt und in der Seele noch den finsteren Ingrimm haben, mit dem sich unsere Väter in ihr Schicksal ergaben, in das Ende. Wir sind auf einem Grabe aufgewachsen . . . Deutschland war da, aber Österreich war nicht mehr dabei . . . Österreich war der Zuschauer Europas geworden."[1]

Schwarz-Weiss-Rot

Nach dem Sieg über Österreich entschied sich Bismarck, der mit Recht den Standpunkt vertrat, daß Schwarz-Rot-Gold niemals die Farben des Reiches gewesen waren, am 9. Dezember 1866 für einen Kompromiß: er verband die alten preußischen Farben Schwarz-Weiß mit den hanseatischen Farben Rot-Weiß. Daraus entstand die Handelsflagge des Norddeutschen Bundes, die praktisch bis zum Ende des Ersten Weltkrieges die deutsche Nationalflagge bildete. Zwar blieb im Rheinland und in Süddeutschland Schwarz-Rot-Gold noch in Erinnerung, doch ließ sich nach der Niederwerfung der Franzosen 1870/71 unter der Führung Preußens der Siegeszug von Schwarz-Weiß-Rot nicht mehr aufhalten. Die Flagge stand bald für alles das, was man heute noch unter deutschem Nationalismus und Imperialismus versteht: Machtentfaltung, Kolonialreich, Flottenaufbau, Antisemitismus, Kampf gegen das Proletariat.

Nach dem Ersten Weltkrieg kam es zum sogenannten „Flaggenstreit" der Weimarer Republik. Während die deutsche Sozialdemokratie und das Zentrum mehrheitlich für Schwarz-Rot-Gold eintraten, setzten sich die rechtsstehenden bürgerlichen Parteien, Frontkämpfer, Heer und Flotte für die Bismarck-Farben ein. Ein 1921 ausgehandelter Kompromiß (die Reichsfarben Schwarz-Rot-Gold, die Handelsflagge jedoch Schwarz-Weiß-Rot mit Schwarz-Rot-Gold im mastseitigen Obereck) erwies sich als wenig tragfähig – unversöhnlich standen einander die beiden Farbkombinationen als Symbole von Republik- und Reichsideologie gegenüber. Lachende Sieger in dem eineinhalb Jahrzehnte währenden Streit waren Dritte: die Nationalsozialisten, deren Hakenkreuzfahne immer stärker die Szene beherrschte, bis das Reichsflaggengesetz am 15. September 1935 die Hakenkreuzflagge zum offiziellen deutschen Staatssymbol erklärte.

[1] Hermann Bahr, Schwarzgelb. Berlin 1917, 22

Die ungebrochene Macht der Symbole

Der Begriff „Symbol“ leitet sich vom griechischen „symballein“ ab, das soviel wie „zusammenwerfen“, „zusammenfügen“ bedeutet. „Symbolon“ ist daher das „Zusammengefügte“: unter Gast- und Geschäftsfreunden war es üblich, ein Erkennungszeichen zu vereinbaren, das man durch das Auseinanderbrechen eines Gegenstandes – z. B. eines Ringes – gewann. Jeder der beiden Partner behielt eine Hälfte, deren Bruchlinien genau in jene des anderen paßten. So konnte sich etwa ein Bote authentisch ausweisen oder die Echtheit eines Vertrages nachgewiesen werden. Übertragen bedeutet das Wort also ein wahrnehmbares Zeichen, das stellvertretend für etwas Geistiges, Gedachtes, Geglaubtes steht.

Schon in vorgeschichtlicher Zeit verstand es der Mensch, bestimmte Botschaften durch Symbole auszudrücken. Ob für kriegerische oder kultische, für praktische oder ästhetische Zwecke – der Mensch hat von Beginn seines Menschseins an ein Instrumentarium der Kommunikation entwickelt, das möglicherweise schon vor der ausgeprägten Sprache, jedenfalls aber vor der Entwicklung der Schrift zum Einsatz kam: die Sprache der Zeichen und Symbole. Der deutsche Philosoph Ernst Cassirer (1874–1945) hat den Menschen überhaupt als „animal symbolicum“ bezeichnet, weil er die Fähigkeit zur unbeschränkten Zeichenverwendung besitzt.

Symbole waren und sind integrierende Bestandteile aller Religionen. Auch das Christentum bedient sich ihrer in reichem Maße, seit das erste Fischzeichen in den Katakomben auftrat.

In der Politik sind Symbole spätestens seit den alten Ägyptern (z. B. die Sonnensymbole Echnatons) und den Römern (z. B. der Legionsadler) nachweisbar. Besondere Bedeutung erlangten die politischen Symbole seit dem 12. Jahrhundert, als die Heraldik aufkam, ein komplexes System von Regeln, das die Grundlage für die Verwendung von Flaggen, Fahnen und Wappen bis in unsere Tage bildet (s. S. 15 ff.).

In der modernen Zeit wird das Wort „Symbol“ in verschiedenster Bedeutung gebraucht, vom mathematischen oder chemischen Symbol über international verständliche Abkürzungen bis in den Bereich der Tiefenpsychologie. Auch die Werbung wäre ohne Symbole nicht denkbar, da es in einer stark auf bildliche Reize ausgerichteten Zeit sehr darauf ankommt, optisch präsent zu sein. So wird die „corporate identity“, d. h. der Ausdruck des generellen Wollens eines Unternehmens, in ein „Logo“ – eine konzise Bild- und/oder Schriftkombination mit genau festgelegter Farbgebung – gepreßt und so oft wie möglich werblich kommuniziert. Den Erfolg einer solchen Vorgangsweise kann man an der spontanen Wirksamkeit etwa des Mercedes-Sterns oder des ORF-Auges ablesen. Von großer Wichtigkeit für die Wirkung eines Symbols ist somit die sekundenschnelle „Dechiffrierbarkeit“ durch den Betrachter.

Unter dem Begriff „Symbol“, wie er in diesem Buch verwendet wird, ist ein Sonderfall des „Zeichens“ schlechthin zu verstehen. Leider erlaubt es der Umfang unserer Betrachtung nicht, näher auf die Erkenntnisse der Semiotik, der Wissenschaft von den Zeichen, einzugehen. Der an näheren Informationen über Semiotik Interessierte sei auf die grundlegenden Werke von Ernst Cassirer, Charles Morris und Umberto Eco verwiesen.

Für den 1961 verstorbenen Tiefenpsychologen C. G. Jung ist ein Wort oder Bild „symbolisch", wenn es mehr enthält, als man auf den ersten Blick erkennen kann. Ein Symbol ist ein Zeichen, „das uns im täglichen Leben vertraut sein kann, das aber zusätzlich zu seinem konventionellen Sinn noch besondere Nebenbedeutungen hat. Es enthält etwas Unbestimmtes, Unbekanntes oder für uns Unsichtbares . . . einen ‚unbewußten' Aspekt, den man wohl nie ganz genau definieren kann." In seinem Buch „Der Mensch und seine Symbole" hat Jung die Theorie aufgestellt, daß das menschliche Bewußtsein über einen Schatz an vorbewußten, kollektiv ererbten und nicht individuell erworbenen *Ursymbolen* verfüge, die er „Archetypen" nennt. Diese „archaischen Überreste" oder „Urbilder" bedeuten die angeborene Tendenz, bestimmte Motive zu formen, ohne diesbezügliche „empirische" Erfahrungen zu haben. Es handelt sich dabei also um eine Art „inneren Instinkt", der sich in Phantasien, Träumen und symbolischen Bildern manifestieren kann. Diese „inneren Erscheinungen" tauchen jederzeit auf, überall in der Welt, ohne daß man ihren Ursprung kennt.[1]

Ohne näher auf diese Theorie eingehen zu wollen, sollte doch die Möglichkeit festgehalten werden, daß gewisse Symbole – Farben, Formen, Gestalten, Pflanzen, Tiere und Personen, ja ganze Bilder und Bildfolgen –, wenn sie vom Menschen wahrgenommen werden, nicht nur emotionelle und kognitive Prozesse auslösen können, die auf erworbene Bewußtseinsinhalte zurückgehen, sondern auch Saiten zum Klingen bringen können, die in einer „kollektiven Seele" der Menschheit, also weit im Vorbewußten der „Einzelseele" gespannt wurden. Es soll aber nicht verschwiegen werden, daß sich natürlich auch wohlbegründete Gegentheorien zu den Jungschen Thesen vom „kollektiven Unbewußten" und von den „Archetypen" gebildet haben.

Starkes Interesse für Symbole findet sich auch in der Theologie, da gerade die Religion auf die Verwendung von Zeichen mit tieferer Bedeutung sehr viel Wert legt.[2]

Nach Paul Tillich[3], der sich sehr viel mit der Theologie der Zeichen befaßte, ist zwischen „diskursiven" und „repräsentativen" Symbolen zu unterscheiden. Während die ersteren gängige Kürzel für verschiedene praktische und wissenschaftliche Zwecke meinen, stammen die „repräsentativen" Symbole aus dem kulturellen und öffentlichen Bereich. Sie stehen für religiöse, politische oder künstlerische Ideen, stellen den Sinn gesellschaftlicher Bewegungen bildlich dar und bedürfen zu ihrer Wirksamkeit der Anerkennung durch die Gemeinschaft. Immer versuchen sie mehr zu vermitteln, als bloße kognitive Wahrnehmung vermitteln kann. Sie haben also in der Regel die Intention, das Gefühl mindestens ebenso anzuprechen wie den Verstand. Darin liegt das Geheimnis ihrer Wirksamkeit, darin liegt ihre Chance, Ordnung und Identität zu stiften, darin liegt aber gleichzeitig auch die Gefahr des Mißbrauchs, die Gefahr, daß ein Symbol Träger zerstörerischer, inhumaner Kräfte wird. In diesem Sinn wird das Wort „Symbol" in unserem Buch verwendet werden.

Nachdem wir verschiedene Versuche der Annäherung an eine allgemeine Definition des Begriffs „Symbol" unternommen haben, bei denen uns klar geworden ist, daß es im Falle des Symbols um eine Form der Kommunikation geht, die bei äußerst verknappter Form einen emotional und/oder kognitiv oft breit gefächerten Inhalt zu vermitteln sucht, wollen wir uns anhand einer Reihe von Beispielen über den Charakter

[1] C. G. Jung, Der Mensch und seine Symbole. Olten – Freiburg 1984
[2] Vgl. Stephan Wisse, Das religiöse Symbol. Essen 1963 (mit ausführlichem Literaturverzeichnis)
[3] Paul Tillich, Symbol und Wirklichkeit. Göttingen 1966

und die Bedeutung verschiedener allgemeiner Symbole klar werden. Um den Zusammenhang mit den später zu behandelnden politischen Symbolen und den nationalen Symbolen Österreichs zu wahren, soll dabei nur – in alphabetischer Reihenfolge – auf solche Beispiele eingegangen werden, die für die spezielle Symbolgeschichte Österreichs von Bedeutung sind. Es sind dies zum einen „Ursymbole" im weitesten Sinn des Wortes, zum anderen bestimmte heraldische Symbole.

DER ADLER

Der mächtigste König im Luftrevier ist des Sturmes gewaltiger Aar. Die Vöglein erzittern, vernehmen sie sein rauschendes Flügelpaar. Wenn der Löwe in der Wüste brüllt, so erzittert das tierische Heer . . .

Mit diesen Versen besingt ein Volkslied aus dem 20. Jahrhundert den „König der Vögel". Gleichzeitig bestätigt es die alte Ansicht, daß der König der Tiere zu Lande der Löwe sei. Adler und Löwe sind die beiden wichtigsten Wappentiere Europas.
Beginnen wir mit den Bedeutungen, die dem Symbol des Adlers, als des „Königs der Lüfte", seit alters her beigemessen werden. Heute eine vom Aussterben bedrohte Art *(Aquila Möhr),* zählt der Adler zu den am weitesten verbreiteten und weit in die Geschichte zurückgehenden politischen und religiösen Symbolen. An dieser Stelle soll freilich noch nicht auf seine genaue heraldische Beschreibung eingegangen werden, die ja gerade für Österreich, dessen uraltes Wappentier der Adler ist, große Bedeutung hat. Hier soll vielmehr versucht werden, einige der Assoziationen, einige der „archetypischen" Konnotationen aufzuzeigen, die mit diesem majestätischen Tier verbunden wurden und – gemäß der Theorie vom Fortwirken mythologischer Bestände im kollektiven Unbewußten – vermutlich noch verbunden werden.
Seinem Biotop gemäß gilt der Adler zunächst als Symbol für den Himmel, die Sonne und die göttliche Herrschaft. Seine Kraft, seine Ausdauer, sein scharfer Blick, mit dem er aus größter Höhe seine Beute erspäht, machen ihn zum Symbol des Herrschens und Besiegens. Im weiteren steht er aber auch für das geistige Prinzip, für Befreiung aus der Knechtschaft, für Stolz und königliche Würde. Der Adler, von dem Aristoteles annahm, er sei imstande, bis an die Sonne zu fliegen und diese mit unverwandtem Blick ins Auge zu fassen, um geradezu mit ihr zu verschmelzen, galt weiters als Symbol der Kontemplation, der spirituellen Erkenntnis, des intellektuellen Höhenflugs. Den Kampf mit erdgebundenen Tieren gewinnt in der Regel der Adler, er stellt so den Sieg des Geistes über die Materie dar. Durch den siegreichen Kampf des Adlers mit der Schlange oder das Festhalten derselben in seinen Fängen (schon im ostasiastischen Garuda-Symbol und später bei Homer) wird der Sieg des Guten/Himmlischen über das Böse/Irdische symbolisiert. Zusammen stellen beide Tiersymbole das Weltganze, die Einheit von Geist und Materie dar. Sehr deutlich findet sich diese Symbolik im Wappen von Mexiko: Nach der Erlangung der Unabhängigkeit von Spanien im Jahr 1821 wurde der auf einem Kaktus sitzende und eine grüne Schlange verschlingende braune Adler 1831 in das Staatswappen aufgenommen. Eine alte Legende hatte schon die Azteken geheißen, sich dort niederzulassen, wo sie einen mit einer Schlange kämpfenden Adler vorfinden würden.
Die ältesten Adlerdarstellungen stammen aus dem Iran und aus Mesopotamien, wo der Adler schon doppelköpfig auf Rollsiegeln vorkommt. Bereits im vierten vorchristlichen Jahrhundert findet sich der Adler auf römischen Münzen. In der griechisch-römischen Antike gilt der Adler als Begleiter und Symboltier für den Göttervater Zeus/Jupiter. Vielleicht stammt daher die Deutung C. G. Jungs als Vatersymbol.

Auch als Symbol der Unsterblichkeit war der Adler im Altertum verbreitet. In seinem Flug stieg nach dem damaligen Glauben die Seele des verstorbenen Kaisers zum Himmel.

Seit Marius (104 v. Chr.) ist der Adler das alleinige Feldzeichen der römischen Legionen, sein Bild wird zum Inbegriff römischer Weltmacht. Der heilige Adler des Jupiter Capitolinus, des Schutzgottes der Stadt Rom, wird zum „Stammvater aller späteren Wappenadler".[1]

In allen großen Religionen stellt der Adler die Sonne bzw. die Verbindung von Himmel und Erde dar. Im Hinduismus trägt der adlerköpfige Wundervogel Garuda den ordnenden und erhaltenden Gott Vishnu durch die Welten. Im Christentum tritt zum Gedanken des gottesnahen Tieres der Gedanke der Erlösung hinzu: der zur Sonne fliegende Adler verbrennt sein Federkleid, fällt hinab in das Meer und taucht erneuert wieder auf (Symbol für Taufe und Auferstehung). Der Adler als Symbol für die Inspiration durch die Evangelien und die Majestät des göttlichen Wortes wird als Schmuck für die Kanzel verwendet („Adlerpult"); er ist auch das Symboltier des Evangelisten Johannes.

Das bekannte, aus dem Jahr 1680 stammende Kirchenlied „Lobe den Herren" lautet in seiner zweiten Strophe:

Lobe den Herren, der alles so herrlich regieret,
der dich auf Adelers Fittichen sicher geführet,
der dich erhält,
wie es dir selber gefällt,
hast du nicht dieses verspüret?

Der auffliegende Adler symbolisiert im Mittelalter das Gebet und die Himmelfahrt Christi. Der frühchristliche „Physiologus" – eine auf Alexandrien zurückgehende naturkundlich-theologische Sammlung – setzt den Adler mit dem Phönix gleich: wieder ein Symbol der Auferstehung Christi; daher auch seine Abbildung auf Sarkophagen und bis heute auf Taufbecken.

In negativer Konnotation wird der Charakter des Adlers als Raubvogel (im Griechischen bedeutet „aetos" sowohl Adler als auch Geier – vgl. „Pleitegeier"!) hervorgehoben, daher symbolisiert er gelegentlich auch den die Seele raubenden Teufel. Unter den sieben Todsünden steht der Adler für den Hochmut.

Zusammenfassend ist zu sagen:

- Der ein- oder doppelköpfige Adler ist im weltlichen Bereich das Ursymbol für einen Völker- und Sprachgrenzen übergreifenden, also „königlichen" bzw. „kaiserlichen" Herrschaftsanspruch.
- Zu seiner uralten weltlichen Symbolbedeutung tritt eine – damit oft in Verbindung stehende – religiöse Funktion: der Adler gilt als der engste Begleiter des Göttervaters. Im Christentum symbolisiert er Christus und die Erlösung.
- Als weltliches *und* sakrales „Supersymbol" hatte der Adler somit von vornherein die größten Chancen, zum Zeichen des „Heiligen Römischen Reiches" zu werden, dessen Kaiser sich zumindest anfänglich vom Papst krönen ließen.
- Und auch die Herrscher und Diktatoren, die sich direkt oder indirekt in die Nachfolge des Römischen Reiches stellten oder stellen wollten – von Napoleon und Franz I. bis Mussolini und Hitler –, bedienten sich des Adlers als eines zentralen, immer auch die Nähe zur Führerperson suchenden und diese symbolisierenden Zeichens.

[1] Andreas Kusternig, Adler und Rot-Weiß-Rot, Symbole aus Niederösterreich. Katalog des Niederösterreichischen Landesmuseums, Neue Folge Nr. 174, Wien 1986, 29

DER RÖMISCHE ADLER

Römische Legionsadler

Eine kurze Behandlung des römischen Adlers lohnt sich, weil er nicht zuletzt Vorbild für alle Adlerformen war, die sich in der an wechselnden Staatssymbolen nicht gerade armen österreichischen Geschichte entfalteten.
Die Römer übernahmen den Adler von den Etruskern und gaben ihn wie die Griechen dem obersten Gott, in ihrem Fall Jupiter, bei; daher auch die Verbindung mit dem Donnerkeil oder den Blitzen, die man ihm in die Fänge legte. Den römischen Legionen wurde der Adler gold- oder silberfarbig auf langen Lanzen vorangetragen. So wurde er zu einem im gesamten damaligen Machtbereich der Römer bekannten, respektgebietenden Symbol. Schon hier drängt sich die Vorbildfunktion des römischen Adlers für die imperialen und imperialistischen Bestrebungen Napoleons, des italienischen Faschismus und des Nationalsozialismus auf.

DER ADLER DES HEILIGEN RÖMISCHEN REICHES

Die deutschen Könige des Mittelalters, die nach Italien zogen, um sich dort krönen und so ihren imperialen Machtanspruch auch kirchlich verbriefen zu lassen, übernahmen als Sinnbild der Kaiserwürde in der Nachfolge des römischen Weltreiches auch den römischen Adler. Schon Karl der Große ließ einen vermutlich vergoldeten metallenen Adler an seinem Königspalast in Aachen anbringen, als weithin sichtbares Herrschaftssymbol. Als König Lothar von Frankreich die Kaiserpfalz eroberte, ließ er den Adler zum Zeichen der Inbesitznahme umdrehen. Um die Jahrtausendwende erscheint das Adlerzepter auf den Siegeln der römisch-deutschen Kaiser.
Adler und Panther waren auch Wappentiere der Babenberger, die Herzöge von Österreich und Steiermark waren. Erstmals bildlich nachgewiesen ist der österreichische Adler auf einem Siegel im Zusammenhang mit der Erhebung Österreichs zum Herzogtum 1156.

DAS „PRIVILEGIUM MINUS" – URSPRUNG DES ADLERWAPPENS

Der Reichsadler als Amtssymbol der Herzöge geht auf die Erhebung Österreichs zum Herzogtum am 8. September 1156 auf den Barbinger Wiesen zwei Meilen östlich von Regensburg zurück. Der diesbezügliche „Staatsakt" fand im Zeltlager von Heinrich II., Jasomirgott, statt, da dieser für die Abtrennung Österreichs von Bayern auf die bayerische Herzogswürde verzichtete und daher nicht in die Herzogsstadt einzog. Als Symbol des Verzichts übergab er sieben Fahnenlanzen an Kaiser Friedrich I., Barbarossa, der sie an den Welfen Heinrich den Löwen weiterreichte. Dieser gab darauf zwei von ihnen an den Kaiser zurück, die Barbarossa nun seinerseits Heinrich Jasomirgott überreichte.
Damit galt die Markgrafschaft als aus dem Einflußbereich Bayerns herausgelöst; Österreich war nun reichsunmittelbares, erbliches Herzogtum geworden. Der Inhalt dieser rechtsbildenden Zeremonie wurde am 17. September 1156 im sogenannten „Privilegium Minus", der „Magna Charta des deutschen Territorialstaates", mit allen durch sie übertragenenen Privilegien festgeschrieben.
Ab 1192 scheint der einköpfige Adler als Herrschaftssymbol auch auf der Fahne der österreichischen Herzöge auf.

Als Anfang des 12. Jahrhunderts die Heraldik entstand, wurde der Adler zum Wappentier des Heiligen Römischen Reiches – seit Friedrich II. (1210–1250) nicht mehr gold auf schwarz, sondern schwarz auf gold. Noch unter Friedrich II. wurde dieses Symbol im ganzen Reich verbreitet. Der Adler war einköpfig, aber bereits nimbiert, die älteste Abbildung davon findet sich auf der Innenseite der Handschuhe des Krönungsornates Friedrichs II. in der Wiener Schatzkammer.
Das Adlerwappen wurde mit dem jeweiligen Familienwappen verbunden. 1322 zogen die Gegenkönige Ludwig der Bayer und Friedrich der Schöne von Habsburg bei Mühlbach am Inn unter dem gleichen Symbol in die Schlacht, die der Bayer für sich entscheiden konnte.
Zum 14. Jahrhundert hin wurde der Doppeladler (s. d., S. 109 ff.) zum kaiserlichen, der einfache Adler zum königlichen Symbol. Endgültig und offiziell wurde der Doppeladler von Kaiser Sigismund (1410–1437) als Herrschaftsymbol des Kaisers eingeführt und blieb als solches bis 1806 bestehen.
Die Reichsfürsten – von Brandenburg und Preußen über Schlesien und Mähren bis Tirol – nahmen den Adler in jeweils abgewandelter Form ebenfalls an.

Der imperialistische Adler Napoleons

Im Rückgriff auf römische Symbole – wie später Mussolini – führte Napoleon anstelle des traditionellen Lilienbanners den antiken imperialen Adler ein, den er dem „ruhenden Löwen", der ihm 1804 vorgeschlagen worden war, vorzog. So entstand der auffliegende goldene Adler auf blauem Grund mit dem Donnerkeil in den Fängen – ein Attribut des Zeus. Der Adler wurde an die Spitzen aller Regimentsfahnen gesetzt. Napoleon setzte übrigens eine komplette Neuordnung des gesamten französischen Wappenwesens durch, die aber ihren Schöpfer nicht überlebte. Die Bourbonen führten nach ihrer Rückkehr 1814/15 wieder die alte französische Lilie ein, während Napoleon III. auf den Adler seines Onkels zurückgriff.

Der Reichsadler lebt als deutscher Adler weiter

Der Adler der Weimarer Republik

Nach der Auflösung des Heiligen Römischen Reiches (1806) wurde von den deutschen Staaten weiterhin der alte Reichsadler „behelfsmäßig" (A. Rabbow) verwendet. Der Deutsche Bund (1815) führte ihn neben den Wappen der Bundesstaaten. Kaiser Wilhelm I. verfügte 1871 die Einführung des rot bewehrten schwarzen Adlers als Reichswappen, der nach einer Idee des preußischen Kronprinzen Friedrich mit dem hohenzollernschen Wappenschild belegt wurde. Um den Schild wurde die Kette des preußischen Schwarzen Adlerordens gelegt. Die Zeichnung des Reichsadlers stammte von Ferdinand Graf Harrach.
Das Deutsche Reich hatte somit auf den von Österreich-Ungarn weiter geführten doppelköpfigen Adler verzichtet.
Später wurde der deutsche Reichsadler noch zweimal verändert, bis er mit der Einführung der Weimarer Republik – die sich übrigens weiter „Deutsches Reich" nannte – 1918 erneut modifiziert wurde. Durch ein vereinfachtes, „statisches" Aussehen sollte der imperiale Anspruch abgelegt, die Tradition des Adlers aber fortgesetzt werden. Der Adler wurde seiner monarchischen Insignien und des preußisch-hohenzollernschen Wappenschildes entkleidet – eine mit der österreichischen fast identische Vorgangsweise, die die Kontinuität des Staatsgedankens bei Wechsel der Staatsform zum

Ausdruck bringen sollte. Allerdings ging die graphische „Vereinfachung“ in Österreich nicht so weit wie bei den radikaleren „Preußen“. Der nun sehr „abgeschlankte“ deutsche Adler wurde in konservativen Zirkeln als „Pleitegeier“ verspottet.

Der faschistische Adler

Der italienische Faschismus griff massiv auf römische Symbole zurück, so vor allem im Liktorenbündel und in dem – vermutlich den Statuen des Augustus abgeschauten – Gruß mit der (zur Sonne) ausgestreckten rechten Hand (vgl. hiezu im Kapitel über den Faschismus, S. 256). Der römische Adler wurde offiziell nicht als Staatssymbol angenommen, doch wurde er in sehr schwungvoller Form zur Bekräftigung des Anspruches auf das „mare nostrum“ und auf Ostafrika herausgestellt.
Die faschistischen Jugendorganisationen („Ballila“) waren nach dem Vorbild römischer Truppen organisiert und führten deshalb auch Imitationen der Legionsadler. Mussolini gab auch nach seiner Gefangennahme und Befreiung durch deutsche Truppen im Jahre 1943 den Anspruch auf das imperiale Adlersymbol nicht auf und ließ den Adler in die italienische Trikolore setzen, um seiner kurzlebigen „sozialen Republik“ von Salò ein Staatssymbol zu geben.

Der nationalsozialistische Adler

Die NSDAP führte nach ihrer Machtergreifung mit folgender „Verordnung des Führers und Reichkanzlers über das Hoheitszeichen des Reiches“ vom 5. 11. 1935 ihr auf römische Vorbilder zurückgehendes Parteisymbol als Staatssymbol ein:

Um der Einheit von Partei und Staat auch in ihren Sinnbildern Ausdruck zu verleihen, bestimme ich: Das Reich führt als Sinnbild seiner Hoheit das Hoheitszeichen der Nationalsozialistischen Deutschen Arbeiterpartei.

Der NS-Parteiadler als Reichsadler

Der nationalsozialistische Parteiadler, der 1938 auch für die ins Reich einverleibte „Ostmark“ Geltung erlangte, unterscheidet sich wesentlich vom „statischen“ Adler der Weimarer Republik: Die Schwingen sind machtvoll ausgebreitet, der Kopf auf gedrungenen Schultern hat ein drohendes Aussehen. Silber oder Gold – häufige Farbgebungen – erinnern an römische Vorbilder. In seinen Fängen hält das neue Symbol das von einem Kranz aus Eichenlaub (ein germanisches Ursymbol!) umrandete Hakenkreuz. Hitler soll durch ein antisemitisches Lexikon auf das Adlersymbol gekommen sein, in dem der Adler als „Arier der Tierwelt“ bezeichnet wurde. Ähnlich wie Napoleon und Lenin behielt er sich die letzte Entscheidung über die Form des Adlers vor: entgegen dem Entwurf des Goldschmiedes Gahr wählte er einen auffliegenden Adler, um die Standarte als „aufwärts weisendes“ Zeichen zu gestalten.
Der NS-Adler wurde 1923 in den Kopf des Parteiblattes „Völkischer Beobachter“ aufgenommen, 1928 erschien er auf dem Koppelschloß, ab 1930 bildete er den Dienststempel der NSDAP.
Seit der oben erwähnten Einführung des Parteiadlers als Reichsadler ist eine interessante heraldische Beobachtung zu machen: der Parteiadler blickt nach links – gewissermaßen nach Osten –, der von der gesamten Exekutive und vom Heer geführte Reichsadler nach rechts, also gewissermaßen nach Westen. Alois Friedel[1] erklärt, daß

[1] Alois Friedel, Deutsche Staatssymbole. Frankfurt/Main 1968, 38

ein nach heraldisch links blickender Adler als „Bastard“ an und für sich nur für illegitime Linien von Geschlechtern vorgesehen ist. Als Goebbels einmal auf die Blickrichtung des NSDAP-Adlers angesprochen wurde, war er sichtlich verlegen und antwortete schließlich, der Adler schaue deswegen nach links, weil die Aufgabe der Partei im Osten liege.
Dem totalitären Machtanspruch und der „durchgestylten“ Propagandamaschinerie der NSDAP entsprechend, beherrschte der Reichsadler bis zum Zusammenbruch 1945 das gesamte öffentliche Leben. Über 25.000 (!) Standartenadler marschierten auf manchen Reichsparteitagen ein. Auf jedem Dokument, auf jeder Uniform, auf jeder Münze prangte dieses NS-Symbol.
Auch in Österreich machte sich der römisch-germanische Vogel unmittelbar nach dem „Anschluß“ offiziell breit. Der NS-Adler überlebte das Kriegsende in Einzelfällen sogar noch um mehr als ein halbes Jahrzehnt (vgl. hiezu das Beispiel eines „Arbeitsbuches“ im Kapitel über das Bundeswappen, S. 124).

Der Adler der Bundesrepublik Deutschland

Der Adler der Bundesrepublik Deutschland

Nach dem Zusammenbruch des „Dritten Reiches“ 1945 war der deutsche Nachfolgestaat im Westen zunächst mehr als vier Jahre ohne Wappen. Am 20. 1. 1950 wurde der 1928 von Tobias Schwab gestaltete „Deutsche Reichsadler“ in unveränderter Form wieder eingeführt. In der Folge bürgerte sich immer mehr die Bezeichnung „Bundesadler“ ein, woraus man schließen kann, daß die deutschen Großmachtpläne auch im Bewußtsein des Volkes endgültig der Vergangenheit angehören.

Alchimistische Symbole

Nach H. Biedermann wurde die Alchimie insbesondere durch C. G. Jung als reine, irrende „Vor-Chemie“ verstanden. Eher aber handelt es sich bei dieser mittelalterlichen Wissenschaft nicht um Goldmacherkunst (obwohl auch diese gepflogen wurde), sondern um das Streben, dem geistigen Lichtreich durch Zurückdrängen der Welt der Materie näher zu kommen. „Aus der Urmaterie (Materia prima) soll auf dem Weg über mehrere Läuterungsstufen der reine Stein der Weisen (Lapis philosophorum) herausgebildet werden, dessen Besitz es u. a. ermöglichen soll, aus unedlen Metallen Gold und Silber – die Metalle von Sonne und Mond – zu gewinnen und ein Universal-Heilmittel herzustellen.“[1]
Philosophischer Ansatz, Symbolik und Didaktik der Alchimie sind somit jenen der Rosenkreuzer und Freimaurer ähnlich – sie dienten nicht der Information Außenstehender, sondern vor allem der Meditation im Lehrer-Schüler-Verhältnis.
Bei der Beleuchtung der Assoziationsumfelder verschiedener Ursymbole – so z. B. der Farben – werden wir immer wieder auch auf die Alchimie zu sprechen kommen: nicht in der Absicht, naturwissenschaftlich abgesicherte Aussagen zu machen, sondern einfach deshalb, um die Ergebnisse nächte-, monate- und jahrelangen konzentrierten Nachdenkens in den geheimnisvollen Laboratorien des europäischen Mittelalters und der frühen Neuzeit als eine geistige Leistung anzuerkennen und über ihre

[1] Biedermann, a. a. O., 25

Erkenntnisse selbst nachzudenken. So ist etwa die These, daß die nach Läuterung im „Stein der Weisen" erzielte ideale Ganzheit eine androgyne Form darstelle – was wieder an frühe Mythen und den orphischen Hymnus „Zeus ist männlich, Zeus ist eine unsterbliche Frau" erinnert –, für die moderne Theologie eine durchaus brauchbare Anregung, da sie ja herausgefordert ist, ihren stark patriarchalisch bestimmten jüdisch-christlichen Gott(vater)begriff im Zeitalter der Partnerschaft zwischen den Geschlechtern zu revidieren.

DER ÄSKULAPSTAB

In Rot ein weißer Pfahl mit Schale und Schlange

Der Stab, um den sich eine Schlange windet, ist seit der griechischen Antike Standesabzeichen von Ärzten und Apothekern. Der altgriechische Heilgott Asklepios (lat. Aesculapius) wurde der Sage nach von Zeus samt seinem Stab als Sternzeichen Ophiuchos (Schlangenträger) in den Himmel versetzt. Der Stab symbolisiert den Lebensbaum; die sich alljährlich häutende Schlange ist Sinnbild für Erneuerung und Verjüngung. Es läßt sich auch leicht eine Verbindung zum Zauberstab des Moses (2 Moses 7, 9–13) und den „ehernen Schlangen" (4 Moses 21, 8) herstellen, bei deren Anblick die Israeliten von den ihnen zugefügten Schlangenbissen geheilt wurden.
In Österreich benutzen nicht nur die Apotheker das Äskulap-Zeichen, auch die Wiener Rettung führt den dem Stadtwappen aufgelegten Äskulapstab als Symbol ihres ärztlichen Einsatzes im Wiener Stadtgebiet.

DER BERG

Als uraltes Symbol bedeutet der Berg die Nähe zum Himmel, zur Gottheit. Der Berg ist Wohnplatz der Götter (Olymp, Fudschijama) und wurde deshalb zum Ort früher Kultstätten. Auf dem Berg Sinai gab Gott dem Moses und dem Volk das Zehntafelgesetz. Der Berg Zion auf dem Gebiet Jerusalems gilt als Heimstätte der Herrlichkeit Gottes.
Mancher Berg ist heute noch das Ziel von Wallfahrten, insbesondere dort, wo eine christliche Kirche anstelle eines vorzeitlichen Heiligtums errichtet wurde. Bekanntestes Beispiel in Österreich ist die Kärntner Vierbergewallfahrt, die in der Nachfolge eines heidnischen Frühlingskults jährlich am dritten Freitag nach Ostern stattfindet. Der ursprüngliche keltisch-slawisch-germanische Bergkult hatte die Aufgabe, die auf den Bergen wohnenden Seelen der Verstorbenen zu ehren und mit Getreideopfern zu versöhnen. Die heutigen „Vierbergler" haben bei ihrer Wallfahrt den Magdalensberg, den Ulrichsberg, den Veitsberg und den Lorenziberg – eine Strecke von 40 Kilometern mit gewaltigen Höhenunterschieden – zu überwinden.
Gerade für Völker, die am oder im Hochgebirge siedeln, ist der Mythos „Berg" bis heute ungebrochen. Für den österreichischen und deutschen Kulturraum hat „Bergfex" Luis Trenker diesen Mythos in unnachahmlicher Weise beschrieben. Natürlich atmet sein Buch „Berge und Heimat" im Hinblick auf Erscheinungsort und Erscheinungsdatum (Berlin 1933) den Geist der Zeit: Es ist „jenem großen und schönen Begriff um Boden und Scholle in den Bergen gewidmet, den wir Heimat nennen" und streut immer wieder das Eigenschaftswort „deutsch" ein, wo eigentlich „österrei-

chisch“ stehen sollte, bleibt aber dennoch als umfassender ethnologischer und volkskundlicher Abriß der „Welt der Berge“ gültig. Nach einem Streifzug durch alle Religionen und Mythologien schließt Trenker die Einleitung mit folgenden Worten:

Selbst das Christentum, dessen Kirche ja auf einem „Felsen“ verankert ist, ist noch voll der Erinnerungen an diese weltumspannende Bergmythologie, die mit dem ihr engverbundenen Sonnenkult Grundlage aller Religionen ist... Die „Bergpredigt“ ist die grundlegende Offenbarung des Christentums, die „magna charta“ des Himmelreichs... Das ragende Bergkreuz, mit dem unser Glaube den Gipfel krönt, bewahrt diese Symbolik und „heiligt“ den Berg. Von uralters her – nicht erst seit christlicher Zeit – standen Opferstellen, Altäre, Kirchen und Kapellen auf den Gipfeln der ganzen Welt, halbwegs am Wege in den Himmel. Und im babylonischen Turm, in den Pyramiden und in den Grabhügeln bildete man den Berg nach, der durch alle Zeiten der Menschheit das ewige Symbol der Verbindung des Irdischen mit dem Himmlischen war.[1]

Wappen der Slowakei

Heraldisch ist der Berg meist als Fels ausgebildet und steht oft mit dem Begriff der „Burg“ in Zusammenhang; so in der Gralssage, in der Montsalvat die Stelle des Gottesberges einnimmt. Im slowakischen und im ungarischen Wappen finden wir den „Dreiberg“.
Im burgenländischen Wappen steht der Adler stilgerecht auf einem dunklen Felsenberg.

Der Blitz

In allen frühen Kulturen galten Blitz und Donner als Aus-druck göttlicher Kräfte, daher die Zuordnung von „Blitzbündel“ und „Donnerkeil“ zu altorientalischen Wettergottheiten. Auch Zeus wird häufig mit dem den Blitz aussendenden Donnerkeil gezeigt. Der göttliche Blitz konnte strafenden oder – man denke an die Bedeutung des Regens in den vorantiken Wüstengebieten – befruchtenden Charakter tragen; daher auch manchmal die phallische Bedeutung des Blitzes: so kam Dionysos aus der vom göttlichen Blitz verbrannten Prinzessin Semele (sie hatte Zeus gebeten, sich ihr in seiner wahren Gestalt zu zeigen) hervor.
Der dem Göttervater Zeus zugeordnete Adler trug in der Antike oft ein Blitzbündel in seinen Fängen, während der indianische Donnervogel, der dem göttlichen Adler entspricht, den Blitz entweder mit seinen gewaltigen Schwingen erzeugte oder ihn aus dem Schnabel ausstieß. In Zeus vereinigen sich die Symbole Adler, Äther, Licht und Blitz, um ein „astrales Bewußtsein“, eine allwissende Existenz jenseits der irdischen Materie zu signalisieren. Daher auch die Farbe Weiß als Farbe des Göttervaters. Bis in die heutige Zeit hat sich der Begriff „Geistesblitz“ erhalten, der auf die Erleuchtung durch einen göttlichen Blitz („Fulguration“) zurückgeht.
In der Gegenwart symbolisiert der Blitz die Elektrizität sowohl im Bereich der Hochspannungs- als auch der Hochfrequenztechnik. Es findet sich daher auch im Wappen der Gemeinde Kaprun: die schon 1939 begonnenen und bis 1955 vollendeten Tauernkraftwerke galten lange als stolze Symbole für den Aufbauwillen Österreichs nach dem Zweiten Weltkrieg.

[1] Luis Trenker/Walter Schmidkunz, Berge und Heimat. Berlin 1933, 15 f.

Der Blitz wird im Wappenwesen nur selten gebraucht. Er hat jedoch große Bedeutung für das Verständnis verschiedener faschistischer Symbole im Europa der dreißiger und vierziger Jahre (s. S. 255 ff.).
Das Blitzmotiv findet sich in schöner Form an der Innenseite des Schweizertores der Wiener Hofburg (1553).
In der österreichischen Staatssymbolik kommt der Blitz als Attribut des Bundesadlers im traditionellen Wappen der Post- und Telegraphenverwaltung vor. Leider ist es nur mehr selten zu sehen, seitdem sich die Post zu einem neuen Logo, dem vereinfachten schwarzen Posthorn auf gelbem Grund, entschlossen hat.

Wappen von Kaprun mit Blitzbündel

Die Brücke

Die Brücke ist in den meisten Religionen Symbol des Übergangs vom Diesseits ins Jenseits, vom Irdischen zum Himmlischen. Daher auch die Verwandtschaft mit dem Regenbogen, der von der Erde zum Himmel führt. Im antiken Rom mußten beim Bau von Brücken Bauopfer gebracht werden: Unter Aufsicht eines „pontifex" warfen vestalische Jungfrauen Binsenpuppen in den Tiber. Im Islam ist die Brücke zum Jenseits so schmal wie die Schneide eines Schwerts. In der nordischen Mythologie wird die Brücke von einem Wächter bewacht. Die Bibel, deren Bilderwelt im Bereich nomadisierender Wüstenvölker angesiedelt ist, kennt das Bild der Brücke infolge des Fehlens von Flüssen nicht. In Anlehnung an den altrömischen Begriff „Pontifex" („Priester") tritt der Papst jedoch als „Pontifex Maximus", als oberster Brückenbauer, auf.
Eines der zentralen Bilder zur Beschreibung der Funktion Österreichs seit der Zwischenkriegszeit war und ist das der „Brücke zwischen Ost und West".

Dualsysteme

Nach Biedermann sind darunter alle jene symbolischen Strukturen zu verstehen, die ihre Aussagekraft aus der Spannung zwischen zwei Komponenten beziehen, wobei jede einzelne dieser Komponenten für sich allein weniger Kraft zu entfalten imstande wäre. In der Freimaurerei spricht man von „Polarität".
Beispiele solcher Dualsysteme sind: Himmel/Erde, Sonne/Mond, Gold/Silber, Tag/Nacht, Mann/Frau, Leben/Tod, Gott/Teufel, oben/unten, gut/böse, West/Ost, Gläubige/Heiden etc.
In vielen starken Symbolen finden sich derartige Dualitäten: Yin-Yang, Kreuz, Hexagramm, Hakenkreuz, Adler/Schlange etc.
Archetypische Gegensatzpaare sind bis auf den heutigen Tag weltweit verbreitet. Sie entstehen entweder aus dem Gegensatz zwischen Innen- und Außenwelt des Individuums oder aus dem Gegensatz der Geschlechter. Sie stellen These und Antithese in meist unversöhnlicher Weise dar. Umso interessanter ist die Suche nach Systemen/Symbolen, die diesen Gegensatz zwar enthalten, ihn aber gleichzeitig im Sinne einer Synthese aufzulösen imstande sind. Zu derartigen *Integralsystemen/symbolen* könnte man zählen: Doppeladler (West-Ost, österreichisch-ungarische Monarchie), Bruderhände (frühe Sozialdemokratie), olympische Ringe (erstmals 1914), Sichel und Hammer, Radkreuz (germanisches Ursymbol, ursprüngliches Zeichen der Paneuropabewegung).

Das Ei

Das Ei als Ursymbol ist das Sinnbild des Uranfanges, der Keimkraft. Als von einer Schale umschlossene Ganzheit signalisiert es die von Beginn aus vorgeplante Schöpfung. Für die Alchimie ist das Ei die philosophische Urmaterie, die sich später zum Stein der Weisen wandeln soll. In seiner Zerbrechlichkeit ist das Ei ein Frühlingssymbol, also ein Sinnbild für das Werden, nicht das Sein.
Wenn man die Entwicklung der Parteisymbole Österreichs betrachtet, so fällt dabei das sogenannte „Kraftei“, das von der ÖVP gewählte elliptische Symbol, auf. Es zeigt auf rotem Grund eine weiße gestürzte Spitze – Sinnbild für das „V“ der Volkspartei und das Weiß des österreichischen Bindenschildes. Anläßlich der Aufgabe des jahrzehntelangen Parteisitzes im Palais Todesco in der Wiener Kärntnerstraße wurde 1993 die starke Rot-weiß-rot-Verteilung dieses Symbols durch eine deutlich schwächere Form ersetzt – ein aus neun schmalen roten Streifen (angeblich Symbolen der Bundesländer) zusammengesetztes „V“ (vgl. Farbabbildung, S. XXIII).

Der Hammer

Als Werkzeug und/oder Waffe hat der Hammer die Menschheit seit urdenklichen Zeiten begleitet. Es ist daher kein Wunder, daß dieses Symbol der Kraft und Macht vielen männlichen Herrschergöttern zugeordnet wurde. Schon der etruskische Todesdämon Charu trug als Symbol seiner Vernichtungskraft einen doppelstieligen Hammer (Wandmalerei in einem Grab von Tarquinia). Dem griechischen Gott Hephaistos (lat. Vulcanus) war der Hammer ebenfalls zu eigen. Mit seiner Hilfe schmiedete er die Kette, die Prometheus an den Kaukasus fesselte, die Donnerkeile des Zeus und die Pfeile für Artemis und Apollo.
Bei den Germanen wurde der Hammer, als dem Donner verwandt, dem Donnergott Thor beigegeben. Thors doppelköpfiger Hammer („Mjölnir“, d. i. „Zermalmer“) verfehlte beim Wurf niemals sein Ziel, zerschmetterte dieses und kehrte danach wie ein Bumerang zu seinem Herrn zurück. Thors Hammer war aber auch ein segenspendendes Symbol, so etwa durch seine Funktion bei der Sanktionierung von Eheschließungen in der Edda: Um den ihm von Thrym, dem Herrscher der Riesen, entwendeten Hammer zurückzugewinnen, läßt sich Thor, als Braut verkleidet, Thrym zuführen. Als die Braut mit dem Hammer geweiht werden soll, gelangt der Donnergott wieder in den Besitz seiner tödlichen Waffe und rottet damit die feindlichen Riesen aus.
Zusammen mit dem Amboß (als weiblichem Gegenpart – Dualsystem!) bildet der Hammer ein Sinnbild für die gesamten Gestaltungskräfte der Natur.
Aus einem Symbol für Herrschaftsanspruch (Attila etwa bezeichnete sich als Hammer des Erdkreises) entwickelte sich der Hammer zum Zeichen von Gerechtigkeit und Sühne. Er wird noch heute als Instrument des Vorsitzenden einer Versammlung, eines Gerichts oder einer Auktion verwendet, ohne daß es dabei um mehr als einen symbolischen Akt geht. Gleichermaßen ist es eine symbolische Handlung, wenn nach dem Tod eines Papstes mit einem goldenen Hammer dreimal an die Wände des Sterbegemaches gepocht wird, um den Tod gewissermaßen „rechtskräftig“ zu machen.
Bei den Freimaurern symbolisiert der Hammer die an der Vernunft orientierte Willenskraft. Ein Steinmetzschlegel oder ein zweiköpfiger Hammer ist das Symbol des Meisters einer Loge und der beiden Aufseher. Der Spitzhammer ist das Symbol für die Bearbeitung des noch „rauhen Steins“, des Lehrlings.
Hammer und Schlägel (bergmännisch für Schlegel) in gekreuzter Form bilden das in Österreich viel verwendete Bergwerkszeichen. Die gekreuzte Form (⚒) galt schon im

Zeichensystem der Runen als glücksbringend. In verkehrter Richtung angeordnet, bezeichnen Hammer und Schlägel auf Landkarten ein aufgelassenes Bergwerk oder einen stillgelegten Tagbau. Stirbt ein Bergmann oder Gewerke (Bergwerksbesitzer), trägt die Todesanzeige ebenfalls das auf dem Kopf stehende Bergmannszeichen.
Für die Arbeiterbewegung ist der Hammer das Symbol des industriellen Fleißes. Er spielt als Werkzeug der bis heute sehr „durchschlagskräftigen“ Metallarbeiter in der Symbolik der frühen österreichischen Sozialdemokratie eine große Rolle. In die verschlungenen Hände integriert, ist der Hammer immer wieder präsent – nicht zuletzt auch durch das bis in die Zweite Republik populäre „Hammerbrot“.[1]
In der politischen Symbolik der Gegenwart tritt der Hammer sehr oft in Kombination mit einem zweiten Gegenstand auf: Hammer und Sichel, Hammer und Zirkel, Hammer und Ähre. Wir werden auf diese kommunistischen Symbole noch im Detail zurückkommen.
Für Österreich ist der Hammer vor allem deswegen bedeutsam, weil er sowohl in den ursprünglichen Entwürfen für das Wappen der Republik (ein vertikal stehender Hammer sowie zwei gekreuzte Hämmer) vorkam als auch eines der vier Attribute des gegenwärtigen Wappenadlers darstellt. Auch in der geltenden Bundeshymne kommt er vor („Land der Hämmer zukunftsreich“), ebenso auch schon im Text der Renner-Hymne (vgl. S. 136).

Der Kaiser

Nach Biedermann ist der Begriff des Kaisers im europäischen Symbolverständnis weniger stark verankert als jener des Königs (s. d.). Dies komme daher, daß er dem Bürger ferner stehe als der König und gewissermaßen ein „Symbol zweiten Grades“ darstellte. Ob das auch für die nostalgiegeneigten Österreicher gilt, deren vorletzter Monarch 68 Jahre als Kaiser regierte, darf freilich bezweifelt werden.
Das Wort „Kaiser“ leitet sich von Gaius Julius Caesar ab. Plinius erklärt den Beinamen des römischen Diktators mit dessen angeblicher Geburt durch Exzision: „caesus ex utero“ – durch „Kaiserschnitt“ geboren. In den germanischen Sprachgebrauch kam der Begriff über das gotische „keisar“, eines der frühesten Lehnwörter aus dem Lateinischen überhaupt.
Der römische Kaiserkult, die Vergöttlichung der Imperatoren zu Lebzeiten oder zumindestens nach ihrem Tod (bei der Einäscherung von Octavianus Augustus flog angeblich ein Adler auf, der die Seele des Verewigten zum Himmel emportrug) ist als eine übernatürliche Legitimation für den Zusammenhalt des Reiches zu sehen. Dies wurde zwar von den Urchristen abgelehnt, bürgerte sich jedoch im Mittelalter wieder stark ein, wie die Krönung der römisch-deutschen Kaiser durch den Papst und das von ihnen beanspruchte Gottesgnadentum zur Wahrung der Reichsidee klar zeigen. Dieses Gedankengut ist freilich nicht auf Europa beschränkt, wie der ehemalige chinesische und der noch heute bestehende japanische Kaiserkult beweisen.
Die in Österreich immer wieder diskutierte Frage, ob sich Maria Theresia offiziell „Kaiserin“ nennen durfte, wurde erst jüngst von einem Fachmann mit einem strikten „Nein“ beantwortet.[2]

[1] Josef Seiter, „Blutigrot und silbrig hell ...“ Wien 1991, 66 f.
[2] Thomas Praschek, „Kaiserin“ ja, Kaiserin nein. In: Die Presse, 14. 7. 1994. Zur ungebrochenen Attraktivität des Kaiserbildes in Österreich vgl. neben der Fachliteratur das in drei Sprachen erschienene Bändchen von Georg Kugler, Franz Joseph und Elisabeth. Florenz–Graz 1994

DIE KETTE

Die Kette ist leicht verständliches Symbol von Knechtschaft und Gefangenschaft. Wird sie dem Teufel beim Jüngsten Gericht beigegeben, symbolisiert sie dessen Bändigung. Die Ketten des hl. Petrus hingegen symbolisieren die Befreiung des Menschen von der Sünde.
Eine goldene Kette verband in der Antike Himmel und Erde. Später galt das Gebet als goldene Kette, das den Menschen mit seinem Schöpfer zu verbinden imstande sei. Die aus einer Vielzahl von Ringen bestehende Kette ist auch ein wichtiges Symbol der Freimaurerei, die eine Bruderkette um die ganze Erde spannen will. Dies wird besonders schön im Bundeslied der Freimaurer „Brüder, reicht die Hand zum Bunde" („Kettenlied") ausgedrückt, dessen Melodie bekanntlich zur Melodie der gegenwärtigen österreichischen Bundeshymne gewählt wurde (s. d., S. 147 ff.).
Für die österreichische Staatssymbolik ist das Kettensymbol insofern wichtig, als von Karl Renner in der zweiten Sitzung des Kabinettsrates am 30. April 1945 der Antrag eingebracht wurde, das Wappen der Republik um eine „mattsilberne entzweigerissene Kette zwischen den Fängen des Bundesadlers" zu ergänzen. Dies geschah dann auch, ohne daß auf die Notwendigkeit einer verfassungsgesetzlichen Regelung geachtet wurde – man hatte, zugegebenermaßen, 1945 andere Sorgen. Dennoch blieb dieser formal verfassungswidrige Zustand bis zur Verfassungsnovelle 1981 bestehen.

DER KÖNIG

In seiner symbolischen Bedeutung nur wenig vom Kaiser (König der Könige) unterschieden, stellt der König das maximal Erreichbare in der zeitlichen Welt dar. Er ist das Prinzip der Macht, ist Repräsentant Gottes in der Welt und Vermittler zwischen Gott und den Menschen (Gottesgnadentum!). In seinem Wohlergehen spiegelt sich das Wohlergehen seines Volkes; darum wohl auch die Neidlosigkeit, mit welcher königliche Prunkentfaltung in der gesamten Geschichte und bis auf den heutigen Tag – gerade auch in westlichen Demokratien – hingenommen wird. In frühen Kulturstufen mußte der König immer in der vollen Manneskraft stehen, obwohl er nicht prinzipiell in die Schlacht vorauszureiten hatte. Dennoch war bei Verfallserscheinungen die Selbstopferung Pflicht.
Dem König steht die Königin zur Seite. Zusammen bilden beide ein Dualsystem, ein Symbol perfekter Einheit: sie verkörpern Himmel und Erde, Sonne und Mond, Tag und Nacht, Gold und Silber. So auch in der alchimistischen Symbolik: nach der dualen Lehre von Sulphur (Gold) und Mercurius (Quecksilber) wird ein Läuterungsprozeß durchschritten, an dessen Ende als gekrönter Androgyn der „Stein der Weisen" steht. Für C. G. Jung ist der „alte König" daher auch weniger Vatersymbol als Archetyp höherer Einsicht und Weisheit. Im Volksmärchen kann jeder, auch der einfache Bursch aus dem Volk, König werden, wenn er nur seinen schwierigen Weg konsequent geht und seine Anlagen optimal entfaltet.
Die Königin tritt nur in der Märchensymbolik als eigenständig gestaltende Herrscherin, z. B. als Feenkönigin, auf – ein Hinweis auf die durchgängig patriarchalische Auffassung von „Herrschaft" (der Wortstamm allein spricht Bände!), die nur gelegentliche „Ausritte" in die Autonomie erlaubt (vgl. das Schicksal Elisabeths von Österreich). Ganz anders ist freilich die Lage im Falle der persönlichen Thronbesteigung: man müßte hier lange Abhandlungen über Maria Theresia sowie über die britischen und holländischen Königinnen schreiben.

Die Attribute des Königs sind von alters her neben der Sonne: Krone, Zepter, Schwert, Reichsapfel und Thron.
Von besonderer Bedeutung ist die Krönung des Königs, aus der früher zum Teil auch übernatürliche Kräfte, wie zum Beispiel die Fähigkeit zur Krankenheilung, abgeleitet wurden. Ihr Symbolgehalt ist sehr hoch, gesteigert durch die Mitwirkung der Kirche, die gewissermaßen die Heiligkeit des Herrschers bestätigte.
Die Krone überhöht das Haupt ihres Trägers, hebt diesen über die einfachen Menschen hinaus und signalisiert eine Verbindung mit einer höheren Welt. Schon für die Ägypter war die Krone das Auge des Sonnengottes. Das kostbares Material der Krone, der Reif und die Zacken weisen auf die Sonne und ihre Strahlen hin. Dem Papst wurde eine dreifache Krone (Tiara), Gottvater eine fünffache Krone zugemessen. Die heutige Form der Krone entwickelte sich aus dem antiken Kranz (lat. corona), dem Sinnbild der Lebenskraft. Durch Überspannung mit einem Bügel entstand aus der Blätterkrone die moderne Kronenform (Näheres im Kapitel über die österreichische Kaiserkrone, S. 184 ff.).
Hier kann selbstverständlich nicht die gesamte antike, mittelalterliche und neuzeitliche Kaiser-/Königsmystik behandelt werden; es sollen aber doch kursorisch die Symbole des traditionellen Kaisertums/Königtums vorgestellt werden, um eine Basis für das psychologische Verständnis der zahlreichen nostalgischen Erscheinungen zu schaffen, die heute – wie gestern – die österreichische Szene beherrschen. Die Sehnsucht nach einem „Ersatzkaiser" – in Form eines weisen, gerechten und gütigen Bundepräsidenten – schlägt sich ja im Grunde sogar in der verfassungsrechtlichen Stellung des Staatsoberhauptes und dessen Amtspraxis nieder. Nach Manfried Welan, dem Spezialisten für alle Fragen der Stellung des Bundespräsidenten, sollte man diese Funktionen zwar nicht überschätzen, sie zur Gänze wegdiskutieren zu wollen wäre aber verfehlt.[1]

DAS KREUZ

Aufgrund seiner Bedeutung für die Christenheit seit Konstantin dem Großen, infolge seiner zentralen Rolle als Symbol der Kreuzzüge, aber auch im Hinblick auf seine rein geometrisch mögliche Verformbarkeit ist das Kreuz in unzähligen Varianten zu einem der wichtigsten Elemente der abendländischen Heraldik und des Ordenswesens geworden.
Eine nähere Beschäftigung mit dem Kreuz als einem der wichtigsten heraldischen und politischen Symbole erscheint deshalb notwendig, weil die Erste und die Zweite Republik Österreich durch zwei Phasen auseinandergerissen wurden, die beide unter dem Zeichen eines Kreuzes standen:

- durch den sogenannten „christlichen Ständestaat" (1934–1938), der den nimbierten Doppeladler wieder einführte und ihm das Kruckenkreuz zur Seite stellte (ursprünglich sollte es sogar dem rot-weiß-roten Brustschild aufgelegt werden!), und
- durch die Eingliederung in das Deutsche Reich (1938–1945), während welcher neben dem nationalsozialistischen Reichsadler das Hakenkreuz das zentrale Symbol war, unter dem die Österreicher in den „Alpen- und Donaugauen" lebten.

[1] Manfried Welan, Das österreichische Staatsoberhaupt. Wien 1986
Ders., Der Bundespräsident. Kein Kaiser in der Republik. Wien 1992

Das Kreuz symbolisiert – lange vor seiner Verwendung als christliches Zeichen – die Vereinigung von Gegensätzen: Himmel und Erde, oben und unten, männlich (= vertikal) und weiblich (= horizontal), das Herabsteigen des Geistes in die Materie. Durch seine Fähigkeit, sich nach allen Richtungen verlängern zu lassen, wird das Kreuz gelegentlich auch als Zeichen des ewigen Lebens angesehen.
Als Zeichen der Vierheit vereinigt es die vier Himmelsrichtungen und gibt ihnen ein kosmisches Zentrum, den Schnittpunkt von Zeit und Raum, das „hier" und „jetzt". So wird das einfach zu zeichnende bzw. zu schlagende Kreuz – ein perfektes Dualsystem – zu einem der wichtigsten Ursymbole.
In der Antike besteht zunächst keine Verbindung zwischen dem Kreuz als dem „kosmischen Symbol par excellence" und dem Kreuzesholz als dem grausamen Folter- und Tötungswerkzeug. Jesus von Nazareth starb höchstwahrscheinlich an einem T-förmigen Kreuz (Tau-Kreuz, Antonius-Kreuz). Paulus gibt in 1 Korinther 1,18 den eigentlichen Anstoß dafür, das Kreuz als Auferstehungs- und Heilszeichen zum zentralen Symbol des Christentums werden zu lassen: „Denn das Wort vom Kreuz ist denen, die verlorengehen, Torheit; uns aber, die gerettet werden, ist es Gottes Kraft." Vermutlich wurde das Kreuzzeichen zunächst bei der Taufe verwendet. Nach anfänglichem Zögern wurde das Kreuz erst dann allgemein akzeptiert, als Kaiser Theodosius d. Gr. die Kreuzigung als Hinrichtungsmethode abschaffte. Die erste Darstellung eines Kreuzes als Triumphzeichen findet sich allerdings schon im Jahr 134 in Palmyra.
Das gleichschenkelige griechische Kreuz bestimmt den Grundriß der byzantinischen und syrischen Gotteshäuser. Das den Querbalken nach oben verschiebende lateinische Kreuz wird maßgebend für die Anlage der romanischen und gotischen Kirchen. Das Andreaskreuz bezieht sich auf das Martyrium an einem Kreuz in X-Form.
Das Kruckenkreuz (in der heraldischen Literatur oft auch „Krückenkreuz") entstand wahrscheinlich aus dem Bernwardskreuz, einem nach Bischof Bernward von Hildesheim (993–1022) benannten Kreuz, dessen Enden aus überstehenden Rechtecken bestanden. Der „christliche Ständestaat" hat sich mit der Herleitung des Kruckenkreuzes ausführlich beschäftigt. Es sollte ja dem Hakenkreuz symbolpublizistisch Paroli bieten und mithelfen auszudrücken, daß das christlich-österreichische Deutschtum das bessere Deutschtum sei als das heidnisch-reichsdeutsche (vgl. hiezu das Kapitel über das Kruckenkreuz, S. 273 ff.).
Das Kreuz führen zwei der neun österreichischen Bundesländer im Wappen: die Bundeshauptstadt Wien und das Burgenland, sieht man von den die fürstlichen Hüte der Wappen Oberösterreichs, der Steiermark und Salzburgs schmückenden Kreuzchen ab.

Gabelkreuz

Andreaskreuz

Petruskreuz

Tatzenkreuz

Malteserkreuz

Astkreuz

Doppelkreuz

Patriarchenkreuz

Russisches Kreuz

Lateinisches Kreuz

Jerusalemer Kreuz

Ankerkreuz

Pfeilkreuz

Antoniuskreuz

Mauritiuskreuz

DER LÖWE

Der Löwe ist zusammen mit dem Adler das häufigste Wappentier. Als „König der Wüste“ gilt der Löwe *(Panthera Leo)* seit alters her als der Herrscher über die Tiere der Erde, während der Adler als der König der Vögel angesehen wird. Wie alle Herrschersymbole steht der Löwe in engem Bezug zur Sonne: sie glänzt aus seinen Augen, findet sich wieder in seiner strahlenartigen Mähne und in der goldgelben Farbe seines Felles. Im alten Ägypten stellte der Löwe mit der Sonnenscheibe auf dem Kopf den Gott Re dar, die Könige wurden als Löwen oder Sphinxen dargestellt. Im Mithraskult symbolisiert der Löwe die Sonne selbst. Im Buddhismus verteidigt er das Recht und symbolisiert die Weisheit. Wenn Herakles den Löwen besiegt, so soll damit die Herrschaft des menschlichen Geistes über die animalische Natur ausgedrückt werden. Ebenso zerreißt Simson einen Löwen (Richter 14,5 ff.).

Bei den Griechen galt der Löwe als Symbol des Mutes. So wurde nach der Schlacht bei den Thermopylen für Leonidas ein steinerner Löwe errichtet. Ein 1166 in Braunschweig errichtetes Löwendenkmal erinnert an Herzog Heinrich den Löwen (1129–1195).

Der „Physiologus“ (s. im Kapitel über die Symbole der Steiermark, S. 341 f.) sagt vom Löwen, daß er niemals seine Augen schließe und daher eine enge Beziehung zum Licht habe. Oder: Die Löwin bringe ihr Junges tot zur Welt und wache bei demselben drei Tage lang, bis der Vater komme und ihm den Lebensatem einblase.

Der Löwe umgibt als Symbol der Macht und Weisheit die Throne der Herrscher und bewacht, als Licht-Tier, die Dämonen abwehrend, Tempel und Gräber. Daher ist er auch Symbol der Wachsamkeit – übrigens besonders schön zu sehen am Kenotaph Rudolfs IV., des Stifters, im Wiener Stephansdom.

Die Bibel nennt Christus den „Löwen von Juda“; es heißt in Offenbarung 5,5: „Da sagte einer der Ältesten zu mir: ‚Hör auf zu weinen! Der Löwe aus Judas Stamm und Nachkomme Davids hat den Sieg errungen. Er kann die sieben Siegel aufbrechen und das Buch öffnen.‘“ Der Löwe ist das Symbol des Evangelisten Markus: er vereinigt in dieser Rolle kosmologische und christologische Elemente, da er die Herrscherrolle Christi besonders betont. Einen Großteil seines Symbolgehaltes verdankt der Löwe auch seinem Vorkommen als fünftes Zeichen im Tierkreis der Astrologie. Er steht im Hochsommer, zur Zeit der stärksten Sonnenkraft, vor der sich nun alle anderen Tiere verbergen.

In negativer Konnotation wird der Löwe als Menschenverschlinger dargestellt und gilt somit als Träger einer strafenden Macht. Kämpft er mit einem anderen Tier, so kann das Ausdruck kosmischer Erscheinungen oder des Ringens des Guten mit dem Bösen sein. So galt der „Leo Belgicus“ als Symbol der Niederländer im Kampf gegen die spanischen Unterdrücker.

Während in Nordeuropa und Großbritannien der Löwe das häufigere Wappentier ist, weil er dort als „höherwertiger“ angesehen wurde, dominiert in Österreich, Deutschland und Südeuropa der Adler.

Zwei österreichische Bundesländer führen den Löwen in ihrem Wappen: Salzburg einen schwarzen steigenden („zum Grimmen geschickten“) Löwen, Kärnten drei stehende Löwen.

Der von Fernkorn in Stein gehauene „Löwe von Aspern“ erinnert an die blutige Schlacht bei Aspern und Eßling, bei der am 21. und 22. Mai 1809 23.000 Österreicher und 44.000 Franzosen ihr Leben ließen.

Der Löwe von Aspern

DER MOND

Als Ursymbol ist der Halbmond bzw. die Mondsichel das Zeichen weiblicher, vor allem jungfräulicher Gottheiten, z. B. der Artemis. Dem kommt auch der weibliche Monatszyklus entgegen, durch welchen der Mond stark mit dem Gedanken des sich wiederholenden Rhythmus, des Messens, mit Zeit und Ewigkeit in Verbindung gebracht wird. Im Gegensatz zur Sonne repräsentiert der Mond – nach offenbar rein männlicher Sicht – das Irrationale, Subjektive. Attribute der Mondgöttinnen sind die Spinne und die Spindel. Der Mond gilt als geheimnisvolles „Schiff der Nacht".
In der politischen Frühgeschichte des Halbmonds tritt dieser meist mit der Sonne auf. Im Rom nach Augustus wird der Kaiser auf Münzen durch die Sonne, die Kaiserin durch die Mondsichel repräsentiert.
Besondere Bedeutung hat der Halbmond im Islam, für den er Göttlichkeit und Souveränität symbolisiert. Die Berechnung des Jahresablaufes erfolgt im Islam nach dem Mond.
Der aufsteigende Halbmond – ohne Stern –, umgeben von einer Kette als dem Symbol der Einigung und einem Kranz von Ähren als dem Sinnbild des Wohlstandes, umschließt den arabischen Schriftzug für die Arabische Liga.
Der Halbmond kommt ferner in den Flaggen der Türkei, Algeriens, Mauretaniens, Tunesiens, Pakistans, der Malediven, Bruneis und Singapurs (hier mit fünf weißen Fünfsternen Symbol für die Ideale des Landes) vor.
In jüngster Zeit hat der Halbmond seine ehemals gewiß einigende Kraft unter den islamischen Staaten zugunsten der panarabischen Farben Rot-Grün-Weiß-Schwarz ablegen müssen, wie dies etwa die Palästinenserflagge zeigt, die nun offiziell über den autonomen Gebieten Gaza und Hebron weht. Als das Rot„kreuz"zeichen der islamischen Welt (außer Iran) hat aber der rote Halbmond seine Geltung behalten.
Seine politische Bedeutung für Österreich erhielt der Halbmond durch die Türken. Nach einer Sage stammt der türkische Halbmond aus dem Horoskop von Sultan Osman (1288–1326) – er sei von seinem Nachfolger Orchan (1326–1359) an die rote Fahne der Janitscharentruppe geheftet worden. Endgültig wurde der Halbmond von Sultan Selim I. (1512–1520) zum offiziellen Staatssymbol erklärt; es war also unter einem ganz neuen Zeichen, daß sich die Türken unter Soliman dem Prächtigen auf ihren langen Marsch nach Wien machten (1521 fiel Belgrad; es blieb bis ins 19. Jahrhundert hinein türkisch; 1526 wurden die Ungarn in der Schlacht bei Mohács besiegt). Nach der Eroberung Ägyptens (1517), die den Türken auch den (religiösen) Kalifentitel brachte, setzte sich der Halbmond im Volk durch, weil er leichter aufzufassen war als die komplizierten Schriftzeichen und Ornamente des (bilderfeindlichen) Islam. Später trat dann auch der Stern hinzu.

Halbmond und Kreuz, Rettungszeichen bei islamischen und christlichen Völkern

Im Abendland wurden Halbmond und Stern zum allgemeinen Symbol für die „Ungläubigen" und ihre Schreckenstaten.
Zwischen 1519 und 1687 – genau in der Zeit der Türkenkriege – war die Spitze des Stephansdoms von einem etwas seltsamen, aus einem liegenden Halbmond und einem sechsstrahligen Stern bestehenden Zeichen gekrönt, das die Vereinigung von weltlicher und geistlicher Macht (Kaiser und Papst) symbolisieren sollte. Davor hatte der Hochturm ein Kreuz getragen. Die beiden Heidentürme trugen ab 1519 Kreuz und Krone. Die These, daß die Kombination von Halbmond und Stern an der weit und breit höchsten Turmspitze des Abendlands (auch) ein Apotropäon – ein unheilabwendendes Zeichen – gegen den Ansturm des Islam auf die Christenheit gewesen

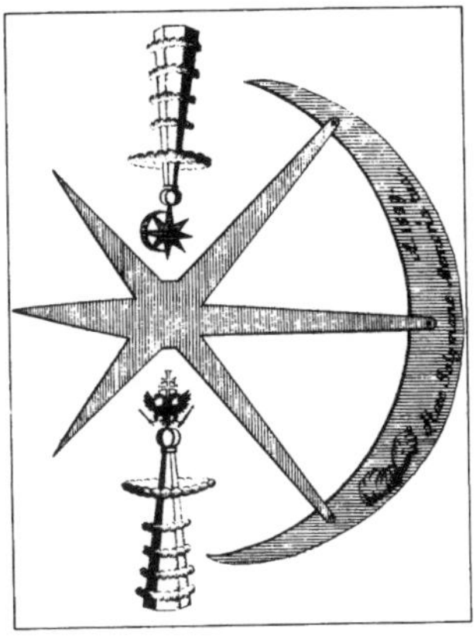

Der „Mondschein" auf der Spitze von St. Stephan

sein könnte, drängt sich auf. Eine Bestätigung dafür konnte freilich in der Literatur nicht gefunden werden. Als 1529 die erste Türkenbelagerung überstanden war, bildete sich die Legende, daß Sultan Soliman nur unter der Bedingung abgezogen war, daß der Halbmond auf die Turmspitze gesetzt würde. Den 1530 geäußerten Bitten der Wiener Bürger, das „heidnische" Zeichen zu entfernen, wurde aber zunächst nicht entsprochen. Es sollte eineinhalb Jahrhunderte dauern, bis das „Stadtsymbol" geändert wurde – wie man sieht, muß man für Reformen im Symbolbereich einen langen Atem haben. Kaiser Leopold I. gelobte in Linz, das Christenkreuz auf die Spitze des Turmes setzen zu lassen, wenn durch Gottes Beistand die Stadt gegen die Türken siegen würde. Am 14. September 1683, nach dem Dankgottesdienst, wurde der Herrscher von Bischof Emmerich Sinelli an sein Gelübde erinnert. Aber erst nach der Rückeroberung Ofens, am 15. Juni 1686, wurde der „Mondschein" abgenommen. Er befindet sich heute im Historischen Museum der Stadt Wien. Die als „spanisches Kreuz" gefertigte neue Turmbekrönung überstand aber nur drei Monate, bis sie ein Sturm herunterwarf. Sie wurde durch Doppelkreuz und Doppeladler (als Zeichen für den Sieg des christlichen Kaisers) ersetzt, welche bis ins 19. Jahrhundert hielten. Friedrich Schmidt stellte 1862 die baufällige Turmspitze wieder in Stein her und ließ am 12. August 1864 ein neues Kreuz und einen drei Zentner schweren Doppeladler aufsetzen.[1]

Nach der Abwehr der Türkenbelagerung vor Wien im Jahre 1683 ließ Leopold I. Münzen schlagen, auf denen die Vertreibung der Türken durch einen Doppeladler und einen Halbmond – beides auf der Rückseite – symbolisiert wurde.

Hiezu eine zeitgenössische Beschreibung:

> *Auf der andern Seiten: War mitten zu sehen die Welt/auf welcher sasse ein Kayserl. doppelter Adeler/mit der Umschrifft: Colligit auxilii radios; Er samlet die Stralen des Beystandes. Am anderen Ende hinabwerts/verbarge sich der halbe Mond hinter den Wolcken/mit der Umschrifft: Victamque redegit in Umbras; Er hat ihn überwunden/und nach dem Schatten verjaget.*

Eine weitere Erzählung über die Türkenzeit besagt, daß der Wiener Bäcker Peter Wendler aus der Grünangergasse während der Türkenbelagerung einen überdimensionalen Halbmond buk, um den Belagerern zu signalisieren, daß noch genügend Vorräte vorhanden seien. Daraus habe sich das „Türkenkipferl" entwickelt, das sich die Wiener heute noch zum – ebenfalls aus der Türkenzeit stammenden – Kaffee schmecken lassen.[2] Felix Czeike bezweifelt dies jedoch mit dem Hinweis, daß schon im 13. Jahrhundert „chipfen" als Weihnachtsgabe der Bäcker bekannt gewesen seien.[3] (Zur „wahren" Geschichte des Kaffeehauses, auch eines Wiener und österreichischen Symbols, siehe das Kapitel über Wien, S. 380 f.)

---

[1] Rubina Möhring, Türkisches Wien. Wien 1983, 34 f.
Rupert Feuchtmüller/Franz Hubmann, Der unbekannte Dom. Wien 1984, 40. Die beiden Schilderungen weichen voneinander ab: Feuchtmüller wurde hier mehr beachtet.

[2] Möhring, a. a. O., 72

[3] Felix Czeike, Das große Groner Wien Lexikon. Wien 1974, 370.

Der Nimbus

Abgeleitet vom lateinischen Begriff für „Wolke“, bedeutet Nimbus soviel wie „Heiligenschein“, ein Symbol, das als kreisrunde Fläche oder Strahlenkranz das Haupt einer göttlichen oder gottähnlichen Person umgibt. In gold, gelb oder rot gehalten, geht dieses die Aura einer übernatürlichen Person darstellende Symbol schon weit in die vorchristliche Zeit zurück (altpersische Könige, Buddha, Jupiter, römische Kaiser). Vom 2. bis zum 6. Jahrhundert war der Nimbus Christus vorbehalten, danach wurde er zum Kennzeichen heiliger Personen schlechthin. Im 8. und 9. Jahrhundert wurden auch noch lebende Päpste oder Herrscherpersönlichkeiten mit einem rechteckigen Heiligenschein ausgezeichnet. Der dreieckige war Gottvater allein vorbehalten. Im 13. Jahrhundert erhielt Judas manchmal einen schwarzen Heiligenschein.
Für die Symbole Österreichs spielt der Nimbus insofern eine Rolle, als der kaiserliche Doppeladler bis 1806 nimbiert war, womit das „Heilige“ Römische Reich symbolisiert werden sollte. Das Kaisertum Österreich verzichtete danach auf die Nimben und verwendete gekrönte Adlerköpfe. Es blieb dem Ständestaat 1934–1938 vorbehalten, bei seinem Doppeladler wieder auf die Nimben zurückzugreifen, um sowohl die christliche Orientierung des damaligen Österreich als auch den versuchten Rückgriff auf geschichtliche Traditionen auszudrücken.

Die Personifikation

In der Vergangenheit wichtiger als heute, aber als „moderne Ursymbole“, „politische Archetypen“, „Klischees“ oder „nationale Stereotypen“ gleichwohl noch (unterbewußt) wirksam sind jene menschlichen oder tierischen symbolischen Darstellungen, die sich einzelne Völker entweder von sich selbst machten oder die ihnen von außen auferlegt wurden. A. Rabbow führt diese Erscheinung auf das 18. und 19. Jahrhundert zurück, doch muß man schon ähnliche Bilder in der Antike berücksichtigen. Jedenfalls ist das Barock reich an einschlägigen Allegorien, wie man etwa im Prunksaal des Stiftes Klosterneuburg an der „Austria Gloriosa“ oder der „Austria“ im Niederösterreichischen Landhaus gut sehen kann.
Wie in der Karikatur der begabte Zeichenstift – denken wir an die unnachahmliche Art, wie es „Ironimus“ (Gustav Peichl) gelingt, einen Burgenländer von einem Tiroler zu unterscheiden – den Volkscharakter in wenigen Strichen charakterisiert, indem er bestimmte Züge überbetont, beruht auch die politische Personifikation auf bewußter Überbetonung von als typisch für ein Volk angesehenen Eigenschaften oder dinglichen Attributen. Auf diese Weise entstanden der deutsche „Michel“, die französische „Marianne“, der britische „John Bull“, der amerikanische „Uncle Sam“ – Beispiele für menschliche Darstellungen. Daneben gibt es tierische Symbole für Nationen, darunter den „russischen Bären“, den „französischen Hahn“ und den „britischen Löwen“.
Die eigentliche Form der Personifikation aber ist die bewußte, meist mythologisch-verklärende Form, wie sie uns etwa in der „Germania“, der „Austria“, der „Helvetia“ oder der „Britannia“ entgegentreten. Wie man sieht, sind alle diese idealisierten Gestalten weiblich. Es gibt sie in graphischer Form und in der Form von Denkmälern, die zum Teil riesige Dimensionen annehmen (New Yorker Freiheitsstatue, deutsches Niederwalddenkmal). Sie alle – mit Ausnahme ihrer gleichwohl wehrhaften Schweizer Schwester – mußten in den Krieg ziehen und wurden, muß man annehmen, vor allem der männlichen Bevölkerung als tröstend-aufmunternde Mutter/Mädchen-Gottheiten ins Feld und oft genug in den Tod mitgegeben.

„GERMANIA“ UND „AUSTRIA“

Die meist sehr naturalistisch dargestellte „Germania“ als nationale Personifikation Deutschlands ist hier vor allem deshalb zu erwähnen, weil sie im Ersten Weltkrieg häufig dazu verwendet wurde, zusammen mit der „Austria“ – gleichfalls in naturalistischer Darstellung – die deutsch-österreichische Waffenbrüderschaft zu beschwören, deren rechtzeitige Auflösung Österreich hohen Blutzoll erspart hätte.
Eine Walkürengestalt in wallenden Gewändern mit Speer, Schwert und Schild (mit preußischem Reichsadler), auf dem Haupt die neue deutsche Kaiserkrone, wurde die Germania seit Mitte des 19. Jahrhunderts durch bildende Kunst und Literatur verbreitet. Besonders nach dem deutsch-französischen Krieg (1870/71) erschien sie landauf landab, am eindrucksvollsten im Niederwalddenkmal, das von Johannes Schilling 1884 vollendet wurde. Sie trat auf Briefmarken und Banknoten auf und stellte sich willig in den Dienst der Kriegspropaganda und der Werbung für Kriegsanleihen.

„Austria“ als Kriegspropaganda; Plakat von Theo Zasche

DIE RUNEN

Unter Runen (altnord. Geheimnis – vgl. raunen) versteht man gemeingermanische Kult- und Schriftzeichen, die sich wahrscheinlich um 100 v. Chr. aus einem norditalienisch-etruskischen Mischalphabet unter Einbeziehung von archaischen Sinnzeichen (Radkreuz, Hakenkreuz, Leiter u. a.) bildeten. Sie wurden in Holz geritzt und in Stein gemeißelt. Als Ursymbol werden die Runen durch die Überlieferung charakterisiert, daß sie der germanische Held Odin durch sein Selbstopfer gefunden habe. Nach der Edda sind sie oft durch Blut gefärbt worden, um ihre Wirkung zu steigern. Ursprünglich hatte das Runenalphabet 24 Zeichen in drei Reihen zu acht Runen („Futhark“ –

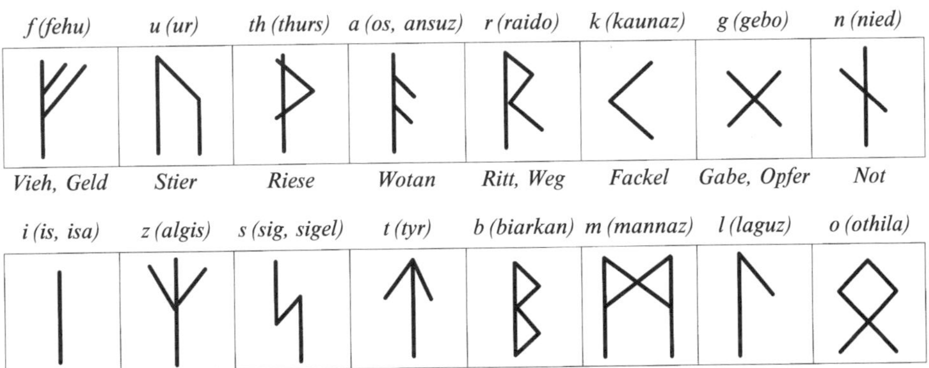

Das Runenalphabet

nach den ersten sechs Lauten): diese Zahl gilt als Zusammenfassung aller magischen Kräfte.

Die Sig- oder Sigel-Rune (verfremdet zu „Sieg-Rune“) war die elfte Rune im sogenannten „dänischen“ oder „gewöhnlichen“, sechzehntypigen Runenalphabet. Sie entwickelte sich im Deutschland des 20. Jahrhunderts zu einem Symbol für alles Nordische, Germanische und war schon vor der Hitlerzeit in Gebauch.

Im Nationalsozialismus erlangte die Sig-Rune folgende drei Bedeutungen, bei deren symbolpsychologischer Analyse man sich immer den oben erwähnten archetypischen Sinngehalt der Runen (Selbstopfer, Tränkung mit Blut, magische Kräfte) ins Gedächtnis rufen sollte:

1. Einzeln in Weiß auf schwarzem Grund war sie das allgemeine Erkennungszeichen des Deutschen Jungvolks (Vorstufe zu HJ/Hitlerjugend und BDM/Bund Deutscher Mädchen). Sie wurde auf den Fähnleinfahnen und auf den Fanfarentüchern geführt.
2. Verdoppelt in Silber bildete sie zusammen mit dem Totenkopf das Symbol der SS (Schutzstaffel, Elite-Einheiten der NSDAP, denen der Schutz Hitlers und vor allem die Judenvernichtung aufgetragen waren).
3. Ebenfalls doppelt auf Stahlhelm und Uniform kennzeichnete sie die Waffen-SS, eine auf Vernichtung des Bolschewismus zielende militärische Formation, in der auch viele Angehörige nichtdeutscher Völker, zum Teil aus Idealismus als Freiwillige (Niederländer, Belgier, Skandinavier, Balkanvölker) dienten.

SS-Runen, Zeichen des Schreckens für Millionen

Durch die Aufgabenstellung der nach strengen „rassischen“ Regeln ausgewählten und auf besonderen Kriegsschulen indoktrinierten SS-Angehörigen wurde die doppelte Sig-Rune auf immer zum Symbol für Rassenhaß und Brutalität. Als eine Art Blitzsymbol signalisierte sie die Aggressivität und das stets drohende Äußere ihrer Träger, verstärkt durch den vom italienischen Faschismus übernommenen Totenkopf, der an der Uniformmütze und als Ring getragen wurde. Die Attraktivität der nach dem Muster eines Ordens mit absoluter Treue zum Führer organisierten SS auf junge Männer mag groß gewesen sein. Dem SS-Zeichen verschrieben sich deshalb viele Tausende „reinrassige“ Deutsche und Österreicher. Unter ihre Achsel hatte man ihnen drei Punkte als unauslöschliches Zeichen ihrer Mission eintätowiert. Diese bestand vor allem aus der Reinhaltung der germanischen Rasse und der Ausschaltung alles „Minderwertigen“. Die Waffen-SS verstand sich hingegen als eine vorwiegend militärische Organisation, bei der der unbedingte Glaube an den Nationalsozialismus nicht in dem Maße Pflicht und Gepflogenheit war wie bei der eigentlichen SS.

Bemerkenswert ist, daß Schreib- und Setzmaschinen im Dritten Reich eine eigene Type für die doppelte Sig-Rune haben mußten, wie man bei der Lektüre von Originaldokumenten aus jener Zeit feststellen wird.

Der Schleier

Der Schleier gilt seit urdenklichen Zeiten als Symbol der Dunkelheit, des Vorbewußten, Nicht-Aufgeklärten, der Unwissenheit. Der (Braut-)Schleier bedeutet auch Unterwerfung und Gehorsam. Der Schleier der Nonne symbolisiert ihre Vermählung mit Christus. Im Christentum bezeichnet der Schleier Bescheidenheit, Keuschheit sowie Verzicht auf weltliche Dinge; im Volksbrauchtum schützt der Schleier gegen böse Geister. Entschleierung bedeutet Offenbarung und Erkenntnis. So wurde im alten Ägypten die Göttin Isis entschleiert, um das göttliche Licht zum Vorschein zu bringen.

Die Geschichte vom Schleier der Gemahlin Leopolds des Heiligen, Agnes, den der Wind wegtrug, (s. die Gründungslegende von Klosterneuburg, S. 318) symbolisiert den Eintritt der edlen Kaisertochter in die Ehe, Defloration inbegriffen – daß sie bereits Kinder aus erster Ehe hatte, wird in solchen Fällen großzügig übersehen. Wenn der Schleier dann an einem Holunderbusch wieder aufgefunden wird, erinnert dies an die Blüten, die den Strauch im Frühling über und über bedecken.

Das Schwert

Gekreuzte Schwerter als Emblem des Armeekommandos

Das Schwert wird hier deshalb kurz behandelt, um seinen Symbolgehalt als Reichsinsignie besser zu verstehen, aber auch, weil das Schwert in Österreich im (para-)militärischen Bereich als Zeichen verwendet wurde und wird, so etwa als Symbol der Heimwehren (Stahlhelm mit gekreuzten Schwertern).
1945–1955 trugen die amerikanischen Besatzungssoldaten einen rot-weiß-rot gespaltenen Schild mit Schwert und Olivenzweig an ihrer Uniform. Auch die von den US-Truppen verwendeten Kasernen waren mit diesem sehr auffälligen Emblem gekennzeichnet. Das Verbandsabzeichen des Armeekommandos des österreichischen Bundesheeres sind im Bindenschild zwei goldene Schwerter.
Das Schwert ist nicht nur Instrument des Kriegers und damit Symbol für Stärke und Männlichkeit, sondern gilt schon seit frühester Zeit auch als Träger geheimnisvoller Kräfte. Es wird zu den Sonnenstrahlen, zu Blitz und Feuer in Beziehung gesetzt. Als phallisches Symbol bezeichnet es zunächst Kraft und Mannesmut, davon abgeleitet königliches Führertum, Autorität und Schutz. Der germanische Gott Wotan wurde mit dem Speer, der Gott Ziu mit dem Schwert dargestellt.
Im europäischen Rittertum ist das Schwert die vornehmere Waffe, die Lanze die mindere. Der Ritterschlag erfolgte mit dem Schwert; der leichte Schlag auf die Schulter sollte der letzte sein, den der nunmehrige Ritter unerwidert hinnehmen würde. In der Nibelungensage und auch in anderem Schrifttum wird dem Schwert als dem treuen Begleiter des Mannes sogar ein Name gegeben (Siegfrieds Schwert etwa hieß Balmung).
Das zweischneidige Schwert symbolisiert das duale Prinzip – Schöpfung und Zerstörung, Leben und Tod. In der mittelalterlichen „Zwei-Schwerter-Theorie“ ging es um den Primat der geistlichen bzw. der weltlichen Macht. Nach Ansicht der Päpste hatte der Kaiser das weltliche Schwert vom Oberhaupt der Kirche als Lehen entgegenzunehmen.
Als Richtschwert erhält es die Bedeutung der Macht über Leben und Tod. So tritt es auf Weltgerichtsbildern aus dem Munde Christi, um den göttlichen Richterspruch auszudrücken. Das Schwert ist das Attribut des Erzengels Michael – kein Wunder, daß er als Patron der Deutschen gilt.
Die Göttin Justitia wird seit alters her mit verbundenen Augen und mit dem Schwert dargestellt, so etwa in der Aula des Wiener Justizpalastes.
Das Schwert als Reichsinsignie dürfte ebenso wie die Lanze auf römische Vorbilder zurückgehen. Es wird vom altösterreichischen Doppeladler zusammen mit dem Zepter im rechten Fang gehalten, eine auch für ein Wappentier anatomisch gar nicht so einfache Sache.

DIE SICHEL

Wie beim Hammer soll hier die ursymbolische Bedeutung eines der vier Attribute des Wappenadlers der Republik behandelt werden.
Die Sichel ist wie die Sense ein Symbol für die Ernte, den Ablauf der Zeit (jährlich wiederkehrende Erntezeit) und den Tod, der ja oft als Schnitter dargestellt wird. Als Symbol der Zeit war die Sichel das Attribut des Titanen Chronos. Seine Mutter Gaia hatte sie geschmiedet und ihm übergeben, um seinen Vater Uranos, der seine Kinder in den Tartarus gestoßen hatte, zu entmannen. Er wurde daraufhin selbst von seinem Sohn Zeus mit einem Blitz niedergeworfen. So wurde die Sichel zusammen mit der Sanduhr (Chrono/s/meter!) zum Symbol von Zeit, Vergänglichkeit und Tod. Der Gott Saturn (griechisch Kronos – nicht zu verwechseln mit dem eben erwähnten Titanen Chronos!) war ursprünglich ein Erntegott und wurde deshalb gerne mit einer Sichel dargestellt.
Natürlich wird die Sichel auch mit der Mondsichel in Zusammenhang gebracht. Damit werden Assoziationen mit dem Halbmondsymbol wach, das ja in der österreichischen Symbolgeschichte infolge der langen Türkenkriege eine bedeutende Rolle gespielt hat.

Sichel und Hammer im Sowjetwappen

DIE SONNE

Daß die Sonne *das* Ursymbol schlechthin ist, darüber kann kaum ein Zweifel bestehen, geht von ihr doch rein energetisch das gesamte Leben auf unserem Planeten aus. Die Sonne hat deshalb eine grundsätzlich positive Besetzung, die sich heraldisch entweder durch einen herrscherlichen Anspruch oder das Streben nach Freiheit und Glück ausdrückt. Einige Beispiele sollen dies verdeutlichen:

- Das Kaiserreich Japan führt aufgrund einer jahrhundertealten Tradition seit 1854 das Sonnen-Mon, die rote Sonnenscheibe auf weißem Grund (Mon ist die Bezeichnung für die erblichen Wappen Japans, wo eine eigene Heraldik existiert).
- China (Taiwan) verwendet die zwölfstrahlige weiße Sonne der Kuomintang-Dynastie als Flaggen- und Wappenbild.
- In Frankreich stand die Regentschaft von Ludwig XIV. (1643–1715), dem „Sonnenkönig“, zur Gänze unter der Devise der Sonne.

Die andere – diametral entgegengesetzte! – Bedeutung nimmt die Sonne im lateinamerikanischen Raum an, wo sie ein universelles Freiheitssymbol ist. In den südamerikanischen Wappen wetteifert daher die Sonne (Argentinien, Costa Rica, Ecuador u. a.) mit dem Freiheitsstern (Brasilien, Chile, Kuba u. a.), wobei sich gelegentlich noch die rote Freiheitsmütze (Jakobinermütze, phrygische Mütze) als drittes Zeichen der Freiheit und Unabhängigkeit von Spanien dazugesellt. Dasselbe gilt für die Philippinen, wo die achtstrahlige Sonne ausdrücklich als Freiheitssymbol bezeichnet wird.

Die Sonne wird auch von der internationalen Arbeiterbewegung als wichtiges Freiheitssymbol angesehen.
J. Seiter weist auf die tiefen Wurzeln der Sonnensymbolik hin, die zunächst in der Identifikation des Lichts mit dem Guten, Immateriellen, Göttlichen bestehen.[1]
Das Licht und die Sonne sind auch zentrale Symbole der Aufklärung, Zeichen der Befreiung aus geistigen und materiellen Fesseln. Der Sozialismus übernahm in seiner Bildersprache zunächst das von oben kommende „Licht der Freiheit" – vor allem ausgedrückt durch die brennende Fackel –, um später die stilisierte „Morgensonne", oft auch mit Parolen versehen, als Zukunftssymbol einzusetzen.
Die halbkreisförmige, aufgehende Sonne als Zeichen der Hoffnung auf bessere Verhältnisse unterscheidet sich wesentlich vom später dazutretenden, in die volle Scheibe gesetzten Sonnenzeichen, dem „Hakenkreuz": Während die halbrund aufsteigende, gelb-orangerote, noch kaum wärmende Sonne, deren Strahlen sich in der Ferne verdünnen, mit einer gewissen Bescheidenheit mehr den Weg als das Ziel, mehr den Prozeß als dessen Vollendung symbolisiert, drückt die gleißendweiße volle Scheibe mit dem „rotierenden" schwarzen Sonnenzeichen mehr den Endpunkt einer Entwicklung, das erreichte Ziel und damit dessen unbescheidenen, totalitären Herrschaftsanspruch aus. Der eher beschaulichen sozialistischen Utopie einer *selbst zu gestaltenden* neuen Gesellschaft wurde somit die dynamischere nationalsozialistische Verheißung einer *bereits gestalteten* oder unmittelbar „hereinwirbelnden" neuen Ordnung entgegengeschleudert – so betrachtet ist das Überlaufen vieler Angehöriger der Arbeiterklasse zum Nationalsozialismus auch symbolpsychologisch erklärbar: Arbeit und Brot *jetzt*, nicht erst in einem noch so lichten *Morgen*.
Die Sonne spielte auch im kommunistischen Machtbereich eine große Rolle. Sie erschien im Sowjetwappen und in der großen Mehrzahl der Wappen der Sowjetrepubliken. Im Sowjetwappen trat die Sonne in einer Art von „heraldischem Overkill" – zusammen mit Erdkugel, fünfzackigem Stern, Hammer und Sichel und der vielsprachigen Devise „Proletarier aller Länder vereinigt euch!" – auf. Mit dieser Symbolvielfalt sollte wohl der Anspruch wie auch die – wie man heute weiß, vergebliche – Hoffnung auf eine weltweite Verbreitung des Kommunismus ausgedrückt werden.

DIE STADT

Das Vorhandensein städtischer Siedlungen ist ein Kriterium für eine Hoch- oder Schriftkultur. Städte sind seit alters her zivile und religiöse Zentren; der Schutzgott der zentralen Polis steigt oft zum Staatsgott auf. Der christliche Schutzpatron einer Stadt ist eine Spätform der antiken Schutzgottheit. Als befestigte, in bewußter Ordnung angelegte Siedlungsform bedeutet die Stadt als Symbol Festigkeit und göttliche Ordnung.
Die Stadt ist schon in der Bibel als „himmlisches Jerusalem" ein Symbol für die Endzeit, in welcher Gott unter seinem Volk wohnen wird. Nach der Offenbarung des Johannes (21,9 ff.) hat diese „ultimative" Stadt einen quadratischen Grundriß (Sinnbild der Vollkommenheit) und zwölf Tore, auf denen zwölf Engel wachen. Sie ruht auf zwölf Grundsteinen, alles Edelsteine, auf denen die Namen der zwölf Apostel eingemeißelt sind. Die Straßen der Stadt sind aus reinem Gold und klarem Glas.
Die Stadt beschützt ihre Bürger wie eine Mutter ihre Kinder; daher werden Stadtgöttinnen mit einer Mauerkrone auf dem Haupt dargestellt. Das ist auch der Grund, warum dieses Ursymbol hier behandelt wird, ist doch die Mauerkrone im Bundes-

[1] Seiter, a. a. O., 53 ff.

wappen an die Stelle der österreichischen Kaiserkrone und im niederösterreichischen Wappen an die Stelle des Erzherzogshutes getreten. Die Erwähnung dieses Symbols sollte nie vergessen werden, wenn von Hammer und Sichel in unserem Wappen die Rede ist.
Auch die Allgorie der Austria (Brunnen auf der Wiener Freyung!) trägt eine Mauerkrone, ebenso wie die Allegorie Wiens, die Vindobona, die mit Stadtschlüssel und Wappenschild von der Balustrade des Wiener Rathauses grüßt (vgl. Farbabbildung S. X). Der vor dem Deutschmeisterdenkmal den Lorbeerkranz schwingenden Vindobona hat man nur eine Art von Goldhaube zugebilligt.
Die drei bedeutendsten deutschen Reichsstädte, Nürnberg, Augsburg und Frankfurt am Main, setzten die Mauerkrone schon zu Beginn des 18. Jahrhunderts auf ihre Wappenschilde. Die städtische Mauerkrone wurde deshalb zu Unrecht mit der napoleonischen Heraldik in Zusammenhang gebracht – sie ist eindeutig älter.

Der Stern

Wir haben uns ausführlich mit der Sonne beschäftigt, die – als singuläres, lebensspendendes Tagesgestirn – zum Herrschaftssymbol wurde. Die Vielzahl der Sterne hingegen führte zu anderen Deutungen: Nach Hesiod sind die Sterne die Blutstropfen des Uranos, nach ozeanischer Überlieferung gelten sie als Kinder von Sonne und Mond. In unserem Kulturkreis drücken sie das Ziel höchsten Strebens, Unsterblichkeit und Ewigkeit aus („per aspera ad astra").
Das brüderliche Sternsymbol unterscheidet sich grundlegend von den Herrschaftssymbolen Sonne und Mond. Die unendlich vielen Sterne, die ruhig eine vorausbestimmte Bahn ziehen, sind zunächst Symbole kosmischer Ordnung. Manche Mythologien sehen in den Sternen auch Symbole für die Verstorbenen. In der jüdischen Überlieferung wird jeder Stern von einem Engel bewacht, während die Sternbilder Gruppen harmonisch zusammenarbeitender himmlischer Geister darstellen.
Die christliche Überlieferung ordnet die Sterne neben der Mondsichel vor allem der Gottesmutter zu, die mit Sternenmantel oder Sternenkrone dargestellt wird (Offenbarung 12,1), obwohl kein direkter Zusammenhang zwischen dem „Weib" der Apokalypse und Maria, der Mutter Jesu, besteht.
Die kreisförmige Bewegung der Fixsterne um den Polarstern hat schon früh zur Ausprägung der zwölf Tierkreiszeichen geführt, die durch ihre Zahl und ihren Charakter schier unbegrenzte Symbolbedeutungen annahmen, bis hin zur Identifikation mit den zwölf Aposteln.
In der politischen Symbolik drückt der Stern Freiheit, Brüderlichkeit, Gleichheit und damit das Prinzip Demokratie aus. Es dürfte deshalb kein Zufall sein, daß sich in der Heraldik und Symbolik des traditionell obrigkeitsgläubigen, auf seine „imperiale" Vergangenheit rückfixierten Österreich das Sternensymbol nur in Ausnahmefällen findet. Es tritt nur in wenigen Gemeinde- und Städtewappen auf (so etwa in Seitenstetten, St. Wolfgang, Kindberg oder Spittal an der Drau), sonst praktisch nirgends, es sei denn als Zugabe zur auf der Mondsichel thronenden Gottesmutter und bei den Freimaurern, einer der wenigen brüderlichen Organisationen Österreichs. Für die Freimau-

Wappen von St. Wolfgang und Kindberg

rerei ist das in der Mitte mit einem großen „G" und in den Winkeln mit Flammenbündeln versehene Pentagramm als „Flammender Stern" („Blazing Star") Zeichen des „Großen Baumeisters aller Welten".
Aber auch in der gesamtdeutschen Staatssymbolik findet sich kaum ein Stern: auf einem Wappenentwurf der Frankfurter Paulskirche aus dem Jahr 1848 schwebt ein kleiner goldener Fünfstern über dem doppelköpfigen schwarzen Reichsadler im goldenen Feld, das beiderseits von je drei schwarz-rot-goldenen Trikoloren umrahmt ist. Es braucht nicht weiter betont zu werden, daß der Entwurf dieses frühen demokratischen Forums niemals Wirklichkeit wurde.[1]

DRUDENFUSS UND FÜNFZACKIGER STERN

Pentagramm („Drudenfuß")

Der in einem Zug durchgezeichnete „Drudenfuß", das Pentagramm, ist ein mit besonders vielen magischen Vorstellungen besetztes Ursymbol. Darauf lassen auch die alten Bezeichnungen Drudenkreuz, Albfuß, Alpkreuz, Pythagoreisches Zeichen, Pentalpha und Pintakel schließen.[2]
Das mystische Fünfeck, über dessen Seiten gleichschenkelige Dreiecke konstruiert sind, findet sich bereits in ägyptischen Gräbern und in der minoischen Kunst. Es tritt als Zeichen für Gesundheit und Erkenntnis schon bei den Pythagoräern und Gnostikern auf, bei den keltischen Druiden und in den mittelalterlichen Bauhütten. Daher ist seine geometrische Form auch in gotischen Fensterrosen (z. B. Rouen) zu finden.
Als „weißmagisch" wird das Pentagramm bezeichnet, wenn es mit einer Spitze nach oben steht, als „schwarzmagisch", wenn zwei Spitzen nach oben ragen.
Im Mittelalter galt das Pentagramm, der „Drudenfuß", als wichtigstes Symbol für magische Künste und als Zauberzeichen gegen böse Geister.
In der Alchimie bedeutet das Pentagramm die geistige „Quintessenz" (quinta essentia!), das gemeinsame Wesen der traditionellen vier Elemente, den ihnen allen zugrundeliegenden Weltgeist. (Für die vier einzelnen Elemente wurden folgende Symbole als die „Krönung" ihres Wesens angesehen: im Wasser der Delphin, in der Luft der Adler, im Feuer der Phönix und auf der Erde der Mensch.)
In Faust I (Zeile 1390 ff.) wird die magische Kraft des Drudenfußes mit einem Schuß Humor beschrieben: Mephistopheles konnte das Studierzimmer Fausts zwar als argloser Pudel betreten („Das also war des Pudels Kern! Ein fahrender Scholast? Der Kasus macht mich lachen"), weil das Pentagramm auf der Schwelle nicht ganz korrekt gezeichnet war („Der eine Winkel, der nach außen zu, ist, wie du siehst, ein wenig offen"); er kann aber als ausgewachsener Teufel nicht mehr hinaus. Doch er weiß sich zu helfen. Als Faust eingeschlafen ist, ruft Mephistopheles eine Ratte zu Hilfe, die das Holz der Schwelle an der störenden Spitze des Pentagramms abnagt und so den Weg frei macht – fürwahr eine dichterische „Spitzfindigkeit"!
Der Begriff „Drudenfuß" für das Pentagramm wird auf den gedachten Schwanenfuß der Druden – hexenartiger Nachtgeister, die Alpträume verursachen – zurückgeführt. Das fünfzackige Zeichen sollte ihren bösen Zauber abwehren. So findet sich der Fünfstern auf Kirchen und Häusern, ja bis in die Neuzeit auf Ehebetten, Kinderwiegen und Stalltüren als apotropäisches Symbol.
Aufrecht stehend bezeichnet der Fünfstern den bewußten, den vollen Menschen – be-

[1] Whitney Smith, Die Zeichen der Menschen und Völker. Luzern o. J., 119
[2] Mit dem sechszackigen Stern, dem Hexagramm, befaßt sich ein eigenes Kapitel unseres Buches (s. S. 279 ff.).

sonders schön in der bekannten Darstellung von Leonardo da Vinci, in der dieser ja das „Idealmaß“ des Menschen genommen hat.
Das Christentum, das sich viele heidnische Symbole angeeignet hat, um sie mit einer auf seinen Glauben verweisenden Bedeutung zu versehen, sah im Fünfzack ein Sinnbild für die fünf Wunden Christi.
In der Heraldik kommt das Pentagramm in seiner reinen geometrischen Form selten vor: häufiger anzutreffen ist der fünfzackige Stern in der Vexillologie.[1]

Der weisse „Freiheitsstern“

Seit im Jahr 1777 der britische „Union Jack“ in der Nationalflagge der Vereinigten Staaten durch dreizehn Sterne ersetzt wurde (später erhielt jeder Bundesstaat einen Stern), ziert der weiße Fünfstern das nach ihm benannte „Sternenbanner“. Heute ist der fünfzackige Stern nicht nur in den USA in Wappen und Flaggen vertreten, sondern auch in Staaten wie Italien, Algerien, Marokko, Mauretanien, Kamerun, Niederländische Antillen, Paraguay und anderen. Interessant ist, daß das aus fünf Sternen zusammengesetzte Kreuz des Südens im Wappen Neuseelands durch vier fünfzakkige, in Samoa durch fünf fünfzackige, in Australien aber durch fünf siebenzackige Sterne dargestellt wird.
Weiß als Farbe der Erleuchtung und Erlösung macht den fünfzackigen Stern zum Symbol der Befreiung. Als solches findet er sich, wie schon erwähnt, im brüderlichen Sternenmuster der Flagge der Vereinigten Staaten, die 1777 mit dreizehn Streifen (rot-weiß wechselnd) und dreizehn weißen Sternen in blauem Rechteck entstanden war. Ein enger Zusammenhang mit der Freimaurersymbolik ist schon deshalb wahrscheinlich, weil mindestens fünfzehn der 56 Unterzeichner der „Declaration of Independence“ (4. Juli 1776), darunter Benjamin Franklin, Freimaurer waren – ebenso wie George Washington (Stuhlmeister der Loge „Alexandria“ ab 1788).
Auch das Wappen der USA zeigt die dreizehn fünfeckigen Sterne über dem Kopf des Weißkopfadlers als sechseckiges Sternenmuster, eine Darstellung, die der Freimaurersymbolik des „Flammenden Sterns“ sehr ähnlich ist, wie man auf jeder Ein-Dollar-Note sehen kann.
Von den USA übernahmen u. a. die Staaten Chile, Kuba, Liberia (!), und Puerto Rico das freiheitsbewußte Hoheitszeichen.
Das Wappen der Republik Italien wechselte nach dem Zweiten Weltkrieg das savoyische Kreuz gegen einen geradezu „volksdemokratisch“ gehaltenen, rot gesäumten weißen Stern auf einem eisernen Zahnrad aus, rechts von einem Olivenzweig, links von einem Eichenzweig umrandet. Unten steht die Inschrift „Repubblica Italiana“ auf rot, somit deutlich die Nationalfarben wiederholend.
Der Begriff „Stern“ wird auch gerne von Zeitungen – besonders in den Vereinigten Staaten und in der übrigen angelsächsischen Welt – verwendet, um deren freiheitsbewußte und aufklärerische Blattlinie zu betonen.
Ein wichtiger Grund für unsere Betrachtungen über den Fünfstern als Freiheitsstern ist seine „Omnipräsenz“ während der Besetzung Österreichs 1945–1955. Während die Amerikaner ihre Militärfahrzeuge und alle Gebäude ihrer Truppen sorgfältig mit dem Sternenbanner beflaggten, hatten die Russen dafür gesorgt, daß große Sowjetsterne von den von ihnen verwendeten Bauten herabschauten. So sollte Österreich quasi durch den Stern vom Hakenkreuz befreit werden.

[1] Vgl. hiezu die fünfeckige Drudenfuß-Monographie von Otto Stöber, Linz–Neydharting 1981

Der rote Stern

A. Rabbow bezeichnet den roten Stern als „kommunistisches Kampf- und Weltanschauungssymbol mit eschatologischem Charakter". Das würde bedeuten, daß der rote Stern sozusagen berufen ist, über einer neuerrichteten Welt, d. i. über dem kommunistischen Paradies, das unter seiner Ägide erbaut wird, zu schweben.

Wir wollen überprüfen, wieweit diese These zutreffen konnte, solange sich die kommunistische Herrschaft ausbreitete.

Zunächst einmal gilt es festzuhalten, daß nach Aussagen von Wilfried Daim der rote Stern gewissermaßen „vom Himmel fiel", also nicht eine bewußte Schöpfung eines Revolutionärs wie etwa Lenin war, sondern sich aus einem Zufall ergab (der Vergleich mit dem Braunhemd der Nazis – vgl. S. 258 – drängt sich auf): Der rote Stern war nichts anderes als das Reedereizeichen jener britischen Werft, die die „Aurora" gebaut hatte. Als die Revolution losbrach, stellten sich die Matrosen dieses Schiffes an deren Spitze. An ihren Mützen trugen sie das rote Reedereizeichen. Da dieses aber sowohl in der Farbe wie in der Form (Pentagramm/Freiheitsstern) gut paßte, setzte sich der rote Stern als Revolutionssymbol sowie als Hoheitszeichen der Roten Armee und später der Luftwaffe der Sowjetunion durch.

Zunächst symbolisierte der rote Stern die Zentralgewalt des Obersten Sowjets der Russischen SSR, dann jene der gesamten Sowjetunion. Schließlich verbreitete er sich im gesamten kommunistischen Bereich von China bis Kuba. Er wurde von der offiziellen Heraldik rezipiert und fand sich in den Flaggen zahlreicher kommunistischer Staaten.

1955: der rote Sowjetstern wird abmontiert

Da sich der Kommunismus lange Zeit – wohl bis zur Ernüchterung in der wirtschaftlichen Situation der siebziger und achtziger Jahre – als umfassende Heilslehre verstanden hat, über deren Theorie und Praxis Tausende Bücher geschrieben wurden, ist es nicht verwunderlich, daß dem roten Stern viele quasi-religiöse Assoziationen anhaften. Als ein neuer „Stern von Bethlehem" sollte der rote Fünfzack das Symbol für eine „neue Erde" sein. Es gibt dazu zahllose Anspielungen in der Propagandaliteratur, so etwa vom DDR-Publizisten Kuba (Kurt Bartel), der in seiner Dichtung „Der Sozialismus siegt" weit ausholte:

. . .O Herz der Menschheit, heißer Erdenkern.
Die Sonnen glühn Jahrmillionen fern
gleichgültig, ob der Erdenball verglüht;
und müßt verglühen, wär nicht unser roter Stern
und unsre rote Fahne, die da fliegt.
Der Sozialismus siegt![1]

Daß der rote Stern bis in die späten achtziger Jahre unseres Jahrhunderts auf Millionen Plakaten, Plaketten, Orden und Leistungsabzeichen prangte, ist allgemein bekannt. Auch für sonstige Zwecke, wie für die Bezeichnung von Sportvereinen, Zeitungen und Betrieben, mußte das neugeschaffene Gestirn herhalten.

[1] In: Rabbow, a. a. O., 207

In der Regel wird der rote Stern als rot gefüllter Fünfstern gezeichnet. Zur Unterstützung seiner Wirkung – besonders bei schwarzweißer Darstellung – wird ihm Hammer und Sichel aufgelegt. Steht er im roten Feld einer Fahne oder Flagge, wird der rote Stern in Gelb ausgeführt. 1993 in Ungarn gesetzlich verboten, wird der rote Stern heute von den orthodoxen Kommunisten wieder als Parteisymbol angestrebt.

DER GRÜNE STERN

Im Jahre 1887 legte der polnische Augenarzt Dr. Lazarus Zamenhof (1859–1917) unter dem Pseudonym „Dr. Esperanto“ den Plan einer Welthilfssprache vor. Esperanto besitzt sechzehn Grammatikregeln, sechs Vorsilben und zwölf Nachsilben zur Bildung neuer Wörter. Der Wortschatz baut vor allem auf den romanischen Sprachen und dem Englischen auf. Die internationale Esperantistenbewegung hat sich den grünen fünfzackigen Stern zu ihrem Symbol gewählt – ein schönes Symbol für Hoffnung und Brüderlichkeit (vgl. Farbabbildung S. XXXII).
Österreichische Volksbildner waren und sind bei der Verbreitung von Esperanto führend tätig. Die österreichischen Esperantisten waren zunächst jedoch parteipolitisch organisiert, so daß 1934 die sozialistischen, 1938 alle Vereine verboten wurden. 1927 wurde von Hugo Steiner das Esperanto-Museum gegründet, das der Nationalbibliothek angeschlossen ist und heute 19.000 Bände umfaßt.

DER TURM

Hier soll kurz auf das Ursymbol des gemauerten Turmes eingegangen werden, welches ursprünglich das Wappen der Ersten Republik bilden sollte (s. S. 119).
Der hochragende und damit immer eine phallische Komponente einschließende Turm, ein häufiges Wappenbild, ist besonders in Städtewappen gebräuchlich. Meist mit Zinnen, Tor und Schutzgatter versehen, symbolisiert er Macht und das Übersteigen des alltäglichen Niveaus. Zum Himmel ragend, stellt er eine Verbindung zum überirdischen Reich dar. Der Turm symbolisiert auch den festen Glauben. Als weltabgeschiedener, befestigter Ort ist der Turm Symbol für Meditation und Weisheit.
Ins Negative verkehrt wird der Turm zum Elfenbeinturm, als dem Zeichen der hochmütigen Absonderung von der Welt. Eine andere negative Konnotation ergibt sich aus dem Turmbau zu Babel, dem Symbol für menschlichen Hochmut und technische Vermessenheit (1 Mose 11,1–9).
Der Kirchturm entstand erst im Mittelalter als zunächst freistehender Glockenturm (Campanile). In den himmelstrebenden gotischen Turmbauten ist das mittelalterliche Jenseitsstreben („sursum corda“) zu sehen. Bis zum heutigen Wolkenkratzer-Wettbewerb reicht das Bestreben miteinander rivalisierender Geschlechter, Gruppen oder Städte, einander durch die Höhe ihrer Türme zu übertreffen.

DER WEIZEN

Auch bei diesem Symbol, das die Ähre einschließt, gibt es einen Bezug zum ursprünglich geplanten Wappen der Ersten Republik und zu ihrer Hymne bzw. zu Entwürfen derselben, wie wir in den entsprechenden Kapiteln darlegen werden (s. S. 117 ff., S. 138).
Die goldene Ähre gilt in der Mythologie als Frucht der Vereinigung des Sonnengottes mit der jungfräulichen Erde. Die Feldfrüchte symbolisieren Werden und Vergehen

der Natur und damit auch Tod und Wiedergeburt. Die griechische Göttin Demeter wurde als Mutter des Korns und Mutter der Erde verehrt. Sie erhielt daher die Ähre als Attribut, die sie Triptolemos reichte, damit er den Menschen die Landwirtschaft lehre. Bei den in Eleusis zu Ehren Demeters abgehaltenen Mysterien stand die Weizenähre als vollkommenes Symbol der Kontemplation im Mittelpunkt der Kulthandlungen.
Die Ähre und der Weizen sind als Früchte der Erde somit weibliche Symbole: als Gegenstück zum männlichen Hammer sollte nach dem vorletzten Entwurf zum Bundeswappen der Adler drei Ähren in seinem rechten Fang halten. Staatskanzler Renner verlangte jedoch ihren Ersatz durch die Sichel.
Die Ähre ist auch Attribut der Himmelsjungfrau; deshalb heißt der hellste Stern im Sternbild der Jungfrau „spica“ (Ähre). Die Ähre wird – wie die Garbe – so auch im Christentum zwanglos zum Attribut der Jungfrau Maria. Ähren als Ursprung des Brotes zieren eine Reihe von liturgischen Geräten und Gewändern.
Die Ähre ist bis heute Symbol für den Bauernstand und die Agrarwirtschaft geblieben.

DIE ZAHL

Seit urdenklichen Zeiten spielen Ziffern und Zahlen eine große Rolle bei der Weltdeutung. Die Harmonie von Saiten bestimmter Länge, der Pythagoräische Lehrsatz und der Goldene Schnitt sind frühe Beispiele für das wundersame Wirken mathematischer Verhältnisse.
„Heilige Zahlen“ reichen vom Dualsystem (Yin-Yang) über das Dreiersystem (Dreifaltigkeit, Trias, „aller guten Dinge sind drei“), die Vierzahl (Himmelsrichtungen, Elemente, Glücksklee, Quadrat als Zeichen der Vollkommenheit), das Pentagramm (Quintessenz), das Hexagramm (Dualsystem!), die „heilige Zahl“ Sieben (Tugenden/Todsünden), die den Neubeginn symbolisierende Acht (achteckige Taufbecken), die neun Engelchöre, die Zehn als Zahl der Vollkommenheit (alle Finger, Zehn Gebote), die als unglücklich empfundene Elf („des Teufels Dutzend“) und die als glückhaft aufgefaßte Zwölf (Sternbilder, Stämme Israels, Apostel, Sterne der Europaflagge) bis zur seit altersher als unglücksbringend bezeichneten Zahl Dreizehn.
Darüber hinaus gelten die Zahlen 24 (Stunden des Tages), 33 (Lebensjahre Christi), 40 (Sintflut, Fasten), 50 (Sabbatjahr, in dem Schulden erlassen wurden, Pfingstfest) als heilige Zahlen.
In der Moderne haben sich die Zahlen 10, 25, 50, 60 (Hochzeitserinnerung) sowie 50, 100, 250, 500 und 1000 als historische Jubiläen eingebürgert.
In Österreich gibt es einen unstillbaren Drang, Gedenkjahre zu feiern, so nunmehr das sogenannte „Millenium“, den 1000. Jahrestag der Unterzeichnung der Ostarrîchi-Urkunde von Neuhofen an der Ybbs. Die Liebe zu den Jubiläen (Kaiserjubiläum, Todestag Mozarts etc.) dürfte nicht nur auf kulturelle Orientierung und nostalgische Veranlagung, sondern unterbewußt auch auf den Einfluß von Zahlenmystik zurückgehen, also – wie so vieles in der Welt der Symbole – von Archetyp und Aberglauben bestimmt sein . . .

Über uns die Fahne . . .

Fahnen- und Flaggenkunde

Fahnen bieten den meisten
Stoff zum Nachdenken (anonym)

Die wissenschaftliche Beschäftigung mit Fahne und Flagge wird Vexillologie genannt. Dieser Begriff geht auf die römische Bannerfahne, das Vexillum, zurück, mit welchem wir uns weiter unten beschäftigen werden.

Unter Fahne versteht man ein Stück Tuch, das an einem Stock befestigt ist. Durch seine Farbgebung und Zeichnung soll es eine bestimmte Aussage sichtbar machen und/oder als Symbol für eine bestimmte Sache oder eine bestimmte Gemeinschaft von Menschen dienen.

Das Wort „Fahne“ geht auf gotisch „fana“, althochdeutsch „fano“ zurück und bedeutet „Tuch“ oder „Zeug“. Im weiteren Sinn bezeichnet der Begriff „Fahne“ alle Arten von Feldzeichen, die bei Kriegshandlungen zu Lande im Laufe der Menschheitsgeschichte verwendet wurden. Im heutigen Sinn werden unter „Fahne“ nur Symbole aus Tuch verstanden.

Die *Fahne* wird in der Regel getragen oder aufgestellt. Im Gegensatz dazu wird die *Flagge*, die gleichartigen Zwecken dient, mittels einer Leine gehißt oder als *Flaggentuch* an einer Wand befestigt.

Während die Flagge (das Flaggentuch) ersetzbares „Verbrauchsmaterial“ ist, wird die Fahne (das Fahnenblatt) nicht erneuert, sondern in ihrer ursprünglichen Form so lange wie möglich aufbewahrt, da sie in ihrer Gesamtheit ein Symbol darstellt.

Die Geschichte der Fahne reicht weit zurück in die Vorzeit. Wahrscheinlich wurden zunächst Tierfelle an Stangen befestigt, um weithin sichtbare Zeichen zu geben. Whitney Smith, der führende amerikanische Vexillologe (Fahnen- und Flaggenexperte), weist darauf hin, welche Bedeutung schon allein dem Fahnenstock selbst zukommt. Die Stange ist ein Machtsymbol wie Keule, Speer und Schwert; tiefenpsychologisch gesehen ist sie ein Phallussymbol. In rein praktischer Hinsicht kann ein Zeichen am Stock im Kampf weithin sichtbar vorangetragen, neben einem Herrschersitz aufgepflanzt und in einem Tempel an zentraler Stelle aufbewahrt werden. Es erleichtert zerstreuten Kämpfern das Sammeln an einem Ort. Bis in die neueste Kriegsgeschichte war die Fahne immer wichtigstes Identitäts- und Orientierungszeichen des Soldaten.[1]

Für Whitney Smith drückt die erhobene Fahne „die Sehnsucht des erdgebundenen Menschen nach dem Himmel aus, was zweifellos zu der weiten Verbreitung des Adlers als Stangenbekrönung beiträgt“. (Vgl. hiezu die Verzierung der beiden Flaggenmasten vor dem Parlamentsgebäude mit dem Bundesadler.)

Schon die alten Kulturvölker Asiens verfügten über verschiedene Feldzeichen, die aus

[1] Whitney Smith, Die Zeichen der Menschen und Völker, a. a. O., 36

Holz, Metall, Leder oder anderen Materialien angefertigt wurden und die man heute *Vexilloide* (der römischen Kriegsfahne, dem weiter unten beschriebenen „Vexillum", ähnliche Zeichen) nennt. Sie symbolisierten die von ihren Trägern verehrten Gottheiten, die Schutz geben und Sieg verleihen sollten. Insoferne waren sie dem Totem sehr ähnlich. Sie konnten die Gestalt von Sonnenschirmen ebenso annehmen wie die von Fächern.

Die älteste erhaltene Fahne dürfte aus der Wende zum dritten vorchristlichen Jahrtausend datieren. Sie stammt aus der ostpersischen Stadt Khabis und zeigt zwei Löwen und eine Sonne auf ihrem kleinen Metallblatt. Löwe und Sonne bildeten das iranische Staatssymbol bis 1979, als die islamische Republik eingeführt wurde, die sich 1980 ein neues, aus vier Mondsicheln und einem Schwert bestehendes Wappen gab.

Im archäologischen Museum von Ankara finden sich einige metallene Scheiben, die als Standartenaufsätze identifiziert wurden. Ihre Entstehungszeit dürfte das dritte vorchristliche Jahrtausend, also die frühe Bronzezeit, sein.

In der Bibel ist auf eher unbestimmte Weise von „Feldzeichen" die Rede, so Numeri 1,52 und 2,2 („Jeder hat seinen Platz unter dem Feldzeichen seiner Heeresabteilung und beim Zeichen seiner Sippe.").

Kriegerische Auseinandersetzungen in Wüstengebieten erfordern aber aus der Natur der Sache weithin erkennbare Zeichen – was lag daher näher, als ein Stück Tuch im Winde flattern zu lassen? Psalm 20,6 („Dann wollen wir jubeln über deinen Sieg, im Namen unseres Gottes das Banner erheben") deutet ebenso darauf hin, daß die Juden mit dem Gebrauch von Fahne und Flagge vertraut waren wie Jesaja 30,17 („Von eurem stolzen Heer wird nichts übrigbleiben als eine leere Fahnenstange auf einem kahlen Hügel") oder Jeremias 4,21 („Wie lange noch muß ich die Kriegsfahne sehen . . .?"). Die Übersetzungen sind freilich uneinheitlich und wechseln immer wieder zwischen den Begriffen „Feldzeichen", „Fahne", „Banner" – ja sogar der Begriff „Fahnenmast" wird bei Jesaja 30,17 verwendet. Es wäre interessant, darüber weitere linguistische Untersuchungen anzustellen.

Die frühesten Fahnenformen waren Stangen, die an ihrer Spitze verschiedene Symbole trugen. Die bekanntesten davon sind die römischen „Signa", die nicht nur als militärische Orientierunghilfen dienten, sondern von den Legionären auch kultisch verehrt wurden. Für die oft Tausende Meilen von Rom entfernt stationierten Soldaten waren sie „tragbare Götter", sichtbares Bindeglied zum als Gottheit anerkannten Kaiser und somit Gegenstand heiliger Handlungen. Ursprünglich hatte jedes Manipel (120 bzw. 60 Soldaten) sein eigenes Feldzeichen, das der „Signifer" trug und womit er die Befehle seines Zenturios optisch weitergab. Daneben existierten die sogenannten „Palladien", Kultsymbole wie Adler, Minotaurus, Pferd, Eber und Wolf, die jeweils zwischen dem ersten und zweiten Treffen der Legion getragen und von besonderen Wachen geschützt wurden.

Tacitus berichtet in seinen Annalen (I,39) über die Heiligkeit der römischen Feldzeichen, die teilweise auch Kaisermedaillons (imagines) trugen. Nicht selten kam es vor, daß ein römischer Befehlshaber das Feldzeichen seiner Einheit in die Reihen des Gegners schleudern ließ, um die eigenen Kämpfer dazu anzuspornen, es zurückzuerobern. Marius ordnete 104 v. Chr. an, daß neben den taktischen Feldzeichen der Manipeln und Kohorten die Legion den Adler (aquila) als alleiniges Palladium führen solle. Diese erste Truppenfahne diente also nicht mehr taktischen Zwecken, sondern war heiliges Zeichen der Legion. Der römische Adler wurde dabei stets in seiner charakteristischen, zum Flug bereiten Form dargestellt. Er war etwa taubengroß, aus Silber oder Bronze gefertigt und sollte seiner Legion als Glücksbringer „voranfliegen". Dem Legionsadler an der Stangenspitze wurde in der Folge ein Stück Tuch an einem horizontalen Balken hinzugefügt – das Vexillum (Banner), von dem die Flaggenkunde

(Vexillologie) ihren Namen hat. Das Legionszeichen wurde vom „Aquilifer" getragen und vom „Primipilus" beschützt.
Vor oder während der Schlacht an der Milvischen Brücke 312 n. Chr. erschien Kaiser Konstantin dem Großen (307–337) das Chi-Rho-Symbol mit der Verheißung, daß er in diesem Zeichen siegen werde. (Dem Schrägkreuz Chi/X wird ein Rho/P aufgelegt, wodurch die ersten beiden Buchstaben für „Christos" = der Gesalbte entstehen.) Konstantin befestigte das Chi-Rho am Labarum, der Fahne des Oberbefehlshabers, und besiegte seinen Rivalen Maxentius. Anschließend verbreitete sich das Christus-Monogramm im ganzen Römischen Reich. Es ist aber umstritten, ob das Chi-Rho, wie überliefert, wirklich auf eine übernatürliche Eingebung oder auf die vorbedachte Wahl als wirksames Feldzeichen zurückgeht. Nach Jacob Burckhardt setzte Konstantin das genannte Zeichen bewußt als Integrationssymbol ein, weil die römische Staatsreligion schon ein zu schwaches Bindemittel war. Christliche Kämpfer hatten sich überdies bereits selbst mit Kreuzessymbolen versehen. Mit der Erklärung des Christentums zur Staatsreligion 380 n. Chr. waren Chi-Rho und Kreuz nicht nur mehr rein religiöse Symbole, sondern hatten bereits eine politische Bedeutung als Zeichen für das Reich. (Das Chi-Rho erlangte übrigens auch in Österreich eine quasi-politische Funktion – vertikal weiß auf eine schwarze Raute gestellt, war es das Symbol der „Ostmärkischen Sturmscharen", einer paramilitärischen, Bundeskanzler Kurt Schuschnigg nahestehenden Organisation des Ständestaates.)

Das „Chi-Rho" als Emblem der Ostmärkischen Sturmscharen

Die Gegner der Römer im Norden, die Germanen, kannten ebenfalls schon Feldzeichen; sie wurden aber nicht zu taktischen Signalzwecken eingesetzt, sondern nur als Palladien, d. h. in kultischer Funktion. Die Symbole der altgermanischen Gottheiten – wie Wotans Speer oder Zius Schwert – wurden bei Kriegsausbruch aus den heiligen Hainen hervorgeholt, um in der Schlacht die Männer zu höchster Tapferkeit anzufeuern. Die Römer wiederum verwendeten in der Folge ihre Legionsadler auch als Hoheitszeichen in den eroberten Gebieten, wo sie bei Militärparaden vorangetragen wurden, um die örtliche Bevölkerung einzuschüchtern und von der Unbesiegbarkeit des römischen Weltreiches zu überzeugen.
Die eigentliche Fahne im heutigen Sinn – ein an einem eher schmucklosen Stock seitlich befestigtes Tuch – verdanken wir wahrscheinlich den Chinesen. Es ist anzunehmen, daß in China schon um 3000 v. Chr. bemalte Seidenfahnen für kriegerische und kultische Zwecke verwendet wurden. Die Seide (bzw. die aus ihr gefertigte Fahne) gelangte in der Zeit der Kreuzzüge aus dem Orient in den Westen. Träger der Kreuzzüge waren vor allem die Ritterorden. Auch sie führten Wappen und Fahnen, so z. B. die Johanniter (auch Malteser, gegr. 1048) das weiße Malteserkreuz auf rotem Grund, die Angehörigen des Deutschen Ritterordens (gegr. 1198) ein schwarzes Kreuz im weißen Feld.
1188, das Jahr vor dem dritten Kreuzzug (Friedrich Barbarossa, Richard Löwenherz), gilt als das Entstehungsjahr der modernen Nationalflaggen: Um nicht nur Personen, sondern auch nationale Heeresverbände auseinanderhalten zu können, einigte man sich unter den Kreuzrittern darauf, verschiedene Farben anzunehmen.
Im Gegensatz zu ihren Gegnern, den Kreuzfahrern, bevorzugten Araber und Türken (Feld-)Zeichen in abstrakten Formen (z. B. weiße und schwarze, seit den Fatimiden grüne Fahnen) und kalligraphische Stickereien, da ihnen der Islam bildliche Darstellungen untersagte. Von den Arabern dürften somit nicht nur unsere Ziffern und Zahlen stammen, sondern auch die bunten Fahnen.
Als erste moderne Form der Fahne entstand im Westen der „Gonfanon" (ital. guntfano, Kriegsfahne), ein langes, meist mehrzipfeliges Tuch, das an einer Lanze befe-

Karl der Große mit der „Oriflamme“

stigt wurde. Der berühmteste Gonfanon soll eine rote, mehrzipfelige Fahne mit sechs goldenen, blau gesäumten Blüten gewesen sein, die Papst Leo III. am Weihnachststag des Jahres 800 Karl dem Großen anläßlich seiner Krönung übergab: die „Oriflamme“ (Auri Flamma – Goldflamme). Später führte Karl der Große jedoch das weiße Kreuz auf rotem Grund als Reichsfahne. Den Adler – Zeichen der Nachfolge des Römischen Reiches – verwendete er als metallenes Abbild. Erst von etwa 1200 an wurde der Reichsadler schwarz auf gelbem Grund in der Reichsfahne geführt, nachdem er in die Wappen wichtiger Reichsfürsten Eingang gefunden hatte.

Seit Kaiser Heinrich II. (973–1024) war die Fahne ein wichtiger Bestandteil der Lehenszeremonie. Heinrich II. Jasomirgott erhielt 1156 das Herzogtum Österreich aus den Händen Kaiser Friedrich Barbarossas mit zwei Fahnen.[1]

Ab dem 13. Jahrhundert erlangte die große, segelförmige Fahne immer weitere Verbreitung, weil sich ihr Tuch besonders gut für die Anbringung eines Wappens eignete. Es war dies eine Neuauflage des römischen Vexillums, des an einem Querbalken befestigten Fahnentuchs. Als „Banner“ hat diese Fahnenform die Kriegsführung im ganzen Mittelalter bis zu den bekannten Landsknechtsfahnen des 16. Jahrhunderts beherrscht. Als das „Fußvolk“ der Söldner die Ritterheere ablöste, wurde aus dem schwer manipulierbaren Banner die handlichere Fahne – anfänglich noch häufig „der fan“ genannt. Dazu gesellte sich bald die von der Reiterei aus praktischen Gründen bevorzugte Standarte (ursprünglich „Standhart“, d. i. die in den Boden gerammte oder auf einem Fahnenwagen geführte Fahne). Die Standarte ist kleiner als die normale Truppenfahne, ihr quadratisches Blatt hat meist ein Ausmaß von 50 x 50 cm, während die noch leichtere Dragonerfahne in zwei Spitzen geteilt ist.

Als „Kirchenfahne“ hat sich das Vexillum bis in die Gegenwart erhalten. In Österreich hat auch die sogenannte „Bannerfahne“ als „Sportplatzfahne“ bis auf den heutigen Tag überlebt – zum Leidwesen der Vexillologen, denen es sehr auf ein einheitliches Fahnen- bzw. Flaggenformat und ein ordnungsgemäßes Hissen und Einholen der Flagge ankommt. Der Grund für die Beliebtheit der Bannerfahnen in Österreich liegt wohl in ihrer Eigenschaft, auch bei Windstille gut sichtbar zu sein – eine typisch binnenländische Auffassung. In Ländern mit Zugang zum Meer ist die gehißte Flagge (meistens im Format 2:3) schon allein wegen ihrer Widerstandsfähigkeit dem Wind gegenüber weithin die einzige Form. Es ist bezeichnend, daß die österreichische Seeflagge seit ihrer Einführung unter Joseph II. dieses Format aufweist (es ist in § 3 Abs. 2 Seeschiffahrtsgesetz, BGBl. 174/1981, sogar gesetzlich vorgeschrieben). Auch die Binnenschiffe Österreichs verwenden in der Regel diese Form.

Reitersiegel des Otto von Plain und Hardeck (1254)

Die älteste bekannte Abbildung einer österreichischen Fahne findet sich auf dem Reitersiegel von 1254, auf dem sich Graf Otto von Plain und Hardeck als „Signifer Austriae“ bezeichnet. Es handelt sich dabei um eine Reiterfahne mit länglichem, abnehmbaren rot-weiß-roten Fahnenblatt.

Seit dieser Zeit hat die Fahne eine wechselvolle Ge-

[1] Kusternig, a. a. O., 84

schichte durchlaufen, die von Alfred Mell genau beschrieben und anhand vieler Photographien (meist aus schwedischen Museen) dokumentiert wird.[1]
Wir werden bei der Beschreibung der Geschichte des österreichischen Wappens immer wieder auch auf die Geschichte der Fahne stoßen.

Die Bedeutung der Fahne als Symbol

Wie wir gesehen haben, begleitet die Fahne als Symbol für eine Idee, einen Kampfverband oder schlicht für eine Gemeinschaft die Menschheit seit vorgeschichtlicher Zeit. In den Hochkulturen Ostasiens und des Vorderen Orients waren fahnenähnliche Zeichen weit verbreitet, bevor noch Griechen, Römer und Germanen die Fahne in unseren historischen Gesichtskreis trugen. Glaubens- und Machtkämpfe von den Kreuzzügen bis zum Dreißigjährigen Krieg, von den Türkenkriegen bis zum Zweiten Weltkrieg wurden unter Bannern, Fahnen, Standarten und Wimpeln zu Lande und unter Schiffsflaggen zur See ausgefochten. Dazu traten Fahnen als Ausdrucksmittel von Kräften, die die Stabilisierung oder Destabilisierung der jeweils herrschenden gesellschaftlichen Verhältnisse beabsichtigten („im Schilde führen" – ein aus der Ritterzeit und der damit verbundenen Heraldik auf uns gekommener Ausdruck).
Vielfach hatte die Fahne die Funktion, den politischen oder gesellschaftlichen Status quo aufrechtzuerhalten. Im folgenden einige Beispiele:
Das *Reichsbanner* trug den Reichsadler als oberstes Hoheitszeichen und Ausdruck höchster weltlicher Autorität. Es diente Kaisern und Königen sowie deren Oberbefehlshabern zum Sammeln der Truppen.
Die handlichere *Reichssturmfahne* wurde den Soldaten in der Schlacht vorangetragen. In der Regel diente der Kampf der Erhaltung des bestehenden Zustandes, d. h. der Abwehr von Bedrohungen des vom Reich kontrollierten Gebietes.
Die blutrote *Lehensfahne* des Mittelalters schrieb das dauernde gegenseitige Treueverhältnis zwischen Herr und Knecht ebenso fest, wie sie die Blutgerichtsbarkeit des Grundherrn symbolisierte.
Die den Prozessionen vorangetragene *Kirchenfahne* drückt die geistige Gefolgschaft der Gläubigen aus – Treue zum Glauben und Gehorsam gegenüber der Amtskirche.
Die *Traditionsfahnen* von Regimentern und Armeen sind Ausdruck der Absicht, dem Kampfgeist früherer Truppenkörper nachzueifern und ihre Verbundenheit mit Herrscherhaus oder Nation fortzusetzen.
Vereinsfahnen drücken den Willen der Mitglieder aus, den Gründungsgedanken und ursprünglichen Vereinszweck hochzuhalten und die Gemeinschaft – oft über Generationen hinweg und unter völlig veränderten Rahmenbedingungen – weiterzuführen: denken wir nur an die Studentenverbindungen, die Vereinigungen der Sudetendeutschen oder den Österreichischen Kameradschaftsbund.
Umgekehrt waren es gerade die in den Straßen und auf den Plätzen der Städte entrollten Fahnen, die die stärkste gesellschaftliche Dynamik zu symbolisieren und auszulösen vermochten: So war es die blau-weiß-rote *Trikolore* der Französischen Revolution, die von 1789 bis ins ausgehende 19. Jahrhundert den Kampf der Republikaner gegen das weiße Lilienbanner der Bourbonen beflügelte.
Der schwarz-rot-goldene *Dreifarb* Deutschlands rang von 1819 bis 1933 um seine Anerkennung als Symbol der Erneuerung, bis er in zweierlei Gestalt Jahre nach dem Zweiten Weltkrieg zum systemstabilisierenden Element in West- und Ostdeutschland wurde.
Die *rote Fahne* der Arbeiterbewegung hat in vielen Ländern den Kampf der Arbeiter-

[1] Alfred Mell, Die Fahnen der österreichischen Soldaten im Wandel der Zeiten. Wien 1962

schaft um ihre Rechte ausgedrückt und bis heute ihre symbolkräftige Dynamik nicht eingebüßt.

In besonderer Weise hat die von den Nazis massiv eingesetzte *Hakenkreuzfahne* die Massen in ihren Bann gezogen. Durch ihre bewußte Mystifizierung – darunter der Rückgriff auf das Bild der mittelalterlichen Blutfahne und ihre Umdeutung als Fahne der Märtyrer der nationalsozialistischen Bewegung – wurde eine überaus große psychologische Wirkung erzielt.

Die „Blutfahne"

Unter den zahllosen, meist direkt auf germanische Riten zurückzuführenden Kulthandlungen des Nationalsozialismus, die wichtige Instrumente zur Begeisterung und geistigen Unterwerfung der Massen waren, sticht die besondere Art der „Weihe" neuer Fahnen hervor, die Hitler selbst vornahm.

Die „Blutfahne" war eine angeblich mit dem Blut ihres beim Putsch am 9. 11. 1923 gefallenen Trägers getränkte Hakenkreuzfahne. Ihr Einsatz durch die NS-Bewegung wird wie folgt geschildert:

> *Jeweils am siebenten Tag der Reichsparteitage in Nürnberg wiederholte sich folgendes Ritual: „Heil meine Männer!" schallte der Gruß Hitlers, hunderttausendfach die Antwort „Heil mein Führer!" durch die Arena. Während Hitler unbeweglich auf dem Führerstand verblieb, lösten sich unter dumpfem, andauerndem Trommelwirbel die Fahnen und Standarten von den braunen Blocks, zogen über den granitenen Mittelgang und legten sich um das Ehrenmal, zu dem die Hunderttausend auf ein Kommando Front nahmen. Feierliche Trauermusik wehte leise über die Versammlung hin, indes Hitler mit entblößtem Haupte, begleitet in weiter Respektdistanz nur vom Stabschef der SA und dem Reichsführer SS, über das breite Band der steinernen „Straße des Führers" zum Ehrenmal schritt. Während sich die Fahnen zur Totenehrung neigten, verharrte er lange, schweigend auf dem weiten Vorplatz im Angesicht der „Blutfahne", deren Tuch sich auf den mannshohen, in seinem Namen niedergelegten Kranz herniedergesenkt hatte . . . Im tiefen Schweigen der Menge schritt Hitler zurück; in weitem Abstand folgte ihm der Träger der „Blutfahne". Unter den schmetternden Rhythmen des Badenweiler Marsches wurden die Fahnen und Standarten nun zur Haupttribüne getragen und bildeten auf den grünen Rundterrassen einen breiten, dreifachen Gürtel . . . Das Deutschlandlied brauste auf, und indes sich die Musikkorps im Horst-Wessel-Lied ablösten, so daß bald von nah, bald von fern die Klänge des Kampfliedes der Bewegung den feierlichen Akt untermalten, weihte Hitler durch Berührung mit der „Blutfahne" neue Standarten der Parteiformationen. Salutschüsse donnerten bei jeder Berührung auf. . ."*[1]

Hier werden die tief in uralte Mythen zurückreichenden und geschickt auf Ursymbole zurückgreifenden Praktiken des Dritten Reiches besonders deutlich: in einer Verbindung von optischen und akustischen Reizen, unter Ausnützung von massenpsychologischen Effekten und durch Zwischenschaltung der Massenmedien wurden die Gefühle eines ganzen Volkes weit unter der Bewußtseinsschranke angesprochen und mobilisiert.

Die Verbindung der Ursymbole Blut und Fahne mit dem Führer- und Totenkult, zusammen mit der Aufstachelung nationaler Emotionen auf breitester Basis, ist wohl die stärkste Konzentration von bewußter Demagogie, die die Welt je gesehen hat. Sie

[1] In: Karlheinz Schmeer, Die Regie des öffentlichen Lebens im Dritten Reich. München 1956. Zit. nach Rabbow, a. a. O., 43

wird annäherungsweise nur durch die ebenfalls von Hitler unternommene massive Instrumentalisierung des Judenhasses in einem ganzen Volk erreicht.[1]

DIE ROTE FAHNE

A. Rabbow meint: „Die rote Fahne darf unter dem Aspekt einer gestalterischen Analyse als das gelungenste moderne politische Symbol überhaupt gesehen werden. Sie vereint einen hohen emotionalen Appellwert mit formaler Einfachheit in idealer Weise."[2]
Dem ist zuzustimmen, merkt man doch schon bei der formal gleich gestalteten Fahne Libyens, die seit 1977 aus einem rein grünen Tuch besteht, einen deutlichen graduellen Abfall der Appellwirkung. Eher würde noch die schwarze Anarchistenfahne an die rote Fahne der Arbeiterschaft herankommen, wenn es um physiologisch bedingte Wirkung, d. h. die reine Erweckung von Aufmerksamkeit geht. Hier muß man freilich sorgsam auf ethno-kulturelle Auffassungsunterschiede und psychologische Vorkonditionierungen achten. Für die These Rabbows spricht, daß die rote Fahne ihre Aufgabe im kommunistischen China genauso erfüllt hat wie in Deutschland oder Österreich.
Die Kraft der roten Fahne geht im Grunde auf zwei einander ergänzende Elemente zurück:

- die starken Ursymbole „Blut" und „Glut", beide in derselben, das menschliche Auge besonders ansprechenden langwelligen Farbe Rot (mit-)schwingend, und
- die einfache Form des erhöht im Winde flatternden und damit Aufmerksamkeit erweckenden, selbst „Leben" annehmenden Tuches.

Zum erstenmal politisch wirksam wurde die rote Fahne im Jahre 1834, als in der Seidenindustrie von Lyon Aufstände ausbrachen. In der Folge wurde sie zum internationalen Symbol der Arbeiter. Dies rief natürlich den Widerstand des Bürgertums hervor, der sich auch in mehrfachen Verboten niederschlug. In Wien etwa wurde nach Arbeiterdemonstrationen die Verwendung von roten Fahnen ab 25. 6. 1872 eingeschränkt und zwischen 1884 und 1891 zur Gänze verboten. Mit Verordnung der Bundesregierung vom 19. Mai 1933 wurde der öffentliche Gebrauch von roten Fahnen ebenso wie der des Sowjetsterns, der drei Pfeile und des Hakenkreuzes verboten.
Als 1848 Schwarz-Rot-Gold in Deutschland offiziellen Charakter annahm, tauchten auch in diesem Land immer mehr rote Fahnen auf, weil sich die revolutionären Lager, die bis dahin gemeinsam unter den neuen Nationalfarben marschiert waren, nun trennten.
Zu neuer Geltung kam das Rot der Fahne nach dem Ersten Weltkrieg. Wie in Deutschland die Arbeiter- und Soldatenräte ab 1918 dieses Symbol nicht nur selbst führten, sondern auch dem Bürgertum aufzwingen wollten, so stand auch die Ausrufung der österreichischen Republik unter dem beispiellosen Vorfall, der sich am 12. 11. 1918 auf der Parlamentsrampe ereignete: Wo rot-weiß-rote Flaggen feierlich gehißt hätten werden sollen, stiegen verknotete rote Flaggentücher empor. Rote Garden hatten den weißen Mittelstreifen herausgerissen und nur das rote Tuch gehißt: in der ersten Minute ihrer Existenz erlebte die Republik Österreich bereits eine Krise ihrer staatlichen Symbolik. Der Vorfall war genauso typisch für die mangelnde nationale Identität Österreichs wie der Geist der bereits am 30. Oktober 1918 angenommenen provisorischen Verfassung, die in Artikel 2 „Deutschösterreich" zu einem Bestandteil der Deutschen Republik erklärt und dieses damit gleich selbst seiner Existenz beraubt hatte. Wie auch nach dem Zweiten Weltkrieg verdankte Österreich schon damals seine Eigenständigkeit und Unabhängigkeit nicht sich selbst, sondern den Mächten, die Deutschland besiegt hatten.

---

[1] Zur Wirkung des nationalsozialistischen Fahnenkults auf die Jugend vgl. Friedrich Grupe, Jahrgang 1916 – Die Fahne war mehr als der Tod. München 1989, 82 ff.
[2] Rabbow, a. a. O., 201

Aber auch die Weimarer Republik hätte nach dem Willen der extremen Linken die rote Fahne zur Nationalflagge erheben sollen. Nach Ablehnung dieses Vorschlages kam alles freilich ganz anders: in Deutschland brach der sogenannte „Flaggenstreit" aus, der bis zur Machtergreifung durch die Nationalsozialisten 1933 währte. Sowohl „Rotfront" als auch „Reaktion" – die Gegner des Nationalsozialismus im „Horst-Wessel-Lied" – mußten ihre Fahnen und Flaggen in Deutschland streichen.
Die rote Fahne aber ging außerhalb Europas ihren Siegeszug in den beiden volkreichsten kommunistischen Staaten der Erde, Sowjetunion und China, weiter. Die sogenannte „Sichtagitation" wurde dort – wie im Dritten Reich – mit unvorstellbarem Einsatz getrieben. Auch andernorts, so in der DDR, blieb die rote Fahne getreuer Begleiter des Kommunismus bis 1989.
Bei allen Befreiungsbewegungen gegen das kommunistische Joch in Osteuropa spielten Fahnen eine große Rolle. Ob in Ungarn 1956 oder 1988, ob in Rumänien 1989, immer wieder flatterten Fahnen jenen voran, die zur Systemveränderung antraten. Oft symbolisierte ein in die Fahne geschnittenes großes Loch die Ablehnung des herrschenden Regimes, oder es wurde bereits das Symbol einer neuen Ordnung vorangetragen.
Die Niederringung der restaurativen Kräfte im Rußland des Jahres 1991 wurde immer wieder durch die alten russischen Farben weiß-blau-rot unterstützt. So wurde am 19. August 1991 hinter Jelzin, der von einem Panzer aus sprach, die russische Flagge gehalten. Sie weht seit 25. Dezember 1991 von der Spitze des Kremls.

Zwischen Fahneneid und Fahnenverbrennung

Es kann kein Zweifel darüber bestehen, daß mit der Ehrfurcht vor der Fahne – besonders vor der Fahne des Soldaten – in vieler Hinsicht Relikte eines Denkens verbunden sind, das weit hinter die Aufklärung, in die vordemokratische Zeit, ja in atavistische Bereiche unseres kollektiven Unbewußten hineinreicht. In seinem Buch „Und die Fahne führt uns in die Ewigkeit"[1] weist der deutsche Kulturhistoriker Hilmar Hoffmann darauf hin, daß eine Kulturgeschichte der Fahnen, Flaggen und Standarten noch nicht geschrieben wurde. Sie würde ein vielbändiges Werk werden, denn zahllos sind die Beispiele, in denen sich Literatur, Musik und bildende Kunst mit dem Thema Fahne und Flagge befaßt haben.
Wichtig erscheint zunächst die Erkenntnis, daß der durch die technischen Möglichkeiten bedingte Wandel der Kriegführung die Fahne als physischen Gegenstand der Orientierung im Gefecht praktisch obsolet gemacht hat. In keiner Form der militärischen Auseinandersetzung ist es heute mehr üblich oder auch nur denkbar, einer vorangetragenen Fahne zu folgen. Zwar sind die Flagge und das auf Uniformen und Kriegsgeräten angebrachte Hoheitszeichen weiterhin unverzichtbare Bestandteile auch der modernen Kampfführung geblieben, doch hat das Funkgerät die Fahne längst als taktisches Führungsinstrument abgelöst.
Dazu Hoffmann:

> *Dennoch – abgedankt haben der Mythos vom Sieg und die Fahne als sein Symbol auch heute noch nicht. Als Symbol für die Nation ist sie weiterhin Gegenstand eines Tabubereichs. Ihre Beleidigung steht unter schwerer Strafe, im Falle der Staatstrauer weht sie auf Halbmast, bei Staatsbegräbnissen wird die Fahne über den Sarg gebreitet, um den Toten in die unsterbliche Gemeinschaft der Nation aufzunehmen – eine Symbolik, die wie kaum ein anderes Zeichen in allen Ländern der Welt verstanden wird.*[2]

[1] Frankfurt/Main 1988
[2] Hoffmann, a. a. O., 18

Wir müssen uns weiter darüber im klaren sein, daß der Mythos von Fahne und Flagge und ihre oftmalige Fetischisierung in Politik, Literatur und Kunst eng mit der Herausbildung der modernen Nationalstaaten zusammenhängt, die trotz verschiedenster Internationalisierungsbestrebungen – vom Völkerbund bis zur Europäischen Union – auch heute noch nicht abgeschlossen ist. Auch wenn die Vereinten Nationen zur Zeit bereits über 170 Mitgliedsstaaten zählen, zeigen etwa das Beispiel der Palästinensischen Befreiungsbewegung, der Zerfall der Sowjetunion, die Aufteilung der Tschechoslowakei, insbesondere aber die Spaltung Jugoslawiens und der nicht enden wollende Bruderkrieg auf dem Balkan, daß das Phänomen Nationalismus und die Idee der Staatsgründung in keiner Weise der Vergangenheit angehören.
Analysieren wir den äußerst komplexen Symbolgehalt, der der jeweils „eigenen“ Fahne zukommt, so können wir folgendes festhalten: Schon seit „grauer Vorzeit“ hat „die Fahne“ – d. h. das je eigene Stammeszeichen, das je eigene Feldzeichen, das je eigene Herrschersymbol, das je eigene Religionsabzeichen und das je eigene Nationalsymbol – durch ihre sichtbare und greifbare Präsenz in feierlicher Versammlung oder kriegerischer Sammlung die höchstpersönliche Treue zur eigenen Gemeinschaft und den ihr gesteckten Zielen und Ideen hervorgerufen. Verstärkt wurde die genannte, vorwiegend emotional fundierte Akzeptanz der Symbolbotschaft durch den Nimbus, der den meisten Fahnen durch ihre religiöse Legitimierung seitens der jeweiligen Priesterschaft verliehen wurde. Ob es die kultische Rolle der römischen Feldzeichen war oder die Verleihung der „Oriflamme“ an Karl den Großen, die päpstliche Weihe der Kreuzfahne, mit der Wilhelm der Eroberer gegen den keineswegs unchristlichen dänisch-englischen König Harald II. in die Schlacht von Hastings (1066) zog, oder die vielen Kreuzessymbole der Kreuzfahrer – in allen Fällen war der kirchliche Segen mitgegeben worden. Damit erlangte die Fahne selbst den Charakter des Heiligen. Insbesondere in den katholischen Ländern Europas hat sich der Brauch der Fahnenweihe bis in die moderne Zeit erhalten. Unter dem Ruf „Für Gott, Kaiser und Vaterland“ zogen Millionen fahnengläubiger junger Menschen in die mörderischen Materialschlachten des Ersten Weltkrieges. Dabei waren nicht nur die Fahnen geweiht, sondern auch die Waffen gesegnet worden, als hätte es gegolten, Bajonett, Gewehr und Mörser nicht auf Menschen, sondern auf den Teufel selbst zu richten.

Die schwarze Fahne

Am bekanntesten ist die schwarze Fahne als Trauersymbol. Zum Zeichen der Trauer wird auch ein schwarzer Trauerflor an der Fahne befestigt; Flaggen werden zum Zeichen der Trauer hingegen auf Halbmast gesetzt. In Österreich ist das anders: öffentliche Gebäude, z. B. Staatsoper und Burgtheater, stecken bei einem Todesfall lange schwarze „Hausfahnen“ aus, manche besitzen auch schwarze Flaggen, die an den Dachmasten gehißt werden können.
Schwarze Fahnen kommen in der Politik auch als Zeichen der Verbitterung vor; so wenn sie etwa bei Stillegung eines Betriebes von der enttäuschten Belegschaft gezeigt werden. Sie können auch politischen Protest ausdrücken, wie z. B. bei den Vietnam-Demonstrationen in den frühen sechziger Jahren.
Als Protestfarbe ist Schwarz auch die Farbe des Anarchismus gewesen. Unter der schwarzen Fahne hat diese alle gängigen Herrschaftsprinzipien ablehnende und auf totale gesellschaftliche Selbstorganisation drängende revolutionäre Bewegung mit Ausnahme einer gewissen Mitwirkung an der russischen Revolution kaum Spuren in der Geschichte hinterlassen.

Die weisse Fahne

Nach der Literatur gilt das Zeigen einer weißen Flagge oder Tragen einer weißen Fahne (Parlamentärsfahne) seit dem 18. Jahrhundert als Zeichen der Übergabe- oder Verhandlungsbereitschaft. Dem steht entgegen, daß offenbar schon bei der Türkenbelagerung 1683 die weiße Fahne als Zeichen der Aufgabe verwendet wurde. An der Kirche von Perchtoldsdorf befindet sich eine Steintafel mit folgender Inschrift:

Hoch über dieser Stelle, auf der Galerie des Wehrturmes,
hißten die von türkischen Streifscharen belagerten Perchtoldsdorfer
am 16. Juli 1683 die weiße Fahne zum Zeichen der Kapitulation.

Natürlich hat die weiße Fahne als Zeichen der Kapitulation und Übergabebereitschaft auch gegen Ende des Zweiten Weltkrieges in Österreich eine wichtige Rolle gespielt. So wird über die Situation im Büro des Chefs des militärischen Widerstandes, Major Szokoll, am Morgen des 7. April 1945 berichtet:

Die Aktion erfolgte gegen 8 Uhr früh; und die Sekretärin des Majors Szokoll, zugleich Verlobte des Hauptmanns Huth, saß gerade in ihrem Büro und nähte weiße Fahnen. Sie hatte noch die Geistesgegenwart, vor den Augen der SS-Leute die schriftlichen Unterlagen der Verschwörung in einem kleinen „Kanonenofen" als Unterzündmaterial zu verbrennen – nach einer höflichen Frage an die SS, ob sie wenigstens Tee kochen dürfe. Als dann mitten während der Verhaftungsaktion Szokoll anrief, griff sie schnell zum Hörer, sprach den Major mit „gnädige Frau" an und warnte ihn, ohne daß die daneben stehenden SS-Männer begriffen, was gespielt wurde.[1]

Durch Verrat war der militärisch organisierte Aufstand in Wien vereitelt worden. Am 8. April, dem Tag, an dem Major Biedermann, Hauptmann Huth und Oberleutnant Raschke in Floridsdorf Am Spitz gehenkt wurden, war die Rote Armee von Westen her bis zum Gürtel vorgedrungen. Als am Nachmittag SS-Panzer durch die Innenstadt fuhren, wurden sie von sowjetischen Kampfflugzeugen unter Feuer genommen, wodurch Gebäude rund um den Stephansdom und der hölzerne Dachstuhl des Domes in Brand gerieten. Am 10. April beschoß deutsche Artillerie vom linken Donauufer die Innenstadt, der Dom geriet durch Funkenflug erneut in Brand.

Vom Turm aber wehte die weiße Fahne.[2]

Spezifisch für Österreich dürfte sein, daß Höhere Schulen dann eine weiße Flagge hissen, wenn alle Schüler einer Maturaklasse die Reifeprüfung bestanden haben: Soll damit etwa der „Tod" des bisherigen Schullebens und der Beginn eines neuen Lebensabschnittes signalisiert werden, oder lehnt sich dieser Brauch an die weißen Hemden und Blusen bei Schulfeiern und die weißen Kleidchen der Mädchen bei der Erstkommunion an?

Die blaue Fahne

Die „blaue Fahne" wird in Österreichs Strandbädern dann gehißt, wenn diese an einem besonders heißen Sommertag ausverkauft sind und keinen Platz mehr für weitere Badegäste haben.

An Europas Küsten wird die „blaue Flagge" für besonders sauberes Wasser und zusätzliche Umweltmaßnahmen vergeben. Dabei ist aber nicht ganz klar, nach welchen Richtlinien dies geschieht. So wehte die in Deutschland von der „Deutschen Gesellschaft für Umwelterziehung" (DGU) vergebene Euro-Flagge auch an bestimmten Mittelmeerstränden, an denen die Abwässer direkt ins Meer flossen.[3]

[1] Hellmut Andics, Die Insel der Seligen. Wien 1976, 63

[2] Andics, a. a.O., 64

[3] „Flaute für die Blaue Fahne", in: „Die Zeit", Nr. 3/92, „Krach um blaue Flagge", in: „Die Zeit", Nr. 31/92, 51

Rot-weiss-rot durch die Jahrhunderte

Die Legende von Akkon

Der rot-weiß-rote Bindenschild soll während des durch die Rückeroberung Jerusalems durch Sultan Saladin am dritten Oktober 1187 ausgelösten Dritten Kreuzzuges entstanden sein, an dem der an sich an militärischen Abenteuern desinteressierte Babenberger Leopold V., der Tugendhafte (1157–1194), auf Drängen von Papst Clemens III. teilnehmen mußte. Die Sage erzählt folgendes:
Nach der siegreichen Schlacht um die für die Kreuzfahrer strategisch wichtige Hafenfestung Akkon, griech. Ptolemais (das heutige Akka bei Haifa), am 12. Juli 1191, sei das weiße Waffenkleid des österreichischen Herzogs über und über mit Blut bespritzt gewesen. Als man dem Herzog dann den Schwertgurt abnahm, sei ein weißer Streifen („Binde“) übriggeblieben. Nach dem „Österreich-Lexikon“ sei Leopolds blutroter Rock mit dem weiß gebliebenen Streifen über vierhundert Jahre lang in der Kirche „Maria auf der Had“ (Maria Enzersdorf) aufbewahrt worden. 1529 sei er vor den herannahenden Türken nach Perchtoldsdorf in Sicherheit gebracht worden, bei der zweiten Türkenbelagerung 1683 sei dies aber nicht mehr gelungen, und seither sei das Kleid verschwunden.
Diese Entstehungsgeschichte, auf die auch der Babenberger-Stammbaum (1489–1492) Bezug nimmt, wurde bis in die neueste Zeit immer wieder auch offiziell und in Schulbüchern verwendet.[1]
Durch die im folgenden erwähnten historischen Zeugnisse gewann die Akkon-Legende solche Glaubwürdigkeit, daß sie bedenkenlos in das kaiserliche Patent vom 6. August 1806 Eingang fand, in welchem Titel und Wappen des neu geschaffenen Kaisertums Österreich dekretiert wurden. Über „das nunmehrige Hauswapen, ein silberner Querbalken im rothen Felde“ heißt es dort:

> *Das mittlere Feld verlieh 1191 Heinrich VI. nach einer denkwürdigen, unwiderlegten Ueberlieferung Herzog Leopold dem Tugendhaften von Oesterreich, babenbergischen Stammes, zur Verewigung des Heldenmuthes, den er bey der Belagerung von Ptolomais bewies, wo bey einem Ausfalle sein ganzes weißes Panzerhemd, bis auf die Stelle, die sein Schwertgehänge bedeckte, vom Blute der Ungläubigen gefärbt war.*[2]

Die Überlieferung der Legende von Akkon wurde schon durch frühe Dokumente befördert. Um 1260 entstand eine Urkunde, der man entnehmen sollte, sie sei samt Bindenschild am 7. Mai 1178 in Lorch ausgestellt worden. Auf dieser Urkunde wurde Leopold V. aber nicht nur als Herzog von Österreich, sondern auch als Herzog von

[1] Vgl. Floridus Röhrig, Der Babenberger-Stammbaum im Stift Klosterneuburg. Wien 1975, 28
[2] Franz Gall, Österreichische Wappenkunde. Wien 1977, 81

Steiermark bezeichnet, was er jedoch aufgrund der Georgenberger Handfeste erst 1192 wurde. Zusammen mit einer anderen Urkunde, angeblich in Linz im Jahre 1192 ausgestellt, sollte diese Dokumentenfälschung Vorrechte des oberösterreichischen Klosters Gleink gegenüber Ottokar II. von Böhmen nachweisen. In Wirklichkeit siegelte Leopold V. mit dem schon seinem Vater Heinrich II. Jasomirgott verliehenen Reichsadler, wenn es um österreichische Angelegenheiten ging, und mit dem steirischen Panther, wenn es um steiermärkische Belange ging.
Die „Chronik von den 95 Herrschaften" des Wiener Augustiner-Eremiten Leopold Steinreuter berichtete um 1394 im Zusammenhang mit der Festnahme von König Richard Löwenherz in Wien-Erdberg auch über Leopold V.:

> *Man saget, daz herczog Leupolt dem land ze Oesterreich den löbleichen Schilt, ain weissen strich mit durch die roten veldung und auf dem helm ain guldein chron mit aim poschen das phansvedern, in der haidenschaft hat ervochten.*

Gegen Ende des 14. Jahrhunderts hatte sich also schon die Meinung verfestigt, Leopold V., der Tugendhafte, habe den rot-weiß-roten Balkenschild (so der heraldisch richtige Ausdruck) angenommen. Daneben enthält die Chronik übrigens auch andere Wappensagen, insbesondere die „Fabelwappen" der „ersten 80 Herrschaften" – erfundene heraldische Symbole, die als Vorlage für die auf Initiative Friedrichs III. an der St. Georgskapelle in Wiener Neustadt 1453 von Peter von Pusika vollendete monumentale Wappenwand dienten. Neben den vierzehn Wappen der habsburgischen Länder zeigt die eindrucksvolle Fläche insgesamt 93 solcher Phantasiewappen.[1]
Eine weitere falsche Spur für die Datierung der Entstehung des Bindenschildes wurde von dem Geistlichen Peter aus Ebulo bei Salerno gelegt. Um 1195 fertigte dieser eine Zeichnung an, die die Gefangennahme von Richard Löwenherz in der Nacht vom 21. zum 22. Dezember 1192 in Wien-Erdberg darstellte. Ohne je in Wien gewesen zu sein, also offenbar nur vom Hörensagen informiert, stellte Peter von Ebulo die Szene so dar, als ob die aufsehenerregende Geiselnahme durch zwei gerüstete Dienstmannen erfolgt sei, von denen der eine einen Schräglinksbalken, der andere einen Schrägrechtsbalken im Schilde führte. Was aber für einen „Karikaturisten", der den Zug der westeuropäischen Ritterheere nach Sizilien mitverfolgte, eine klare Sache war, war im frühmittelalterlichen Wien – das bekanntlich bis heute bei jeder Entwicklung einen zeitlichen Respektabstand einhält – noch lange nicht in Gebrauch: der Schildschmuck durch einfache Heroldsbilder.[2]
Eine weitere Version über die Entstehung des Bindenschilds geht auf den Prior des Klosters Lilienfeld, den Historiker Chrysostomos Hanthaler, zurück. Dieser beschrieb um die Mitte des 18. Jahrhunderts die Entstehung des österreichischen Bindenschilds wie folgt: Herzog Friedrich II., der Streitbare, sei mit den Kuenringern, die das Privileg hatten, sein Amtssiegel zu verwahren, in Streit geraten. Als die als Raubritter bekannten Waldviertler Adeligen das Siegel nicht herausgaben, habe Friedrich sich ein gänzlich neues, unverwechselbares, eben das rot-weiß-rote schneiden lassen. Das einzige Problem bei dieser Geschichte: Als Friedrich erstmals mit dem Bindenschild siegelte, standen die Kuenringer nicht nur in seiner Gnade, sondern auch als Zeugen dabei. Weit glaubhafter sind die Thesen eines anonym bleiben wollenden Broschürenverfassers, „KRPaW", der anhand der politischen Absichten Friedrichs II., des Streitbaren, zu erklären versucht, wie es unter dessen Herrschaft zur Annahme des rot-weiß-roten Balkenschilds gekommen sei.[3]

---

[1] Kusternig, a. a. O., 46 f.
[2] Abbildungen im Babenberger-Ausstellungskatalog. Im Flur des Hauses in Wien 3., Erdbergstraße 41, erinnert eine Marmortafel an die Gefangennahme des englischen Königs.
[3] KRPaW (= Karl Rudolf Pakosta aus Wien), Die Herkunft des rotweißroten Bindenschildes. Wien 1976

HERZOG FRIEDRICH II., DER STREITBARE, DER SCHÖPFER VON ROT-WEISS-ROT

Herzog Friedrich II. (1210–1246) führte ein Leben des Kampfes gegen Bayern, Böhmen, Ungarn und Mongolen. Er überwarf sich auch mit Kaiser Friedrich II., was schließlich sogar die Reichsacht und den juristischen Verlust seiner Lehen nach sich zog. Auch Wien ging an den Kaiser verloren, doch konnte Friedrich von Wiener Neustadt (der „allzeit Getreuen") aus den Gegenangriff organisisieren und die Stadt zurückgewinnen. Gegen Ende 1239 versöhnte sich der österreichische Herzog mit dem Kaiser.

Friedrich II. initiierte den spätromanisch-gotischen Bau des Stephansdoms (Riesentor 1240) und förderte Kunst und Minnesang. Die späte Freundschaft des kinderlosen Herzogs Friedrich mit Kaiser Friedrich sollte durch ein politisches Junktim besiegelt werden: der Kaiser sollte die Nichte des Herzogs, Gertrud von Babenberg, in Verona zur Frau bekommen, dafür sollten dessen Länder zum Königreich erhoben werden. Doch die ungefragte Braut vereitelte den „Tauschhandel", indem sie nicht erschien. Österreich und Steiermark verfehlten die Königswürde – im Gegensatz zu Ungarn, das seit 1001 einen König hatte, und zu Böhmen, das seit 1158 erbliches Königtum war.

Die Pläne Herzog Friedrichs des Streitbaren, Österreich eine stärkere Unabhängigkeit vom Reich zu verschaffen, dürften der eigentliche Grund dafür gewesen sein, daß sich der Herzog ein neues, dem letzten Stand der Heraldik entsprechendes Siegelbild zulegte. Dabei mögen auch modische Überlegungen mitgespielt haben. So ließe sich etwa die strenge Dreiecksform erklären, die Friedrich II. für seinen Schild wählte – sie hatte sich gerade um 1230 herausgebildet. Einen ähnlichen Wechsel vom alten Amtswappen zu einem auf das Land allein bezogenen Symbol vollzogen im 13. Jahrhundert auch Bayern und Böhmen: es begann die politische Verselbständigung der deutschen Reichsfürsten und das Ringen um die Festigung der Landeshoheit. Daß dafür symbolpublizistische Maßnahmen höchst geeignet waren, erklärt sich von selbst.

Siegel Friedrichs II., des Streitbaren, mit dreieckigem Bindenschild

Ältestes Beweisstück für die Entstehung des Bindenschilds unter Friedrich II. ist ein wächsernes Amtssiegel vom 30. November 1230. Es hängt an einer Urkunde, die dem Stift Lilienfeld seine Privilegien bestätigte. Das runde, im Durchmesser etwa 87 Millimeter messende Siegel aus lederbraunem Wachs zeigt einen dreieckigen Reiterschild mit deutlich sichtbarem Querbalken. Nach Norbert Weyss ist der Wachsabdruck im Stiftsarchiv von Lilienfeld stark beschädigt. Besser erhalten ist das Siegel an einer Urkunde aus dem Jahre 1236 im Stiftsarchiv von Heiligenkreuz.[1]

Mit Friedrich II., dem letzten Babenberger, trat der Bindenschild erstmals als österreichisches Hauswappen auf. Er sollte neben dem ein- und zweiköpfigen schwarzen Adler bis auf den heutigen Tag die österreichische Heraldik bestimmen.

ÄLTESTE FARBDARSTELLUNGEN

Die auf dem Amtssiegel nicht erkennbaren Schildfarben rot-weiß-rot wurden zunächst 1232 durch Bischof Gebhard von Passau und etwas später durch das soge-

[1] Norbert Weyss, Austria und Bindenschild. In: Adler 1/89, 1 ff.

nannte „Fürstenbuch" von Jans Enikel aus den Jahren 1280/85 belegt. Beide Quellen berichten von der Zeremonie vom 2. Februar 1232, bei welcher Friedrich II. im Beisein von zweihundert anderen Edlen in rot-weiß-roter Festkleidung im Wiener Schottenkloster durch Bischof Gebhard die Schwertleite, d. h. die Ritterwürde, empfing, indem er mit dem Schwert umgürtet wurde:

Ze de Schotten, als man mir verjach, er gap zweihundert
rittern swert, des was der fürst vil wol wert. Si truogen von
ganzem scharlach kleit, da durch ein strich vil gemeit, der waz
wîzer danne ein swan.

In einem Lehrbuch der Geschichte von W. Schier aus dem Jahre 1935 – man entsann sich im Ständestaat aller Details der österreichischen Symbolgeschichte, um spät, allzu spät, wenigstens in der Jugend eine emotionale Bindung an ein eigenständiges Österreich zu erzeugen – findet sich folgende, offenbar ausgeschmückte Übersetzung:

In dem Vorhaus das geschah,
bei den Schotten, wie man es sah.
Er gab zweihundert Rittern das Schwert,
der edle Fürste, reich und wert.
Sie trugen ganz von Scharlach das Kleid.
Dadurch war ein Strich gar breit,
der war weißer als ein Schwan.

Enikel beschreibt den Bindenschild Herzog Friedrichs auch anläßlich eines Berichtes über dessen Begegnung mit Kaiser Friedrich II. in Friaul. Und schließlich findet sich im ältesten deutschen Wappengedicht, im „Clipearius Teutonicorum" des Zürcher Domkantors Conrad von Mure (um 1244), eine Beschreibung des neuen österreichischen Wappens.

Andreas Kusternig setzt sich in seiner Monographie „Adler und Rot-Weiß-Rot, Symbole aus Niederösterreich" (Wien 1986) genau mit der nach dem Krieg sehr weit verbreiteten Theorie des ehemaligen Landeshistorikers von Niederösterreich, Karl Lechner, auseinander, nach welcher Friedrich II. den Bindenschild von den Grafen von Poigen-Hohenburg-Wildberg aus dem Raum nördlich von Horn (dem sogenannten „Poigreich" um Schloß Wildberg) übernommen haben soll. Nachdem Kusternig den Gegenbeweis geführt hat, versucht er selbst, noch eine weitere Theorie einzuführen (50 f.): Es wäre möglich, daß der Bindenschild ein altes Familienzeichen der Babenberger war, das neben dem Adler und den zwei Löwen der „Herzöge von Mödling" (eine Seitenlinie der Babenberger) schon vor Heinrich II., Jasomirgott, auftrat. Einen Hinweis dafür sieht Kusternig in einer Federzeichnung, die die Schlacht am Fluß Regen (1105) darstellt, bei der Leopold III., der Heilige, eine wichtige Rolle spielte und bei der eine bindenähnliche Schildteilung dargestellt wird. Allerdings gibt es auch hier keinen Hinweis auf die Wappenfarben.

Von den Babenbergern zu den Habsburgern

Nach dem Tod des letzten Babenbergers, Friedrichs des Streitbaren, am 15. Juni 1246 in der Schlacht an der Leitha, begann der Bindenschild bereits den Charakter eines Territorialwappens anzunehmen. Unter Ottokar II., im Jahr 1254, finden sich auf dem Siegel des Grafen Otto von Plain und Hardeck, des österreichischen Bannerträgers (als „Signifer Austriae" gegen die Ungarn fiel Otto am 29. Juni 1260 bei Laa/Thaya), nicht nur das dreimal gestreifte Banner, sondern auch eine Krone und ein Busch aus Pfauenfedern. Damit begegnen wir der ersten deutlich erkennbaren Darstellung der österreichischen Fahne – der eindeutige Beweis dafür, *daß die Farben Rot-Weiß-Rot das älteste bekannte staatliche Symbol dieser Art in Europa sind.*

Die Krone im Siegel sollte wohl ein erneuter Hinweis auf den heimlichen Anspruch Österreichs auf die Königswürde sein. Der sogenannte „Pfauenstoß“ sollte ab diesem Zeitpunkt die zum Bindenschild gehörende Helmzier bleiben: sein genauer Ursprung ist ungeklärt.

Wie die österreichische Flagge geht auch die dänische bis in die Zeit der mittelalterlichen Grenzmarken des Heiligen Römischen Reiches („Däne“-Mark und „Ost“-Mark) zurück. Auch über sie wird eine einprägsame Legende überliefert. Danach soll die dänische Flagge, der „Danebrog“ („rotes Dänentuch“), am 15. Juni 1219 während der Schlacht von Lyndanisse im heidnischen Estland auf Bitten dänischer Bischöfe am Himmel erschienen oder sogar vom Himmel gefallen sein. Dadurch soll das dänische Heer unter König Waldemar II. (1170–1241) wieder Mut gefaßt und die Esten besiegt haben.[1]
Anfänglich war das weiße Kreuz Dänemarks gleichschenkelig, doch im Laufe der Zeit wurde der zum Flugende zeigende Kreuzesarm länger, woraus sich das heute bekannte „Skandinavische Kreuz“ entwickelte.
Eine unter mehreren Möglichkeiten der tatsächlichen Entstehung des dänischen Staatssymbols ist die direkte Übernahme des historischen Reichsbanners. Das weiße Kreuz im roten Feld, wie es die Reichssturmfahne des Heiligen Römischen Reiches zierte, findet sich ja heute auch noch in den Wappen der (Reichs-)Städte Wien (1237) und Danzig, der Städte Pisa und Barcelona sowie in den Emblemen der Provinzen Utrecht und Savoyen. Auch die Flaggen der Schweiz und Maltas enthalten dieses ehemalige Symbol des auf christliche Grundvorstellungen gegründeten Römischen Reiches. Nach anderer Lesart hat Papst Honorius III. (1150–1227) das Banner Waldemars II. dem Sieger für seinen Kreuzzug gegen die Esten verliehen.

Auf seinem berühmten Reitersiegel von 1273 (im Wiener Haus-, Hof- und Staatsarchiv) führt König Ottokar II. Přemysl von Böhmen, Markgraf von Mähren, Herzog von Österreich, Steier und später auch von Kärnten und Krain, folgende Staatssymbole: den Adlerflug als die böhmische Helmzier, in der Rechten das Banner von Böhmen mit dem doppelt geschwänzten Löwen, in der Linken den österreichischen Bindenschild. Die Pferdedecke ist mit den Wappen von Kärnten, Mähren (geschachter, d. h. mit Schachbrettmuster versehener Adler), Steiermark (Panther) und Krain (Adler) belegt.
Die ersten Habsburger führten die babenbergischen Traditionen weiter. Sie errichteten in Stift Heiligenkreuz eine Familiengrablege für die Babenberger und schmückten das dortige Brunnenhaus mit Darstellungen aus dem Leben Leopolds III., des Heiligen, wobei wie selbstverständlich der rot-weiß-rote Balkenschild als Wappen beigefügt wurde (um 1290). „Voll Stolz auf ihre neugewonnene Position im Südosten des Reiches fügen die Habsburger seit Albrecht, dem (seit 1282/83) ersten Herzog Österreichs aus diesem Hause, den Bindenschild als österreichisches Landeswappen den Wappen ihrer angestammten südwestdeutschen Besitzungen an.“[2]

[1] Lindanise war der Name der alten estnischen Siedlung aus dem 13. Jh. Sie wurde Burg des Ordens, später Hansestadt, war dann schwedisch, darauf russisch beherrscht, ist nunmehr Hauptstadt des unabhängigen Estland (Estn.: Tallinn, russ. Talin, dt. Reval).

[2] Kusternig, a. a. O., 52. Franz-Heinz Hye weist darauf hin, daß sich das Motiv des rot-weiß-roten Bindenschilds in den Wappen zahlreicher wehrhafter Grenzstädte und habsburgischer Vorposten (von Laa/Thaya, Zwettl und Freistadt über Linz und Wels bis Innsbruck und Bozen) wiederfindet. In: Programmatische Polit-Heraldik. Adler 7/94

Rund 636 Jahre sollten die Habsburger den rot-weiß-roten Bindenschild im Wappen führen, bis er auf die Republik Österreich überging.
Friedrich der Schöne (1314–1330) legte 1325 erstmals dem einfachen Königsadler den österreichischen Bindenschild auf die Brust – Urform des heutigen Bundeswappens und deutliches Zeichen dafür, daß sich die Habsburger in ihren Besitzungen im Südosten bereits wohlfühlten. Der Bindenschild wurde aus diesem Grund immer mehr nicht nur zum Landeswappen, sondern stieg – neben dem althabsburgischen Löwen – zum Familienkennzeichen der Habsburger auf. Er behielt seine Position als wichtigstes Wappen inmitten der Kennzeichen der zahlreichen Besitzungen des Hauses Österreich. 1340, im ältesten systematischen Wappenbuch im deutschsprachigen Raum, der Zürcher Wappenrolle, trägt der farbig ausgeführte Bindenschild mit Krone und Pfauenstoß noch den Charakter eines Landeswappens.
Besonders eindrucksvoll ausgeführt ist der rot-weiß-rote Balkenschild auf dem Titelblatt einer Handschrift von 1512, die das „Privilegium maius" aus dem Jahre 1359 darstellt. Dort wird Österreich als „Herz und Schild des Heiligen Römischen Reiches" bezeichnet. (Die im Auftrag Rudolfs IV., des Stifters, durchgeführte Fälschung von fünf Schriftstücken, die mit dem von der Urkunde des Privilegium minus entfernten Siegel versehen waren, wurde aber von Kaiser Karl IV. durchschaut und erst von Kaiser Friedrich III. anerkannt; vgl. Farbabbildung S. XII).
Im späteren sogenannten „Genealogischen Hauswappen" steht das österreichische Rot-Weiß-Rot schon auf dem Ehrenplatz zwischen den Wappen Habsburgs und Lothringens. Und nachdem der Bindenschild zwischen 1795 und 1804 noch als Symbol für das Herzogtum unter der Enns gedient hatte, wurde er von Franz II. (I.) endgültig zum „nunmehrigen Wapen des Allerdurchlauchtigsten Hauses Oesterreich" erkoren.

Interpretationsversuche in bezug auf die Farbkombination

Der humanistische Universalgelehrte Johannes Cuspinianus (recte Spießhaimer, 1473–1529), kaiserlicher Leibarzt, Nachfolger von Konrad Celtis an der Wiener Universität und wie jener im Stephansdom begraben, verfaßte unter dem Titel „Austria" eine 1543 in Basel erschienene topographisch-historische Landeskunde Österreichs. Auf ihn geht folgende Interpretation des Bindenschilds zurück: Der rote Schild symbolisiere das fruchtbare Land, der silberne Querbalken sei die Donau, die es quer durchfließt. Das Bild erinnert ein wenig an den Grillparzer-Monolog (s. das Kapitel über die Symbole Niederösterreichs, S. 308 ff.).
In der 1546 verfaßten Geschichte Wiens, der „Vienna" des Wolfgang Lazius (1514–1565, ebenfalls Arzt, Humanist und erster Kartograph Österreichs, begraben in der Wiener Peterskirche), findet sich die Akkon-Sage.
Neben dem bekannten Bild von „Milch und Blut" (in ursymbolischer Deutung auch durch „Sperma" und „Menstruationsblut" im Sinne eines männlich-weiblichen „Dualsystems" ersetzbar) ist dem Rot-Weiß-Rot der österreichischen Fahne durch den uns aus anderem Zusammenhang bekannten Guido von List noch eine weitere Bedeutung gegeben worden (vgl. das Kapitel über das Hakenkreuz S. 263 ff.). Unter dem Titel „Österreichs Hort" kam 1908 in der „Patriotischen Volksbuchhandlung, Wien XX, Brigittenauer Laende 28" eine zweibändige „Festgabe an das österreichische Volk" heraus. Unter den samt und sonders aufdringlich deutschnational und pangermanisch argumentierenden „vaterländischen Schriftstellern", die die Herausgabe besorgten, befanden sich Guido von List, der über die Babenberger und die Donau schrieb, und Dr. J. Lanz-Liebenfels, der über Klöster, Ritter und Burgen handelte. Neben einem seitenverkehrt gedruckten kaiserlichen Wappen im Frontispiz

und einem unsäglich schlechten Gedicht über die Akkon-Sage („Österreichs Wappenschild“ von Kuffner) behandelten die beiden Bände vieles, was es an Symbolen Altösterreichs gab, und zwar in historisch-literarischen Beiträgen, die kein Klischee ausließen. Guido von List gab dort den Farben Rot-Weiß-Rot vor Akkon die Bedeutung des altgermanischen Ruoth-Wit-Ruoth, was soviel wie Recht – Gesetz – Recht bedeute – Farben, die also mit Fug und Recht die österreichische Kriegsflagge bildeten (I/42).

Fest steht jedenfalls, daß die Farben Schwarz, Weiß (Silber) und Rot die Lieblingsfarben der Ritter im deutschen Sprachraum waren, während die Ritter im französischen und italienischen Sprachraum die Heroldszeichen auf ihren Schilden lieber in Blau und Gelb (Gold) gestalten ließen.[1] Dieser Umstand sollte über die Jahrhunderte bis zum Ende der Monarchie nachwirken.

Rot-weiss-rot als Fahne und Flagge

Im Gegensatz zum Bindenschild spielte die rot-weiß-rote Fahne nach der Ablöse der Ritterheere durch die Söldnertruppen eine relativ geringe Rolle. Da sie vor allem die Zugehörigkeit zum Herzogtum Österreich symbolisierte, wurde sie in den langen Jahrhunderten, in denen die Erzherzöge Österreichs Kaiser des Reiches waren, vom schwarz-gelben kaiserlichen Banner verdrängt. Die rot-weiß-rote Fahne trat vor allem bei Erbhuldigungen, Festzügen und auf Ehrenpforten in Erscheinung.

Zu Lande wurden rot-weiß-rote Fahnen etwa gegen die Schweizer Eidgenossen bei den verlustreichen Schlachten von Sempach (9. Juli 1386) und Näfels (9. April 1388) geführt.

Im Solde des Deutschen Ritterordens wehten Österreichs Farben bei der Schlacht von Tannenberg am 15. Juli 1410 (vgl. das Kapitel über die Orden, S. 213 ff.).

Wie Alfred Mell genau darlegt, dominierten Doppeladler und Burgunderkreuz die Fahnen der österreichischen Soldaten in der Neuzeit, wobei unter Ferdinand II. (1578–1637) noch das Madonnenbild hinzutrat. Nach Berichten seines Beichtvaters und Biographen Wilhelm Lamormain habe der Kaiser als einer der Promotoren der Gegenreformation das Motiv der „Generalissima“ jenem des Adlers vorgezogen und deshalb befohlen, das Bild der Jungfrau Maria auf der Hauptfahne anzubringen, die den Soldaten vorangetragen wurde. Diese im Dreißigjährigen Krieg entstandene Tradition hat sich nicht nur bis zu den Regimentsfahnen der ausgehenden Monarchie erhalten, sondern bis in den Ständestaat, ja bis heute: Das Garderegiment des Österreichischen Bundesheeres führt bei feierlichen Anlässen (wie etwa bei der Heldenehrung am Nationalfeiertag) die Fahne der k. k. Trabantenleibgarde mit dem Doppeladler im Avers und dem Madonnenbild im Revers.[2]

Unter Maria Theresia, die vorübergehend als Zugeständnis an Ungarn der Farbe Grün (in den Bordüren) mehr Bedeutung als vordem zumessen mußte, wurde die auf Seide *gemalte* Fahnenform eingeführt. Unter ihren Nachfolgern kam es zu den üblichen Modifikationen heraldischer Details, bis schließlich 1859 die letzte tatsächlich zum Einsatz kommende Form der österreichischen Heeresfahne entwickelt wurde. Die Heeresfahnen hatten ab diesem Datum einen Doppeladler nach dem Entwurf des Malers Leopold Kupelwieser zu tragen, der allerdings schon deutlich weniger kraftvoll und rund wirkte als seine Vorgänger aus den Jahren 1816 und 1837.

Das Revolutionsjahr 1848 wurde in Wien von Schwarz-Rot-Gold dominiert. Zunächst

---

[1] In: Adler, Wien 1886, 34, zit. nach KRPaW, a. a. O., 55

[2] Mell, a. a. O., 29. Vgl. auch das Kapitel über das Österreichische Bundesheer, S. 251 ff.

tauchten Kokarden in dem von der Paulskirche am 9. März zu Farben des Deutschen Bundes erklärten Schwarz-Rot-Gold auf. Am Morgen des 2. April erschien eine riesenhafte schwarz-rot-goldene Flagge am Stephansturm. Auch an anderen Kirchen und am Balkon der Haus-, Hof- und Staatskanzlei wurde Schwarz-Rot-Gold gehißt. Und noch einmal, vom 6. bis 31. Oktober, wehte der großdeutsche Dreifarb vom Stephansturm.

Die nationalen Burschenschaften, Turn- und Schulvereine, die „völkischen" Gruppen der Jugendbewegung und die deutschnationale Intelligenz vor allem in der Provinz wurden in der Folge zu Bannerträgern des großdeutschen Gedankens. Während im Wilhelminischen Kaiserreich ab 1871 Schwarz-Weiß-Rot die Oberhand behielt, wurde die gesamte deutschnationale Symbolik in Österreich bis zum „Anschluß" 1938 von Schwarz-Rot-Gold beherrscht.[1]

Der Ausgleich mit Ungarn von 1867 blieb, was die Fahnen betraf, zur Gänze unerfüllt, wenn man von jenem Entwurf absieht, der aufgrund der kaiserlichen Entschließung vom 11. Oktober 1915 hergestellt wurde. Danach hätte die Fahne der k. u. k. Armee das mittlere gemeinsame Reichswappen von 1915 auf der einen und das Monogramm des Kaisers, umgeben von zwei österreichischen und zwei ungarischen Kronen in den Ecken des von einer fünffarbig geflammten Bordüre (abwechselnd schwarz-gelb und rot-weiß-grün) eingesäumten Fahnenblattes tragen sollen. Wie schon unter Maria Theresia wurde aber auch diesmal verfügt, daß die noch vorhandenen Fahnen nicht außer Gebrauch zu nehmen, sondern nur im Bedarfsfall zu ersetzen seien. A. Mell vermutet, daß die Truppe die neue Fahnenform nur ungern akzeptiert hätte:

> *So kam es denn auch nur zur Herstellung eines einzigen gestickten Fahnenblattes unter der Aufsicht des Heeresmuseums, wo es heute noch wie ein Bahrtuch des einstigen wunderbaren k. u. k. Heeres verwahrt wird.*[2]

In der Tat ist das Exemplar heute im Heeresgeschichtlichen Museum ausgestellt, doch leider hängt es so, daß nur die Vorderseite sichtbar ist. Auch mangelt es an einer ausführlichen Erklärung.

Für die k. k. Landwehr der cisleithanischen Reichshälfte gab es noch eine Besonderheit: Sie sollte nämlich als Belohnung für ihr tapferes Verhalten gemäß einer kaiserlichen Entschließung vom 7. Jänner 1916 Fahnen mit dem kleinen Reichswappen von 1848 auf der einen und den kaiserlichen Initialen samt vier österreichischen Kaiserkronen erhalten. Diese wieder vierfarbig geflammten maschingestickten Fahnenblätter gelangten nicht mehr zur Ausgabe.

ROT-WEISS-ROT ZUR SEE BIS 1918

Im Gegensatz zu ihrer eher bescheidenen Geschichte im Banner der Landheere oder auf bürgerlicher Flagge haben die alten Babenbergerfarben nicht nur ruhmreiche Siege und schmerzliche Niederlagen in kriegerischen Auseinandersetzungen zu Wasser mitgemacht, sondern auch manche friedliche wissenschaftliche Expedition zu großen Erfolgen begleitet.

Als Karl V. im Kampf gegen die mit den Franzosen verbündeten Türken und deren Piratenzüge 1535 Tunis angriff und den türkischen Admiral Chair-Ad-Din (Chaired-

[1] Bernhard Reinhold Pilz, „Schwarz-Rot-Gold und Rot-Weiß-Rot". In: Andreas Mölzer (Hg.), Österreich und die deutsche Nation. Graz 1985, 151 ff.
Wilhelm Brauneder, Staat und Nation im Zeichen von Schwarz-Rot-Gold. In: Aula 7–8/1987

[2] Mell, a. a. O., 52

din) vor Goletta, dem ehemaligen Hafen von Tunis, schlug, wehten rot-weiß-rote Wimpel von den Schiffen der „Casa d'Austria". Am 7. Oktober 1571 besiegte eine als Antwort auf die Eroberung Zyperns durch die Türken von Spanien, Venedig und Papst Pius V. gebildete Flotte der „Heiligen Liga" eine zahlenmäßig überlegene türkische Streitmacht und leitete damit den Niedergang der osmanischen Vorherrschaft im Mittelmeer ein. Die Schlacht fand vor Lepanto, dem heutigen Nafpaktos (gegenüber von Patras am Eingang zum Golf von Korinth) statt. Die christliche Flotte wurde von Juan d'Austria (dem außerehelichen Sohn Karls V.) befehligt; sein Schiff führte die rot-weiß-rote Flagge. Auch die Schiffe der ersten und zweiten orientalischen Handelskompagnie, mit welcher sich Österreich im letzten Drittel des 17. und zu Beginn des 18. Jahrhunderts in den Überseehandel einzuschalten versuchte, hißten neben dem kaiserlichen Doppeladler die rot-weiß-rote Flagge.

Dennoch: seitdem Kaiser Maximilian I. durch seine am 8. Jänner 1487 in Brügge gegebenen „See-Artikel" die kaiserlichen Schiffe dazu berechtigt und verpflichtet hatte, das Reichssymbol, den Doppeladler, zu führen, waren österreichische Schiffe vor allem unter diesem Symbol gesegelt. Eine derartige Darstellung findet sich auf einem aus der Zeit um 1730 stammenden Stich eines Linienschiffes im Heeresgeschichtlichen Museum. Handelsschiffe führten aus schwarzen und gelben Streifen zusammengesetzte Schiffsflaggen.

Maria Theresia erließ am 29. November 1749 ein Hofreskript, mit dem sie eine neue Marineflagge anordnete: in Gelb den doppelköpfigen Adler *ohne* Schwert und Zepter, überhöht von der Stephanskrone. Diese Zeichnung war bewußt jener der toskanischen Flagge ähnlich gehalten, um die österreichischen Schiffe in den Genuß der Vorrechte zu versetzen, die die toskanischen insbesondere gegenüber den habgierigen Berberstaaten besaßen. Die Flagge der 1737 durch Franz Stephan erworbenen Toskana zeigte ebenfalls in Gelb den doppelköpfigen Adler, jedoch Schwert und Zepter haltend und überhöht von der Kaiserkrone.[1]

Durch ein Mißverständnis ordnete der kurzfristig als Commercial-Intendant des Küstenlandes amtierende Baron von Wiesenhütter in Triest an, daß österreichische Kriegs- und Handelsschiffe die *toskanische* Flagge zu führen hätten. Als man den Irrtum nach etwa einem Jahr in Wien erkannte, entschloß man sich, bei den toskanischen Flaggen zu bleiben, um nicht erneut Unsicherheit zu schaffen. So segelten die österreichischen Schiffe 37 Jahre lang unter dem Doppeladler der Toskana, wobei jener der Kriegsschiffe groß im Mittelfeld der gelben Flagge stand, während die Handelsschiffe auf mit dünnen schwarzen Streifen versehenem gelbem Grund einen kleineren Doppeladler im mastseitigen Obereck führten. Erst der reformfreudige Joseph II. setzte dieser eher skurrilen Marinebeflaggung durch die Einführung einer echten Nationalflagge ein Ende.

Eine ständige österreichische Kriegsmarine zum Schutz der Handelsschiffahrt im Mittelmeer und in der Adria gab es seit 1719. Im Jahre 1786 erwarb Joseph II. zwei bewaffnete Schiffe von Holland. 1809 wurde die Marine aufgelöst, da Österreich seine gesamte Küste an Napoleon verloren hatte; doch 1814 baute sie der langjährige Flottenkommandant Auguste de Coninck (1761–1844) wieder auf. In der ersten Hälfte des 19. Jahrhunderts nahmen österreichische Schiffe an einer Anzahl kleinerer Aktionen teil. 1849 begann die Reorganisation der kaiserlichen Marine unter Dahlerup; sie wurde von Erzherzog Ferdinand Max (dem späteren Kaiser Maximilian von Mexiko) fortgesetzt. Zu Beginn des Ersten Weltkrieges verfügte Österreich-Ungarn über eine Seemacht von rund einer Million Tonnen.

[1] Joseph Ritter von Lehnert, Beiträge zur Geschichte der k. k. Flagge. In: Organ der militärwissenschaftlichen Vereine 32/1886

Seeflagge an einem Kriegsschiff der k. u. k. Marine

Auf Initiative von Kaiser Joseph II. wurde am 20. März 1786 die rot-weiß-rote Seeflagge eingeführt. Sie trug im mastseitigen Drittel den unten in eine Spitze zusammenlaufenden Bindenschild, eingesäumt von einem gelben Wappenrand und überhöht von einer heraldischen Königskrone. Ursprünglich hatte man Kombinationen verschiedenster Kronen und Wappen erwogen, doch setzte sich schließlich Kaunitz mit der vornehmen Einfachheit des Bindenschildes durch. Ab 1. 1. 1787 führten die österreichischen Kriegsschiffe, aber auch die Handelsschiffe der Monarchie diese Flagge im Küstenland; ab 26. März 1787 trat sie auch in den österreichischen Niederlanden in Kraft.

Im ersten Viertel des 19. Jahrhunderts wurden immer wieder Änderungsvorschläge gemacht. Motiv dafür war einerseits, daß sich die Kriegsmarine von der Handelsmarine zu unterscheiden wünschte, andererseits wurde ins Treffen geführt, die österreichische Seeflagge sei der spanischen zu ähnlich. So wurde in der Folge eine spezielle Kriegsflagge mit einem großen kaiserlichen Doppeladler in gelbem Feld mit schwarzem Rand vorgeschlagen. Als Handelsflagge sollte den rot-weiß-roten Farben ebenfalls ein großer Doppeladler mit Schwert und Reichsapfel aufgelegt werden. Dieser Entwurf besaß im Aufbau eine starke Ähnlichkeit mit der Dienstflagge der Zweiten Republik. Man nahm jedoch davon Abstand, die schlichte josephinische Flagge zu verändern, weil man darin eine neuerliche Gefährdung der Handelsschiffe sah und weil man plötzlich entdeckte, daß besonders bei Konsuln in der Levante noch immer die alte Seeflagge in der Version Maria Theresias in Gebrauch war. (Der Umstand, daß alte Flaggenmuster die nächste Flaggengeneration zu „überleben" versuchen, läßt sich in Österreich bis auf den heutigen Tag verfolgen, ja bildet geradezu den Normalzustand.)

Es blieb also bei Rot-Weiß-Rot mit Bindenschild, wozu allerdings 1828 noch zwei quadratische „Distinktionsflaggen" und 1850 zwei quadratische „Ehrenflaggen" traten:

- Eine gelbe Standarte mit Doppeladler und vierfarbiger Flammenbordüre für Mitglieder des Kaiserhauses.
- Eine Flagge für den kommandierenden Admiral – die Kriegsflagge im Seitenformat 1:1, später mit einem schwarz-gelb-schwarzen Jack im mastseitigen Obereck, wie sie Tegetthoff vor Lissa verwendete (Original im Heeresgeschichtlichen Museum).
- Die weiße Ehrenflagge (für nautische Leistungen) und die rote Ehrenflagge (für kämpferische Leistungen) trugen den kaiserlichen Doppeladler mit einem schwarzen Querband im Avers, das die Worte „Merito navali" bezw. „Fortitudini navali" enthielt. Den Revers zierte die Devise „Viribus unitis".

Die wichtigste Änderung aber brachte der Ausgleich mit Ungarn im Jahre 1867. Es wurde eine eigene k. u. k. Handelsflagge geschaffen, indem das untere rote Feld in

Rot und Grün unterteilt wurde und in das weiße Mittelfeld neben den Bindenschild das Wappen Alt- und Neu-Ungarns gesetzt wurde. Die Kundmachung über diese Flagge trat am 1. 8. 1869 in Kraft. Lehnert führt an, daß es geraume Zeit dauerte, bis diese „Zwillingsflagge" bei den Küstenvölkern und entlang der Donau eingebürgert war und von den anderen Nationen anerkannt wurde. Immerhin konnte unter Mithilfe von Admiral Tegetthoff erreicht werden, daß die Kriegsflagge keiner Änderung unterzogen wurde. Aus den ursprünglich dreißig Perlen der Krone wurden allerdings im Laufe der Jahrzehnte achtzehn, die die Kronländer symbolisieren sollten.
In der Kriegsmarine (die erst seit 1889 offiziell als „k. u. k." bezeichnet wurde) wurde die Zahl der Distinktionsflaggen stark vermehrt, wobei achtstrahlige goldene Sterne als Rangabzeichen dienten.
Durch die Wappenänderung vom 10./11. Oktober 1915 sollten sich auch für die Seeflagge Änderungen ergeben, die aber über das Entwurfsstadium nicht hinauskamen. Es war daran gedacht, der rot-weiß-roten k. u. k. Kriegsflagge ab 1916 sowohl den Bindenschild mit der realistisch dargestellten Kaiserkrone als auch das Wappenschild Altungarns mit der stark überhöhten Stephanskrone beizugeben.
Nach Baumgartner[1] ist die Flaggenänderung in einigen Ausnahmefällen (auf Propaganda-Postkarten und auf einigen k. u. k Seeflugzeugen) zwar geschehen, infolge der Kriegsumstände generell aber unterblieben.
Sieht man von einigen geringfügigen Änderungen ab (sie betrafen vor allem Format, Lage des Wappens und Anzahl der Perlen in der Krone), so blieb die unter Joseph II. eingeführte Form der österreichischen Seeflagge 132 Jahre lang als Kriegsflagge der Donaumonarchie in Gebrauch. Die rot-weiß-rote Marineflagge beflügelte die Flotte Tegetthoffs bei der letzten Schlacht mit Holzschiffen vor Helgoland 1864 und führte sie bei der ersten Seeschlacht mit Panzerschiffen vor Lissa 1866 zum Sieg. Sie wehte von den weißen Passagierschiffen und den olivgrünen Monitoren auf der Donau und grüßte vom Turm der ersten U-Boote und vom Leitwerk der ersten Marineflieger. Sie schmückte die „Viribus Unitis" bei ihrem triumphalen Stapellauf am 24. 6. 1911 in Triest. Die Versenkung des österreichischen Flaggenschiffes am 1. November 1918 durch einen Handstreich zweier italienischer Offiziere im unbewachten Hafen von Pola, zwei Tage vor dem Waffenstillstand, blieb ihr erspart, denn am Tag davor war die k. u. k. Kriegsflotte an Bord derselben „Viribus Unitis" durch Konteradmiral von Horthy, den späteren ungarischen Reichsverweser, an den neuen südslawischen Nationalstaat übergeben worden. Um 16.45 wurde die rot-weiß-rote Kriegsflagge eingeholt. Die österreichische Flotte bestand nicht mehr.[2]
Kurze Zeit später wurden die Schiffe in Korfu unter den Alliierten aufgeteilt. Ein ähnliches Schicksal war übrigens der Donauflottille beschieden, die am 6. November in Budapest ihren Flottendienst beendete.
Zwei der harmonisch geformten Riesenanker der „Viribus Unitis" stehen bis heute vor dem Marinemuseum am Kai von Venedig, und auch vor dem Marinemuseum vor Rom halten österreichische Anker Wache. (Eine eigentliche Seemachtpolitik hat Österreich freilich nie betrieben, dazu war das Land zu „kontinental" orientiert. Es paßt in dieses Bild, daß Kaiser Franz Joseph I. zeit seines Lebens keine Marineuniform besaß und die für Österreich reservierten Aktien des Suez-Kanals unverkäuflich blieben.)
So begleitete Rot-Weiß-Rot zur See eine im Grunde unbesiegte Kriegsflotte bis an ihr nasses Grab. Die historischen Farben sollten in der neugegründeten Ersten Republik

[1] Lothar Baumgartner, Die Entwicklung der österreichischen Marineflagge. In: Militaria Austriaca, 1977, 29 ff.
[2] Friedrich Wallisch, Die Flagge Rot-Weiß-Rot. Leipzig 1942, 322

zwar sogleich wieder auferstehen, hatten aber noch viele Fährnisse durchzumachen, bis sie, erst geraume Zeit nach dem Staatsvertrag von 1955, durch das Seeflaggengesetz von 1981, den Verfassungsartikel 8a von 1981 und das Wappengesetz von 1984 eine endgültige Regelung in friedvoller Zeit erfuhren.

Die Flagge Rot-Weiss-Rot in der Republik

Als am 12. November 1918 vor dem Wiener Parlament die Republik ausgerufen wurde, sollten rot-weiß-rote Flaggen gehißt werden. Tatsächlich stiegen aber nur rote, aneinandergeknotete Stoffbahnen empor. Angehörige der revolutionären „Roten Garden“ hatten – von einer noch nicht vorhandenen Staatsmacht unbehelligt – den weißen Mittelstreifen der vorbereiteten Flaggen rasch herausgerissen. Wenn wir heute die silhouettenartigen Filmausschnitte dieser Szene sehen, wird uns klar, in welch innerem Zwiespalt die Gründung unseres Staates vor sich gegangen sein muß.[1]
An sich grenzt es ohnehin an ein Wunder, daß die junge Republik, die sich in Art. 2 ihres Staatsgrundgesetzes gleich wieder selbst abschaffte („Deutschösterreich ist ein Bestandteil der Deutschen Republik . . .“) überhaupt zu den alten Babenbergerfarben gefunden hatte und nicht zu Schwarz-Rot-Gold. Die Trikolore der bürgerlichen deutschen Revolution wurde ja neben den roten Fahnen der Kommunisten in jenen Tagen auch durch die Straßen Wiens getragen, wie Augenzeugenberichte belegen.[2]
Nach dem offiziellen Polizeibericht waren anläßlich der geplanten Proklamation der Republik am 12. 11. 1918 rund zweitausend sozialdemokratische Arbeiter als „Ordner“ zum Parlament gerufen worden, die dort auch um etwa 14 Uhr eintrafen. Gleichzeitig aber waren sechs Züge der „Roten Garden“ von der Stiftskaserne anmarschiert. Die Kommunistische Partei Deutschösterreichs hatte nämlich am Vorabend beschlossen, in einer Proklamation die Bildung einer Arbeiter- und Bauernregierung zu fordern. Der aus Hamburg stammende kommunistische Funktionär Karl Steinhardt sollte die Proklamation vor dem Parlament verlesen.

Zugleich wurde auch beschlossen, zum Zeichen des Protests gegen eine bürgerliche Regierung auf den Fahnenmasten vor dem Parlament rote Fahnen zu hissen.“[3]

12. 11. 1918: Rotgardisten hissen verknüpfte rote Stoffstreifen als Flagge der neuen Republik

Als während der Ansprache des Präsidenten der Provisorischen Nationalversammlung, des Linzer deutschnationalen Abgeordneten Franz Dinghofer, Parlamentsdiener um 16 Uhr rot-weiß-rote Flaggen aufziehen wollten, rissen Rotgardisten den weißen Mittelstreifen heraus und hißten die miteinander verknüpften roten Stoffbahnen. Damit hatten sie den nächtlichen Beschluß der KPDÖ in die

[1] Die „Rote Garde“ war am 1. November 1918 in einer Versammlung vor dem Wiener Deutschmeisterdenkmal von Egon Erwin Kisch und Leo Rothziegel gegründet worden. Bei der Kundgebung hielt auch Franz Werfel eine Ansprache.

[2] Wilhelm Brauneder, Schwarz-Rot-Gold: die Farben des österreichischen Bundeswappens. In: Aula, 10/1984

[3] Hans Hautmann, Die verlorene Räterepublik. Am Beispiel der Kommunistischen Partei Deutschösterreichs. Wien 1971, 84

Tat umgesetzt. Daneben aber hatten sie auch noch von der Universität kommenden deutschnationalen Studenten zwei schwarz-rot-goldene Fahnen mit vorgehaltenem Revolver abgenommen, in den Kot geworfen und mit Füßen getreten.
Nachdem ein Sängerchor seinen Liedvortrag beendet hatte, proklamierte Karl Seitz, einer der drei Präsidenten, die Republik Deutschösterreich. Steinhardt erstieg danach den Brunnenrand des Athene-Denkmals, verlas die vorbereitete Proklamation der KPDÖ und hielt eine kurze Ansprache. Sodann versuchte er, in Begleitung zweier Rotgardisten als Beauftragter der KPDÖ beim Haupttor des Parlaments seine Forderung nach Bildung einer Arbeiter- und Bauernregierung vorzutragen. Doch dies mißlang. Als ein Schuß fiel und darauf die Rollbalken der Parlamentsfenster heruntergelassen wurden, eröffneten die Angehörigen der „Roten Garden" in der Meinung, von Maschinengewehren angegriffen zu werden, das Feuer. Insgesamt wurden drei Personen mit Schußverletzungen in Spitäler eingeliefert, wovon zwei noch am selben Tag starben. Die Lage beruhigte sich freilich, als man den Rotgardisten nachwies, daß sich keine Maschinengewehre, ja nicht einmal Polizeibeamte im Parlamentsgebäude befanden.[1]
Im oben erwähnten Polizeibericht heißt es weiter:

> *Kurz vor diesem Ereignis waren zwei Offiziere der roten Garde vor dem Tore des Rathauses in der Lichtenfelsgasse erschienen und hatten die Einziehung der gehißten rot-weiß-roten Fahne verlangt, da diese „aufreizend" wirke. Dem Verlangen wurde nicht nachgegeben, doch ließ der Bürgermeister für alle Fälle zur Beruhigung neben der offiziellen Flagge eine rote Fahne hissen.*

Wie man sieht, kam dem Wiener Rathaus schon am ersten Tag der Republik große symbolpolitische Bedeutung zu. Wir werden dem neugotischen Sitz der Wiener Stadtregierung 1938 und 1945 wieder begegnen: in beiden Jahren sollte wieder jemand dazu auffordern, an diesem Gebäude einen Flaggenwechsel durchzuführen.[2]
Der offizielle Polizeibericht bezieht sich noch einmal auf den Verlauf des 12. November 1918 und auf die Parlamentsflaggen, wobei darauf hingewiesen wird, daß die „Roten Garden" noch während der Ereignisse vor dem Parlament mit 150 Mann sämtliche Räume der „Neuen Freien Presse" in der Fichtegasse 11 besetzt und dort den Druck einer Extraausgabe erzwungen hatten. In diesem Blatt hatte es unter anderem geheißen:

> *Vor dem Parlamentsgebäude wurde heute nachmittag die soziale Republik ausgerufen. Die rot-weiß-rote Fahne, die vorher vom Staatsrat gehißt worden war, wurde von den roten Garden mit Zustimmung der Arbeiterschaft heruntergerissen und die rote Fahne aufgezogen.*

Es ist überliefert, daß Paul Kisch, der Bruder Egon Erwin Kischs, des Begründers der „Roten Garden", damals Redakteur der „Neuen Freien Presse" war und dem eindringenden Bruder zurief: „Egon, das schreib ich aber der Mama nach Prag!" Egon Kisch (Erwin war das Pseudonym, unter dem er im Gymnasium schrieb) war sein ganzes Leben lang Kommunist. Unmittelbar nach dem Ende des Ersten Weltkrieges soll er sich allabendlich effektvoll die Sterne vom Kragenspiegel gerissen haben, die ihm seine Freundin für den Auftritt am nächsten Tag wieder annähte – auch eine Geschichte über Symbole in Österreich.
Die Aktion gegen die „Neue Freie Presse", an welcher auch Soldaten des Infanterieregiments Nr. 4 „Hoch- und Deutschmeister" beteiligt gewesen sein sollen, und ein eher absurder Angriff auf das Schloß Schönbrunn waren die einzigen „revolutio-

[1] Österreich im Jahre 1918, Berichte und Dokumente. München 1968, 146 ff.
[2] Auch 1994 wurde hier „Flaggengeschichte" gemacht: Seit dem EU-Referendum vom 12. Juni 1994 weht auf persönliche Anordnung des sehr symbolbewußten Wiener Bürgermeisters Dr. Helmut Zilk vom ringseitigen Nordturm des Rathauses die blaue Europaflagge.

nären“ Ereignisse bei der Entstehung der Republik Österreich. In Wirklichkeit hatten sich Repräsentanten aller Stände, Bürger, Bauern und Arbeiter zusammengetan, „das neue Österreich zu begründen“ (Proklamation der Provisorischen Nationalversammlung). Doch während die Arbeiterbewegung die Republikgründung als „siegreiche Revolution“ über Gebühr strapazierte, entglitt es dem Gedächtnis der bürgerlichen Seite, daß die Republik auch durch das Votum von Vertretern der Bürger- und Bauernschaft zustandegekommen war.[1] Gustav Spann hat genau herausgearbeitet, daß die Staatssymbolik der Ersten Republik auf einem großkoalitionären Kompromiß beruhte: Die Sozialdemokraten unter Renner traten für das „revolutionäre Schwarz-Rot-Gold“ als Antithese zur Monarchie und zum Haus Habsburg und als Synthese mit der deutschen Republik ein, während die Christlichsozialen unter Miklas in den „ehrwürdigen Babenberger- und Kreuzzugsfarben Rot-Weiß-Rot“ ein Zeichen für Kontinuität und ein gewisses Maß an österreichischer Eigenständigkeit erblickten.[2]
Während das neue Staatswappen erst nach einigen Geburtswehen festgelegt wurde und bis auf den heutigen Tag immer wieder Diskussionen auslöst (vgl. hiezu das Kapitel über das Bundeswappen, S. 117 ff.), standen die Staatsfarben sehr bald und auf Dauer fest. Am 31. Oktober 1918, am Tag, an dem die Flagge Rot-Weiß-Rot auf der „Viribus Unitis“ eingeholt wurde, übergab Ministerpräsident Dr. Heinrich Lammasch der provisorischen Staatsregierung die Regierungsgewalt. Als einer ihrer ersten offiziellen Akte erklärte sie auf Antrag des Christlichsozialen Dr. Wilhelm Miklas die alten Farben Rot-Weiß-Rot zu den Farben des neuen Staates. Der geschichtsbewußte Gymnasialprofessor aus Horn stimmte sodann als einziger Vertreter des Staatsrates in der Sitzung am 11. November 1918 gegen den Anschlußartikel. Er sollte als Bundespräsident der letzte Vertreter des unabhängigen Österreichs sein, der sich bis in die Nachmittagsstunden des 13. März 1938 weigerte, sein Land an Hitler auszuliefern und lieber zurücktrat, als ein Gesetz über die „Wiedervereinigung“ Österreichs mit dem Deutschen Reich zu unterschreiben.
Im Gesetz vom 21. Oktober 1919 über die Staatsform (StGBl. Nr. 484/1919) wird in Artikel 6 erstmals die Nationalflagge Österreichs beschrieben:

> *(1) Die Flagge der Republik besteht aus drei gleichbreiten, wagrechten (sic!) Streifen, von denen der mittlere weiß, der obere und der untere rot ist.*
> *(2) Durch Vollzugsanweisung wird bestimmt, auf welchen Flaggen überdies das Staatswappen anzubringen ist.*

Schon bei der historischen Begründung der Aufnahme des Bindenschilds in das neue Staatswappen (Gesetz vom 8. Mai 1919, StGBl. 257/1919) hatte man sich bemüht, den Farben Rot-Weiß-Rot jede habsburgische und imperiale Note zu nehmen und sie gewissermaßen auf ein „vorgeschichtliches Territorialsymbol“ zu reduzieren:

> *. . .das (sic!) rot-weiß-rote Bindenschild ist nicht das Schild eines Herrscherhauses, auch nicht das der Babenberger, sondern das Zeichen des Landes Österreich in der Zeit der Babenberger gewesen und war schon vor diesem fürstlichen Geschlecht landesüblich.*[3]

1918 mochte man vielleicht an die Akkon-Sage und damit an das Jahr 1192 anknüpfen; aber die Behauptung, Rot-Weiß-Rot sei schon *vor* den Babenbergern, also in der Zeit vor Leopold I., dem Erlauchten (976–994), „landesüblich“ gewesen, ist eine pure Geschichtsklitterung nach dem Muster des „Privilegium Maius“, auf das sie sich ohnedies stützen dürfte. So war also nicht nur das erste Hissen der Nationalfarben

[1] Peter Dusek/Anton Pelinka/Erika Weinzierl, Zeitgeschichte im Aufriß. Wien 1981, 180
[2] Gustav Spann, Zur Geschichte von Flagge und Wappen der Republik Österreich. In: Norbert Leser/ Manfred Wagner (Hg.), Österreichs politische Symbole. Wien 1994
[3] Beilage 202 d. Protokolle der Konstituierenden Nationalversammlung, 13. Sitzung, 8. Mai 1919

Die Reichskrone.
2. Hälfte 10. Jahrhundert (Schatzkammer, Wien)

Oben: Die Sankt Stephans-Krone. 12./13. Jahrhundert (Nationalmuseum, Budapest)
Unten links: Der Reichsapfel zur Rudolfskrone. Zwischen 1612 und 1617 (Schatzkammer, Wien)
Unten rechts: Das Zepter zur Rudolfskrone. 1615 (Schatzkammer, Wien)

Die Krone Rudolfs II.,
später Krone des Kaisertums Österreich.
Zwischen 1598 und 1602 (Schatzkammer, Wien)

Oben: Die Sankt Wenzels-Krone. Heutige Form von 1387, erstmals erwähnt 1341 (Prag, Veitsdom)
Unten: Österreich-Wappen-Seite mit AEIOU aus der „Handregistratur“ König Friedrichs IV. von 1446 (Haus-, Hof- und Staatsarchiv Wien, Hs. W 10)

Der österreichische Erzherzogshut.
1616 (Stift Klosterneuburg)

Der steirische Herzogshut.
14./15. Jahrhundert
(Joanneum, Graz)

Der Tiroler Herzogshut.
Vor 1595 (Mariastein bei Wörgl)

Das mittlere Staatswappen von 1836.
Zeichnung von H. G. Ströhl

Oben: Das kleine gemeinsame Wappen der österreichisch-ungarischen Monarchie (1915) am Heldendenkmal von Bruck/Leitha

Das Wappen des Bundesstaates Österreich. 1934

der Republik ein Fiasko, sondern auch die Begründung für ihre Aufnahme in das Wappen. Doch wen wundert dies noch?

Nach dem Anschlußverbot von St. Germain wurden 1921 der Begriff „Deutschösterreich" und die Kodifikation des Anschlußwillens fallengelassen (Artikel 1 bis 3 des oben zitierten Gesetzes vom 21. Oktober 1919 über die Staatsform). Wirtschaft und Währung erholten sich, doch der anfängliche staatspolitische Konsens zerbrach. Obwohl die Erste Republik in drei einander immer unversöhnlicher gegenüberstehende politische Lager zerfiel, die über legale oder illegale Wehrverbände verfügten und mit allen nur denkbaren symbolpublizistischen Mitteln um die Herzen der Bürger und um die Macht im Staate rangen, bis das demokratische Österreich im Blut eines Bürgerkrieges endete, blieben die Nationalfarben Rot-Weiß-Rot weitgehend außer Streit. Sie wurden erst wieder aktuell, als das immer einsamer werdende autoritäre Regime im Kampf gegen die reichsdeutsche Bedrohung versuchte, den Mythos der Geschichte und die Macht der Tradition einzusetzen. Der Teufel sollte durch Beelzebub ausgetrieben werden: die Deutschen der „Ostmark" wurden zu besseren Deutschen erklärt, dem schwarz-weiß-roten *heidnischen* Hakenkreuz wurde das rot-weiß-rote *christliche* Kruckenkreuz gegenübergestellt, der NSDAP die Vaterländische Front, dem Horst-Wessel-Lied das Dollfußlied.

Der politische Kampf wurde sowohl im Deutschland der Weimarer Republik wie auch im Österreich der Ersten Republik vor allem mit politischen Symbolen geführt, die sich insbesondere dann vervielfachten, wenn sie verboten wurden. In diesem Lichte ist es zweifelhaft, welche Wirkung die von Dollfuß mit Hilfe des berühmten „kriegswirtschaftlichen Ermächtigungsgesetzes" ohne Mitwirkung des Parlaments eingeführte „Fahnenverordnung" (Verordnung der Bundesregierung vom 19. Mai 1933, betreffend den öffentlichen Gebrauch von Fahnen, Flaggen, Standarten, Wimpeln u. dgl., BGBl. 1933/186) tatsächlich entfalten konnte. Sie gehört jedenfalls zu den vielen Eigentümlichkeiten, die das Verhältnis des Österreichers zu seinen Symbolen kennzeichnen, nicht zuletzt auch deshalb, weil diese Verordnung durch die spätere österreichische Rechtsordnung formal nie aufgehoben wurde: nach Interpretation des Verfassungsdienstes wurde ihr allein durch das am 14. Jänner 1939 in der Ostmark in Geltung gesetzte Reichsflaggengesetz materiell derogiert.[1]

Hier nun der Wortlaut dieser „Fahnenverordnung", der ein deutliches Licht auf den „Kampf der Symbole" in den dreißiger Jahren wirft, den das Kruckenkreuz durch seine offizielle Einführung im September 1933 für sich zu entscheiden hoffte:

> *Auf Grund des Gesetzes vom 24. Juli 1917, R. G. Bl. Nr. 307, wird zur Abwehr der mit einer Störung der öffentlichen Ruhe, Ordnung und Sicherheit verbundenen wirtschaftlichen Gefahren verordnet, wie folgt:*
> *1. Der öffentliche Gebrauch von Fahnen, Flaggen, Standarten, Wimpeln u. dgl. ist untersagt, sofern hiedurch die öffentliche Ruhe, Ordnung und Sicherheit gefährdet wird. Dieses Verbot gilt ausnahmslos für den öffentlichen Gebrauch von roten Fahnen, Flaggen, Standarten, Wimpeln u. dgl., solchen mit dem Sowjetstern, solchen mit den drei Pfeilen und solchen mit dem Hakenkreuz. Für den öffentlichen Gebrauch von sonstigen Fahnen, Flaggen, Standarten, Wimpeln u. dgl., durch die eine parteipolitische Einstellung zum Ausdruck gebracht wird, ist eine Bewilligung des Bundeskanzleramtes erforderlich . . .*

Im weiteren Text folgen Strafbestimmungen und Bestimmungen über den Verfall der Gegenstände, auf die sich die strafbare Handlung bezieht. Die allgemeinen Rechte der auswärtigen diplomatischen und konsularischen Vertreter wurden durch die Verordnung nicht berührt.

[1] Brief von Dr. Klaus Berchtold an den Verfasser, Dezember 1993

Die Vaterländische Front und ihre Symbole

Am 1. Mai 1934 wurde „im Namen Gottes, des Allmächtigen, von dem alles Recht ausgeht“ dem österreichischen Volk „für seinen christlichen, deutschen Bundesstaat auf ständischer Grundlage“ eine neue Verfassung gegeben. In Artikel 3 Abs. 1 der neuen Verfassung wurde festgelegt: „Die Farben Österreichs sind rot-weiß-rot.“
In Artikel 3 Abs. 2 wurde der doppelköpfige, nimbierte Adler als Staatswappen eingeführt – die genauen Motive hiefür werden wir an anderer Stelle besprechen (vgl. das Kapitel über das Bundeswappen, S. 117 ff.).
Gleichzeitig mit der ständischen Verfassung wurde auch die Vaterländische Front (VF) verfassungsgesetzlich verankert. Sie selbst gab sich ein Bundesorganisationsstatut.[1]
Im Zusammenhang mit der Verfassung des Ständestaats wurde die VF als auf dem Führerprinzip aufgebauter Verband definiert, der als Träger des österreichischen Staatsgedankens berufen sei, alle Staatsbürger auf dem Boden eines selbständigen, christlichen, deutschen und berufsständischen Bundesstaates Österreich zusammenzufassen. Ihr wurde ein Mitspracherecht bei der Verwaltung eingeräumt, es wurde aber keine Zwangsmitgliedschaft dekretiert. Die Bezeichnung „Vaterländische Front“ durfte nur die neue politische Bewegung führen, ebenso war ihr allein das Führen des Kruckenkreuzes erlaubt. (Näheres zum Kruckenkreuz S. 273 ff.)
Die Mitglieder der VF hatten das folgende Abzeichen zu tragen: ein 25 Millimeter langes und zwei Millimeter breites, über einen Metallkern gezogenes rot-weiß-rotes Doppelbändchen oder einen diesem Bändchen nachgebildeten Metallstreifen.
Man hatte sich demnach entschlossen, nicht das Kruckenkreuz – das eigentliche Symbol der Bewegung – als Abzeichen zu wählen, um es dem verbreiteten (damals aber schon illegalen und daher meist hinter dem Rockaufschlag getragenen) runden Hakenkreuzabzeichen der NSDAP entgegenzusetzen, sondern sich der einigenden Kraft der Nationalfarben zu bedienen. Damit sollte es offenbar möglichst vielen Menschen, vor allem den Tausenden Staatsbeamten, erleichtert werden, sich aktiv zur VF zu bekennen: die Staatsfarben zu tragen, konnte ja nicht verkehrt sein, und außerdem war das berühmte „Bändchen“ von nicht gerade überwältigender Aufdringlichkeit. Drei Farben auf zwei Millimetern – ein wahrhafter Geniestreich österreichischer Kompromißkunst: ein halber Quadratzentimeter für das Bekenntnis zum Vaterland, ein Abzeichen, das man tragen konnte, ohne damit aufzufallen. Doch viele trugen es aus Pflichtgefühl oder Angst um ihre Existenz; daher wurde das Bändchen oft auch „G’wissenswurm“ oder „Existenzspange“ genannt.
Es gab verschiedene Versuche, das Kruckenkreuz zu popularisieren, so etwa den Vorschlag des Bundesministeriums für Handel und Verkehr, an den gewerblichen Bundeslehranstalten rot-weiß-rote Fahnen mit dem Kruckenkreuz zu versehen und bei Schulfeiern und Umzügen mitzuführen. Hiezu habe die VF als ausschließlich verwendungsberechtigte Organisation ihre ausdrückliche Zustimmung gegeben.[2]

Die Kruckenkreuzflagge als „quasi-staatliches Hoheitszeichen“

Das Anfang September 1933 eingeführte Kruckenkreuz wurde bald auch auf die rot-weiß-rote Fahne gesetzt. So befand es sich bereits auf jenen Fahnentüchern, mit welchen am 12. Februar 1934 die Büsten am Denkmal der Republik verhüllt wurden –

[1] Irmgard Bärnthaler, Die Vaterländische Front. Geschichte und Organisation. Wien 1971, 55 ff.
[2] Diesbezügliches Dokument vom 16. März 1935 im Besitz des Verfassers

gewissermaßen zur mystischen, posthumen „Enthauptung“ der geistigen Führer der österreichischen Sozialdemokratie. Offenbar unter dem Eindruck der massiven nationalsozialistischen Sichtpropaganda bei Gelegenheiten wie etwa den Olympischen Spielen (im Februar 1936 im Garmisch-Partenkirchen, im August 1936 in Berlin), aber dennoch nicht bereit, die Symbole von Partei und Staat nach deutschem Vorbild völlig zu verschmelzen, wurde am 28. Dezember 1936 das „Bundesgesetz über die Flagge des Bundesstaates Österreich“, BGBl. 444/1936, beschlossen. Es enthielt folgende Bestimmungen:

13. 2. 1934: Das Republikdenkmal am Ring ist durch Kruckenkreuzfahnen verhüllt

§ 1. (1) Die Flagge des Bundesstaates Österreich besteht aus drei gleichbreiten waagrechten Streifen, von denen der mittlere weiß, der obere und untere rot ist.
(2) Durch Verordnung wird bestimmt, auf welchen Flaggen überdies das Staatswappen anzubringen ist.

§ 2. (1) Die Kruckenkreuzflagge ist im Inlande der Staatsflagge gleichzuhalten und kann neben dieser geführt werden.
(2) Die Bestimmungen des § 16 des Bundesgesetzes über die „Vaterländische Front“, B. G. Bl. Nr. 160/1936, werden hiedurch nicht berührt.
(3) Die Kruckenkreuzflagge besteht aus drei waagrechten Streifen, von denen der mittlere weiß, der obere und untere rot ist. Der Mittelstreifen hat in zwei Fünftel der Länge eine kreisförmige Erweiterung, in deren Mitte sich ein durchbrochenes rotes Kruckenkreuz befindet. Die Flagge ist an der Flaggenstange mit einem grünen Sparren belegt, dessen äußerer Rand von der Mitte der roten Streifen und dessen innerer Rand von den Teilungslinien ausgeht.

Die Regierung Schuschnigg stand Ende 1936 bereits mit dem Rücken zur Wand. Nach dem Abkommen vom 11. Juli 1936 mußten „nationalbetonte“ Kräfte in das Kabinett aufgenommen werden. Italien, auf das sich schon Karl Renner nach 1919 gestützt hatte, begann sich immer stärker von Österreich abzuwenden. Anstelle der am 10. Oktober aufgelösten Wehrverbände war die „Frontmiliz“ im Rahmen von VF und Bundesheer geschaffen worden.

Durch den Mittelkreis mit Kreuzsymbol erhielt die nunmehr mit staatlicher Autorität ausgestattete Kruckenkreuzflagge eine gewisse Ähnlichkeit mit der Hakenkreuzflagge. Von ihrer optischen Signalwirkung her war sie freilich schwächer als diese, da ihr der kräftige Farbakzent fehlte, den das zentral positionierte schwarze Hakenkreuz bildete. Im übrigen hatte sie sich auch mit den im „Reich“ oft gezeigten Fahnen der Hitlerjugend zu messen, die ein großes schwarzes Hakenkreuz auf Rot-Weiß-Rot zeigten – ob das Rot-Weiß-Rot der HJ-Fahnen eine bewußte oder unterbewußte heraldische Anspielung auf den „Ahnengau des Führers“ war? Jedenfalls hatte es die Kruckenkreuzfahne bei dieser Konkurrenz nicht leicht. Sollte vielleicht der grüne Sparren, also der Winkel an der Mastseite, helfen, die Kruckenkreuzflagge durch eine Schmuckfarbe attraktiver zu machen? Die tatsächliche Bedeutung dieses Winkels konnte der Autor (noch) nicht feststellen. Noch 1933 hätte man ihn als Geste an die Heimwehren erklä-

Das Kruckenkreuz als Agitationssymbol vor der für den 13. 3. 1938 vorgesehenen Volksabstimmung

ren können, gewissermaßen als Zeichen des „autoritären" Willens. Doch Ende 1936 waren bereits alle Wehrverbände aufgelöst und in die „Frontmiliz" eingegliedert worden. Sollten vielleicht die Nadelwälder der Alpen mit dem grünen Sparren symbolisiert und damit österreichische Eigenart ausgedrückt werden? Tatsache ist jedenfalls, daß in der Mehrzahl der Fälle, in denen die Kruckenkreuzflagge physisch verwendet oder drucktechnisch dargestellt wurde, die Beifügung dieses grünen Winkels vergessen wurde. Das mußte wohl auch so sein, gab es doch wieder einmal ein österreichisches Staatssymbol, bei dem jeder Perfektionismus zu vermeiden war.

Die Kruckenkreuzflagge war in diesem Sinn ja auch nicht das neue Hoheitszeichen Österreichs, sondern war nur „der Staatsflagge gleichzuhalten", „Hilfssymbol" sozusagen. Aus diesem Grunde durfte sie auch nur in Österreich selbst geführt werden.[1]

Die gut gemeinten, aber ohne die Loyalität der Arbeiterschaft auf zu schwachen Beinen stehenden patriotischen Bemühungen des Ständestaates mußte Dollfuß mit dem Leben und Schuschnigg mit dem Land bezahlen. Das defensive christliche Kruckenkreuz verlor den Kampf mit dem aggressiven heidnischen Hakenkreuz.

Ab den Nachmittagsstunden des 11. März 1938 wehte die Hakenkreuzflagge bereits von vielen privaten und öffentlichen Gebäuden, und noch vor 23 Uhr hatte man am Bundeskanzleramt eine solche angebracht. Nur kurze Zeit später wurde auch die Front des Wiener Rathauses mit einer Hakenkreuzflagge versehen. Zwei Demonstranten hatten die Fassade erklettert und von der Brüstung die Hakenkreuzfahne entrollt. Dies geschah unter dem Absingen von Deutschlandlied und Horst-Wessel-Lied („Die Fahne hoch . . ."), bevor noch der österreichische Bundespräsident und der Wiener Bürgermeister, die sich in den jeweiligen Amtsräumen befanden, zurückgetreten waren. Bürgermeister Richard Schmitz hatte sich trotz massivem Druck seitens seines Nachfolgers Major Fritz Lahr strikt geweigert, das Symbol der Okkupanten hissen zu lassen.[2]

Bis Mitternacht waren die wichtigsten öffentlichen Gebäude Wiens und Österreichs mit dem „Hakenkreuz im weißen Feld, auf feuerrotem Grunde" (Ottokar Kernstock) „geschmückt" – entweder von außen durch NS-Aktivisten oder von innen durch Überläufer bzw. Beamte, die die Aussichtslosigkeit ihrer Lage erkannt hatten.[3]

[1] Auf den offiziellen Fahnen und Plakaten des Werbedienstes der VF unter Dr. Fritz Bock, dem langjährigen Handelsminister der Zweiten Republik, scheint der grüne Sparren auf

[2] Rudolf Neck (Hg.), Wien 1938. Wien 1978, 33

[3] Gerhard Tomkowitz/Dieter Wagner, „Ein Volk, ein Reich, ein Führer". München 1968, 225 ff.

ROT-WEISS-ROT AN DER WIEGE DER ZWEITEN REPUBLIK

Die rot-weiß-roten Farben erstanden nicht erst nach der Befreiung Österreichs durch die alliierten Truppen wieder, sondern spielten schon im Widerstand gegen das Dritte Reich eine Rolle, so etwa 1944 bei der Aufstellung von insgesamt fünf österreichischen „Freiheitsbataillonen" im Rahmen der jugoslawischen Volksbefreiungsarmee. Die kommunistischen Exilpolitiker Johann Koplenig, Franz Honner und Friedl Fürnberg führten die diesbezüglichen Verhandlungen mit den Sowjets und den Tito-Partisanen. Friedl Fürnberg berichtet:

> *Am 24. November 1944 wurde auf einer Wiese bei dem slowenischen Dorf Tribuce an einer primitiven Holzstange die rotweißrote Fahne Österreichs hochgezogen. Es war der Höhepunkt einer kurzen militärischen Feier anläßlich der Gründung des I. Österreichischen Freiheitsbataillons im Rahmen der jugoslawischen Partisanenarmee. Das Bataillon legte einen Treueeid ab für die Befreiung Österreichs und für ein unabhängiges, demokratisches Österreich zu kämpfen, gleichzeitig galt der Schwur dem gemeinsamen Kampf mit den slowenischen Partisanen gegen den deutschen Hitler-Faschismus und seine Verbündeten.*

Nicht nur Kommunisten hatten sich dieser Truppe angeschlossen, sondern Sympathisanten aller politischen Richtungen. Am linken Ärmel der jugoslawischen Uniform trugen sie den spitz zulaufenden rot-weiß-roten Bindenschild. Das 1. Bataillon kam tatsächlich zum Kampf- und Propagandaeinsatz. Am 12. Mai 1945 zogen Angehörige dieser Freiheitstruppen unter der rot-weiß-roten Fahne in die Wiener Hofburg ein.[1]
Unter dem Titel „45 war ich zehn" schrieb Herbert Pirker im „Wiener Journal" vierzig Jahre danach, in der Juli/August-Nummer 1985:

> *Eine Grenze verlief da plötzlich, wo früher keine war, die Donau teilte, da wo ich jetzt lebte, ein Reich in zwei Teile, die Bauern klopften mit ihren Hämmern auf ihre runden Parteiabzeichen, bis sie unkenntlich waren, und vergruben dieselben, sie verbrannten die Führerbilder, von den roten Hakenkreuzfahnen trennten sie den weißen Kreis mit dem schönen schwarzen Symbol herunter, schnitten die Fahnen der Länge nach in zwei Teile und fügten einen weißen Streifen ein, und rechts und links blieb auf den roten Teilen je ein hellroter Halbkreis, Zeichen der Schmach und des Verrats, ich verstand die Welt nicht mehr.*

In der Tat, welches Kind sollte das verstehen – wo es doch manche Erwachsene bis heute nicht begriffen haben. Auch ich erinnere mich an die rot-weiß-roten Flaggen mit den seltsamen Halbkreisen, Ton in Ton, wie Hexenringe im grünen Gras: rote Muster auf rotem Grund, verbleichende Schatten, noch Jahre sichtbar.
In Wien erschienen die Farben Rot-Weiß-Rot zum ersten Mal wieder am 9. April 1945. Gordon Shepherd[2] schreibt in seinem berühmten Buch „Die österreichische Odyssee":

> *Szokoll befand sich zur Zeit auswärts und entkam. Der unermüdliche Feldwebel Kaes erwartete seinen Vorgesetzten unterwegs und warnte ihn. Szokolls beide Vertraute, Hauptmann Huth und Leutnant Raschke, wurden an ihren Schreibtischen verhaftet. Zusammen mit dem unglücklichen Biedermann henkte man sie auf der Straße in Floridsdorf, einem Wiener Stadtbezirk.*
> *Es war der Nachmittag des 8. April 1945. Schon brach die Armee Tolbuchins vom ungeschützten Westen her gegen die Stadtmitte durch, eingewiesen durch Führer der O5. Am folgenden Nachmittag wurde die rot-weiß-rote Fahne von einem der*

[1] Gerhard Oberkofler/Eduard Rabofsky, Pflichterfüllung für oder gegen Österreich. Wien 1988, 40
[2] Gordon A. Shepherd, Die österreichische Odyssee. Wien 1958, 183. Ebenso Erika Weinzierl in: Wolfgang Mantl (Hg.), Politik in Österreich. Wien 1992, 91

> *Widerstandsbewegung angehörenden Wiener SS-Mann auf dem Stephansturm gehißt – zum ersten Mal seit sieben Jahren und neunundzwanzig Tagen.*

Hellmut Andics weiß zu berichten, daß am 10. April am Stephansturm eine weiße Fahne gezeigt wurde. Das bestätigt auch Prof. Rudolf Hanzl, Vorstand der Wiener Philharmoniker nach dem Krieg, in einem Augenzeugenbericht.[1]

Nach einem persönlichen Bericht von Theodor Körner kam die rot-weiß-rote Fahne am 12. April 1945 unter folgenden Umständen wieder zum Vorschein:

> *Die Straßen menschenleer. Die Bewohner steckten alle in ihren Kellern. Artillerie schoß noch umher. Die ersten Infanterieplänkler marschierten in Gefechtsformation durch die Kärntner Straße gegen den Stephansplatz. Dann wurde es ruhiger. Die Deutschen leisteten anscheinend keinen Widerstand mehr. Da ich vermutete, daß die Luft rein sei, nahm ich zwei Kübel, um mir Wasser aus dem Bunker neben der Oper zu holen. Ich wollte die Kärntner Straße überqueren und sah dabei am Ring russische Soldaten stehen, als plötzlich zwei russische Granaten ein paar Schritte vor mir explodierten. Patzer! dachte ich ärgerlich, schießt die Artillerie mitten unter die eigenen Leute! Mein Trommelfell wurde dabei so erschüttert, daß ich heute noch schlecht höre.*
>
> *Dann wanderte ich in die Stadt. Am Kai wurde geschossen und gekämpft, deshalb ging ich zum Rathaus. Dort waren schon Unberufene, wohl Ausländer, am „Werk" und schleppten Möbel auf die Straße. Ich sagte einem Rathausportier, er möge weiße Fahnen oder Staatsfahnen hissen.*
>
> *Und wirklich: man fand oder nähte im Rathaus in aller Eile eine große rotweißrote Staatsfahne und zog sie am Turm hoch. In diesem Augenblick war Österreich wieder geboren, ging seine Hauptstadt Wien aus Krieg und Not, wohl bedeckt mit schweren Wunden, aber als Gemeinschaft freier Menschen hervor.*[2]

Peter Gosztony beschreibt in seinem Buch „Endkampf an der Donau 1944/45"[3] das Auftreten der rot-weiß-roten Farben am 9. April 1945 wie folgt:

> *Inzwischen hatten die Russen bereits den Ring in Besitz genommen. Bei Heiligenstadt und in Erdberg standen sie am Donaukanal. Parlament, Universität und das schwerbeschädigte Rathaus (auf dessen linkem Seitenturm von unbekannten Händen die rotweißrote Fahne gehißt worden war) waren Hauptkampflinie geworden. Glücklicherweise nicht für lange Zeit. Die Waffen-SS zog sich am 10. April aus der Innenstadt zurück und bezog neue Stellungen entlang des Donaukanals.*

Nach anderer Lesart wurde die erste rot-weiß-rote Fahne 1945 auf dem Palais Auersperg, dem Sitz der Widerstandsbewegung, gehißt.

Nachdem der Wiener Feuerwehrmann Erwin Racek auf Geheiß der Russen die nationalsozialistischen Adler in einer kühnen, bei Hugo Portisch spannend geschilderten Aktion von den beiden Parlamentsmasten heruntergeholt hatte, konnten jedenfalls am 29. April die rot-weiß-roten Flaggen gehißt werden.

Eine Augenzeugin berichtet über die Atmosphäre bei der Proklamation der wiedererlangten Unabhängigkeit Österreichs vor dem Parlament:

> *Und als das verlesen war und irgendwer noch gesprochen hat, haben alle applaudiert, und in schlottrigen Kleidern sind Männer mit Musikinstrumenten gestanden, die haben, weil wir ja keine Hymne gehabt haben, halt den Donauwalzer gespielt. Und die ersten haben sich halt auch mal einen Russen geschnappt und sind mit ihm im Walzertakt rundherum getanzt. Man ist nach Hause gegangen und hat gewußt, es kann nix mehr passieren, jetzt ist alles vorbei.*

---

[1] Franz Danimann/Hugo Pepper (Hg.), Österreich im April '45. Wien 1985, 225

[2] Gustav K. Bienek, Ein Leben für Österreich. Theodor Körner zum 80. Geburtstag. Wien 1953, 77 ff.

[3] Wien 1978, 261

Und Adolf Schärf sagte zum kommunistischen Vizebürgermeister Karl Steinhardt:

> *Jetzt hast du Tränen der Rührung in den Augen, weil russische Soldaten die rotweißroten Fahnen hochziehen, im November 1918 hast du schießen und das Weiße aus den Fahnen herausreißen lassen, so ändern sich die Zeiten.*

Steinhardt antwortete:

> *Ja, ja, das wäre nicht notwendig gewesen, wenn ihr nur immer gemacht hättet, was wir wollten.*[1]

29. 4. 1945: Die Wiener feiern die Befreiung von der NS-Herrschaft

Während am 29. April 1945 in Wien die Provisorische Staatsregierung Einzug im Parlament hielt, befand sich der größte Teil des heutigen österreichischen Staatsgebiets noch in den Händen deutscher Truppen. Im Westen bemühte sich die Widerstandsgruppe O5, im Kontakt mit den Aliierten bei dem vorherzusehenden Einmarsch der Amerikaner das Land möglichst ohne Widerstand zu übergeben. Doch nicht immer lief alles so glatt ab wie geplant. Als am 20. April, zum letzten Geburtstag Adolf Hitlers, O5-Männer vor der Innsbrucker Polizeidirektion eine rot-weiß-rote Fahne entrollten und die Tiroler Hauptstadt mit Flugzetteln überschwemmten, erreichten sie das Gegenteil von dem, was sie beabsichtigten. Die gereizte Gestapo veranstaltete eine Großrazzia, bei der zahlreiche Verhaftungen vorgenommen und der Geheimsender der O5 ausgehoben wurde.

Am 1. Mai war die O5 erfolgreicher: die Innsbrucker Kasernen wurden im Handstreich besetzt; eine rot-weiß-rote Fahne, vom Dach des Hauses eines Widerstandskämpfers entrollt, leitete am 2. Mai eine zweite erfolgreiche Widerstandswelle ein, mit welcher die O5 die Stadt im Kampf gegen verbliebene SS-Einheiten unter ihre Kontrolle brachte. Als am 3. Mai 1945 gegen Abend die amerikanischen Truppen unter Major Sheldon D. Elliot vor dem Landhaus eintrafen, konnte Dr. Karl Gruber namens der Widerstandsbewegung eine vom Feind befreite Stadt übergeben. Die Innsbrucker hatten getreu der Moskauer Deklaration ihren eigenen Beitrag zur Befreiung geleistet. Der amerikanische Truppenkommandant staunte nicht schlecht, als viele rot-weiß-rote Flaggen von den Dächern der Stadt wehten und ihn schließlich sogar ein riesiges Sternenbanner begrüßte, das vom Dachfirst entrollt wurde, als er vor dem Landhaus ankam.

Noch einmal ging es im Innsbruck des Jahres 1945 um die Frage der österreichischen Staatssymbole. Als nämlich im Juli des ersten Nachkriegsjahres Tirol an die endgültige französische Besatzungsmacht übergeben werden sollte, wollte man die beiden Hymnen spielen – die französische und die österreichische. Aber sowohl die mit der des Deutschlandliedes identische Melodie der alten Haydn-Hymne als auch die Tiro-

[1] Hugo Portisch, Österreich II. Die Wiedergeburt unseres Staates. Wien 1985, 172 f.

ler Landeshymne – das gegen die Franzosen gerichtete Andreas-Hofer-Lied – erwiesen sich als wenig passend. So einigte man sich schließlich auf die Egmont-Overtüre.[1]
Rot-weiß-rote Fähnchen beherrschten auch den Park vor dem Wiener Belvedere, als am 15. Mai 1955 Leopold Figl vom Balkon herab das unterschriebene Dokument des Staatsvertrages zeigte. Eine Nation hatte endgültig zu sich selbst gefunden und ihre volle Freiheit wiedererlangt.
Ähnlich groß war der Jubel am Schwarzenbergplatz, als im Oktober 1955 die Flaggen der Besatzungsmächte auf dem Gebäude des Alliierten Kontrollrates (heute Sitz der Industriellenvereinigung) eingeholt und rot-weiß-rote Flaggen gehißt wurden.
Am ergreifendsten wird die Wertschätzung des neuen Österreich für seine Farben durch die Worte beschrieben, die der am 8. Jänner 1964 verstorbene Staatsvertragskanzler Julius Raab in seinem Testament gefunden hat. Der letzte Wille von Julius Raab war am 9. Juli 1961 in einem Wiener Notariat hinterlegt worden. Der politische Teil wurde am 9. Jänner 1964 veröffentlicht. Er begann mit den Worten:

> *Von meinen Freunden und Mitarbeitern und von allen Österreichern, meinen Anverwandten, erbitte ich Nachsicht über manches ungereimte Wort und um Verzeihung, wenn ich sie gekränkt haben sollte; das gilt auch für meine politischen Gegner.*
> *Aber alle bitte ich inständig, die rot-weiß-rote Fahne hochzuhalten und unser schönes Österreich als einen Hort der Freiheit zu bewahren . . .*[2]

Der zweite der beiden oben zitierten Sätze findet sich auch auf dem zum Gedenken an Julius Raab am 15. Mai 1967 enthüllten Denkmal – nach römischem Vorbild ein Friedenstor – gegenüber dem Wiener Parlament (vgl. Farbabbildung S. X).

Rot-Weiss-Rot zur See in der Ersten und Zweiten Republik

Das Gesetz über die Staatsform vom 21. Oktober 1919 (StGBl. 484/1919) hatte die Flagge der Republik festgelegt und normiert, daß durch Vollzugsanordnung bestimmt werden könne, auf welchen Flaggen das Staatswappen anzubringen sei. Mit Verordnung des Bundeskanzlers vom 1. April 1926 (BGBl. 85/1926) wurde den Wasserfahrzeugen des Bundesheeres die Berechtigung erteilt, auf ihren Flaggen und Wimpeln das Staatswappen zu führen. Drei Jahre später wurden zum ersten Mal die Größenverhältnisse der österreichischen Schiffsflagge, wie sie einer langen k. u. k. Tradition entsprachen, geregelt: In § 1 der Verordnung des Bundeskanzlers vom 1. Mai 1929 (BGBl. 191/1929) betreffend die Nationalflagge der österreichischen Fahrzeuge der Binnenschiffahrt heißt es:

> *1) Die österreichischen Fahrzeuge der Binnenschiffahrt haben, wenn sie in die Lage kommen, die Nationalflagge zu hissen, als solche an der hiefür vorbehaltenen Stelle des Fahrzeuges eine Flagge zu führen, die ein längliches Rechteck bildet, bei dem das Verhältnis der Höhe zur Länge wie zwei zu drei ist und das aus drei gleichen waagrechten Streifen besteht, von denen der mittlere weiß, der untere und der obere rot ist (Anlage 1).*
> *2) Auf der Nationalflagge der im Dienste der österreichischen Bundesverwaltung stehenden Fahrzeuge der Binnenschiffahrt ist in der linken oberen Ecke des Flag-*

[1] Hellmut Andics, Die Insel der Seligen. Wien 1968
[2] Alois Brusatti/Gottfried Heindl (Hg.), Julius Raab. Eine Biographie in Einzeldarstellungen. Linz 1985, 365

genblattes in einem schwarz eingerahmten Wappenschild mit weißem Grunde das Staatswappen derart anzubringen, daß die Entfernung des oberen und des linken Randes des Wappenschildes von dem oberen und dem linken Rande des Flaggenblattes je ein Fünftel der Breite des roten Streifens beträgt und die Spitze des Wappenschildes in der Mitte der Breite des weißen Streifens liegt (Anlage 2).

Diese Form der Dienstflagge blieb etwa bei der Strompolizei bis in die Mitte der achtziger Jahre in Verwendung, bis sie von der neuen Bundesdienstflagge gemäß Wappengesetz 1984 abgelöst wurde.

Für die Flaggenführung der rund dreißig Hochseeschiffe, die unter österreichischer Flagge fahren, gilt heute das Seeschiffahrtsgesetz vom 19. März 1981 (BGBl. 174/1981). Dieses Gesetz enthält eine genaue Beschreibung der österreichischen Seeflagge:

Flaggenführung und Reedereizeichen

§ 3. (1) Die Flagge der Republik Österreich zur See (Seeflagge) in der Form gemäß Abs. 2 darf nur von österreichischen Seeschiffen geführt werden; sie dürfen die Seeflagge eines anderen Staates nicht führen.

(2) Die Seeflagge besteht aus drei gleichbreiten, waagrechten Streifen, von denen der mittlere weiß, der obere und der untere rot ist. Das Verhältnis der Höhe der Flagge zu ihrer Länge ist zwei zu drei. Andere Hinweise auf die österreichische Nationalität eines Seeschiffs (z. B. durch rot-weiß-rote Wimpel, Stander) sind unzulässig.

(3) Die Seeflagge ist in der für Seeschiffe der betreffenden Gattung üblichen Art und Weise zu führen. An der Stelle, an der die Seeflagge gesetzt ist oder regelmäßig geführt wird, dürfen andere Flaggen nicht gesetzt werden.

(4) Die Führung von Reedereiflaggen und -zeichen auf österreichischen Seeschiffen bedarf der Genehmigung des Bundesministers für Verkehr. Die Genehmigung darf nur erteilt werden, wenn das Bild der Flaggen bzw. Zeichen dem Ansehen der Republik Österreich nicht abträglich ist und nicht zu Verwechslungen mit der österreichischen Staatsflagge, der Seeflagge, den Flaggen anderer Staaten oder mit Signalflaggen Anlaß gibt.

Das Seeschiffahrtsgesetz 1981 bestimmt darüber hinaus in § 4, daß jedes österreichische Seeschiff einen Namen zu führen hat, der auch eine Devise sein kann, sich jedoch von anderen Schiffsnamen deutlich unterscheiden muß und dem Ansehen der Republik Österreich nicht abträglich sein darf. Der Name des Registerhafens österreichischer Seeschiffe lautet „Wien“ und ist grundsätzlich am Heck unter dem Schiffsnamen anzubringen.

Mehr als ein Jahrzehnt vor diesem Gesetz, zwei Jahre nach dem Staatsvertrag, am 17. Juli 1957, hatte der Nationalrat schon einmal ein Seeflaggengesetz beschlossen und in diesem (BGBl. 187/1957) eine dreijährige Legisvakanz bestimmt. Leider passierte dem Gesetzgeber dabei ein arger Lapsus: statt zu bestimmen, daß das Gesetz mit 31. Juli 1960 *in Kraft* treten solle, wurde bestimmt, daß es zu diesem Zeitpunkt *außer Kraft* zu treten habe. Einige Wochen vor diesem Datum erkannte man den Irrtum und setzte mittels einer Novelle das Gesetz dadurch in Kraft, daß man seine „Selbstaußerkraftsetzung“ außer Kraft setzte. Österreich, deine Symbole . . .

„VORWÄRTS“

Die österreichische Handelsschiffahrt wurde seit Einführung der Dampfschiffahrt in hohem Maße durch den 1836 in Triest gegründeten „Österreichischen Lloyd“ bestimmt. Schon 1846 waren zwanzig zum Teil in England gebaute Dampfschiffe in Betrieb. Das Emblem des „Lloyd Austriaco“ war ein mit der Kaiserkrone gekrönter goldener Anker, der von den beiden Initialen „L“ und „A“ flankiert wurde, darunter das Motto „Vorwärts“. Gegen die Jahrhundertwende hin wurde das Emblem etwas verfeinert, indem die Initialen mit dem Ankerschaft in Gold verbunden wurden. Auf kobaltblauem Flaggengrund ergab dies eine äußerst elegante Reedereiflagge. 1918 wurde das Schiffahrtsunternehmen in „Lloyd Triestino“ umgetauft. Dessen Firmenzeichen ist heute sehr nüchtern und zeigt einen von den Buchstaben „L“ und „T“ flankierten stilisierten Anker.

Unter Auslassung des Wortes „Vorwärts“ verwendet die heutige „Österreichischer Lloyd Ship Management Ges. m. b. H.“ das traditionelle goldene Lloyd-Emblem auf kobaltblauer Reedereiflagge. Das Unternehmen betreibt zur Zeit etwa vierzig Hochseefrachtschiffe, davon 28 österreichische, die zumeist westösterreichische Namen tragen („Innsbruck“, „Arlberg“ etc.) und meist in Schweden, Norwegen, Polen oder Japan gebaut wurden. Das größte in Betrieb stehende Schiff, das rot-weiße MS Tirol, ist an die 220 Meter lang und 32 Meter breit. Es ist sowohl für Getreide- als auch für Erztranporte geeignet.

Die schon einige Jahre vor dem Lloyd 1829 von zwei Engländern gegründete (Erste) Donau-Dampfschiffahrtsgesellschaft (DDSG), die vor dem Ersten Weltkrieg eine der größten Binnenflotten Europas besaß (1914: 142 Dampfer und 860 Schlepper) und auch noch in der Ersten Republik das führende Unternehmen auf der Donau war (1937: 22 Personendampfer, 25 Frachtdampfer, 394 Schlepper, 29 Tanker), mußte nach dem Zweiten Weltkrieg als verstaatlichtes Unternehmen praktisch komplett neu aufgebaut werden. Nach einem fünfjährigen Modernisierungsprogramm (Verdieselung und Umstellung auf Schubbetrieb) verfügte die DDSG 1978 wieder über insgesamt 55 selbstfahrende Einheiten (darunter sieben Fahrgastschiffe) und 123 Güter-/Tankkähne und Schubleichter. Ende 1993 wurde die Güterschiffahrt an die deutsche Stinnes AG, Mühlheim verkauft, die verpflichtet wurde, 30 Prozent der Anteile an österreichische Firmen weiterzugeben.

Ohne gesetzliche Grundlage, aber kraft stolzer Tradition, führt die DDSG die Anfangsbuchstaben ihres Firmennamens schon seit eh und je in ihrer Reedereiflagge: die vier schwarzen Großbuchstaben ursprünglich im weißen Mittelstreifen neben einer goldenen Krone im oberen und einem goldenen Anker im unteren roten Streifen.

Heute zeigt die im Format 2:3 gehaltene rot-weiß-rote Reedereiflagge die blauen Initialen und einen goldenen Anker (vgl. Farbabbildung S. XXII).

Andere rot-weiß-rot gestreifte Flaggen

Peru

Im Gegensatz zur österreichischen ist die rot-weiß-rote peruanische Flagge *vertikal* gestreift. Die unseren Farben so ähnlichen wurden am 25. 2. 1825 eingeführt. Als Ursprung der Flagge wird erzählt, der argentinische Generalkapitän José de San Martin habe 1820 bei der Befreiung von der spanischen Vorherrschaft in einer Schar Flamingos ein günstiges Vorzeichen erblickt und die Farben dieser Tiere als Flagge gewählt.

Lettland

Die Flagge Lettlands, in Gebrauch zwischen 1918 und 1940 sowie wieder seit 20. 2. 1990, ist karminrot-weiß-karminrot (horizontale Streifen), wobei der weiße Mittelstreifen nur etwa halb so breit ist wie der obere und der untere Streifen. Das Braunrot bezeichnet das vergossene Blut, das Weiß bezeichnet Recht, Wahrheit und die Ehre der freien Bürger. Die Legende spricht davon, daß einst ein Stück Stoff, einmal gefaltet, in Blut getaucht worden sei – der dünne weiße Streifen sei jener Teil, an dem das Tuch gehalten wurde.

Libanon

Am 7. 12. 1943 offiziell eingeführt, ist die libanesische Flagge rot-weiß-rot (horizontale Streifen). Im weißen Mittelstreifen, der etwa doppelt so hoch ist wie der obere und der untere Streifen, befindet sich das Bild einer grünen Zeder als Symbol für Heiligkeit, Frieden und Ewigkeit. Die Farben Rot-Weiß-Rot wurden vom Libanon auf Empfehlung des Außenministers der jungen Republik und Präsidenten der österreichisch-libanesischen Freundschaftsgesellschaft, Henry bey Pharaon, gewählt. Durch dessen Vorfahren, den von Joseph II. zum Grafen erhobenen ehemaligen Oberzollpächter in Ägypten, Antoun Cassis-Pharaone, durfte die österreichische Flagge zum ersten Mal in Ägypten gehißt werden.[1]

[1] Arthur Breycha-Vauthier, Österreich in der Levante. Wien 1972, 108

Unter dem Doppeladler

Aufgrund seines häufigen Vorkommens in Architektur und bildender Kunst ist das Emblem des römischen – seit 1804 österreichischen – Kaisertums, der zuletzt als rein „habsburgisch" empfundene Doppeladler, im kollektiven Unterbewußtsein vieler Österreicher auch heute noch sehr präsent. Das zum „Archetyp" (C. G. Jung) gewordene altösterreichische Staatssymbol dürfte auch vielen Bewohnern der Gebiete der ehemaligen österreichisch-ungarischen Monarchie noch vertraut sein. Dazu tritt neuerdings eine gewisse Habsburg-Nostalgie, die insbesondere von den Boulevardmedien und der Tourismusindustrie, aber auch vom ORF am Leben erhalten wird. Dies verhilft dem alten Federvieh in oft kitschiger Siebdruck-Pracht zu immer neuen Auftritten auf T-Shirts, Bierkrügen und Postkarten.

Der (kaiserliche) Doppeladler war und ist weit über das heutige Österreich hinaus verbreitet. Die systematische historische und heraldische Bearbeitung aller Formen des Doppeladlers hatte sich der Privatwissenschaftler Prof. Dipl. Ing. Norbert Weyss (1909–1994) zur Lebensaufgabe gemacht. Er verfügte über eine Sammlung von über 35.000 Belegstellen, Abbildungen und Objekten. Unter Bezugnahme auf seine umfangreichen Ermittlungen und Überlegungen soll hier eine kurze Geschichte des Doppeladlers unseren eigenen Betrachtungen vorangestellt werden.[1]

Von einem Doppeladler im eigentlichen Sinne kann nur dann gesprochen werden, wenn dieser unterhalb der Köpfe als ein *einziges* Tier dargestellt ist. Die Teilung erfolgt erst ab dem Hals: *ein* Hals mit *zwei* Köpfen oder für jeden der beiden Köpfe auch ein deutlich erkennbarer Hals.

Im Gegensatz zu den anderen Fabeltieren des Mittelalters (Einhorn, Drache, Greif, Basilisk), an deren Existenz man damals tatsächlich glaubte, war der Doppeladler schon immer eine reine Schöpfung des menschlichen Denkens, eine „Denkfigur". Norbert Weyss weist glaubwürdig nach, daß der Doppeladler keineswegs nur aus der hethitischen Kultur kommt, wie dies meist behauptet wird, sondern daß er bei einem halben Dutzend von Völkern unabhängig voneinander entstanden sein muß. So findet sich ein zweiköpfiger Garuda neben dem meist einköpfig dargestellten Fabelvogel (dem in Südostasien weit verbreiteten, als Reittier Wischnus dienenden Göttervogel) in Sri Lanka. Aber auch bei den präkolumbischen Indianern Perus gibt es den Doppeladler. Er wurde in Tibet und Nordpakistan entdeckt, tritt aber auch schon 1750 v. Chr. in deutlicher Strichzeichnung auf Glimmerplättchen im

Doppeladler auf Grabbeigaben aus dem Sudan

[1] Norbert Weyss, Der Doppeladler – Geschichte eines Symbols. In Adler 1986/3, 78 ff.
Norbert Weyss, Der Doppeladler in aller Welt. Geschichte eines Symbols (Ausstellungskatalog). Schriftenreihe des Bezirks-Museums-Vereines Mödling, Nr. 83/Februar 1994

Sudan (dritter Nilkatarakt) als Grabbeigabe auf und als Import auch einmal in Alt-Ägypten.[1]
Die Armenier, die schon 302, also noch vor Konstantin dem Großen, das Christentum als einzige Staatsreligion eingeführt hatten, kennen den Doppeladler seit dem 4. Jahrhundert als dynastisches Zeichen. Um das Jahr 1000 wird der Doppeladler in einer armenischen Chronik zum ersten Mal schriftlich erwähnt. Die lange armenische Tradition kommt im Brustschmuck der armenischen Katholikoi (papstähnliche Oberhirten) und manchmal auch der dortigen Patriarchen zum Ausdruck, der aus einem schönen Doppeladler besteht, dessen Brustschild ein Kreuz mit den typisch armenischen kleinen Sonderflügeln enthält, die Weyss als Symbole für die Auferstehung Christi deutet. Der „Fächerschwanz" des armenischen Doppeladlers findet sich auch in der ältesten bekannten europäischen Doppeladler-Skulptur, einer Wandfliese aus der Benediktinerabtei St. Emmeram in Regensburg, die in die Zeit vor 1180 datiert werden kann und heute im Germanischen Nationalmuseum in Nürnberg verwahrt wird. Dieser Doppeladler wurde wahrscheinlich von Heinrich Jasomirgott (1114–1177) – er war mit der byzantinischen Prinzessin Theodora verheiratet und Hausvogt des Klosters – aus dem Orient nach Regensburg gebracht.
Auch in der heute noch erhaltenen Gozzo-Burg in Krems wurde eine mit einem Doppeladler verzierte Bodenfliese gefunden.
Um die Mitte des 13. Jahrhunderts wird „in Gold ein schwarzer Doppeladler" Friedrich II. von Hohenstaufen zugeordnet. Er wurde von dem gelehrten Mönch, Chronisten und Heraldiker Matthaeus Parisiensis am Hofe König Heinrichs III. von England beschrieben. Durch ein Mißverständnis wurde dann der Doppeladler zum gesteigerten Herrschaftswappen der Kaiser.
Seit 1402 nimmt der Doppeladler endgültig die Funktion des Reichswappens (also des Symbols für das *Territorium* des Reiches) an. Deshalb konnten auch die Reichsvikare den Doppeladler als Reichswappen führen. Zahllos waren die Verleihungen an die freien Reichsstädte sowie an mehrere Hansestädte. So hat sich der Reichsadler in den Wappen von Wiener Neustadt, Wien, Krems, Neuß und Köln, aber auch zur Hälfte noch im Wappen des Kantons Genf und in vielen anderen Beispielen erhalten. Das Wiener Wappen zierte der Doppeladler fast ein halbes Jahrtausend lang: von 1464 bis 1945, mit einer kurzen Unterbrechung in der Ersten Republik (1925–1934).

Der byzantinische Verwandte

Im gesamten Strahlungsbereich Ostroms – von den griechischen Inseln in der Ägäis bis zum Berg Athos, von Zypern bis ins russische Zarenreich – verbreitete sich der insbesondere innerhalb der Familie der Paläologen weitergegebene doppelköpfige Wappenvogel. So spielte er schließlich auch bei praktisch allen Völkern des Balkans eine wichtige Rolle, meist im Kampf mit dem türkischen Halbmond. Der byzantinische Doppeladler als Trutzsymbol der Griechen gegen die osmanische Besetzung fand sich auf dem Festland und auf fast allen Inseln, so in Olimbia auf Karpathos und auf Siphnos. Er wird dort in und vor Kirchen gezeigt, ohne oder mit Insignien. Manchmal hält er auch einen Schlüssel in der Kralle.
Bis heute bildet das doppelköpfige Tier nach wechselvollem Schicksal das Wappensymbol Albaniens: in Rot ein schwarzer Doppeladler. Er ist auf den Nationalhelden Georg Kastriota/Skanderbeg (1405–1468) zurückzuführen. Skanderbeg kämpfte er-

[1] Norbert Weyss, Die Entwicklung der Doppeladlerforschung. Österreichisches Wissenschaftsforum, 1988/1–2 und 1989/1–2

folgreich gegen die Türken, der Doppeladler findet sich 1450 in seinem Siegel. Nach einer Legende diene der Doppeladler den Albanern deshalb als Wappentier, weil das Volk der Skipetaren vom Adler abstamme.
Seit dem 13. Jahrhundert trugen serbische Könige den Doppeladler als Zeichen ihres Ranges als byzantinische Despoten. Der doppelköpfige Aar fand sich auch im Wappen des unter türkischer Oberhoheit 1838 errichteten Fürstentums Serbien. Ab 1882 erschien er im serbischen Königreich in Silber, wobei ihm ein Silberkreuz auf rotem Grund mit vier Feuerstählen aufgelegt wurde, die später als die Anfangsbuchstaben des Wortes „Serbien“ gedeutet wurden. Auch Montenegro setzte den Doppeladler als aus Byzanz stammendes Freiheitssymbol gegen die Türken ein. Schließlich führte das Königreich Jugoslawien bis 1946 den Doppeladler im Wappen. Seit 1994 verwendet das von Serbien dominierte Restjugoslawien den serbischen Doppeladler als Wappen.
Um sich als Rechtsnachfolger der byzantinischen Kaiser auszuweisen, übernahm Iwan III. (1462–1505), Großfürst und Selbstherrscher aller Reußen, den Doppeladler aus Byzanz. Als Gemahl einer Paläologen-Prinzessin, der Nichte des letzten byzantinischen Kaisers, Konstantin XII., führte er seit 1495 den Doppeladler im Siegel, als Zeichen einer asiatisch-europäischen Weltreichsidee (das „Dritte Rom“). Zunächst golden in Rot, wurde er später schwarz auf Gold abgebildet. Er trug als Brustschild das Wappen Moskaus, das einen Reiter mit einer Lanze zeigt.
Der zaristische Doppeladler war bis 1917 in Geltung. Wie in Deutschland und Österreich sollte das alte Wappen unter der bürgerlichen Revolution im Frühjahr 1917 nur vereinfacht werden; die bald ganz Rußland beherrschenden Bolschewiken aber lösten schließlich das zaristische Staatssymbol durch Symbole mit noch universellerem Anspruch ab: Sowjetstern, Hammer und Sichel sowie weitere Symbole der internationalen Macht des Proletariats.
Nachdem am 21. 12. 1991 die „Gemeinschaft Unabhängiger Staaten“ (GUS) gegründet worden war, wurde später der alte russische Doppeladler wieder eingeführt. Das Emblem wird in Gold auf Rot dargestellt. Eine große und zwei kleine Zarenkronen gelten als Symbole für das Präsidentenamt, die Legislative und die Jurisdiktion.

König, Kaiser, Reich

Der einköpfige, nach heraldisch rechts blickende schwarze Adler in goldenem Schild war vom 12. bis ins 14. Jahrhundert Symbol der Herrscher im Heiligen Römischen Reich. Er trat jedoch schon um 1270 (Siegel der ehemaligen Reichsstadt Kaiserswerth) als gewissermaßen inoffizielles Abzeichen der kaiserlichen Würde auf. Auf Siegeln, Münzen und Wappen wurde in der Folge immer wieder unter Verwendung des Doppeladlers auf eine rechtliche oder genealogische Beziehung zum Kaiser verwiesen, bis der zweiköpfige Wappenadler von Kaiser Sigismund zunächst als Reichsverweser, dann als Kaiser angenommen wurde; inzwischen führte er als König den einköpfigen Adler.
Friedrich III. ordnete als erster die Wappen seiner Erbländer im Kreis um den Doppeladler an. Kaiser Maximilian I. fügte den Bindenschild als erbländischen Herzschild und die vom römischen Krönungsvorgang herzuleitende Mitrenkrone hinzu (sie ist als heraldische Rangkrone, nicht als konkrete habsburgische Hauskrone zu verstehen!). Der „letzte Ritter“ führte den Doppeladler immer innerhalb eines Schildrandes, erst sein Enkel Karl V. ordnete ihn als *freischwebendes* Wappentier an. Ferdinand I., Karls Bruder, umgab den kaiserlichen Schild mit der „Potence“, der Kette des Ordens vom Goldenen Vlies.

Unter Ferdinand II. wurde das Aussehen des doppelköpfigen Adlers immer majestätischer, die Flügel luden breiter aus.[1]
Im Siegel Kaiser Leopolds I. kam barocke Prachtentfaltung zum Ausdruck, unter Maria Theresia wurden Wenzelskrone und Stephanskrone auf die beiden Köpfe gesetzt. Seit Joseph II. trug das kaiserliche Wappen den „genealogischen Herzschild" in verschiedenen Kombinationen, zuletzt (von Franz II. bis 1915) in Form der Trias Habsburg/Österreich/Lothringen.
Von großer Bedeutung für die Form des nun bald „habsburgischen" Doppeladlers wurde das Jahr 1804. Aufgrund der politischen Lage in Europa (Abtretung des linken Rheinufers an Frankreich, Stärkung der süddeutschen Verbündeten Napoleons durch den Reichsdeputationshauptschluß) beschloß Franz II., zur Rettung des Kaisertitels und zur Aufrechterhaltung des Gleichgewichts mit den Herrschern Rußlands und Frankreichs, „den Titel und die Würde eines erblichen Kaisers von Österreich" anzunehmen.[2]
„Demzufolge ist ein eigener im Mittelschild angebrachter Adler das Wappenbild dieses Kaisertums (Österreich)." Gekrönt von der Rudolfinischen Hauskrone, trug der österreichische Brustschild die Wappen aller Länder und Besitzungen des österreichischen Kaisers. Der Mittelschild zeigte in Gold einen schwarzen Doppeladler, dessen Köpfe gekrönt, aber nicht nimbiert waren und der nicht Reichsapfel, Schwert und Zepter, sondern nur Reichsapfel und Schwert trug. Bei der Gestaltung des Herzschildes traf man eine völlig neue, bis in die Gegenwart nachwirkende Entscheidung: als heraldisches Symbol für den österreichischen Gesamtstaat wurde der rot-weiß-rote Bindenschild der Babenberger gewählt. Über den nimbierten Adlerköpfen des Rükkenschildes schwebte die alte Reichskrone der Ottonen. Dieses interessante Wappen hielt allerdings nicht sehr lange, nämlich genau zwei Jahre.[3]
Als Franz II. am 6. August 1806 die römische Kaiserwürde niederlegte, nachdem die Rheinbundstaaten aus dem Reich ausgetreten waren und er sich dadurch seiner Verpflichtungen dem Reich gegenüber als „los gezählt" betrachtete, hatte er den alleinigen Titel als erblicher Kaiser Franz I. von Österreich. Dies führte erneut zu substantiellen Änderungen im Wappen. Der bisherige Brustschild wurde nun zum Hauptwappen. Ihm wurde an zentraler Stelle das genealogische Wappen des regierenden Kaiserhauses aufgelegt – in Gold den roten habsburgischen Löwen, den rot-weiß-roten Bindenschild und drei gestümmelte (d. h. ohne Fänge dargestellte) silberne Adler auf schrägrechtem rotem Balken als lothringisches Stammwappen. Diese Wiederaufnahme des genealogischen Hauswappens geschah höchstwahrscheinlich mit Rücksicht auf Ungarn, das sich durch den stark territorial bestimmten rot-weiß-roten Bindenschild nicht repräsentiert gefühlt hätte. (Die heraldischen Vorstellungen Ungarns waren ja schon 1804 übergangen worden, wie das auch später der Fall sein sollte.) Neben dem Schwert wurde auch das Zepter wieder in das Wappen integriert. Über den beiden nun nicht mehr nimbierten, jedoch gekrönten, rotbezungten Adlerköpfen schwebte die österreichische Kaiserkrone, heraldisch dargestellt als eine geschlossene Bügelkrone, die Zinken mit Perlen besetzt, an der Spitze des mittleren Bügels der Reichsapfel, mit roter Mütze gefüttert, von welcher zwei Bänder herabhingen.[4]
Die durch den Sieg über Napoleon und durch den Wiener Kongreß notwendigen Änderungen des Doppeladler-Wappens wurden erst unter Ferdinand I. mit Allerhöch-

[1] Franz Gall, Zur Entwicklung des Doppeladlers auf den kaiserlichen Siegeln. In: Adler, Band 8/Heft 16/17, 1970, 281 ff.
[2] Diese Pragmatikalverordnung vom 11. August 1804 ist wichtig als Geburtsurkunde des österreichischen Staates im juristischen Sinn!
[3] Gottfried Mraz, Österreich und das Reich 1804–1806. Wien 1993
[4] Mraz, a. a. O., 97 ff.

ster Entschließung vom 13. Mai 1836 endgültig dekretiert. Dabei wurde das genealogische Wappen jedoch nicht aufgelegt, sondern an zentraler Stelle in die Wappen des Reiches eingereiht.[1]

Das „kaiserlich-oesterreichische kleine Wappen" von 1836

In der Regierungszeit von Kaiser Franz Joseph kam es zunächst zu zahlreichen inoffiziellen Umgruppierungen, Weglassungen und Hinzufügungen, bis nach der Niederlage von Königgrätz (Verlust Venetiens) 1866 das große Wappen still und leise „vergessen" wurde, während das kleine österreichische Reichswappen mit einer kleinen Änderung bis 1915 weitergeführt wurde: die heraldisch gestaltete österreichische Kaiserkrone wurde durch die realistisch wiedergegebene Rudolfinische Hauskrone ersetzt, von welcher zwei blaue Bänder ausgingen. Auch Zepter und Reichsapfel entsprachen den in der Schatzkammer aufbewahrten historischen Vorbildern. In dieser Form hat sich der Doppeladler als österreichisches „Ursymbol" in unser Gedächtnis eingegraben.[2]

Nach dem Ausgleich mit Ungarn wurde 1868 als Name für die neue Doppelmonarchie „Österreichisch-Ungarische Monarchie" festgelegt. Zur Einführung neuer Wappen in den beiden Reichshälften und zu einem daraus zusammengefügten gemeinsamen Wappen kam es aber erst im Jahre 1915 – fast ein halbes Jahrhundert nach der staatsrechtlichen folgte die heraldische Trennung. Man darf in Österreich eben nicht ungeduldig sein. Und wenn man dann sein Ziel erreicht, so natürlich nur „auf halben Wegen und zu halber Tat mit halben Mitteln" (Grillparzer, „Bruderzwist"): In diesem zweiten Kriegsjahr erzwang Ungarn ein „kleines" und ein „mittleres" gemeinsames Staatswappen für die Doppelmonarchie. Zu einem „großen" Wappen reichte der Konsens nicht mehr aus, es wurde „einem späteren Zeitpunkt" vorbehalten.

Das mittlere gemeinsame Wappen besteht aus den in sich vollkommen abgeschlossenen und mit ihrer jeweiligen Krone versehenen Wappen Österreichs und Ungarns, die in der Mitte zum Zeichen der Personalunion durch das Wappen des Allerhöchsten Herrscherhauses (mit einer heraldischen Bügelkrone versehen) dergestalt verbunden sind, daß dieses beide übergreift, selbst aber von den Kronen der beiden Reichshälften überhöht wird. Die aus der Pragmatischen Sanktion übernommene Devise „indivisibiliter ac inseparabiliter" verbindet die beiden Staatswappen ebenso wie die vier in der Mitte angeordneten Ordenssymbole: die Collane des Goldenen Vlieses, die Großkreuze des Maria Theresien-Ordens, des königlich ungarischen St. Stephans- und des kaiserlich österreichischen Leopoldsordens.

Dem österreichischen Schild dient rechts als Schildhalter ein golden gewaffneter und von Schwarz über Gold geteilter Greif, dem ungarischen links ein schwebender, weiß gekleideter Engel.

---

[1] In unnimbierter Form sollte der rot bezungte, schwarze Doppeladler in Gold von der Frankfurter Paulskirche 1848 zum Bundeswappen (ohne Insignien) erhoben werden.

[2] Zur komplizierten heraldischen und staatsrechtlichen Entwicklung des österreichischen Doppeladler-Wappens im 19. Jahrhundert vgl. insbesondere die jüngst erschienene konzise Darstellung von Michael Göbl: Staatssymbole des Habsburger-Reiches ab 1867 mit besonderer Berücksichtigung des Staatswappens. In: Österreichs politische Symbole. Wien 1994, 11 ff.

Zeichnung des kleinen gemeinsamen Wappen 1915

Politisch-heraldisch ist dieses von dem berühmten Wiener Zeichenlehrer und Heraldiker Hugo Gerard Ströhl (1851–1919) entworfene Wappen als ein sehr ausgewogener Kompromiß und schöner Ausdruck des um allerletzte Aspekte der Einheit ringenden aber damals eben dualistischen Staatswesens zu bezeichnen.

Das Kleine gemeinsame Wappen wird durch die beiden Kleinen Wappen gebildet, die nur mehr durch Herrscherwappen mit Goldenem Vlies und Spruchband zusammengehalten sind.

ZUR INTERPRETATION DER SYMBOLIK DES DOPPELADLERS

Norbert Weyss (a. a. O.) beschäftigt sich ausführlich mit den verschiedenen Theorien über geistigen Ursprung und Interpretation des doppelköpfigen Adlers. Er verwirft rein handwerkliche (Wiederholung eines Motivs in der Teppichweberei) oder ästhetische Erwägungen ebenso wie einen Ursprung aus Mythologie und Religion (Ezechiel 10, 14, das Evangelistenzeichen des Johannes), den „Physiologus", die Zweischwerterlehre, aber auch rein heraldisch-genealogische Thesen (Vollbürtigkeit, mehrere Nachkommen). Für ihn ist die ursprüngliche Bedeutung des Doppeladlers seine Funktion als „Schutzwesen", als umsichtiger Wächter, auch als apotropäischer Abwehrer – schließlich sehen zwei Augenpaare mehr und besser als nur eines. Der Doppeladler mit seinen vier Augen ist also zunächst eine Art Symbol des gesteigerten Schutzes, nicht aber ein Herrschaftssymbol. Zu diesem wird er erst durch seine heraldische Verwendung.

Für den Bedeutungsgehalt eines Symbols gibt es freilich nicht immer Belege, greifbare historische Quellen oder kognitive Beweise. Manches muß man erschließen, ja „erfühlen". Und so stellen wir hier die These auf, daß die Funktion des Doppeladlers seit dem Mittelalter – wenn auch in der Regel nur unbewußt und vielleicht sogar ungewollt – die eines Gegensätze *darstellenden,* aber auch Gegensätze *versöhnenden* Dual- bzw. Integralsystems wurde. Der Doppeladler könnte demnach sehr wohl Begriffspaare wie Ost und West, Asien und Europa, Ost- und Westrom, Kaiser und Papst, weltlich und geistlich, Kaiser und König, Österreich und Ungarn symbolisch ausgedrückt haben, ohne daß ein einziger dieser Aspekte heraldisch bewußt intendiert war. Es kommt bei der symbolpublizistischen Wirkung ja nicht nur darauf an, was der Initiator, Schöpfer oder Träger eines Symbols in dasselbe hineinlegt, sondern was die Adressaten aus ihm herauslesen, welche Botschaft sie zu empfangen meinen, welchen Sinn sie in ihm sehen oder ihm geben.

Der Doppeladler erhält seine Schutzfunktion nicht nur aus seinen breit ausladenden Schwingen, die er über Staat und Staatsbürger wie die Adlermutter über ihre Jungen hält, sondern auch aus seiner Fähigkeit, Gegensätze auszugleichen: zwei Köpfe, zwei Augenpaare, zwei Flügel – aber nur eine Brust, nur ein Herz. Dort muß das Gegensätzliche, müssen die „zwei Seelen" aufgearbeitet, versöhnt, integriert werden.

Franz Karl Ginzkey, geboren als Kind deutschböhmischer Eltern in Pola 1871, gestorben in Wien 1963, Berufsoffizier, Militärgeograph und Schriftsteller, hinterließ neben einem umfangreichen lyrischen Werk (darunter der Text der niederösterreichischen Landeshymne!), zahlreichen Romanen und Kinderbüchern auch die skurrile Erzählung „Der Wundervogel“ (1929). Darin erwacht in einer Vollmondnacht des Jahres 1925 ein alter, ausgedienter österreichischer Doppeladler von gut drei Metern Spannweite, der einst eine Kaserne geschmückt hat, zu neuem Leben:

> *Wir nennen ihn ein wenig undeutsch Palitschari, obwohl er für seinen Teil durchaus rein deutscher Abkunft war; aber als Vertreter von gut zwölf einst unter ihm vereinten Nationen hätte er unmöglich Siegfried oder Widukind oder Fürchtegott heißen können. Gerade Palitschari scheint uns nach manchem, was da im Blute verschieden und doch zum guten Zwecke vormals beisammen war, den rechten Kern in sich zu tragen, wozu noch ein leiser tschinellenhafter Ausklang wie von einer fernhin verdämmernden Regimentsmusik hinzukommt.*[1]

Auf einer Felsspitze trifft Palitschari den Steinadler Gursu, mit dem er sich anfreundet und über Gott und die Welt zu philosophieren beginnt.

Zu den zwei Seelen, die unter den beiden Köpfen des Adlers wohnen, meint der Erzähler nachdenklich:

> *(Er war) nämlich noch immer mit menschlicher Logik begabt, die das eine Mal Blut nicht sehen kann und das andere Mal es wieder in Strömen vergießt, sodaß sie zwischen Tierschutzverein und Schlachtbank, zwischen Friedensliga und Kriegserklärung hilflos hin und her schwankt ...*

Wozu Gursu mit gut altösterreichischer Weisheit sekundiert:

> *... alle Kunst ist, sich selbst zu besitzen und zugleich auch wieder aufzugeben. Das wahre Lebensgefühl liegt in der Mitte ...*

Nun, es kommt immer auch auf die Darstellung an: je ausladender die Schwingen des Doppeladlers gestaltet sind – man denke etwa an die Wappenvögel an beiden Firsten der Neuen Hofburg –, umso stärker wirkt neben dem *Schützenden* auch das *Verbindende*. So meinte auch der gequälte Bauer Balaban bei Sacher-Masoch:

> *Und wenn ich Wache stand vor dem Kreisamte und hörte die Bauern, wie sie zusammen redeten und wie sie da Recht und Hilfe fanden gegen die Polaken, da blickte ich zu dem Adler empor, der über dem Tore hing, und dachte nur: Du bist nur ein kleiner Vogel und hast kleine Flügel, aber sie sind doch groß genug, um ein ganzes Volk zu schützen. Wenn wir später zur Parade marschierten, die gelbe Fahne mit dem schwarzen Adler über unseren Kopfen flatterte, brauchte ich nur hinzusehen und war zufrieden.*[2]

Geschichtspsychologisch betrachtet, wirken die mächtigen Schwingen des Doppeladlers in Tiefenschichten des österreichischen Volkes auch heute noch nach: als Symbol dafür, daß der Österreicher einst in einem mächtigen Reich lebte, auf das er stolz war und in dem er sich geborgen fühlte.

[1] Franz Karl Ginzkey, Der Wundervogel. Leipzig 1929, 7

[2] Leopold von Sacher-Masoch, Dunkel ist dein Herz. Graz–Wien 1957, 78. Siehe zum Thema Doppeladler, Donaumonarchie, Franz Joseph etc. die zusammenfassende Betrachtung von Ernst Trost, In ererbter Größe leben. In: Hannes Androsch/Helmut H. Haschek (Hg.), Österreich in Geschichte und Gegenwart. Wien 1987, 538 ff.

BUNDESGESETZBLATT

FÜR DIE REPUBLIK ÖSTERREICH

Jahrgang 1984 — Ausgegeben am 25. April 1984 — 72. Stück

159. Bundesgesetz: Wappengesetz
(NR: GP XVI RV 166 AB 242 S. 39. BR: AB 2820 S. 445.)

159. Bundesgesetz vom 28. März 1984 über das Wappen und andere Hoheitszeichen der Republik Österreich (Wappengesetz)

Der Nationalrat hat beschlossen:

Das Wappen der Republik Österreich

§ 1. Das Wappen der Republik Österreich (Bundeswappen) ist im Art. 8 a Abs. 2 B-VG bestimmt und entspricht der Zeichnung des Bundeswappens in der einen Bestandteil dieses Gesetzes bildenden Anlage 1.

Das Siegel der Republik Österreich

§ 2. (1) Das Siegel der Republik Österreich ist kreisförmig und trägt im oberen Halbkreis um das Bundeswappen die Aufschrift „Republik Österreich".

(2) Je ein Exemplar des Siegelstockes wird vom Bundespräsidenten und vom Bundeskanzler verwahrt.

(3) Hartdruck- oder Farbstampiglien mit dem Bundeswappen und der Aufschrift „Republik Österreich" im oberen Halbkreis gelten als Siegel im Sinne des Abs. 1.

Die Farben und die Flagge der Republik Österreich

§ 3. (1) Die Farben der Republik Österreich sind rot-weiß-rot.

(2) Die Flagge der Republik Österreich besteht aus drei gleich breiten waagrechten Streifen, von denen der mittlere weiß, der obere und der untere rot sind.

(3) Die Dienstflagge des Bundes entspricht der Flagge der Republik Österreich, weist aber außerdem in ihrer Mitte das Bundeswappen auf, welches gleichmäßig in die beiden roten Streifen hineinreicht. Das Verhältnis der Höhe der Dienstflagge des Bundes zu ihrer Länge ist zwei zu drei. Die Zeichnung der Dienstflagge des Bundes ist aus der einen Bestandteil dieses Gesetzes bildenden Anlage 2 ersichtlich.

(4) Die im Seeschiffahrtsgesetz, BGBl. Nr. 174/1981, enthaltenen Bestimmungen über die Flagge der Republik Österreich zur See (Seeflagge) werden durch dieses Bundesgesetz nicht berührt.

Das Recht zum Führen des Bundeswappens

§ 4. (1) Das Bundeswappen führt im Sinne dieses Bundesgesetzes, wer es in Ausübung staatlicher Funktionen verwendet.

(2) Das Recht zum Führen des Bundeswappens steht dem Bundespräsidenten, den Präsidenten des Nationalrates, dem Vorsitzenden des Bundesrates, dem Präsidenten und dem Vizepräsidenten des Rechnungshofes, den Mitgliedern der Bundesregierung, den Staatssekretären und den Mitgliedern der Volksanwaltschaft zu.

(3) Das Recht zum Führen des Bundeswappens steht ferner dem Landeshauptmann als Organ der mittelbaren Bundesverwaltung, den Behörden, Ämtern, Anstalten und sonstigen Dienststellen des Bundes, den Österreichischen Bundesforsten sowie dem Bundesheer zu; ebenso den Universitäten und Hochschulen einschließlich ihrer Institute, den Fakultäten, den Abteilungen und den besonderen Universitätseinrichtungen, soweit sie wenigstens beschränkte Rechtspersönlichkeit haben, sowie den Verwaltungen der Staatsmonopole.

(4) Körperschaften des öffentlichen Rechts, juristische und physische Personen, die durch Bundesgesetz dazu berechtigt sind oder denen dieses Recht durch einen Verwaltungsakt auf Grund bundesgesetzlicher Bestimmungen verliehen wurde, dürfen das Bundeswappen führen.

Das Recht zum Führen der Stampiglien des Bundes

§ 5. (1) Das Recht zum Führen von Hartdruck- oder Farbstampiglien, die dem Siegel der Republik Österreich entsprechen, zusätzlich aber den Berechtigten bezeichnen, steht den im § 4 Abs. 2 und 3 genannten Berechtigten, ausgenommen Verwaltungen der Staatsmonopole, die als Aktiengesellschaft eingerichtet sind, sowie den dem Landeshauptmann als Organ der mittelbaren Bundesverwaltung unterstellten Landesbehörden zu.

(2) In den im Abs. 1 angeführten Hartdruck- oder Farbstampiglien ist die abgekürzte Aufschrift „Rep. Österreich" zulässig.

Das Recht zum Führen der Dienstflagge des Bundes

§ 6. Das Recht zum Führen der Dienstflagge des Bundes steht den im § 4 Abs. 2 und 3 genannten Berechtigten, ausgenommen Verwaltungen der Staatsmonopole, die als Aktiengesellschaft eingerichtet sind, zu.

Die Verwendung der Abbildungen von Hoheitszeichen der Republik Österreich

§ 7. Die Verwendung von Abbildungen des Bundeswappens, von Abbildungen der Flagge der Republik Österreich sowie der Flagge selbst ist zulässig, soweit sie nicht geeignet ist, eine öffentliche Berechtigung vorzutäuschen oder das Ansehen der Republik Österreich zu beeinträchtigen.

Strafbestimmungen

§ 8. Wer
1. unbefugt das Bundeswappen führt,
2. unbefugt das Siegel der Republik Österreich oder Hartdruck- oder Farbstampiglien im Sinne des § 5 führt,
3. unbefugt die Dienstflagge des Bundes führt,
4. Abbildungen des Bundeswappens oder Abbildungen der Flagge der Republik Österreich oder die Flagge selbst in einer Weise verwendet, die geeignet ist, eine öffentliche Berechtigung vorzutäuschen oder das Ansehen der Republik Österreich zu beeinträchtigen,

begeht, sofern die Tat nicht den Tatbestand einer in die Zuständigkeit der Gerichte fallenden strafbaren Handlung bildet, nach § 54 des Seeschiffahrtsgesetzes, BGBl. Nr. 174/1981, oder nach anderen Verwaltungsvorschriften zu ahnden ist, eine Verwaltungsübertretung und ist von der Bezirksverwaltungsbehörde mit Geldstrafe bis zu 50 000 S zu bestrafen. Über Berufungen entscheidet der Landeshauptmann.

Schlußbestimmungen

§ 9. (1) Rechtsvorschriften, die ein Recht zum Verleihen und zum Führen von Hoheitszeichen der Republik Österreich einräumen, werden durch dieses Bundesgesetz nicht berührt.

(2) Bisher verwendete Hartdruck- oder Farbstampiglien, die nicht den Vorschriften des § 5 entsprechen, dürfen weiter verwendet werden, jedoch längstens bis zum Ablauf von fünf Jahren nach dem Inkrafttreten dieses Bundesgesetzes. Dies gilt nicht für Hartdruck- oder Farbstampiglien, deren Gestaltung gesetzlich gesondert geregelt ist.

Vollziehungsklausel

§ 10. Mit der Vollziehung dieses Bundesgesetzes ist hinsichtlich des § 8 der Bundesminister für Inneres, im übrigen aber die Bundesregierung betraut.

Inkrafttreten

§ 11. Dieses Bundesgesetz tritt mit 27. April 1984 in Kraft.

Kirchschläger
Sinowatz

ADLER UND BINDENSCHILD

DAS WAPPEN DER REPUBLIK ÖSTERREICH

Das letzte Wappen der österreichischen Länder der Monarchie wurde mit Allerhöchstem Handschreiben vom 10. Oktober 1915, das letzte Wappen der gemeinsamen Einrichtungen der österreichisch-ungarischen Monarchie mit Allerhöchstem Handschreiben vom 11. Oktober 1915 festgesetzt. Diese Wappen wurden am 3. November 1915 im Reichsgesetzblatt 327 und 328 kundgemacht. Dabei führte man zwei „kleine" und zwei „mittlere" Wappen ein, während die Schaffung zweier „großer" Wappen „einem späteren Zeitpunkt vorbehalten" bleiben sollte. Trotz seiner traditionellen heraldischen Gestaltung wirkte das Wappen nicht überladen. Vor allem aber war das Kunststück zustande gebracht worden, die „im Reichsrat vertretenen Königreiche und Länder" (cisleithanische Reichhälfte) und die „Länder der Heiligen Stephanskrone" (transleithanische Reichshälfte) staatsrechtlich und heraldisch zu verbinden und dabei gleichrangig zu behandeln. Das Wappen des Allerhöchsten Herrscherhauses verband beide Reichshälften übergreifend, aber nicht beherrschend. Die aus der Pragmatischen Sanktion stammende Devise „indivisibiliter ac inseparabiliter" setzte noch einen die Einheit der in den Krieg gestürzten Donaumonarchie beschwörenden Akzent. H. G. Ströhl hat die vier Wappenzeichnungen gestaltet, sie sind den oben genannten Kundmachungen als Anlagen beigegeben.

Das „kleine Wappen" von 1915

Nachdem Kaiser Karl I. am 16. Oktober 1918 sein „Völkermanifest" zur Neugliederung der österreichisch-ungarischen Monarchie in einen Bundesstaat verkündet hatte, konstituierte sich am 21. Oktober 1918 die „Provisorische Nationalversammlung für Deutschösterreich". Diese beschloß am 30. Oktober 1918 eine von Dr. Karl Renner ausgearbeitete „provisorische Verfassung", in welcher sich die eben entstehende staatliche Gemeinschaft unter einem zum „Bestandteil der Deutschen Republik" erklärte.

Bereits am 31. Oktober 1918 nahm der von der Provisorischen Nationalversammlung gewählte zwanzigköpfige Staatsrat (darunter acht Deutschnationale, sechs Christlichsoziale, drei Sozialdemokraten – insgesamt eine überwältigende „bürgerliche" Mehrheit von rund fünfzehn Abgeordneten!) auf Antrag des christlichsozialen Abgeordneten Wilhelm Miklas die Farben Rot-Weiß-Rot als Staatsfarben an.

Auf Antrag Dr. Karl Renners wurde auch ein Staatswappen angenommen, vor allem auch deshalb, um den erwarteten Friedensvertrag mit dem Staatssiegel versehen zu können. Es sollte aus einem „Stadtturm aus schwarzen Quadern, gekreuzten Hämmern in rot, umgeben von einem goldenen Kranz von Ähren (schwarz-rot-gold und die Symbole für Bürger, Arbeiter und Bauer)" bestehen, also Rot-Weiß-Rot überhaupt nicht enthalten![1] Der Staatsrat betrachtete beide Beschlüsse nicht als Gesetzesanträge, sondern beschränkte sich darauf, das Thema zu beraten und die endgültige Beschlußfassung der Konstituierenden Nationalversammlung vorzubehalten. Dies erklärt sich unter anderem aus der bewegten politischen Situation zum Zeitpunkt der Staatsgründung, in welcher die rot-weiß-roten Farben noch keineswegs unumstritten waren:

- Am Vormittag des 30. Oktober 1918 führte eine Demonstration von Studenten und Professoren von der Universität zum Parlament, wo gerade ein Diener die schwarz-gelben Flaggen einholte.
- Am Nachmittag desselben Tages zogen deutschnationale Demonstranten mit einer schwarz-rot-goldenen Fahne unter Rufen auf Großdeutschland und Absingen der „Wacht am Rhein" vor das Niederösterreichische Landhaus in der Herrengasse, wo der Staatsrat tagte.
- Sie trafen dort auf eine Abordnung von Sozialdemokraten, die mit einer roten Fahne unter Hochrufen auf die sozialistische Republik aufzogen.
- Gegen fünf Uhr nachmittags marschierten etwa 4.000 Demonstranten vom Rathaus zum Parlamentsgebäude und hißten unter lauten Hoch- und Heilrufen eine rote Fahne auf dem linken Mast.
- Noch anläßlich der Ausrufung der Republik am 12. November 1918 sollte in Österreich ein ziemliches Farben-Wirrwarr herrschen: Vor dem Haupttor der Hofburg wehte eine rot-weiß-rote Fahne. Das Rathaus in Graz war rot-weiß-rot und schwarz-rot-gold beflaggt. Das Wiener Rathaus war rot-weiß-rot beflaggt, der Bürgermeister ließ jedoch „zur Beruhigung" auch noch eine rote Flagge hissen. Die Parlamentsdiener erschienen mit rot-weiß-roten Armbinden. Die „Rossebändiger" vor dem Parlament waren von roten Fahnen umgeben. Statt einer rot-weiß-roten Flagge stiegen zusammengeknüpfte rote Stoffetzen am Mast empor. An der vergoldeten Speerstange der Pallas Athene war eine rote Fahne befestigt.[2]

Es steht außer Frage, daß Karl Renner nicht nur seine eigenen staatspolitischen Präferenzen ausdrückte, als er seinen Entwurf für ein künftiges Staatswappen bewußt „schwarz-rot-gold" tingierte. Diese Farben waren ja nicht nur Ausdruck einer deutschfreundlichen Haltung, sondern symbolisierten auch das Eintreten für die Werte der Revolution von 1848. Sie stellten somit auch ein Bekenntnis zu Liberalität, Republik und Demokratie dar. Renner entwarf übrigens auch das in Schwarz-Rot-Gold gehaltene Wappen seiner Wahlheimatgemeinde Gloggnitz.

Dieser auf Bruch mit der alten Ordnung und auf die Vereinigung mit Deutschland ausgelegten schwarz-rot-goldenen Farbsymbolik standen die von den Christlichsozialen durchgesetzten Staatsfarben Rot-Weiß-Rot gegenüber. Mit ihnen wollte das tradi-

---

[1] Gustav Spann, Zur Geschichte von Flagge und Wappen der Republik Österreich. In: Österreichs politische Symbole, a. a. O., 38 ff.

[2] Eine detailreiche Zusammenfassung der zum Teil einander widersprechenden Berichte über jene Tage findet sich bei Bernhard Reinhold Pilz, a. a. O., 151 ff.

tionsbewußte konservative Lager an die Babenberger, an die Kreuzzüge (Akkon-Legende!) und an die habsburgischen Hausfarben erinnern. Nach Ansicht der „Reichspost" waren sie ein deutschösterreichisches Symbol im engeren Sinne, das durch den Abfall der nicht-deutschen Länder wieder „als Kern sichtbar geworden ist":

Das gesamtösterreichische Schwarzgelb bleibt dem künftigen Bundesstaat, falls die Zusammenfassung der Nationalstaaten gelingt, überlassen, dem schwarzrotgoldenen Bekenntnis zum Gesamtdeutschtum geschieht durch das eigene Dreifarb Deutschösterreichs kein Abbruch.[1]

Der gegen Ende der Ersten Republik noch viel stärker werdende Rückgriff christlichsozialer Politiker auf Geschichtsperioden wie jene der Babenberger und der Kreuzzüge, an denen die (christlichen) Ideale einer selbständigen „Ostmark" festgemacht werden sollten, drückte schon damals eine gewisse Skepsis gegenüber der Eigenstaatlichkeit Österreichs aus. Und der Utopie einer schwarz-gelben Vielvölker-Föderation wurde der Gedanke der Weiterführung der Monarchie in modernisierter Form zugrundegelegt, der später auch Grundlage der paneuropäischen Bewegung wurde. Während die Staatsfarben in der im Staatsrat beschlossenen Form als Flaggenfarben Eingang in das „Gesetz vom 21. Oktober 1919 über die Staatsform" fanden, sollte der Weg zu einem allseits anerkannten Staatswappen noch weit sein.

Zunächst kam es zu einer Ausschreibung der graphischen Umsetzung des Staatsratsbeschlusses. Die Akademie der bildenden Künste wurde ersucht, Musterzeichnungen für folgendes Emblem vorzulegen:

Ein auf einem Untergrunde von schwarzen Quadern aufgeführtes Stadttor, zwei gekreuzte rote Hämmer mit einem goldenen Kranze aus Roggenähren mit der Unterschrift „Deutschösterreich".

Entwurf des ersten Staatswappens 1919

Wie man sieht, hatte man noch ein paar kleine Konkretisierungen vorgenommen: Renners Stadtturm war zum Stadttor geworden – er war also „betagleuchtet" (in der heraldischen Fachsprache bezeichnet man damit ein Tor in einem Turm, durch das der Hintergrund sichtbar ist), die Ähren hatte man – wohl als Ausdruck der spartanischen Zeiten – zu Roggenähren erklärt. Die Unterschrift „Deutschösterreich" ergab sich offenbar aus der Absicht, neben dem Wappen auch gleich ein Staatssiegel zu schaffen. Bezeichnenderweise hatte man dabei zunächst auf die Mitwirkung des beamteten Wappenfachmanns, des Leiters des zum Staatsamt des Inneren ressortierenden Adelsarchivs, Ministerialrat Heinrich Seydl, verzichtet, der sich prompt darüber bei der Staatskanzlei beschwerte.[2]

Unmittelbar nach den Wahlen zur Konstituierenden Nationalversammlung am 16. Februar 1919 fand die erste Besprechung zur Beurteilung der eingegangenen Entwürfe statt. Wie so oft bei Wettbewerben, fand sich kein einziger wirklich zufriedenstellender Vorschlag unter den Einsendungen. Im Verlauf der Diskussionen kam man jedoch zu der Erkenntnis, daß die Vorgaben Renners die Gefahr in sich bargen, daß das staatliche Emblem zu sehr den Charakter eines Firmenzeichens annehmen würde. Auf der Grundlage von Entwürfen, die der Archivar des Herrenhauses, Hofrat Rudolf Penner (1848–1932), und der Wappenmaler und Wappenzensor Ernst Krahl (1858–

[1] Unterm Dreifarb Rotweißrot. In: „Reichspost", 1. 11. 1918, 1 (zit. nach Spann, a. a. O., 41)

[2] Die genauen Quellenangaben zu dieser kritischen Phase der Entstehung des österreichischen Staatswappens finden sich bei Michael Göbl, Wie kamen Hammer und Sichel in das Wappen der Republik Österreich? In: Adler 7/90, 233–238

1926) geliefert hatten, wurde Heinrich Seydl beauftragt, neue Varianten auszuarbeiten, die in der Folge von Ernst Krahl graphisch umgesetzt wurden. Da diese Skizzen nicht erhalten sind, wurden sie von Michael Göbl rekonstruiert.

Der erste Entwurf, der schließlich angenommen wurde, wollte „durch den (einköpfigen) Adler die Lebenskraft und das Aufstreben des neuen Freistaates, in welchem Bürger (Mauerkrone), Landwirte (Ähren) und Arbeiter (Hammer) ihre Kräfte gleichen Zielen widmen werden, andeuten und durch den Bindenschild das staatliche Territorium in seiner Gänze kennzeichnen".[1]

Diese Interpretation ist eine bürokratische Meisterleistung: Aus der Monarchie in die Republik hineingewachsene Beamte bringen es zustande, den Doppeladler des Jahres 1915 einer „capitis diminutio" zu unterwerfen, Renners Stadtturm zur Mauerkrone à la „Austria" oder „Vindobona" zu reduzieren und dem Wappentier auf das Haupt zu setzen, ihm Ähren und Hammer in verkleinerter Form anstelle von Schwert, Zepter und Reichsapfel in die Fänge zu drücken, um schließlich unbefangen zu verkünden, daß der Adler solcherart nicht etwa Hoheitszeichen der verhaßten Habsburgerherrschaft, sondern Symbol für die Lebenskraft des aufstrebenden „neuen Freistaates" und seine nationale bzw. geographische Ausdehnung sei. Unterstützt wurde diese Argumentation durch die vom Vertreter des Außenamtes hervorgehobene Tatsache, daß andere republikanische Staaten – darunter die USA, Mexiko und Polen – ebenfalls das Adlersymbol verwendeten.

Man darf diese geschickte Argumentation nicht geringschätzen: einige Jahre später wurde nach fast einem halben Jahrtausend Anwesenheit der kaiserliche Doppeladler aus dem Wiener Wappen sang- und klanglos entfernt, wenngleich das alte Symbol der Staatsgewalt – ein wenig ähnlich der Praxis auf Bundesebene – im Siegel der Bundeshauptstadt als einköpfiger Adler weiterlebt, was nicht gerade zur Klarheit der Wiener Landessymbolik beiträgt.

Im Endeffekt gelang bei der Schaffung des Wappens der Republik Österreich 1918 die organische Weiterentwicklung eines Staatssymbols über eine Situation des radikalen gesellschaftlichen Umbruchs hinweg. Das Produkt dieser Entwicklung ist nach Überwindung von Austrofaschismus und Nationalsozialismus 1945 durch die Hinzufügung der gesprengten Ketten noch um eine Nuance reicher geworden.

Renner war von den neuen Vorschlägen zwar nicht begeistert – insbesondere bedeutete der rot-weiß-rote Bindenschild ja eine deutliche „Verdünnung" seiner ursprünglichen schwarz-rot-goldenen Grundkonzeption –, genehmigte aber schließlich den erstgereihten Entwurf, der sich optisch, aber auch politisch den beiden anderen als überlegen erwies: das „kleine" Wappen war zu spartanisch und überdies der sozialistischen Parteisymbolik zu ähnlich, das „große" war ein klassisches Anspruchswappen, mittels welchem der staatsrechtliche Anspruch Österreichs auf sudetendeutsche Sprachinseln ausgedrückt werden sollte. Allerdings regte der Staatskanzler an, die Ähren durch das „Werkzeug der Landwirtschaft", also durch eine goldene Sichel zu ersetzen.

Die hier im Detail geschilderte Entstehungsgeschichte des österreichischen Staatswappens ist wohl der deutlichste Beweis dafür, daß seine Symbolik mit dem kommunistischen Emblem „Hammer und Sichel" nichts, aber auch schon gar nichts zu tun hat. Selbst wenn Renner das seit etwa 1904 in Ungarn bekannte und in der Sowjetunion ab 1918 auf dem „Rotbannerorden" verwendete Symbol des mit der Sichel gekreuzten Hammers gekannt und geschätzt haben sollte – was bei ihm, dem typischen Repräsentanten des rechten Flügels der Sozialdemokratie, ohnedies praktisch auszuschließen ist –, hätte er es doch wohl schon bei seinem ersten Entwurf ein- bzw. um-

[1] Zit. nach Spann, a. a. O., 49

gesetzt. So aber hat sich die Sichel erst in der Endphase eines mehrere Monate dauernden Diskussionsprozesses aus Gründen der Analogie und des optischen Gleichgewichts ergeben.[1]

Am 8. Mai 1919 beschloß die Konstituierende Nationalversammlung das „Gesetz über das Staatswappen und das Staatssiegel der Republik Deutschösterreich", StGBl 257/1919. Berichterstatter war der christlichsoziale Abgeordnete Dr. Rudolf Ramek, was darauf hindeutet, daß der Gesetzesantrag auf Konsens beruhte und auch von den konservativen Abgeordneten mitgetragen wurde. Ramek, Rechtsanwalt aus Salzburg, später zweimal Bundeskanzler, interpretierte die Wappensymbolik ein wenig anders als bis dahin, indem er die Mauerkrone nicht als Zeichen des Bürgertums, sondern als Symbol der Demokratie schlechthin bezeichnete. Artikel 1 Abs. 1 des Gesetzes bestimmte:

> *Das Staatswappen der Republik Deutschösterreich besteht aus einem freischwebenden, einköpfigen, schwarzen, golden gewaffneten und rot bezungten Adler, dessen Brust mit einem roten, von einem silbernen Querbalken durchzogenen Schildchen belegt ist. Der Adler trägt auf dem Haupte eine goldene Mauerkrone mit drei sichtbaren Zinnen, im rechten Fange eine goldene Sichel mit einwärts gekehrter Schneide, im linken Fange einen goldenen Hammer.*

In der Beilage 202 der das Gesetz vom 8. Mai 1919 betreffenden stenographischen Protokolle wird die Argumentation, daß der neue Wappenadler nichts mit dem Habsburger-Regime zu tun habe, noch verstärkt:

> *Die Annahme, daß der Adler ein monarchisches Zeichen sei, ist ein Vorurteil. Der Adler war das Symbol der Legionen der römischen Republik. Er versinnbildlicht die Souveränität des Staates ... Da das Wappen die Aufgabe hat, Ämter und Anstalten als staatlich zu bezeichnen, kommt viel darauf an, daß die Bevölkerung dieses von allen anderen Abzeichen unterschiedene Abzeichen sofort als staatliches Kennzeichen versteht und achtet.*
> *Ein gewisser Anklang an die bisherigen staatlichen Wappen ist darum erwünscht ...*[2]

Entwurf für das Staatswappen, noch mit Ähren.

DER ERSTE STREIT UM HAMMER UND SICHEL IM ÖSTERREICHISCHEN WAPPEN

Als erster bezeichnete der fanatische Antisozialist Prälat Ignaz Seipel 1923 anläßlich der Diskussion der Halsdekoration des Ehrenzeichens für Verdienste um die Repu-

[1] Vgl. hiezu Josef Seiter, „Blutigrot und silbrig hell ...", a. a. O., wo sich auf Seite 70 die Abbildung eines ungarischen Maiabzeichens mit Hammer und Sichel vor Industrielandschaft mit aufgehender Sonne aus dem Jahre 1904 findet

[2] Zit. nach Spann, a. a. O, 53

blik Österreich Hammer und Sichel als „bolschewistische Symbole", die im Ausland einen „ungünstigen Eindruck" machen könnten. (Man sollte bei der Beurteilung dieser Einstellung Seipels aus heutiger Sicht bedenken, daß Österreich genau in diesen Jahren stark auf die Hilfe des westlichen Finanzkapitals angewiesen war, um aus der Nachkriegsinflation herauszukommen, was – wenngleich gegen hohe Zinsen – auch gelang.)
Am 17. 10. 1929 forderte die „Reichspost", das Sprachrohr der Christlichsozialen Partei, die „Entfernung der unseren Staat kompromittierenden Moskauer Bolschewikensymbole", die „künstlerische Umgestaltung des einköpfigen Adlers, dieser zermalmten Spottfigur umstürzlerischer Einfaltspinsel" und die Rückkehr zur Haydn-Hymne. Wie man sieht, hatten zehn Jahre genügt, nicht nur den politischen Konsens der Gründungsjahre, sondern auch den Konsens über die Staatssymbolik zunichte zu machen.

DIE RÜCKKEHR ZU DEN ZWEI KÖPFEN

Als die Republik durch den austrofaschistischen „Bundesstaat Österreich" abgelöst wurde, mußte auch das zentrale heraldische Symbol des verhaßten „Parteienstaates" einer Änderung unterzogen werden. Nach dem Verbot der nationalsozialistischen und sozialdemokratischen Aktivitäten (inklusive aller Parteisymbole, Fahnen, Wimpel etc.) wollte man alles entfernen, was auch nur entfernt an Kommunismus und Sozialismus erinnerte. Ironischerweise entfernte der sogenannte „Ständestaat" damit aber gerade die „ständischen" Elemente des Staatswappens, jene Zeichen also, die das Zusammenwirken von Arbeitern, Bauern und Bürgern symbolisieren sollten. An die Stelle des einköpfigen Adlers trat wieder der Doppeladler, wodurch der Wille zur Rückbesinnung auf altösterreichische Traditionen und Tugenden ausgedrückt werden sollte. Die Adlerköpfe wurden nimbiert, was als Symbol für die christlich-katholische Orientierung des „Ständestaates" zu interpretieren ist. Dahinter standen freilich auch Bemühungen legitimistischer Gruppen, die Tradition des „Heiligen Römischen Reiches" zumindest heraldisch wieder aufleben zu lassen. In der Führungsschicht der konservativen Wehrverbände und der „Vaterländischen Front" waren ja sowohl der Landadel als auch städtische Kleinadelige prominent vertreten.

Der nimbierte Ständestaat-Doppeladler

Im Ministerrat wurde die Form des neuen Staatswappens 1934 mehrmals diskutiert. Dabei wurde u. a. vorgeschlagen, daß das Wappen „im rechten goldenen Fang ein hohes goldenes Kreuz, im linken Fang ein blankes Schwert" tragen solle. Dollfuß selbst versuchte einige Zeit, seinen Standpunkt durchzusetzen, dem Bindenschild das Kruckenkreuz aufzulegen. Schließlich einigte man sich doch darauf, den nimbierten Doppeladler nur mit dem Bindenschild zu versehen. Artikel 3 der ständischen Verfassung vom 1. Mai 1934, BGBl. 239/1934, bestimmte:

(1) Die Farben Österreichs sind rot-weiß-rot.

(2) Das Staatswappen Österreichs besteht aus einem frei schwebenden, doppelköpfigen, schwarzen, golden nimbierten und ebenso gewaffneten, rotbezungten Adler, dessen Brust mit einem roten, von einem silbernen Querbalken durchzogenen Schilde belegt ist.

Durch eine Kundmachung der Bundesregierung vom 2. Juli 1934, BGBl. II/108, wurde die bildliche Darstellung des „Staatswappens Österreichs" veröffentlicht.

In einer offiziellen Staatsbürgerkunde wurde die Bedeutung des neuen Wappens mittels Anmerkung wie folgt erläutert:

> *Dieser Doppeladler ist der alte Reichsadler, der seit Jahrhunderten das Wappentier Österreichs war. Das (sic!) Bindenschild der Babenberger „rot-weiß-rot" auf der Brust des Doppeladlers kennzeichnet unsere Ostmarkmission.*[1]

Man sollte meinen, daß der ständestaatliche Doppeladler – das Symbol eines antidemokratischen Regimes, das ohne Parlament regierte, Parteienverbote verhängte und seine politischen Gegner hinter Stacheldraht setzte – aus dem Bild der heutigen Republik Österreich zur Gänze verschwunden ist. Doch weit gefehlt. Daß gelegentlich ein altes Trafikschild (so ironischerweise in der Wiener Otto-Bauer-Gasse Nr. 27) den nimbierten Doppeladler des Austrofaschismus zeigt, mag ja noch angehen. Daß aber der Sitz eines der höchsten Gerichte der Republik, der Justizpalast, mit insgesamt *acht* aus schwarzem Blech getriebenen Ständestaatsadlern verziert ist, gehört zu den ungewöhnlichsten heraldischen Phänomenen Österreichs. Ausgerechnet der prominente Haupteingang jenes Amtsgebäudes, das 1927 in Flammen aufging, als es Ziel von Arbeiterunruhen mit 89 Toten und über 1600 Verletzten war, ist bis heute mit drei derartigen Wappendarstellungen geschmückt. Während man vor kurzem das über dem Eintritt in die Aula des Justizpalastes befindliche Ständestaatssymbol mit einem Bundeswappen aus Plastik überdeckte und aus den Buchstaben „B. Ö." (für „Bundesstaat Österreich") in eher peinlicher Übermaltechnik ein „R. Ö." (für „Republik Österreich") machte, blieben die eisernen Adler über allen drei Eingangstoren und in der Aula bisher unbehelligt. Auf die briefliche Intervention des Verfassers antwortete das Justizministerium ausweichend: Die Doppeladler seien den „Ziergittern integriert und daher als Teil der künstlerischen Ausstattung zu betrachten; sie könnten nur durch in gleicher Weise ausgeführte Wappen von heute ersetzt werden".[2]

Ständestaat-Doppeladler über dem Eingangstor des Justizpalastes

Sie könnten? Nein, sie *müssen* ersetzt werden! Denn es ist gedanken- und würdelos, ein Gebäude wie den Justizpalast mit den Symbolen einer Diktatur zu schmücken. Mag sich der Austrofaschismus auch von anderen Diktaturen im Grad seiner Unmenschlichkeit unterschieden haben, so gebietet es dennoch das Ansehen eines Höchstgerichts der Zweiten Republik, daß man seinen Amtssitz mit jenem Symbol versieht, das für die heutige Rechts- und Gesellschaftsordnung steht.

VOM DOPPELADLER ZUM REICHS- UND PARTEIADLER

Die Bemühungen des „Bundesstaates Österreich", durch bewußten Rückgriff auf altösterreichische Traditionen im Inneren Kraft zu sammeln, blieben vergeblich. Auch die zweite gegen die äußere Bedrohung durch Hitlerdeutschland gerichtete These, die

[1] Josef Kimmel, Das österreichische Staatsbürgerbuch. Wien 1936, 95

[2] Brief des Justizministers an den Parlamentspräsidenten vom 22. Jänner 1992, Kopie im Besitz des Verfassers

Österreicher seien ohnedies die „besseren Deutschen", mußte infolge ihres inneren Widerspruchs scheitern. Überdies waren zu große Teile der Bevölkerung von der demokratischen Mitwirkung ausgeschlossen. Die Versuche, einen Brückenschlag zwischen Regime und Arbeiterschaft zuwege zu bringen, waren zu zaghaft und kamen viel zu spät. So wurde Österreich – wahrscheinlich gebilligt von einem Drittel seiner Bevölkerung – 1938 das erste Opfer der Expansionspolitik des Nationalsozialismus. In der nunmehrigen „Ostmark" trat das „Hoheitszeichen des Reichs", der meist nach heraldisch rechts blickende Adler über dem Hakenkreuz im Eichenkranz, an die Stelle des nimbierten Doppeladlers. Die Dienststellen der NSDAP führten den meist nach heraldisch links blickenden Parteiadler (vgl. S. 47 f.).
Der auf dem Hakenkreuz thronende Adler war im „Dritten Reich" allgegenwärtig: auf allen offiziellen Schriftstücken als „Farbdruckstempel" über dem obligaten „Heil Hitler", gedruckt oder als Wasserzeichen auf praktisch allen Formularen.
Auf dem berüchtigten Ahnenpaß der NS-Zeit hatte der Reichsadler den Kopf nach rechts gewandt, während er auf der Todesnachricht für einen gefallenene Soldaten nach links blickte.

Wie nicht anders zu erwarten, ließ sich der Reichsadler nach dem Zusammenbruch des nationalsozialistischen Regimes und der Wiedererrichtung der Republik Österreich gar nicht so leicht vom neu erstandenen und mit gesprengten Ketten versehenen Bundesadler verdrängen. So enthielt etwa das am 18. 7. 1938 vom Arbeitsamt Lübeck ausgestellte „Arbeitsbuch" eines 1899 in Wien geborenen Hilfsarbeiters noch Eintragungen bis 23. 9. 1952 – bis sieben Jahre nach Kriegsende akzeptierten österreichische Behörden ein mit dem Hakenkreuz versehenes Dokument!

DIE GESPRENGTEN KETTEN, DAS SYMBOL DER FREIHEIT

Schon sehr bald nach der Befreiung von der Naziherrschaft, noch vor der Kapitulation Hitlerdeutschlands, nämlich am 1. Mai 1945, wurde das Gesetz „über Wappen, Farben, Siegel und Embleme der Republik (Wappengesetz)" von der Provisorischen Staatsregierung beschlossen. Und wieder war es Dr. Karl Renner, der erste Kanzler auch der Zweiten Republik, der die Initiative hiezu ergriff. Bereits im 2. Stück des neuen Bundesgesetzblattes verlautbart, bestimmte das Gesetz Nr. 7 in seinem Artikel 1:

(1) Die Republik Österreich führt das mit Gesetz vom 8. Mai 1919, St. G. Bl. Nr. 257, eingeführte Staatswappen, das die Zusammenarbeit der wichtigsten werktätigen Schichten: der Arbeiterschaft durch das Symbol des Hammers, der Bauernschaft durch das Symbol der Sichel und des Bürgertums durch das Symbol der den Adlerkopf schmückenden Stadtmauerkrone, versinnbildlicht, wieder ein. Dieses Wappen wird zur Erinnerung an die Wiedererringung der Unabhängigkeit Österreichs und den Wiederaufbau des Staatswesens im

Jahre 1945 dadurch ergänzt, daß eine gesprengte Eisenkette die beiden Fänge des Adlers umschließt.

(2) Die Zeichnung des Staatswappens ist aus der einen Bestandteil dieses Gesetzes bildenden Anlage ersichtlich.

Das Bemerkenswerte an diesem Gesetzestext ist, daß er, über die rein heraldische Wappenbeschreibung (Blasonierung) hinausgehend, eine Legalinterpretation der *vier* dem neuen österreichischen Bundeswappen eigentümlichen Symbole gibt, die sich nur an dieser Stelle findet. Das ist als weiterer authentischer Beweis dafür anzusehen, daß von dem *dualen* Zeichen „Hammer und Sichel" im österreichischen Wappen keine Rede sein kann.

Am 1. Mai 1945 hatte man natürlich andere Sorgen, als sich um heraldische und verfassungsrechtliche Details zu kümmern. So dachte man auch nicht daran, die Farbe der Kette im Gesetz zu bestimmen; vor allem aber übersah man, daß man durch die Einfügung der gesprengten Eisenketten das im Verfassungsrang stehende Bundeswappen von 1919 durch ein einfaches Gesetz modifiziert hatte, fast als wollte man die Bedingung erfüllen: kein österreichisches Staatssymbol ohne eingebauten Fehler! Zwar beschloß der Nationalrat am 19. 12. 1945 ein Verfassungs-Übergangsgesetz, das den Mangel nachträglich saniert hätte, doch konnte dieser Gesetzesbeschluß mangels Zustimmung des Alliierten Rates nicht ordnungsgemäß kundgemacht werden.

Bis zur Verfassungsnovelle 1981 führte die Republik Österreich somit ein formal verfassungswidriges Bundeswappen! Dazu kam noch, daß die Republik seit ihrer Gründung keine Schutzbestimmungen gegen das unbefugte Führen des Staatswappens beschlossen hatte, sodaß man sich immer noch mit einer Verordnung aus dem Jahre 1858, betreffend die unbefugte Führung des k. k. Reichsadlers, behelfen mußte.

Der Bundesadler hält Einzug in die Bundesverfassung

Im Rahmen einer größeren Verfassungsreform wurde Mitte 1980 eine Regierungsvorlage ausgearbeitet, die am 1. Juli 1981 vom Nationalrat beschlossen wurde (BGBl. 350/1981). Damit ist das Staatswappen nach einem 62 Jahre währenden wechselhaften rechtlichen und faktischen Schicksal formell in den Text der Bundesverfassung aufgenommen worden. Artikel 8a B-VG lautet:

(1) Die Farben der Republik Österreich sind rot-weiß-rot. Die Flagge besteht aus drei gleichbreiten waagrechten Streifen, von denen der mittlere weiß, der obere und der untere rot sind.

(2) Das Wappen der Republik Österreich (Bundeswappen) besteht aus einem freischwebenden, einköpfigen, schwarzen, golden gewaffneten und rot bezungten Adler, dessen Brust mit einem roten, von einem silbernen Querbalken durchzogenen Schild belegt ist. Der Adler trägt auf seinem Haupt eine goldene Mauerkrone mit drei sichtbaren Zinnen. Die beiden Fänge umschließt eine gesprengte Eisenkette. Er trägt im rechten Fang eine goldene Sichel mit einwärts gekehrter Schneide, im linken Fang einen goldenen Hammer.

(3) Nähere Bestimmungen, insbesondere über den Schutz der Farben und des Wappens sowie über das Siegel der Republik, werden durch Bundesgesetz getroffen.

Der gelernte Österreicher und insbesondere der Leser dieses Buches wird schon ahnen, daß der Weg zu dem in Abs. 3 genannten Bundesgesetz noch relativ weit war. Nun, es vergingen im Grunde nur drei Jahre, bis der Nationalrat einen einstimmigen Beschluß über das erste ausführliche Wappengesetz Österreichs fassen konnte. Der Verfasser hat in diesen drei Jahren durch eine Reihe von fachlichen Kontakten mit

den zuständigen Beamten des Innenministeriums, unterstützt durch verständnisvolle Schützenhilfe seitens der Abgeordneten Dr. Heinz Fischer (SPÖ) und Dr. Heinrich Neisser (ÖVP), dazu beitragen dürfen, daß ein Ministerialentwurf entstand und an diesen immer wieder erinnert, als er mehrmals in Vergessenheit zu geraten drohte. Im Laufe der Verhandlungen konnten einige wichtige vexillologische Verbesserungen durchgesetzt werden. Sie betrafen vor allem Zeichnung und Format der Bundesdienstflagge, aber auch die genaue Unterscheidung zwischen „Führen“ und „Verwenden“ eines Hoheitszeichens. Der Kreis der Personen und Institutionen, der berechtigt ist, die Bundesdienstflagge zu führen, wurde genau definiert und gegenüber den Bestimmungen des Wappengesetzes 1945 erweitert. Ebenso wurden Strafbestimmungen gegen die unbefugte Führung von Hoheitszeichen erlassen.
Am 28. März 1984 beschloß der Nationalrat nach einem kurzen Bericht des Abgeordneten Neuwirth ohne jede Debatte und einstimmig (wie übrigens auch schon am 8. Mai 1919!) das „Bundesgesetz über das Wappen und andere Hoheitszeichen der Republik Österreich (Wappengesetz)“. Es bezieht sich in § 1 auf den Artikel 8a B-VG, regelt in § 2 das Siegel der Republik und bestimmt unter der Überschrift „Die Farben und die Flagge der Republik Österreich“ in seinem § 3:

(1) Die Farben der Republik Österreich sind rot-weiß-rot.

(2) Die Flagge der Republik Österreich besteht aus drei gleich breiten waagrechten Streifen, von den der mittlere weiß, der obere und der untere rot sind.

(3) Die Dienstflagge des Bundes entspricht der Flagge der Republik Österreich, weist aber außerdem in ihrer Mitte das Bundeswappen auf, welches gleichmäßig in die beiden roten Streifen hineinreicht. Das Verhältnis der Höhe der Dienstflagge des Bundes zu ihrer Länge ist zwei zu drei. Die Zeichnung der Dienstflagge des Bundes ist aus der einen Bestandteil dieses Gesetzes bildenden Anlage 2 ersichtlich.[1]

Manches ist bei der Vorbereitung des Wappengesetzes 1984 auch nicht gelungen. Die Kurzbezeichnung „Nationalflagge“ konnte nicht durchgesetzt werden. Ebenso war es unmöglich, Ministerialbürokratie und Verfassungsdienst davon zu überzeugen, daß nicht nur das Format der Seeflagge und der Dienstflagge, sondern auch das Format der rot-weiß-roten Nationalflagge mit 2:3 festgelegt werden sollte. Es wurde dagegen argumentiert, daß eine Vielfalt von Formaten der geeignetere Weg zur Propagierung der rot-weiß-roten Farben sei. In der Theorie ist diese Ansicht vielleicht richtig, in der Praxis führt sie aber dazu, daß Österreich der einzige Staat der Welt ist, in welchem die Nationalflagge von Haus zu Haus, von Amtsgebäude zu Amtsgebäude eine verschiedene Gestalt hat: lange und kurze, rechteckige und trapezförmige, vertikale und horizontale Flaggen ergeben nicht nur ein äußerst uneinheitliches Bild, sondern führen wegen der meist unprofessionellen Art der Anbringung auch zu schnellem Verschleiß und damit häufig zu Unansehnlichkeit.

[1] Die weiteren Bestimmungen sind dem Faksimile des Gesetzes auf S. 116 zu entnehmen

DIE DISKUSSION UM HAMMER UND SICHEL IN DER ZWEITEN REPUBLIK

Wie schon in der Zwischenkriegszeit wurde auch in der Zweiten Republik die eine oder anderere Gelegenheit ergriffen, „Hammer und Sichel" als „kommunistische" Symbole zu bezeichnen und aus dem Wappen herauszureklamieren. Dies geschah in Presseartikeln und Leserbriefen, aber auch durch entsprechende Anträge im Parlament. Während 1954 einige Abgeordnete der ÖVP damit die Sowjetunion, die den Staatsvertrag verweigerte, treffen wollten, sahen 1968 einige Vertreter der FPÖ auch gleich die Möglichkeit, die gesprengten Ketten – als ungeliebte Überreste antifaschistischen Gedankenguts – loszuwerden.
Nach dem Zusammenbruch des Kommunismus in Osteuropa und in der Sowjetunion wurde in den Jahren 1990–1992 erneut eine Kampagne losgetreten, die angeblich als eine „prekäre Kompromißaktion unter dem Druck der extremen Linken" („Die Presse", 7./8. 12. 1991, III) 1919 in das Wappen genommenen, mittlerweile aber durch den Stalinismus diskreditierten Symbole zu entfernen. Wieder brachten bürgerliche Abgeordnete diesbezügliche Entschließungsanträge ein, wieder griffen die Kommentatoren in die Tasten ihrer Schreibmaschinen und die Karikaturisten zur Feder, was dem Ansehen des Bundeswappens nicht gerade dienlich war.
Die professionelle Heraldik hatte zwar schon im Herbst 1990 die tatsächliche Bedeutung des Bundeswappens expliziert, doch nützte das wenig. Die an sich überflüssige Debatte lief sich erst in dem Moment tot, als sich herausstellte, daß es in der Bevölkerung keinerlei Unterstützung für eine Änderung des Bundeswappens gab. Am 5. Jänner 1992 veröffentlichte die APA eine repräsentative Telephonumfrage des Instituts „Consent" bei 300 Österreichern. 70 bis 80 Prozent der Befragten konnten dabei die Bedeutung von Hammer und Sichel nennen und faßten diese Insignien nicht als kommunistische Symbole auf. 84 Prozent bezeichneten Hammer und Sichel als unverzichtbare Elemente des Staatswappens. 92 Prozent sprachen sich für die Beibehaltung der Mauerkrone und der gesprengten Ketten und 99 Prozent für die Beibehaltung des Adlers als Wappentier aus. Zu einem ähnlichen Ergebnis kam eine Umfrage des Instituts für Strategische Markt- und Meinungsforschung (ISMA), die am 8. Jänner 1992 für „profil" ebenfalls bei 300 Österreichern durchgeführt wurde. Nach dieser Befragung sprachen sich 87 Prozent gegen die Entfernung von Hammer und Sichel aus dem Staatswappen aus. Interessanterweise gab es dabei keine signifikanten Unterschiede nach Alter, Bildung, Region oder Parteipräferenz – ein in der Umfrageforschung eher selten auftretendes Phänomen.

Wappenadler der Zweiten Republik

Betrachten wir die Entwicklung des österreichischen Nationalbewußtseins vom Zusammenbruch des Habsburgerreiches 1918 bis zum Beitritt Österreichs zur Europäischen Union, so stellen wir einen deutlichen Konsolidierungsprozeß gerade in den letzten Jahren fest. Ernst Bruckmüller hat den Vorgang der Nationswerdung Österreichs unter Hinweis auf die zahlreiche dazu erschienene Literatur und die mehrfachen diesbezüglichen empirischen Beweisführungen ausführlich beschrieben. Er hat dabei auch auf die Wichtigkeit hingewiesen, die der 1955 beschlossenen immerwährenden Neutralität Österreichs zukommt – als eines mühsam errungenen und daher tief verwurzelten Symbols für die Unabhängigkeit und Eigenständigkeit der österreichischen Nation.[1] Die oben zitierten Umfragen zum Bundeswappen und das durch ihre Veröffentlichung verursachte abrupte Ende der Diskussion um Hammer und Sichel lassen darauf schließen, daß sich nicht nur das Nationalbewußtsein, sondern in jüngster Zeit auch die grundsätzliche Einstellung zu den österreichischen Staatssymbolen gefestigt hat. Zwar ist Österreich noch lange nicht so weit, daß man von sich aus auch privat liebevoll beflaggen würde, wie dies in Skandinavien und den Niederlanden gang und gäbe ist, doch wehrt sich der Österreicher offenbar bereits dagegen, daß Hand an die Hoheitszeichen und damit an die mühsam erlernte „Marke Österreich" gelegt wird – ähnlich wie er sehr sensibel auf alle Formen der Infragestellung der immerwährenden Neutralität als eines weiteren „Österreich-Symbols" reagiert. Man wird nicht fehlgehen, beide Phänomene als eine bereits in Tiefenschichten des kollektiven Bewußtseins der Bevölkerung verankerte „österreichische Basisidentität" zu bezeichnen.

[1] Bruckmüller, Österreichbewußtsein im Wandel, a. a. O., 1994.
Ernst Bruckmüller, Nation Österreich. Sozialhistorische Aspekte ihrer Entwicklung. Wien 1984.

Fünf politische Systeme, sechs Hymnen

Allgemeines zu Entstehung und Bedeutung der Nationalhymnen

Die Nationalhymne ist ein Staatssymbol wie Flagge und Wappen. Sie drückt das Bekenntnis zur eigenen Nation aus und hat so eine integrative Wirkung. Bei offiziellen staatlichen Feiern, bei Staatsbesuchen und internationalen sportlichen Begegnungen, aber auch bei manchen kulturellen Anlässen werden die Hymnen der beteiligten Nationen gespielt und nach Möglichkeit mitgesungen. Dabei wird eine der Nationalhymne als Staatssymbol zukommende respektvolle Haltung eingenommen. Angehörige von uniformierten Verbänden leisten die Ehrenbezeigung.

Die älteste noch in Gebrauch befindliche Nationalhymne ist das sogenannte „Geusenlied", der um 1568, am Beginn der Erhebung gegen Spanien, verfaßte „Wilhelmus van Nassouwe", das niederländische „Volkslied". Die Niederlande haben übrigens auch eine der ältesten Nationalflaggen.

Die englische Königshymne „God save the King" (bzw. „the Queen") geht auf das Jahr 1745 zurück, das spanische „Viva España!" auf 1770. Um 1780 entstand das amerikanische „Star-Spangled Banner", gefolgt von der französischen „Marseillaise" im Jahre 1792.

Die altösterreichische Kaiserhymne wurde von Joseph Haydn 1796/97 komponiert, im Jahr darauf schrieb General Jozef Wybicki „Noch ist Polen nicht verloren", den heute noch gültigen Text der polnischen Staatshymne.

Die älteste Hymne Afrikas ist die 1847 anläßlich der Republikproklamation erstmals gespielte marschähnliche Nationalhymne Liberias.

Vielfältig sind die Anlässe und Motive, die Ulrich Ragozat in seiner Sammlung „Die Nationalhymnen der Welt" als Entstehungsgründe für die Nationalhymnen aufzählt: zum Teil sind es sehr blutige Ereignisse, sehr oft steht separatistisches Streben dahinter. Es gibt Auftragskompositionen, den bewußten musikwissenschaftlichen Rückgriff auf das nationale (Volks-) Musikerbe sowie eigens veranstaltete Wettbewerbe.[1]

Ragozat teilt die Nationalhymnen in drei Kategorien ein:

- Königshymnen: meist religiös grundgelegte, feierlich-getragene Preislieder auf den Monarchen.
- Volkshymnen: impulsiv-aggressive patriotische Gesänge, im Text meist mit politischen oder revolutionären Motiven.
- Landeshymnen: unkämpferische Nationallieder, die meist Natur und heimatliche Eigenart besingen.

---

[1] Ulrich Ragozat, Die Nationalhymnen der Welt – ein kulturgeschichtliches Lexikon. Freiburg 1982, 11 ff.

Interessanterweise wurden viele Nationalhymnen von landesfremden Autoren und Komponisten verfaßt, auch wurde gelegentlich einfach die Melodie der Hymne eines anderen Landes übernommen. So übernahmen im Laufe der Zeit an die zwanzig Staaten die Melodie „God save the King".
Viele Hymnen sind seit ihrer Einführung „Verlegenheitslösungen" geblieben oder werden aus verschiedensten Gründen von Zeit zu Zeit in Diskussion gezogen. Dies gilt unter anderem für die Schweizer Hymne „Trittst im Morgenrot daher" und für das Deutschlandlied. Die Hymne der ehemaligen Deutschen Demokratischen Republik war ständiger Gegenstand von Auseinandersetzungen. Und schließlich war auch die gegenwärtige österreichische Bundeshymne lange Zeit nicht unumstritten. In allerneuester Zeit haben die Abgeordneten der Grünen eine Initiative gestartet, im Text der Bundeshymne nicht nur „Söhne" und „Brüder", sondern auch „Töchter" und „Schwestern" zu berücksichtigen.
Doch beginnen wir am Anfang, bei der zündenden Melodie der „Marseillaise", der Hymne der bürgerlichen Revolution. Dabei kommt Überraschendes zutage: die „Urmutter" des modernen politischen Liedes wurde höchstwahrscheinlich von einem Österreicher komponiert.

„ALLONS, ENFANTS DE LA PATRIE!"

Stefan Zweig schildert in seinen „Sternstunden der Menschheit", wie in der Nacht auf den 25. April 1792 der Pionier-Hauptmann Claude-Joseph Rouget de L'Isle auf Anordnung des Straßburger Bürgermeisters ein Kriegslied für die Rheinarmee textet und komponiert. Die Errungenschaften der Französischen Revolution sind gegen die absolutistischen Feinde Preußen und Österreich zu verteidigen. Rasch verbreitet sich das Lied im ganzen Land und wird von einem Freiwilligenbataillon aus Marseille im Juli des gleichen Jahres nach Paris mitgebracht: daher die Bezeichnung, unter welcher es weltberühmt wird.
Aller Wahrscheinlichkeit nach war der Komponist der Melodie der Marseillaise jedoch ein Österreicher, der aus Ruppersthal bei Kirchberg am Wagram stammende Haydn-Schüler Ignaz Pleyel (1757–1831).[1]

„GOTT ERHALTE ..."

> *... die Fahne senkte sich und, aus dem knatternden Wirbel der Trommeln empor erhob sich als das stärkste Symbol jenes unvergeßlichen Vaterlandes der Kindheit in herrlich genauem Zusammenklang der Instrumente mächtig, feierlich und immer wieder erschütternd die begnadete Melodie des „Gott erhalte".*[2]

Nach den reformfreudigen Kaisern Joseph II. und Leopold II. entwickelte sich Österreich unter dem lange regierenden Franz II. (1792–1835) zu einem Hort des Konservatismus. Die Monarchie stand ziemlich allein gegen den Ansturm der Franzosen und befand sich 1796 in einer bedrängten militärischen Lage.
Franz Josef Graf von Saurau, seit 1795 Regierungspräsident von Niederösterreich,

[1] Vgl. Elena Ostleitner, Die Marseillaise – musikalische Auswirkungen einer Revolutionsmelodie ungeklärter Herkunft. In: Hanns-Albert Steiger (Hg.), Die Auswirkungen der Französischen Revolution außerhalb Frankreichs. Neustadt an der Aisch, 1991
[2] Anton Wildgans, Musik der Kindheit. Leipzig 1928, 47

war einer der wichtigsten Berater des Kaisers. Als solcher gab er entweder aus eigenem Antrieb oder auf eine Anregung, die ihm der eben aus London heimgekehrte Joseph Haydn über den Präfekten der k. u. k. Hofbibliothek, Baron Gottfried van Swieten, hatte zukommen lassen, ein der englischen Hymne nachempfundenes „Nationallied“ in Auftrag. Als Komponisten dieses zweifellos auch gegen die Strahlkraft der 1792 entstandenen Marseillaise gerichteten Liedes wählte er Joseph Haydn. Den Text sollte der einstige Jesuitenpater, Freimaurer, Josephiner und spätere Professor für Ästhetik, der wandlungsfähige und deshalb sehr umstrittene Gelegenheitsdichter Lorenz Leopold Haschka, verfassen. Dieser hatte sich durch antifranzösische und kaisertreue Verse in der Wiener Gesellschaft zu dieser Zeit schon einen Namen gemacht.

Am 11. Oktober 1796 übermittelte Haschka vier stark von „God save the King“ inspirierte Strophen an Graf Saurau, von denen die erste lautete:

Gott! erhalte Franz den Kaiser,
Unsern guten Kaiser Franz!
Lange lebe Franz der Kaiser
In des Glückes hellstem Glanz!
Ihm erblühen Lorbeer-Reiser
Wo er geht, zum Ehren-Kranz!
Gott! erhalte Franz den Kaiser,
Unsern guten Kaiser Franz![1]

Joseph Haydn (1732–1809) hatte sich die englische Nationalhymne während seines Aufenthaltes in London notiert. Es ist auch ziemlich wahrscheinlich, daß die 1793 in Berlin erschienene preußische Hymne „Heil dir im Siegerkranz“, die ja zur englischen Melodie gesungen wurde, in Wien schnell bekannt wurde.

Die Vertonung der Verse Haschkas erfolgte zwischen Oktober 1796 und Jänner 1797. Haydn wohnte damals im dritten Stock des Hauses „Zu den Sieben Schwaben“ am Mehlmarkt, dem heutigen Neuen Markt. Graf Saurau imprimierte die Notenhandschrift am 28. Jänner 1797, vierzehn Tage nach dem Fall der Festung Mantua. Geplant war eine möglichst weite Verbreitung des Liedes innerhalb der Monarchie bis zum Aufführungstag, dem 12. Februar 1797, dem 29. Geburtstag des Kaisers. Im Nationaltheater (dem alten Burgtheater) wurde an jenem 12. Februar 1797 der zweite Akt der komischen Oper von Karl Ditters von Dittersdorf „Der Apotheker und der Doktor“ und danach das Ballett „Alonzo und Cora“ von Joseph Trafieri und Joseph Weigl aufgeführt. Die Wiener sollten in der Krisenzeit durch leichte Theaterkost in Stimmung gehalten werden. Der Kaiser erschien absichtlich zu spät, da er von öffentlichen Feiern nicht viel hielt. Das nützte ihm jedoch nichts. Man hatte den Text auf Handzetteln im Theater verteilt und wartete auf die erste Pause, in welcher man dem Kaiser das neue Lied vorspielte und vorsang. Dieser nahm die Huldigung unter großem Jubel gerührt zur Kenntnis. Johann Gabriel Seidl, der 1854 den endgültigen Text des „Gott erhalte“ schrieb, gedachte dieses Anlasses in einem im Versmaß der Hymne gehaltenen achtstrophigen Gedicht.[2]

Nach einem Bericht der „Wiener Zeitung“ (Nr. 15) glückte die Propaganda-Aktion Graf Sauraus auch in anderen Städten des Reiches, so in Graz, in Triest (wo der Text in „wälsche“ Verse übersetzt worden war), in der Universitätsbibliothek in Innsbruck, in Ofen, Pest, Brünn, Krakau und in Prag, wo die Böhmen der neuen „Kaiserhymne“ allerdings eine ebenso neue „Königshymne“ („Gott erhalte unsern König, Gott erhalte Vater Franz ...“) vorangesetzt hatten. Eine deutliche Besserung der Kampfmoral der Österreicher war die Folge, obwohl man sagen muß, daß das „Gebetslied“

[1] Franz Grasberger, Die Hymnen Österreichs. Tutzing 1968, 24 f.
[2] Grasberger, a. a. O, 82 f.

Haydns einen eher defensiven Charakter trägt, vergleicht man es mit der offensiven, die französischen Truppen inspirierenden Marseillaise.

Joseph Haydn liebte seine Komposition sehr und wandelte sie in dem berühmten, am 28. September 1797 in Eisenstadt uraufgeführten „Kaiserquartett“ (Hob. III: 77) in bekannter Weise ab. Noch in seinen letzten Lebenstagen soll er sich oft ans Pianoforte gesetzt haben, um das „Gott erhalte“ seinem geliebten Kaiser zu Ehren zu intonieren.

Kennzeichnend für die bis auf den heutigen Tag populäre Melodie ist der gleichmäßige Rhythmus mit den ruhigen Viertelschritten, unterbrochen durch wenige punktierte Viertel, die den militärischen Charakter unterstreichen. Gleittöne und ein kurzer Vorschlag in der letzten Melodiezeile heben das Lied von den Melodien anderer Hymnen ab. Die Handschriften der Melodie (in mehreren Versionen) befinden sich heute im Besitz der Österreichischen Nationalbibliothek.

Die Hymne verbreitete sich rasch und wurde auch bald im Ausland bekannt. So übersetzte der mit Haydn befreundete Musikhistoriker Charles Burney noch vor der Jahrhundertwende den Text ins Englische. Bald gab es auch Stimmen, die behaupteten, Haydn habe bei seiner Komposition Anleihen bei einem kroatischen Volkslied, bei alten Kirchenliedern, bei Telemann oder gar bei seinem jüngeren Bruder Michael Haydn („Christen singt mit frohem Herzen“) genommen. So wurden auch die ersten Töne des gesungenen „Pater noster“ zum Vergleich herangezogen. Sieht man sich einige der genannten Melodien bei Grasberger (44 ff.) an, so ist in der Tat eine deutliche Ähnlichkeit einiger Tonfolgen mit den genannten Melodien gegeben. Grasberger weist aber die eigenständige Arbeit Haydns nach, ohne zu verhehlen, daß bestimmte „Reminiszenzen“ aus dem allgemeinen Musikschatz bei Haydn wie bei vielen Komponisten vorkommen. So ist es durchaus möglich, daß Haydn in seiner Jugend oder während seiner Tätigkeit in Eisenstadt mit dem kroatischem Volksliedgut in Berührung gekommen ist.

Kaiser Franz hatte 1804 das Kaisertum Österreich proklamiert und 1806 die römisch-deutsche Kaiserwürde niedergelegt; erst als Franz I. von Österreich wurde ihm nach dem Wiener Kongreß 1814/15 auf breitester Basis mit der Haydn-Hymne gehuldigt. Aufgrund ihrer musikalischen Kraft war sie innerhalb von zwei Jahrzehnten zu einer echten „Volkshymne“ geworden. Nach geringfügigen Textänderungen im Zusammenhang mit den beiden Ehen des Herrschers wurde die Hymne mit „Allerhöchster Entschließung“ vom 1. Oktober 1826 in der Armee offiziell eingeführt, wo sie, für Militärmusik in großer Besetzung arrangiert, bei entsprechenden Anlässen ohne jede Abänderung zu spielen war. Man war sich des Problems der Vielsprachigkeit der österreichischen Truppen dabei voll bewußt.

Franz I. von Österreich starb am 2. März 1835. Für seinen Nachfolger, den unter der Kuratel einer „Staatskonferenz“ stehenden Ferdinand, war ein neuer Text nötig. Ein von dem aus Breslau zugezogenen Schauspieler und Dichter Karl von Holtei im Auftrag Metternichs eher widerwillig verfaßter Text wurde zwar aufgeführt, wurde aber – offenbar aus Abneigung gegen den nichtösterreichischen Verfasser – nur ein Jahr verwendet. Polizeiminister Josef Graf Sedlnitzky setzte am 12. Februar 1836 einen neuen Text aus der Feder des liberalen Dichters Joseph Christian Freiherr von Zedlitz in Kraft, der bis zur Abdankung Ferdinands am 2. Dezember 1848 in Geltung blieb. Trotz der Übersetzung in mehr als zehn Sprachen der Monarchie wurde der Text, der zwar zum ersten Mal das Wort Österreich enthielt, aus dem sich aber auch die „Milde“ Ferdinands erfühlen ließ, nicht populär. Im Volke erwies sich Haschkas „Gott erhalte“ weiterhin als zugkräftiger.

Das Revolutionsjahr 1848 brachte eine Reihe von Umdichtungsversuchen, doch offiziell blieb weiter der Text von Zedlitz in Kraft. So war noch im fünften Jahr der Regierung Franz Josephs kein entsprechender Text vorhanden, was etwa Adalbert Stifter 1853 zu einer ausführlichen Eingabe veranlaßte. In dieser erhob er die Forderung nach einem Text, der unabhängig vom jeweiligen Herrscher auf Dauer Geltung haben und ohne „Anspielungen auf trübe vorübergehende Zeitereignisse“ auskommen sollte. Dauernd wechselnde Texte könne man überdies nicht lernen. Man solle doch einfach Franz Grillparzer beauftragen, da die Melodie des großen Tondichters Haydn nach dem Text eines großen Wortdichters verlange. Stifter wußte nicht, daß Grillparzer schon im Frühjahr 1853 aufgefordert worden war, diesbezüglich zur Feder zu greifen. Er hatte am 20. April 1853 einen drei Jahre alten Entwurf überreicht, den er in seinem Begleitschreiben selbst als „verfehlte Arbeit“ bezeichnete. Der Minister des Inneren, Alexander Freiherr von Bach, war in der Tat nicht begeistert und bereitete in aller Eile eine begrenzte Ausschreibung vor, da bis zur Vermählung des Kaisers mit Elisabeth am 25. April 1854 ein Hymnentext vorliegen sollte.

Am 22. März 1854 legte Bach seine Erwägungen vor, in denen er insbesondere darauf verwies, daß der Text genau auf die im Volk bereits verwurzelte Melodie Haydns passen müsse und überdies auch bei einem Herrscherwechsel nicht hinfällig werden dürfe. Die Worte sollten auch dem einfachen Volke verständlich sein. Nach seiner Ansicht treffe dies alles auf den Entwurf Grillparzers nicht zu, sehr wohl aber auf den Text von Johann Gabriel Seidl, der als Kustos des „Münz- und Antikencabinetes“ ebenfalls ein im In- und Ausland angesehener Dichter sei.

Seidl hatte die ersten vier Verse des Textes noch zugunsten der Wendung „Gott erhalte“ modifizieren müssen (man konnte dabei auf eine frühere Einsendung eines gewissen Alois Moshammer zurückgreifen, der gedichtet hatte: „Gott erhalte und beschütze/unsern Kaiser, unser Land/unsrer Hoffnung schönste Stütze/unsrer Liebe Unterpfand“).

Man beachte, daß Seidl die ursprünglich vierstrophige Hymne in ihrer letzten Zeile mit einer Paraphrase auf das AEIOU („Austria Erit In Orbe Ultima“ – vgl. das diesbezügliche Kapitel S. 191 ff.) enden ließ.

Der Kaiser akzeptierte den Text mit „Allerhöchstem Handbillet“ vom 27. März 1854 und verfügte gleichzeitig seine freie Übersetzung in die verschiedenen Sprachen der Monarchie.

Johann Gabriel Seidl wurde das Ritterkreuz des Franz-Joseph-Ordens verliehen. Neben dem Text der Haydn-Hymne verfaßte Seidl auch weitere Liedtexte, die von Schumann, Schubert und Loewe („Die Uhr“) vertont wurden. Sein Ehrengrab am Wiener Zentral-

friedhof befindet sich in der Gruppe O/10 an der Friedhofsmauer links vom Haupttor.
Es ist interessant – und bezeichnend –, daß die „Wiener Zeitung" die Ordensverleihung an Seidl am 9. April 1854 im „Amtlichen Teil" verlautbarte, während der neue Hymnentext im „Nichtamtlichen Teil" dargestellt und analysiert wurde.
Nun war ein einheitlicher, beständiger Text gefunden, der selbst nach der Ermordung Kaiserin Elisabeths am 10. September 1898 nicht geändert wurde, weil sich niemand einen diesbezüglichen Vortrag an den Kaiser zutraute. In der Praxis freilich wurde die fünfte Strophe weggelassen. So reichte der Text Johann Gabriel Seidls bis hinein ins zwanzigste Jahrhundert. Die Worte zur nunmehr bald zweihundertjährigen Melodie überlebten Franz Joseph und überlebten sogar das Ende der Monarchie, da eine Änderung der letzten Strophe, verfaßt von Franz Karl Ginzkey und Kaiser Karl noch am 11. Mai 1918 vorgetragen, im Kanonendonner der letzten Kriegsmonate unterging. Zwei Tage vor der Ausrufung der Republik, am 10. November 1918, wurde mit der Orgel im Schloß Schönbrunn zum letzten Mal das „Gott erhalte" angestimmt.
Die tief ins Volk reichende Wirkung der jahrzehntelang demselben Monarchen gewidmeten, von der genialen Melodie Haydns getragenen und bis heute unvergessenen Kaiserhymne, die auf so unglückliche Weise mit der größten Katastrophe unseres Jahrhunderts verquickt werden sollte, drückte Grillparzer, der seinerzeit den textlichen Anforderungen des Liedes nicht gewachsen gewesen war, 1858 in einem wunderschönen, schlichten Gedicht aus:

Als ich noch ein Knabe war,
Rein und ohne Falte,
Klang das Lied mir wunderbar,
Jenes „Gott erhalte".

Selbst in Mitte der Gefahr,
Von Getös' umrungen,
Hört' ich's, weit entfernt, doch klar
Wie von Engelszungen.

Und nun, müd' und wegeskrank,
Alt, doch auch der alte,
Sprech' ich Hoffnung aus und Dank
Durch das „Gott erhalte".

Von der legitimistischen Bewegung über die Jahrzehnte in Ehren gehalten, gelang es der alten Hymne immer wieder, sich in Österreich Öffentlichkeit zu verschaffen. So erklang das Lied am Ende des Requiems für Kaiserin Zita am 1. April 1989 zusammen mit der ungarischen Hymne im Wiener Stephansdom, live übertragen vom öffentlich-rechtlichen Fernsehen der Zweiten Republik. Schon das Abspielen des „Kaiserquartetts" erweckt in manchen Österreichern soviel an Respekt und Reminiszenz, daß sie sich mehr unbewußt als bewußt von den Sitzen erheben, besonders wenn es sich um akademische Feiern handelt. Sogar Dr. Hertha Firnberg (1909–1993), sozialistische Wissenschaftsministerin, ist diesem Reflex einmal in aller Öffentlichkeit erlegen.
Die Kaiserhymne hat also ein zähes Leben, wenn man bedenkt, daß Karl Kraus in der „Fackel" (Nr. 554–556, S. 59 f.) im November 1920 folgende Spottversion als „Volkshymne" dichtete:

Gott erhalte, Gott beschütze
vor dem Kaiser unser Land!
Mächtig ohne seine Stütze

sicher ohne seine Hand!
Ungeschirmt von seiner Krone,
stehn wir gegen diesen Feind:
Nimmer sei mit Habsburgs Throne
Österreichs Geschick vereint.

Demgegenüber war es sicher mehr als nur ein Scherz, wenn bürgerliche, liberale und monarchistische Kreise in den ersten Jahren der Republik sangen:

Gott erhalte, Gott beschütze
Unsern Renner, unsern Seitz,
Gott erhalte vorsichtshalber
Auch den Kaiser in der Schweiz.[1]

Die Hymnen der Ersten Republik und des Ständestaates

Die aufgrund des „Völkermanifests“ Kaiser Karls vom 16. Oktober 1918 konstituierte „Provisorische Nationalversammlung für Deutschösterreich“ wurde während ihrer Sitzungen immer wieder mit Demonstranten konfrontiert, die durch das Absingen bestimmter Lieder ihre politischen Präferenzen ausdrückten. So erklang – man kann es sich heute kaum mehr vorstellen – am 30. Oktober 1918 in der Wiener Herrengasse die „Wacht am Rhein“. Die erste Strophe des bereits 1840 gedichteten und besonders 1870/71 populär gewordenen Liedes lautet:

Es braust ein Ruf wie Donnerhall,
wie Schwertgeklirr und Wogenprall:
Zum Rhein, zum Rhein, zum deutschen Rhein!
Wer will des Stromes Hüter sein?
Lieb Vaterland, magst ruhig sein:
Fest steht und treu die Wacht am Rhein!

Das Lied blieb ein Nationalgesang der Deutschen bis 1945. Auf Dauer festgehalten sind Text und Melodie durch den Humphrey-Bogart-Film „Casablanca“ (1942), in welchem deutsche Offiziere Franzosen und Emigranten mit „Donnerhall“ niederzusingen versuchen (was ihnen nicht gelingt; es siegt die Marseillaise).

„Deutsch-Österreich, du herrliches Land“

Schon knapp nach der Ausrufung der Republik am 12. November 1918 langten bei der Staatskanzlei Entwürfe für eine neue Hymne ein. Obwohl die Österreicher beileibe andere Sorgen hatten und sich der neu entstandene Staat überhaupt nicht als eigenständige Nation, sondern als Bestandteil des Deutschen Reichs verstand, verfaßten Literaten Texte und Komponisten Melodien, unter ihnen auch Carl Michael Ziehrer, der ein „Lied der Deutschen“ als „Nationalhymne“ vorlegte. Wahrscheinlich wurde Staatskanzler Karl Renner dadurch angeregt, selbst zur Feder zu greifen. Renner erwähnt in seinen Aufzeichnungen, daß insbesondere das kleine Heer der Republik nach einer Hymne verlangt habe. Der Staatskanzler suchte daher den ihm bekannten Komponisten der Oper „Der Evangelimann“, Wilhelm Kienzl, auf und bat ihn, ein von ihm mitgebrachtes Gedicht zu vertonen. Kienzl akzeptierte nur widerwillig, da er sich darüber im klaren war, daß es sehr schwer sein würde, die „im tiefsten Herzen jedes Österreichers wurzelnde, in ihrer erhabenen Volkstümlichkeit unerreichbare, unsterbliche Melodie Haydns“ durch eine Neukomposition zu ersetzen.
Am 10. Mai 1920 fertiggestellt, wurde die Melodie bis 1. Juli gesetzt und gedruckt.

[1] Ernst Rüdiger Starhemberg, Memoiren. Wien 1971, 145

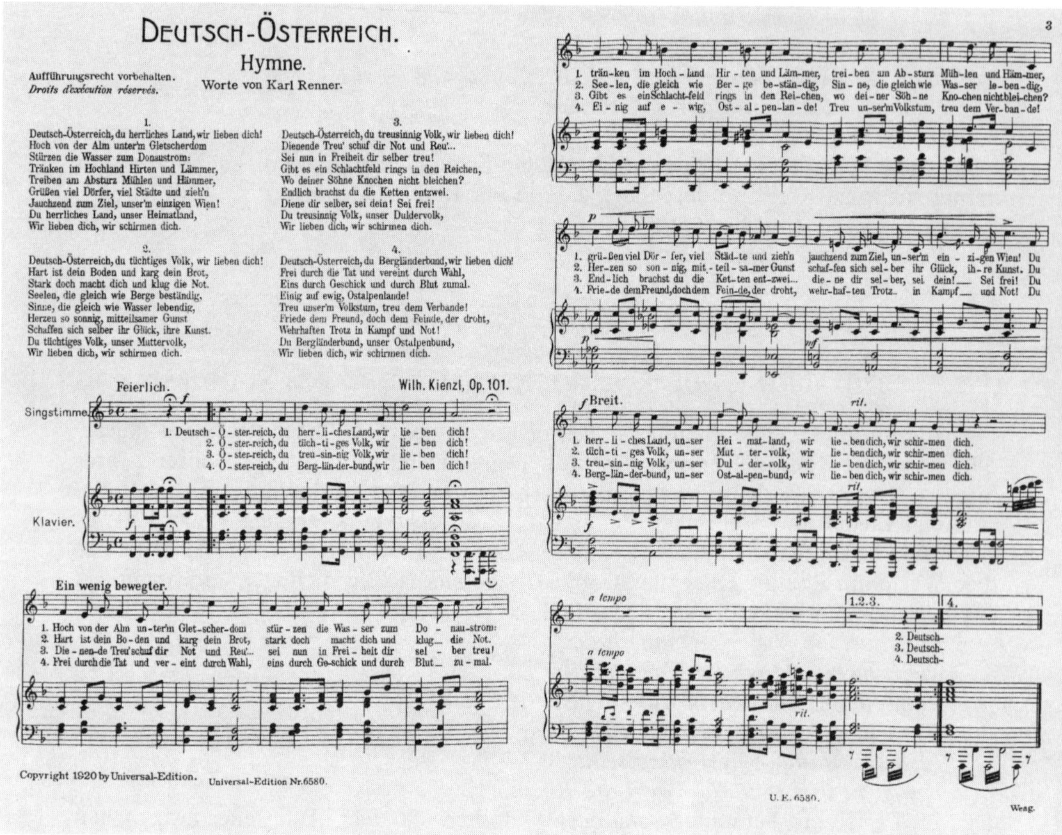

Am 15. Juli 1920 wurde sie am Wiener Heldenplatz zur Vereidigung der neuen Wehrmacht uraufgeführt.[1]

Interessant ist, daß Renner in der ersten Textversion (Mai 1920) den Begriff „Deutsch-Österreich" vermied, der ja mit der Annahme des Friedensvertrages durch die Nationalversammlung am 10. September 1919 nicht mehr geführt werden durfte und durch die Bezeichnung „Republik Österreich" ersetzt wurde. In der zweiten Fassung (ebenfalls Mai 1920) und in der endgültigen, dritten Textversion ist der Begriff „Deutsch-Österreich" aber eindeutiges Leitmotiv. Offenbar handelt es sich hier um eine Art „Trotzreaktion" des aus Mähren gebürtigen Staatsmannes Renner (1870–1950) und des aus dem oberösterreichischen Hausruckviertel stammenden Komponisten Kienzl (1857–1941) gegen das Diktat der Siegermächte; ein weiterer Beweis für die bis 1938 andauernde Anschlußgesinnung Renners.

Text und Melodie wurden unterschiedlich aufgenommen. In einem langen Feuilleton in der Grazer Tagespost vom 1. August 1920, gezeichnet mit „e. d.", wurde der Unterschied zum „Gott erhalte" genau analysiert. Haydn habe eine „erste Zusammenfassung der österreichischen Seele" vollbracht, „den österreichischen Volkscharakter in eine Melodie gesammelt", sein Lied stelle „mit Prinz Eugen und dem Donauwalzer Österreich in der Volksmusik" dar. Dagegen sei Kienzls Melodie „ein Marsch-

---

[1] Grasberger, a. a. O., 102
Johannes Steinbauer, „Markig und feierlich . . ." Eine Geschichte der Bundeshymnen der Republik Österreich. Diplomarbeit, Graz 1993, 26

lied für Massen“, das erst in der Schlußphrase „merksam und einladend“ würde. Während Haschka „Treuegefühl durch eine Hymne zu erzeugen hatte“, seien Renners Worte weniger eine poetische als eine diplomatische Leistung.
Bei näherer Betrachtung des Textes müssen wir dieser Auffassung wohl zustimmen. Die Reime sind von einfacher, beinahe kindlicher Art, zu viele Wörter („treusinnig“, „Duldervolk“, „Bergländerbund“, „Ostalpenbund“) sind politisch-sprachliche Konstrukte, wie sie gerne in Staatskanzleien entstehen. Der spätere Vizekanzler und Heeresminister Carl Vaugoin sollte den Text Renners einmal als „Gelegenheitsgedicht“ bezeichnen. So meinte denn auch ein Kritiker: „Man sieht die Anstrengung am Werk, merkt nicht naiven Feuers fraglosen Brand wie bei Rouget de l'Isle und allen, denen die Vaterlandslyrik aus dem Herzen schwoll, von Körner bis Liliencron. Ein kluger Politiker fühlt, daß Österreich heute nicht reif für eine Hymne sei. Und deshalb schuf er sie . . . Gewöhnlich folgt die Wirkung der Ursache – in unserem Fall kommt die Hymne vor dem Staat.“[1]
Musikalisch ist die Hymne als der Versuch zu qualifizieren, die Verherrlichung der Heimat durch einen festen Marschrhythmus, eine lange Melodie mit häufigen Punktierungen und durch einen relativ großen Tonumfang (a-d“) auszudrücken.
Auf eine staatliche Dekretierung der Hymne wurde verzichtet, und so erschien sie erst 1924 in einem Schulliederbuch. Bis dahin fanden sich allerlei patriotische Lieder nebeneinander, darunter immer wieder das Deutschlandlied.

„Sei gesegnet ohne Ende“

Der spätromantische Lyriker Ottokar Kernstock wurde am 25. 7. 1848 in Marburg/Maribor geboren. Sein Vater, ein kaiserlicher Finanzbeamter, stammte aus Prachatitz im Böhmerwald, noch 1890 ein Städtchen mit 4000 deutschen und 1000 tschechischen Einwohnern. Ottokar wuchs in Marburg, der Heimatstadt seiner Mutter, mit zwei jüngeren Geschwistern auf und übersiedelte im Volksschulalter mit seinen Eltern nach Graz. Nach seinem Eintritt in das Chorherrenstift Vorau in der Steiermark wurde Kernstock 1889 Pfarrer auf der Festenburg in der Oststeiermark. In der dortigen Idylle verfaßte er eine Reihe zum Teil schwülstiger Gedichte, die meisten in der Tradition Scheffels, viele davon mit radikal deutschnationalen Appellen.
Kernstock fühlte sich als „Sänger“, als „Herold“, dessen Aufgabe es sei, dem Volke die Wahrheit zu verkünden. Der Priester-Dichter wurde durch seinen 1901 erschienenen Gedichtband „Aus dem Zwingergärtlein“ bekannt. Voll heißer Sehnsucht wünscht er seinen deutschen Landsleuten einen treuen Eckart, einen Messias, der sie aus Schmach und Not zu Sieg und Freiheit führe:

Wann erweckt die Zeit den Braven,
Der in heißer Geisterschlacht
Des Parteidiensts dumpfe Sklaven,
Öst'reichs Deutsche, mündig macht.

Der auf Lohn und Dank verzichtet,
Der um Gold und Gunst nicht wirbt,
Der, wenn er sein Werk verrichtet,
Gern des Opfertodes stirbt?[2]

[1] Grasberger, a. a. O., 106
[2] Oswald Floeck, Der Sänger auf der Festenburg. Graz 1915, 71

1919 verfaßte Ottokar Kernstock das Gedicht „Sei gesegnet ohne Ende“.

	Spätere Modifikationen
Sei gesegnet ohne Ende,	
Deutsche Heimat, wunderhold!	*Heimaterde, wunderhold!*
Freundlich schmücken dein Gelände	
Tannengrün und Ährengold.	
Deutsche Arbeit, ernst und redlich!	*ernst und ehrlich!*
Deutsche Liebe, zart und weich,	
Vaterland, wie bist du herrlich!	
Gott mit dir, Deutschösterreich!	*Gott mit dir, mein Österreich!*
Keine Willkür, keine Knechte,	
Off'ne Bahn für jede Kraft!	
Gleiche Pflichten, gleiche Rechte!	
Frei die Kunst und Wissenschaft!	
Starken Mutes, festen Blickes,	
Trotzend jedem Schicksalsstreich,	
Steig empor den Pfad des Glückes,	
Gott mit dir, Deutschösterreich!	*Gott mit dir, mein Österreich!*
Osterland bist du geheißen	
Und von Osten kommt das Licht,	
Nacht und Finsternis zerreißen,	
Wenn es durch die Wolken bricht.	*Diese Strophe wurde nicht*
Seht verklärten Angesichtes	*übernommen!*
Den ersehnten Tag vor euch!	
Land der Freiheit, Land des Lichtes,	
Gott mit dir, Deutschösterreich!	

Laßt, durch keinen Zwist geschieden,
Uns nach einem Ziele schaun!
Laßt in Eintracht und in Frieden
Uns am Heil der Zukunft baun!
Uns'res Volkes Jugend werde
Ihren starken Ahnen gleich!
Sei gesegnet, Heimaterde!
Gott mit dir, mein Österreich!

Zunächst mit „Deutschösterreichische Volkshymne“ übertitelt, erschien das Gedicht 1922 in Kernstocks letztem Gedichtband „Der redende Born“ als „Österreichische Volkshymne“, wobei die ursprüngliche dritte Strophe „Osterland bist du geheißen . . .“ nicht abgedruckt wurde.

Eine Reihe privater Initiativen warb für die Einführung der ursprünglichen ersten drei Strophen als Bundeshymne. Der Text war ja genau auf die Melodie der Haydn-Hymne geschrieben. So gelangte die Dichtung auch inoffiziell in verschiedene Schulliederbücher. Ende 1929 wurden im Bundesministerium für Heereswesen zwei Vorträge an den Ministerrat ausgearbeitet, der erste („ungiltig, bleibt im Akt“) unter dem Titel „Das Weihelied des freien deutschen Ostmarkvolkes“, der zweite unter der Bezeichnung „Einführung der Haydn'schen Hymne bei Militärkapellen“. In beiden Fällen wurde der Text von Ottokar Kernstock vorgeschlagen, wieder ohne die ursprüngliche dritte Strophe.

Im erstgenannten Ministerratsvortrag wurde damit für die Melodie Haydns argumentiert, daß sie „in Aufbau und Melodie unübertroffen“ sei und daß durch sie „unser enges Verbundensein mit dem deutschen Bruderstaat in besonders sinnfälliger Weise zum Ausdruck gebracht werden würde“, wobei auch noch darauf verwiesen wurde, „mit welcher Begeisterung das ‚Deutschlandlied‘ von der gesamten Bevölkerung des Deutschen Reiches gesungen wird“. Der Renner-Kienzl-Hymne wurde in dieser Vorlage als niemals offiziell beschlossener, unpopulärer „Gelegenheitsdichtung“ jede Brauchbarkeit abgesprochen.

Der zweite vom Rechtsbüro ausgearbeitete Ministerratsvortrag gleichen Inhalts enthielt etwas weniger deutschnationales Pathos. Zunächst wurde darin apodiktisch festgestellt, daß die Einführung einer Bundeshymne im Gegensatz zur Regelung von Wappen und Flagge keines Gesetzes bedürfe. Vielmehr handle es sich bloß um eine interne Dienstanweisung, für die ein Beschluß des Ministerrates ausreiche, der auch nicht im Bundesgesetzblatt veröffentlicht zu werden brauche.[1]

Als Titel der dem Ministerrat vorgeschlagenen Hymne war nicht „Bundeshymne“, sondern „Österreichische Volkshymne“ vorgesehen.

Am 13. Dezember 1929 beschloß der Ministerrat in seiner 603. Sitzung, die Melodie Haydns mit der 1., 2., und 4. Strophe des Kernstock-Gedichts zur „Österreichischen Bundeshymne“ zu erklären. Für das Heer trat dieser Beschluß schon am 9. Jänner 1930 in Kraft, die Schulen mußten bis 31. Jänner 1930 warten. Mittlerweile hatte der Bundesverlag etwas voreilig alle vier Strophen als Hymne veröffentlicht. Darauf folgenden parteipolitischen Unstimmigkeiten wurde mit folgendem Erlaß des Unterrichtsministeriums vom 14. Februar 1930 entgegengetreten:

> *Bei offiziellen Anlässen ist ausschließlich die neue Österreichische Bundeshymne zu singen.*
>
> *Gegen das Singen des „Deutschlandliedes“, welches dieselbe Weise hat, bei Anlässen, die einen offiziellen Charakter nicht an sich tragen, obwalten selbstverständlich wie bisher keine Bedenken.*
>
> *Die bisher bei offiziellen Anlässen gesungene Renner-Kienzl'sche Hymne, die niemals als Bundeshymne erklärt wurde, darf nicht mehr offiziell gebraucht werden.*

Der Wiener Stadtschulrat hatte sich noch deutlicher in deutschnationaler Hinsicht festgelegt, indem er der Jugend Wiens schon am 12. Februar 1930 das Deutschlandlied förmlich verordnet hatte: als „Kaiserlied“ sei die Haydn-Hymne bereits verblaßt, aber als „Deutschlandlied“ sei sie der „gefühlsmäßige und auch offizielle Ausdruck des Einheitsbewußtseins des gesamten deutschen Volkes“. „Der Stadtschulrat erwartet, daß dieses Lied in allen Schulen geübt und bei geeigneten Anlässen gesungen wird, um so die nationale und republikanische Erziehung der Jugend zu fördern.“[2]

Die den Bürger der Zweiten Republik beinahe gespenstisch anmutende deutschnationale und großdeutsche Einstellung breitester, auch sozialdemokratischer Kreise – wie etwa bei Otto Glöckel, der den oben erwähnten Erlaß herausgegeben hat – war für die Erste Republik charakteristisch. Ihre Wurzeln reichten weit in das 19. Jahrhundert zurück. Natürlich konnte man sich damals nicht bewußt sein, wohin diese Einstellung, die immer wieder auch auf die „Schmach“ des Ersten Weltkrieges zurückgeführt wurde, letztlich führen mußte. Der beste Beweis dafür ist Ottokar Kernstock selbst, der im Frühjahr 1923 für die Ortsgruppe Fürstenfeld der NSDAP folgendes „Hakenkreuzlied“ dichtete:

---

[1] Diese nach Ansicht des Verfassers unrichtige und unbegründete Rechtsauffassung hat sich bis in die Zweite Republik erhalten. Der führende österreichische Verfassungsrechtler Robert Walter nennt die Festlegung der österreichischen Bundeshymne deshalb „hinsichtlich ihrer rechtlichen Relevanz fraglich“. Kann ein Staatssymbol strafrechtlich geschützt werden (§ 248 StGB), das gar nicht ordentlich kundgemacht ist?

[2] Grasberger, a. a. O., 128 f.

Das Hakenkreuz im weißen Feld,
auf feuerrotem Grunde,
gibt frei und offen aller Welt
die hochgemute Kunde:
Wer sich um dieses Zeichen schart,
ist deutsch mit Seele, Sinn und Art
und nicht bloß mit dem Munde.

Das Hakenkreuz im weißen Feld,
auf feuerrotem Grunde,
zum Volksmal ward es auserwählt
in ernster Schicksalsstunde,
als unter Schmerzen, heiß und tief,
das Vaterland um Hilfe rief,
das teure, todeswunde.

Das Hakenkreuz im weißen Feld,
auf feuerrotem Grunde,
hat uns mit stolzem Mut beseelt.
Es schlägt in uns'rer Runde
kein Herz, das feig die Treue bricht.
Wir fürchten Tod und Teufel nicht!
Mit uns ist Gott im Bunde![1]

Nach den Ausführungen des Archivars von Stift Vorau, Pius Frank, in derselben Ausgabe des Klerusblatts erhielt Ottokar Kernstock im Frühherbst 1923 den Brief eines Kaplans Josef Pleier aus Graslitz in Böhmen, der sich beklagte, daß die Nationalsozialisten bei der „gut christlichen" Bevölkerung seines Ortes unter Berufung auf den Priester Ottokar Kernstock und sein Gedicht auf Stimmenfang gingen. Nach seiner Ansicht aber trage der Nationalsozialismus deutliche Züge der alten „Los-von-Rom-Bewegung" und predige den „Materialismus des Blutes". Er wolle nun Kernstock fragen, ob er Hakenkreuzler gewesen sei, sich immer noch dazu bekenne und wie er sich zum Nationalsozialismus allgemein stelle.
Auf der Rückseite des ihm zugegangenen Briefes befinde sich, so Pius Frank, der Entwurf der Antwort Kernstocks: „... Ich bin kein Hakenkreuzler und war nie einer. Wohl habe ich seinerzeit auf die Bitten einer Ortsgruppe ein Gedicht geschrieben, das den idealen Zielen galt, die ursprünglich den Hakenkreuzlern vorschwebten und mit denen sich jeder brave Deutsche einverstanden erklären mußte. Das ist meine einzige Beziehung zur Nationalsozialistischen Partei. Wenn diese Beziehung, wie Sie sagen, zu Zwecken ausgenutzt wird, die mit jenen idealen Bestrebungen nichts zu tun haben, so bedauert dies lebhaft ..."

Ein „Österreichisches Lied"?

Den Mangel an einer Nationalhymne hatte auch Anton Wildgans verspürt, als er sich am 19. Februar 1929 an den Wahlösterreicher Richard Strauss wandte und ihn bat, eines seiner Gedichte als Vorlage für eine Volkshymne zu nehmen. Richard Strauss vertonte auch tatsächlich das Gedicht, wählte dafür jedoch keine volkstümliche, leicht singbare Weise, sondern widmete das Lied dem Wiener Männergesang-Verein, der das Werk seither auch gelegentlich zu Gehör bringt.
Wie in seiner ebenfalls aus dem Jahr 1929 stammenden „Rede über Österreich" be-

[1] Österreichisches Klerusblatt 9/1967, 131 f.

mühte sich Wildgans in dem Gedicht „Wo sich der ewige Schnee spiegelt im Alpensee“, den „österreichischen Menschen“ herauszuarbeiten. Dieser sei „pflichtgewillt“ und „duldensstark“. Aufgrund seiner kulturellen Herkunft war der Österreicher für Wildgans gleichzeitig „Deutscher“ und „Phäake“ – auch hier wieder einer jener unlösbaren Widersprüche, in die sich die Erste Republik verstrickte.

„Hakenkreuzler“, „Hahnenschwanzler“ und ihre Kampflieder

Besonders fleißig marschiert wurde in der Ersten Republik unter den weiß-grünen Wimpeln der Heimwehr und den schwarz-weiß-roten Hakenkreuzfahnen, solange diese erlaubt waren. Die Anhänger der illegalen Nazi-Bewegung konnten auf ein reiches Liedgut der Partei zurückgreifen. So z. B. auf das berüchtigte Lied des fruchtbaren deutschen HJ-Schriftstellers Hans Baumann:

Es zittern die morschen Knochen
der Welt vor dem roten Krieg,
wir haben den Schrecken gebrochen,
für uns wars ein großer Sieg.
Wir werden weiter marschieren,
wenn alles in Scherben fällt –
und heute gehört uns Deutschland
und morgen die ganze Welt.

Ein offizielles Heimwehrlied gab es nicht, beliebt war jedoch der fünfstrophige Text des Heimatschutzjournalisten Dr. Bodo Kaltenboeck, der zur Melodie „Vom Barette schwankt die Feder“ gesungen wurde. Seine erste Strophe ist auf den von den Tiroler Landesschützen übernommenen „Spielhahnstoß“ (waidmännischer Ausdruck für die Schwanzfedern des Birkhahns) gemünzt:

Auf dem Hut die Spielhahnfeder
Grün der Rock und deutsch der Mut
Für die Heimat kämpft ein jeder
Österreich mit Gut und Blut.
Starhemberg führt das Werk
und wir woll'n ihm folgen.[1]

DOLLFUSSLIED UND HORST-WESSEL-LIED

Nach einer brieflichen Mitteilung des am 12. Februar 1987 verstorbenen Schriftstellers Rudolf Henz an den Verfasser wurde Henz von Bundeskanzler Kurt Schuschnigg beauftragt, ein Kampflied zu verfassen, das als „Gegenhymne“ zum Horst-Wessel-Lied und als „zweite Hymne der Jugend“ eingesetzt werden sollte.

Es ist kein Geheimnis, daß sich der autoritäre Ständestaat, vor allem dessen dominierende Kraft, die Vaterländische Front, zur Bekämpfung des Nationalsozialismus eines diesem ähnlichen Symbolkatalogs bediente. Die Idee der damaligen Führungsschicht war es, als die „besseren Deutschen“ zu gelten. Daher schuf man wie im „Reich“ eine Einheitsbewegung, uniformierte (Wehr-)Verbände und eine uniformierte Staatsju-

---

[1] Walter Wiltschegg, Die Heimwehr. Wien 1985, 260
An Verhaltensforschung interessierte Leser mögen die Definition über das Balzverhalten des Birkhahns aus dem Großen Meyer-Lexikon ruhig in Beziehung zu den Auftritten der bürgerlichen Wehrverbände, zum Beispiel zum Pfrimer-Putsch (Nacht vom 12. auf den 13. September 1931), setzen. Sie lautet: „Mit ausgebreitetem Schwanzgefieder vollführt der balzende Birkhahn heftige Luftsprünge und unternimmt mit lautem Kollern Scheinangriffe auf Konkurrenten, die oft zu mehreren eine Henne umwerben.“

gend. Zentrales Staatssymbol war das Kruckenkreuz (s. d., S. 273 ff.), als Hymne paßte die 1930 eingeführte Haydn-Kernstock-Hymne durchaus in die Ideologie des Ständestaates (traditionell/deutsch-österreichisch). So wie in Deutschland das 1922 offiziell als Nationalhymne eingeführte Deutschlandlied nach faschistischem Vorbild zusammen mit dem „Kampflied der Bewegung", dem Horst-Wessel-Lied („Die Fahne hoch"), gesungen wurde (in Italien war seit 1932 das Parteilied „La Giovinezza" im Anschluß an die Staatshymne zu singen), sollte in Österreich die Bundeshymne zusammen mit dem Dollfußlied erklingen. Daß sich dabei gedankliche, textliche und musikalische Parallelen ergeben mußten, liegt auf der Hand.
Das Lied „Die Fahne hoch!" geht auf den 1907 in Bielefeld geborenen Horst Wessel, eine eher zwielichtige Gestalt, zurück. Wessel trat neunzehnjährig in die Berliner SA ein, hielt sich aber auch in Wien auf, wo er 1928 das Amt eines Kreisführers der Hitlerjugend bekleidete. In Friedrichshain entstand unter seiner Führung eine örtliche SA-Gruppe, der SA-Sturm 5.
Sturmführer Horst Wessel hatte sich in die Prostituierte Erna Jaenike verliebt. Deren Zuhälter, der Kommunist Albrecht „Ali" Höhler, eben aus dem Gefängnis entlassen, spürte zusammen mit einigen Genossen aus dem Rotfrontkämpferbund Horst und Erna am 14. Jänner 1930 aufgrund eines Hinweises ihrer Vermieterin auf. Horst Wessel öffnete die Wohnungstür. Als Höhler seine „Braut" in der Wohnung sah, jagte er Wessel mit den Worten „Du weißt, wofür" eine Revolverkugel in den Mund. Politische Motive sind neben dem auf der Hand liegenden Eifersuchtsmotiv nicht völlig auszuschließen. Horst Wessel starb erst einige Wochen später, am 23. Februar 1930. Das Berliner SA-Blatt „Der Angriff" berichtete bis zu Horst Wessels Tod laufend über den Zustand des den Nazis äußerst willkommenen „Märtyrers", dem von Joseph Goebbels eine Art „Staatsbegräbnis" bereitet wurde. In der für die Rituale des Nationalsozialismus so typischen Form übersteigerten Kitsches rief Goebbels zu einem „letzten Appell" auf: „Der Tote, der mit uns ist, hebt seine müde Hand und weist in die dämmernde Ferne: Über Gräber vorwärts, am Ende liegt Deutschland!" Hier wurde – wie später im Dollfuß-Lied – suggeriert, daß ein Toter die Reihen seiner Kameraden anführe.
Engelbert Dollfuß starb am 25. Juli 1934 unter gänzlich anderen Umständen und als ein tatsächlicher Märtyrer für sein Land, aber ebenfalls durch eine Mörderkugel: sie stammte aus der Waffe des illegalen Nationalsozialisten Otto Planetta.
Schon am 23. September 1929 hatte der „Angriff" ein Gedicht des jungen Sturmführers Wessel veröffentlicht: „Die Fahne hoch". Der Ursprung der Melodie ist ungeklärt, vielleicht stammt sie von einem alten Soldatenlied, in dessen Marschtakten es hieß: „Zum letzten Mal wird zum Appell geblasen, zum letzten Mal die Hängematt' gezupft". Ihr Ursprung kann aber auch in einem Seemannslied oder einem böhmischen Scherzlied liegen. Hermann Kurzke hingegen führt Text und Melodie auf ein Arbeiterlied zurück.[1]
Nach dem Tod von Horst Wessel wurde mit allen propagandistischen Mitteln der NSDAP aus seinem Lied eine Hymne der Partei und das zweite musikalische Staatssymbol des „Dritten Reiches" kreiiert. Dagegen mußte das Dollfuß-Lied als ein eher bescheidener Versuch wirken.
Eine synoptische Gegenüberstellung der beiden Texte zeigt die vielen textlichen Parallelen:

[1] Hermann Kurzke, Hymnen und Lieder der Deutschen. Mainz 1990, 129 f.

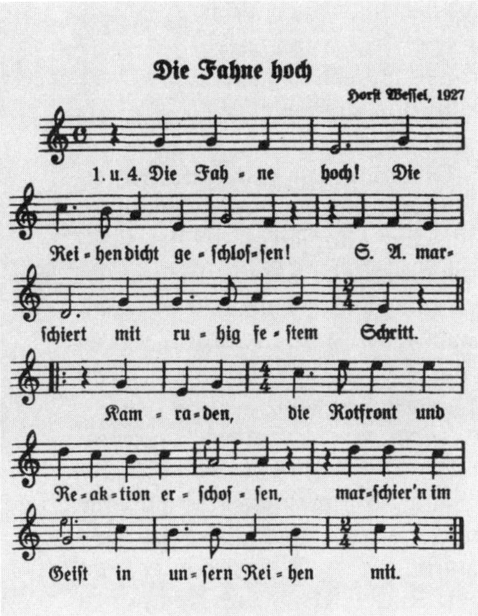

Horst-Wessel-Lied (1927)

Die Fahne hoch!
Die Reihen dicht geschlossen!
SA marschiert
Mit ruhig festem Schritt.
Kam'raden, die Rotfront
und Reaktion erschossen,
marschiern im Geist
in unsern Reihen mit.

Die Straße frei
den braunen Bataillonen!
Die Straße frei
dem Sturmabteilungsmann!
Es schaun aufs Hakenkreuz
voll Hoffnung schon Millionen.
Der Tag der Freiheit
und für Brot bricht an.

Zum letzten Mal
wird nun Appell geblasen!
Zum Kampfe stehn
wir alle schon bereit.
Bald flattern Hitlerfahnen
über allen Straßen,
die Knechtschaft
dauert nur noch kurze Zeit!

Die Fahne hoch!
Die Reihen dicht geschlossen!
SA marschiert
mit ruhig festem Schritt.

Dollfuß-Lied (1934?)

Ihr Jungen, schließt die Reihen gut!
Ein Toter führt uns an.
Er gab für Österreich sein Blut,
Ein wahrer deutscher Mann.
Die Mörderkugel, die ihn traf,
Die riß das Volk aus Zank und Schlaf.
Wir Jungen stehn bereit!
Mit Dollfuß in die neue Zeit!

Für Österreich zu kämpfen lohnt,
daß es gesichert sei,
vor jedem Feind, wo er auch thront,
und vor Verräterei.
Gewalt und Lüge schreckt uns nicht,
Wir kennen nur die frohe Pflicht.
Wir Jungen stehn bereit!
Mit Dollfuß in die neue Zeit!

Zerschlagt was uns noch hemmen mag
und nach dem Gestern weist.
Die neue Zeit steigt in den Tag
und will den neuen Geist.
Christlich, deutsch, gerecht und frei
von Klassenhaß und Tyrannei.
Wir Jungen stehn bereit!
Mit Dollfuß in die neue Zeit!

O Österreich, o Vaterland,
zu großem Sein verjüngt.
Wir hüten dich mit deutscher Hand,
daß dir dein Bau gelingt.

Kam'raden, die Rotfront
und Reaktion erschossen,
marschiern im Geist
in unsern Reihen mit.

Zum Weiser einer alten Welt
bist du von Gott vorangestellt.
Die Front steht schon bereit.
Mit Dollfuß in die neue Zeit.

Es ist keine Frage, daß sich das Ethos der Henzschen Dichtung vom Inhalt des Horst-Wessel-Liedes trotz der deutlichen formalen Parallelen grundlegend unterscheidet: es enthält mehr defensive Elemente und ist in seinen politischen Utopien geistvoller, während das Gedicht des Studenten Horst Wessel mehr die praktische Kampfsituation der „braunen Bataillone“ im Auge hatte. Dennoch muß man klar sehen, daß auch im Henzschen Symbollied der Teufel mit Beelzebub ausgetrieben werden sollte – so wie mit dem Kruckenkreuz, der Vaterländischen Front, ihren Uniformen und dem Gruß „Heil Österreich!“, der mit den (zwei) Schwurfingern geleistet wurde.

Die Melodie des Dollfuß-Liedes stammt übrigens *nicht* von Hermann Leopoldi (Pseudonym für Ferdinand Kohn, geboren 1888 in Wien, Komponist, Schauspieler und Humorist, der viele Wienerlieder und Schlager schuf, so „In einem kleinen Café in Hernals“ und „Schön ist so ein Ringelspiel“; emigrierte nach einer KZ-Haft 1939 in die USA, von wo er 1947 wieder zurückkehrte; starb 1959 in Wien). Hinter dem Pseudonym „Austriacus“ verbarg sich vielmehr neben Rudolf Henz der Komponist Nico Dostal (geboren 1895 in Korneuburg, gestorben 1981 in Salzburg, ursprünglich Kirchenmusiker, dann Theaterkapellmeister in Innsbruck, Salzburg und Berlin; bekannt geworden vor allem durch seine Operette „Die ungarische Hochzeit“ aus dem Jahre 1939). Wie Rudolf Henz selbst berichtet, schrieb Nico Dostal die Melodie, nachdem er „eine Nacht hindurch Giovinezzaplatten laufen ließ“. Henz selbst hatte das Horst-Wessel-Lied im Ohr, nach einer „mir aus der alten Moritat vom Schneider in Czaslau aus der Kindheit bekannten Melodie“.[1]

Wir erfahren also aus authentischer Quelle: Text *und* Melodie des Dollfuß-Liedes orientierten sich bewußt am faschistischen und am nationalsozialistischen Vorbild. Wie Henz weiter berichtet, wurde Hermann Leopoldi aufgrund der Vermutung des illegalen „Völkischen Beobachters“, er verberge sich als Jude hinter dem Pseudonym „Austriacus“, im Mai 1938 verhaftet und in das KZ Dachau gebracht. Dort beschwerte er sich und erklärte, nichts mit dem Lied zu tun zu haben. Ein Anruf der Gestapo bei Henz klärte den Sachverhalt: Leopoldi wurde enthaftet und zur legalen Auswanderung freigegeben. Henz und Dostal bekannten sich als Autoren des Liedes und gaben gleichzeitig ihre „arische“ Abstammung bekannt. So erhielt Henz 1938 sogar noch 900 RM Schallplattentantiemen für das „Lied der Jugend“.

Nach Berichten von Zeitgenossen ist die tatsächliche Wirkung des Dollfuß-Liedes infolge der Kürze seines Einsatzes wohl auf die Schuljugend beschränkt geblieben.[2] Besonders eifrig gesungen wurde es einmal auf der Ringstraße anläßlich der Rede Schuschniggs vor der Bundesversammlung am 24. Februar 1938 („Bis in den Tod – rot-weiß-rot!“).

„Deutschland, Deutschland über alles“

Als unmittelbar nach der letzten Rundfunkansprache Kurt Schuschniggs am 11. März 1938 einige im Hintergrund Anwesende das Deutschlandlied anstimmten, blendete ein geistesgegenwärtiger Rundfunktechniker das (textlose) „Kaiserquartett“ ein.[3]

[1] Rudolf Henz, Fügung und Widerstand. Eine Autobiographie. Graz 1981, 181 ff.
[2] Fritz Molden, Fepolinski und Waschlapski auf dem berstenden Stern. Wien 1976, 115
[3] Eckart Früh, Gott erhalte? Gott bewahre! In: Österreich in Geschichte und Literatur, Heft 5/1988, 298 f.

Die Faszination des Deutschlandliedes war eben auch für Österreicher groß, und einige Jahre wurde es ihnen als Hymne aufgezwungen. Es scheint daher angebracht, es etwas näher zu behandeln.

August Heinrich Hoffmann (von Fallersleben, 1798–1874), Ordinarius für Sprachwissenschaft und Literatur in Breslau, 1842 wegen seiner auf Helgoland verfaßten „Unpolitischen Lieder“ abgesetzt und des Landes verwiesen, empfand das Fehlen eines gemeinsamen deutschen Liedes als besonders schmerzlich, als er während einer Reise auf die damals englische Insel Helgoland auf dem Schiff die für die Franzosen gespielte „Marseillaise“ und das für die Engländer intonierte „God save the King“ hörte. Nach mit Hannoveraner Freunden verbrachten Abenden entstand aus dieser Stimmung heraus am 26. August 1841 das Gedicht „Deutschland, Deutschland über alles“. Der Hamburger Verleger Julius Campe kaufte es Hoffmann für vier Louisdor ab und druckte es zur Melodie Haydns. Die erste Verbreitung erfolgte durch Hoffmann und Campe/Hamburg und Paul Neff/Stuttgart. Das Lied ist für Singstimme mit Klavier oder Gitarrebegleitung gesetzt; das Notenblatt ist mit 1. September 1841 datiert und trägt die Preisangabe „2 Groschen“.

Die erste Strophe erinnert an die Parole „Österreich über alles, wann es nur will“, die dem Titel des 1648 veröffentlichten Hauptwerkes des Nationalökonomen Philipp Wilhelm von Hörnigk (1640–1714) entnommen ist und zur Zeit der napoleonischen Kriege in Österreich weit verbreitet war. Damals hatte der patriotische Dichter Heinrich Joseph von Collin (1771–1811) unter demselben Titel ein Lied herausgebracht, das 1809 im Hofburgtheater aufgeführt wurde. Man muß auch an Ernst Moritz Arndt denken, der 1813 einen dichterischen Aufruf zur Einheit mit den Worten schloß: „Teutschland über alles, wenn es will!“

Im Hinblick auf die tatsächliche Ausdehnung des politisch zersplitterten deutschen Sprachgebietes im Vormärz ist es ungerecht, dem Autor den Vorwurf des Imperialismus zu machen. Mit „Schutz und Trutz“ erinnerte er wohl an die napoleonischen Kriege, „Einigkeit“ meinte die Überwindung der Teilung in die 38 Staaten des Deutschen Bundes, „Recht“ vor allem die von den Fürsten versprochenen, aber nicht gewährten Verfassungen und „Freiheit“ die Freiheit von der Zensur, unter der er ja selbst zu leiden hatte. Die zweite Strophe ist sicher etwas überheblich und nur aus dem Stilgefühl der damaligen Zeit zu verstehen.

Wie immer dem auch sei, die deutsche Politik des ausgehenden 19. und vor allem des 20. Jahrhunderts hat den Text der ersten beiden Strophen aus der Sicht des Auslandes und auch in den Augen vieler Deutscher für alle Zeiten diskreditiert.

Das Deutschlandlied wurde bei einem Fackelzug auf dem Hamburger Jungfernstieg am 5. Oktober 1841 von der „Hamburger Liedertafel“ in Anwesenheit des Textdichters zum ersten Mal öffentlich gesungen. Der durchschlagende Erfolg zu Lebzeiten Hoffmanns blieb jedoch

aus. Auch der Sieg über die Franzosen am 1. September 1870 bei Sedan und die darauffolgende Reichsgründung am 18. Jänner 1871 in Versailles änderten daran nichts; das preußische Weihelied „Heil dir im Siegerkranz“ blieb weiterhin deutsche Kaiserhymne. Am 10. August 1890 erklang das Deutschlandlied bei der Angliederung Helgolands und verbreitete sich immer mehr im Volk. 1901 wurde das Lied in Anwesenheit des Kaisers gespielt und danach in die Schulbücher aufgenommen, ohne jedoch allgemein anerkannt zu sein.
1916 erbrachte ein Wettbewerb für eine deutsche Nationalhymne über 3000 Einsendungen. Doch das Deutschlandlied hatte längst in alle Liederbücher Eingang gefunden. Natürlich auch in jene, die in Österreich gedruckt wurden, zwar nicht an vorderster Stelle, aber doch innerhalb der ersten paar Dutzend Seiten.
Die Sozialdemokratie bekämpfte das Lied anfänglich, bis ausgerechnet Reichspräsident Friedrich Ebert am 11. August 1922 seine offizielle Einführung als überparteiliches Lied proklamierte, das auch nicht als „Ausdruck nationalistischer Überhebung“ dienen solle. Die SPD war damit für das Lied gewonnen, während Tucholsky in einer scharfen Abrechnung mit Weimar schrieb, „eine von allen guten Geistern verlassene Republik“ habe das Lied zu ihrer Nationalhymne erkoren.
Ab Anfang der dreißiger Jahre wurde das Deutschlandlied immer öfter zusammen mit dem Horst-Wessel-Lied gesungen, in Bayern offiziell ab 27. Mai 1933. Mit dem „Reichgesetz zum Schutz der nationalen Symbole“ vom 19. Mai 1933 sollte es vor Mißbrauch geschützt werden. Im NS-Staat wurde das alte Gebetslied Haydns – analog zum Horst-Wessel-Lied – in Tempo und Intonierung als Marsch aufgefaßt. Beide Lieder wurden mit dem zum Hitlergruß erhobenen rechten Arm gesungen. Das „über alles“ bedeutete nun nicht mehr „über alles geliebt“, sondern wurde als Aufruf verstanden, die der Weimarer Republik in Versailles aufgezwungenen Grenzen zu revidieren.
Adolf Hitler nannte die Hymne am 1. August 1937 „das Lied, das uns Deutschen am heiligsten erscheint“. Ab 1940 hatte dem Deutschlandlied jedesmal das Horst-Wessel-Lied zu folgen. Millionen sangen so sich, Deutschland und die ihm eingegliederte „Ostmark“ in „ihr Blut und ihr Grab“. Es war daher kein Wunder, daß die Alliierten 1945 beide Lieder wie alle nationalsozialistischen Lieder verboten.
Schon am 29. September 1949 allerdings, einige Monate nach dem Beschluß über das Grundgesetz, das nur die Bundesflagge „Schwarz-Rot-Gold“, nicht aber eine Nationalhymne festgesetzt hatte, forderte eine interfraktionelle Abgeordnetengruppe im Bonner Bundestag die Wiedereinführung des Deutschlandliedes in seiner unveränderten, ursprünglichen Form. Als Bundesinnenminister Gustav Heinemann im April 1950 feststellte, daß die Erklärung Eberts vom 11. August 1922 nicht als Staatsakt im Rechtssinne zu werten sei und man daher ein neues Lied wählen könne, lagen bereits mehrere hundert Neuvorschläge auf dem Tisch. Doch alle Befürworter einer Neuschöpfung hatten die Rechnung ohne den „Alten“ gemacht. Konrad Adenauer, damals im 74. Lebensjahr, stimmte am 18. April 1950 im Titania-Palast in Berlin die dritte Strophe des Deutschlandliedes an. Zwar verließ der SPD-Vorstand den Raum, doch sangen Oberbürgermeister Reuter und andere mit. Adenauer wurde im Ausland für diesen Vorstoß heftig kritisiert („Der Meistersinger von Berlin“ – so der schwedische „Expressen“). Bundespräsident Heuss ließ am Tag darauf erklären, *er* sei für die Bestimmung einer Nationalhymne zuständig. Heuss versuchte mehrmals, das Lied „Land des Glaubens“ von Rudolf Alexander Schröder, vertont von Hermann Reutter, als Hymne einzuführen. Der Norddeutsche Rundfunk/NDR setzte sich dafür ein, das Lied „Ich hab mich ergeben“ als Nationalhymne einzubürgern. Doch am 2. Mai 1952 kapitulierte der Bundespräsident: Er teilte dem Bundeskanzler in einem am 6. Mai 1952 veröffentlichten Schreiben mit, daß er „den Traditionalismus und sein Behar-

rungsbedürfnis unterschätzt habe“ und ohne „Akt der Proklamation“ der Bitte der Bundesregierung um Wiedereinführung der Deutschlandliedes als Staatssymbol der Bundesrepublik entspreche.
Im allgemeinen hat man sich in all den Jahren daran gehalten, bei offiziellen Anlässen nur die dritte Strophe zu singen. Gelegentlich kommt es aber auch vor, daß Politiker die Gültigkeit aller drei Strophen bekräftigen, so etwa der baden-württembergische Kultusminister Gerhard Mayer-Vorfelder, der es in einem Interview mit der „Zeit“ (Nr. 30 vom 18. 7. 1986) in das pädagogische Ermessen der Lehrer stellte, auch die erste und zweite Strophe mitzubehandeln.

„AUFERSTANDEN AUS RUINEN“

„Es gibt zwei deutsche Nationalhymnen. Die eine wurde 1945 als faschistisch verboten. Die andere wurde 1949 in der Deutschen Demokratischen Republik erlaubt. Die verbotene wurde 1952 in der Bundesrepublik Deutschland wieder erlaubt. Die in der DDR erlaubte wurde 1972 dort wieder verboten. Kein deutsches Parlament hat diese Vorgänge beschlossen.“ [1]

Sehr bald nach der Staatsgründung, am 10. Oktober 1949, bat der erste Staatspräsident der DDR, Wilhelm Pieck, den Schriftsteller Johannes R. Becher, den Text für eine Nationalhymne auszuarbeiten. Johannes Robert Becher (1891–1958) stammte aus München. Er gehörte dem Spartakusbund und der KPD an und wurde 1954 Kulturminister der DDR. Anläßlich eines Besuches in Warschau zeigte Becher einen seiner Textentwürfe dem aus Leipzig gebürtigen Schönberg-Schüler Hanns Eisler (1898–1962). Eisler, von dem auch das „Einheitsfrontlied“ stammt, vertonte den Text innerhalb kurzer Zeit. Am 5. November 1949 wurde die Hymne vom Ministerrat der DDR ohne breite Diskussion beschlossen. Hier die erste Strophe der friedvollen und ideologiefreien Hymne:

Auferstanden aus Ruinen
Und der Zukunft zugewandt,
Laß uns dir zum Guten dienen,
Deutschland, einig Vaterland.
Alte Not gilt es zu zwingen,
Und wir zwingen sie vereint,
Denn es muß uns doch gelingen,
Daß die Sonne schön wie nie
Über Deutschland scheint,
Über Deutschland scheint.

1972 wurde verfügt, den Text nicht mehr zu verwenden, da sich die Staatsführung an der Phrase „Deutschland, einig Vaterland“ stieß.
In der Periode des Zusammenbruchs der kommunistischen Strukturen der DDR, der sich seit 1989 immer rascher vollzog, wurde die Zeile „Deutschland, einig Vaterland“ zum politischen Slogan. Der Text der Hymne war ab 8. Jänner 1990 wieder zugelassen. Nach dem am 3. 10. 1990 gemäß Art. 23 GG vollzogenen Beitritt der DDR zur BRD versanken Bechers Verse „sang- und klanglos“ in der Mottenkiste der deutschen Geschichte.

[1] Ulrich Enzensberger, in: Transatlantik, 10/1981, S. 24

Die Hymne der Zweiten Republik

Nach dem Ende des Zweiten Weltkrieges blieb Österreich rund eineinhalb Jahre ohne Hymne; man hatte andere Sorgen. Als am 29. April 1945 anläßlich der Proklamation der Unabhängigkeit Österreichs vor dem Parlament Musik erklang, mußte der Donauwalzer als „heimliche Hymne" Österreichs herhalten.

„Ein Lied hymnischen Charakters, das den neuen österreichischen Bundesstaat und seine Menschen im In- und Ausland sowohl textlich als auch musikalisch würdig zu repräsentieren vermag" – das war der Gegenstand des Preisausschreibens, das der Ministerrat ein Jahr nach Kriegsende, am 9. April 1946, inmitten einer zerstörten Stadt, in einem geteilten Land, veranstaltete. Man hatte offenbar aus der Geschichte gelernt und die Wichtigkeit dieses nationalen Symbols erkannt. Unterrichtsminister Dr. Felix Hurdes, erster Generalsekretär der Österreichischen Volkspartei (ÖVP), berichtete, daß die Weiterverwendung der Haydn-Melodie im Ausland als Provokation empfunden werden müsse und daher eine neue Volkshymne notwendig sei. Teilnahmeberechtigt waren alle Bundesbürger mit Ausnahme der ehemaligen NSDAP-Mitglieder (ungefähr 524.000 Personen). Als erster Preis waren 10.000 Schilling ausgesetzt, angestrebt wurde eine dreistrophige Hymne. Einsendeschluß war der 30. Juni 1946. Innerhalb der zehn zur Verfügung stehenden Wochen langten etwa 1800 Vorschläge ein, aus denen 200 in die nähere Wahl gezogen wurden. Sehr viele der eingesandten Texte hatten stark religiös bestimmten Charakter. 29 Vorschläge wurden am 14. Oktober 1946 im Kammersaal des Wiener Musikvereins unter Mitwirkung von Staatsopernsängern und Burgtheater-Schauspielern zur Entscheidung vorgetragen. Die 24köpfige Jury bestand aus Vertretern von Kunst und Wissenschaft sowie der Bundesländer.

Die zu vergebende Höchstzahl an Punkten betrug 120. Das Freimaurer-Bundeslied „Brüder reicht die Hand zum Bunde" erhielt 107 Punkte, gefolgt von Kompositionen mit 76 und weniger Punkten. Unter den eingesandten Texten führte der abgeänderte Text Ottokar Kernstocks „Sei gesegnet ohne Ende . . ." mit 78 Punkten.

Aufgrund der Jury-Entscheidung beschloß der Ministerrat am 22. Oktober 1946, das „Bundeslied", das man ohne Einschränkung als Werk Wolfgang Amadeus Mozarts auffaßte, zur neuen Bundeshymne zu erklären. Die „Wiener Zeitung" berichtete darüber am 23. Oktober 1946 in einem redaktionellen Einspalter auf Seite 1 wie folgt:

Aufnahme diplomatischer Beziehungen mit Bulgarien.
Schwierigkeiten bei der Versorgung der Zeitungen mit Rotationspapier.
Gesetz über die Verwertungsgesellschaften.
Einführung des Kulturschillings bei der Rundfunkgebühr.
Mozart's Bundeslied wird neue Bundeshymne.

So beiläufig erfuhren die Österreicher, was sie in der Zweiten Republik zu feierlichen Anlässen hören und singen würden.

Über den Text war man noch nicht einig und trat daher am 20. November 1946 an neun Teilnehmer des Preisausschreibens, darunter Paula Grogger, Alexander Lernet-Holenia und Paula von Preradović, heran, nochmals einen Text vorzulegen. Man entschied sich für eine leicht veränderte Version des ursprünglichen Vorschlages von Paula von Preradović, „Land der Berge . . .". Dieser lautete wie folgt.

Land der Berge, Land am Strome,
Land der Äcker, Hämmer, Dome,
Arbeitsam und liederreich.
Großer Väter freie Söhne,
Volk, begnadet für das Schöne,
Vielgerühmtes Österreich.

Heiß umfehdet, wild umstritten
Liegst dem Erdteil du inmitten,
Einem starken Herzen gleich.
Hast seit frühen Ahnentagen
Hoher Sendung Last getragen,
Vielgeprüftes Österreich.

Aber in die neuen Zeiten
Sieh uns festen Glaubens schreiten,
Stolzen Muts und hoffnungsreich.
Laß in brüderlichen Chören,
Vaterland, dir Treue schwören,
Vielgeliebtes Österreich.

Die „Wiener Zeitung" vom 26. Februar 1947 berichtete darüber auf Seite 2, am Ende ihres Berichtes über den Ministerrat des Vortages, in folgender Form:

Text der neuen Bundeshymne genehmigt.

Vor Beginn des Ministerrates war im Bundeskanzleramt ein kleiner Chor der Wiener Sängerknaben unter der Leitung von Hofrat Schnitt erschienen, der den versammelten Regierungsmitgliedern die neue österreichische Bundeshymne nach den beiden Texten von Paula Preradović und Dr. Siegmund Guggenberger vortrug. Der Ministerrat beschloß, den Text der Dichterin Paula Preradović nach Vornahme einiger kleiner textlicher Änderungen als offiziellen Text der österreichischen Bundeshymne zu genehmigen.

Die Textmodifikationen hatten in der Tat eine entscheidende Verbesserung gebracht. Auf der nächsten Seite folgen der Text und die Melodie (man kann das Blatt beim Bundesverlag um zwei Schilling kaufen).

Musikalisch ist die österreichische Bundeshymne wie folgt zu qualifizieren: Der feierliche Charakter der siebenzeiligen Melodie entsteht durch den langsamen Dreiertakt, besonders durch die halbe Note, mit der jede neue Zeile beginnt. Die kurze Modulation in B-Dur an der Textstelle „Land der Hämmer, zukunftsreich!" (3. Melodiezeile) drückt die Hoffnung auf die Zukunft aus – im Text des ursprünglichen Bundesliedes hieß es an dieser Stelle: „führ uns hin zu lichten Höh'n", das ist ebenfalls eine zukunftsgerichtete Aussage. Die Dur-Tonart unterstreicht den positiven Inhalt.

Paula von Preradović, die Textdichterin, wurde am 12. Oktober 1887 in Wien als Tochter eines Marineoffiziers und Forschers geboren. Ihr Großvater war der kroatische Nationaldichter und k. u. k. General Petar von Preradović. Paula wuchs in Istrien und Dalmatien auf. 1914 nach Wien zurückgekehrt, heiratete sie den späteren Wiederbegründer und Herausgeber der „Presse", Dr. Ernst Molden. Paula von Preradović trat schon 1929 mit dem Lyrik-Band „Südlicher Sommer" hervor. Sie veröffentlichte zahlreiche Werke – Lyrik, Romane, Novellen. Gemeinsam mit ihrem Mann geriet die strenge Katholikin wegen ihrer kritischen Einstellung zum Nationalsozialismus in den letzten Kriegsmonaten in Gestapo-Haft. Die Dichterin starb am 21. Mai 1951; ihr Ehrengrab auf dem Wiener Zentralfriedhof liegt in Gruppe 32C/42. Einer ihrer beiden Söhne, Fritz P. Molden, berichtete über die näheren Umstände der Entstehung der österreichischen Bundeshymne:

Mama war von diesem Hymnenauftrag nicht sonderlich begeistert. Nicht nur hatte sie nie an irgendwelchen Wettbewerben teilgenommen, sie hatte auch keine Beziehung zu dem getragenen Versmaß, das für die vorliegende Melodie notwendig war. Überdies hatte sie genügend anderes zu tun, arbeitete an ihrem neuen Romanzyklus und dachte, es würde schon jemand anderer einen geeigneten Text einschicken. Aber Hurdes ließ nicht locker und nach mehrmaligem Urgieren setzte

Österreichische Bundeshymne

von W. A. Mozart

Worte von Paula Preradović

Ausgabe für
gemischten Chor

Chorsatz von Viktor Keldorfer

Österreichischer Bundesverlag, Wien

sich Mama hin und verfaßte eines Nachmittags einen Entwurf. Diesen las sie uns am selben Abend vor, und die männlichen Familienmitglieder befanden ihn für geeignet, obwohl weder Mama noch wir der Meinung waren, daß er ausgewählt werden würde ...[1]

Als die Dichterin von Unterrichtsminister Hurdes persönlich erfahren hatte, daß ihr Text ausgewählt worden war, improvisierten der Gatte und die Söhne ein kleines Fest, denn „man hat ja nicht alle Tage jemanden in der Familie, der den Text der Bundeshymne geschrieben hat". Frau Preradović setzte sich ans Klavier und sang den Ihren die erste Strophe vor. Darauf fiel den beiden Söhnen Otto und Fritz Molden nichts Besseres ein, als den Text sogleich zu persiflieren. Schon nach zehn Minuten hatte der spätere Zeitungszar und Erfolgsverleger Fritz Molden sein Spottgedicht fertiggestellt (wir vergessen nicht: kein österreichisches Staatssymbol ohne wenigstens eine kleine Herabsetzung!):

Land der Erbsen, Land der Bohnen,
Land der vier alliierten Zonen,
Wir verkaufen dich im Schleich,
Vielgeliebtes Österreich!
Und droben überm Hermannskogel
Flattert froh der Bundesvogel.

In den Wiener Schulen war in den Jahren darauf der Text „Land der Erbsen, Land der Bohnen, Land der vier alliierten Zonen" sehr populär, wie der Verfasser, Maturajahrgang 1955, aus eigener Erinnerung weiß.

Die neue Bundeshymne hatte beträchtliche Anlaufschwierigkeiten. Obwohl ihr Text zweifellos auf die Situation der Zweiten Republik paßte und das Wesen Österreichs gut umschrieb, konnte sich die Melodie nur schwer durchsetzen. Haydn-Nostalgie machte sich breit. Aufgrund zahlreicher Stimmen, insbesondere aus den westlichen Bundesländern, die sich für die Wiedereinführung der Haydn-Hymne aussprachen, machte Felix Hurdes am 2. Mai 1951 einen Vorstoß im Ministerrat. Derselbe Felix Hurdes, der 1946 die Haydn-Melodie als „Provokation" bezeichnet hatte, verwies darauf, daß sich der damals bereits verstorbene Bundespräsident Dr. Karl Renner schon im Februar 1946 für die Haydn-Melodie ausgesprochen hatte. Sechs Jahre nach dem Krieg könne man die Reminiszenz des „Deutschlandliedes" als überholt betrachten. Außerdem sei bekannt geworden, daß die deutsche Bundesregierung auf die Wiedereinführung der Haydn-Melodie verzichten werde. Diese Information war insofern nicht ganz falsch, als das Bundespräsidialamt am 19. April 1950 erklärt hatte, die Bestimmung einer Nationalhymne gehöre zum Prärogativ des Bundespräsidenten. Diese Erklärung war abgegeben worden, weil Bundeskanzler Konrad Adenauer, wie erwähnt, am Tag davor in Berlin die dritte Strophe des Deutschlandliedes angestimmt hatte, Bundespräsident Theodor Heuss aber für ein anderes Lied eintrat.

Hurdes setzte sich mit seinem Antrag im Ministerrat nicht durch. Die neue Hymne wurde zwar im Haydn-Jahr 1959 erneut in Frage gestellt, doch zeigten die Regierungsparteien keinerlei Lust mehr, die Frage neu aufzurollen.

Ein von den Erben der Dichterin des Hymnentextes, Otto und Fritz Molden, 1992 gegen die AKM (Gesellschaft der Autoren, Komponisten und Musikverleger) angestrengter Prozeß, in dem Tantiemen in Millionenhöhe gefordert wurden, ging Mitte 1994 mit einem abschlägigen Urteil zu Ende. Das Gericht wies darauf hin, daß Paula

[1] Fritz Molden, Fepolinski und Waschlapski auf dem berstenden Stern, a. a. O., 445 f.
Vgl. hiezu auch die Darstellung bei Hugo Portisch, Österreich II – Der lange Weg zur Freiheit. Wien 1986. Portisch weist darauf hin, daß beim Fußball-Länderspiel 1946 gegen Frankreich noch „O du mein Österreich" als „Ersatzhymne" intoniert wurde.

von Preradović ein Preisgeld von S 5.000.– mit der Auflage erhalten habe, damit „sämtliche Urheberrechte dem österreichischen Bundesstaat abzutreten".
So begann sich „Land der Berge" weiter durchzusetzen. Es gibt sogar einen slowenischen Text, von dem allerdings nur die erste Strophe aufzutreiben war:

Hrabro v novi čas stopimo,
prosto, verno, glej, hodimo;
upa polni, delavni.
Bratski zbor prisega hkrati,
domovini zvestobo dati.
Ljubljena nam Avstrija,
ljubljena nam Avstrija.

Den Siegeszug der neuen Hymne konnte auch der Umstand nicht bremsen, daß sich immer mehr herausstellte, daß die Melodie nicht von Mozart, sondern weit eher von dem 1753 in Korneuburg geborenen und 1818 in Wien verstorbenen bescheidenen „Claviermeister" Johann Hol(t)zer stammt, der so etwas wie „Hauskomponist" seiner Freimaurerloge „Zur Wahren Eintracht" war. W. A. Mozart war seit 5. Dezember 1784 Angehöriger der Loge „Zur Wohltätigkeit" und als solcher häufig Gast in der „Wahren Eintracht", jener Loge, die unter Ignaz von Born und Joseph von Sonnenfels vor allem bedeutende Gelehrte und Künstler, darunter Joseph Haydn, anzuziehen vermochte. In der „Wahren Eintracht" erlangte Mozart auch am 7. Jänner 1785 den Gesellengrad.
Neunzehn Tage vor seinem Tod am 5. Dezember 1791 komponierte Wolfgang Amadeus Mozart sein letztes vollendetes Werk, die „Freimaurerkantate", KV 623. Sie wurde aus Anlaß der Tempelweihe für die Loge „Zur neugekrönten Hoffnung" – eine der beiden nach dem Freimaurerpatent Josephs II. vom 11. Dezember 1785 noch zulässigen Wiener Logen – unter Mozarts Stabführung aufgeführt. Die Partitur dieser Kantate wurde am 14. November 1792 vom „k. k. privil. Buchdrucker Joseph Hraschansky, Wien, Strauchgässel", „zum Vorteil seiner Witwe und Waisen" in zwei unterschiedlichen Varianten herausgebracht. Die erste Ausgabe besteht nur aus der Freimaurerkantate, anderen Exemplaren ist aber noch das Kettenlied „Laßt uns mit geschlungnen Händen" (KV 623 a) beigebunden. Die erste Ausgabe war offenbar für die breite Öffentlichkeit bestimmt, die zweite wohl für einen engeren Kreis von Logenbrüdern. Eine Originalhandschrift Mozarts für das spätere „Bundeslied" (1805, Text: Franz Gerhard Wegeler) existiert nicht, es findet sich diesbezüglich auch keine Eintragung in Mozarts eigenhändigem Werkverzeichnis. Beides gilt als wichtiges Indiz dafür, daß die Melodie der Bundeshymne nicht von Mozart stammt.
Johann Holzer hinterließ eine Anzahl Lieder überdurchschnittlicher Qualität. Sein Freimaurerlied „Im Namen der Armen" (um 1784) zeigt eine so starke strukturelle Ähnlichkeit mit dem ebenfalls dreiteiligen „Kettenlied" (ca. 1791) – also der Melodie der heutigen österreichischen Bundeshymne –, daß für Experten kaum mehr ein Zweifel an seiner Autorenschaft besteht.
Nach einer Mitteilung des Musikwissenschaftlers Rudolf Klein vom 6. 12. 1985 an den Verfasser ist auch folgendes besonders auffällig: Harmonisch und melodisch völlig gleichartig tritt im jeweils achten und neunten Takt des „Armenliedes" wie des „Kettenliedes" ein „Querstand" der Töne „es" und „a", also eine in der strengen Harmonielehre verpönte verminderte Quint auf. Das spricht durch die Parallele sehr für Holzer und durch den Regelverstoß sehr gegen Mozart. Weiters spricht gegen eine Autorenschaft Mozarts, daß im „Armenlied" zweimal zwei, im „Kettenlied" sogar einmal vier Instrumentaltakte zur Überbrückung von Textlücken eingeschoben werden, bei so kurzen Stücken ein „Unding" für ein musikalisches Genie wie Mozart. Schließlich hätte sich Mozart – wäre er der Komponist gewesen – einem sehr gängi-

gen ¾-Liedstil anschließen müssen, was man bei seiner sonstigen Meisterschaft in der musikalischen Wiedergabe freimaurerischen Gedankengutes praktisch ausschließen kann.

Trotz immer wieder auftauchender Vorschläge, zur alten Haydn-Hymne zurückzukehren, hat sich die Bundeshymne der Zweiten Republik durchgesetzt. Das ORF-Fernsehen beginnt seinen Sendetag mit der Bundeshymne. Nicht nur Schüler und Politiker können den Text zumindest der ersten Strophe auswendig singen, sondern auch schon Fußballer und Stadionbesucher. Dennoch bleibt festzuhalten, daß das Staatssymbol „Nationalhymne“ im gesamten deutschen Sprachraum bis auf den heutigen Tag nicht ohne Probleme ist:

- In Westdeutschland dürfen zwei von drei Strophen der offiziellen Nationalhymne nicht gesungen werden.
- In der ehemaligen DDR war der Text der eigenen Nationalhymne von 1972 bis 1990 verboten.
- In Österreich ist der gesetzliche Status der Bundeshymne nicht befriedigend geklärt, ihr Schutz daher ohne wirkliche Grundlage. Überdies weiß man nicht genau, wer ihr Komponist ist.
- In der Schweiz ist die Hymne wegen der zahlreichen religiösen Elemente ihres Textes umstritten.

Feste und staatliche Feiertage

Im alten Österreich gab es neben den kirchlichen Festen und Feiertagen nur wenige Anlässe, die man als „Staatsfeiertage" bezeichnen könnte. Eher waren es Volksfeste. Anton Wildgans erinnerte sich an Kaisers Geburtstag am 18. August, „weil es da in jeder Sommerfrische auch Feuerwerk, Lampions und ein besseres Essen gab", und an den 2. Dezember, den Tag des Regierungsantritts des Kaisers. Dieser Tag zeichnete sich für den jungen Wildgans dadurch aus, „daß an seinem frühen Morgen die gefürchteten Herren Professoren in ihren Staatsbeamten-Galauniformen mit Dreispitz, goldenen Aufschlägen und Galanteriesäbel zum Festgottesdienst erschienen".[1] Zu den auf die Person Kaiser Franz Josephs I. bezogenen Festtagen, an denen die Monarchie schwarz-gelben Fahnenschmuck anlegte, trat ab 1890 der 1. Mai als „Tag der Arbeit", der bald danach arbeitsfrei wurde. In der Ersten Republik gerieten ihr Gründungstag, der 12. November, und der 1. Mai in den Strudel der erbitterten Auseinandersetzungen der großen politischen Lager. Erst zwei Jahrzehnte nach dem Ende des Zweiten Weltkrieges und dem Wiedererstehen der demokratischen Republik Österreich fand diese auch in der Frage eines Nationalfeiertags zu sich selbst.

Der lange Weg zum österreichischen Nationalfeiertag

> *Eingedenk der Tatsache, daß Österreich am 26. Oktober 1955 mit dem Bundesverfassungsgesetz BGBl. Nr. 211/1955 über die Neutralität Österreichs seinen Willen erklärt hat, für alle Zukunft und unter allen Umständen seine Unabhängigkeit zu wahren und sie mit allen zu Gebote stehenden Mitteln zu verteidigen, und in eben demselben Bundesverfassungsgesetz seine immerwährende Neutralität festgelegt hat, und in der Einsicht des damit bekundeten Willens, als dauernd neutraler Staat einen wertvollen Beitrag zum Frieden in der Welt leisten zu können, hat der Nationalrat beschlossen:*
> *Artikel I: Der 26. Oktober ist der österreichische Nationalfeiertag.*
> *Artikel II: Der österreichische Nationalfeiertag wird im ganzen Bundesgebiet festlich begangen . . .*

Bis zu dem oben zitierten Gesetzesbeschluß vom 28. Juni 1967 (BGBl. 263/1967), mit dem sich die Zweite Republik mehr als zwei Jahrzehnte nach Kriegsende und ein Dutzend Jahre nach dem Staatsvertrag von 1955 einen Nationalfeiertag gab, war es ein langer, mühevoller Weg.

[1] Wildgans, Musik der Kindheit, a. a. O., 106 f.

Staatsfeiertage 1919–1945

Mit Gesetz vom 25. April 1919 (StGBl. 264/1919) waren der 12. November und der 1. Mai zu „Ruhe- und Festtagen" erklärt worden. Weder mit dem zum „immerwährenden Gedenken an die Ausrufung des Freistaates Deutschösterreich" erklärten „republikanischen" Staatsfeiertag im November noch mit dem „roten" Arbeiterfesttag am Beginn des Monats Mai konnte und wollte sich das „bürgerliche Lager" in der Folge abfinden. So war es nicht weiter verwunderlich, daß der „christliche Ständestaat" den 12. November als Staatsfeiertag wieder abschaffte. Was den 1. Mai betrifft, so wurde versucht, diesen zum Tag der ständestaatlichen Verfassung, des Zusammengehörigkeitsgefühls aller Werktätigen und darüber hinaus auch noch zum Marien- und Muttertag zu machen.
Auch die Nationalsozialisten wagten nicht, an den Grundgedanken des Maifeiertags zu rühren. Sie erhoben diesen zum „Nationalen Feiertag des Deutschen Volkes", der neben dem „Heldengedenktag" (16. März), dem „Erntedanktag" (erster Sonntag nach dem 29. September/Michaelis) und dem Gedenktag für die „Gefallenen der Bewegung" (9. November) als „Feiertag der nationalen Arbeit" begangen wurde („Führers Geburtstag" am 20. April nicht zu vergessen – ein Tag, der bis in die Gegenwart nachwirkt, da es zu diesem Datum gelegentlich zu Nostalgiekundgebungen alt- oder neonazistischer Kreise kommt).[1]

Vom „Tag der Flagge" zum Nationalfeiertag

In der Zeit unmittelbar nach dem Ende des Zweiten Weltkrieges wurde in der Bundeshauptstadt und in Ostösterreich der 13. April als „Tag der Befreiung" gefeiert, was aber nach der Jahr für Jahr andauernden alliierten Besetzung begreiflicherweise auf immer weniger Anklang stieß, bis 1954 offiziell beschlossen wurde, die öffentlichen Gebäude nicht mehr zu beflaggen (Privathäuser werden seit dem Trauma von 1938 in Österreich ohnedies nur spärlich beflaggt).
Als Frankreich als letzte Signatarmacht des Staatsvertrages vom 15. Mai 1955 seine Ratifizierungsurkunde am 27. Juli 1955 in Moskau hinterlegt hatte, war Österreich auch de jure frei und unabhängig. Binnen neunzig Tagen hatten die alliierten Truppen das Land zu verlassen. Daraus errechnete sich der 25. Oktober als jener Tag, an dem „der letzte fremde Soldat Österreich verlassen mußte". Der damalige Unterrichtsminister Heinrich Drimmel ordnete an, zu jenem „österreichischen Unabhängigkeitstag" an allen Schulen feierlich die Flagge zu hissen und der Jugend den Sinn dieses Ereignisses vor Augen zu führen. Der 25. Oktober 1955 wurde somit als „Tag der Flagge" gefeiert. Im Jahr darauf wurde der 26. Oktober zum „Tag der österreichischen Fahne" bestimmt. Heinrich Drimmel gab hiezu im Ministerrat vom 11. September 1956 folgende Erklärung ab:

> *Wie sich bei der Feier des Tages der Flagge im Herbst 1955 zeigte, erscheint es zweckmäßig, durch eine alljährlich zu begehende Nationalfeier – ohne einen neuen Staatsfeiertag schaffen zu wollen – in der Schuljugend ebenso wie in allen übrigen Kreisen der österreichischen Bevölkerung das Bekenntnis zu den österreichischen Farben immer stärker zu verwurzeln und die Bedeutung des Wiedererstehens Österreichs als selbständigen neutralen Staat immer mehr bewußt zu machen. Als der Tag der österreichischen Fahne wurde der 26. Oktober vorgeschla-*

[1] Vgl. Gustav Spann, Zur Geschichte des österreichischen Nationalfeiertages. Vortrag beim Symposium 1993 des Instituts für Österreichkunde sowie BMUK, Zur Geschichte des österreichischen Nationalfeiertages. Wien o. J., 27

gen. Es ist dies der Tag der Neutralitätserklärung Österreichs, der ersten Dokumentation eines selbständigen politischen Wollens Österreichs in voller Freiheit, zwei Tage nach dem Jahrestag der Vereinten Nationen.[1]

Bis heute hat sich in offiziellen Erklärungen, in der Lehrerschaft und bei der Schuljugend, ja im ganzen Volk die Ansicht erhalten, der Abzug des letzten Besatzungssoldaten sei der eigentliche Anlaß des Nationalfeiertages. Weder wurde aber – wie wir gesehen haben – der dem heutigen Nationalfeiertag vorausgegangene „Tag der Fahne“ zur Erinnerung an den Abzug der letzten Besatzungssoldaten eingeführt, noch war der 25. oder 26. Oktober 1955 das tatsächliche Datum, an dem die letzten Besatzer abzogen. Der letzte von vielen Transporten mit russischen Besatzungssoldaten hatte vielmehr bereits am 19. September 1955 um 16.48 Uhr den Bahnhof Baden Richtung Osten verlassen.[2] Nach einer Phase des Wiederauflebens deutschnationalen Gedankenguts war es vor allem das Verdienst des „Österreichischen Nationalinstituts“ unter Walter Jambor, durch eine hochrangig besetzte Enquete am 11. März 1965 auf die Notwendigkeit der Einführung eines österreichischen Nationalfeiertages hinzuweisen. Von sozialistischer Seite wurden der 12. November und der 1. Mai propagiert, Anhänger der Volkspartei traten für den mit den Namen Raab und Figl verbundenen 15. Mai und den von Drimmel eingeführten 26. Oktober ein. Interessant ist, daß Bruno Kreisky den 12. November nicht befürworten wollte, weil er mit diesem Tag wahrheitsgemäß die „Selbstaufgabe“ der „Republik Deutschösterreich“ verband. Es gab auch Einwände gegen den Vorschlag, die Neutralitätserklärung in das Zentrum des Feiertagsgedankens zu stellen. Schließlich kam es durch einen Kompromiß der beiden Großparteien zur Beschlußfassung über das geplante Gesetz, zunächst ohne allgemeine Arbeitsruhe. Diese wurde schließlich am 28. Juni 1967 doch noch in das Gesetz eingebaut, und zwar gegen die Stimmen der FPÖ, die die Umbenennung des „Tages der österreichischen Fahne“ in „Österreichischer Nationalfeiertag“ 1965 noch mitgetragen hatte. Für prominente Vertreter der FPÖ existierte plötzlich das Hindernis einer „neu erfundenen und konstruierten Nation“, ja einer „Retortengeburt“. Zwei Jahrzehnte später sprach man von „Mißgeburt“.

Das österreichische Nationalbewußtsein festigte sich in der Zwischenzeit immer mehr, und der Nationalfeiertag ist zu einer akzeptierten Institution geworden – freilich nicht in jener Form und mit jener Begeisterung, die ihn am Anfang, etwa während der Regierung Klaus, noch gekennzeichnet hatte. So wurde im Oktober 1968, im Jahr der Studentenrevolten, in der Wiener Stadthalle eine überparteiliche „Feier der Jugend“ abgehalten, die nach intensiven Diskussionen eine „Proklamation“ herausgab. Darin wies Winfried Bruckner darauf hin, daß durch die unzensurierte Kritik und Selbstkritik „viele gute und böse Geister“ gerufen würden: „Sie in aller Schärfe zu sehen – gerade in der jungen Generation –, wird der Republik weiterhelfen.“ Und Anton Pelinka rief dazu auf, nicht zu verschweigen, daß die großen gesellschaftlichen Perspektiven verloren gegangen seien.

Schließlich philosophierte der Verfasser über das Wesen des österreichischen Nationalfeiertages unter anderen mit folgenden Worten:

Der 26. Oktober – Feiertag einer Nation, die umso mehr Wirklichkeit wird, je vehementer sie in Frage gestellt wird – ist von allen Nationalfeiertagen wohl der seltsamste. Wäre er das nicht, wäre er nicht österreichisch. Viele bezeichnen den 26. Oktober als einen synthetischen Nationalfeiertag. Er ist synthetisch. Er ist nicht die Erinnerung an Revolution oder Separation, an Schlacht oder Herr-

[1] Gustav Spann, a. a. O.

[2] Bahnhofsvorsteher Kurt Nagy in einem Artikel von Erwin Melchart in der „Neuen Kronen Zeitung“; Datum nicht ersichtlich

schergeburt. Der österreichische Nationalfeiertag – die Wiederkehr der Beschlußfassung über die österreichische Neutralität – ist Herausforderung zur Reflexion, eine jährliche Einladung zur Bestimmung unseres geistigen Standortes als Österreicher.[1]

Setzen wir uns heute, ein Vierteljahrhundert später und als Mitglied der Europäischen Union, mit Wesen, Sinn und Zweck der österreichischen Neutralität auseinander, so werden wir – nicht zuletzt provoziert durch radikale Gedankengänge wie jene von Robert Menasse[2] – völlig neue Ansätze der Interpretation dieser „Nationaldoktrin" suchen müssen, soll dieser Begriff nicht völlig unglaubwürdig werden.

Was den Nationalfeiertag selbst und seine weitgehend ritualisierte Begehung durch die Bundesregierung betrifft (vgl. das Kapitel über das österreichische Heldendenkmal, S. 203 ff.), so bedarf es einer engagierten politischen Initiative, will man dem zum „Tag der Fitneß" verkommenen nationalen Feiertag einen neuen, zukunftsträchtigen Sinn geben. Vielleicht findet sich in den Jubiläumsjahren 1995 und 1996 dafür der geeignete Anlaß.

Der Tag der Arbeit

Briefmarke zum 1. Mai 1990

Einen Tag im Jahr feiert das Proletariat sich, seine Ziele und seine Zukunft. Am 1. Mai demonstriert der Arbeiter allen, daß ihm seine Würde als ganzer Mensch, die Gemeinschaft seiner Klasse, das Programm der Befreiung wichtiger ist als alles andere: dem Unternehmer zeigt er es, indem er von der Arbeit fernbleibt; Staat und Polizei, indem er auf die Straße geht; der Bourgeoisie, indem er ihr sein Recht auf Muße vor Augen führt; den Arbeitsbrüdern und -schwestern, indem er zur selben Stunde wie sie in Aktion tritt – so jedenfalls ist es in der Anfangszeit.[3]

In Ausführung eines Beschlusses des Internationalen Sozialistenkongresses 1889 in Paris wurde der arbeitsfreie 1. Mai zunächst hauptsächlich als Kampftag für den Achtstundentag begangen, in Wien das erste Mal am 1. Mai 1890. Stefan Zweig hat ihn als Bub miterlebt und beschrieben (vgl. „Politik durch die Blume", S. 399). Vor dieser Demonstration hatte die „Neue Freie Presse" die „Physiognomie unserer Stadt am Festtage der Arbeiter" mit den Worten beschrieben:

Die Soldaten sind in Bereitschaft, die Thore der Häuser werden geschlossen, in den Wohnungen wird Proviant vorbereitet wie vor einer Belagerung, die Geschäfte sind verödet, Frauen und Kinder wagen sich nicht auf die Gasse, auf allen Gemütern lastet der Druck einer schweren Sorge.[4]

Nach der friedlich verlaufenen Demonstration las man im selben Blatt, daß „man von diesen Männern der Arbeit lernen könnte, wie man eine politische Demonstration mit Würde, Anstand und Achtung vor dem Gesetz vollführt".

So hatte es sich der „Erfinder" der inszenierten Arbeiterfeste, der Armenarzt und Par-

---

[1] Peter Diem, in: Proklamation der Jugend zum Nationalfeiertag. Wien 1968

[2] Robert Menasse, Land ohne Eigenschaften. Wien 1993, 65 ff.

[3] Peter Cardorff, Was gibt's denn da zu feiern? Wien 1983, 21 ff.

[4] Zitiert nach: Renate Banik-Schweitzer et al. (Hg.), Wien wirklich – der Stadtführer. Wien 1992, 144 f.

teigründer Victor Adler, auch vorgestellt, als er verschiedene „Parteiriten" anführte, um die Massen auch emotional an die Partei zu binden.
Der 1. Mai als arbeitsfreier Tag setzte sich besonders in Wien auf breiter Basis durch. Nach dem Ersten Weltkrieg wandelte sich allerdings der *Feiertag gegen den Staat* zum *Staatsfeiertag*. Für die Sozialdemokratie bedeutete der 1. Mai damit eine Bestätigung ihrer staatstragenden Funktion; der radikalen Linken und den Kommunisten war er immer viel zu sehr *Feier*tag und zuwenig *Kampf*tag.
Seit 1926 führt der Maiaufmarsch über die Wiener Ringstraße, das architektonische Zentralsymbol des Wiener Bürgertums. Und seit diesem Jahr veranstaltet die Sozialistische Jugend am Vorabend des 1. Mai einen Fackelzug. Es wird aber kaum jemandem je aufgefallen sein, daß der Fackelzug der SJ in der Nacht vom 30. April auf den 1. Mai, also in der sogenannten „Walpurgisnacht", stattfindet. Walpurgis (Walburg = Bergerin der Gefallenen), Schwester des hl. Willibald, starb 778 als Äbtissin des Klosters Heidenheim. Sie wurde als Beschützerin vor Zauberkünsten verehrt. Da der Tag ihrer Heiligsprechung, der 1. Mai, mit dem alten heidnischen Frühlingsfest zusammenfiel, erlangte bei Überhandnehmen des Hexenglaubens die Walpurgisnacht eine besondere Bedeutung: in dieser Nacht sollten die Hexen in einer ausgelassenen Feier mit dem Teufel auf dem Blocksberg (Brocken im Harz) oder anderen deutschen Bergen zusammenkommen.
Die Parteiführung der SPÖ versuchte immer wieder, einen Mittelweg zwischen gedankenlosem Frühlingsfest und betont revolutionärem Aufmarsch zu finden. Dieser österreichische Kompromiß gelang ihr über die Jahre recht gut. Zwar wird durch die in ihrer jeweiligen Arbeitskleidung („Kluft") auftretenden, nach Berufs- und Bezirksgruppen streng gegliederten Marschblöcke, die mitgeführten und skandierten Parolen und den Kommentar des Platzsprechers die politische Funktion des 1. Mai immer wieder betont, doch herrscht von Jahr zu Jahr eine gelöstere Stimmung.
Während der Austrofaschismus die Maifeiern verboten hatte (obwohl der 1. Mai als Tag der ständestaatlichen Verfassung Staatsfeiertag blieb), nahm der Nationalsozialismus die damals schon über vierzigjährige Tradition voll in seinen Dienst: der 1. Mai wurde als „Tag der deutschen Arbeit" festlich begangen.
Ab 1945 wurde der „Tag der Arbeit" wieder in traditionsgemäßer Weise gefeiert. Der sozialpartnerschaftliche Wiederaufbau dominierte über den Klassenkampf, und auch die Kirche hat den 1. Mai im Jahr 1955 zum Fest „Josefs, des Zimmermanns" erhoben. Auf der Tribüne vor dem Wiener Rathaus hat jeder sozialistische Parteiobmann und Bundeskanzler – und sei er noch so bürgerlicher Herkunft – seinen Platz einzunehmen, den Genossen zuzuwinken und ihren tausendfachen Gruß mit „Freundschaft" zu erwidern, ein durch die Jahr für Jahr ähnlichen Fernsehbilder umso stärker zum Ritual erstarrter Vorgang.
Trotz aller Bestrebungen, den Aufmarsch einzustellen und andere Formen der Maifeier zu suchen, beharrt die Führung der SPÖ im Hinblick auf die Stimmung ihrer Kernschichten auf dem Umzug. Zwar geht die Zahl der Teilnehmer von Jahr zu Jahr zurück (1994 waren es kärgliche 22.000), und auch die Zahl der roten Fahnen mit oder ohne die drei Pfeile nimmt ab (während die rote Nelke eher wieder in den Vordergrund rückt); doch spielt das eine Rolle? Solange es den Wiener Maiaufmarsch gibt, wird es auch rote Fahnen geben – und umgekehrt.
So hat sich in Österreich, das man ja ohne weiteres auch als ein „Museum für Sozialsysteme" bezeichnen könnte, nicht nur die Schafbergbahn erhalten, die 1993 mit denselben Lokomotiven und Waggons fuhr wie 1893, sondern auch der 1. Mai, der seine Hundertjahrfeier bereits hinter sich hat. Anzeichen, daß sich etwas grundsätzlich ändern wird, gibt es keine. Und außerdem: Wie würden die Wiener reagieren, wenn am Vormittag des 1. Mai plötzlich die öffentlichen Verkehrsmittel in Betrieb wären?

Die Kleinodien des Heiligen Römischen Reiches

Die in der Wiener Schatzkammer seit der Zeit der napoleonischen Kriege aufbewahrten Insignien, Reliquien und Kleinodien des 1806 untergegangenen Heiligen Römischen Reiches stellen eine einmalige Sammlung weltlich-geistlicher Kultgegenstände des Abendlandes dar. Jedem einzelnen Stück – und damit auch der Sammlung insgesamt – wohnen zum Teil noch gar nicht voll entschlüsselte mystisch-religiöse sowie reichs- und kirchenpolitische Symbolfunktionen inne. Die Behandlung der wichtigsten Kleinodien des Römischen Reiches in diesem Buch leitet sich vor allem davon ab, daß diese Insignien fast ein halbes Jahrtausend lang zur Legitimation der Herrschaft der Habsburger dienten und an jener Stätte zur Aufbewahrung gelangten, wo diese Herrschaft ihr Ende fand. Die Reichskleinodien in der Wiener Schatzkammer hatten und haben, wie wir sehen werden, eine nicht zu unterschätzende Funktion für das kulturhistorische Prestige und die politische Eigenständigkeit Österreichs. Die Auseinandersetzung mit den Reichskleinodien ist weiters aufgrund ihrer Präsenz auf Bauwerken und in der bildenden Kunst Österreichs gerechtfertigt. Schließlich führt die Analyse ihrer Symbolik zu einem größeren Verständnis von Staatssymbolik überhaupt.

Durch die seit einigen Jahren erneuerte Form der Präsentation der Kleinodien in der 1983–1987 umgebauten Schatzkammer ist es jedem Interessierten möglich, sich aus nächster Nähe einen Eindruck von jenen Gegenständen zu verschaffen, die über Jahrhunderte hinweg eine geradezu mystische Kraft als europäische Herrschafts- und Einigungssymbole auszuüben vermochten. Auch der nüchterne Mensch von heute wird sich dem Zauber nicht entziehen können, der von Material, Form und historischer Würde der Kleinodien des Römischen Reiches und des Kaisertums Österreich ausgeht.

Die Reichskrone

Um die Datierung des kostbarsten Kleinods der Wiener Schatzkammer, der Krone, mit der deutsche Könige und römisch-deutsche Kaiser gekrönt wurden, wird immer noch gerungen. Die meisten Forscher nehmen an, daß die Reichskrone aus der zweiten Hälfte des 10. Jahrhunderts stammt, während das Stirnkreuz im frühen und der Bügel noch vor der Mitte des 11. Jahrhunderts hinzugefügt wurden. Der Ursprungsort der kunstvollen Goldschmiedearbeit wird von manchen Historikern im Kloster Reichenau am Bodensee vermutet, andere halten es für wahrscheinlicher, daß die Krone in einer Goldschmiede im Raum Köln/Essen entstand. Nach Ansicht von Reinhart Staats habe sie der ranghöchste Geistliche im ottonischen Reich, Reichsbischof Brun von Köln, ein Bruder Ottos des Großen, in der Zeit zwischen 961 und 967

in Auftrag gegeben. Die typisch byzantinischen Elemente der Krone gingen auf den starken oströmischen Einfluß in den frühen Reichsstiften und Klöstern zurück.
Zuletzt hat Mechthild Schulze-Dörrlamm mit Hilfe von kunsthistorisch-archäologischen Methoden ausführliche Vergleiche über frühmittelalterliche Schmuckformen angestellt. Sie kommt zu dem Schluß, daß die Reichskrone nicht unter den Ottonen, sondern erst unter dem ersten Salierkaiser, Konrad II. (1024–1039), hergestellt wurde. Zwischen Konrads Königskrönung im Jahre 1024 und seiner Kaiserkrönung am 26. März 1027 in Rom sei die Plattenkrone angefertigt, wenig später mit dem Hochbügel und gegen 1030 mit dem Stirnkreuz versehen worden. Die Krone dürfte von einem nördlich der Alpen wirkenden byzantinischen oder italienischen Goldschmied stammen, doch ist es auch möglich, daß sie ein jüdischer Goldschmied in Mainz in mediterraner Tradition anfertigte. Der Sohn Konrads, Heinrich III. (1039–1056), habe sich als Ausdruck eines neuen, von der Person des Königs unabhängigen Staatsverständnisses keine neue Krone anfertigen lassen, sondern die seines Vaters übernommen.[1]

Die Reichskrone (Zeichnung von H. G. Ströhl)

Nach dem himmlische Vollkommenheit ausdrückenden Prinzip der Achtzahl besteht die Reichskrone aus acht ungleich großen Bogenplatten. Diese sind durch Scharniere verbunden und werden durch zwei innen umlaufende Eisenbänder versteift. Die vier Hauptplatten der Krone sind dicht mit gemugelten (abgerundeten, nicht in Facetten geschliffenen) Edelsteinen unterschiedlichster Farben besetzt.
Die Nackenplatte und die beiden Schläfenplatten trugen einst kleine Aufsätze aus je drei Perlen. Von den Schläfenplatten hingen Gehänge mit Edelsteinen (Pendilien) herab. Es sind dies aus dem byzantinischen Kulturkreis stammende, ursprünglich apotropäische Attribute, wie sie uns auch von der ungarischen Stephanskrone her bekannt sind.
Die vier etwas kleineren, aber untereinander gleich großen Zwischenplatten wurden unter byzantinischem Einfluß hergestellt und enthalten allesamt Zitate aus der Krönungsliturgie. Die zu den bildlichen Darstellungen passenden Gedanken werden dabei auf von den Figuren gehaltenen Spruchbändern dargestellt; nur der Pantokrator ist von dieser Aufgabe ausgenommen. Die Kunsthistoriker sehen in dieser Darstellungsweise ein Zeichen für die hohe Wertschätzung der Heiligen Schrift durch den Auftraggeber und ein frühes Beispiel für die gegenseitige Durchdringung von Bild- und Schriftelementen – eine Form der Symbolpublizistik mit hoher Kommunikationsleistung, die von der mittelalterlichen „Biblia Pauperum" bis zum Inserat und zum Comic strip der Gegenwart reicht (s. Farbabbildung S. I).
Die Zwischenplatten tragen folgende Inschriften und Motive in Zellschmelztechnik (die Reihenfolge der Platten ist hier im Gegensatz zur zitierten Literatur nach den he-

[1] Hermann Fillitz, Die Insignien und Kleinodien des Heiligen Römischen Reiches. Wien 1954
Hermann Fillitz, Die Schatzkammer in Wien. Salzburg 1986
Kunsthistorisches Museum Wien, Weltliche und geistliche Schatzkammer. Salzburg 1987
Georg Johannes Kugler, Die Reichskrone. 2. Auflage, Wien 1986
Ernst Kubin, Die Reichskleinodien – ihr tausendjähriger Weg. München 1991
Reinhart Staats, Die Reichskrone. Göttingen 1991
Mechthild Schulze-Dörrlamm, Die Kaiserkrone Konrads II. (1024–1039). Sigmaringen 1991
Vgl. auch: Des Reiches Schatz. In: Franz Hubmann/Ernst Trost, Das Heilige Römische Reich Deutscher Nation. Wien 1984, 15

raldischen Regeln gewählt, die nach Ansicht des Verfassers zwar keine „chronologische", aber eine dennoch „logische" Rangfolge der Sinnbilder, und zwar nach ihrer „staatstheologischen" Bedeutung, ergeben):

1. Über der rechten Schläfe:
   Maiestas-Domini-Platte als Zeichen des Gottesgnadentums. Der Pantokrator flankiert von zwei sechsflügeligen Seraphim mit der Überschrift „PER ME REGES REGNANT".
2. Über der linken Schläfe:
   Überschrift „REX SALOMON" mit Schriftband „TIME DOMINUM ET RECEDA A MALO". König Salomon gilt als Sinnbild von Weisheit und Gottesfurcht.
3. Rechts hinten:
   Überschrift „ISAIAS PROPHETA/EZECHIAS REX" mit der Prophezeiung „ECCE ADICIAM SUPER DIES TUOS XV ANNOS". Das lange Leben des Herrschers aus der Gnade Gottes überträgt Frieden und Gesetz auf sein Volk. Man deutet diese Platte aber auch als ein „Memento Mori" für den Träger der Krone.
4. Links hinten:
   Überschrift „REX DAVID" mit Schriftband „HONOR REGIS IUDICIUM DILIGIT". König David gilt als die Verkörperung staatsmännischer Gerechtigkeit.

Die Technik des Senkschmelzes vor Goldgrund stammt aus Byzanz, die Motive, insbesondere der durch die Kleidung vermittelte Körperausdruck, kommen ebenfalls aus dem Osten. Die Reichskrone ist eines der frühesten Beispiele für die Einführung des „Goldgrunds" in der mittelalterlichen religiösen Kunst nördlich der Alpen. Ein wunderschönes Beispiel für die voll entwickelte Zellschmellztechnik stellt der Verduner Altar dar, geschaffen in Klosterneuburg im Jahre 1181.

Der achtlappige Bügel der Reichskrone trägt die aus Perlen bestehenden Inschriften: links: „CHONRADUS DEI GRATIA", rechts: „ROMANORUM IMPERATOR AUG(USTUS)".

Das Schrift-Bild-Programm der Krone, mit seiner starken Betonung der gottgewählten Könige des Alten Bundes aus dem Stamme Davids, ist nichts anderes als die symbolpublizistische Untermauerung des Anspruches, daß der Kaiser die universelle Herrschaft (Regnum) und das oberste Priesteramt (Sacerdotium) stellvertretend für Christus ausübt. Dieses Programm wurde durch die spätere Hinzufügung des Kreuzes über der Stirnplatte noch unterstrichen.

Das Kreuz der Reichskrone trägt auf der Rückseite die Inschrift „IHC NAZARENUS REX JUDEORUM". Christus ist als der Gekreuzigte mit blutenden Wunden dargestellt, seine offenen Augen zeigen aber den Sieg über den Tod. Die „Schauseite" des in Größe und Form wohlproportionierten Kreuzes ist als „crux gemmata", als edelsteinbesetztes Triumphzeichen, ausgebildet. Fünf relativ große, verschiedenfarbige, ovale Edelsteine bieten sich als Symbole für die fünf Wundmale Christi an, als in das umfassende christologische Konzept der Krone später eingefügter Teil.

Die Hauptplatten der Krone tragen je zwölf gemugelte Edelsteine in vier Dreierreihen übereinander. Die Hochfassungen bestehen aus geperltem Golddraht. Um den großen Edelsteinen möglichst viel Licht und damit Leuchtkraft zu geben, wurden für sie die Goldplatten durchbrochen. Die großen Steine werden auf der Stirn- und Nackenplatte von vierzehn kleinen Edelsteinen und achtzehn Perlen begleitet, wodurch regelmäßige Fünfermuster entstehen. Bei den Farben dominiert der Akkord grün/blau/weiß, der im byzantinischen Kulturkreis dem Herrscher und seiner Familie vorbehalten war. Auf der Nackenplatte ist diese Farbzusammenstellung noch am reinsten durchgehalten.

Auf den Seitenplatten umrahmen je 72 (= 6 x 12!) verschiedenfarbige Steine und Perlen einen in der Mitte sitzenden smaragdgrünen Prasem (grün gefärbter Quarz).

Was sagen nun all die Edelsteine und Perlen aus, welches Programm steht hinter diesem kostbaren Schmuck?
Die Zwölfzahl der großen Steine an Stirn- und Nackenplatte weist auf die zwölf Apostel sowie auf die zwölf Stämme Israels hin, deren Namen gemäß Exodus 28,17–21 bzw. 39,10–14 in die Steine an der Lostasche des Hohenpriesters eingraviert waren: vier Reihen zu je drei genau benannten Edelsteinen – die Reichskrone befolgt dieses Muster praktisch wortgetreu. Einige Kunsthistoriker sehen im Programm der Krone auch den Hinweis auf das messianische Jerusalem: nach Offenbarung 21,10 ff. baut die Vision vom himmlischen Jerusalem ja auf die Zwölfzahl auf, die sich wieder auf die Vier und die Drei gründet: vier Mauern mit je drei Toren nach den vier Himmelsrichtungen – auch daran will die Anordnung der Steine auf den beiden Hauptplatten erinnern. Weitere Hinweise auf Elemente der Zahlenmystik sind der Umstand, daß die Krone 120 Steine (= 10 x 12) und 240 Perlen (= 20 x 12) aufzuweisen hat. Dabei darf man allerdings den vorderen und hinteren „Leitstein" nicht mitzählen – beiden kommt, wie wir gleich sehen werden, eine Sonderstellung zu.
An der prominentesten Stelle der Krone, über der Stirn ihres Trägers, saß einst der sogenannte „Waise", nach den Erkenntnissen der Kunsthistoriker ein Edelopal, der durch seine Leuchtkraft und sein vielfältiges Farbenspiel gewissermaßen die Eigenschaften aller Edelsteine – und damit auch alle ihre Tugenden – in sich vereinigte. Die Bezeichnung „der Waise" – von Walther von der Vogelweide sogar als Synonym für die Reichskrone verwendet – kommt ursprünglich vom griechischen „orphanos", das schon für die byzantinische Stirnperle überliefert ist. Der lateinische Ausdruck dafür ist „pupilla". Dieses Wort hat eine dreifache Bedeutung: es bezeichnet sowohl das Auge als auch den Augenstein (Opal) als auch das Waisenkind. Die letztere Bedeutung leitet sich von der kleinen Menschenfigur ab, die man erkennt, wenn man sich selbst im Auge seines Gegenübers gespiegelt sieht.
Interessanterweise findet sich nirgendwo in der Literatur ein Hinweis auf die Möglichkeit, daß die Reichskrone ursprünglich vorne *und* hinten einen Opal hätte tragen können – schließlich befinden sich ja auch auf wichtigen anderen mitteleuropäischen Kronen vorne und hinten an prominenter Stelle gleichartige Steine. Wir werden auf dieses Problem bei der Analyse des Programms der österreichischen Kaiserkrone noch zurückkommen.
Wie dem auch immer sei, der zweifellos prominenteste Stein der ottonischen Reichskrone existiert heute nicht mehr. Irgendwie erinnert uns der mit ihm verbundene Mythos an das unpaarige „dritte" Auge, jenes bei Fischen und altertümlichen Landwirbeltieren feststellbare geheimnisvolle „Scheitelorgan", eine Art von lichtempfindlicher Stelle, die sich bei höheren Wirbeltieren zu einer hormonbildenden Drüse entwickelt hat. Wer weiß, vielleicht brauchte der Römische Kaiser einfach ein Auge mehr als gewöhnlich sterbliche Menschen, um die Vision einer dauerhaften gesamteuropäischen Friedensordnung im Rahmen eines großen übernationalen Wirtschafts- und Kulturraumes nicht aus den Augen zu verlieren?

Reichsinsignien, Reichsornat und Reichsreliquien

Dazu werden neben der Reichskrone folgende Gegenstände gezählt, die alle in der Wiener Schatzkammer aufbewahrt werden:

- die Heilige Lanze (karolingisch, 8. Jahrhundert),
- das Krönungsevangeliar (Hof Karls des Großen, knapp vor 800),
- die Stephansbursa (karolingisch, Anfang 9. Jahrhundert),
- der „Säbel Karls des Großen" (Ungarn, 1. Hälfte 10. Jahrhundert),

- das Reichs-(Mauritius-)schwert (Scheide deutsch, 2. Drittel 11. Jahrhundert),
- das Zeremonienschwert (Palermo, vor 1220),
- der Reichsapfel (Köln, um 1200),
- das Zepter (deutsch, 1. Hälfte 14. Jahrhundert),
- der Krönungsmantel (königliche Hofwerkstatt Palermo, 1133/34),
- die Handschuhe (Palermo, vor 1220),
- die Adlerdalmatika (süddeutsch, 1330/1340),
- das Reichskreuz (westdeutsch, um 1024), u. a.

Es ist nicht möglich, auf alle diese Gegenstände einzugehen, doch sollen einige ihrer Besonderheiten wegen hervorgehoben werden, soweit diese Bezug auf österreichische Symbolik im weitesten Sinn nehmen.

Die Heilige Lanze

Mit der Heiligen Lanze, in deren Blatt man im Mittelalter einen Nagelpartikel einfügte, dem man zuschrieb, vom Kreuz Christi zu stammen, sind einige Legenden verbunden. Zunächst soll sie dem später heiliggesprochenen römischen Offizier Mauritius gehört haben, der sich weigerte, an Christenverfolgungen teilzunehmen. Dann wurde sie dem nur aus apokryphen Schriften bekannten, jedoch ebenfalls in den Heiligenkalender aufgenommenen römischen Hauptmann Longinus zugeschrieben, der mit seiner Lanze die Seite Jesu am Kreuz geöffnet haben soll (Johannes 19,34). Die überirdischen Kräfte der Heiligen Lanze sollen dazu beigetragen haben, daß Otto I. am 10. August 955, dem Fest des hl. Longinus, die Ungarn auf dem Lechfeld bei Augsburg besiegte. Dabei handelt es sich wohl um eine politische Legende, die das Gottesgnadentum der Ottonen untermauern sollte. Die Heilige Lanze wurde 1002 für Heinrich II., den Heiligen (973–1024), Nachfolger Ottos III., zum ersten und letzten Mal direkt in die Krönungshandlungen einbezogen, nachdem Heinrich das Insigne dem Erzbischof von Köln mit Gewalt abgenommen hatte.
Die Heilige Lanze stellt also das älteste Reichssymbol dar, dem jedoch im 13. Jahrhundert die Reichskrone den Rang ablief.

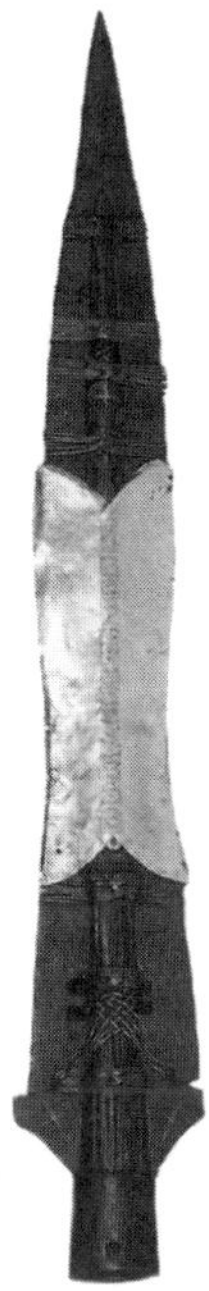

Die Heilige Lanze, das älteste Reichssymbol

Der Reichsornat

Der *Krönungsmantel,* ein dreieinhalb Meter breiter halbkreisförmiger Umhang, stammt aus der königlichen Hofwerkstatt in Palermo und wurde 1133/34 für den Normannenkönig Roger II., den Sohn des Eroberers von Sizilien, Roger I., hergestellt, wie eine kufische Inschrift unzweifelhaft festhält. Auf leuchtend rotem Samit („geritzte" Seide) ist mit Goldstickerei eine Dattelpalme als Lebensbaum dargestellt, zu deren Seiten je ein Löwe (als das normannische Wappentier) über ein zu Boden geworfenes Kamel triumphiert. Es ist nicht auszuschließen, daß die Löwen nicht nur irdische Herrschaftssymbole darstellen, sondern als Sternbilder zu verstehen sind, um den Herrscher mit einem „Himmelsmantel" zu versehen.
Das Faszinierende an diesem Krönungsmantel und anderen Teilen des Reichsornats ist der Gedanke, daß die christlichen Könige bei ihrer Kaiserkrönung und -salbung Prunkstücke mit arabischer Bildsymbolik und mit arabischen Aufschriften trugen, worauf sie alsbald zu Kreuzzügen aufbrachen, um eben jene Kultur mit Feuer und Schwert zu verfolgen, der das Abendland so unendlich viel verdankt.[1]

[1] Zur Rolle der arabischen Kultur in der Frühgeschichte Europas vgl. Sigrid Hunke, Allahs Sonne über dem Abendland. Fischer Taschenbuch, Frankfurt 1990

Von besonderer Bedeutung sind auch die *Handschuhe*, ebenfalls aus Palermo, höchstwahrscheinlich angefertigt für die Krönung des in Sizilien regierenden Stauferkönigs Friedrich II. in Rom am 22. 11. 1220. Ihre Handflächen sind mit Ranken und je einem großen nimbierten Adler mit ausgebreiteten Schwingen bestickt. Es ist dies ein beredtes Zeichen dafür, daß sich unter Friedrich II. (1212–1250) der einköpfige Adler als Symbol des Kaisertums durchsetzte. Er wurde in dieser Zeit „heraldisiert": unter arabischem Einfluß näherte sich die Adlerdarstellung pflanzlichen Motiven an, es entstanden die knopfförmigen Erweiterungen der Flügelenden (Voluten) und die seitlich abgestreckten Fänge. In der gleichen Periode trat auf in Sizilien geprägten Münzen und auf den Siegeln der Reichsstädte Kaiserswerth und Cambrai erstmals der Doppeladler als kaiserliches Zeichen auf.[1]
Die attraktive *Adlerdalmatika*, aus pflanzlich rot gefärbtem chinesischem Seidendamast, bestreut mit 68 aufgenähten Adlermedaillons (einköpfiger schwarzer Adler in Gold auf Leinen gestickt), ist mehr als hundert Jahre jünger (1330–40).

Das wechselvolle Schicksal der Reichskleinodien

Der Umstand, daß das Heilige Römische Reich lange Zeit keine Haupt- und Residenzstadt besaß und der Kaiser gewissermaßen „vom Sattel aus regierte" (Ernst Kubin), bescherte den Reichskleinodien ein unstetes Wanderleben.
Von 1423 bis 1796 – also fast vier Jahrhunderte – in Nürnberg aufbewahrt, gelangten die wichtigsten Schätze und Insignien des Reiches auf der Flucht vor den Franzosen 1800 erstmals in die Wiener Schatzkammer.
Der Kaiser und die Reichskleinodien flohen Mitte 1809 vor den Franzosen nach Ungarn. Der Kronschatz kam 1809 bis nach Temesvar und wäre beinahe über Dalmatien nach Malta verschifft worden, hätten sich die Engländer nicht dagegen gesperrt. Im Jahr nach dem Wiener Frieden vom 14. Oktober 1809 kehrten die symbolträchtigen Kostbarkeiten aber wieder nach Wien zurück.
Eine erneute vorsorgliche Flucht der Schätze führte sie 1813 zunächst zu Schiff bis Fischamend, wo sich die Kisten, vom Hochwasser bedroht, zeitweise in großer Gefahr befanden. Die Völkerschlacht bei Leipzig Mitte Oktober 1813 beendete die Franzosengefahr und ermöglichte den Rücktransport in die Schatzkammer.
1866 war es für die Reichskleinodien wieder Zeit, sich zu mitternächtlicher Stunde vom Josefsplatz auf den Weg zum Donauufer zu machen, denn nach Königgrätz wurde ein Einfall der Preußen befürchtet. Diesmal ging es bereits per Dampfschiff donauabwärts: der Personendampfer „Szent István" hatte die Schätze in einem Lastenkahn im Schlepptau. Über Preßburg gelangten die Kisten ins königliche Zeughaus von Ofen. Es handelte sich dabei um die wahrscheinlich kostbarste Fracht aller Zeiten: neben den Reichsinsignien waren u. a. die mit der Bahn aus Prag heimlich angereiste Sankt Wenzelskrone, die österreichische Kaiserkrone, der Erzherzogshut und die Eiserne Krone der Lombardei mit von der Partie! Nach einem Monat Abwesenheit war freilich alles wieder nach Wien zurückgekehrt.
Am 22. August 1914 wurde die Wiener Schatzkammer „bis auf weiteres" geschlossen. 1918 wurde zwar der Privatschmuck der Habsburger in die Schweiz verbracht, doch blieben die Gegenstände mit „öffentlich-rechtlichem" Charakter der Republik erhalten. Sie mußten allerdings noch gegen maßlose italienische Ansprüche, insbesondere auch auf die Kunstgegenstände aus Palermo, verteidigt werden.
Seit 1933 verfolgte der Nürnberger Oberbürgermeister Willy Liebel hartnäckig den Plan, die Reichskleinodien in die ehemalige freie Reichsstadt heimzuholen. Adolf

[1] Kusternig, a. a. O., 33

Hitler stimmte Mitte 1938 diesem Plan zu. Gegen den hinhaltenden Widerstand von Reichsstatthalter Dr. Seyss-Inquart (der sich ja ursprünglich als „österreichischer" Nationalsozialist verstanden hatte, dem ein volles Aufgehen der „Ostmark" im „Reich" nicht vorgeschwebt war) wurde am 13. Juni 1938 die Überführung verfügt. Hitler wußte um die Emotionen, die die Verbringung der Reichskleinodien aus Wien auslösen konnte, und taktierte daher behutsam. Dennoch, das Schicksal nahm seinen Lauf. Am Morgen des 29. August 1938 traf ein Sonderzug der Deutschen Reichsbahn in Wien ein. Unter Bewachung durch sieben SS-Leute wurden die Reichskleinodien inklusive der drei sogenannten Aachener Kleinodien an Oberbürgermeister Liebel ausgefolgt. (Angeblich waren die SS-Männer ziemlich überrascht, besser gesagt, eher peinlich berührt, als sie der eindeutig jüdischen Motive auf der Krone des Heiligen Römischen Reiches „deutscher Nation" gewahr wurden.) Dr. Seyss-Inquart war bei der Übergabehandlung nicht anwesend, er ließ sich durch den SS-Brigadeführer Staatssekretär Dr. Ernst Kaltenbrunner vertreten.

Unter völliger Geheimhaltung wurden zwölf Kisten mit den Schätzen zum Westbahnhof gebracht. Dort präsentierte das SS-Kommando vor den Kisten das Gewehr. Der Zug fuhr kurz nach 22 Uhr ab.

Die offiziellen Begleiter waren von ihrer historischen Mission so begeistert, daß sie die Nacht durchzechten. Als der Zug gegen 8 Uhr in Nürnberg eintraf, war keiner von ihnen imstande, auf eigenen Füßen zu stehen. Die österreichischen Begleiter mußten selbst zusehen, wie sie mit den Reichskleinodien zum Reichsparteitagsgelände kamen. Nach einem Bericht des Wiener Antiquars Christian M. Nebehay sei dies schließlich per Taxi gelungen.[1] 1940 wurden die Schätze in einen bombensicheren Bunker unterhalb der Kaiserburg gebracht. Holzwurm und Motten setzten ihnen zu, doch im großen und ganzen überstanden die Reichskleinodien den Krieg ganz gut. Liebel verübte am 20. April 1945, am Geburtstag des von ihm hochverehrten Führers, in Nürnberg Selbstmord. Die in die Stadt eingerückten Amerikaner mußten feststellen, daß sich die wichtigsten Teile des Kronschatzes (Krone, Zepter, Reichsapfel, Schwerter) nicht mehr im Bunker befanden. Sie seien in den ersten Apriltagen von der SS in Kupferbehältern weggebracht worden, erklärten die Nürnberger und fanden auch sonstige Ausflüchte. Die Amerikaner entdeckten zwar in einem Bergwerksstollen in Siegen (bei Köln) Reichskleinodien, doch waren es nicht die Originale, sondern die Aachener Nachbildungen: bei ihrer Bergung entstanden die bekannten Bilder der amerikanischen Soldaten Ivan Babcock und Richard Swenson, die sich, unbekümmert um europäische Traditionen, Mythos und Mystik der Reichskleinodien, die Reichskrone aufs Haupt setzen.

US-Leutnant Richard Swenson mit den (nachgebildeten) Reichsinsignien

[1] Sammlers Freude – Österreichs Glück. Die Wiederauffindung der Reichskleinodien 1945. In: Die Presse, 21./22. Mai 1988, III. Etwas abweichend davon die Schilderung bei Portisch, Österreich II, a. a. O., 38 ff.

Oberleutnant Horn, ein geborener Deutscher, führte in der Folge die Nachforschungen. Es gelang ihm, durch gezielte Verhaftungen und Verhöre die Wahrheit herauszufinden: Der „Abtransport" durch die SS war fingiert; in Wirklichkeit hatte der engste Kreis um den Oberbürgermeister am 31. März 1945 die wichtigsten Gegenstände in einem anderen Bunker eigenhändig eingemauert. Es besteht Grund zu der Annahme, daß Liebel vor seinem Selbstmord noch einmal sicherstellen wollte, daß die wichtigsten Gegenstände nicht in die Hände Unberufener fallen könnten. Es war aber nicht seine Absicht – was die Amerikaner zunächst vermuteten –, die Reichsinsignien zum zentralen Symbol einer „Widerstandsbewegung des Dritten Reiches" („Werwolf") zu machen.
Die Gegenstände wurden unversehrt geborgen. Es verging jedoch das gesamte Jahr 1945, bis die Reichskleinodien von der amerikanischen Besatzungsmacht nach Wien zurückgeflogen wurden. Die Nürnberger Kunsthistoriker hatten alles versucht, die Kronschätze ihrer Stadt durch Rechtsgutachten zu erhalten, doch stießen sie mit ihren Plänen (u. a. für ein Germanisches Museum) bei den Amerikanern auf taube Ohren. Am 5. 1. 1946 trafen die Reichskleinodien am Militärflugplatz Tulln ein, von wo sie in die Tresorräume der Nationalbank gebracht wurden. Die formelle Übergabe an Österreich erfolgte am 10. Jänner 1946 durch General Mark Clark an Bundeskanzler Leopold Figl.
Am 1. Juli 1954 wurden die Reichskleinodien in der Wiener Schatzkammer wieder der Öffentlichkeit zugänglich gemacht.
Auch in den Jahren nach dem Krieg wurden in Deutschland wieder Bestrebungen wach, die Kronschätze nach Nürnberg bzw. Aachen zurückzubringen. In seinem spannenden Buch würdigt Ernst Kubin alle Standpunkte, um zu dem Schluß zu kommen, „daß Österreich zur Verwahrung aller Reichskleinodien sowohl aus rechtlicher als auch historischer Sicht unangreifbare Titel besitzt. Die Forderungen Nürnbergs und Aachens erscheinen vom lokalen Standpunkt dieser Städte aus zwar verständlich, sie entbehren jedoch letztlich ausreichender historischer und rechtlicher Grundlagen."[1]

[1] Kubin, a. a. O., 266

Die Erzherzogshüte

Der österreichische Erzherzogshut als „Ersatzkrone"

Während ihrer jahrhundertelangen Regentschaft trugen die Habsburger als Symbole ihrer legitimen Herrschermacht die ältesten Kronen des Abendlandes:

- als deutsche Könige und als Kaiser die ehrwürdige Reichskrone des Heiligen Römischen Reiches,
- als Könige von Ungarn die heilige Stephanskrone und
- als Könige von Böhmen die gotische Wenzelskrone.

Die österreichischen Erblande, die das Habsburgerreich zusammenhielten, besaßen aufgrund des Fehlens einer staatsrechtlichen Bindung aneinander kein einheitliches Symbol. Wohl aber führte jeder Habsburger den Erzherzogshut als persönliches Würdezeichen.

Das Symbol des Erzherzogshutes als eines speziellen Insignes geht auf Rudolf IV., den Stifter, zurück. Wie sein vor 1365 entstandenes Porträt im Wiener Diözesanmuseum zeigt, ließ er seinen Herzogshut, dessen metallenes Spitzengerüst mit Brokat überzogen war, mit einem von der Stirn zum Nacken verlaufenden und an Königskronen erinnernden Bügel versehen, um sich dadurch über die „gewöhnlichen" Herzöge emporzuheben und einen Rang unmittelbar nach oder sogar über den Kurfürsten zu beanspruchen, unter welche die österreichischen Herzöge nach der „Goldenen Bulle" Karls IV. (1356) nicht aufgenommen worden waren. Die Fassungen der Edelsteine auf diesem Bügel sind nach Art der Wenzelskrone pilzförmig abstehend; wahrscheinlich hat sie der aus Prag an den Hof nach Wien berufene Goldschmied Janko gefertigt. Rudolf IV. stand ja nicht nur bei der Gründung der Wiener Universität und beim gotischen Ausbau des Stephansdoms, sondern auch in der bildenden Kunst im Wettbewerb mit Prag, der Residenzstadt seines Schwiegervaters Karl IV. Das „Privilegium Maius" (1359) spricht dem österreichischen Herzog das Recht zu, das Lehen nicht knieend mit entblößtem Haupt, sondern hoch zu Roß zu empfangen, in der Hand ein Zepter, auf dem Haupt einen Herzogshut mit Zinkenkrone – also insgesamt der Gestus eines Königs, dessen Würde ja schon der Babenberger Friedrich II. für Österreich angestrebt hatte.

Der Erzherzogshut Rudolfs, des Stifters, ist nicht erhalten.

Rudolf IV. mit dem Erzherzogshut; Phantasieporträt des 19. Jh.s

Der steirische Herzogshut

Der steirische Herzogshut, der bis heute das Landeswappen der Steiermark krönt, ist der einzige noch aus dem Mittelalter stammende Herzogshut Österreichs. Aufgrund der Art der Goldschmiedarbeit kann er auf die Wende zum 15. Jahrhundert datiert werden. Der flachgewölbte rote Samthut hat eine breite Hermelinstulpe und wird von einem vergoldeten Zickzackreif umgeben, dessen neun Spitzen große Perlen tragen. Der von der Stirn ausgehende schmale Bügel, der staatsrechtlich anspruchsvollste Teil der „Quasikrone“, wird von einem Tatzenkreuz überhöht. Der unter dem Zickzackreif durchlaufende Hermelinstreifen ist mit Hermelinschwänzchen verziert (vgl. Farbabbildung S. VI).

Im 18. Jahrhundert wurde der österreichische Erzherzogshut (s. u.) bei Erbhuldigungen vorangetragen. Dem steirischen Herzogshut wurde diese Ehre nicht zuteil – er war zum entscheidenden Zeitpunkt (1728) nicht auffindbar; wahrscheinlich hatte man ihn zu gut aufgehoben. Bei der Auflösung der steirischen Rüstkammer durch Maria Theresia 1765 wurde der Hut „in ganz defectem Zustande“ aufgefunden und 1766 „in der alten façon“ wiederhergestellt. Acht große Perlen und 22 Hermelinschwänzchen wurden neu eingesetzt. 1785 mußte er in die Wiener Schatzkammer ins Exil, kehrte aber unter Leopold II. wieder nach Graz zurück. Der steirische Herzogshut ist im Kuppelsaal des Landesmuseums Joanneum in Graz ausgestellt, allerdings in sehr liebloser und museumspädagogisch völlig unzureichender Form: Ohne entsprechende Beleuchtung und objektgerechte Beschriftung in einen mannshohen Plexiglaszylinder mit störenden Reflexen gestellt, wird das Symbol staatsrechtlicher Eigenständigkeit der Steiermark weit unter seinem identitätsstiftenden Wert behandelt.

Der Tiroler Erzherzogshut

Seitdem 1477 Herzog Sigmund von Tirol von Kaiser Friedrich III. das Recht zur Führung des Titels „Erzherzog von Österreich“ zuerkannt worden war, fand sich auf den Siegeln und Münzen Sigmunds der österreichische Erzherzogshut.

Als Kunstgegenstand erhalten geblieben ist jener Tiroler Erzherzogshut, den Erzherzog Ferdinand II. vor 1595 anfertigen ließ und der Burg- und Wallfahrtskirche Mariastein bei Wörgl zur Aufbewahrung übergab. Der Kronreif mit zwölf Zacken ist aus vergoldetem Kupfer. An die Stelle des ursprünglichen Hermelinbesatzes ist heute ein Stulp aus weißer Seide getreten. Die beiden Bügel tragen einen kleinen Reichsapfel mit Kreuz. Die darunter befindliche Haube besteht aus roter Seide, die mit einem Netz aus Goldfäden überzogen ist (vgl. Farbabbildung S. VI).

Erzherzog Maximilian III., von 1602 bis 1618 Statthalter in Tirol, nahm diesen Erzherzogshut zum Vorbild, als er 1616 den prächtigen österreichischen Erzherzogshut stiftete, der sich seither in Klosterneuburg befindet.

Das Kleinod von Klosterneuburg

Das heute noch erhaltene und im eigentlichen Sinne als „österreichischer“ Erzherzogshut bezeichnete Insigne wurde erst am 15. 11. 1616 von Erzherzog Maximilian III., dem Hochmeister des Deutschen Ordens und Landesfürsten von Tirol, zwei Jahre vor seinem Tod als Weihegabe bzw. als Bekrönung der Schädelreliquie Leopolds III. gestiftet. Er wurde in einer süddeutschen oder Innsbrucker Werkstatt gefertigt und ist nach dem Vorbild des Tiroler Erzherzogshutes (s. o.) etwas kostbarer ge-

staltet als frühere (erz-)herzogliche Kopfbedeckungen, die sich die österreichischen Herrscher seit Rudolf IV. anfertigen ließen (vgl. Farbabbildung S. V).
Vor der Übergabe des Erzherzogshutes küßte Maximilian die Schädelreliquie des Heiligen und krönte sie mit dem Erzherzogshut. Damit wurden der sakrale Charakter des Hutes unterstrichen und die Heilkräfte der Reliquie auf die Herrscherkrone übertragen. Auf dem Umweg über den Erzherzogshut wurden dann die Kräfte des Landesheiligen – nach der Vorstellung früherer Jahrhunderte – auch auf jeden neuen Landesfürsten übertragen, sobald er dieses Insigne beim Akt der Erbhuldigung aufsetzte. Nach dem Willen des Stifters sollte mit diesem Erzherzogshut also eine „heilige Landeskrone" nach dem Vorbild der ungarischen Stephans- und der böhmischen Wenzelskrone geschaffen werden.
Die Idee der „heiligen Krone" beruht auf der Vorstellung vom „rex perpetuus", vom heiligen Herrscher, der noch aus dem Jenseits seine schirmende Hand über sein Volk hält. Besonders ausgeprägt ist diese Idee u. a. beim hl. Stephan, dem Schutzpatron Ungarns, und beim hl. Olaf, dem Schutzheiligen Norwegens. Der norwegische König Olaf wurde nach der Schlacht von Stiklestad 1030 mit einer Axt erschlagen; noch heute hält der norwegische Wappenlöwe die Olafs-Axt in den Pranken. Die Reliquien des „rex perpetuus Norwegiae" mußten deshalb bei jeder Königswahl zugegen sein.
So steht auch hinter der Weihegabe Maximilians III. in wechselvoller Zeit die Absicht, dem österreichischen „marchio perpetuus", dem hl. Leopold, zu huldigen und die Verbindung zwischen ihm und seinem Volk herzustellen. Auch in der frühen Neuzeit brachte ja ein Nationalheiliger seinem Volk Ansehen und Identität.
Der Erzherzogshut besteht aus einer roten Samthaube, um die ein von einem Hermelinkranz weitgehend verdecktes Diadem von acht goldenen, mit Rubinen, Smaragden, Diamanten und Perlen besetzten und gleich großen Zacken gelegt ist. Zwei einander im rechten Winkel kreuzende und damit noch mehr dem Typus „Königskrone" angenäherte Bügel (die früheren Erzherzogshüte hatten nur einen Bügel!) sind reich mit Perlen besetzt. Der von einem goldenen Kreuzchen gekrönte, ansehnliche blaue Saphir am Zusammenstoß der beiden goldenen Bügel erinnert an prominenteste Edelsteine in den Kronen der deutschen, österreichischen, ungarischen und böhmischen Machtbereiche – allesamt Saphire:

- In der um die Jahrtausendwende entstandenen Reichskrone befindet sich seit dem 14. Jahrhundert ein großer, auf der Spitze stehender herzförmiger Saphir, der den ursprünglichen „Waisen" (vermutlich ein Edelopal) als „Leitstern" ersetzte.
- Die aus dem späten 12. Jahrhundert stammende hl. Stephanskrone der Ungarn trägt in der Mitte ihres byzantinischen Reifs einen großen lichtblauen, dreieckigen Saphir, der mit der Spitze nach oben weist.

Die österreichischen Insignien mit dem Erzherzogshut

- Gegen Mitte des 14. Jahrhunderts wurde die endgültige Form der St. Wenzelskrone geschaffen. Sie zeigt einen großen fünfeckigen Saphir an zentraler Stelle, insgesamt trägt sie achtzehn Saphire. Der oberste Stein der Krone ist ein kleiner Saphir an der Spitze des Kreuzes.
- Die österreichische Kaiserkrone (Prag, 1602) trägt einen über dem Kreuz angeordneten großen Saphir. Das zur Krone gehörige, aber etwas später angefertigte Zepter aus Narwalhorn und der Reichsapfel (beide um 1615) werden ebenfalls von Saphiren gekrönt.

Wie man sieht, hatte der Schöpfer des Erzherzogshutes ein klares Programm vor Augen: Österreich durch ein den wichtigsten Kronen der damaligen Zeit nachempfundenes Herrschaftssymbol so weit wie möglich aufzuwerten. Als Symbol der österreichischen Kernlande gegenüber den Kronen des Reiches, Böhmens und Ungarns vereinigt der Erzherzogshut in sich die Zeichen des römischen Kaiser- und Königtums, Bügel und Kreuz, und die Zeichen des Fürstentums, Hut und Zackenkranz. Der unbekannte Meister muß die genannten Kronen genau gekannt haben. Die Anlehnung an die Krone Rudolfs II. ist überdeutlich: acht perlengekrönte Zacken mit rechteckig gefaßten Diamanten, der Rubin über der Stirne sowie zwei perlen- und diamantbesetzte Bügel. Feinfühlig, aber mit Raffinesse wird der die Verwandtschaft mit den Prager Kaiserinsignien betonende goldgefaßte Saphir nicht an die oberste Spitze gesetzt, sondern wird noch von einem Kreuzchen überragt, dessen Rubin-Perlen-Kombination jedoch wieder ein kleiner Saphir krönt. Insgesamt ergibt sich so ein harmonisch wirkender, nicht aufdringlicher, aber dennoch königlicher Wurf.

Der Erzherzogshut mußte an der Begräbnisstätte des heiligmäßigen Markgrafen aufbewahrt werden und durfte – gemäß päpstlicher Bestätigung – nur zur Erbhuldigung bzw. zur Lehensvergabe auf höchstens dreißig Tage aus dem Stift entliehen werden. Dies geschah zwischen 1620 und 1835 insgesamt zehnmal. Die Erbhuldigung fungierte in den habsburgischen Erblanden, von denen ja nur Böhmen ein Königtum war, in gewisser Weise als Ersatz für die Krönung. Staatsrechtlich war sie ein Vertrag zwischen Herrscher und Ständen, in welchem diese sich gegen Bestätigung ihrer alten Privilegien zur Gefolgschaft verpflichteten. Die Erbhuldigungen fanden nach einem strengen Zeremoniell statt, in welchem eine Reihe von Insignien, Herolds- und Oberst-Erblandämtern eine Rolle spielten. Der Klosterneuburger Propst als Bewahrer des Erzherzogshutes führte den Titel eines „Diadematis Austriaci custos".

Karl VI. (1685–1740) wollte Klosterneuburg zu einer gigantischen Klosterresidenz („österreichischer Escorial") ausbauen, doch kam es nur zur Errichtung des Nordostteils. Seine beiden Kuppeln werden durch gewaltige maßstabgetreue Nachbildungen von Reichskrone und Erzherzogshut gekrönt, um auch in der Architektur bzw. im plastischen Schmuck auf die Zusammenhänge Kaiser – Erzherzog – Klosterneuburg hinzuweisen.

Der heilige Leopold

Im ausgehenden 17. und im 18. Jahrhundert wurden fast jedes Jahr „Staatswallfahrten" abgehalten, in welchen das Kaiserpaar am 14. November aus Wien anreiste, um vor den ausgestellten Reliquien und Weihegaben seine Andacht zu verrichten. Die Predigten für den hl. Leopold waren dabei immer auch Predigten für Österreich, bis hin zur verbalen Apotheose des Hauses Österreich, vergleichbar der beeindruckenden Symbolik des barocken Deckenfreskos „Die Glorie des Hauses Österreich" von Daniel Gran im Marmorsaal des Stiftes (1749). Sie bildeten gewissermaßen rhetorische „Übergangszonen des Irdischen zum Himmlischen" (Eva Kovacs), reich verbrämt mit Bildern aus der Heraldik des Bindenschildes, des Fünfadlerwappens und

den zahlreichen Interpretationen des „AEIOU". Ein Hauch dieser langen staatskirchlichen Tradition hat sich in der noch heute stattfindenden Wiener Männerwallfahrt erhalten, in der alljährlich zum hl. Leopold um Schutz für Volk und Land gebetet wird. Unter Maria Theresia, deren Reformeifer sie, wenn schon, dann nach „ächten" Symbolen Ausschau hielten ließ, wurde auf den Erzherzogshut Rudolfs IV. zurückgegriffen, wodurch dem jüngeren Klosterneuburger Kleinod nur mehr die Rolle einer „Reliquienkrone" zugebilligt wurde. Beinahe hätte man einen neuen, einen „theresianischen" Erzherzogshut anfertigen lassen. Der Tod Maria Theresias machte solche Pläne jedoch zunichte.
Kaiser Joseph II., der in seinem reformerischen Überschwang die Bedeutung der Länder zurückdrängen wollte – und bekanntermaßen Staatssymbole ohnedies für antiquiert und daher überflüssig hielt –, ließ den kostbaren Hut 1784 in die Schatzkammer nach Wien bringen, wo er das Exil mit Stephans- und Wenzelskrone teilte. Übrigens war der Erzherzogshut – wie andere Kronen auch – vor herannahenden Feinden oft in Sicherheit gebracht worden und hatte u. a. Passau, Prag, Preßburg, Ungarn und sogar Galizien kennengelernt; er war also fast so reisefreudig wie die heilige Stephanskrone (s. d.) gewesen.
Schon wenige Wochen nach dem Tod Josephs II. wurde das Kleinod 1790 mit allen Begleiterscheinungen eines Volksfestes nach Klosterneuburg zurückgebracht.
Als traditionelles Symbol österreichischer Eigenart und Eigenständigkeit hat der Erzherzogshut nach der Demontage vom niederösterreichischen Landeswappen 1918/20 seine heraldische Bedeutung dadurch behalten, daß er bis heute das Wappenschild Oberösterreichs schmückt, wie man an jedem neuen Kfz-Kennzeichen (bekanntlich eine der wenigen korrekten Ausführungen der Landeswappen) sehen kann.

Die Kronen der Habsburger

Die heilige Krone Ungarns und die Krönungsinsignien

Die vielfachen historischen Verflechtungen der beiden Nachbarländer Österreich und Ungarn legen eine ausführliche Behandlung der ungarischen Krönungsinsignien nahe. Vom symbolkundlichen Standpunkt ist dies auch deshalb gerechtfertigt, weil die sogenannte „Stephanskrone" Teil des letzten gemeinsamen Wappens von Österreich-Ungarn war (vgl. S. 114). Mit dieser Krone wurde der letzte österreichische Kaiser am 30. Dezember 1916 als Karl IV. zum ungarischen König gekrönt.

Die Geschichte der „heiligen Krone Ungarns" ist eines der spannendsten Kapitel der (mittel-)europäischen Kunstgeschichte, vergleichbar vielleicht jener des Turiner Grabtuches. Eine populärwissenschaftliche Gesamtdarstellung des Schicksals der ungarischen Krönungsinsignien liest sich beinahe wie ein Kriminalroman.[1]

Am Beginn des Jahres 1001 wurde in Gran/Esztergom Stephan der Heilige (gestorben 1038, heiliggesprochen am 20. 8. 1083) zum ersten König Ungarns gekrönt. Das Volk der Magyaren war erst etwas über hundert Jahre davor unter seinem Anführer Arpad im Karpatenbecken seßhaft geworden. Sowohl das byzantinische als auch das römische Christentum warben um die Christianisierung des jungen Steppenvolkes. Schon Fürst Geisa (Géza), der Urenkel Arpads und Vater Stephans, hatte die geschichtlich überaus bedeutsame Entscheidung getroffen, sich durch seine Taufe der römischen Kirche anzuschließen. Er bat den deutschen Kaiser um die Entsendung von Missionaren und warb um eine bayrische Prinzessin für seinen Sohn Waik, der auf den Namen des Passauer Diözesanheiligen Stephan getauft worden war. Damit hatte Geisa das Ungarntum ein für allemal mit dem westeuropäischen Kulturkreis verbunden. Durch Stephans Krönung mit einer von Papst Sylvester I. entsandten Krone wurde Ungarn in die Reihe der christlichen Staaten eingegliedert. Durch die Übermittlung der Krone und eines Kreuzes aus Rom wurde aber auch deutlich gemacht, daß Ungarn nicht unter der Schirmherrschaft des deutschen Kaisers stand.

Die „heilige Krone Ungarns", die später in „mystischer Rückdatierung" Stephan I. zugeschrieben wurde und als „heilige Stephanskrone" zum zentralen Staatssymbol der Ungarn wurde, entstand wahrscheinlich unter Béla III., jedenfalls aber in der Periode zwischen 1074 und 1300 (vgl. Farbabbildung S. II).

Béla III. (1148–1196) war in Byzanz erzogen worden und reformierte nach seiner Krönung (1172) die Verwaltung Ungarns nach byzantinischem Vorbild. Der Reif der Krone ist der einer byzantinischen Frauenkrone. Aller Wahrscheinlichkeit nach handelt es sich dabei um ein Geschenk des oströmischen Kaisers Michael Dukas an

---

[1] Kalman Benda/Erik Fügedi, Tausend Jahre Stephanskrone. Szeged 1988

Geisa I. (1064 –1074, König 1075 – 1077) für dessen Gattin, die byzantinische Fürstin Synadene, eine Nichte des oströmischen Kaisers Nicephoros Botaniates. Das Diadem ist ein mit Perlen, polierten Edelsteinen und Zellschmelzplatten besetztes Goldband, das die für byzantinische Kronen typischen dreieckigen und halbrunden Aufsätze trägt. Auf diesen breiten Goldreif („corona graeca") wurden zwei goldene Bänder in Bügelform aufgenietet, die in der Mitte an eine quadratische Platte hart angelötet sind. Der für die beiden Bügel geprägte Ausdruck „corona latina" ist unzutreffend, da die beiden Goldbänder zwar lateinische Inschriften tragen, aber wahrscheinlich aus einem ostkirchlichen liturgischen Gegenstand (Reliquiar oder sternförmiger Aufsatz einer Patene) entstanden sind. Manche Forscher halten die beiden Bänder für Teile einer kostbaren Buchumhüllung, wieder andere meinen in ihnen Teile der mit dem Stephansreliquiar verbundenen Krone zu sehen.

Die Stephanskrone (Zeichnung von H. G. Ströhl)

Die vier Bänder tragen acht Emailplatten mit ebensovielen Aposteldarstellungen. Vier Jünger Jesu fielen der Verkürzung der Goldbänder bei der Vereinigung mit der „Corona graeca" zum Opfer. Die quadratische Mittelplatte zeigt den Pantokrator, der brutal durchbohrt wurde, um das Kreuz aufsetzen zu können. Das für die „Stephanskrone" so charakteristische schiefstehende Kreuz wurde zu Beginn der Neuzeit aufgeschraubt. Es ersetzte vermutlich ein frühes (Doppel-) Kreuz mit Kreuzpartikel. Spätestens 1611 wurde es durch unsachgemäße Behandlung der Krone verbogen.

Vorne trägt die „corona graeca" das Emailbild des Pantokrators, darunter einen dreieckigen, hellblauen, ungeschliffenen indischen Saphir (vgl. hiezu die Ausführungen über den „Waisen" im Kapitel über die Reichskrone, S. 164). Dieser wichtigste Stein der Krone wird flankiert von den beiden Erzengeln Michael und Gabriel. Dahinter folgen der byzantinische Reiterheilige Georg, der Soldatenheilige Demetrios sowie die Ärzteheiligen Kosmas und Damian.

Der himmlischen Hierarchie an der Vorderseite stellt die gekonnte Ikographie der „corona graeca" die irdische Ordnung an der Rückseite entgegen: Der byzantinische Kaiser Michael Dukas (1071 – 1078) thront über seinem ebenfalls als Kaiser dargestellten Sohn Konstantin und dem siebenten ungarischen König, Geisa I. Aus dessen Darstellung geht unzweifelhaft das früheste Entstehungsdatum der ungarischen Krone, nämlich 1074, hervor. Der dunkelblaue Saphir auf der Rückseite ist der einzige klare und modern geschliffene Stein der Krone. Er dürfte erst Anfang des 17. Jahrhunderts eingefügt worden sein. Eine glaubhafte Theorie der Kunsthistorikerin Magda von Bárány-Oberschall lautet, daß die Zusammenfügung von „corona graeca" und „corona latina" um 1185 zu einem geschlossenen Herrschaftszeichen – einer „corona clausa" – ein symbolpublizistischer Akt zur Untermauerung der Großmachtpolitik Bélas III. war. Béla konnte Dalmatien und zeitweise Galizien erobern und war in zweiter Ehe mit Margarete von Frankreich verheiratet. Die von einem Kreuz überhöhten Bügel (Kronenform der Stauferkönige) bilden zusammen mit der durch die Hinzufügung von „cataseistae" (Pendilien, ursprünglich apotropäische Attribute) vom „stephanos" (Diadem) zur „stema" (byzantinischen Kaiserkrone) hochstilisierten „corona graeca" ein „souveränes Herrschaftszeichen, wie es die beiden höchsten Herrscher der damaligen Welt, der byzantinische Basileus und der römisch-deutsche Stau-

fenkaiser, trugen".[1] Demnach stellt die „Heilige Krone Ungarns" ein politsches Ost-West-Symbol – symbolkundlich also ein *Integralsystem* (s. d. im Kapitel Heraldik, S. 51) – dar, das für die beiden historischen Orientierungsrichtungen Ungarns bis in die jüngste Zeit charakteristisch geblieben ist.
Zu den ungarischen Krönungsinsignien gehören weiter der Krönungsmantel, das Zepter, der Reichsapfel und das Schwert.
Das Zepter ist eindeutig der älteste Gegenstand unter den ungarischen Herrschaftszeichen. Es geht direkt auf die Zeit Stephans zurück. Mit seinem charakteristischen Knauf – einem geschliffenen Bergkristall, in den drei Löwen eingeschnitzt sind – hat es die Gestalt eines osmanischen Streitkolbens, eine in Europa alleinstehende Form mit hohem Symbolgehalt. An seiner Oberseite trägt der Knauf einen „unendlichen" (magischen) Knoten, dem zusammen mit den Pendilien apotropäische Funktion zukommt. Der Kristallknauf stammt aus der Zeit der fatinistischen Kalife (Ende des 10. Jahrhunderts). Als Zepter geht der Gegenstand auf die zweite Hälfte des 12. Jahrhunderts zurück.

DIE WANDERJAHRE DER STEPHANSKRONE

Seit Ende des 13. Jahrhunderts durchwegs als „Stephanskrone" bezeichnet, wurde die Krone neben der als Reliquie verehrten rechten Hand des hl. Stephan zum vornehmsten Kultgegenstand und wichtigsten Staatssymbol Ungarns. Sie steht bis heute für Tradition, nationale Einheit und Unabhängigkeit. Und gerade diesem ehrwürdigen Gegenstand war ein schier unglaubliches Wanderleben beschieden, das die Krone im Verlauf ihrer beinahe tausendjährigen Geschichte durch den gesamten Donau- und Karpatenraum, nach Wien, Passau und Prag bis weit nach Rumänien und am Ende gar nach Deutschland und Amerika führte, bis die Stephanskrone am 6. Jänner 1978 in ihre ungarische Heimat zurückkehrte. In unseren unmittelbaren Gesichtskreis tritt die ungarische Krone mit Kaiser Franz Joseph I., der sich ursprünglich nicht in Ungarn krönen lassen wollte. Doch die Verhältnisse zwangen ihn dazu.
Nach dem Ausgleich mit Ungarn 1867, der den dualistischen Staat der Doppelmonarchie ins Leben rief, wurde Franz Joseph unter ungeheurem Pomp am 8. Juni 1887 an der Seite seiner Frau Elisabeth in der Ofener Matthiaskirche zum ungarischen König gekrönt. Der Kaiser leistete schließlich vor der Pester Pfarrkirche den Eid auf die Verfassung, der erstmals seit 350 Jahren in ungarischer Sprache erklang.
1880 wurde die erste wissenschaftliche Untersuchung der Stephanskrone genehmigt, freilich nur durch Augenschein, was zur Feststellung ihrer tatsächlichen Identität kaum beitrug. 1900 baute man in der Burg einen eigenen Panzersaal, um die Krone, wie man dachte, endgültig aufzubewahren.
Am 30. Dezember 1916 wurde Karl I., Österreichs letzter Kaiser, als Karl IV. zum König von Ungarn gekrönt. Alle Ereignisse der Krönungsfeierlichkeiten fanden auf der Budapester Burg statt. In der Matthiaskirche setzten Fürstprimas Johann Csernoch und Ministerpräsident Stephan Graf Tisza Karl gemeinsam die Krone aufs Haupt. Kaiserin Zita wurde, wie es die Zeremonie vorsah, mit der Stephanskrone an der Schulter berührt, als Zeichen dafür, daß sie an der Last der Krone mitzutragen hatte. Vor der Dreifaltigkeitssäule, unter freiem Himmel, die Stephanskrone auf dem Haupt und das Gesicht nach Osten gewendet, legte Karl den Eid auf die Verfassung ab. Der Krönungshügel für die vier Schwertstreiche, die der Kaiser nur mit Mühe bewältigte, war aus Erde von allen ungarischen Komitaten errichtet worden. Es war ein eiskalter, grauer Wintertag. Zu der – wie Photos und Filmaufnahmen beweisen – eher

[1] Magda von Bárány-Oberschall, Die Sankt Stephanskrone. Wien 1961, 45

Kaiser Karl I. wird am 30. 12. 1916 als Karl IV. zum ungarischen König gekrönt

düsteren Zeremonie waren Karl in der Galauniform eines Husarengenerals und Königin Zita in einem weißen Schleppkleid mit meterlangem Schleier erschienen. Das offizielle Krönungsphoto zeigt das Kaiserpaar mit Kronprinz Otto. Besonders gespenstisch gestaltete sich der Ritterschlag zum Goldenen Sporn, zu dem zahlreiche verstümmelte Offiziere in Frontkleidung und auf Krücken erschienen waren.
Nach dem Sturz der Monarchie war Ungarn ein Jahr lang Räterepublik; 1919 wurde die Staatsform der Monarchie wiederhergestellt, ohne daß es zu einer Königswahl kam. Reichsverweser Miklos Horthy regierte jedoch mit der Befugnis eines Monarchen. Wieder wurden durch Gesetz zwei Kronhüter eingesetzt, die zusammen mit dem Ministerpräsidenten über die Schlüssel zum Panzersaal und zur Truhe verfügten. 1938, aus Anlaß des 900. Jahrestages von Stephans Tod, ergab sich wieder eine Gelegenheit zur wissenschaftlichen Untersuchung des Kronschatzes. Auch diesmal war eine Berührung der Insignien verboten – wahrscheinlich aus Angst davor, die Studie könnte italienische oder deutsche Ursprünge der Krone ans Tageslicht bringen, was als politisch zu riskant angesehen wurde.
1944 begann das letzte Kapitel der Odyssee der Heiligen Krone Ungarns. Die beiden letzten Kronhüter vergruben die aus der Truhe genommenen Insignien in der Nähe der Burg. Der Kommandant der Wache, Oberst Pajtas, war eingeweiht worden und beruhigte die Wachen, denen die Veränderung des Siegels aufgefallen war, mit einer Ausrede.
Am 16. Oktober 1944 trat Ferenc Szálasi mit seinen rechtsextremen Pfeilkreuzlern die Herrschaft über Ungarn an. Er ließ den Kronschatz wieder ausgraben und legte am 4. November 1944 im Parlament seinen Eid als „Führer der Nation" auf die Krone ab. Die Insignien wurden wieder im Panzersaal aufbewahrt. Szálasi beschloß in der Folge, die Krönungsinsignien auf eine allfällige Flucht vor den Russen mitzunehmen, und ersuchte vorsorglich bei den Deutschen um Asyl für den Kronschatz. Unter Umgehung der Kronhüter wurden die Insignien am 6. Dezember 1944 nach Güns/Köszeg geschafft, von dort nach Velem und am 18. März 1945 in den Bunker des einstigen kaiserlichen Jagdschlosses Mürzsteg bei Mürzzuschlag gebracht. Szálasi verlegte dann seine Regierung von Ödenburg in ein Hotel in Salzburg, während der Kronschatz auf einem Lastwagen über Mariazell nach Mattsee gebracht wurde.
Wieder einmal wurde der Beschluß gefaßt, die Krone zu vergraben. Die sechsköpfige Kronwache barg die Krone und die anderen Insignien in einer Kiste, die in einem zer-

sägten Benzinfaß am Ufer des Mattsees in eine zwei Meter tiefe Grube versenkt wurde. Die leere Krönungstruhe führte das versprengte Häuflein bis zu seiner Gefangennahme am 5. Mai 1945 bei Augsburg weiter mit sich. Um die Truhe zu öffnen, mußten die Amerikaner erst Szálasis Adjudanten Ernö Gömbös aus dem Salzburger Gefangenenhaus holen, der aussagte, nach dem Willen Szálasis sei das Versteck fünf Jahre geheimzuhalten und erst dann den Nationalsozialisten in Ungarn oder Deutschland bekanntzugeben. Oberst Pajtas führte die Amerikaner schließlich an den Mattsee, wo dann die Krone zum letzten Mal ausgegraben wurde. Wieder, wie schon so oft, waren die Stoffteile von der Nässe zerstört worden; die heilige Krone Ungarns aber hatte auch diesen letzten Akt unversehrt überlebt. Auch der Transport in die Vereinigten Staaten konnte ihr nichts anhaben. Die Krone blieb im Gewahrsam der Amerikaner, bis sie unter Präsident Jimmy Carter am 6. Jänner 1978 von einer Delegation des Kongresses dem ungarischen Volk zurückerstattet und feierlich dem Parlament übergeben wurde.[1]

Wurde das Staatssymbol unter der kommunistischen Herrschaft von Wachen mit Maschinenpistolen beschützt, so ist die Stephanskrone heute ein gesichertes Museumsstück wie andere auch. Sie kann im ungarischen Nationalmuseum jederzeit besichtigt werden.[2]

Mag die schier unglaubliche Geschichte der Stephanskrone den meisten Ungarn auch nicht im Detail bekannt sein, so steht doch fest, daß auch heute noch eine starke Gefühlsbindung an sie besteht. Das ist auch der Grund, warum sie nach der Beendigung der kommunistischen Herrschaft am 11. Juli 1990 wieder Bestandteil des ungarischen Wappens wurde, das sie bis Ende des Zweiten Weltkrieges durch alle Wirrnisse der Geschichte gekrönt hatte.

DIE BÖHMISCHE ST. WENZELSKRONE

Die für die Krönung Karls IV. seit etwa 1341 vorbereitete Krone bezog ihr Material wahrscheinlich aus der letzten Přemyslidenkrone. Sie wird erstmals in einer päpstlichen Bulle vom 6. Mai 1346 erwähnt, in der bestätigt wird, daß die Krone auf dem Kopfreliquiar des hl. Wenzel im Prager Veitsdom zu ruhen habe und nur für die Krönungen (gegen eine Gebühr von 200 Mark Silber an das Domkapitel) verliehen werden dürfe. Karl IV. wurde am 2. September 1347 in der alten Prager Kathedrale gemeinsam mit seiner im Jahr darauf verstorbenen Gattin Blanca von Valois gekrönt. Noch vor Karls Tod am 29. November 1378 wurde die Krone in seinem Auftrag gründlich umgearbeitet („multum reformata de novum"). Dabei wurden die charakteristische Form des Stirnreifs und der vier Fleurons (heraldische Lilien, die bereits von den fränkischen Königen verwendet wurden und ab 1179 die französischen Kronen schmückten) von der Krone Přemysl Ottokars II., Bügel und Bügelkreuz aber von den frühen böhmischen Königen übernommen. Damit wollte Karl IV. einerseits an eine lange böhmische

Die Wenzelskrone

[1] Eine genaue, bebilderte Schilderung der Vorgänge in Mattsee findet sich bei Hugo Portisch, Österreich II, a. a. O., 350 ff.

[2] Dem Direktor des Ungarischen Nationalmuseums, Dr. István Gedai, sei an dieser Stelle herzlich für seine freundlichen Anregungen und Korrekturen gedankt.

Tradition anschließen, andererseits die ihm seit seiner Jugend am französischen Königshof bekannte französische Form betonen. So wurde die Krone zum vornehmsten Symbol der Zusammengehörigkeit des Königreichs Böhmen, der Markgrafschaft Mähren und des Herzogtums Troppau. Jagellonen und Habsburger wurden mit der böhmischen Königskrone gekrönt, zuletzt Ferdinand V., der Gütige, am 7. September 1836.[1] Die St. Wenzelskrone trägt auf ihren vier groß proportionierten Lilienaufsätzen und auf dem Stirnreif insgesamt 96 Edelsteine, darunter eine Anzahl außerordentlich großer Saphire aus Ceylon, deren pilzförmige Fassungen der Krone ihr besonderes Aussehen verleihen. Die Bügel schmücken Perlen sowie fünfundzwanzig uralte ägyptische Smaragde und neunzehn Spinelle. Unmittelbar über der Stirn des Königs sitzt ein großer, waagrecht durchbohrter, kornblumenblauer Saphir, darüber ein herrlicher Rubin, umgeben von fünf klaren Spinellen. Ähnlich ist die farbliche Anordnung der Steine über dem Nacken, während an den Seitenteilen der Krone helle Saphire dominieren. Das goldene Kreuz auf dem Gipfel des Kronbügels trägt an den Seitenenden kleine Spinelle, auf dem Ende des oberen Balkens jedoch einen kleinen eiförmigen Saphir. Anläßlich eines Besuches in Paris soll Karl IV. ein Dorn von der Krone Christi überreicht worden sein, der sich im Bügelkreuz der Krone befindet (vgl. Farbabbildung S. IV).
Die Wenzelskrone ist von zahlreichen Legenden umgeben. Eine davon besagt, daß derjenige, der sich die von sieben Schlössern geschützte Krone böswillig aufsetzt, binnen Jahresfrist eines gewaltsamen Todes sterben werde. So findet sich in manchen Stadtführern von Prag die Erzählung, daß sich der gefürchtete stellvertretende deutsche Reichsprotektor Reinhard Heydrich die Krone aufs Haupt gesetzt habe, um die Tschechen zu erniedrigen. Heydrich starb an den Folgen eines Attentats am 4. Juni 1942.
Die böhmische Krone wird über der St. Wenzelskapelle in der St. Veitskathedrale aufbewahrt. Eine sehr gute Kopie ist im historischen Museum im Lobkowitz-Palais auf dem Hradschin zu besichtigen.

Die Eiserne Krone der Lombardei

Die sogenannte „Eiserne Krone“ der Lombardei wird in der Kathedrale S. Giovanni Battista von Monza aufbewahrt. Es handelt sich dabei um eine zierliche Krone aus sechs Goldplatten von je 8 Zentimetern Länge, die miteinander einen Reif von rund 15 Zentimeter Durchmesser bilden. Die lombardische Krone hat ihren Namen von einem schmalen, gehämmerten Eisenring, der im Inneren des Goldreifs verläuft und im Rufe steht, ein Nagel vom Kreuze Christi zu sein.[2]
Die sechs Hauptfelder des bügel- und zackenlosen Kronreifs tragen je vier getriebene siebenblättrige Goldrosetten, die einen Edelstein in Kreuzform umgeben. Die Zwischenfelder zeigen je drei Edelsteine übereinander – abwechselnd Rubin, Saphir und Amethyst –, wobei zwei derartige Felder ohne Hauptplatte aneinanderstoßen. Dies legt den Schluß nahe, daß die Krone ursprünglich aus acht Platten bestand. Mit 64 Zentimetern Umfang bzw. 20 Zentimetern Durchmesser wäre sie damit als königlicher Stirnreif im Gegensatz zur bestehenden Krone ausreichend dimensioniert gewesen. Insgesamt enthält die Eiserne Krone 22 Edelsteine.
Der Ursprung des lombardischen Staatssymbols ist umstritten. Nach einer Theorie

[1] Karl Fürst Schwarzenberg, Die Sankt Wenzels-Krone und die böhmischen Insignien. Wien 1960
Ljuba Horaková, Die böhmischen Krönungskleinodien. Hg. im Auftrag der Kanzlei des Präsidenten der Tschechischen Republik. Deutsche Kurzfassung, Prag 1993

[2] Magda von Bárány-Oberschall, Die Eiserne Krone der Lombardei. Wien 1966

stammt die Krone aus dem 5. Jahrhundert: der oströmische Kaiser Anastasias habe sie dem Ostgotenkönig Theoderich verliehen, nachdem er zwei wichtige Platten entfernt hatte, um der Krone die Achtzahl und das Stirnjuwel und damit ihre protokollarische Bedeutung für Byzanz zu nehmen. Nach anderer Ansicht verweisen die Zellschmelzarbeiten in den Winkeln der Rosettenkreuze auf das 10. Jahrhundert.

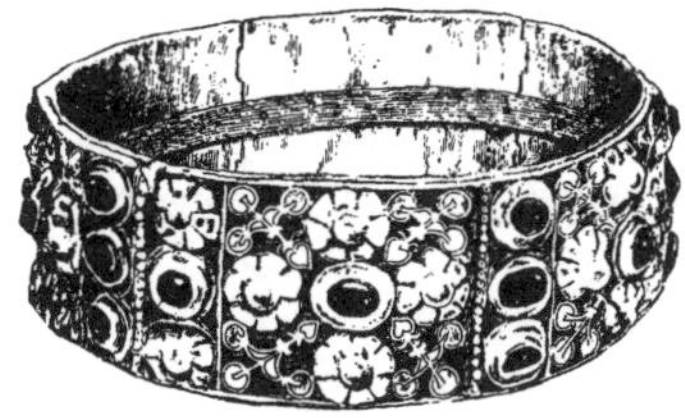

Die Eiserne Krone der Lombardei

In jedem Fall vereinigt die „Eiserne Krone" – ähnlich wie ihre Gegenstücke im Norden Mitteleuropas – mehrere Stilrichtungen in sich: spätrömische und westgotische Motive mischen sich mit frühromanischer kosmologischer Symbolik. Faßt man ihre Dimensionen als Originalmaß auf, könnte das Insigne ursprünglich eine Frauenkrone oder auch ein Armreif an einem weiten Gewand (Armilla) gewesen sein.
Durch die Krönung von Konrad III. im Jahre 1128 war Monza zur norditalienischen Krönungsstadt geworden. Zunächst existierte die Eiserne Krone der Langobarden nur als Legende. Dann aber ließ Heinrich VII. (Kaiser 1298–1308) eine für Krönungen tatsächlich verwendbare eiserne Krone herstellen.
Im 15. Jahrhundert bildete sich die „Dreikrönungslegende" heraus: Der Römische Kaiser habe drei Kronen zu empfangen: mit einer goldenen Krone würde er in Rom zum Kaiser gekrönt, mit einer silbernen in Aachen zum deutschen König und mit einer eisernen in Mailand zum italienischen König. Die dreifache Krönung sollte den Kaiser dem mit der Tiara, der dreifachen Krone, ausgestatteten Papst ebenbürtig machen.
Erst 1530 wurde Karl V. durch Papst Klemens VII. in Bologna mit jenem Reif gekrönt, den wir heute die „Eiserne Krone der Lombardei" nennen. Er sollte der erste und letzte Römische Kaiser sein, der mit der lombardischen Krone gekrönt wurde.
Der nächste Herrscher, der sich für die Eiserne Krone interessierte, war Napoleon I. Am Höhepunkt seiner Macht hatte sich der Korse am 2. Dezember 1804 in Notre Dame zum Kaiser der Franzosen gekrönt. Am 26. Mai 1805 machte er sich im Dom von Mailand zum italienischen König, indem er sich die Eiserne Krone der Lombardei aufs Haupt setzte.
Zum dritten und letzten Mal wurde die Krone von Monza als Krönungsinsigne verwendet, als man Ferdinand I. am 6. September 1838 in Mailand zum König des nach dem Wiener Kongreß entstandenen lombardo-venezianischen Königreichs krönte.
Ein Aquarell in der Wiener Schatzkammer zeigt die österreichische Lösung des Problems der für Herrscherköpfe zu kleinen lombardischen Krone: Während man den Reif für Napoleon vermutlich hinten geöffnet und mit einem Band erweitert hatte, wurde für Ferdinand I., den Gütigen, ein „tragender Untersatz" entworfen. Die kleine lombardische Krone ruhte wie die Laterne einer Kuppel auf der blauen Samthaube einer größeren Lilienkrone, wobei sie offenbar von vier durch sie hindurchragenden und in einem Kreuz endenden Bügeln gehalten wurde.
Nach dem Abzug der Österreicher gelangte die Krone 1859 in die Wiener Schatzkammer, wurde aber 1866 dem neugegründeten italienischen Königreich ausgefolgt.
Der eigens angefertigte dunkelblaue Krönungsmantel ist in der Wiener Schatzkammer verblieben. Er ist mit goldenen Palmblättern und Lorbeer bestreut (bei der Behandlung des Ordens der Eisernen Krone wird auf die für Österreich seltene Farbkombination Dunkelblau-Gold näher eingegangen; vgl. S. 217).
Neben ihrer nur dreimaligen Verwendung als Krönungsinsigne stellt die Eiserne Krone eine legendenumwobene Reliquie dar, die nicht zu Unrecht in einem Taberna-

kel im Dom zu Monza ruht. Nach historisch nicht voll verbürgten Berichten habe die hl. Helena ihrem Sohn, Kaiser Konstantin, zwei aus Nägeln vom Kreuz Christi verfertigte Gegenstände überbringen lassen: ein edelsteingeschmücktes Diadem und einen Pferdezaum. Papst Gregor der Große habe das Diadem von Kaiser Tiberias Augustus in Byzanz als Geschenk erhalten und es an Theodolinde, die Königin der Langobarden, weitergegeben.[1]
Seit 1311 wurden die italienischen Könige mit der Eisernen Krone gekrönt. Mitte des 15. Jahrhunderts setzte Aeneas Sylvius Piccolomini, der spätere Papst Pius II., in seiner Vita Friedrichs III. die Eiserne Krone der Legende mit dem Insigne von Monza gleich. Gegen Ende des 16. Jahrhunderts wurde schließlich die noch aus der karolingischen Zeit stammende Sage von einer eisernen Krone der Langobarden mit dem real existierenden Goldschmuck von Monza und der Erzählung vom Diadem Konstantins zur Deckung gebracht. Damit war der Weg zur Reliquienverehrung vorgezeichnet, die im Jahre 1717 auch von der römischen Ritenkongregation sanktioniert wurde. Demgemäß wird alljährlich am ersten Septembersonntag die „Eiserne Krone" von Monza in feierlicher Prozession durch die Stadt geführt.

[1] Die aus Regensburg stammende Theodolinde war eine der großen Frauengestalten des frühen Mittelalters. Sie bekehrte nicht nur ihren zweiten Gatten, Graf Agilulf von Turin, zum Christentum, sondern missionierte die arianischen Langobarden insgesamt während ihrer rund 35 Jahre währenden Herrschaft. Theodolinde gilt als Stifterin der 595 eingeweihten Kathedrale von Monza, wo sie mit ihrem Gatten in einem einfachen Sarkophag begraben liegt. Ihre Krone ist erhalten geblieben. Es ist ein die spätrömische und westgotische Formensprache vereinigender, in strenger Form gehaltener und reich mit Steinen besetzter goldener Kronreif von 5 Zentimetern Höhe bei einem Durchmesser von 19 Zentimetern. Er dürfte auf das 7. Jahrhundert zurückgehen und ist daher unter Umständen älter als die Eiserne Krone.

Die Insignien des österreichischen Kaisertums

Wir haben bei der Behandlung der Geschichte des Doppeladler-Wappens schon die Gründe dargelegt, die zur Errichtung des österreichischen Erbkaisertums 1804 und zur Niederlegung der römischen Kaiserkrone durch Franz II. im Jahre 1806 führten. Als offizielle Insignien des neuen österreichischen Kaiserreiches, das die gesamten Erblande und Königreiche der Habsburger umfaßte, wurden die als „Hauskrone" geschaffene Krone Kaiser Rudolfs II. (1552–1612) sowie der Reichsapfel und das Zepter seines Bruders und Nachfolgers Matthias (1557–1619) gewählt. Durch ihr Alter und ihre Symbolik sollten diese Insignien Elemente aus der Tradition des Heiligen Römischen Reiches auf das neue habsburgische Kaisertum übertragen. In dieser Absicht wurde ja auch der kaiserliche Doppeladler weitergeführt. Eine formelle Krönung des österreichischen Kaisers mit den neuen/alten Insignien war zwar vorgesehen, wurde aber nie vollzogen.

Die österreichische Kaiserkrone

Bei der für das Kaisertum Österreich gewählten Krone, die sich in Tausenden und Abertausenden Abbildungen und plastischen Darstellungen in Wien, in Österreich und darüber hinaus manchmal noch auf dem Gebiet der ehemaligen Donaumonarchie wiederfindet und daher bis heute tief im Bewußtsein der Österreicher verankert ist, handelt es sich um die einzige erhaltene „Privatkrone" eines römischen Kaisers. Da die Insignien des Reiches seit 1424 in Nürnberg aufbewahrt und nur mehr bei der Krönung verwendet wurden, mußten sich die Herrscher für den gewöhnlichen Gebrauch eigene Kronen anfertigen lassen. Ferdinand II. (1578–1637) erklärte Krone, Reichsapfel und Zepter zu „Hauskleinodien" und entzog sie dadurch auf Dauer der freien Verfügung durch den einzelnen Herrscher (vgl. Farbabbildungen S. II, III).
Die österreichische Kaiserkrone wird dem niederländischen Goldschmied und Juwelier Hans Vermeyen zugeschrieben, der sie zwischen 1598 und 1602 in der Prager Hofwerkstatt herstellte. Hans (Johan) Vermeyen war der Sohn des Jan Cornelisz Vermeyen (genannt Barbalonga), eines in Beverwijk bei Haarlem um 1500 geborenen Malers, der im Dienste Karls V. stand. Er begleitete den Kaiser 1535 auf seiner Tunis-Expedition und dokumentierte diese auf zwölf Teppichen. Die großen, mit Wasserfarben gemalten Kartonentwürfe hiezu befinden sich im Wiener Kunsthistorischen Museum, die Teppiche in Schönbrunn. Vermeyen der Ältere starb 1559 in Brüssel. Sein Sohn Hans Vermeyen war aus Antwerpen nach Frankfurt am Main gekommen, wo er sich als Goldschmied niederließ. Er übersiedelte 1597 zunächst nach Wien und ging von da als Kammergoldschmied und Hofjuwelier Rudolfs II. nach Prag. Gleich seinem Vater war Hans Vermeyen ein geschickter Zeichner – leider ist nur eine Krei-

dezeichnung („Mutter mit Kind", 1603, Kupferstichkabinett der Universität Göttingen) von ihm erhalten. Neben der Kaiserkrone schuf Hans Vermeyen auch eine Anzahl überaus kostbarer Hofgefäße, darunter einen Narwalhornbecher, einen Bezoar-Becher (Bezoare sind als heilkräftig angesehene Magensteine von Ziegen oder Lamas), eine Chalzedon-Schale und eine Prasemschale, alle im Besitz des Kunsthistorischen Museums Wien, Sammlung für Plastik und Kunstgewerbe.[1] Hans Vermeyen, dessen Geburtsdatum unklar ist, starb im Jahre 1606.

Die Krone Kaiser Rudolfs II.

Wie die meisten historischen Herrscherkronen weist auch die von Rudolf II. gestiftete und daher „rudolfinisch" genannte österreichische Kaiserkrone ein „Programm" mit hohem Sinngehalt auf. Die Krone besteht im wesentlichen aus drei Teilen:

- dem Kronreif mit Lilienaufsätzen, der schon als solcher eine Königskrone bildet,
- dem kaiserlichen Hochbügel von der Stirn zum Nacken, der der Reichskrone nachempfunden ist, und
- der Mitra, die das hohepriesterliche Gottesgnadentum des Kaisers symbolisiert.

Hugo Gerard Ströhl vermutete, daß die Krone Friedrichs III. auf dessen Grabmal im Wiener Stephansdom erstes Vorbild der Rudolfskrone gewesen sei. Hermann Fillitz hingegen meint, daß die durch Albrecht Dürer überlieferten Privatkronen Maximilians I. die Form vorgegeben hätten. Rudolf II. schätzte ja Dürer sehr und sammelte dessen Werke.[2]

Betrachtet man die aus feuervergoldetem Kupfer bestehende Funeralkrone, die Rudolf II. 1576 für seinen in Regensburg verstorbenen und 1577 im Prager Veitsdom bestatteten Vater Maximilian II. anfertigen ließ, so erkennt man in dieser bereits viele Züge der bis 1602 geschaffenen Kaiserkrone, von den – hier mauresken – Zierbändern an der Mitra über die angedeuteten Perlenreihen bis hin zur Imitation des Rubins über der Stirn. Diese im Prager Domschatz verwahrte Plattnerarbeit muß daher ebenfalls als Vorlage für die rudolfinische Kaiserkrone angesehen werden.[3]

Die zwei Jahrhunderte später als österreichische Kaiserkrone verwendete „Hauskrone" Rudolfs II. war das kostspieligste Projekt, das der in Prag residierende Habsburger je in Angriff nahm – seine Bauvorhaben mit eingeschlossen. Rudolf ließ in ganz Europa vertraulich nach Diamanten fahnden, die er um viel Geld kaufte und höchstwahrscheinlich durch aus Antwerpen stammende und in Frankfurt wirkende Diamantenschleifer – vermutlich Bekannte Hans Vermeyens – facettieren ließ.

Die Krone selbst, in der sich, wie wir sehen werden, die vielfachen künstlerischen und naturwissenschaftlichen Bestrebungen und Erkenntnisse, die den Hof Rudolfs bestimmten, wie in einem Kristall bündeln, besitzt ein besonders genau überlegtes und sehr ausgewogenes ikonographisches Programm. Kronreif, Bügel und Mitra werden an ihren Konturen von Flußperlen aus der Monarchie eingesäumt, was den eigenständigen Charakter der drei Hauptteile hervorhebt und dennoch ihre Einheit betont. Der Kronreif besitzt acht mit Diamanten besetzte und durch Perlenpaare getrennte

---

1 Rudolf Distelberger, Die Kunstkammerstücke. In: Prag um 1600. Kunst und Kultur am Hofe Kaiser Rudolfs II. 2 Bände, Freren 1988, 437 ff. sowie Kat. Nr. 280

2 Hugo Gerard Ströhl, Heraldischer Atlas. Stuttgart 1899, Tafel XV
Fillitz, Die Schatzkammer in Wien, a. a. O., 182

3 Prag um 1600, a. a. O., 560, 569 ff.

Flächen: die Achtzahl, die ja auch der römischen Reichskrone zugrundeliegt, gilt seit alters her als Symbol der kosmischen Ordnung und Vollkommenheit. Das Achteck symbolisiert die acht Hauptrichtungen der Windrose (vgl. den „Turm der Winde" in Athen, 1. Jhdt. v. Chr.). Durch das Übereinanderlegen von zwei Quadraten (das Quadrat ist das Symbol des Irdischen) nähert man sich der Kreisform an (der Kreis ist das Symbol des Ewigen). Christliche Taufbecken sind deshalb oft achteckig – auch zur Erinnerung an die Erschaffung des Menschen am achten Tag (Genesis 2,7). Das Achteck gilt auch als perfekter Grundriß in der Architektur. So ließ Karl der Große die zu seiner Grablege bestimmte Pfalzkapelle in Aachen als Oktogon errichten. Auch die berühmte Stauferburg „Castel del Monte", 1240 durch Friedrich II. erbaut, versinnbildlicht durch ihren klaren achteckigen Aufbau den universellen Anspruch des römischen Kaisers.

Die acht großen Diamanten des Kronreifs sitzen in strengen Gevierten, so als wollten sie acht blühende Hauptstädte mit uneinnehmbaren Festungsmauern symbolisieren. Das Wort „Diamant" kommt ja vom griechischen „Adamas", d. h. der Unbezwingliche. Der härteste aller Steine steht damit für Christus, drückt aber auch allgemein positive Werte wie Licht, Leben, Aufrichtigkeit und Unschuld aus. (Etwas seltsam mutet die fast „photographische" Darstellung der Rudolfskrone, mit der Franz I., wie wir wissen, nie gekrönt wurde, durch Friedrich von Amerling auf seinem bekannten Kaiserporträt aus dem Jahre 1832 an. Hier scheint es, als säßen nicht Diamanten, sondern Saphire oder andere dunkle Steine in den Kastenfassungen des Kronreifs.)

Eine Reihe von kleinen Löchern im Gold des Reifs wird von den Kunsthistorikern als Indiz dafür gesehen, daß Rudolf diesen Teil von einer Krone Kaiser Ferdinands I. (1503–1564) übernommen hat. Die vier großen und die vier kleinen Lilienaufsätze des Kronreifs werden von Rubinen und Spinellen dominiert und sind durch besonders große, birnenförmige Perlen gekrönt. Ihre Zahl und Ausführung greift auf mittelalterliche Vorbilder zurück.

Die sphärisch geschwungene Mitra ist im Gegensatz zur kirchlichen Inful (Bischofsmütze) um 90 Grad gedreht. Sie stellt den Träger dieser Kopfbedeckung damit bewußt in die Nachfolge des alttestamentarischen Hohepriesters. Die Mitra der Rudolfskrone weicht jedoch von der im Mittelalter (auch bei der ottonischen Reichskrone) üblichen Praxis ab, indem sie nicht aus Stoff, sondern aus purem Gold ohne Edelsteinbesatz gefertigt ist und einen integralen Bestandteil der Krone bildet. Emailbänder – u. a. mit zierlichen Vogel- und Schmetterlingsdarstellungen auf weißem Grund – umsäumen ein wenig spielerisch die Mitra und teilen sie in vier sphärische Dreiecke. Die rechte und linke Seitenansicht zeigt die folgenden Motive: Rudolf als IMPERATOR und REX BOHEMIAE sowie als AUGUSTUS und REX HUNGARIAE.

Auf dem ersten Dreieck vorne (über der rechten Schläfe) wird Rudolf als Sieger über die Türken gefeiert. Er wird mit dem Lorbeerkranz als dem Symbol der Unbesiegbarkeit des christlichen Kaisertums gekrönt. Links vorne ist die Krönung Rudolfs zum Kaiser am 1. 11. 1575 im Dom zu Regensburg dargestellt. Der Erzbischof von Mainz setzt Rudolf im Kreise der Kurfürsten die Krone aufs Haupt. Verdeckt von einer Lilie symbolisiert der Herold mit dem Doppeladler auf seinem Tappert das Römische Reich. Im Dreieck rechts hinten sieht man Rudolf beim Krönungszug in Prag am 22. 1. 1575. Ihm wird das Kleid des legendären Vorfahren der böhmischen Könige, des Ackermannes Přemysl, vorangetragen. Von der Lilie verdeckt ist der Schild mit dem böhmischen Löwen. Das Dreieck links hinten zeigt Rudolf nach seiner Krönung zum König von Ungarn in Preßburg, wie er am 16. September 1572 auf den Krönungshügel hinaufreitet, um je einen Schwertstreich in die vier Himmelsrichtungen zu führen, als Zeichen, daß er das Königreich gegen alle seine Feinde verteidigen wolle.

Der ungarische Wappenschild links unten wird ebenfalls von einem Fleuron verdeckt. Die Mitra der Rudolfskrone stellt den wohl einmaligen Fall in der Kunstgeschichte dar, daß die Krone bereits die Vita des Gekrönten trägt. Nach Ansicht der Experten zeugt dies einerseits vom privaten Charakter der Krone, andererseits aber auch von der starken Identifikation Rudolfs II. mit seinen Ämtern, symbolisiert die Krone doch bildlich alle drei monarchische Würden. Die Darstellung erinnert damit ein wenig an die „Ehrenpforte" und den „Triumphwagen" von Maximilian I.
Während am Kronreif neben dem reichen Perlenschmuck der Diamant und an den Lilien der Rubin dominiert, zeigt der kaiserliche Hochbügel eine harmonischen Abfolge aller drei edlen Steine. Am Scheitelpunkt sitzt ein geradezu respektlos kleines griechisches Kreuz mit Dreipaßenden, welches von einem großen dunkelblauen Saphir überragt wird. Dieser wahrscheinlich aus Kaschmir stammende wunderschöne Edelstein ist eine weitere Besonderheit der Rudolfskrone, denn auf allen sonstigen Mitrenkronen und Darstellungen solcher Kronen ist das Kreuz dem Rest der Krone übergeordnet. Entweder findet es sich – in Anlehnung an die Reichskrone – über der Stirnlilie, oder es sitzt – meist auf einem kleinen Orb – auf dem Scheitelpunkt des Bügels (beziehungsweise *der* Bügel, wie etwa beim österreichischen Erzherzogshut von 1616). Anders bei der Privatkrone des zeit seines Lebens Papst und Kirche nicht sonderlich verbundenen Kaisers Rudolf II: hier erhebt sich der blaue Stein hoch über alles andere.
Rudolf, der seine Edelsteinsammlung sehr liebte, weil er vielleicht in den Gemmen einen Abglanz der Macht Gottes sah, hat zusammen mit seinen Hofhumanisten sicher viel über das ikonographische Programm der Krone nachgedacht. Sein Leibarzt, Anselm Boetius de Boodt, war ja nicht nur Botaniker, sondern gilt auch als einer der ersten Verfasser einer systematischen Mineralogie. Alchimie und neuzeitliche Chemie, Astrologie und Astronomie, Kosmologie und Mathematik, Mythologie, Literatur und Musik, Mechanik und Architektur blühten Seite an Seite in Prag, das ab 1583 kaiserliche Residenzstadt war. Alle diese Strömungen wurden jedoch von der „Pansophie" überhöht: dem Bestreben zu erkennen, wie der Mikrokosmos Mensch in den Makrokosmos Natur eingeordnet ist.
Das symbolpublizistische Programm der Kaiserkrone drückt sich zunächst in Form und Material aus, bestimmt sich aber auch stark durch die Art, Größe, Menge und Anordnung der verwendeten Edelsteine. Dabei fällt zunächst die starke Betonung der Farben Rot und Weiß (bei gänzlichem Fehlen des grünen Smaragds) auf. Ist es völlig auszuschließen, daß die Farben des österreichischen Bindenschildes, der ja gerade im 16. Jahrhundert von den Wiener Humanisten sehr blumig vom blutigen Waffenrock Leopolds V. vor Akkon abgeleitet wurden, dieser dualen Farbkombination zugrundelagen?
Das Rot des Rubins signalisiert Königtum, Würde, Macht, Feuer und Liebe – vorwiegend Dinge, die wir bereits bei Behandlung der Purpurfarbe als Symbole von Macht und Männlichkeit kennengelernt haben. Das glänzende Weiß der Perle hingegen steht für das weibliche Prinzip, steht für Wasser, Unschuld, Demut und Fruchtbarkeit. Das Rot der obeliskenartigen Auftürmung aus Rubinen könnte das Feuer der männlichen Weisheit darstellen, die dahinter stehende schoßartig geöffnete Lilie aus weißen Perlen hingegen könnte Symbol weiblicher Weisheit sein – ein passendes Dualsystem, wenn es gilt, jene absolute Vollkommenheit zu signalisieren, die man einst mit dem Kaisertum verbunden hat.
Die zwischen 1598 und 1602 angefertigte Rudolfskrone trägt nicht nur den Prinzipien der Geometrie und Symmetrie Rechnung, sondern läßt auch in der Harmonie ihrer Formen, insbesondere jedoch im Verlauf ihrer Perlenreihen die Gesetze der Astronomie anklingen. Das kann deshalb kein Zufall sein, weil die Krone in jener kurzen

Zeitspanne (1599–1601) entstand, in welcher der bedeutendste Astronom seiner Zeit, der Däne Tycho de Brahe, am Hofe Rudolfs II. wirkte. Sein Assistent und Nachfolger war Johannes Kepler, der als Protestant aus Graz vertrieben wurde und 1600 an den toleranten Prager Hof kam. Kepler beschrieb aufgrund der Beobachtungen Brahes 1605 die elliptische Marsbahn. Seine Bemühungen, zu einer Weltharmonik zu gelangen, sprechen vor allem aus seinem allerdings erst 1619 erschienenen Hauptwerk „Harmonices mundi libri quinque", in dem er nicht nur die Planetenbahnen darstellt, sondern sich auch mit den Zahlen der Bibel, der Form der Schneeflocken und den Harmonien der Töne beschäftigt.

Die vollständige Entschlüsselung des geistigen Konzepts der österreichischen Kaiserkrone ist uns damit aber noch nicht gelungen. Denn das schwierigste Rätsel gibt uns wohl der große, tiefblaue Saphir an der Spitze der Krone auf. Im ersten Augenblick wird man das Blau des obersten Steines vermutlich als die Himmelsfarbe interpretieren: über das Kreuz führt der Weg zur ewigen Herrlichkeit. Die Bibel kennt ja auch den Saphir als Baumaterial für das himmlische Jerusalem (Jesaja 54,11 und Offenbarung 21,19). Doch kommt ihm dort neben einem Dutzend anderer Edelsteine keineswegs ein führender Rang zu.

Vielleicht hat Hans Vermeyen mit der besonderen Positionierung des großen Saphirs für den edelsteinbegeisterten Auftraggeber auch nur einen ästhetisch besonders wirkungsvollen „Schlußstein" setzen wollen.

Der Künstler und sein kunstsinniger Auftraggeber müssen alle wichtigen Kronen des Mittelalters genau gekannt haben, vor allem natürlich die ottonische Reichskrone (Skizzen und Gemälde Dürers aus der Zeit um 1510). Im Detail auseinandergesetzt werden sie sich wohl mit jenen Insignien haben, mit welchen Rudolf II. 1572 und 1575 selbst gekrönt wurde: mit der böhmischen und der ungarischen Königskrone. Als „programmatische Gedankenskizze" wird die schon erwähnte Funeralkrone für Maximilian II. aus dem Jahre 1577 gedient haben.

Die aus der Regierungszeit Karls IV. (1347–1378) stammende Form der Wenzelskrone mit ihren herrlichen Saphiren, Spinellen und Rubinen hat sicher ihre Wirkung nicht verfehlt, wenn es darum ging, Edelsteinen Aussagekraft zu verleihen.

Die ungarische Stephanskrone gelangte unter Rudolf II. um 1580 nach Prag und verblieb dort bis zu seiner Abdankung. Sie trägt auf ihrem byzantinischen Reif vorne und hinten ebenfalls je einen großen Saphir. Der vordere, ältere, ist dreieckig-gewölbt und von lichtblauer Farbe. Der hintere, dunkelblaue, ist achteckig geschliffen. Er ist der wertvollste Stein der Krone, dürfte aber erst Anfang des 17. Jahrhunderts eingesetzt worden sein. Auch an den seitlichen Polen des Kronreifs sitzt je ein kleinerer Saphir.

Rudolf II. und sein Kammerjuwelier werden sich auch mit dem Programm der römischen Reichskrone, ihrem Aufbau auf die Zahl Acht und der Anordnung der Edelsteine genau auseinandergesetzt haben. Die „Privatkrone" stand ja stellvertretend für die Reichskrone. Beide wußten vermutlich weit mehr über die Symbolik der ottonischen Krone als wir und waren daher wohl auch mit den Legenden vertraut, die sich um den „Waisen", den geheimnisumwobenen Leitstein auf ihrer Stirnplatte rankten. Dieser Stein fehlt in der Zeichnung Dürers um 1510 bereits; er war durch einen herzförmigen, für die Fassung eine Spur zu kleinen Edelstein ersetzt worden. So enthielt die Reichskrone zur Zeit Rudolfs II. als „ranghöchste" Edelsteine vorne und hinten zwei einander ziemlich ähnliche, dreieckige, gemugelte Saphire.[1]

Wäre es unter diesen Umständen nicht denkbar, daß sich der sichtlich perfektionistische Niederländer Vermeyen und sein für Astronomie und Astrologie, Alchimie und

[1] Für weitere Details vgl. das Kapitel über die Stephanskrone, S. 175 ff., und die Reichskrone, S. 161 ff.

Edelsteinkunde im Rahmen der pansophischen Wissenschaften schwärmender kaiserlicher Auftraggeber entschlossen, dem als „unvollkommen" empfundenen Programm der damals in Nürnberg aufbewahrten Reichskrone sowie den „archaischen" Systemen der Steine auf der Stephanskrone und der Wenzelskrone ein neues, „vollkommeneres" Programm entgegenzusetzen?

Den Schöpfern der rudolfinischen Krone mußte sich geradezu der Gedanke aufdrängen, daß *ein* großer blauer Saphir, der sich über alle anderen Steine erhebt, ein Symbol höherer Weisheit darstellt als *zwei* blaue Saphire, die sich nur auf halber Höhe befinden. Überdies war es vermutlich auch dem Kaiser nicht möglich, genügend Edelsteine von jener Größe und Güte aufzutreiben, wie sie den drei anderen Kronen eigen sind.

Nach unserem Dafürhalten ist der für das Auge fast frei schwebende, durch sein sattes und doch durchsichtiges Dunkelblau geheimnisvoll, ja mystisch wirkende Saphir der österreichischen Kaiserkrone als ein Symbol besonderer Art gedacht worden – gewissermaßen als die Apotheose der gesamten Krone. Als ein „um sich blickender" und damit die Universalität des Kaisertums betonender „Stein der Weisheit" sollte er einen „Brennpunkt göttlicher Tugend" bilden. Vergessen wir nicht, daß die Farbe Blau durch ihre Assoziation mit dem Himmelslicht schon seit alters her auch die Farbe Jupiters und der Götter ist. Deshalb gilt der Saphir auch als Symbol der Universalität: Gott im Menschen, der Mensch in Gott. Die Kraft des Saphirs läßt den Menschen das Licht der Wahrheit sehen, beseitigt Verwirrung und bringt Klarheit in die suchende Seele.

Letztlich mag der Saphir auch als ein „ultimativ", an höchster Stelle angebrachtes Apotropäum gedacht gewesen sein, das Unheil vom Reich, vom Herrscher und von seinen Untertanen abwenden sollte. Blau wird ja im Orient noch heute als Mittel gegen den bösen Blick eingesetzt. Es ist nicht auszuschließen, daß das Blaulicht unserer Rettungsautos deswegen so beliebt ist, weil es den unheilvertreibenden Charakter der Farbe Blau unbewußt weitervermittelt.

Zusätzlich soll noch darauf verwiesen werden, daß sich seit dem Mineralienbuch von Albertus Magnus aus der Zeit zwischen 1250 und 1260 die Legende herausgebildet hatte, daß der „Waise" der Reichskrone in Wirklichkeit ein (roter) Karfunkelstein gewesen sei. Und was findet sich auf der rudolfinischen Kaiserkrone an jener Stelle, wo auf der ottonischen Reichskrone der „Waise" positioniert war? Ein herausragender roter Edelstein! (Es ist ein Spinell, den man für einen Rubin hielt.) Und auch an den korrespondierenden Stellen im Nacken, rechts und links, sitzen gleichermaßen prominent rote Edelsteine (hinten und rechts Rubine, links wieder ein Spinell). Auch in dieser Hinsicht konnte also die „offizielle" Reichskrone durch die „private" übertroffen bzw. perfektioniert werden: Sollte der verlorengegangene „Waise" tatsächlich ein feuerroter Edelstein mit geheimnisvollen Kräften gewesen sein – so mag man sich in Prag insgeheim gedacht haben –, hatte die neue Krone einen solchen nicht nur über der Stirn des Kaisers aufzuweisen, sondern auch rechts, links und im Nacken, gerade so wie die „corona loci", die St. Wenzelskrone, mit ihrer unnachahmlichen, sehr archaischen Edelsteinpracht.

„Fulget caesaris astrum – Es leuchtet des Kaisers Gestirn" war der Wahlspruch Rudolfs II. Seine Privatkrone mit dem großen, einsamen Saphir an der Spitze (der einsame Weise hoch oben auf dem Hradschin ?) ist, näher betrachtet, die geglückte Umsetzung dieser Devise mit den Mitteln der Goldschmiedekunst.

Dennoch: allen Spekulationen und symbolkundlichen Erklärungsversuchen zum Trotz wird sich uns das wahre Programm der österreichischen Kaiserkrone wohl nie ganz erschließen – der geniale Niederländer und sein kunstsinniger Auftraggeber haben es als ihr Geheimnis mit ins Grab genommen.

Der Reichsapfel

Kaiser Matthias, zu dessen Gunsten sein Bruder hatte abdanken müssen, ließ Reichsapfel und Zepter zur Rudolfskrone fertigen. Auch der Laie sieht auf den ersten Blick die stilistische Verwandtschaft der beiden jüngeren Kleinodien mit der Krone, obwohl der Künstler ein anderer war: höchstwahrscheinlich fertigte der Kammergoldschmied des Kaisers, Andreas Osenbruck, die Handinsignien nach dem Muster der Krone zwischen 1612 und 1617 an.
Wie in der Krone wurden auch beim Reichsapfel Emailbänder auf große Goldflächen gesetzt; neben Perlen schmücken Rubine und Diamanten Sphäre und Kreuz. Und wie bei der Krone erhebt sich über alles ein in Gold gefaßter tiefblauer Saphir. Die Form entspricht dem zur ottonischen Krone gehörenden Reichsapfel, der um die Wende vom 12. zum 13. Jahrhundert in einer westdeutschen Werkstätte entstanden war. Das Insigne lehnt sich aber in Details auch an den Reichsapfel Rudolfs II. an, der sich heute beim böhmischen Kronschatz befindet.
Die Kugel ist am Äquator von einem breiten und an den vier symmetrischen Meridianen mit schmalen, reich verzierten Emailbändern überzogen. Vier Diamantfelder entsprechen den acht Feldern mit Diamanten an der Krone. Das wuchtige Kreuz mit den Dreipaßenden trägt vier Tafeldiamanten und vier Rubine – wieder ergibt diese rot-weiß-rote Kombination die Achtzahl der Vollkommenheit: hier wurde offenbar ganz bewußt auf die sich im Kreuz anbietende Fünfzahl der Wundmale Christi verzichtet. Während die Vorderseite des Kreuzes ernst und schwer wirkt, macht das reiche Emaildekor mit Fruchtbündeln auf der Rückseite einen sehr gelösten und heiteren Eindruck, der durch die sechs großen Eckperlen ins Feierliche gehoben wird.
Zur Krönung des Reichsapfels wurde ein gemugelter Saphir von schöner Farbe gewählt, der aus dem Mittelalter oder der Spätantike stammen dürfte, was die Kunsthistoriker daraus ableiten, daß er durchbohrt ist.

Das Zepter

Das Zepter (griech. skeptron = Stab) geht auf den ägyptischen Hirtenstab, den Vorläufer der heutigen Bischofsinsignie, des Krummstabes zurück, der in der Hieroglyphenschrift soviel wie „herrschen“ bedeutete. Die Funktion des Zepters als Herrschaftssymbol wird auch dadurch deutlich, daß Jesus in der Passion ein Schilfrohr als Spottzepter in die Hand gedrückt wurde – zusammen mit der Dornenkrone als Symbol „quasi-königlicher“ Macht.
Das Zepter ist (phallisches) Symbol der Macht, das König und Kaiser bei bestimmten Zeremonien mit der Hand umfassen.
Heiliggesprochene Herrscher (z. B. Stephan von Ungarn) tragen auf bildlichen Darstellungen das Zepter als Zeichen ihrer ewig währenden Würde.
Aus dem Knoten (Sphaira) des Zepters entwickelte sich der Reichsapfel, der den Erdball symbolisiert; mit dem Kreuz versehen, bedeutet er die Herrschaft des Christentums über die gesamte Erde.
Gefertigt aus Narwalzahn und reich mit den gleichen Edelsteinen besetzt wie Krone und Reichsapfel, stammt das Zepter des österreichischen Kronschatzes von Andreas Osenbruck, der das Insigne mit seinem Namen und mit der Jahreszahl 1615 signiert hat. (Der Narwalzahn wurde im Mittelalter „Ainkhürn“ genannt, weil er für das „Horn“ des Fabelwesens Einhorn gehalten wurde. Da man mit dem Einhorn Christus und die von Gott legitimierte Herrschaft verband, übertrug sich diese Symbolik auch auf das Zepter.)

Griff und Knauf des österreichischen Zepters sind mit kräftigen Diamantringen zwischen Perlen versehen. Der Knauf – hier eine wirkliche „Zepterblume" – erweckt im ersten Augenblich den Eindruck eines wirren Knäuels. Auf dem etwas nach oben verschobenen Äquator der „Sphaira" sitzen gemugelte Rubine und eindrucksvolle Tafeldiamanten. Zahllose Voluten, Rosetten und Edelsteinfassungen verraten höchste Goldschmiedekunst. Die Bekrönung des Zepters bildet wieder ein blauer Saphir, der zwar ursprünglich nur gemugelt war, aber dann doch zum Teil facettiert wurde. Auch beim Zepter von Kaiser Matthias nimmt die virtuose Kunst seines Hofjuweliers Anleihen beim allerdings wesentlich einfacheren Zepter Rudolfs II. Dieses befindet sich wie der rudolfinische Reichsapfel ebenfalls bei den böhmischen Krönungsinsignien.

Wie bereits erwähnt, wurden die österreichischen Krönungsinsignien Krone, Reichsapfel und Zepter nie offiziell verwendet. Gelegenheit hiezu hätte die Krönung von Ferdinand zum jüngeren König Ungarns am 8. September 1830 geboten, doch Franz II. ließ sich eine sogenannte „substitutorische Kaiserkrone" anfertigen – offenbar auch deshalb, weil ihm die rudolfinische mit 4 Kilogramm zu schwer war. Neu angefertigt wurde auch ein Mantel aus kirschrotem Samt, bestreut mit goldenen Doppeladlern mit dem Bindenschild, heute ein Prunkstück der Schatzkammer. Das Vorbild für diesen Mantel war freilich nicht das traditionelle Pluviale der römischen Kaiser, sondern – Ironie der Geschichte – der Ornat Napoleons. Während man also noch 1804 die Staatssymbolik sehr ernst nahm, war sie ein Vierteljahrhundert später offenbar bereits zur leeren Form erstarrt. Daraus dürfte auch der Verzicht Kaiser Franz Josephs auf jede Krönung und Inthronisation zu erklären sein.[1]
Für die Zeremonien des Jahres 1830 wurde schließlich noch ein Heroldsrock für das Erbkaisertum Österreich angefertigt . Dieser zeigt auf Goldstoff den schwarzen Doppeladler mit je einer Königskrone auf seinen Häuptern, auf der Brust das genealogische Hauswappen. Der Schild ist von den Kollanen der fünf wichtigsten Orden umschlungen und von den Wappen der Kronländer umgeben. In der Eile der Ereignisse irrte sich der Sticker und machte aus dem Tiroler Wappen das römisch-deutsche Königswappen, indem er statt Rot und Silber Schwarz und Gold wählte. Es gab also schon in der „guten alten Zeit" das Problem der Irrtums-Anfälligkeit österreichischer Staatssymbole![2]
Daß man es in Fragen der Heraldik und Staatsymbolik einerseits sehr genau nahm (wo es nämlich um Besitzansprüche ging), andererseits aber sehr großzügig vorging, läßt sich an der Frage des österreichischen Reichsschwertes belegen. Da man in dem von Rudolf II. übernommenen Kronschatz ein Schwert nicht vorfand (obwohl ein solches im Nachlaßinventar von Matthias 1619 beschrieben wird), entlehnte man bei feierlichen Anlässen (so zum Beispiel zur Reichstagseröffnung oder zur Krönung von Kaiser Karl zum König von Ungarn 1916) einfach das Reichsschwert aus dem Kronschatz des Römischen Reiches, der ja nur wenige Meter weit entfernt vorhanden war. An seiner Parierstange liest man bei aufgerichteter Klinge: CHRISTUS VINCIT, CHRISTUS REIGNAT, CHRIST(US) INPERAT. Unter dieser nicht eben im besten Latein abgefaßten Inschrift aus der Zeit Ottos IV. (1198–1218) findet sich ein früher Reichsadler.[3]

---

[1] Hermann Fillitz, Die österreichische Kaiserkrone. Wien 1959, 45
[2] Fillitz, a. a. O., 38
[3] Ebenda, 39

AEIOU

Das mystische Motto Österreichs

Bis auf den heutigen Tag hat die Aneinanderreihung der fünf Vokale des deutschen Alphabets, die Kaiser Friedrich III. in Schriften, auf Gegenständen und Bauten hinterlassen hat, ihre geheimnisvolle Wirkung nicht eingebüßt. Der berühmte österreichische Historiker Alphons Lhotsky (1903–1968) hat in einem ausführlichen Aufsatz nachgewiesen, daß es sich bei der Vokalreihe AEIOU nicht um eine „Staatsdevise", sondern vielmehr um ein höchstpersönliches Zeichen von Kaiser Friedrich III. nach Art eines „mystischen Monogramms" handelt. Dennoch wird dieser Schriftzug bis heute als eine Art „mystisches Motto" Österreichs – nicht nur des vergangenen, sondern auch des gegenwärtigen, ja eines unvergänglichen Österreich – gewertet.[1]
Friedrich wurde am 21. 9. 1415 in Innsbruck geboren, trug die Herzogswürde von Steiermark, Kärnten und Krain und erlangte 1440 die Würde des römischen Königs; seit 1459 war er auch König von Ungarn. 1452 wurde er als erster österreichischer Herzog zum römischen Kaiser gewählt. Seine Krönung war die letzte Kaiserkrönung, die in Rom stattfand.
Obwohl er den Schweizer Eidgenossen (1442–1444) unterlag, legte Friedrich doch die Grundlage für die habsburgische Großmacht, insbesondere durch die Verheiratung seines Sohnes Maximilian mit der Erbin von Burgund. Von seinem Bruder, Albrecht VI., dem österreichischen und steirischen Adel, den Türken, den Ungarn, ja sogar den Wienern bekämpft, mußte er Wien zwischen 1482 und 1490 an Matthias Corvinus abgeben. Drei Jahre vor seinem Tod (am 19. 8. 1493 in Linz) übergab er die Regierungsgeschäfte an seinen Sohn Maximilian, um sich naturwissenschaftlichen Forschungen zu widmen. Alphons Lhotsky weist zunächst nach, daß AEIOU nicht ein bewußtes Kürzel für den Großmachtanspruch des Hauses Habsburg gewesen sein kann, vor allem deshalb, weil der Schriftzug bei Friedrich schon vorkommt, bevor er noch zum König erwählt wurde, während er unter seinem erfolgreichen Sohn Maximilian nicht mehr auftritt.
Das Motto AEIOU tritt uns an vielen Gebäuden entgegen, so an der Bürgerspitalskirche und an der Stadtpfarrkirche von Krems, in der Burg, an der Georgskapelle und im Dom zu Wiener Neustadt, an der Grazer Burg und am Grazer Dom, an der Ruprechtskirche in Wien sowie in den Überresten der Linzer Burg, am sogenannten Friedrichstor von 1481.
Der Wiener Neustädter Altar in der Wiener Stephanskirche trägt die Buchstabenfolge datiert mit 1447. Auf Bildern erscheint sie kaum, dafür etwas

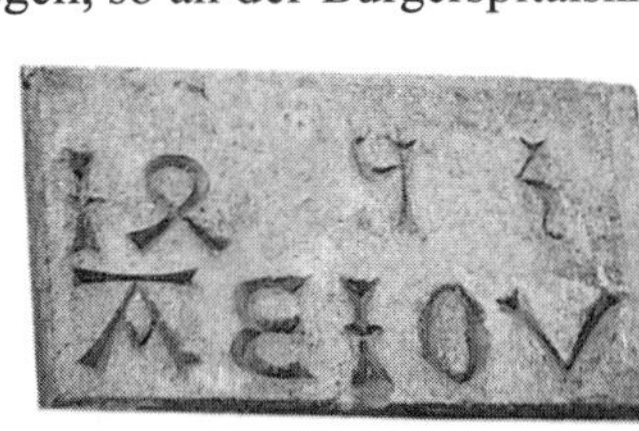

Stein von der Grazer Burg mit Friedrichs III. berühmtem Motto

[1] Alphons Lhotsky, Aufsätze und Vorträge. Wien 1971, Band II, 164 ff.

später auf Münzen. Das Motto ziert den „Corvinusbecher" von 1462 im Museum von Wiener Neustadt und einen Kristallbecher in der Ambraser Sammlung, wo sich über den fünf Vokalen die Worte „Aquila Ejus Iuste Omnia Vincet" finden.

Monogramm auf der Deckplatte von Friedrichs Grabmal im Stephansdom

Unzählige Male hat Friedrich III. sein Motto handschriftlich (in Kleinbuchstaben und mit charakteristischer Schlinge) in Bücher und Schriften eingetragen, zum ersten Mal nach seiner Rückkehr aus dem Heiligen Land, als sich der damals 22jährige am 27. April 1437 ein persönliches Notizbuch anlegte.
Zwar hat zu seinen Lebzeiten die ganze Welt von der Marotte Friedrichs gewußt, überall – bis hin zu einem Denkstein in Santa Maria dell'Anima in Rom – sein Zeichen anbringen zu lassen, aber niemand fand je wirklich heraus, was sich der Kaiser selbst dabei gedacht hat. Gerade das aber wird der Grund dafür sein, daß es bis zum heutigen Tag unzählige ernste, zum Teil auch humorvolle, ja sogar geschmacklose Deutungen dieser sogenannten „Staatsdevise" gibt.
Lhotsky widerlegt alle Versuche, eine authentische Deutung durch Friedrich III. selbst nachzuweisen, ja, er vermutet, daß die wirkliche Devise des Kaisers vielmehr eine urösterreichische Weisheit war: „Rerum irrecuperabilium felix oblivio".
Bei der weiteren Suche nach einer Erklärung streift Lhotsky die Möglichkeit eines aus Venedig stammenden Geheimschriftsystems, um dann zur Buchstaben- und Zahlenmystik überzugehen: Friedrich könnte bei einem Aufenthalt in der Levante (1437) zu seinem meist orientalisch verzierten „Motto" inspiriert worden sein. Es scheint sogar eine gewisse Ratlosigkeit beim Kaiser selbst darüber existiert zu haben, was sein Motto alles bedeuten könnte; jedenfalls aber hatte er den Wunsch, die Bedeutung selbst zu variieren. Auch Friedrichs Vorliebe für wertvolle Edelsteine, die nach der Überlieferung erst dann ihre Kraft entfalteten, wenn sie mit einer Buchstabenfolge wie AEIOU versehen wurden, bietet eine mögliche Erklärung für den häufigen Gebrauch des Mottos.
Der Schriftzug AEIOU findet sich sogar auf einem Mammutknochen, der 1443 bei der Grundaushebung für den Nordturm der Stephanskirche gefunden und am Riesentor von St. Stephan senkrecht aufgehängt wurde.
Die Überschätzung von AEIOU als einer politischen Devise geht auf Petrus Lambeck (1666) zurück. Heißt das, daß das Buchstaben-Motto keinerlei Züge einer „Staatsdevise" trägt? Lhotsky schließt einen gewissen Bezug zu Österreich nicht aus, da sich dieser ja zumindestens aus der Anbringung des Spruchbandes mit AEIOU auf der Grabplatte Friedrichs nächst Reichsadler und altösterreichischem Fünfadlerwappen ergibt.
Der Schriftzug AEIOU ist besonders schön erhalten über den Wappen von Nieder- und Oberösterreich und dem Bindenschild in Friedrichs „Handregistratur", einer Art Staatslexikon aus dem Jahr 1446 – ebenfalls ein Hinweis auf eine Verbindung des Mottos mit dem Schicksal Österreichs (vgl. Farbabbildung S. IV).
In jüngster Zeit hat sich Henriette Peters ausführlich mit den möglichen Ursprüngen der berühmten Buchstabenfolge beschäftigt.[1] Im Zusammenhang mit astronomischen Überlegungen und durch Vergleiche mit kabbalistischen Zahlen- und Buchstaben-

[1] Henriette Peters, aeiou. Versuch einer Deutung. In: Beiträge zur Wiener Diözesangeschichte. Wiener Diözesanblatt, 34. Jg., Nr. 2, 22–25 (mit zahlreichen Literaturangaben)

Oben: Das nordseitige Dach des Chores von St. Stephan. Österreichischer Wappenadler widersehend, aus Courteoisie gegenüber dem Wiener Adler
Unten links: Der Kolomani-Stein im Bischofstor von St. Stephan
Unten rechts: Statue Rudolfs IV., des Stifters, an der Südecke des Westwerks von St. Stephan

Oben links: Das Julius-Raab-Denkmal. 1967
Oben rechts: Der Austria-Brunnen. 1846
Unten links: Das Karl-Renner-Denkmal. 1967
Unten rechts: Das Denkmal der Republik. 1928

Oben links: Der „Wehrmann in Eisen“. 1915
Oben rechts: Das Befreiungsdenkmal. 1945
Unten links: Der Weiheraum im Äußeren Burgtor. 1965
Unten rechts: Das Denkmal für die Opfer des Faschismus. 1985

Jagdszene mit Bindenschild und Erzherzogshut
aus der Bestätigung des „Privilegium Maius" durch die Stadt Wien,
1512 (Haus-, Hof- und Staatsarchiv Wien, AUR 1512 XII 19)

Oben: Wappen der Republik Österreich (Bundeswappen). 1945
Unten: Dienstflagge der Republik Österreich. 1984

Wien

Steiermark

Kärnten

Niederösterreich

Oberösterreich

Tirol

Vorarlberg

Salzburg

Burgenland

kombinationen geht die Autorin verschiedene Möglichkeiten durch. Diese reichen von der Ähnlichkeit zwischen dem Namen Salomon (Friedensfürst) und Friedrich (der Friedensreiche) bis zu einer vergleichenden Deutung der Geburtsdaten Friedrichs III. und Rudolf IV., des Stifters, seines großen Vorbilds. So wie dieser das Patrozinium für die Stephanskirche („darin wir unsere Grablege erwählt haben“) nach seinem Geburtstag, dem Allerheiligentag des Jahres 1339, bestimmte, könnte Friedrich III. aus Berechnungen nach seinem Geburtsdatum (21. September 1415) ein verschlüsseltes Besitzzeichen abgeleitet haben. Denn wie die fünf ausgestreckten Finger einer Hand als Abwehrzeichen gelten können, so ist die wohl wahrscheinlichste Erklärung für die fünf Vokale jene, die AEIOU als „abergläubisches Besitzzeichen“ interpretiert. Das geht nicht zuletzt aus den Worten Friedrichs III. selbst hervor, wenn er auf der ersten Seite seines oben erwähnten Notizbuchs schreibt:

> *Bei welchem Bau oder auf welchem Silbergeschirr oder Kirchengewand oder anderen Gegenständen der Strich und die fünf Buchstaben stehen, das ist mein, Herzog Friedrichs des Jüngeren, gewesen oder hab das selbst bauen oder machen lassen.*

Lhotsky nennt über dreihundert verschiedene Deutungen, die bereits ab dem 16. Jahrhundert in Sammlungen (z. B. Johannes Rasch, Wien 1584) erscheinen.
Hier eine kleine Auswahl:
Griechisch:
AEI OY – von der „Österreichischen Nationalenzyklopädie“ (1837) mit der laut Lhotsky unsinnigen Deutung „ewig währt nichts“ versehen.
Lateinisch:
Amici erunt ibi opes ubi.
Alauda[1] egregia inter oscines volucres.
Aquila[2] eius iuste omnia vincet.
Aquila est imperatrix orbis vasti.
Aquila excellit inter omnes volucres.
Aquilae est imperium orbis universi.
Artes extollit imperator optimus universas.
Augustus est iustitiae optimus vindex.
Austria eriget imperium occidentis universi.
Austria erit in orbe ultima.
Austriae erunt imperatores orbis ultimi.
Austria est imperare orbi universo.
Austria est imperium optime unita.
Austria extenditur in orbem universum.
Austriaci erunt imperii Ottomanici victores.
Austriam exaltat invictam orbis universus
(P. Dassonville S. J. im Jahre 1934).
Deutsch:
a) Ernsthafte Deutungsversuche
Adler erhebe jetzt Österreich überall.
Aller Ehren ist Österreich voll.
Aller Einigkeit ist Österreichs Unsterblichkeit.
Alles Erdreich ist Österreich untertan.
Alles Errungene ist Österreich verbürgt.
Auf Erden ist Österreich unsterblich.

[1] Alauda: altösterreichisches Wappen
[2] Aquila: Reichsadler

Johann Gabriel Seidl hat das AEIOU gekonnt paraphrasiert, wenn er die Kaiserhymne „Gott erhalte“ in ihrer vierten Strophe mit den Zeilen enden läßt:

„Heil dem Kaiser, Heil dem Lande:
Österreich wird ewig steh'n!“

b) Humorvolle bis schmähende Deutungen:

Aerarisches Essen ist oft ungenießbar (Witzwort der Militärakademie, 1911).
Allerlei Erdreich ist Österreichs Unglück („Turnvater“ Jahn).
Allen Ernstes ist Österreich unersetzlich (Willy Lorenz).
Allzu ernst ist Österreich ungemäß (Kabarett, 1963).
Am End' is' ollas umasunst (fünfziger Jahre, p. d.).
Dazu das Witzwort: „In welcher österreichischen Stadt kommen alle Vokale in ihrer richtigen Reihenfolge vor?“ Lösung: Leoben (steirisch: „La-e-i-o-ubn“) (p. d.)
Ein typisches Beispiel für die Verwendung in heutiger Zeit: Anläßlich der Diffamierung von Gastarbeitern meinte Reinhard Tramontana im „profil“ (Nr. 50 vom 9. 12. 1986):

(vielleicht ist Österreich wenigstens kleinweise davor zu retten), daß das austria est in orbe ultima gleichgesetzt wird mit: Österreich ist doch wirklich das letzte auf der Welt.

Weitaus freundlicher geht Ernst Trost mit dem Kürzel um, wenn er bei Dreharbeiten für einen Film über die Habsburger ein paar Tage nach dem Vertragsentwurf von Brüssel folgende Deutung findet: „Außerhalb Europas ist Österreich undenkbar.“[1]
Leider ist dieses ehrgeizige politische Programm damals nicht realisiert worden – im Gegenteil: statt sich in friedlicher Föderation über die Sprachgrenzen hinaus zu vereinen, riß man die Doppelmonarchie durch einen mörderischen Krieg vollends auseinander.
Richard von Kralik (1852–1934), der bedeutende österreichische Kulturhistoriker, beendete 1913 sein Buch „Österreichische Geschichte“ mit folgender Interpretation von AEIOU:

Das AEIOU des nüchternsten aller österreichischen Herrscher ist nicht verträumte Phantastik, es ist das nüchternste politische Programm. Österreich ist der einzige Großstaat auf der Erde, der seit Jahrhunderten die Aufgabe hat, verschiedenartige, verschiedensprachige Völker unter einer zusammenfassenden Rechtsform zu vereinigen. Diese österreichische Aufgabe ist vorbildlich für die zukünftige Entwicklung der ganzen Welt . . .

Die fortdauernde, ein wenig magisch-mystische Wirkung des AEIOU bekräftigt auch Fritz Molden, wenn er schreibt:

Dieses AEIOU aber – das Friedrich wahrscheinlich gerade in seinen schwersten Tagen geprägt hat, gleichsam als Beweis für die Unbesiegbarkeit Österreichs oder als ständige Erinnerung, auch in besonders trostlosen Augenblicken, an seine ewige Funktion, die in den Augen Friedrichs III. unauslöschbar und weltumfassend war –, dieses AEIOU ist geblieben, und im Grunde genommen ist es auch heute noch das Geheimzeichen, das sich jene, die an Österreich glauben, wie ein Codewort zuwerfen.[2]

[1] Ernst Trost, A. E. I. O.U. In: Neue Kronen Zeitung, 6. 3. 1994, Seite 2
[2] Molden, Die Österreicher oder die Macht der Geschichte, a. a. O., 67

Symbole aus Stein und Bronze

Denkmäler und Monumente

Österreich – und besonders Wien – ist mit Denkmälern reich gesegnet. Allein in der Bundeshauptstadt sind es an die 450. Das hängt einerseits damit zusammen, daß unser Land – zumindest bis zum Zweiten Weltkrieg – überproportional viele Musiker und Literaten, Künstler und Wissenschaftler, Forscher und Techniker hervorgebracht hat, die es verdienten, der Nachwelt durch eine figürliche oder abstrakte, jedenfalls aber dauerhafte Darstellung in Erinnerung gebracht zu werden. Der Bauboom der Ringstraßenzeit – die Zeit zwischen 1850 und 1918 – brachte besonders viele derartige Andenken hervor. Andererseits aber steht hinter der großen Zahl von steinernen oder ehernen Denkmälern und Monumenten – Kriegerdenkmäler und Grabdenkmäler dabei nicht eingerechnet – auch der Hang des Österreichers zum nostalgischen Rückblick und eine gewisse Eitelkeit.

Es kann nicht Aufgabe dieses Buches sein, über die Denkmäler Österreichs im allgemeinen zu berichten, Denkmäler und Monumente sollen hier nur insofern Erwähnung finden, als sie tatsächlich etwas symbolisieren, das mit der österreichischen Identität als einem (gesamt-)staatlichen Phänomen zu tun hat. Denkmäler für Beiträge zum kulturellen Selbstverständnis Österreichs – von Mozart bis Grillparzer, von Abraham a Sancta Clara bis Fritz Wotruba – können nicht berücksichtigt werden, obwohl man sich immer wieder darüber im klaren sein muß, daß der Begriff „Österreich" in der Welt mit nichts mehr identifiziert wird als mit Mozart und Strauß, mit den Lipizzanern und mit der Trapp-Familie.

Bei der näheren Beschäftigung mit Denkmälern und Monumenten fällt insgesamt auf, daß es so etwas wie eine „Denkmalpädagogik" in Österreich nicht gibt. Nur in Einzelfällen erfährt der Betrachter, was die durch das Denkmal geehrte Person zu ihren Lebzeiten auszeichnete, wer der Gestalter des Denkmals war und worum es ihm dabei vor allem ging. Der Verfasser hat dem damaligen Bürgermeister der Stadt Wien, Dr. Helmut Zilk, den Vorschlag unterbreitet, durch einheitliche Metalltäfelchen den wichtigsten Denkmälern Erklärungen beizugeben. Vielleicht gelingt es, den Plan unter dem neuen Bürgermeister Dr. Michael Häupl zu verwirklichen.

Im folgenden werden einige jener Denkmäler und Monumente, die sich durch hohen Symbolwert für die österreichische Identität auszeichnen, in der *chronologischen Reihenfolge ihrer Errichtung behandelt.*[1]

---

[1] Unsere Ausführungen stützen sich vor allem auf die Standardwerke:
Felix Czeike, Das Große Wien Lexikon. Wien 1974.
Felix Czeike, Historisches Lexikon Wien. Wien 1992 ff. (es konnten nur die bisher erschienenen ersten drei Bände berücksichtigt werden)
Nina Nemetschke/Georg J. Kugler, Lexikon der Wiener Kunst und Kultur. Wien 1990
Gerhardt Kapner, Freiplastik in Wien. Wien 1970
Dehio-Handbücher über die Kunstdenkmäler Österreichs

FÜRSTENSTEIN UND HERZOGSSTUHL

Der sogenannte „Fürstenstein“, die umgestülpte Basis einer ionischen Säule aus der Römerzeit, wurde in der Nähe von Karnburg bei Maria Saal in Kärnten gefunden und befindet sich nun im Museum von Klagenfurt.
Bei Karnburg, am Südende des Zollfeldes, lag ein zentraler Ort des karantanischen Reiches, das die Alpenslawen nach der Völkerwanderung um 590 errichtet hatten und bis 740 aufrechterhalten konnten. Karnburg war vom 7. bis 11. Jahrhundert ein Hauptort des Kärntner Herzogtums und verfügte über eine Kaiserpfalz. Die Pfarrkirche von Karnburg wurde vermutlich um 750 unter Verwendung römischen Baumaterials als Pfalzkirche errichtet.
Die altslawisch-bäuerliche Herzogseinsetzung auf dem Fürstenstein ging so vor sich, daß der Älteste des dazu privilegierten bäuerlichen Geschlechts („Herzogbauer“, „Edlinger“) auf dem Säulenstumpf Platz nahm. Der vom Adel geleitete künftige Herzog wurde sodann in bäuerlichen Kleidern zusammen mit einem Pferd und einem Stier zum Stein gebracht. Der Bauer fragte „in windischer Rede“, wer der Ankömmling sei, ob er christlichen Glaubens sei, ein gerechter Richter, Schützer der Witwen und Waisen und Schirmherr der Kirche – ob er also wert sei, auf dem Fürstenstein zu sitzen. Nachdem die Begleiter des Fürsten dessen gute Eigenschaften beeidet hatten, wechselte der Fürst mit dem Bauern Platz, der Pferd und Stier an sich nahm und Abgabenfreiheit für seinen Hof erhielt. Der Herzog schwang das blanke Schwert nach allen Richtungen zum Zeichen, daß er allen ein gerechter Richter sein wurde. Er schwor außerdem, den Frieden zu wahren und am rechten Glauben festzuhalten.

Pržemysl Ottokar II. wird am Fürstenstein auf dem Zollfeld mit Kärnten belehnt

Nach dieser sehr bodenständigen Lehenszeremonie holte sich der Herzog die Segnung der Kirche in Maria Saal. Erst dann erfolgte die Einkleidung und Inthronisation des Herzogs auf dem karantanischen Herzogsstuhl.
Der „Herzogsstuhl“, ein urtümlicher, wuchtiger Doppelthron aus Römersteinen, stammt aus dem 10. Jahrhundert. Er befindet sich noch heute an der Bundesstraße im Zollfeld bei Maria Saal – ein im deutschen Sprachraum einmaliges Monument der Rechtsgeschichte. Nach Ansicht mancher Forscher ist der Herzogsstuhl eine druidische Steinsetzung, da sich seine Position mit Hilfe von fünf regelmäßig angeordneten Berggipfeln bestimmen läßt. Bis 1597 wurde an dieser Stelle der Herzog von Kärnten wie oben erwähnt in sein Amt eingeführt, dort fanden auch Gerichtstage und Lehenszeremonien statt.

DIE KAPUZINERGRUFT

Der Bau einer kaiserlichen Gruft wurde 1618 von Kaiser Matthias angeordnet und 1622 begonnen. Die Gruft wurde 1710 von Lukas von Hildebrandt erweitert; 1753 wurde eine zweite Grablege für das Haus Habsburg-Lothringen errichtet. 1824 wurde festgestellt, daß sich die Kapuzinergruft an der Stelle einer altrömischen Begräbnisstätte befindet.

Seit 1633 wurden die Habsburger Herrscher und ihre Angehörigen mit wenigen Ausnahmen in der weitläufigen Gruft bestattet: 144 Leichname, darunter zwölf Kaiser und sechzehn Kaiserinnen, ruhen unter der Kapuzinerkirche am Neuen Markt in Wien. Genauer gesagt: ihre exenterierten Leiber, denn von den meisten Verstorbenen werden die Herzen in Silberbechern im „Herzgrüftl" zu St. Augustin, Gehirn, Augen und Eingeweide aber in Urnen in den Katakomben von St. Stephan aufbewahrt.[1] Die Schlüssel zu den Holzsärgen der Habsburger befinden sich übrigens in einem eigenen Schrein in der Geistlichen Schatzkammer.[2]

Zunächst sollten die Sarkophage in barocker Prunkentfaltung den Ruhm der Herrscher perpetuieren: „MANET AETERNUM DIADEMA MONARCHIAE" steht auf dem Sarg Leopolds I. zu lesen. Ab Joseph II., der in einem schlichten Sarg vor dem Prunksarg seiner Eltern ruht, wird der Glanz der Kaisergruft blasser. Dennoch übt die Begräbnisstätte der Habsburger bis auf den heutigen Tag eine unglaubliche Anziehungskraft aus – wohl als „Symbol einer Herrschermacht, die die eigene Vergänglichkeit mit Schönheit bekleidete" (M. Hawlik) und „Saturnalien des Todes" (Hilde Spiel) abhielt.

Am berühmtesten ist die reiche Symbolik des Prunksarkophags von Karl VI. (1685–1740). Das 1751 von Balthasar Moll vollendete Kunstwerk wird von vier Löwen getragen. Es zeigt an den Ecken die Wappenschilder des Heiligen Römischen Reiches, Kastiliens, Böhmens und Ungarns, die von je einem Totenkopf (häufigstes Vanitas-Symbol) mit Krone überhöht werden. Beinahe die ganze vordere Längsseite des Zinnsarkophags nimmt ein Reliefbild der Schlacht von Saragossa (20. August 1717) ein, darunter der Doppeladler mit der Rudolfskrone samt Zepter und Schwert. Oben auf dem Sarg hält eine trauernde Austria (kenntlich am Bindenschild) zusammen mit einem Genius das lorbeerbekränzte Medaillonbild des Kaisers über einer Weltkugel. Dieses wiederum wird bekrönt von einem fünfzackigen Stern[3] auf einer Wolke, umgeben von der sich selbst verzehrenden Schlange, dem Symbol der Ewigkeit. Um den Reigen der österreichischen Symbole zu vervollständigen, liegen links auf einem Polster Erzherzogshut, Zepter, Schwert und das Goldene Vlies, rechts Reichsapfel, Streitkolben und ein Manipel als Zeichen der Würde des römischen Imperators.

Das Symbol der sich selbst verzehrenden Schlange mit dem Stern krönt auch den Sarg der Gattin Karls VI., Elisabeth Christine, der Mutter Maria Theresias. Dieser Sarkophag wird aber von vier Adlern getragen, und seine Ecken laufen in vier Genienköpfe mit verhülltem Antlitz wie am Grab der Hemma von Gurk aus. Auch auf diesem Sarg ruhen vier Kronen: links die Rudolfskrone und die Krone Spaniens, rechts die Wenzels- und die Reichskrone.

Der Doppelsarkophag von Franz Stephan von Lothringen und Maria Theresia wurde schon sechzehn Jahre vor dem Tod der Kaiserin vom selben Künstler nach genauen Anweisungen der Herrscherin angefertigt. Er zeigt das sich aufrichtende Kaiserpaar, auferweckt durch den Schall der Posaune, die ein Genius mit der Sternenkrone eben abgesetzt hat. Die linke Hand der Kaiserin umfaßt ein Schwert, Kaiser und Kaiserin ergreifen das Zepter. Der Sarg ist umgeben von vier trauernden Genien, die folgende Wappen und Kronen halten:

- das kaiserliche Wappen und die Reichskrone,
- das Wappen Ungarns und die Stephanskrone,

[1] Im 17. Jhdt. eingeführtes spanisches Begräbniszeremoniell. Vgl. hiezu und zu diversen anderen, insbesondere nekrophilen Eigenheiten Österreichs: Gerhard Roth, Eine Reise in das Innere von Wien. Frankfurt 1991, 22 ff.

[2] Magdalena Hawlik-van de Water, Die Kapuzinergruft. Wien 1987

[3] Tritt das bei uns seltene Sternensymbol (vgl. S. 66 ff.) rein zufällig völlig gleichzeitig mit der Freimaurer-Bewegung und dem Einsetzen der Aufklärung in Österreich auf?

- das Wappen Jerusalems mit einem dornengekrönten Helm,
- das Wappen Böhmens und die Wenzelskrone.

An der Schmalseite zu Häupten finden sich Inschriften, bekrönt vom Erzherzogshut Rudolfs IV., des Stifters, (Maria Theresia ließ ja den Klosterneuburger Erzherzogshut von 1616 links liegen und griff auf den „ächten“ Erzherzogshut zurück!) und der lothringischen Krone.

Das Fußende des letzten barocken Repräsentationssarkophags ziert ein Totenkopf, der mit der rudolfinischen Hauskrone geschmückt ist.

Vor dem Sarkophag von Vater und Mutter steht der Sarg des Sohnes – des Reformkaisers Joseph II. – in zur Schau gestellter Askese: wie zum Protest gegen die barocke Pracht der Eltern ein einfacher Kupfersarg, nur verziert mit einem Kleeblattkreuz und eine Inschrift tragend. Spätere Särge trugen dann wieder Kronen, während der Sarkophag Franz Josephs I., auf hohem weißem Marmorsockel ruhend, völlig schmucklos ist – wohl als Symbol der Einsamkeit und Entrücktheit des „alten Kaisers“. Am Kopfende des Sockels findet sich ein Porträt Franz Josephs, ein Werk von Heinrich Deutsch, dem Wiener Bildhauer, der auch das sogenannte Staatsgründungsdenkmal schuf (vgl. S. 206 f.).

Die fortdauernde symbolische Bedeutung der habsburgischen Nekropole im Zentrum von Wien wurde beim Begräbnis der letzten österreichischen Kaiserin Zita am 1. 4. 1989 wieder deutlich. Das laut Magdalena Hawlik ohne schriftliche Quellen legendenhaft überlieferte Zeremoniell der dreifachen Bitte um Einlaß wurde ausgiebig zelebriert und über das Fernsehen einer nekrophil-nostalgischen österreichischen Öffentlichkeit bewußt gemacht.

Es ist das Verdienst von Magdalena Hawlik-van de Water, an die achtzig verschiedene Symbole isoliert zu haben, die sich an den Sarkophagen der Kapuzinergruft befinden.[1] Es würde hier zu weit führen, sie zu kommentieren. Sie bilden jedoch integrierende Bestandteile der „Pietas Austriaca“ und der besonders dem Wiener eigenen pseudo-barocken Begräbnis- und Friedhofskultur.

Der Austria-Brunnen

1846 stiftete die Wiener Bürgerschaft den Austria-Brunnen auf der Freyung. Die hochaufragende Bronzestatue der Austria – im Krönungsmantel, auf dem Haupt über dem offenen Haar die bürgerliche Stadtmauerkrone, in der Rechten eine Lanze und in der Linken den Schild mit dem kaiserlichen Doppeladler – steht auf einer astwerkgeschmückten Säule, zu ihren Füßen vier Flußgottheiten, eine davon männlich. Sie stellen die Hauptflüsse der Monarchie dar: Elbe und Weichsel, Donau und Po. Diese vier Ströme, die in vier verschiedene Meere fließen, symbolisieren auch die vier großen Sprachgruppen des Habsburgerreiches: Germanen und Slawen, Ungarn und Italiener. Die Grundform des Brunnens, das vierblättrige Kleeblatt, könnte als Symbol für Österreichs Glück gemeint gewesen sein (vgl. Farbabbildung S. X).

Die von Ludwig Schwanthaler gestalteten Figuren wurden von Ferdinand Miller in München gegossen. Angeblich wurden in der Statue auf ihrem Weg von München nach Wien Zigarren geschmuggelt, die sich noch immer in der Bronzeplastik befinden, weil diese so schnell aufgestellt wurde, daß der Schmuggler keine Gelegenheit mehr hatte, das Schmuggelgut zu entfernen. Nun, Zigarren in einer patriotischen Plastik sind immer noch besser als ein landesverräterisches Pamphlet, wie es sich im Heldendenkmal im Äußeren Burgtor befinden dürfte (s. d., S. 205).

[1] a. a. O., 272 ff

Wenig bekannt ist, daß sich in einem Hof des Justizpalastes eine Austria-Statue von Edmund von Hellmer befindet. Sie stand vor dem Umbau des Justizpalastes nach dem Brand vom 15. Juli 1927 in einer Nische des Mittelrisalits. Hellmer schuf auch die Vindobona an der Rückseite des Rathauses und die plastische Gruppe um Kaiser Franz Joseph I. im Giebel des Parlaments.
Eine der eindrucksvollsten Darstellungen der Allegorie der Austria findet sich übrigens auf einem 1710 von Antonio Beduzzi (1675–1735) geschaffenen Fresko an der Decke des großen Sitzungssaales des 1586 fertiggestellten Niederösterreichischen Landhauses in der Wiener Herrengasse. Der aus Bologna stammende Beduzzi war Maler und Theateringenieur; von ihm stammte das erste Kärntnertortheater. Während das Landhaus in Klagenfurt in seinem Schmuck auf die Herzogseinsetzung Bezug nimmt, jenes in Innsbruck auf die Landschaft und jenes in Graz auf die Vorzüge des Friedens, steht in Wien das österreichische Kernland im Mittelpunkt, dessen glanzvolle Allegorie über die ganze Welt ausstrahlt – den kaiserlichen Doppeladler zur Seite und den österreichischen Erzherzogshut zu ihren Füßen. So steht das Niederösterreichische Landhaus nicht im Gegensatz zum Herrscherhaus, sondern bildet selbst ein Zentrum, von welchem der Name der Dynastie ausstrahlt. Auch im Heeresgeschichtlichen Museum findet sich eine imposante Darstellung der „Austria".

Der Pallas-Athene-Brunnen

Das heutige Parlament wurde als Reichsratsgebäude durch Theophil von Hansen 1874–1883 in altgriechischen Formen geschaffen. 1898 wurden die beiden Flaggenmaste, 1902 der von Hansen selbst um 1870 entworfene Pallas-Athene-Brunnen hinzugefügt.
Das 4 Meter hohe Standbild der griechischen Göttin der Weisheit stammt von Carl Kundmann. Sie wird links flankiert von der Allegorie der „Gesetzgebenden Gewalt", rechts von jener der „Vollziehenden Gewalt". Vor ihr befinden sich die Donau, dargestellt als Frauengestalt und der Inn als Männergestalt; hinter ihr umschlingen einander die Flußgöttinnen von Elbe und Moldau. Die Allegorien der vier Flüsse zeugen davon, daß ursprünglich daran gedacht war, die Statue der „Austria" aufzustellen. Nach einem bekannten Witzwort kehrt die Göttin der Weisheit dem österreichischen Parlament den Rücken zu . . .

Das Andreas-Hofer-Denkmal

Andreas Hofer (1767–1810) stammte aus dem Südtiroler Passeiertal. Er wirkte als Kommandant der Tiroler und österreichischen Truppen im Befreiungskampf Tirols gegen die Bayern- und Franzosenherrschaft. Zeitweilig agierte er auch von der Innsbrucker Hofburg aus als Regent des Landes Tirol. Nach mehreren siegreichen Waffengängen verlor er die vierte Berg-Isel-Schlacht und mußte fliehen. Der tiefgläubige und bis in den Tod kaisertreue Hofer wurde durch Verrat an die Franzosen ausgeliefert und auf Befehl Napoleons in Mantua füsiliert. 1823 wurde der Leichnam des Tiroler Volkshelden in der Innsbrucker Hofkirche beigesetzt (Grabdenkmal von Johann Schaller).
Das Bronzedenkmal am Berg Isel zeigt Andreas Hofer mit breitkrempigem Hut und Fahne auf einem zehn Tonnen schweren Porphyrsockel, zwei große Adler zu seinen Füßen. Das Monument wurde von dem in Wien lebenden, aus dem Vinschgau stammenden Bildhauer Heinrich Natter geschaffen, welcher allerdings knapp vor der Voll-

endung des Werkes starb. Die Statue wurde am 28. September 1893 in Anwesenheit von Kaiser Franz Joseph I. enthüllt. Nach der Enthüllungsfeier sammelten sich mehr als 10.000 Schützen zu einem festlichen Umzug durch die Stadt Innsbruck.
Am 1. Oktober 1961 wurde ein Sprengstoffanschlag auf das Denkmal verübt, der die Figur vom Sockel stürzte. Die Renovierungsarbeiten wurden noch im selben Jahr abgeschlossen.
Anläßlich der Hundertjahrfeier seiner Errichtung bezeichnete Landeshauptmann Alois Partl das Monument als ein „Symbol der Gemeinschaft, der Kraft des Optimismus, der Zukunftshoffnung und der aktiven Gestaltung in unserem ganzen Land“.[1]

Das Denkmal der Republik

Zwischen dem Parlament und dem Sitz des Wiener Stadtschulrats errichtet, wurde das „Denkmal der Republik“ am 12. November 1928 – genau zehn Jahre nach der Republikgründung – enthüllt. Das dreistufige Steinpodest trägt drei Vierkantschriftsockel zwischen vierkantigen Pfeilern mit den Büsten von Jakob Reumann (1853–1925, Wiener Bürgermeister von 1919 bis 1923), Dr. Victor Adler (1852–1918, zuletzt Staatssekretär für Auswärtige Angelegenheiten) und Ferdinand Hanusch (1866–1923, Staatssekretär für Soziale Fürsorge von 1918 bis 1920). Darüber auf den drei Pfeilern befindet sich ein Inschriftenarchitrav.
Die Büsten wurden von drei verschiedenen Bildhauern – Franz Seifert, Anton Hanak und Mario Petrucci (nach einem Vorbild von Carl Wollek) – geschaffen.
Anläßlich des Verbots der Sozialdemokratie mit Kruckenkreuzfahnen verhüllt (vgl. S. 99), wurde das Republikdenkmal 1934 von der Stadtverwaltung abgetragen und bis 1948 in der Stadionhalle gelagert. Am 12. November 1948 – genau zwei Jahrzehnte nach seiner ersten Enthüllung, eine Generation nach dem Entstehen der Republik Österreich – wurde das von Mario Petrucci restaurierte Denkmal wieder der Öffentlichkeit übergeben.
Das Monument hat durch seine einseitige Ausrichtung auf drei sozialdemokratische Politiker nie wirklich „staatstragende“ Wirkung entfalten können. Statt für Anhänger aller politischen Richtungen die Gründung der Republik Österreich als Gemeinschaftswerk zu symbolisieren, stellt es eher einen parteipolitischen Kraftakt seitens des „Roten Wien“ dar. Als solcher hat es – wie erwähnt – Widerstand der ständestaatlichen Kommunalverwaltung ausgelöst.
Ein Sprengstoffanschlag am 30. April 1961 gegen die Rückseite des Denkmals blieb bis heute ungeklärt.

Das Befreiungsdenkmal

Offiziell findet man verschiedene Bezeichnungen: (Russisches) Befreiungsdenkmal, Russisches Heldendenkmal und Denkmal der Roten Armee. Die Wiener nennen das hochaufragende Monument am südlichen Ende des Schwarzenbergplatzes meist ein wenig abschätzig „Russendenkmal“ (vgl. Farbabbildung S. XI).
Das Denkmal, das an die 18.000 (!) bei der Befreiung von Wien gefallenen Soldaten der Roten Armee erinnert, geht auf einen Entwurf von Major Sergej Jakowlew zurück, der im Zivilberuf ein prominenter Moskauer Architekt war. Die Gesamtleitung des als erstes Bauwerk nach Kriegsende am 19. August 1945 vollendeten Monuments hatte

[1] Schriftliche Mitteilung von Josefine Justic, Innsbrucker Stadtarchiv, an den Autor

Alexandr Scheinfeld, ebenfalls ein als Offizier dienender Moskauer Architekt. Die 15 Tonnen wiegende Bronzefigur wurde von 40 Mitarbeitern der Wiener Vereinigten Metallwerke in Erdberg gegossen, wobei auch noch übriggebliebene Hitlerbüsten Verwendung fanden.[1]

Auf einem insgesamt 20 Meter hohen, marmorverkleideten Sockel, im unteren Teil in Form eines fünfzackigen roten Sterns, verziert durch Fahnen und Gardeabzeichen, steht die 12 Meter hohe Figur eines Rotarmisten. Der Soldat trägt einen vergoldeten Helm und die bekannte russische Maschinenpistole mit Rundmagazin. Mit der Rechten umfaßt er die Fahne, mit der Linken hält er einen runden goldenen Schild mit dem Sowjetwappen. Im Hintergrund erhebt sich eine breite, acht Meter hohe Balustrade, an deren Enden sich je eine Gruppe von zwei kämpfenden Männern befindet – ein Paradebeispiel für sozialistischen Realismus, der allmählich zur kunstgeschichtlichen Rarität wird.

Das Russische Befreiungsdenkmal am Wiener Schwarzenbergplatz

Eine der Inschriften in russischer Sprache lautet übersetzt:

> *Ewiger Ruhm den Helden der Roten Armee, gefallen im Kampf gegen die deutsch-faschistischen Landräuber für die Freiheit und Unabhängigkeit der Völker Europas (Michalkow).*

Das Monument befindet sich in der Obhut der Gemeinde Wien. Österreich ist bekanntlich nach den detaillierten Bestimmungen in Artikel 19 des Staatsvertrags vom 15. Mai 1955 verpflichtet, Kriegsgräber und Kriegsdenkmäler der alliierten Mächte auf österreichischem Boden „zu achten, zu schützen und zu erhalten".

Vor dem Befreiungsdenkmal erhebt sich der anläßlich der Vollendung der Ersten Wiener Hochquellenwasserleitung am 24. Oktober 1873 in Anwesenheit des Kaisers in Betrieb gesetzte Hochstrahlbrunnen, der nach den ursprünglichen Plänen vor der Votivkirche, dann vor dem Neuen Rathaus stehen hätte sollen. Der Erbauer der Wasserleitung und des Brunnens, Anton Gabrielli, war ein Freund der Astronomie. Demgemäß symbolisiert die jeweilige Zahl der Wasserstrahlen die Tage des Jahres, die Monate, die Monatstage, die Wochentage und die Stunden des Tages. Zwischen 1945 und 1956 stand vor dem Brunnen auf dem damaligen „Stalinplatz" ein russischer Panzer, der sich jetzt im Heeresgeschichtlichen Museum befindet.

Manchmal führt die Erinnerung an die schlechten Erfahrungen, die die Österreicher mit den Besatzungssoldaten – insbesondere mit den sowjetischen – in den zehn Jahren der alliierten Besetzung gemacht haben, zum offenen Ressentiment gegen Mahnmale wie das „Russendenkmal". Dennoch – je größer der Abstand zur Kriegs- und Nachkriegszeit wird, desto mehr müßte man sich doch eigentlich darüber Rechenschaft geben, wieviel unschuldiges Blut gerade die Völker der ehemaligen Sowjetunion im Kampf gegen die Hitlerherrschaft geopfert haben, und wie wenig das österreichische Volk zu seiner eigenen Befreiung beigetragen hat. Solche Gedanken müssen einem in den Sinn kommen, wenn man sich etwas Zeit nimmt, die kyrillischen Goldbuchstaben an einem „Russendenkmal" zu entziffern – egal ob an jenem am Wiener Schwarzenbergplatz oder irgendwo draußen in den weiten Gefilden Niederösterreichs, wo bis hinauf ins Waldviertel noch kleine sowjetische Soldatenfriedhöfe bestehen.

Eine Umfrage des Gallup-Instituts, veröffentlicht im „Standard" am 11. Februar 1992, wies nach, daß das Denkmal 71 Prozent der Wiener bekannt ist. Eine deutliche

[1] Näheres bei Portisch, Österreich II, a. a. O., 410 ff.

Mehrheit (59 Prozent) ist für die Erhaltung des Denkmals. Nur 9 Prozent der 1.000 Befragten stimmten der Meinung zu, das Denkmal solle als Überrest des Stalinismus beseitigt werden. Haben die Österreicher also doch ihren Frieden mit der Zeitgeschichte geschlossen?
Wien hat übrigens wahrscheinlich weltweit das einzige Denkmal Stalins, das alle Zeiten und Systeme überdauert hat und überdauern wird: am Haus Schönbrunner Schloßstraße 30 in Wien-Meidling befindet sich ein Relief mit dem Kopf Jossif Wissarionowitsch Stalins (1879–1953), der 1913 in diesem Haus mit Studien zur nationalen Frage beschäftigt war.

Das Heimkehrer-Gedächtnismal

Auf dem Wiener Leopoldsberg findet man das von Mario Petrucci geschaffene und am 12. September 1948 enthüllte Erinnerungsmal für die Heimkehrer des Zweiten Weltkrieges. Es entstand auf Initiative von Bundeskanzler Leopold Figl zum Dank für die glückliche Heimkehr und zur Würdigung der Verdienste der Heimkehrer-Hilfe der ÖVP. Das Erinnerungsmal ist aus Bruchsteinen gemauert und läuft in einen Pylonen aus, der eine Opferschale aus Stein trägt. In den vier Nischen finden sich folgende Inschriften:

Den Opfern schwerster Notzeit – Gottes Frieden
Dem Vaterland – der Heimgekehrten Dank
Für die kommenden Geschlechter – ernste Mahnung
Herr mach uns frei um Deines Namens willen.

Es dauerte zunächst bis Ende 1946, bis 306.000 Österreicher aus den USA, 211.000 aus Großbritannien, 67.000 aus Frankreich und 7.500 aus Jugoslawien zurückkamen. Der erste größere Heimkehrertransport aus der Sowjetunion ließ bis 12. September 1947 auf sich warten; es vergingen fast drei Jahre, bis die ersten Gefangenen aus den Weiten Rußlands und Sibiriens heimkamen. Bis Dezember 1947 waren es 162.000; die letzten wurden allerdings erst Mitte 1955 entlassen. Es gibt kaum ergreifendere Photos als jene von den österreichischen Bahnhöfen, wenn wieder ein Mann, Verwandter oder Freund – einer von einer Dreiviertelmillion! – abgemagert, aber überglücklich den Heimatboden betrat und von den Seinen in die Arme geschlossen wurde. Auch der Verfasser mußte als Bub mehrere Monate auf seinen Vater warten, den die Sowjets erst nach Kriegsende nach Odessa verschleppt hatten.

Das Denkmal für die Opfer des Faschismus

Nach dem Entwurf von Leopold Grausam wurde auf dem Morzinplatz 1985 ein Denkmal für die Opfer des Faschismus errichtet: ein die Faust ballender, vorwärtsschreitender Mann in Bronze erhebt sich zwischen einfachen Steinquadern – Sinnbild der Überwindung der dunkelsten Jahre in der Geschichte unserer Republik.
Die Inschrift „Niemals vergessen“ wird von einem gelben Judenstern und dem roten Dreieck der „politischen“ KZ-Häftlinge flankiert. Nemetschke/Kugler[1] bezeichnen das letztere fälschlich als den „rosa Winkel der Homosexuellen“ – wieder ein Beispiel für die Schwierigkeiten, die sogar Fachleute mit den Symbolen unserer Zeitgeschichte haben.
An dem schon 1951 aufgestellten linken Steinblock liest man: „Hier stand das Haus

[1] Nina Nemetschke/Georg Kugler, a. a. O., 325 f.

der Gestapo. Es war für die Bekenner Österreichs die Hölle. Es war für viele von ihnen der Vorhof des Todes. Es ist in Trümmer gesunken wie das tausendjährige Reich. Österreich aber ist wieder auferstanden und mit ihm unsere Toten. Die unsterblichen Opfer“ (vgl. auch: Gedenkstätte Salztorgasse, S. 206).
Die rund 6000 von den Nazis zwischen 1938 und 1945 allein in Wien hingerichteten Männer und Frauen wurden übrigens meist bei Nacht und Nebel an jener Stelle des Zentralfriedhofs verscharrt, an der sich heute die Gedenkstätte „L“ (Gruppe 40) östlich der Gedächtniskirche mit einem Ehrenhain für 40 Widerstandskämpfer befindet. Den Opfern für ein freies Österreich 1938–1945 ist auch ein Denkmal von Fritz Krämer/Wilhelm Schütte gewidmet, das sich zwischen Kirche und Gedenkstätte „L“ befindet.

DAS ÄUSSERE BURGTOR – EIN ÖSTERREICHISCHES HELDENDENKMAL

Das uns heute bekannte Äußere Burgtor wurde 1821 zur Erinnerung an die Völkerschlacht bei Leipzig begonnen und 1824 von Peter Nobile vollendet. Das Monument steht an der Stelle des 1660 als Festungsbau gegen die Türken errichteten „alten“ Burgtors. Burgbastei und Löwelbastei waren 1683 die am heißesten umkämpften Abschnitte der Stadtumwallung. 1809 war das alte Burgtor von den napoleonischen Truppen gesprengt worden. Das neue Tor wurde von Soldaten ausschließlich „nach Römerweise“ ausgeführt und ist mit großen dorischen Säulen verziert. Es trägt auf der zur Innenstadt gewandten Seite den Wahlspruch von Kaiser Franz I. „IUSTITIA REGNORUM FUNDAMENTUM“, während auf der Ringseite bronzene Wappen der Kronländer angebracht sind – dazwischen immer wieder in Lorbeerkränzen das kleine österreichische Wappen von 1915. Dies geht auf eine Spendenaktion im Jahre 1916 zurück, als man für sechs Kronen seinen Namen in ein Lorbeerblatt einprägen lassen konnte. In diesem Jahr wurde auch der Spruch „LAURUM MILITIBUS LAURO DIGNIS“ hinzugefügt.
Das Denkmal besitzt fünf Tore, deren mittleres früher fast immer geschlossen blieb, da es dem Kaiser persönlich vorbehalten war.
1933/34 wurde das Äußere Burgtor durch Rudolf Wondracek, einen Schüler von Otto Wagner, zu einem Heldendenkmal für die Toten des Ersten Weltkrieges umgestaltet. Nach den Ergebnissen des 1933 veranstalteten Wettbewerbs hätte der Umbau eigentlich durch den Holzmeister-Mitarbeiter Max Fellerer gemeinsam mit Eugen Wörle und Fritz Wotruba erfolgen sollen, doch dürfte deren Entwurf zu unkonventionell gewesen sein (Wotruba hatte den „Toten Krieger“ durch eine nackte Figur darstellen wollen).[1]
Wondracek errichtete oberhalb der Durchfahrt einen mächtigen Zentralraum, die nach oben offene Ehrenhalle, von welcher zwei Ehrenstiegen nach beiden Seiten des Platzes herabführen. Wondracek: „Die Helden des Weltkrieges sind unter freiem Himmel gefallen, sie sollen unter freiem Himmel geehrt werden.“
Die Ehrenhalle schmücken ein fast drei Meter hoher Doppeladler aus Stein und ein riesiger Lorbeerkranz aus Kupfer, beides von Wilhelm Frass. Dazu kommen Bildnisse des hl. Michael und des hl. Georg sowie 24 Gestalten aus drei Jahrhunderten österreichischen Soldatentums zwischen 1618 und 1918, vom Musketier bis zum Kampfflie-

[1] Barbara Feller, Ein Ort patriotischen Gedenkens. In: Jan Tabor (Hg.), Kunst und Diktatur. Katalog zur Ausstellung im Wiener Künstlerhaus. Baden 1994, 142 ff.

ger. Dieser Bilderschmuck wurde mittels eines neuen Steinschnittverfahrens von den akademischen Malern Herbert Dimmel und Leopold Schmid ausgeführt.
Beiderseits des Heldendenkmals wurde die den Heldenplatz ringseitig umgebende Mauer durch je ein Tor durchbrochen, das jeweils zwei große steinerne Adler ganz im Stil der Kunst des Nationalsozialismus bewachen.
Auf der Ringstraßenseite des Heldendenkmals stehen zwei Schalen für Opferflammen, die jährlich zu Allerseelen und anderen feierlichen Anlässen entzündet werden. Den Gefallenen des Ersten Weltkrieges ist die Krypta geweiht – ein Sakralraum, in dem sich das Epitaph eines Kriegers aus rotem Marmor (ebenfalls von Wilhelm Frass) und ein einfacher Altar befinden. In der Krypta liegen zehn Ehrenbücher mit den Namen der österreichischen Soldaten auf, die im Ersten Weltkrieg ihr Leben lassen mußten. Nach dem Zweiten Weltkrieg kamen die nunmehr maschingeschriebenen Listen der Toten dieses Krieges dazu. Die Seiten der Folianten werden täglich umgeblättert. Sonntags wird in der Krypta die Messe gefeiert; sonst ist der Raum nur am Nationalfeiertag zugänglich.
1965 beschloß die Bundesregierung, symmetrisch zur Krypta einen Weiheraum für die Opfer des österreichischen Freiheitskampfes einzurichten. Er enthält einen schwarzen Marmorblock, dessen Oberseite das Bundeswappen trägt. Auf seiner Vorderseite steht zu lesen: „IM GEDENKEN AN DIE OPFER IM KAMPFE FÜR ÖSTERREICHS FREIHEIT". In einer Vitrine in der Vorhalle werden Dokumente über die Wiedererrichtung der Republik Österreich aufbewahrt. Der Weiheraum wurde am 27. Mai 1965 seiner Bestimmung übergeben. Im Gegensatz zur Krypta bestehen die Fenster dieses Raumes aus Milchglas – man sieht von außen nichts, während man die Einrichtung der Krypta wenigstens in groben Umrissen wahrnehmen kann (vgl. Farbabbildung S. XI).
Es wäre nicht Österreich, und es ginge nicht um ein Staatssymbol, wenn sich mit dem Ehrenmal im Äußeren Burgtor nicht auch eine überaus peinliche Geschichte verbände.
Die Initiative für das Heldendenkmal hatte im Ständestaat eine Arbeitsgemeinschaft aus dem gesamten konservativen und katholischen Lager ergriffen. Sie finanzierte das Denkmal durch Lotterien und Tombolas sowie mit Hilfe des hölzernen „Wehrmannes", einer zunächst am 5. März 1915 auf dem Schwarzenbergplatz aufgestellten überlebensgroßen Rittergestalt aus Lindenholz, in welche jedermann gegen eine Spende für die Kriegsopfer einen Nagel treiben durfte (vgl. Farbabbildung S. XI). Das Heldendenkmal wurde im Rahmen einer zweitägigen patriotischen Feier am 9./10. September 1934 eröffnet.
Auch Adolf Hitler erwies dem Denkmal die Ehre; er legte am 15. März 1938 vor dem „Toten Krieger" einen mit der Führerstandarte geschmückten großen Lorbeerkranz nieder. Einige Zeit später bekam die SA ihr eigenes Ehrenmal in der mittleren Durchfahrt des Burgtores, im ehemaligen „Kaisertor". Dieses Denkmal wurde 1945 entfernt. Auch Göring kam, die Gefallenen zu ehren; bei seinem Besuch erklang das Lied vom „Guten Kameraden" am 27. März 1938. Große Beachtung als Kriegerdenkmal fand das Burgtor in der Nazizeit jedoch nicht. Das NS-Regime hatte für den Fall des Endsiegs weit größere Pläne: Die von Reichsarchitekt Friedrich Tamms errichteten, bis heute das Wiener Stadtbild verunstaltenden Flaktürme sollten mit schwarzem Marmor verkleidet werden, in welchen die Namen der Gefallenen eingraviert worden wären.
Die eigentliche Tragik des „österreichischen" Heldendenkmals aber ist nicht seine äußere Indienstnahme durch die nationalsozialistischen Machthaber, sondern vielmehr seine sehr wahrscheinliche „innere Entweihung" durch den künstlerischen Schöpfer seiner Symbole.

Der Bildhauer Wilhelm Frass, 1886 in St. Pölten geboren, war Mitglied der Secession und Träger des Großen Österreichischen Staatspreises. Als Nachbar des von ihm sehr geschätzten, elf Jahre älteren Anton Hanak arbeitete und wohnte er in jenem von der Wiener Weltausstellung 1873 übriggebliebenen „Staatsatelier" in der Krieau, in dem heute Alfred Hrdlicka zu Hause ist – welche Ironie des Schicksals, wie wir sogleich sehen werden!

Wilhelm Frass schuf u. a. das Denkmal für Carl Auer von Welsbach, den Erfinder des Gasglühstrumpfs, der Osmium-Glühlampe und des als Zündstein verwendeten Cer-Eisens, an der Ecke Boltzmanngasse/Währinger Straße. Den über 2,70 Meter langen „toten Krieger", den Frass für die Krypta im Burgtor meißelte, bezeichnete der Künstler in der Gedenkschrift von 1934 als „Symbol des Urgedankens des Soldaten". Die Gebärde seiner linken Hand zeige, „daß er sein Herzblut für uns gegeben, die Rechte ruht bei dem Gewehr als Symbol der Waffen, mit der der Soldat sein Heimatland verteidigt".

Die Figur des „toten Kriegers" in der Krypta des Heldendenkmals im Äußeren Burgtor

1938 stellte sich heraus, daß Frass illegaler Nationalsozialist war. Er wurde Mitarbeiter des SS-Mannes und späteren NS-Bürgermeisters von Wien Hanns Blaschke und Leiter der Kunst- und Modeschulen der Stadt Wien. Nach dem Krieg wurde er auf Betreiben des ebenfalls in der Nazi-Zeit hervorgetretenen Josef Hoffmann als „minderbelastet" wieder voll in das Wiener Kunstleben integriert. Wilhelm Frass starb 1968, ohne weitere größere Werke vollendet zu haben.

Und nun kommt das schier Unglaubliche: Während bei der Einweihung am 9. 9. 1934 der aus 400 einzeln handgetriebenen Kupferblättern bestehende Lorbeerkranz und das 3 Meter hohe „kleine Reichswappen 1836" aus Lindabrunner Kalkstein bereits fertiggestellt waren, hatte Frass die aus 15 Tonnen roten Adneter Marmors gehauene Kriegergestalt nicht rechtzeitig vollenden können. So lag bei der Einweihung nur ein Gipsabdruck des Recken in der Krypta. Der begeisterte Hitler-Anhänger Wilhelm Frass benützt einen unbewachten Augenblick, um bei der endgültigen Montage des marmornen Kriegers im Frühjahr 1935 eine Metallkapsel unter die Figur zu legen. In einem Brief vom 20. Dezember 1938 an den Kunsthistoriker Karl Hareiter schrieb Frass, daß er „diese Figur des toten Kriegers zum Gedenken an meine gefallenen Kameraden gemacht habe und daß mit dem Tage, an dem wir Österreicher im Zeichen des Hackenkreuzes (Sonnenrades) mit allen Deutschen ein Volk bilden, die Gefallenen nicht umsonst ihr Leben gelassen haben" (Orthographie wie im Original). Frass bat Hareiter, darüber in der Weihnachtsnummer 1938 des „Völkischen Beobachters" zu berichten, was auch geschah. In dem dort veröffentlichten Brief freute sich Pg. („Parteigenosse") Frass diebisch, daß die Würdenträger der „Systemzeit" (= Ständestaat) ahnungslos vor einer Figur mit hochverräterischem Inhalt gestanden waren.

An diesem Umstand hat sich bis heute nichts geändert, wenn auch des öfteren eine Untersuchung der Statue zur endgültigen Klärung des erwähnten, für die Problematik der österreichischen Staatssymbole so typischen Sachverhalts angekündigt wurde.

Das Monument ist alljährlich Schauplatz eines immer gleichen, insgesamt wenig einfallsreichen Rituals: Die Bundesregierung begibt sich am Morgen des Nationalfeiertags zum Heldendenkmal. Zwei Gardesoldaten legen in jedem der beiden Weihe-

räume einen Kranz nieder, dessen Schleife vom Bundeskanzler ausgebreitet wird. Zu dem von der Militärmusik intonierten Lied „Ich hatt' einen Kameraden" verharrt man einige Minuten schweigend vor dem Epitaph. Damit ist die Zeremonie auch schon vorbei. Etwas später wird sie freilich wiederholt – diesmal unter Assistenz des Bundespräsidenten mit Defilierung des Gardebataillons. Krieger und Nazimanifest liegen danach wieder ruhig unter den am Dach des Denkmals zweimal jährlich gehißten rot-weiß-roten Flaggen.
Vor kurzem wurde das Heldendenkmal zur Gänze renoviert. Es strahlt von oben bis unten in neuem Glanz. Ein kleines Papiertäfelchen gibt preis, wie man sich mit ihm praktisch auseinanderzusetzen habe: „Auskunft bei der Militärkuratur, Tel. 52 161/5150".

Die Gedenkstätte für die Opfer des österreichischen Freiheitskampfes 1938–1945

An der Nordwestseite des Wiener Morzinplatzes, zu Füßen der ältesten Kirche Wiens, der Ruprechtskirche, stand von der Zeit der Wiener Weltausstellung 1873 bis zum Ende des Zweiten Weltkrieges das Hotel „Metropol", ein vierstöckiges, gutbürgerliches Hotel mit gepolsterten Türen, die jede Störung von den Gästen fernhielten. In der Zeit der deutschen Besetzung diente dieses Gebäude als Leitstelle der „Gestapo", der gefürchteten „Geheimen Staatspolizei" des NS-Regimes. Oft in Hut und Ledermantel gekleidet, verhafteten ihre Beamten Tausende Österreicher, von denen viele in den Konzentrationslagern umkamen, in welche sie vom Morzinplatz aus „weitergeleitet" wurden. Die meisten der von der Gestapo Verhafteten gelangten nicht durch das breite Portal, sondern durch einen Hintereingang in der Salztorgasse direkt in den Keller des Hotels, der als Gefängnis und Folterkammer diente. Manche Häftlinge wurden auch gezwungen, aus einem oberen Stockwerk zu springen.
Das Hotel wurde 1945 durch Fliegerbomben zerstört. An seiner Stelle steht heute der Leopold-Figl-Hof. Hoch oben an seiner Stirnseite gewahrt man ein Steinrelief, das Galgen und Fallbeil zwischen den Bildern gemarterter und verfolgter Menschen zeigt. An der Rückseite des Bauwerks, in der Salztorgasse, befindet sich eine Gedenkstätte für jene österreichischen Patrioten, die im Widerstand umkamen. Vom Eingangstor in den Gedenkraum führen die Spuren von Männern, Frauen und Kindern – nackte Fußspuren, die nur hinein-, aber nicht mehr herausführen. Die Inschrift „Niemals vergessen" an der Stirnwand der Weihestätte wurde bei ihrer Eröffnung durch Nationalratspräsident Dr. Alfred Maleta mit den Worten interpretiert, daß darunter nicht eine „Buchhaltung der Vergangenheit" zu verstehen sei, sondern damit die Erinnerung daran wachgehalten werden solle, daß Tugenden wie Mut, Opferbereitschaft und Idealismus für einen Staat notwendig seien. Eine in diesem Raum gezeigte Liste enthält 156 Namen von Personen, die mit dem ersten Österreicher-Transport am 1. April 1938 in das Konzentrationslager Dachau verschleppt wurden (der sogenannte „Prominententransport").

Das Staatsgründungsdenkmal

Nur wenige Menschen in Wien und ganz Österreich kennen das sogenannte „Staatsgründungsdenkmal". Die hochaufragende, silbern glänzende Stahlkonstruktion steht im 3. Wiener Gemeindebezirk, im Schweizergarten, nur wenige Meter von der Gürtelstraße entfernt, von dieser aus aber nicht einsehbar, weil durch Buschwerk verdeckt. Der eckige Metallkörper vereinigt sich aus zwei geschwungenen Pfeilern zu einer Art von Säule, die eine durch Schliffornamente verzierte Oberfläche besitzt. Es handelt

Das Staatsgründungsdenkmal im Schweizergarten

sich dabei um den Entwurf des Wiener Bildhauers Heinrich Deutsch, mit welchem dieser den ersten Preis und damit die Zusicherung der Ausführung beim 1964 ausgeschriebenen Wettbewerb für ein Renner-Denkmal gewonnen hatte (vgl. hiezu S. 209). Das für den Rathauspark an der Ecke Stadiongasse – Ring ursprünglich als 11,55 Meter hohe Granitsäule geplante Kunstwerk wurde 1966 aus Gründen der Kostenersparnis von der VÖEST-Stahlbauabteilung in Chrom-Nickel-Stahl hergestellt und am Tag vor dem Nationalfeiertag, am 25. Oktober 1966, im Schweizergarten als „Staatsgründungsdenkmal“ aufgestellt. In der Wiese vor dem Denkmal befinden sich steinerne Schriftpulte, die den Text der Unabhängigkeitserklärung vom 27. April 1945 zeigen. Sie wurden erst vor kurzem weiter in den Rasen hineinversetzt, weil sie durch die vor ihnen stehenden Parkbänke jahrelang nicht gut lesbar waren. Wie bei den meisten Denkmälern Wiens und Österreichs fehlt dennoch jeder Hinweis auf den Schöpfer des Werks sowie auf den Anlaß der Errichtung und die Intention des Monuments. Im konkreten Fall müßte ein solcher Hinweis freilich das Eingeständnis beinhalten, daß das Denkmal von den Stadtvätern als zu „modern“ für die Ringstraße angesehen worden war und daher unter der Bezeichnung „Staatsgründungsdenkmal“ im Schweizergarten („Da sieht man es weniger!“) aufgestellt wurde.

DAS RENNER-DENKMAL

Karl Renner wurde am 14. Dezember 1870 in Unter-Tannowitz bei Nikolsburg als 18. Kind einer verarmten Weinbauernfamilie geboren. In seinen Lebenserinnerungen weist er darauf hin, daß beide seiner Elternteile „aus uraltem deutschen Bauernstamme“ kamen. In mehreren Situationen seines Lebens schlug sich sein ererbtes sudetendeutsches Bewußtsein in einer deutsch- und anschlußfreundlichen Einstellung nieder – ähnlich wie bei dem aus Nordböhmen stammenden Theodor Kardinal Innitzer.

Renner gehörte seit 1907 dem Reichsrat an. Er war Führer des rechten, gemäßigten Flügels der österreichischen Sozialdemokratie. Als Staatskanzler trat er 1918–1920 an der Wiege der Republik dafür ein, daß sich diese als „Deutschösterreich“ bezeichnen und zum Bestandteil der Deutschen Republik erklären solle. Dr. Karl Renner setzte sich auch in St. Germain unablässig für die Vereinigung Österreichs mit Deutschland ein. So schrieb er 1931 dem späteren NS-Bürgermeister von Wien, Dr. Hermann Neubacher, in einem Brief, daß man mit ihm, Renner, werde rechnen können, wenn es um einen Anschluß an Deutschland gehe.[1]

[1] Siegfried Nasko, Karl Renner – Zwischen Anklage und Verherrlichung. Zur Eröffnung des Karl-Renner-Museums in Gloggnitz. In: morgen, Nr. 19/1981, 307

Renner war Präsident des Nationalrates bis zum 4. März 1933, als er als Parlamentspräsident zurücktrat und damit ungewollt zur sogenannten „Selbstausschaltung" der Volksvertretung beitrug, da in weiterer Folge auch der Zweite und der Dritte Präsident zurücktraten. Er wurde später – wie Theodor Körner – vom ständestaatlichen Regime in Haft genommen. Nach dem „Anschluß" wurde Renner in Gloggnitz unter eine Art Hausarrest gestellt, durfte jedoch einmal pro Woche zu einer Tarockpartie nach Wien fahren. Als die Nationalsozialisten bei ihm die Akten von St. Germain und das goldene Staatssiegel suchten, stellte sich heraus, daß dieses bei der unter dem Abwaschbecken verwahrten Küchenwaage als Gewichtsersatz Verwendung gefunden hatte – wieder werden wir daran erinnert, welcher Wert österreichischen Staatssymbolen manchmal beigemessen wird!
Am 3. April 1938 ließ Karl Renner in einem Interview für das „Neue Wiener Tagblatt" die staunende österreichische Öffentlichkeit wissen, daß er „die große geschichtliche Tat des Wiederzusammenschlusses der deutschen Nation freudigen Herzens begrüße". Neben dem Motiv der Anpassung wollte Renner mit dieser Erklärung vermutlich auch den damaligen Zentralsekretär der Sozialdemokratischen Partei, Dr. Robert Danneberg, der mit anderen prominenten Österreichern am 1. April 1938 in das KZ Dachau gebracht worden war, schützen. Darüber hinaus verfaßte Renner noch eine 80seitige Denkschrift: „Die Gründung der Republik Österreich, der Anschluß und die Sudetendeutschen. Dokumente eines Kampfes", die er angeblich dem deutschen Außenamt 1938 zur Verfügung stellte. Die Broschüre existiert nur in Druckfahnen.[1]
1945 trat Renner wieder auf den Plan: Als er sich in der Kommandantur Gloggnitz über Plünderungen und Vergewaltigungen durch Soldaten der Roten Armee beschwerte, erkoren ihn die Sowjets zu ihrem Mann der ersten Stunde. Der Name Renner war ja den zuständigen sowjetischen Politoffizieren ohnedies bekannt. Geschickt präsentierte sich Renner in einem Brief an Stalin, in welchem er dessen Feind Trotzki erwähnte, als etwas seniler, aber weitblickender sozialistischer Politiker und Garant eines unabhängigen Österreichs. Stalin, der den „alten Fuchs" aus seiner Wiener Zeit kannte, vermeinte leichtes Spiel mit dem Polit-Pensionisten zu haben und bestellte ihn zum Staatskanzler. So kam Renners Name nicht nur auf die „Totenscheine" des Habsburgerreiches und der Ersten Republik, sondern auch auf die „Geburtsurkunden" der österreichischen Staatsgebilde von 1918 und 1945.
Karl Renner hat sich – wie wir an anderer Stelle hervorgehoben haben – nicht nur um das Staatswappen der Ersten Republik, sondern auch um eine Bundeshymne für dieselbe gekümmert. Das erinnert daran, daß sich auch Lenin persönlich mit dem sowjetischen Staatswappen befaßte – so wie patriarchalische Firmenchefs auch heute noch gelegentlich den Zeichenstift zur Hand nehmen, um ein Firmen-Logo zu entwerfen (was man dann meist auch an dessen graphischer Qualität erkennen kann).
Eine kritische Würdigung des Politikers und Publizisten Dr. Karl Renner bezeichnet es als das Auffallende an seiner Person, daß er immer wieder als Repräsentant der jeweils herrschenden Strömung erschien: „Niemals kämpfte er gegen diesen Hauptstrom an."[2]
Es soll hier aber betont werden, daß es ungerecht wäre, Karl Renner einfach in ein deutschnationales Eck zu stellen, ohne seinen Mut, seinen Einfallsreichtum und sei-

[1] Walter Kleindel, „Gott schütze Österreich". Der Anschluß 1938. Wien 1988, 209 ff.
Oberkofler/Rabofsky, Pflichterfüllung für oder gegen Österreich, a. a. O., 31.
Heinz Fischer, Karl Renner und sein Manuskript über den Anschluß und die Sudetendeutschen. In: Anton Pelinka et al. (Hg.), Zwischen Austromarxismus und Katholizismus. Festschrift für Norbert Leser. Wien 1993

[2] Anton Pelinka, Karl Renner zur Einführung. Hamburg 1989, 99, 103

nen sicheren Instinkt, im entscheidenden Augenblick das Richtige zu sagen und zu tun, zu würdigen. „Die schäbige Aktentasche, die er auch am 29. April 1945 vom Rathaus zum Parlament schleppte, war das Requisit seiner politischen Genialität: Wenn sich die anderen an den Beratungstisch setzten, konnte er aus dieser Aktentasche immer schon die fertigen Gesetzesentwürfe auf die Tischplatte legen." (Hellmut Andics).
1964 konstituierte sich ein Dr. Karl Renner-Denkmal-Verein, der aufgrund eines geladenen Wettbewerbs den ersten Preis mit der Zusicherung der Ausführung an den Wiener Bildhauer Heinrich Deutsch für jene Skulptur vergab, die heute als weithin unbekanntes „Staatsgründungsdenkmal" im Schweizergarten direkt neben dem Südbahnhof steht. Bedingung der Ausschreibung durch den Verein war es erstens, Gründung (1918) und Wiedererrichtung (1945) der Republik Österreich, an der Karl Renner maßgeblichen Anteil hatte, künstlerisch zum Ausdruck zu bringen, und zweitens, den Text der Unabhängigkeitserklärung „inschriftlich in die Komposition des Denkmals aufzunehmen". Diesen beiden Bedingungen sollte durch eine aus zwei Bögen emporwachsende Säule vor einer leicht geschwungenen Mauer mit dem Text vom 27. April 1945 entsprochen werden.
Doch die Gemeinde Wien konnte sich nicht dazu durchringen, dieser Gestaltung der Ecke Stadiongasse – Ring ihre Zustimmung zu geben. So wurde am 27. April 1967 der Öffentlichkeit eine weitaus konventionellere Lösung vorgestellt: Das für den am Silvestertag 1950 verstorbenen ersten Bundespräsidenten der Zweiten Republik errichtete Denkmal besteht aus einem silbern schimmernden Metallkopf, geschaffen von Alfred Hrdlicka, umgeben von einem Baldachin aus zwölf 6 Meter hohen zarten Stahlsäulen, entworfen von Dipl. Ing. Josef Krawina. Wer nun glaubt, diese Lösung hätte keinerlei Widerstände ausgelöst, irrt gewaltig. Hrdlicka mußte sich gegen wütende Proteste und Angriffe, insbesondere aus dem Fußvolk der SPÖ, zur Wehr setzen (vgl. Farbabbildung S. X).
Was dem unbefangenen Betrachter des Renner-Denkmals kaum auffallen wird, mutet bei genauem Hinsehen eher seltsam an: Der schwarze Marmorblock mit dem Kopf des Staatsmannes steht nicht im Zentrum der mittleren der neun quadratischen Sockelplatten, sondern ist leicht zum Parlament hin verschoben, sodaß sich der Kopf auch nicht mehr in der Mitte unter den oben fast kreisförmig zusammenlaufenden Säulen befindet. Man kann über die Bedeutung dieser ungewöhnlichen Anordnung Spekulationen in mehrere Richtungen anstellen.

- Als wahrscheinlichstes Motiv für die leichte Verschiebung der Kopfplastik in südliche Richtung bietet sich an, daß dies ein letzter Gruß der Freimaurer an ihr prominentes Mitglied Dr. Karl Renner war: der Platz der Gesellen in der Loge ist ja im Süden, im „Mittag". Wenn ein „Vollendeter Bruder" also symbolisch zum „Großen Baumeister aller Welten" aufblickt, so ist sein Platz in der Ewigkeit ein wenig südlich (rechts) der Mitte.
- Ein zweites Motiv könnte der Hinweis darauf sein, daß Renner als Repräsentant des rechten Flügels der Sozialdemokratie galt.
- Eine dritte Möglichkeit wäre die Annahme, daß durch die Verschiebung der Lage des Kopfes zum Parlamentsgebäude hin angedeutet werden sollte, daß das Parlament die wichtigste Wirkungsstätte im Leben Karl Renners war.
- Die letzte – bei einem Symbol dieser Art, wie wir wissen, nie völlig auszuschließende – Variante besteht darin, daß es sich einfach um ein Versehen bei der Ausführung des Baues handelt.

Das Raab-Denkmal

Ing. Julius Raab wurde am 29. November 1891 in St. Pölten geboren und starb am 8. Jänner 1964 in Wien, nachdem er, bereits gesundheitlich schwer angeschlagen, bei der Bundespräsidentenwahl am 28. April 1963 dem amtierenden Präsidenten Adolf Schärf, der 55 Prozent der Stimmen erhielt, mit 41 Prozent unterlegen war.
Nach seinem Kriegsdienst als Pionieroffizier trat Julius Raab in die väterliche Baufirma in St. Pölten ein. Als Führer der niederösterreichischen Heimwehr hatte er den sogenannten „Korneuburger Eid" (vgl. S. 247) zwar mitgeschworen, war aber bald danach ausgeschieden, da ihm der radikale Kurs der Heimwehren nicht lag. Raab widmete sich in der Folge dem Aufbau der Standesvertretungen der Gewerbetreibenden, was er als ÖVP-Wirtschaftsbundobmann ab 1945 weiter verfolgte. Zwischen 1953 und 1961 Bundeskanzler in vier Regierungen, gelang es ihm, nicht nur die österreichische Wirtschaft nach dem Zweiten Weltkrieg mit entscheidenden Impulsen zu versehen („Raab-Kamitz-Kurs"), sondern auch zusammen mit Leopold Figl, Adolf Schärf und Bruno Kreisky 1955 den Staatsvertrag zu vollenden.
In den ersten Jahren nach seinem Tod ein Denkmal für Julius Raab zu errichten, war zunächst gar nicht so einfach: weder war es leicht, die dafür nötigen Mittel aufzutreiben, noch war es einfach, einen geeigneten Platz zu finden. Schließlich einigte man sich darauf, das Monument gegenüber dem Parlament in die Volksgartenumfriedung einzubauen; die zuständigen Ministerien der Regierung Klaus waren dabei behilflich. Das Denkmal selbst wurde von dem bekannten Architekten Clemens Holzmeister entworfen; das Medaillon mit dem Antlitz des wortkargen Politikers mit der Virginia, der so gerne Knackwurst aß (die berühmte „Beamtenforelle"), stammt von Toni Schneider-Manzell.
Das Monument besitzt eine starke Symbolkraft: es ist die Nachbildung eines altrömischen „Friedenstores", d. h. einer Pforte, die nur im Kriegsfall geöffnet wurde. Erwähnenswert ist weiters die Inschrift auf der Volksgartenseite, ein Satz aus dem Testament von Julius Raab: „Aber alle bitte ich inständig, die rot-weiß-rote Fahne hochzuhalten und unser schönes Österreich als einen Hort der Freiheit zu bewahren." Diese Worte sind unserem Buch als Motto vorangestellt.
Neben dem Denkmal rostet ein Flaggenmast traurig vor sich hin. Als für die Vorbereitung der Denkmalenthüllung am 15. Mai 1967 verantwortlicher Bundesorganisationsreferent der ÖVP hat ihn der Verfasser setzen lassen – in der Hoffnung, daß er an allen Staatsfeiertagen, am 15. Mai und am Todestag von Julius Raab mit der von Raab so geliebten rot-weiß-roten Flagge geschmückt werden würde. Wie man sich leicht vorstellen kann, ging das nur so lange gut, als derjenige sich persönlich darum kümmerte, der diesen verwegenen Gedanken gefaßt hatte.
An Julius Raab erinnert auch der nach ihm benannte Platz vor der Wiener Urania.

Der Verfasser verhüllt das Raab-Denkmal (1967)

DAS FIGL-DENKMAL

Leopold Figl verdient es genauso wie Karl Renner, Julius Raab und Bruno Kreisky, unter die Großen der politischen Geschichte der Republik Österreich gezählt zu werden. Der am 2. Oktober 1902 in Rust im Tullnerfeld geborene Bauernsohn war seinem Beruf nach Agraringenieur, widmete sich jedoch bald der Politik. Seit 1933 Direktor des Niederösterreichischen Bauernbundes, war er in der NS-Ära zweimal inhaftiert. Noch 1945 wurde über ihn das Todesurteil gefällt. Figl war Mitbegründer der ÖVP und bis 1961 ihr Obmann, vom 20. Dezember 1945 bis zum 2. April 1953 Bundeskanzler. Während der sechs Jahre, in denen er Außenminister war, konnte er den Staatsvertrag unterzeichnen. Leopold Figl starb am 9. Mai 1965 als Landeshauptmann von Niederösterreich. Die frühere Regierungsgasse zwischen Herrengasse und Minoritenplatz heißt heute Leopold-Figl-Gasse. Der Niederösterreicher Leopold Figl war wohl der populärste aller Nachkriegspolitiker Österreichs. Nicht nur seine Vorliebe für ein Gläschen Wein, sondern vor allem seine tief menschliche Art zu sprechen, wird allen jenen, die ihn erlebten, in Erinnerung bleiben. Immer wieder ist man gerührt, wenn man seine schlichte Weihnachtsansprache aus dem Jahre 1945 von der Schallplatte hört:

> *Ich kann euch zu Weihnachten nichts geben. Ich kann euch für den Christbaum, wenn ihr überhaupt einen habt, keine Kerzen geben. Ich kann euch keine Gaben für Weihnachten geben. Kein Stück Brot, keine Kohle zum Heizen, kein Glas zum Einschneiden . . . Wir haben nichts. Ich kann euch nur bitten, glaubt an dieses Österreich . . .*

Diese Worte sind zu einem Symbol für den unbändigen Willen der Kriegsgeneration geworden, Österreich aus Schutt und Trümmern wieder aufzubauen. Sie sollten uns Nachgeborene mahnen, uns trotz unseres Wohlstandes aktiv um die Res publica zu kümmern. Wie sehr diese Zeit freilich verblaßt ist (oder wie stark das Bild vom „Bundes-Poldl" von seiner Vorliebe für den Wein geprägt ist), zeigt ein Versprecher eines Radioreporters, der aus der erwähnten Weihnachtsansprache einmal wie folgt zitierte: „. . . Kein Stück Brot, keine Kohle zum Heizen, kein Glas zum Einschenken . . .". Das bereits zitierte Buch von Nemetschke/Kugler (1990) erwähnt zwar die beiden eher nichtssagenden Denkmäler für Rudolf von Alt und Clemens Maria Hofbauer am Minoritenplatz, weiß aber über das ebendort aufgestellte, hochaufragende Denkmal für Dipl. Ing. Dr. h. c. Leopold Figl (den Bauernführer, KZ-Häftling, Bundeskanzler, Außenminister, Nationalratspräsidenten und Landeshauptmann) nichts zu berichten. Nach Czeike wurde das Denkmal von Obermoser und Coufal geschaffen und am 13. Juli 1973 enthüllt.

DAS DENKMAL GEGEN KRIEG UND FASCHISMUS

Im Gegensatz zum „Staatsgründungsdenkmal" erhielt das mehrteilige, heftig umstrittene Mahnmal von Alfred Hrdlicka einen besonders prominenten Aufstellungsort, nämlich den Albertinaplatz direkt hinter der Staatsoper. Das begehbare Monument wurde knapp vor Ende des sogenannten „Bedenkjahres" am 24. November 1988 enthüllt. Es besteht aus vier Teilen: durch das aus zwei Marmorblöcken bestehende „Tor der Gewalt" gehend, trifft man auf die aus Bronze gefertigte Figur des „straßenwaschenden" Juden. Dahinter folgt die Marmorskulptur „Orpheus betritt den Hades", ein Werk Hrdlickas aus dem Jahr 1975. Den Abschluß des „Gedenkplatzes" bildet der hochaufragende „Stein der Republik", in welchen der Text der Unabhängigkeitserklärung vom 27. April 1945 eingemeißelt ist.

Besonders die Figur des weniger als lebensgroßen, gekrümmt knienden und die

Straße reinigenden alten Mannes erregte die Gemüter der Wiener. Ein Grund dafür war zunächst der Umstand, daß sich zahlreiche Touristen den Rücken der Symbolgestalt zum Ausruhen oder zum Posieren für ein Erinnerungsphoto aussuchten. Wenn dies auch meist arglos geschah, geriet es doch zum Ärgernis, weshalb die Figur alsbald mit einer – ihr Elend noch steigernden – Stacheldrahtauflage versehen wurde. Ein weiterer Grund für die Ablehnung des Denkmals liegt in der Verewigung des Bildes vom verfolgten, geknechteten und zum Untergang verurteilten Juden. Manche hätten an Stelle dieser Darstellung lieber ein Symbol der Überwindung von Verfolgung und Tod gesehen. Der bekannte Bildhauer hält dieser Ansicht entgegen, daß nur die fortdauernde Provokation den schläfrigen Geist des Österreichers aus seiner Lethargie zu wecken vermag.

Jedenfalls ist die in Stein gehauene und so im Stadtzentrum auf Dauer präsente Unabhängigkeitserklärung ein wichtiges Symbol für die Eigenständigkeit Österreichs. Daß man auf sie durch ein „Tor der Gewalt" zuschreitet, vorbei an einem Sinnbild für eine der größten Tragödien der Menschheitsgeschichte, in welche Österreicher als Täter und Opfer gleichermaßen verwickelt waren, ist ein gelungenes künstlerisches, politisches und volksbildnerisches Konzept. Insofern vermag die halb figürliche, halb abstrakte Darstellungsweise des Hrdlicka-Denkmals zweifellos eine größere Wirkung auszuüben als die abstrakte Ästhetik des Denkmals im Schweizergarten.

Das Denkmal steht übrigens an jenem Ort, an dem sich bis zu einem Bombenangriff am 12. März 1945 der feudale Philipphof befand. Die Trümmer begruben eine große Anzahl von Menschen, die sich damals in den Keller des Gebäudes geflüchtet hatten. Die Ruine wurde ohne Exhumierung der Bombenopfer am 24. Oktober 1947 durch Sprengung eingeebnet. Eine Tafel im Boden vor dem Denkmal weist auf diesen Umstand hin. Etwas abseits finden sich weitere Tafeln mit Erläuterungen zum Denkmal.

ORDEN UND EHRENZEICHEN

EINST UND HEUTE

Nach den Definitionen des Lexikons hat das Wort „Orden“ folgende Bedeutungen:

- Klösterliche Gemeinschaften innerhalb der katholischen Kirche, deren Mitglieder nach den Gelübden des Gehorsams, der Armut und der Keuschheit leben.
- Religiöse Bruderschaften/Schwesternschaften protestantischen Glaubens.
- Im 18. Jahrhundert entstandene, geheime studentische Verbindungen, die sich die Durchsetzung des Gedankengutes der Aufklärung zum Ziel setzten.
- Weltliche Vereinigungen, die nach bestimmten Regeln leben und bestimmte Aufgaben übernommen haben. Ursprünglich Ritterorden, dann elitäre, um den Souverän als Oberhaupt gebildete nationale Vereinigungen; schließlich meist mehrklassig als Verdienst- und Tapferkeitsorden.
- Die von den Orden als Gemeinschaften abgeleiteten Auszeichnungen und Ehrenzeichen. Hiezu gehören nicht jene Dekorationen, die nur zur Erinnerung an die Ableistung von Dienstzeiten oder die Teilnahme an bestimmten Aktionen verliehen werden, ohne daß damit besondere Leistungen gewürdigt werden.

Mag man auch zu Orden als Auszeichnungen für Stand und/oder Verdienste kritisch stehen – wie zu allen staatlichen Symbolen –, so muß man dennoch anerkennen, daß die meisten der Ordensgemeinschaften in der Geschichte Österreichs eine wichtige Rolle gespielt haben, während wiederum der für außergewöhnliche persönliche Leistungen, für Tapferkeit im Krieg oder Verdienste im Frieden verliehene Orden demjenigen, der ihn errungen und angenommen hat, sehr viel bedeuten kann. Selbst wenn sich die Symbolkraft des an die moderne Frackbrust gehefteten Ordens von einem Beutestück eines in grauer Vorzeit im Zweikampf getöteten Feindes herleiten sollte, muß der Gedanke der Auszeichnung für persönliche Verdienste durch den vom Volk gewählten obersten Repräsentanten einer demokratischen Gemeinschaft nicht nur als legitim, sondern auch als nützlich anerkannt werden, weil er im Idealfall Leistung belohnt und damit auch zur Leistung anspornt. Und daß ein Orden oder ein Ehrenzeichen gelegentlich auch so etwas wie Trost im Unglück sein kann, sollte ebenfalls nicht vergessen werden. Das Kaisertum Österreich kannte einige Orden mit großer Tradition. Es kann hier natürlich nur auf einen kleinen Teil aller Ehrenzeichen eingegangen werden. Da aber die Orden und besonders ihre Kleinode geradezu „Zeichenkonzentrate“ sind, d. h. auf kleinstem Raum zu einer harmonischen Einheit verdichtete „Symbolbündel“, die sehr viel über die Symbolkultur ihrer Epoche aussagen, sei hier auf die wichtigsten Auszeichnungen Österreichs kurz eingegangen.[1]

---

[1] Der Leser, der sich aufgrund dieser Ausführungen für ordenskundliche („phaleristische“ – von lat. phalerae = militärische Ehrenzeichen) Fragen zu interessieren beginnt, sei auf folgende Publikationen hingewiesen:
Maximilian Gritzner, Handbuch der Ritter- und Verdienstorden aller Kulturstaaten der Welt. Leipzig 1893 (Faksimile-Nachdruck der DDR, Leipzig 1981) (Fortsetzung nächste Seite)

ORDEN VOM GOLDENEN VLIES (DE LA TOISON D'OR)

Zu Ehren der Jungfrau Maria und des Apostels Andreas, seines Schutzpatrons, zur Verteidigung des katholischen Glaubens und zur Verbreitung der Tugenden stiftete Philipp der Gute, Herzog von Burgund (1396–1467), am 10. Jänner 1430, dem Tag seiner Hochzeit mit Isabella von Portugal, in Brügge den wohl vornehmsten Orden unseres engeren Kulturkreises. Ähnlicher Glanz wie den Orden vom Goldenen Vlies umgibt nur den englischen Hosenbandorden und den dänischen Elefantenorden. Der Name soll von der Idee eines Kreuzzuges nach Syrien herrühren, wobei der Herzog seinen Rittern die Argonauten, die das Goldene Vlies nach unzähligen gefährlichen Abenteuern errangen, als Vorbild hingestellt habe. In Wirklichkeit dürften kluge machtpolitische Überlegungen das Hauptmotiv gewesen sein.

Der Orden vom Goldenen Vlies

Das erste Statut setzte die Mitgliederzahl auf dreißig Ritter fest; später wurde die Zahl erweitert. Die Gemeinschaft nahm für sich den höchsten Rang unter den christlichen Orden in Anspruch, sie hielt sich für „incomparable". Der Nimbus, der den Orden umgab, und die Distinktion seiner Mitglieder, die dem Ordensoberhaupt durch einen feierlichen Eid verbunden waren, vermehrten das politische Gewicht des „großen Herzogs des Westens". Doch durch den Tod Karls des Kühnen, der bei dem Versuch fiel, dem burgundischen Reich auch noch Lothringen einzugliedern, erlosch das Haus im Mannesstamm (an den letzten Burgunderherzog erinnert das sogenannte „Ainkhürn-Schwert" in der Wiener Schatzkammer, eine prächtige Waffe mit einem Griff aus Narwalhorn, reich verziert mit dem burgundischen Feuerstahl). Durch ihre Heirat mit Maximilian I. von Österreich am 19. August 1477 in Gent brachte Maria, die Erbtochter von Burgund, das Großmeistertum des Ordens an das Haus Habsburg. Der Erwerb der reichen burgundischen Provinzen stärkte das Haus Österreich nicht nur wirtschaftlich und politisch, sondern brachte auch entscheidende kulturelle Impulse. So geht das spätere spanische Hofzeremoniell auf die glanzvolle Hofhaltung der burgundischen Herzöge zurück.

Nach dem Aussterben der spanischen Habsburger (1700) beanspruchten sowohl die Habsburger als auch die Bourbonen die Souveränität über den Orden. Karl VI. konnte im Spanischen Erbfolgekrieg den Besitz der Niederlande behaupten und damit 1713 das Erneuerungsfest des Ordens in Wien feiern. Maria Theresia übertrug das Großmeistertum auf ihren Gemahl Franz I. Das Statut von 1757 setzte unter anderem fest, daß das Oberhaupt die Mitglieder frei bestimmen konnte, soferne sie von altem Adel und katholischer Religion waren (die Aufnahme von Protestanten war an eine päpstliche Dispens gebunden).

Als „Hausorden" hat der Orden vom Goldenen Vlies den Untergang der Habsburgermonarchie überlebt, da er vom Oberhaupt des „Hauses Österreich" selbst vergeben werden kann. Als Stiftung besitzt der Orden Rechtspersönlichkeit, die von der Repu-

Roman (Freiherr von) Prochazka, Österreichisches Ordenshandbuch. München 1974.
Günter Erik Schmidt, Ehrenzeichen und Medaillen der Republik Österreich und der Bundesländer ab dem Jahre 1945. Wien 1960
Václav Mericka, Das Buch der Orden und Auszeichnungen. Prag 1976 (dt.: Hanau 1990)
Václav Mericka, Orden und Ehrenzeichen der österreichisch-ungarischen Monarchie. Wien – München 1974

blik Österreich am 8. 9. 1958 anerkannt wurde. Das Ordensarchiv wird vom Haus-, Hof- und Staatsarchiv geführt.[1]
Das Kleinod des Ordens enthält drei Objekte: das goldene Widderfell, eingehängt in einen weißgetupften Feuerstein, aus dem rote, goldbordierte Flammen schlagen. Dieser wieder hängt an einem blaubordierten, goldenen Feuerstahl, der eine Reliefdarstellung von Jasons Kampf mit dem Drachen enthält. Sein blauer, goldbordierter Griff trägt in Goldbuchstaben die Devise: „Pretium laborum non vile“ („Die Belohnung für die Leistung ist nicht gering“). Feuerstein und Feuerstahl sind die heraldischen Wahrzeichen von Burgund.
In der Regel wird der Orden an einem 5 Zentimeter breiten roten Band mit goldbordiertem blauem Schieber („Agraffe“) getragen. Bei besonderen Anlässen hingegen wird die aus stilisierten Feuerstahlen und Feuersteinen bestehende goldene Ordenskette („Collane“) angelegt. Der Herold des Ordens trägt bei großen Feierlichkeiten die „Potence“, eine ebensolche Kette, der aber noch die Wappen der Ordensmitglieder auf 26 Gold-Emailplatten hinzugefügt sind.
In der Ordenskleidung dominiert der rote Samt mit weißer Fütterung. Der Mantel ist mit den Ordensmotiven bestickt.
Der Schatz des Ordens, der nur wenige Objekte umfaßt, da sonst ja die Schatzkammer der Burgunderherzöge zur Verfügung stand, wurde bis 1794 in Brüssel verwahrt und befindet sich seit 1797 in der Wiener Schatzkammer. Einer der kuriosen, aber nicht ausgeführten Pläne Napoleons ging dahin, 1809 in Schönbrunn einen „Orden der Drei Toisons“ zu schaffen. Seine Dekoration sollte aus einem Adler bestehen, der je ein Widderfell in den Fängen und eines im Schnabel tragen sollte – als Zeichen der Herrschaft über Burgund, Spanien und Österreich.
Das mit Rubinen und Saphiren besetzte burgundische Schwurkreuz trägt keinen Hinweis auf den Orden, ebenso wie der achtteilige Meßornat. Diese Paramente, die ebenfalls in der Wiener Schatzkammer aufbewahrt werden, sind besonders eindrucksvolle Kunstwerke aus der ersten Hälfte des 15. Jahrhunderts. Die Gewänder, die einen kompletten Satz für ein Hochamt bilden („Chapelle entière“), sind in feinem „Lasurstich“ mit biblischen Motiven besonders starker Leuchtkraft ausgeführt, wobei Goldfäden als Kette und vielfarbige Seidenfäden als Schuß verwendet wurden. Sie wurden höchstwahrscheinlich schon vor der Ordensgründung für die herzogliche Kapelle begonnen und gehören zum Schönsten, das die Wiener Schatzkammer zu bieten hat.

Der militärische Maria Theresien-Orden

Kaiserin Maria Theresia stiftete diesen Orden am 18. Juni 1757 – nach der siegreichen Schlacht von Kolin – für ausgezeichnetes Verhalten vor dem Feinde, insbesondere auch für die Ausführung von „besonders herzhafter That“, die jeder Offizier von Ehre ohne Vorwurf auch hätte unterlassen können. Daraus hat sich die manchmal zu hörende fälschliche Meinung entwickelt, der Maria Theresien-Orden sei auch für heldenhafte Taten verliehen worden, die *gegen* einen gegebenen Befehl ausgeführt wurden.
Zuletzt bestand der Orden aus Großkreuzen, Commandeurs und Rittern, die ohne Rücksicht auf Standesunterschiede aufgenommen wurden. Die Aufnahme verlieh bürgerlichen Offizieren den Ritterstand bzw. auf Antrag den erblichen Freiherrnstand. Der bedeutendste österreichische militärische Verdienstorden wurde insgesamt nur 1240mal verliehen. Der letzte Besitzer dieses Ordens, k. u. k. Linienschiffsleutnant

[1] Mario Laich, Altösterreichische Ehrungen – Auszeichnungen des Bundes. Innsbruck 1993, 18

Der Maria Theresien-Orden

Gottfried Freiherr von Banfield, als Marineflieger auch „Der Adler von Triest" genannt, starb im September 1986.[1]

Das Kleinod des Ordens ist ein weißes, goldbordiertes Kreuz, dessen Arme durch Wellenlinien abgeschlossen werden („Theresianisches Kreuz"). Das rote Medaillon trägt einen weißen Balken und ist von einem weißen Reifen mit der goldenen Inschrift „FORTITUDINI" („Der Tapferkeit") umgeben. Alle Teile sind goldbordiert. Der Revers trägt die Initialen M(aria) T(heresia) und F(ranz). Das Band ist ponceaurot mit weißem Mittelstreif. Der Stern der Großkreuze (seit 1765) wird an der linken Brust getragen und hat dieselbe Form wie das Kreuz, ist aber silbern und reich mit Diamanten und Goldperlen besetzt. Durch die vier Winkel zieht sich ein goldbordierter, befruchteter grüner Lorbeerkranz.

Der königlich ungarische Hohe Ritterorden vom heiligen Stephan, dem apostolischen König

Maria Theresia, die der ungarischen Nation viel verdankte, stiftete am 5. Mai 1764 zur Belohnung von Talent und besonderen Verdiensten im Zivilleben den nach dem Schutzpatron Ungarns benannten Orden. Die Anzahl der Ritter wurde mit hundert begrenzt. Der Orden wurde in drei Klassen verliehen: Großkreuz, Commandeur und Kleinkreuz. Das Großkreuz war dem hohen Adel vorbehalten. Das Kleinod entspricht in der Form dem Theresianischen Kreuz, nur ist es in Dunkelgrün ausgeführt. Es wird von der Stephanskrone überhöht. Das rote Medaillon enthält das weiße Patriarchenkreuz auf gekröntem grünem Dreiberg sowie die Buchstaben M und T in Gold. Der weiße Reif trägt die goldene Inschrift „PUBLICUM MERITORUM PREMIUM" („öffentlicher Dank für Verdienste"). Der Revers enthält die Initialen S(ancto) St(ephano) R(egi) Ap(ostolico). Das Band ist dunkelgrün mit rot. Neben einem eichenbekränzten, diamantierten Stern ist auch eine goldene Ordenskette (Collane) vorgesehen. Sie besteht aus dem Namenszug der Stifterin und König Stephans sowie der ungarischen Krone. Eine fliegende goldene Lerche symbolisiert das Erzhaus, die Devise „stringit amore" sollte wohl die besondere Verbundenheit der Stifterin mit den Ungarn ausdrücken.

Der St. Stephans-Orden

Der Österreichisch-kaiserliche Leopolds-Orden

Dieser Orden geht auf Franz I. von Österreich zurück, der ihn am 8. Jänner 1808, dem Tag seiner dritten Vermählung, zum Andenken an seinen Vater Leopold II. stiftete. Eigentlicher Anlaß war die Eingliederung Galiziens, wo bis 1806 noch der ehemalige polnische Stanislaus- und Adlerorden weitergetragen wurde. Der neue, später

[1] Hermann Dikowitsch/Walter A. Schwarz, Katalog zur Ausstellung „Orden und Ehrenzeichen der k. u. k. Monarchie". In: Unser Währing, 28. Jg., 3. Heft, Wien 1993

vierklassige österreichische Orden – zunächst war an die Bezeichnung „Rudolfs-Orden“ oder „Franzens-Orden“ gedacht – sollte sowohl für militärische als auch für zivile Verdienste, insbesondere auch für Gelehrsamkeit und gemeinnützige Unternehmen verliehen werden.[1]
Das Kleinod besteht aus einem klassischen Templerkreuz in Dunkelrot und einem roten Medaillon mit der goldenen Chiffre F(ranciscus) I(mperator) A(ustriae). Die goldene Devise im schon traditionellen weißen Reifen lautet „INTEGRITATI ET MERITO“ („Für Unbescholtenheit und Verdienste“). Im Revers besagt die Inschrift im goldenen Eichenkranz: „OPUS REGUM CORDA SUBDITORUM“ („Die Könige sorgen sich um die Herzen ihrer Untertanen“). Das Kreuz hängt an der purpurgefütterten österreichischen Kaiserkrone. Das Band ist scharlachrot mit weißer Einfassung. Der Stern ist analog gestaltet, die Kette der Großkreuze enthält goldene Eichenkränze, Kronen und die Initialen F und L.

Der Leopolds-Orden

DER KAISERLICH-ÖSTERREICHISCHE ORDEN DER EISERNEN KRONE

Franz I. von Österreich schuf auch in Anlehnung an einen gleichnamigen Orden Napoleons aus dem Jahre 1805 den Orden der Eisernen Krone. Napoleon hatte sich ja mit der alten Langobardenkrone zum König von Italien krönen lassen. Nach seinem Sturz wurde der Orden am 1. Jänner 1816 in Mailand für Zivil und Militär erneut ins Leben gerufen, um die „Vereinigung des lombardo-venetianischen Königreiches mit den k. k. Erbstaaten zu verewigen“. Der Orden wurde für Anhänglichkeit an Kaiser und Staat sowie für gemeinnütziges Wirken verliehen. Die in drei Klassen geteilten Ritter sollten die Zahl hundert nicht überschreiten.
Das Kleinod ist nur in der Größe abgestuft und zeigt die Ansicht der lombardischen Königskrone in Gold mit roten Edelsteinen besetzt. Auf dem Reif dieser „Eisernen Krone“ stand der beidköpfig gekrönte Doppeladler mit Schwert, Zepter und Reichsapfel, ein goldenes F(ranz) im dunkelblauen Brustschild, überhöht von der rotgefütterten Kaiserkrone. Das Band ist goldgelb mit dunkelblauer Bordüre (ein einprägsames Beispiel dafür, daß in der Heraldik und Phaleristik im italienisch-französischen Sprachraum die Farben Blau und Gelb, im deutschen Sprachraum die Farben Rot und Weiß dominieren). Die Devise lautet „AVITA ET AUCTA“ („altherkömmlich und vermehrt“). Die Goldkette des Ordens der I. Klasse besteht aus ovalen Eichenkränzen und den verschlungenen Buchstaben F(ranciscus) und P(rimus).

Der Orden der Eisernen Krone

[1] Laich, a. a. O., 17

DER KAISERLICH-ÖSTERREICHISCHE FRANZ JOSEPH-ORDEN

Der Franz-Joseph-Orden

Am 2. Dezember 1849, dem ersten Jahrestag seines Regierungsantrittes, stiftete Franz Joseph I. einen Orden, der für Verdienste im Krieg und im Frieden in den Klassen Großkreuz, Komtur und Ritter (später ergänzt durch den Komtur mit Stern und das Offizierskreuz) verliehen wurde. Die wichtigen Dienste im Interesse des Allgemeinwohls, für die er vergeben werden sollte, lassen schon deutlich die moderne Handels- und Industriegesellschaft ahnen, in die das Kaiserreich eingetreten war. Das Kleinod ist ein goldbordiertes scharlachrotes Rupertkreuz (konvex abschließende Arme), das einem schwarzen, golden gewaffneten Doppeladler aufgelegt ist, darüber die Kaiserkrone. Das weiße Medaillon in der Mitte weist die Goldbuchstaben F und J auf, darunter befindet sich die Devise des Kaisers „VIRIBUS UNITIS" („Mit vereinten Kräften"). Der Orden wurde an hochrotem Band getragen. Die Miniaturkette für das Großkreuz enthält schwarz emaillierte Doppeladler, die den österreichischen Bindenschild auf der Brust tragen und von der Kaiserkrone überhöht sind.

DER HOCHADELIGE STERNKREUZ-ORDEN

Der Sternkreuz-Orden

Darunter ist ein Damenorden zu verstehen, der von Kaiserin Eleonore von Gonzaga, der Mutter Kaiser Leopolds I., 1668 gestiftet wurde, angeblich aus Freude über die Wiederauffindung einer nach einem Brand in der Hofburg vermißten Kreuzesreliquie. Die Mitgliedschaft war Damen alten Adels vorbehalten, die sich verpflichten mußten, Werke der Nächstenliebe zu vollbringen. Das Kleinod mit der Devise „SALUS ET GLORIA" („Erlösung und Ruhm") zeigte einen schwarzen, golden bewehrten Doppeladler in blauem, ovalem Reifen, dem ein rotes, gold und blau gerändertes griechisches Kreuz aufgelegt war. Als Band diente eine schwarze Schleife.

DER ÖSTERREICHISCH-UNGARISCHE ELISABETH-ORDEN

Zum Andenken an seine am 10. September 1898 in Genf ermordete Gemahlin Elisabeth stiftete Kaiser Franz Joseph I. schon in der Woche nach dem Todestag einen Verdienstorden für Damen. Das Ordenszeichen ist ein sehr damenhaftes Lilienkreuz, gebildet aus schmalen, sich am Ende verbreiternden weiß emaillierten Balken mit roten Rändern, an den Enden auswärts gebogen. Das weiße, von goldenen Perlen eingefaßte Medaillon zeigt das nach links gewandte Brustbild der hl. Elisabeth von Thüringen im Strahlenkranz, zwischen den Kreuzarmen zwei grün beblätterte rote Rosen. Der Revers zeigt ein großes, lateinisch geschriebenes E. Das Band ist weiß mit zwei kirschroten Streifen. Sowohl beim Kreuz wie auch beim Band deuten sich die österreichischen Landesfarben an.

DER DEUTSCHE RITTERORDEN

Gestiftet am 19. November 1190 (Jahr der Belagerung Akkons) durch Herzog Friedrich von Schwaben auf der Grundlage der Bruderschaft des 1128 in Jerusalem gegründeten St. Marienhospitals, hatte der Orden eine wechselvolle und zum Teil alles andere als rühmliche Geschichte. Nach dem Verlust des Heiligen Landes wandte sich der zur Bekämpfung der „Ungläubigen“ wie zur Krankenpflege bestimmte Ritterorden nach Venedig und errichtete von Wien bis Südtirol Kommenden. Das älteste erhaltene Bauwerk von Graz, die Leechkirche, wurde 1275–1293 vom Deutschen Orden errichtet. Noch aus dieser Zeit stammt die eigenwillige Tympanonmadonna über dem Portal, die von dem Wappenschild des Ordens rechts und links flankiert wird.

Im Verlaufe des 13. Jahrhunderts wurde der Orden von Herzog Konrad von Masowien in das damals noch heidnische Preußen gerufen. In der Zeit zwischen 1226 und 1466 sollte sich das Herrschaftsgebiet des Deutschen Ordens vom Westufer der unteren Weichsel bis nach Estland erstrecken.

1308 wurde das Herzogtum Pomerellen mit der Stadt Danzig erworben; 1309 verlegte der „Hochmeister“ seinen Hauptsitz von Venedig auf die Marienburg, die zu einer gewaltigen Wehrburg ausgebaut wurde. An die Stelle des Kampfes gegen die Moslems war nun der Kampf gegen die Pruzzen getreten, der mit Hilfe von westeuropäischen Rittern und Söldnern geführt wurde. Der Marien- und Georgskult des Ordens verdrängte die lokale Naturreligion. Das schwarze Kreuz auf weißem Grund („deutsches Kreuz“) gab der Provinz Ostpreußen und dem späteren Königreich Preußen seine Farben: schwarz und weiß. Durch die ausgedehnte Gutswirtschaft und den Bernsteinhandel gelangte der Orden zu großem Reichtum und Einfluß. Alles eroberte und urbar gemachte Land wurde dem Orden als Reichslehen übertragen; dadurch erwarb das Oberhaupt des Ordens die Reichsfürstenwürde. Symbol dafür war der dem einfachen schwarzen Kreuz hinzugefügte schwarze Adler.

Das Kreuz des Großmeisters des Deutschen Ritterordens

Zu Beginn des 15. Jahrhunderts verbanden sich zugewanderte und heimisch gewordene Untertanen des Ordens mit den Polen und den mittlerweile getauften Litauern und erhoben sich gegen die Ordensritter. Nach der Niederlage von Tannenberg (polnisch: Bitwa pod Grunwaldem) verlor der Orden im 2. Frieden von Thorn (1466) seine wichtigsten Besitztümer in Preußen. Die Schlacht von Tannenberg (15. Juli 1410) war mit mehreren Tausenden Gefallenen eine der größten Ritterschlachten des Mittelalters. Bis heute gilt der polnische Sieg bei Tannenberg als einer der bedeutendsten Einschnitte in der polnischen Geschichte, der immer wieder auch propagandistisch ausgeschlachtet wurde und bis in die jüngste Zeit Sinnbild des deutsch-polnischen Gegensatzes war. Tannenberg war übrigens Ende August 1914 ein zweites Mal in der Geschichte Austragungsort einer großen Schlacht zwischen Slawen und Germanen: 191.000 Russen standen 153.000 Deutschen gegenüber, die unter Hindenburg in einer Einkreisungsoperation den Sieg davontrugen.

Durch die Reformation und die Umwandlung Preußens in ein erbliches Herzogtum (Albrecht von Brandenburg leistete 1525 den Lehenseid auf die polnische Krone) ging dem Orden der nach 1466 verbliebene Rest seiner Macht im Norden verloren, die er mit Feuer und Schwert fast zweieinhalb Jahrhunderte verteidigt hatte. Im Süden Deutschlands konnte er sich unter einem „Deutschmeister“ mit Sitz in Mergentheim noch etwas länger halten (die Bezeichnung „Deutsches Eck“ bei Koblenz geht auf diese Zeit zurück).

Durch den Frieden von Preßburg 1805 ging die Großmeisterwürde des Deutschen Ritterordens auf den Mannesstamm des Hauses Habsburg-Lothringen über. Napoleon hob den Orden 1809 in allen Staaten des Rheinbundes auf, sodaß er nur noch in Österreich und in den Niederlanden (protestantische Ballei Utrecht) bestehen blieb. Gemäß den neuverfaßten Ordensstatuten von 1840 wurde der Orden zu einem selbständigen geistlich-ritterlichen Institut mit einem Erzherzog als Oberhaupt, der in Wien residierte und den Titel „Hoch- und Deutschmeister" führte. Hochmeister Erzherzog Wilhelm (1863–1896) verlegte das Schwergewicht des Ordens auf das Feldsanitätswesen. Nachdem Hochmeister Erzherzog Eugen 1923 abgedankt und an seiner Statt Ordenspriester als Nachfolger eingesetzt hatte, wurde der Deutsche Ritterorden 1929 von Papst Pius XI. in einen rein geistlichen Orden umgewandelt. Von den Nationalsozialisten 1938 aufgehoben, trat der Deutsche Orden 1945 wieder in Funktion. Seine Tätigkeit erstreckt sich heute auf Österreich, Deutschland und Südtirol. Er erfüllt bis heute seelsorgerische und karitative Aufgaben.
An den Orden erinnern nicht nur die Deutschordenskirche (1326) in der Singerstraße und das „Deutsche Haus" (1667) am Wiener Stephansplatz, sondern auch das 1864–1868 von Theophil Hansen erbaute und in den Besitz des Ordens übergegangene Deutschmeisterpalais am Parkring. Das Gebäude diente nach 1945 als Polizeidirektion, seit 1975 ist es Sitz des OPEC-Funds.
Nur am Rande verwandt mit dem Orden ist das legendäre Infanterieregiment „Hoch- und Deutschmeister" (seit 1769 mit der Bezeichnung „Nr. 4"). Der Truppenkörper wurde 1669 gegründet und erhielt seine Bezeichnung deshalb, weil seine Werbebezirke in den Besitzungen des Ordens lagen. Die „Hoch- und Deutschmeister" erhielten ihre Feuertaufe in der siegreichen Schlacht von Zenta 1697 gegen die Türken und zeichneten sich in der gegen die Preußen erfolgreichen Schlacht von Kolin 1757 aus. Das Regiment existierte bis 1918 und stand im Ruf besonderer Tapferkeit. Zwischen 1920 und 1938 wurde eine Nachfolgetruppe aufgestellt. Das 1896 errichtete Deutschmeisterdenkmal am Deutschmeisterplatz ist das erste Monument, das nicht einen Feldherrn, sondern die Mannschaft ehrte. Am 9. September 1994 wurde die Tradition der „Wiener Edelknaben" vom Jägerregiment 2 des Bundesheeres wieder aufgenommen.
Die eigentlichen Mitglieder des Deutschen Ordens teilen sich in Hoch- und Deutschmeister, Großkomture, Großkapitulare, Komture und Ritter; sie müssen katholisch und von altem Adel sein.
Während Hals- und Brustkreuz des Großmeisters den einköpfigen schwarzen Adler in Gold und ein goldenes Lilienkreuz auf dem charakteristischen schwarzen, weiß geränderten „deutschen Kreuz" aufweisen, ist das Halskreuz der niedrigeren Ränge schmucklos, wird aber von einem stahlblauen Helm mit zwei schwarzen zwischen drei weißen Straußenfedern überhöht. Priesterliche Mitglieder führen an Stelle des Helms einen schwarz-weißen Knauf. Das Ordenskreuz wird an schwarzem Band getragen. Die deutsche Kriegsauszeichnung von 1813, das „Eiserne Kreuz", lehnt sich eng an das Ordenskreuz an.
Adelige Nichtmitglieder, die die Krankenpflegetätigkeit des Ordens tatkräftig unterstützen („Marianer" oder „Familiaren"), tragen das Marianerkreuz, dem ein Medaillon mit dem Zeichen der Genfer Konvention und der Devise „ORDO TEUT. HUMANITATI" („Deutscher Orden für die Menschlichkeit") aufgelegt ist.

DER ORDEN DER RITTER VON ST. JOHANN VON JERUSALEM (JOHANNITER-, MALTESERORDEN)

Um 1070 als Hospitalorden in Jerusalem gegründet, breitete sich der Johanniterorden im gesamten Mittelmeerraum aus. Neben den Dienst an den Kranken, der durch die Beschäftigung syrischer und jüdischer Ärzte zur Übernahme von Kenntnissen aus der damals schon hochentwickelten orientalischen Medizin führte, trat die Aufgabe, Pilger und Pilgerwege zu schützen. So griff der Orden bald aktiv in die Kreuzzüge ein und wurde dadurch zum wehrhaften Ritterorden. Einige Jahrzehnte konnten die stark befestigten Burgen wie „Crac de Chevalier" gegen die Sarazenen verteidigt werden, doch ging 1187 Jerusalem verloren. Der Orden zog sich nach Akkon zurück, das 1291 fiel; nur sieben Johanniter konnten sich mit ihrem schwer verwundeten Großmeister retten. Über Zypern gelangten die Johanniter nach Rhodos, wo ein souveräner Ritterstaat entstand. Nach wie vor fühlten sich die Johanniter als Vasallen Christi und drückten dies auch durch ihre Münzprägungen aus, auf denen sie die Belehnung ihres Großmeisters durch den hl. Johannes als Vertreter Jesu Christi darstellten. In Rhodos verfügte der Orden auch über eine beachtliche Flotte.

Der Orden kam auch in Frankreich zu hohem Ansehen und profitierte stark vom Vermögen des 1312 aufgelösten Templerordens. 1522 ging Rhodos verloren, außerdem litt der katholische Orden unter den Folgen der Reformation, die den Verlust zahlreicher Priorate und Kommenden zur Folge hatte. Karl V. sprach dem Orden 1530 die Insel Malta zu. Sie wurde erfolgreich gegen die Türken verteidigt und blieb bis nach ihrer Einnahme durch Napoleon 1814 als Stützpunkt im Kampf gegen die nordafrikanische Seeräuberei im Besitz des Ordens. Um diese Zeit war der Orden beinahe am Ende seiner Kräfte, doch wurde im Verlauf des 19. Jahrhunderts durch adelige Vereine die Ordensgemeinschaft wieder hergestellt. Seit 1834 siedeln die Großmeister in Rom. Die Souveränität des Ordens wurde von einer großen Zahl von Staaten anerkannt. 1953 wurden die Malteser Ritter auch kirchlicherseits als religiöser und souveräner Orden bestätigt, der sich heute vor allem der Krankenpflege widmet. Seit Leopold VI. ist der Orden auch in Wien angesiedelt; seine Ordenskirche ist die aus dem 14. Jahrhundert stammende Malteserkirche in der Kärntnerstraße.

Der Orden hatte ursprünglich bis zu zehn Klassen aus dem Kreis alten katholischen Adels. Heute gehören 40 Prozent der rund zehntausend Mitglieder dem europäischen Hochadel an. Ein Museum des Ordens befindet sich in Schloß Mailberg im Weinviertel.

Das nach der Größe abgestufte Halskreuz besteht aus einem goldbordierten, weiß-emaillierten Malteserkreuz, in dessen Winkeln goldene Doppeladler mit Kaiserkrone stehen und das von einer Bügelkrone überhöht wird. Das Brustkreuz ist ebenfalls achtspitzig und aus Leinen oder weißemailliert ausgeführt. Die acht Spitzen des Kreuzes gelten übrigens als Symbol der acht Seligpreisungen der Bergpredigt.

Das Kreuz des Johanniter- oder Malteserordens

Altösterreichische Tapferkeitsauszeichnungen

Schon Joseph II. stiftete 1789 die goldene und silberne Erinnerungs- und Ehrenmedaille, die spätere Tapferkeitsmedaille, für den einfachen Soldaten, der sich persönlich durch Mut, Umsicht und Kameradschaftlichkeit ausgezeichnet hatte. Auf dem Avers war das Brustbild des regierenden Kaisers, auf dem Revers sechs gekreuzte Fahnen mit einem Lorbeerkranz und der Inschrift „Der Tapferkeit" (bzw. „FORTITUDINI") abgebildet. Das Ehrenzeichen wurde an einem roten „gewasserten" Band mit zwei schmalen weißen Streifen getragen.
Kaiser Franz Joseph stiftete 1849/50 mehrere militärische Verdienstkreuze und 1873 die Kriegsmedaille zur Erinnerung an die Teilnahme an militärischen Auseinandersetzungen.

Ehrenzeichen für Verdienste um die Republik Österreich – Erste Republik

Dieses erste von einer österreichischen Bundesregierung gestiftete Verdienstzeichen bestand aus einem großen, muschelförmigen goldenen Strahlenstern mit fünf nur angedeuteten Spitzen (offiziell: „zwei einander überlappende konvexe fünfblättrige Blütenkelche"), darauf ein wuchtiges, schwarzemailliertes Kruckenkreuz mit schmalem Goldrand. Es kann als ziemlich sicher angenommen werden, daß die Symbolik der am 4. 11. 1922 (genau zur Mitte des Kabinetts Seipel I) gestifteten Auszeichnung auf den Prälaten-Kanzler selbst zurückgeht. Seipel weigerte sich 1923, das Staatswappen als Halsdekoration zuzulassen, da er einen negativen Eindruck der „bolschewistischen Attribute Hammer und Sichel" im Ausland befürchtete (vgl. hiezu das Kapitel über das Bundeswappen S. 121 f.). Dem priesterlichen Staatsmann erschien wohl der Rückgriff auf ein einfaches, einprägsames Kreuzritterzeichen als der beste Weg, nach dem Untergang der Habsburgermonarchie und ihres neuzeitlich-feudalen Symbolsystems die höchste Auszeichnung der Republik zu gestalten. Schließlich war 1918 auch der rot-weiß-rote Bindenschild wieder zu Ehren gekommen: obwohl bis zuletzt Teil des genealogischen Wappens, war der rote Schild mit silberner Binde ja ein von den Babenbergern eingeführtes „urösterreichisches" und damit „vor-habsburgisches" Zeichen.
Als Vorbild wird Seipel wohl das Zeichen des Orden des heiligen Grabes zu Jerusalem gedient haben. Dieser wahrscheinlich von Alexander VI. um 1496 gestiftete päpstliche Orden trug ursprünglich rein militärischen Charakter und diente dem Schutz des heiligen Grabes. Das Kleinod des dreiklassigen Ordens (Großkreuz, Komtur, Ritter) ist ein rotemailliertes, goldbordiertes Kruckenkreuz, bewinkelt von vier einfachen Kreuzchen gleicher Ausführung („Jerusalemer Kreuz"). Ein von diesem alten christlichen und ritterlichen Symbol abgeleitetes Zeichen, noch dazu in sattem Schwarz, mußte Ignaz Seipel sehr passend erscheinen, wenn es galt, jemanden zu ehren, zu belohnen und zu weiterem aufrechtem Dienst am Staat und an der Gemeinschaft anzuspornen. Das Motiv hatte überdies noch nie für einen weltlichen Orden Verwendung gefunden.[1]
Zwischen 1924 und 1934 wurden u. a. folgende Ordensformen verwendet:

1. Der Großstern des Ehrenzeichens, ein fünfarmiges, zur Mitte zu ganz schmales, silbernes, geschopptes Tatzenkreuz mit ausgebogenen Kanten und leicht konkaven

[1] Vgl. hierzu auch den mit reinen Kruckenkreuzen besäten Wappenrock für den Herold Franz' I. Stephan von Lothringen in der Wiener Schatzkammer (um 1740).

Enden. Die Balkenränder besetzt mit anliegenden Palmblättern, in der Mitte aufgesetzt ein kleines, rotemailliertes Kruckenkreuz.
2. Zum Großen Goldenen Ehrenzeichen am Bande ein achtstrahliger brillantierter goldener Bruststern mit dem aufgelegten schwarzemaillierten Kruckenkreuz.

Während die Erste Republik den Wappenadler nur sehr bescheiden auf einer Verdienstmedaille zeigte, erschien im Ständestaat bzw. Bundesstaat Österreich der doppelköpfige, nimbierte, aber ungewaffnete Adler entweder einem schwarzen Kruckenkreuz aufgelegt oder im Kreise der neun Länderwappen auf einem achtspitzigen Strahlenstern. Das Kruckenkreuz als zentrales Symbol des Ständestaates trat in insgesamt sechs verschiedenen Formen und Farben auf: schwarz-, rot- und weißemailliert sowie golden, silbern und bronzen. Dazu kam ein bewußt an den Militär-Maria Theresien-Orden gemahnendes Militärverdienstkreuz (weißemailliert mit rotemaillierten Rändern, goldenem Lorbeerkranz und Medaillon mit nimbiertem Doppeladler) und ein Ehrenzeichen für Kunst und Wissenschaft (ein dünnes weißes Kruckenkreuz auf rotemailliertem griechischem Kreuz, verziert mit goldenen Palmzweigen).

DAS „EHRENKREUZ DER DEUTSCHEN MUTTER“

Nach unserem Prinzip, die Symbolik der NS-Zeit so weit wie möglich und so weit wie nötig zu beleuchten, wird hier das „Mutterkreuz“ angeführt, weil es sich dabei um eine raffinierte Form handelte, die Loyalität der Frauen für das Dritte Reich zu gewinnen.

An sich nicht besonders „weiblich“ in seiner Linienführung, wurde das „Ehrenkreuz der deutschen Mutter“ vieltausendfach an deutsche (und damit natürlich auch an „ostmärkische“) Frauen verliehen, die „dem Führer“ drei bis fünf (Bronze), sechs bis sieben (Silber) bzw. acht oder mehr Kinder (Gold) „geschenkt“ hatten. Die von Architekt Franz Berberich geschaffene Auszeichnung bestand aus einem blauemaillierten, weißgeränderten deutschen Kreuz (35 Millimeter) mit längerem unteren Arm (42 Millimeter), dahinter ein quadratisches Strahlenfeld zwischen den Armen in der jeweiligen Metallfarbe der 3., 2. oder 1. Klasse. Das Kreuz trug in der Mitte ein Medaillon mit einem schwarzen, auf einem seiner Balken ruhenden Hakenkreuz auf weißem Grund und der Umschrift „Der deutschen Mutter“. Auf der Rückseite trug das „Mutterkreuz“ 1938/39 die Inschrift „Das Kind adelt die Mutter“ und den Namenszug Adolf Hitlers, 1938–1944 nur mehr das Stiftungsdatum 16. Dezember 1938 und den Namenszug. Die Dekoration wurde an einem 10 Millimeter breiten blauen Band mit zwei weißen Streifen an jeder Seite getragen und zwischen 1939 und 1944 jährlich am Muttertag verliehen. Die Raffinesse des Designs bestand in der Kombination der Symbolfarben der hl. Maria (Blau-Silber) mit dem „Lebens- und Rassensymbol“ des Hakenkreuzes und dem Heldensymbol des Eisernen Kreuzes.

Das „Mutterkreuz“

DAS EISERNE KREUZ

Das bekannte Kriegerzeichen ist ein preußisch-deutsches Symbol und geht in seiner Form auf den Deutschen Ritterorden zurück (vgl. S. 219 f.).

Der Orden des Eisernen Kreuzes wurde von König Friedrich Wilhelm III. von Preu-

ßen am 10. 3. 1813 zur Ermunterung im Kampf gegen Napoleon begründet. Das Eiserne Kreuz (kurz „EK") wurde 1870, 1914 und 1939 als Auszeichnung erneuert. Sein kriegerischer und expansiver Symbolgehalt prädestinierte es auch als Zeichen für deutsche Kriegs- und Dienstflaggen (so 1819 in Preußen, 1867 im Deutschen Bund, in der Kaiserstandarte und in der nationalsozialistischen Reichskriegsflagge).
Im Ersten Weltkrieg wurde das Eiserne Kreuz Erkennungszeichen auf Panzern und Luftschiffen. Es wurde auch von den Heeresfliegern der k. u.k Armee als Hoheitszeichen verwendet, während die Marineflieger die österreichische Seeflagge auf ihr Seitenruder setzten.
Im Zweiten Weltkrieg wurde das Zeichen etwas modifiziert: ein gerades schwarzweißes Balkenkreuz diente zur Kennzeichnung der Fahr- und Flugzeuge der großdeutschen Vernichtungsmaschinerie, vom Kübelwagen über den Tiger-Panzer bis zum „Stuka" (Sturzkampfflugzeug).

Das Eiserne Kreuz

Das offensichtlich unvergängliche Zeichen deutscher Tapferkeit ziert auch heute wieder in einer der ursprünglichen Form angenäherten Darstellung Panzer und Flugzeuge der deutschen Bundeswehr.
In Österreich ist das Eiserne Kreuz nicht nur bei vielen Veteranentreffen zu sehen, sondern es schmückt auch die meisten Heldendenkmäler in Dörfern und Städten. Es ist offizielles Symbol des Österreichischen Kameradschaftsbundes.
Nicht damit zu verwechseln ist das „Schwarze Kreuz", das Emblem des gleichnamigen Vereins zur Erhaltung der Kriegsgräber.

Ehren- und Verdienstzeichen der Zweiten Republik

1945 mußten zunächst die deutschen Orden, Ehrenzeichen und Waffenabzeichen aufgehoben werden, die bis 1938 verliehenen und 1941 verbotenenen österreichischen Auszeichnungen konnten wieder getragen werden, durften aber nicht mehr weiter verliehen werden.
Unter dem Eindruck des Kriegsendes wurde mit Bundesgesetz vom 12. April 1946 eine „Österreichische Befreiungsmedaille" geschaffen, die an Staatsbürger verliehen werden sollte, die mit der Waffe in der Hand für die Befreiung Österreichs von der nationalsozialistischen Gewaltherrschaft gekämpft hatten. Aus nie ganz geklärten Umständen – der Leser dieses Buches ist an derlei gewohnt – wurde lange Zeit kein Entwurf für die Medaille angefertigt. Mit Gesetz BGBl. 79/1976 vom 27. 1. 1976 wurde die ineffektive Nachkriegsbestimmung aufgehoben und ein Ehrenzeichen für Verdienste um die Befreiung Österreichs von der nationalsozialistischen Gewaltherrschaft („Befreiungs-Ehrenzeichen") geschaffen, das auch posthum verliehen werden kann. Das Ehrenzeichen wird vom Bundespräsidenten auf Vorschlag der Bundesregierung unter Mitwirkung eines elfköpfigen Kuratoriums verliehen. Näheres über Aussehen und Trageart bestimmt die Verordnung BGBl. 193/1976 vom 14. 5. 1976:

> *Das Ehrenzeichen ist kreisrund, versilbert, mit einem Durchmesser von 42 mm. Es trägt in der Mitte die Jahreszahlen 1938 1945 und die Umschrift „Für Österreichs Befreiung". Die Rückseite zeigt das Bundeswappen.*

Mit Bundesgesetz vom 2. April 1952 (BGBl. Nr. 89 vom 17. Mai 1952) wurde das gesamte Ordenswesen der Republik auf eine neue Grundlage gestellt. Es wurden in einem Statut näher auszuführende Ehrenzeichen für Verdienste um die Republik Österreich geschaffen, die nach Größe und Art der Verdienste abgestuft sein können.

Nach zwei Verordnungsnovellen (1954 und 1956) wurden insgesamt fünfzehn derartige Abstufungen geschaffen, beginnend beim Großstern des Ehrenzeichens und endend bei der bronzenen Medaille für Verdienste um die Republik Österreich. 1955 wurden zusätzlich Ehrenzeichen und Ehrenkreuz für Wissenschaft und Kunst eingeführt. 1957 wurde bestimmt, daß Ehrenzeichen für die Rettung von Menschenleben an einem besonderen Band (45 Millimeter breit, rot mit weißem Vorstoß) zu tragen seien. Derjenige, dem eines dieser Ehrenzeichen verliehen wird, kann dieses tragen und sich als dessen „Besitzer“ bezeichnen, genießt aber keinerlei andere Vorrechte. Das Grundmotiv für die Kleinode der geltenden österreichischen Verdienstzeichen ist das rotemaillierte, in den Achsen mit einem dünnen, weißemaillierten Streifen versehene achtspitzige Kreuz. Dieses Motiv ging aus einem Wettbewerb mit über hundert Einsendungen hervor und stammt von Prof. Oswald Haerdtl von der Akademie für angewandte Kunst, der den 1. Preis gewann. Ähnlich wie sich die Erste Republik an das rote Jerusalemer Kreuz des päpstlichen Ordens vom heiligen Grabe anlehnte und daraus das Kruckenkreuz-Motiv entnahm, beziehen die Auszeichnungen der Zweiten Republik ihre Form vom Kleinod des ehemals religiösen Malteser-(Johanniter-)Ordens, dessen charakteristisches weißemailliertes achtspitziges Kreuz das Vorbild für das rot-weiß-rote „Malteserkreuz“ ist, welches die Festkleidung österreichischer Ordensträger ziert (vgl. die Farbabbildungen S. XXVII und XXVIII).
Die österreichischen Verdienstzeichen messen je nach Abstufung 50–45 Millimeter in der Höhe und Breite. Sie werden an aus den Farben Rot und Weiß zusammengesetzten Bändern getragen. Die niedrigsten drei Abstufungen – die goldene, silberne und bronzene Medaille – besitzen einen Durchmesser von 40 Millimeter. Sie zeigen das Bundeswappen im Kreise der durch Lorbeer verbundenen Länderwappen auf der Vorderseite und im Revers die Inschrift „Für Verdienste um die Republik Österreich“. Wird das achtspitzige Kreuz vom Bundeswappen überhöht, ist dieses U-förmig von den Länderwappen umgeben. Der nach der Verfassung schwarze Adler kommt dabei in Gold und in Silber vor. Die Bruststerne in Gold oder Silber zeigen die Wappen der neun Bundesländer kreisförmig angeordnet und durch Lorbeerreiser verbunden. In beiden Fällen stehen die Wappen reihenweise alphabetisch (also Burgenland, Kärnten, Niederösterreich, Oberösterreich etc.), wobei anzumerken ist, daß nicht nur die traditionellen Schildbekrönungen fehlen (sie sind, wie wir wissen, nach den Landeswappen-Gesetzen integrierende Bestandteile von fünf Länderwappen), sondern auch der häufige Fehler beim Vorarlberger Wappen begangen wird, daß die drei Lätze des Montfortschen Banners abgeschrägt statt gerade dargestellt sind. Auch beim Tiroler Adler und bei der Form des Wiener Wappenschildes muß man sich fragen, warum nicht die Zeichnungen aus den 1952 ja längst vorliegenden Landesgesetzblättern übernommen wurden. Vergleicht man hiezu die Ehrenzeichen der Bundesländer, so findet sich überall die heraldisch vollständige und korrekte Darstellung der Wappen. Die Verdienstkreuze der Bundesländer halten sich entweder an die Form des Malteserkreuzes oder an jene des Leopoldskreuzes, bei dem die Enden nur leicht eingekerbt sind. Die Kreuzarme sind in den jeweiligen Landesfarben emailliert, während das Medaillon das Landeswappen (im Falle Wiens das Siegel und/oder das Wappen) trägt.
Ehrenzeichen und Ehrenkreuz für Wissenschaft und Kunst unterscheiden sich auf interessante Weise von den allgemeinen Verdienstkreuzen, ohne jedoch die formale Verwandtschaft mit jenen zu verleugnen (Entwurf akad. Maler Prof. Pirkhert): Das Ehrenzeichen besteht aus einem 58 Millimeter hohen und breiten, achtspitzigen, rotemaillierten Kreuz mit einem schmaleren achtspitzigen, weißemaillierten Mittelkreuz mit etwas längeren Armen. Beide Kreuze sind goldbordiert. Das goldene Medaillon trägt die Inschrift „LITTERIS ET ARTIBUS“ („Der Wissenschaft und der Kunst“)

und ist von einem goldenen Lorbeerkranz umsäumt. Während das Ehrenzeichen an der Öse zum roten Band noch zwei aufstrebende goldene Lorbeerzweige trägt, fehlen diese beim etwas kleineren (44 Millimeter), aber sonst gleich gestalteten Ehrenkreuz für Wissenschaft und Kunst.

Der Umstand, daß das 1955 geschaffene Ehrenzeichen eine relativ starke Ähnlichkeit mit dem Verdienstkreuz des Dritten Reiches („Deutscher Adler-Orden“) besitzt, scheint niemandem aufgefallen zu sein. Zehn Jahre nach dem Krieg wird man wohl das weiße Malteserkreuz mit den relativ flachen Kerben an seinen Enden, das das Hauptmotiv der höchsten nichtmilitärischen Auszeichnung der NS-Zeit war, nicht mehr in Erinnerung gehabt haben. Auch ist natürlich die Zahl der geometrischen Formen, die man einem neu geschaffenen Orden geben kann, beschränkt. Man hat dies schon ein wenig am Elisabeth-Orden gemerkt, wo allerdings in der weicheren Linie des rot-weiß-roten Lilienkreuzes eine doch sehr ansprechende „weibliche“ Lösung gefunden wurde.

Münzen und Banknoten

Die ältesten Münzen auf dem heutigen österreichischen Gebiet stammen von den Kelten, die durch Kontakt mit den Griechen zum Gebrauch von Münzen kamen. Im Nordosten wurden makedonische Goldmünzen (Tetradrachmen) nachgeahmt, die keltische Söldner heimgebracht hatten, im Süden, so im Bereich des Magdalensberges, kamen Silbermünzen nach gallischem Vorbild vor. Römische Münzen (Aureus, Denar, Sesterz, As) wurden nur ausnahmsweise (in Carnuntum) geprägt.
Nach dem Abzug der Römer wurde hauptsächlich Tauschhandel betrieben, bis sich unter Karl dem Großen das Silber als wichtigstes Münzmetall durchsetzte. Der karolingische Denar oder Pfennig sollte sich fast ein halbes Jahrtausend halten. Er wog zunächst ungefähr 2 Gramm. 12 Denare ergaben einen Schilling, 20 Schillinge ein Pfund. Dieses in ganz Europa verbreitete Münzsystem hielt sich in Großbritannien bis über die Mitte des 20. Jahrhunderts. Im bayrisch-österreichischen Raum wurde das Pfund durch 8 Schillinge zu je 30 Pfennigen geteilt.
Die frühesten mittelalterlichen Münzprägungen fanden im 10. Jahrhundert in Salzburg statt. Otto III. verlieh 996 – im Jahr der Ostarrichi-Urkunde! – dem Salzburger Erzbischof das Prägerecht. Die Salzburger Erzbischöfe waren es auch, die mit ihrem Friesacher Pfennig die erste überregional bedeutsame Münze herstellten. Die Babenberger prägten Münzen schon vor 1130 in Krems (Gozzo-Burg). Um 1190 verlegten sie ihre Münzstätte nach Wien. Angeblich wurde Richard Löwenherz bei seiner Durchreise im Dorf Erdberg bei Wien daran erkannt, daß er mit einer byzantinischen Goldmünze zahlen wollte und nicht mit dem damals üblichen Denar (Pfennig). Das reiche Lösegeld, das für seine Freilassung verlangt wurde – es sollen 50.000 Mark Silber (etwa 12.000 Kilogramm) gewesen sein – wurde nicht nur zur Befestigung von Hainburg und Enns, sondern wahrscheinlich auch zur Gründung der Stadt Wiener Neustadt verwendet. Es gab auch der Münzstätte Wien größere Bedeutung.
Die wichtigsten Impulse für das österreichische Münzwesen der Neuzeit kamen aber aus Tirol. Erzherzog Sigmund ließ in Hall Gold- und Silbermünzen im Wert eines Goldguldens prägen („Guldiner" bzw. „Unzialis"). Kaiser Maximilian I. ließ sehr ansprechende und zum Teil schon sehr modern wirkende Münzen herstellen.
Nach Einführung der maschinellen Münzprägung im 16. Jahrhundert kam es im Gefolge des Dreißigjährigen Krieges zu einer Geldkrise (Kipper- und Wipperzeit). Die dadurch in Umlauf gekommenen minderwertigen Münzen mußten später ausgewechselt werden, was zur Gründung neuer Prägestätten (so z. B. St. Pölten) führte.
Unter Leopold I. wurde das Münzwesen immer mehr zentralisiert. Die Zeit Josephs I. und Karls VI. brachte entscheidende Verbesserungen in der technischen und künstlerischen Qualität der österreichischen Münzen. Sie wurden ebenmäßiger, wie ein Zweitaler-Stück mit dem Tiroler Adler aus Hall und ein Golddukat mit Doppeladler und Bindenschild aus Siebenbürgen (1737) zeigen.

Der Mariatheresientaler

Auf Maria Theresia geht der berühmte Mariatheresientaler zurück, der (von 1751–1858 formal gültig) bis ins 20. Jahrhundert in der Levante, besonders unter den Beduinen Arabiens im Umlauf war. In Äthiopien war der Taler bis 1936 die offizielle Landeswährung. Eine Ursache seines Erfolges war die durch Ringprägung erzeugte Randschrift, die es unmöglich machte, die Münze gewinnbringend rund um den Rand zu verkleinern. Von der Silbermünze mit dem Porträt der Kaiserin – im Profil und in späterer Zeit mit Witwenschleier – wurden über dreihundert Millionen Stück hergestellt.

1760 wurde die Kupfermünze, 1762 das erste Papiergeld („Wiener-Stadt-Banco-Zettel") eingeführt. Ein 1792 für die österreichischen Niederlande geprägter Kronentaler zeigt als Zentralsymbol ein burgundisches Kreuz mit dem Goldenen Vlies, umgeben von drei Kronen.

Der im Verlauf der napoleonischen Kriege 1811 eingetretene Staatsbankrott führte 1816 zur Gründung der Nationalbank. Der Ausgleich mit Ungarn 1867 brachte ungarische Legenden auf den Zahlungsmitteln in der ungarischen Reichshälfte. Die Münzen trugen das Wappen Ungarns. 1878 wurde die Österreichisch-Ungarische Bank geschaffen, die Banknoten mit deutscher Aufschrift auf der einen und ungarischer auf der anderen herausgab. Als Beispiel für die unter Franz Joseph I. geprägten Münzen möge ein Fünfkronenstück aus dem Jahr 1900 dienen, das den Kaiser im Profil im Avers und den österreichischen Doppeladler im Revers zeigt.

Fünfkronenstück von 1900

Die fallenden Weltmarktpreise für Silber in der zweiten Hälfte des 19. Jahrhunderts zwangen auch Österreich-Ungarn zur Umstellung auf die Goldwährung. 1892 wurde diese mit der Münzeinheit 1 Krone = 100 Heller eingeführt. Die neuen Münzbezeichnungen wurden im Volk freilich nie populär. Man rechnete in Österreich weiter in Gulden und Kreuzern. Erst 1900 wurde die Kronenwährung ausschließliches gesetzliches Zahlungsmittel. Auf den Münzen von 1918 findet sich bereits der einfache Doppeladler des Reichswappens von 1915 mit dem Bindenschild, der zum Vorbild des heutigen Bundeswappens werden sollte (vgl. Farbabbildungen S. XIX, XX).

Papiergeld aus der Zeit nach dem Ersten Weltkrieg

Während des Ersten Weltkriegs und der wirtschaftlich sehr schwierigen Nachkriegszeit kam es zu einer starken Papiergeldinflation. Die Notenpresse kam kaum nach, der höchste Wert war eine Banknote mit 500.000 Kronen. Viele Gemeinden gaben wegen des Mangels an Münzgeld Papiernotgeld aus.

Im September 1922 konnte die Währung stabilisiert werden: 14.400 Papierkronen entsprachen einer Goldkrone. Ein Jahr später wurde die Österreichische Nationalbank neu begründet. 1924 schließlich wurde die Schillingwährung eingeführt, wobei 10.000 Kronen einem Schilling gleichgesetzt wurden. Der Silberschilling des Jahres 1924 wurde auch als „Alpendollar" bezeichnet, weil er nach außen sehr stabil war, obwohl im Land die Preise stetig anstiegen. Die erste Ausgabe des Schillingstücks wurde bald als zu schwer und zu fein befunden und daher durch ein leichteres von schlechterer Legierung ersetzt.

Die Herkunft des Wortes „Schilling" liegt im Dunkel der Geschichte. In gotischen

Urkunden kommt schon um 550 die Bezeichnung „skilliggs“ vor, in althochdeutschen Glossen um 740 ist von „skillinka“ die Rede, wenn es um den byzantinischen Solidus geht. Das althochdeutsche „Scilling“ könnte sich von „scilt“ – Schild – herleiten; der Schilling wäre somit also eine „schildartige Münze“. Seit dem 8. Jahrhundert Rechnungsmünze im karolingischen Münzsystem, wurde der Schilling 1266 in Frankreich erstmals als Geldstück geprägt. Bis in die Mitte des 19. Jahrhunderts bezeichnete der Schilling in weiten Teilen des deutschsprachigen Raumes Beträge zwischen 6 und 30 Pfennig. In England wurde seit dem Ende des Mittelalters bis 1971 der silberne „Shilling“ geprägt.

Schillingmünze (1926)

Das Wort „Groschen“ wird von lat. „grossus denarius turnosus“ abgeleitet. Der „dicke Pfennig von Tours“ (auch: „Tournose“) wurde erstmals 1266 unter Ludwig IX. in Tours geprägt. Er zeigt auf der Vorderseite ein Kreuz mit gleich langen Armen, die sich an den Enden verbreitern. Dieses „Leopoldskreuz“ kommt dem aus dem „Jerusalemer Kreuz“ abgeleiteten „Kruckenkreuz“ sehr nahe. Sollte etwa diese aus der Kreuzfahrerzeit stammende und im 14. Jahrhundert im Westen Deutschlands sehr verbreitete Münze nicht nur etymologisch, sondern auch in ihrer optischen Symbolik als Vorbild für den neuen österreichischen Groschen (Kruckenkreuz am Revers der 200-Kronen-Münze aus dem Jahr 1924 sowie der 2- und 5-Groschenstücke aus der Zeit 1925–1938) gedient haben? Auszuschließen ist dies nicht, gibt es doch von Numismatikern nur die vage Auskunft, die kleinsten Werte der neu eingeführten Schillingwährung hätten sich in ihrem Revers am zentralen Symbol des höchsten Ordens der Republik (gestiftet am 4. 11. 1922) orientiert. Ausgerechnet die kleinsten Gepräge? Man darf wohl vermuten, daß jene Währungsexperten, die den Groschen in Österreich neu einzuführen hatten, sehr wohl um dessen Urform wußten und daß ihnen diese in der Seipel-Zeit als ein recht passendes Vorbild für eine Scheidemünze erscheinen mußte.[1]

1934 wurden die silbernen ganzen und halben Schillinge wieder abgeschafft und durch solche aus Kupfernickel mit dem nimbierten Doppeladler des Ständestaats im Avers ersetzt. Das erste 50-Groschenstück aus Nickel mußte bald wieder eingezogen werden, weil es in der Dunkelheit sehr leicht mit dem Schillingstück verwechselt werden konnte (daher sein Spottname „Nachtschilling“).

Mit Verordnung vom 17. März 1938 wurde in Österreich die Reichsmarkwährung eingeführt und dabei 1 Reichsmark gleich 1,50 Schilling gesetzt. Die kleinsten Münzwerte – jene mit dem Kruckenkreuz – überlebten interessanterweise den „Anschluß“ und galten als 1 bzw. 2 Pfennig bis 1942 weiter.

Im ersten Jahr der deutschen Besetzung kam es zu einer bemerkenswerten „Nazifizierung“ österreichischer Notenstecherkunst. Von der aus dem Jänner 1936 stammenden dunkelgrünen 100-Schilling-Note, die infolge der Anschluß-Ereignisse nicht mehr zur Ausgabe gelangte, „borgte“ sich die Deutsche Reichsbank in Berlin die Bildklischees der Vorder- und der Rückseite, sodaß der bräunliche 20-Mark-Schein vom 16. Juni 1939 auf der Vorderseite das Bildnis einer Frau mit Edelweiß vor Gebirgslandschaft, auf der Rückseite den Gosausee mit Dachsteinblick zeigt. Die Note trägt in der Mitte ein hellblaues Hakenkreuz, im Gegensatz zu den anderen Reichsmark-Werten ist sie mit dem Reichsadler neueren Typs gekennzeichnet – vielleicht um die „Umvolkung“ des ständestaatlichen Doppeladlers und der österreichischen Bildmotive besonders zu unterstreichen? Was die Sache vom symbolpublizistischen Standpunkt noch um

[1] Der „Groschen“ hieß ursprünglich – bis 1924 – „Stüber“. Über die Einführungsphase vgl. K. Bachinger/H. Matis, Der österreichische Schilling. Graz 1974, 79

eine Spur pikanter macht, ist der Umstand, daß das oben beschriebene Gosausee-Motiv, diesmal wieder in Grün, auf der Rückseite der 100-Schilling-Note vom 2. 1. 1947 unbekümmert wieder auftaucht, während die Vorderseite ein anderes Trachtenmädchen ziert.

Die deutsche Währung war in Österreich bis 21. Dezember 1945 gesetzliches Zahlungsmittel, galt also noch ein halbes Jahr in der Zweiten Republik. In dieser Zeit kursierten auch die von der alliierten Militärverwaltung ausgegebenen „AM-Schillinge" als offizielles Zahlungsmittel. Diese Noten waren schon 1944 (!) in London hergestellt worden. Nach sogenannten „Interimsnoten", die mit Banknoten der Ersten Republik oder des Ständestaates identisch waren (wenngleich sie immer das neue Bundeswappen, den einköpfigen Adler mit den gesprengten Ketten, trugen), wurden ab 1948 die ersten für die Zweite Republik neu entworfenen Noten ausgegeben. Bis auf wenige Ausnahmen zeigen sie alle das neue Bundeswappen, wenngleich in unterschiedlicher künstlerischer Gestaltung.

1955, im Jahr des Staatsvertrags, wurden 25-Schillingmünzen in Silber ausgegeben. Da das Umprägen der 1-Pfennigstücke in Groschen zu teuer gekommen wäre, blieben diese bis weit nach dem Staatsvertrag im Umlauf. Im Herbst 1951 war das zunächst aus Zink geprägte 10-Groschenstück durch ein solches aus Aluminium ersetzt worden. Ein 20-Groschenstück aus Aluminiumbronze wurde 1950 ausgegeben, 1959 aber wieder eingezogen, da es sich als unpraktisch herausstellte. Die Aluminiummünzen der unmittelbaren Nachkriegszeit (50 Groschen, 1 Schilling, 2 Schilling, 5 Schilling) wurden nach und nach außer Kurs gesetzt. Nach 1957 gab es in Österreich silberne 10-Schillingstücke, seit 1959 sind die 50-Groschenstücke und 1-Schilling-münzen aus Aluminiumbronze im Umlauf.

Während auf dem 10-Schillingstück der Bindenschild ab 1974 durch das Bundeswappen ersetzt wurde, blieb er auf der 5-Schillingmünze erhalten. Er schmückt auch das 50-Groschenstück und die 20-Schillingmünze. Die geltende Münzeinheit, das 1-Schillingstück, weist kein Staatssymbol auf, sondern trägt drei Edelweißblüten. Hingegen zeigen die Silberprägungen im Wert von 25, 50 und 100 Schilling die Wappen der Bundesländer, zunächst ohne Bundeswappen und – wohl aus Gründen der Proportion – ohne Schildbekrönungen. Seit der 1964 ausgegebenen Gedenkmünze für Franz Grillparzer nimmt das Bundeswappen bei Gedenkmünzen in der Regel den Ehrenplatz unter den neun Landeswappen ein – man wird nicht fehlgehen, dies als ein äußeres Zeichen des erstarkten österreichischen Nationalbewußtseins zu interpretieren. Einige der Gedenkmünzen enthalten starke Bezüge zur Symbolik der österreichischen Bundesländer und zu jener Österreichs. Als Beispiele seien erwähnt:

1959: Andreas Hofer/Tiroler Adler (50 S)
1959: Erzherzog Johann/Steirischer Panther (25 S)
1965: Rudolf IV. der Stifter/Länderwappen (50 S)
1967: 250. Geburtstag Maria Theresias
1967: 100 Jahre Donauwalzer – Johann Strauß/Länderwappen (50 S)
1967: 50 Jahre Republik – Parlament/Länderwappen (50 S)
1974: 1200 Jahre Salzburger Dom/Länderwappen (50 S)
1974: 50 Jahre Österreichischer Rundfunk/Länderwappen (50 S)
1976: Herzogsstuhl – Kärntner Wappen/Bundeswappen (100 S)
1976: Reitersiegel Friedrichs II./Bundeswappen (1000 S)
1977: 1200 Jahre Kremsmünster – Tassilokelch/Länderwappen (100 S)
1978: 700 Jahre Schlacht bei Dürnkrut/Bindenschild und Symbol der Einheit der neun Bundesländer (100 S)
1981: 800 Jahre Verduner Altar/Länderwappen (500 S)

1985: 40 Jahre Frieden – „Austria" mit Palmzweig und rot-weiß-roter Konturenkarte Österreichs/Länderwappen (500 S)

Wie die aus der Fülle der geltenden Zahlungsmittel ausgewählten Beispiele zeigen, zählen die österreichischen Münzen und Noten der Zweiten Republik künstlerisch zum Besten, was es auf diesem Gebiet gibt, ähnlich wie auch die österreichischen Briefmarken in Kupfertiefdruck, etwa aus der Hand eines Hans Ranzoni oder Rudolf Toth. Sie zeichnen sich auch durch besondere Fälschungssicherheit aus, die zuletzt durch die Verwendung von holographischen Verfahren noch gesteigert wurde.[1]

[1] Pick-Richter, Papiergeld. Spezialkatalog Österreich 1759–1986. Dornbirn 1986
Österreichische Nationalbank, Münz- und Papiergeld in Österreich 1816–1966. Katalog zur Ausstellung 1966
Peter Jaeckel, Die Münzprägungen des Hauses Habsburg 1780–1918 und der Republik Österreich seit 1918. Basel 1967
Wolfgang Häusler (Hg.), Geld – 800 Jahre Münzstätte Wien. Ausstellungskatalog, Wien 1994

Die Briefmarke als Trägerin österreichischer Symbolik

Briefmarken im Kaiserreich Österreich

Die Geschichte der Briefmarke in Österreich wäre beinahe die Geschichte der Briefmarke überhaupt geworden, hatte doch ein altösterreichischer Staatsbeamter, der 1804 in der Oberkrain geborene Bauernsohn Laurenz Koschier, schon 1836 der Allgemeinen Hofkammer vorgeschlagen, „Briefpostmarken" zur Vereinfachung von Manipulation und Verrechnung der Postleistungen einzuführen. Die Antwort war so, wie sie einem österreichischen Erfinder gebührt: leider könne von den Vorschlägen kein Gebrauch gemacht werden, doch werde sein „lobenswertes Bestreben, der Postanstalt nützlich zu sein", anerkannt (Madersperger, Mitterhofer, Ressel und Kreß lassen grüßen).

1840 führte der englische Generalpostmeister Rowland Hill eine Postreform durch, die einheitliche Taxen und Postwertzeichen brachte und mit der schwarzen 1-Penny- und der blauen 2-Pence-Marke mit dem Bild der jungen Königin Victoria das Zeitalter der Briefmarke einläutete. 1849 (jenes berühmte Jahrzehnt später, das die meisten westeuropäischen Innovationen – von der Buchdruckerkunst über die Dampfeisenbahn bis zum obligatorischen Sicherheitsgurt im Auto – brauchen, um in unseren Breiten Fuß zu fassen) wurde dann auch im Kaisertum Österreich die „Frankierung der Briefe mittels verkäuflicher und aufgeklebter Stempel" eingeführt, da Österreich „nicht hinter den zivilisierten Staaten Europas zurückbleiben dürfe", wie Handelsminister Baron Bruck am 14. September an den Kaiser schrieb. Mit Datum vom 25. September 1849 gab Franz Joseph seine Genehmigung zur Einführung der Briefmarke.

Laurenz Koschier erwähnte in einem späteren Majestätsgesuch, daß er 1836 einem britischen Handelsagenten namens Galloway sein Projekt erläutert habe, welcher sodann Rowland Hill davon berichtet habe. Wie dem auch sei, das aufklebbare Postwertzeichen eroberte bald auch die Länder der Habsburgermonarchie.

Der 1809 in Lemberg geborene, vielseitig gebildete Jurist Dr. Johannes Jakob Herz, der in der Postverwaltung für Niederösterreich tätig war, entwarf nach einer einschlägigen „fact finding mission" in München, Brüssel und London die erste österreichische Briefmarke – sehr zum Leidwesen des Direktors der Staatsdruckerei, Regierungsrat Aloys Auer Ritter von Welsbach, der behauptete, sein Institut hätte weit bessere Qualität als die damals in Westeuropa übliche liefern können. In der Tat sind insbesondere Kupfer- und Stahlstich sowie die sich daran anschließende Tiefdrucktechnik Grundlagen der hohen Qualität der österreichischen Briefmarken. Hiefür entwickelte Aloys Auer schon 1858 die automatische Kupferdruckpresse. (Sein Sohn, Carl Auer Freiherr von Welsbach, war der berühmte österreichische Chemiker, dem wir den Gasglühstrumpf, die Osmium-Wolfram-Metallfaden-Glühbirne, das Cer-Eisen und die Entdeckung von vier chemischen Elementen verdanken.)

Die erste Briefmarkenserie wurde vom Graveur Hermann Tautenhayn in Stahl gestochen und zeigte das kleine Reichswappen, flankiert von einem Eichen- und einem Lorbeerzweig. Die damals noch nicht gezähnten, sondern geschnittenen „Post-Stempel" waren als Provisorium gedacht und wurden am 1. Juni 1850 mit Werten bis zu 9 Kreuzer ausgegeben; im Königreich Lombardei-Venetien in italienischer Centesimi-Währung. Bevor aber noch eine zweite, verbesserte Serie von Briefmarken herauskommen konnte, erschien am 1. Jänner 1851 die erste Zeitungsmarke der Welt: ein Merkurkopf für den schon damals besonders verbilligten Postversand von Zeitungen. Die Marke trug keine numerische Wertangabe, der Wert leitete sich vielmehr aus der jeweiligen Farbe der Marke ab. Die höheren Werte (gelb, rosa, zinnober) des „Merkur" sind deshalb zu den seltensten österreichischen Marken geworden, weil sie für den Versand von mindestens zehn Exemplaren gedacht waren, damit seltener eingesetzt und überdies meist auf eine Schleife geklebt waren, die vom Adressaten in der Regel achtlos weggeworfen wurde. Die kostbarste Marke Österreichs, die „Rote Merkur", erschien am 21. 3. 1856 (Markenbeispiele s. Farbteil S. XVII, XVIII).
Wie alle Provisorien in Österreich hatte die erste österreichische Briefmarkenserie ein unerwartet langes Leben. Erst ab 1858 wurden aufgrund der Währungsumstellung (Conventionsmünze auf Neu-Kreuzer) gezähnte Sätze mit dem in Weiß geprägten Kopf des jungen Kaisers ausgegeben. 1864 erschien der weiß geprägte Doppeladler. 1867 wurde in großer Eile eine Marke mit dem Kaiserkopf als dem Symbol der gemeinsamen Monarchie fabriziert. Die Abkürzung „kr." paßte sowohl in der österreichischen Reichshälfte („Kreuzer") als auch in der ungarischen („Krajczar") und trug so den Forderungen des „Ausgleichs" Rechnung. Das nunmehr backenbärtige Bildnis von Kaiser Franz Joseph stand in einem Kranz von Perlen und wurde von einer Krone überhöht. Ab 1871 gab Ungarn eigene Marken heraus.
Für die 1878 von Österreich-Ungarn besetzten und unter Militärverwaltung gestellten türkischen Provinzen Bosnien und Herzegowina erschienen ab 1879 einige Sätze mit dem kaiserlichen Doppeladler.
1906 wurde eine für das internationale Briefmarkenwesen revolutionäre Tat gesetzt: Prof. Koloman Moser, Mitglied der Secession und der Wiener Werkstätte, entwarf eine Markenserie mit Landschaftsbildern vom Balkan, inklusive Maultier, Kutsche und Automobil. Sie wurde von Ferdinand Schirnböck, dem Bahnbrecher des künstlerischen Briefmarkenstichs in Österreich, gestochen. Nach dieser künstlerischen Großtat, die in anderen Ländern Nachahmung fand, erschienen in Bosnien-Herzegowina praktisch nur mehr Kaiserporträts.
Auch für die Jubiläumsausgaben 1908 und 1910 gestaltete Kolo Moser eine Reihe von Bildnissen früherer habsburgischer Herrscher sowie Porträts von Franz Joseph in verschiedenen Lebensphasen. Der stattliche 10-Kronen-Wert der achtzehnteiligen Serie war die erste Marke im Dreifarben-Kupfertiefdruck. Nach einigen Wohltätigkeitsmarken mit Kriegsbildern endete die Markenkunst der Monarchie dort, wo sie begonnen hat: bei der Krone, beim Doppeladler und beim Kaiserporträt sowie beim Merkurkopf, der nun nicht nur für Zeitungsmarken, sondern auch für (dreieckige) Eilmarken Verwendung fand. Das noch von Franz Joseph I. (und nicht, wie fälschlich immer wieder angeführt, von Kaiser Karl I.) mit Handschreiben vom 11. Oktober 1915 festgesetzte „gemeinsame Wappen", das 47 (!) Jahre nach dem Ausgleich dem staatsrechtlichen Verhältnis mit Ungarn auch heraldisch Rechnung trug, trat ein einziges Mal philatelistisch auf den Plan: als farbiger Aufdruck auf italienischen Stempelmarken für Udine und Umgebung, die 1918 als „Ortspostmarken" gedruckt wurden, aber niemals in Umlauf kamen.

Die Zeit nach dem Ersten Weltkrieg

Nach dem Zusammenbruch der Monarchie und der Ausrufung der Republik 1918 behalf man sich zunächst mit einem Aufdruck: von links unten nach rechts oben führte der demonstrativ in schwarzer Fraktur gehaltene Schriftzug „Deutschösterreich", der die kaiserlichen Symbole Krone und Wappen, das Porträt Kaiser Karls und den Merkurkopf gewissermaßen „durchstrich", ihnen gleichzeitig aber den Stempel jenes neuen Staates aufdrückte, der sich gerne einem anderen, größeren, einverleiben wollte. (Wir werden der Methode des Überdrucks zur Bewältigung eines Systemwechsels 1945 wieder begegnen.)

Obwohl die Provisorische Nationalversammlung am 12. November 1918 „Deutschösterreich" als „demokratische Republik" begründete, obwohl das Wappengesetz vom 8. Mai 1919 vom „Staatswappen der Republik Deutschösterreich" sprach, obwohl der Staatsvertrag von St. Germain vom 10. September 1919 mit der „Republik Österreich" abgeschlossen wurde und obwohl Art. 1 der Bundesverfassung vom 1. Oktober 1920 besagte: „Österreich ist eine demokratische Republik. Ihr Recht geht vom Volk aus", kam das Wort „Republik" auf den österreichischen Briefmarken bis 1945 nicht vor. Offenbar lehnte man den Begriff unterbewußt ab bzw. mußte man sich an diesen Titel erst gewöhnen: bis 1921 trugen die Briefmarken die Bezeichung „Deutschösterreich", bis zum „Anschluß" 1938 lautete die Bezeichnung „Österreich". Das hatte immerhin den Vorteil, daß der austrofaschistische Ständestaat (er bezeichnete sich selbst als „Bundesstaat Österreich", obwohl er den Föderalismus entscheidend einschränkte) 1934 keine neue Bezeichnung erfinden mußte. Aber auch noch beim „aushilfsweisen" Überdruck vorhandener Hitlermarken und beim „Posthornsatz", der in der zweiten Jahreshälfte 1945 in den Besatzungszonen der Westalliierten erschien, wurde nur das Wort „Österreich" verwendet. Erst der ab 3. Juli 1945 für die sowjetische Zone aufgelegte „Wappensatz" trug die Bezeichnung „Republik Österreich". Es hatte somit 27 Jahre gedauert, bis sich die offizielle Staatsbezeichnung auf den Briefmarken Österreichs einfand – unter russischem Einfluß, notabene.

Zunächst wollte den bewährten Gestaltern und Stechern der österreichischen Marken kein großer Wurf gelingen – offensichtlich waren die Verhältnisse nicht danach. Die Krone besaß nur mehr ein Fünfzehntausendstel ihres Friedenswertes. Eine 10.000-Kronen-Marke legt dafür beredtes Zeugnis ab.

1922 fand man Trost in der Musik: mit sieben Werten wurde der berühmtesten österreichischen Komponisten gedacht, als Symbolfiguren für die große kulturelle Tradition des nunmehr auf ein Siebentel seiner Bevölkerung geschrumpften Staates. Doch bald darauf kam der Durchbruch: für den zweiten von sechs Werten seines „Nibelungensatzes („Gunthers Drachenschiff auf dem Weg nach Island", 8 + 2 Groschen) erhielt Prof. Wilhelm Dachauer 1926 in Philadelphia die Thomson-Medaille für „die schönste Marke der Welt".

Es folgten Politiker-, Dichter-, Maler-, Baumeister, Heerführer-, Erfinder- und Ärzteporträts von zum Teil sehr hoher Qualität, während dazwischen erscheinende Landschafts-, Trachten- und Flugpostsätze dagegen deutlich abfielen. Großen Symbolwert hatte die 60-Groschen-Tegetthoff-Marke (1935), die den Admiral vor der Flagge der altösterreichischen Kriegsmarine und geschmückt mit dem Maria Theresien-Orden zeigte. Erwähnenswert sind die Dollfuß-Gedächtnismarken, die den ermordeten Bundeskanzler 1934 nur mit Kruckenkreuz, 1936 aber mit Kruckenkreuzfahne zeigten (eine der teuersten Briefmarken Österreichs). 1937 wurde noch des hundertjährigen Jubiläums der Dampfschiffahrt auf der Donau (Erstfahrt des DDSG-Dampfers „Maria Anna") und des hundertjährigen Bestandes der Eisenbahn in Österreich durch jeweils drei Marken gedacht.

Auf den Briefmarken zwischen 1934 und 1938 fanden sich die Staatssymbole des autoritären Ständestaates nur ganz selten. Entweder wollte man diese bewußt nicht in den Vordergrund stellen, oder man dachte einfach nicht daran, die Briefmarke als symbolpublizistisches Medium einzusetzen. Schließlich war das Hakenkreuz – dem ja das Kruckenkreuz bewußt entgegengestellt wurde – auf den deutschen Briefmarken zwischen 1933 und 1938 zunächst auch nur zögernd erschienen: 1933 erhielt der grüne 5-Pfennig-Ergänzungswert der Hindenburg-Marke ein linksdrehendes (= heilsbringendes) Hakenkreuz-Wasserzeichen (vgl. das Kapitel über das Hakenkreuz, S. 263 ff.). Auch einige rechtsdrehende Hakenkreuze kamen auf den Markt und sind als Fehldrucke heute teure Raritäten. In der Folge wurde das Hakenkreuz auf Marken zur Saar-Abstimmung, zu Parteitags- oder Berufstreffen verwendet. Erst zum 8. Nürnberger Reichsparteitag 1936 tritt das Swastika-Zeichen prominent hervor, während zum gleichen Anlaß in den Jahren 1937–1939 Hitlerporträts dominieren.
Eine dritte Erklärung für die mangelnde Präsenz der Symbole des Ständestaates auf den Postwertzeichen besteht darin, daß Briefmarkenkünstler und Bedienstete von Post und Staatsdruckerei ihren inneren Widerstand gegen die Zeichensprache der Dollfuß/Schuschnigg-Zeit durch geschickte Verhinderungstaktik zur Geltung brachten. Jedenfalls erschien der mit der ständestaatlichen Verfassung vom 1. Mai 1934 eingeführte nimbierte Doppeladler nur zweimal: einmal ganz zaghaft auf der 1934 bis 1936 ausgegebenen Volkstrachtenserie (an der Fußleiste des 2-Schilling-Wertes „Tiroler Kaiserschützen") und einmal, ganz bestimmt auftretend, auf der Strafportoserie 1935.
Das Kruckenkreuz wurde auf gültigen Marken nur zweimal verwendet, und zwar auf den beiden schon erwähnten Dollfußmarken, von denen der 10-Schilling-Wert mit der Kruckenkreuzfahne von den Nazis sofort nach dem „Anschluß" aus dem Verkehr gezogen wurde, und auf den vier Werten des Satzes „Winterhilfe" (1936).
Die allerletzte Ausgabe von Briefmarken vor der Vereinigung Österreichs mit dem Deutschen Reich war die freilich nicht frankaturgültige sogenannte „Schuschnigg-Serie" (Anfang 1938), eine typische Propagandamarke. Der Satz bestand aus fünf Werten in fünf verschiedenen Farben, die alle an prominenter Stelle das Kruckenkreuz trugen. Sie waren mit Inschriften und weiteren Symbolen (z. B. den Abzeichen der Berufsstände) überladen – ein deutlicher Beweis dafür, daß sie in letzter Minute zum Bekenntnis „Für ein freies und deutsches, unabhängiges und soziales, für ein christliches und einiges Österreich" (Parole der für 13. 3. 1938 geplanten, aber unter dem Druck Hitlers abgesagten Volksabstimmung) werben sollten.

Die Zeit der deutschen Okkupation

Hitlerdeutschland feierte den „Anschluß" Österreichs durch eine Sondermarke zur Volksabstimmung am 10. April 1938. Sie wurde in Berlin (schwarz-grün) und in Wien (schwarz-blau-grün) gedruckt und zeigte unter der Parole „Ein Volk, ein Reich, ein Führer" einen blonden jungen (deutschen) Mann in Stiefeln, der einem brünetten jungen (österreichischen) Mann in weißen Stutzen brüderlich die Hakenkreuzfahne überreicht. Eine zweite Geste des Deutschen Reiches an das untergegangene Österreich war der „Ostmarksatz" vom 18. November 1938, der österreichische Landschaften und österreichische Blumen darstellte und dem Winterhilfswerk diente. Die gut gelungene Serie war jedoch nur bis 30. Juni 1939 gültig.
In der Folge kam die „Ostmark" noch einige Male zu philatelistischen Ehren: Das Städtchen Braunau durfte 1939 seine Silhouette auf einer Marke zum 50. Geburtstag Adolf Hitlers zeigen, und gelegentlich wurde ein Landschafts- oder Stadtmotiv aus

Österreich verwendet. So stellte Prof. Wilhelm Dachauer, damals im 60. Lebensjahr stehend, die Messestadt Wien im Frühjahr 1941 auf vier Werten vor, wobei neben einer Tänzerin, dem Burgtheater und dem Prinz-Eugen-Denkmal der von den Nationalsozialisten mit der ottonischen Kaiserkrone versehene Wiener Doppeladler (in der Monarchie und im Ständestaat war dieser ja von einer „heraldischen“ Kaiserkrone überhöht gewesen) zusammen mit dem Logo der Wiener Messe gut erkennbar weiß auf grün abgebildet war.
Noch vor seiner Pensionierung im Jahre 1944 entwarf Prof. Dachauer die beiden ausdrucksstärksten aller je erschienenen Hitlermarken: eine Wohltätigkeitsmarke zu „Führers Geburtstag“ im Jahre 1941 sowie die hohen Ergänzungswerte zu den von Prof. R. Klein im selben Jahr geschaffenen Pfennigwerten der Hitlermarken.
Der aus Ried im Innkreis stammende ehemalige Sanitätssoldat und Kriegsmaler Wilhelm Dachauer hat somit die auf Briefmarken vertretene Symbolpublizistik von nicht weniger als *vier* politischen Systemen Österreichs wesentlich mitgestaltet: Von ihm stammt die erste Marke der Republik mit der Bezeichnung „Österreich“ („Landwirtschaft, Gewerbe, Industrie“ – 1922) und die letzte Marke vor dem „Anschluß“, die nicht besonders ausdrucksstarke „Glückwunschmarke“ mit Blumenstrauß und Sternzeichen (1937). Neben seinem preisgekrönten „Nibelungensatz“ schuf Dachauer u. a. auch die bekannte 10-Schilling-Dollfußmarke und eine Anzahl von Werten in der Zweiten Republik, darunter die weiter unten beschriebene, heraldisch hochinteressante „Heimkehrerserie“ (1949).
Die Eingliederung südsteirischer und Südkärntner Gebiete (Marburg, Triglav etc.) in das Dritte Reich wurde 1941 auf vier Marken dargestellt. Peter Roseggers 100. Geburtstag war dem Deutschen Reich 1943 zwei allerdings eher lieblos gestaltete Briefmarken wert. Beim 7. Tiroler Landesschießen – offenbar hatte diese Veranstaltung wegen ihrer paramilitärischen Bedeutung keinerlei Einbußen durch den „Anschluß“ erlitten – wurde 1944 eine Marke ausgegeben, die einen Tiroler Standschützen und einen Soldaten mit leichtem Maschinengewehr zeigte. Eineinhalb Jahre nach Stalingrad, im Monat des Stauffenberg-Attentats auf Hitler und der Operation „Walküre“ in Wien, sollte das der ersten Marke für die „Ostmark“ ähnliche Motiv offenbar die Tradition deutsch-österreichischer Waffenbrüderschaft wachhalten.
Seit Ende 1943 trugen die Briefmarken, mit denen die nunmehr in den Bombenkrieg hineingezogenen „Ostmärker“ ihre Post frankierten, statt „Deutsches Reich“ die Bezeichnung „Großdeutsches Reich“. 1943 und 1944 erschienen zwei sehr weit verbreitete Serien mit realistischen Darstellungen aller deutschen Waffengattungen. Teile der Ausgabe 1943 wurden in Wien gedruckt.
Die letzten drei zur Schalterausgabe gelangten Briefmarken des Dritten Reiches, allesamt in Rot gehalten, stellten Angehörige des „Volkssturms“ („Ein Volk steht auf“ – Februar 1945), der SA und der SS (beide zum 20. April 1945) dar.

ZWEITE REPUBLIK

Die ersten Marken der Zweiten Republik im Mai 1945 waren noch vorhandene Hitler-Porträts, die schräg mit dem schwarzen Schriftzug „Österreich“ und – nach Intervention der sowjetischen Besatzungsmacht – zusätzlich noch mit einem Gittermuster überdruckt wurden. Die Grazer Aushilfsausgabe vom 22. Mai versuchte, das Hitler-Porträt mit dem senkrechten Überdruck „Österreich“ und seitlichen Balken unkenntlich zu machen. Die letzte derartige „Aushilfsausgabe“ erschien am 1. Juni 1945 in Scheibbs – genau zwei Monate nach Hitlers Selbstmord in Berlin.
Die ersten Marken des neuen Österreich wurden in der zweiten Jahreshälfte 1945 aus-

gegeben. Offenbar nach dem Vorbild der ersten Ausgaben der Republik 1919 gestaltet, zeigten sie das Motiv des Posthorns (schon mit Schillingwährung) in den drei westlichen und jenes des um die gesprengten Ketten ergänzten österreichischen Bundeswappens (noch in Pfennig und Reichsmark – was für ein Widerspruch!) für die sowjetische Besatzungszone. Wie oben erwähnt, trat hiebei zum ersten Mal die uns heute so geläufige Bezeichnung „Republik Österreich" auf, von der in der Folge nicht mehr abgegangen wurde. Eine künstlerisch etwas abgewandelte Form des Bundesadlers zeigten die im September 1945 ebenfalls nur für die sowjetische Zone und Wien geschaffenen neuen Portomarken, in Aufbau und Farbe eng an die Strafportomarken von 1908 angelehnt, womit wieder einmal bewiesen war, wie man in Österreich „Umbrüche" oder „Zusammenbrüche" bewältigt: durch peinlich genaues Studium der „Vorakten", d. h. der Ausgangslage *vor* der letzten Katastrophe. So wurde der „Anschluß" an eine erhoffte Zukunft des Jahres 1938 durch den Anschluß an die unvergessene Vergangenheit des Jahres 1918 korrigiert.

Für ganz Österreich erschien zwischen Ende 1945 und 1947 der nicht weniger als 29 Werte umfassende Satz „Landschaftsbilder", der viele Jahre in Gebrauch stehen sollte. Von ihm können nur die Schillingwerte als wirklich gelungene Sendboten unserer vielgestaltigen Heimat gelten.

Die von Prof. Ranzoni geschaffene Renner-Marke von 1946 bildete in Kleinbögen zu je acht Marken den berühmten und sehr wertvollen „Renner-Block". Jede Marke enthielt das Bundeswappen und die neun Länderwappen, wobei als Wiener Wappen noch der dekorative Doppeladler mit Kreuzschild genommen wurde, der von 1461 bis 1918, im Ständestaat und während der NS-Zeit das heraldische Abzeichen Wiens darstellte und bis heute noch die Souvenir-Industrie begeistert. Im Zierfeld des Renner-Blocks fand sich ebenfalls das Staatswappen mit dem Überdruck „Ein Jahr befreites Österreich".

Anläßlich der antifaschistischen Ausstellung „Niemals vergessen" im Wiener Künstlerhaus gelangte im Herbst 1946 ein Satz mit acht Werten zur Ausgabe, die in realistischer Bildsprache die Schrecken des Nationalsozialismus und dessen Überwindung symbolisierten. Zwei weitere Werte wurden von den Alliierten verboten: der erste

Ausgabe anläßlich der Ausstellung „Niemals vergessen" (1946), daneben zwei von den Alliierten verbotene Entwürfe

stellte zwei Blitze in Form der SS-Runen dar, die in die Konturen von Österreich einschlugen, der zweite zeigte einen hinter einer abgenommenen Hitler-Maske erscheinenden Totenkopf – heute zwei begehrte und hoch bezahlte Sammlerstücke.
Zur 950-Jahrfeier Österreichs kam am 30. Oktober 1946 eine schlichte Marke mit einer Darstellung der ältesten Kirche Wiens, der Ruprechtskirche heraus. Das Wertzeichen trug rechts oben den österreichischen Bindenschild.
Große Popularität erlangte der aus zehn Werten bestehende, am 12. 12. 1946 erscheinende, detailreiche Kupfertiefdruck-Satz für den Wiederaufbau des Stephansdoms, entworfen von Prof. Hans Strohofer, einem Schüler von Koloman Moser. Er ist auch ein gutes Beispiel für die hohe Qualität des Stahl- und Kupferstichs, wie er zum Druck österreichischer Briefmarken verwendet wird. Betrachtet man etwa die von Prof. Hans Ranzoni d. J. gestochene „Pilgramskanzel" mit einer starken Lupe, kann man anhand des nicht ganz einen Millimeter hohen Kopfes des Kirchenvaters Ambrosius das Maß an künstlerischer Detailarbeit erkennen, das für diese Art von Briefmarkenstich notwendig ist. Die 30-Groschen-Marke zeigte übrigens die beim Brand des Domes 1945 vernichtete große Barockorgel aus dem Jahr 1720, eines jener österreichischen Kunstwerke, die im Krieg verloren gingen und nicht mehr wiederhergestellt werden konnten.
Ähnlich beliebt war auch der ebenfalls zehn Marken umfassende Satz „Heimische Blumen" vom 14. Mai 1948, von Hans Strohofer entworfen. Ihr duftiger Stich stammte von Hubert Woyty, der wie Ferdinand Lorber, Georg Wimmer und Rudolf Toth zu den Großen des österreichischen Briefmarkenstichs zählt.[1]
Weder der Wiederaufbau-Satz von 1948 noch die 37 Werte der Trachtenserie 1948/52 kamen an die oben genannten Motive heran, ja nicht einmal der bemühte Salzburger-Dom-Satz vom 6. 8. 1948.
Bemerkenswert war der am 17. 8. 1949 ausgegebene, aus vier Werten bestehende Satz „Heimkehrer und Kriegsgefangenenfürsorge". Statt Motive über Gefangenschaft und Heimkehr zu verwenden, wurde dem Gestalter die Aufgabe gestellt, die Entwicklung des österreichischen Wappens darzustellen. Prof. Wilhelm Dachauer entledigte sich seiner Aufgabe in gewohnter Meisterschaft. Leider blieben jedoch zwei seiner Entwürfe auf der Strecke: Während drei Entwicklungsstufen des Bindenschildes sowie das geltende Bundeswappen ausgeführt wurden, wurde das kleine Wappen von Kaiser Franz II. (als Franz I. führte er, wie wir wissen, das erste Wappen des österreichischen Staates im juristischen Sinn) und das letzte Wappen der Monarchie aus dem Jahre 1915 nicht ausgeführt – offenbar scheute man sich 1949, den Doppeladler als „Ahnen" des republikanischen Wappentieres anzuerkennen.[2] Er hat es auch später nur sehr selten geschafft, zu philatelistischen Ehren zu kommen, so als „Marke auf der Marke" zum 100- und 125jährigen Jubiläum der österreichischen Briefmarke oder am Revers des Siegels der Universität Wien (1990), eine besonders gut gelungene Sondermarke.
Den Bundesländerwappen erging es besser: Kärnten kam 1950 mit drei Werten zur Volksabstimmung 1920 zum Zug, der rote Tiroler Adler stieg 1959 zum 150. Jahrestag der Freiheitskämpfe zum Markenmotiv auf. Das perfekt dargestellte burgenländische Wappen fand sich 1961 zu „40 Jahre Burgenland" ein, worauf Tirol 1963 erneut seinen Adler ausschickte, um seine 600jährige Verbindung mit dem österreichischen Bindenschild zu feiern. Ein recht kleines Wiener Wappen ließ grüßen, als 1967 die 10. Europagespräche durchgeführt wurden. 1970 war wieder Kärnten an der Reihe – „50 Jahre Volksabstimmung". Bei dieser Gelegenheit wurde allen Markenfreunden

[1] Nora Keil, Der österreichische Briefmarkenstich. Wien 1965
[2] 100 Jahre österreichische Briefmarke. Wien 1950, 53

das Kärntner Wappen in seiner vollen Form (mit von roten und schwarzen Lindenblättern verzierten Büffelhörnern) dargeboten.
Zum XI. Europäischen Gemeindetag 1975 in Wien wurde das Siegel der Stadt Wien (von einem Glasfenster des Rathauses) präsentiert, während zur Babenbergerausstellung 1976 endlich auch Niederösterreich heraldisch zum Zug kam – durch das bekannte Glasgemälde von Heinrich II. Jasomirgott aus dem Stift Klosterneuburg. 1985 wurde das Fünfadlerbanner anläßlich der Landesausstellung in Klosterneuburg auf einer sehr schönen Marke mit dem Bildnis des hl. Leopold noch einmal zur Geltung gebracht. Die Grüne Mark war 1978 durch „850 Jahre Graz", 1980 durch „800 Jahre Herzogtum Steiermark" und 1986 durch „175 Jahre Joanneum" vertreten, wobei beim ersten Anlaß der Panther, beim zweiten der Herzogshut und erst beim dritten das gesamte Wappen angeliefert wurde. 1986 wurde übrigens auch der Georgenberger Handfeste aus dem Jahr 1186 gedacht, durch welche 1192 die Steiermark und der Traungau an Österreich kamen. Am besten gelungen ist das steirische Wappen auf der Marke 1986 anläßlich der Landesausstellung „Brücke und Bollwerk" auf Schloß Herberstein. Bei der Landesausstellung 1989 fehlte schon wieder der Herzogshut.
Oberösterreich konnte sein Wappen anläßlich dreier Landesausstellungen (1983, 1988 und 1986) präsentieren. Salzburg wurde ebenfalls 1988 aus Anlaß seiner Landesausstellung berücksichtigt. Im selben Jahr hatten auch Kärnten und Klagenfurt anläßlich „400 Jahre Postdienst" die Gelegenheit, heraldisch hervorzutreten. Kärnten kam noch einmal zum Zug: mit „750 Jahren Oberdrauburg" (1990).
Vorarlberg konnte sein Landeswappen bisher nur 1979 auf einer Gedenkmarke zum 50. Todestag von Jodok Fink finden. Zusammen mit den Wappen aller anderen Bundesländer erscheint das Montfortsche Banner jedoch im Gedenkblock „1000 Jahre Österreich", der am 25. Oktober 1976 ausgegeben wurde. An der Zeichnung der Landeswappen und des Bundeswappens von Karl Gessner, einem Lithographieexperten der Staatsdruckerei, der schon die FIS-Serie 1936 nach Photos geschaffen hatte, ist nichts auszusetzen. Der Neunerblock stellt ein Juwel des Stich- und Rastertiefdrucks der österreichischen Briefmarkenschule dar. Ihm kommt die 1968 zum 50. Jahrestag der Republikgründung ausgegebene Marken-Trias (Dr. Renner, Bundeswappen, Art. 1 Bundesverfassung), alle drei auch mit den Landeswappen, nur bedingt nahe, da kleinere Darstellungen ja nicht so detailreich sein können. Als 1990 noch einmal der österreichische Föderalismus heraldisch angesprochen wurde, kamen die neun im Kreis angeordneten Länderwappen noch schlechter zur Geltung. Vor allem blieb dabei unverständlich, nach welcher Geschmacksregel man das Bundeswappen auf eine orangefarbene Scheibe setzte (Orange ist überdies keine heraldische Farbe im strengen Sinn). Die erste Darstellung der neun Länderwappen befindet sich übrigens auf der Dr.-Karl-Renner-Marke vom 7. August 1946.
Abschließend seien noch einige weitere Motive österreichischer Briefmarken in chronologischer Reihenfolge genannt, soweit sich diese als Symbole auf Österreich als Ganzes oder auf wichtige überregionale Einrichtungen beziehen. Städte- oder Ortswappen fallen nicht in diese Gruppe.
Auf den Beitrag Österreichs zur Esperantobewegung verweist der grüne Stern (50 Jahre Esperanto, 1954). Wiener Zeitung und Staatsdruckerei feierten in diesem Jahr runde Geburtstage (Bundeswappen).
Zum Staatsvertrag 1955 wurde die 2-Schilling-Wappenmarke für die sowjetische Zone von 1945 in der Farbe geändert und schwarz überdruckt – eine originelle oder eine gedankenlose Lösung?
1956 brachte sowohl die Aufnahme Österreichs in die UNO als auch die Notwendigkeit der Hilfe für die Ungarnflüchtlinge. Beides wurde mit Hilfe des Bundeswappens nicht eben originell angesprochen. Auch 1985 sollte die Marke mit dem Motiv „30

Jahre UNO“ völlig danebengehen. Offenbar kann kein Künstler mit der Weltorganisation und ihren Unterorganisationen etwas anfangen, so wenig ausdrucksvoll sind die Entwürfe, der UNO-Symbolik zu wenig angemessen. Das gilt auch noch 1989 (rotes UNO-Emblem!) und 1990 (sehr unprofessionelle Flaggendarstellung). Hier spiegelt sich offenbar eine mangelnde Wertschätzung unseres Volkes für die Weltorganisation – eigentlich schade, hat doch Österreich als zweites Land der Welt und erstes europäisches Land der UNO zum ersten Jahrestag ihrer Gründung (26. Juni 1946) mit einer Sondermarke (30-Groschen-Neusiedlersee mit Aufdruck „Weltkugel mit Olivenzweig und Bindenschild“) gratuliert.
Im Jahre 1979 wurde in Wien ein eigenes UNO-Postamt eingerichtet, das nur Sendungen annimmt, die mit UNO-Marken frankiert sind. Seit damals erscheinen alljährlich UNO-Marken in Schillingwährung, die zahlreiche UNO-Symbole enthalten. Diese Marken erinnern an die verschiedensten Anliegen und Anlässe der Weltorganisation und sind graphisch weitaus besser ausgeführt als die oben erwähnten österreichischen UNO-Marken. Das beginnt schon beim ersten Satz vom 24. 8. 1979, dessen zweiter Wert (1 Schilling) die UNO-Flagge in schöner Darstellung zeigt.
„175 Jahre Österreichische Tabakregie“ zeigte den ungewaffneten „Tabakadler“ (1959). Während Karl Renners 1951 noch ohne Hoheitszeichen gedacht wurde, wurde Adolf Schärf zu seinem 70. Geburtstag vor dem Staatswappen dargestellt (1960).
Der Europagedanke wurde 1960 durch eine ionische Säule zum Ausdruck gebracht. 1969, anläßlich des 20jährigen Bestehens des Europarates, wurde der kleiner gewordenen ionischen Säule die Europa-Flagge beigefügt, wobei das Blau nicht ganz stimmte. 1986 war Österreich 30 Jahre Mitglied des Europarates – die heraldische Darstellung stimmte noch immer nicht. (Hiezu gilt ähnliches wie das, was zu den UNO-Marken ausgeführt wurde.)
Am 8. Mai 1961, dem Jahrestag der Kapitulation Hitlerdeutschlands 1945, wurde der Opfer für die Freiheit Österreichs gedacht: Rot-Weiß-Rot steigt als Flamme empor, darunter eine gesprengte Kette. Am 3. 11. 1977 erschien wieder eine derartige Gedächtnismarke, die den Insassen eines Konzentrationslagers zeigt, der, eine rot-weiß-rote Fahne haltend, dem Tod entkommt. Ein rotes Dreieck weist ihn als „Politischen“ aus. 1985 wurde erneut an die Befreiung Österreichs erinnert – Stacheldraht und rot-weiß-roter Schriftzug „1945“ dienten diesmal als Symbole.
Bei der mit dem Bundeswappen versehenen Serie „15 Jahre verstaatlichte Unternehmen“ aus 1961 gab es den blauen 5-Schilling-Wert mit einem interessanten Plattenfehler: beim Bundeswappen fehlte der Hammerkopf – ein frühes Menetekel für das Schicksal der Staatsindustrie?
1962 kam die erste Pfadfindermarke heraus: unter dem Liliensymbol der mit der „vom Herzen kommenden“ Linken gegebene Händedruck.
Anläßlich des 5. Bundeskongresses des ÖGB erschien 1963 die Nationalflagge im Format 1:2. Sie war ganz gut getroffen, jedenfalls besser als die Bundesdienstflagge neben dem UNO-Symbol aus dem Jahre 1965. Dort ist der Adler zu groß, die Flagge überdies besonders schlecht gehißt; beides weist allerdings auf die typisch österreichische Praxis hin. Im selben Jahr wurde auch der 50jährige Bestand des Städtebundes mit einem Adlerkopf mit Mauerkrone vor den Nationalfarben etwas undifferenziert dargestellt.
Der Österreichische Rundfunk kam 1964 anläßlich seines 40jährigen Bestandes mit seinem alten Signet und einem Radioapparat mit Wellenbereichstasten zu philatelistischen Ehren. 1974 wurde das von Gustav Peichl errichtete Landesstudio Salzburg in Türkisgrün abgebildet, wovon sich das neue ORF-Auge gut abhebt. Das Pfeilsymbol der Austrian Airlines wurde schon 1973 zusammen mit einer DC-9 vor blauem Himmel gezeigt; es kehrte 1983 mit einer DC-9 Super 80 der AUA wieder.

Das Zeichen des Roten Kreuzes war weder 1963 zur Hundertjahrfeier noch 1965, zur XX. Rotkreuzkonferenz, besonders gut getroffen. Auch 1988 blieb das Symbol „klinisch sauber" – muß es das etwa sein, oder gilt hier das über internationale Organisationen Gesagte?

Bertha von Suttner, die Friedensnobelpreisträgerin von 1905, ist neben Maria Theresia eine der wenigen Frauen, deren Verdienste auf österreichischen Briefmarken, Banknoten oder Münzen gewürdigt wurden. Die ihr gewidmete Gedenkmarke vom 1. 12. 1965 ist ausdrucksvoll.

„150 Jahre Nationalbank" wurde 1966 durch einen etwas ungewöhnlichen Bundesadler dargestellt.

Gut gelungen war die Reproduktion des Glasfensters aus dem Heiligenkreuzer Brunnenhaus, das Leopold den Heiligen mit Schwert und Bindenschild darstellte (1967).

Das Hoheitszeichen des Österreichischen Bundesheeres ist ein äußerst seltener Gast auf unseren Briefmarken. 1969 kam es auf einer sauber ausgeführten 2-Schilling-Marke vor, 1980 auf einer eher mißlungenen Symbol-Darstellung.

Danebengegangen ist die Verbindung von Bindenschild und rot-weiß-rotem Band vor der Weltkugel auf der Auslandsösterreicher-Marke des Jahres 1969.

Interessant war die Verbindung von Stacheldraht und Nationalflagge mit dem Porträt von Leopold Figl 1970 anläßlich des 25jährigen Bestehens der Zweiten Republik. Schade, daß die Marke zur Gänze in Olivgrün auf Weiß gedruckt wurde – hier wäre Rot-Weiß-Rot angebracht gewesen. Gleichzeitig wurde des Staatsvertrags vom 15. Mai 1955 durch eine Belvedere-Marke gedacht.

Das UNO-Emblem von 1970 war besonders lieblos gestaltet. Hingegen entsprachen die Gedenkmarken für Karl Renner (1970), Theodor Körner (1973), Franz Jonas (1974) und Julius Raab (1981) durchaus dem jeweiligen Anlaß.

Schön anzusehen ist die Reproduktion des Tassilokelches, der als ein wichtiges Symbol Oberösterreichs gelten kann, auf der CEPT-Marke des Jahres 1976. Auch das Symbol der Internationalen Atombehörde aus dem Folgejahr ist gut getroffen.

Bemüht, aber nicht wirklich gelungen, ist eine Marke aus 1980, die zur Förderung des österreichischen Exports aufrief und daher das „Austria"-A aufwies. 1988 wurde das gleiche Thema weit origineller gelöst: „A"-Zeichen und Text „Made in Austria" wurden holographisch dargestellt. Dabei kam man ganz ohne Rot-Weiß-Rot aus.

Ein stilisiertes fünfblättriges Kleeblatt mit den Flaggenmustern der Alliierten und Österreichs war ebenfalls eine eher krampfhafte Lösung, um des 25. Jahrestages des Staatsvertrages zu gedenken. Jährlich wurden nun sehr viele Marken herausgegeben, was natürlich zu einem gewissen Abfall der Qualität gegenüber früheren Motiven führen mußte. Großen Mut bewies Mitte der siebziger Jahre der Bundesminister für Verkehr, Erwin Lanc, der eine Sonderpostmarkenserie „Moderne Kunst in Österreich" ins Leben rief, die im Verlauf der Jahre Werke u. a. von Rainer, Hundertwasser, Fronius, Brauer, Hutter, Hausner, Schmögner und Fuchs vorstellen sollte. So konnten die „Phantastischen Realisten" und ihre Zeitgenossen durch Symbole besonderer Art ihren Beitrag zum Selbstverständnis des modernen Österreich leisten.

Stellvertretend für die Symbolik aller Studentenverbindungen wurde 1983 auf einer Marke zum 60. Jubiläum des katholischen Farbstudententums in Österreich der MKV durch Band, Mütze und Bummler (Spazierstock) – Überreste der früheren studentischen Standeskleidung – gewürdigt.

Im sogenannten „Bedenkjahr" 1988 erschien eine symbolische Darstellung „Finis Austriae – 11. März 1938". Die verwendete gotische Fraktur symbolisierte ebenso wie die auf Halbmast wehende österreichische Flagge den Untergang Österreichs durch seinen Anschluß an Großdeutschland.

Eindrucksvoll sind die beiden Darstellungen „100 Jahre Sozialdemokratie“ (rote Nelke auf dunklem Grün mit Gold, 1988) und „1. Mai - Motiv 1897“ (1990).
Ausnahmsweise erwähnt werden muß die Marke „500 Jahre Landeshauptstadt Linz“, die 1990 erschien. Das von siebzehn hervorragend reproduzierten Wappen umgebene Porträt Friedrichs III., der ja in Linz 1493 starb, ist von atemberaubendem Glanz, ähnlich wie die Marke „Weihnachten 1990“ mit dem Krippenmotiv vom Verduner Altar in Klosterneuburg.
1991 wurden der 80. Geburtstag von Bruno Kreisky (22. 1.) und der 100. Geburtstag von Julius Raab (29. 11.) durch Briefmarken in Erinnerung gerufen – beide Male farb- und einfallslose Porträts.
1992 trat ein kleiner Bindenschild in Schwarzweißdarstellung als Bekrönung der Inschrift „Naturschönheiten“ auf einer Marke mit dem „Hohlen Stein“ bei Braz im Klostertal auf. Eine weitere Marke dieser Serie stellte 1993 das Gebirgsmassiv des Wilden Kaisers in Tirol dar.
Bundespräsident Dr. Kurt Waldheim wurde Mitte 1992 – nach Ablauf seiner sechsjährigen Amtszeit – einer Marke für würdig befunden. Auch dieses Porträt blieb eher farblos und ohne Österreich-Symbolik.
Ein schönes Beispiel für zwei sehr bekannte Symbole erschien am 19. Februar 1993: der in ein Blaulicht hineingestellte Äskulapstab als Zeichen des Ärztefunkdienstes, der seinen 25jährigen Bestand feierte.
1994 erschienen zwei Marken über die Gailtal- und die Murtalbahn mit den schön ausgeführten Wappen Kärntens, der Steiermark und Salzburgs.
Der jährlich erscheinende „Österreich Spezialkatalog“ zeigt alle österreichischen Marken in Farbe. Die Eintragungen im Katalog „Michel/Österreich-Spezial“ sind etwas ausführlicher, dafür aber sind die Abbildungen dort nur schwarzweiß.

Mein Eid – dein Eid – ein Eid nach dem anderen

Eidesformeln und Gelöbnisse

Schon die Heere des Mittelalters kannten den Fahneneid. Er bestand in der feierlichen Bekräftigung, die dem Kriegsherrn gegenüber eingegangene (privatrechtliche) Verpflichtung als Kriegsknecht auch zu erfüllen. Zur napoleonischen Zeit wandelte sich die Eidesformel. An die Stelle eines Gelöbnisses auf die „Kriegsartikel" (das allgemeine Dienstreglement) trat der Treueeid, der dem obersten Kriegsherrn, dem Monarchen oder Landesfürsten, geleistet wurde.
Mit dem Untergang der österreichisch-ungarischen Monarchie 1918 war auch die k. u. k. Armee untergegangen. Als provisorische bewaffnete Macht wurde 1918 die „Volkswehr" auf der Basis der allgemeinen Wehrpflicht aufgestellt. Die Siegermächte zwangen Österreich im Vertrag von St. Germain jedoch ein Söldnerheer auf, für welches das Wehrgesetz vom 18. März 1920 eine sechsjährige Dienstpflicht vorsah. Das erste österreichische Bundesheer bestand somit bis zur Einführung der allgemeinen Wehrpflicht am 1. April 1936 nur aus Berufssoldaten. Daneben gab es die „Privatarmeen": die „Heimwehren" und den „Republikanischen Schutzbund". Mit Hitlers „Gesetz über die Wiedervereinigung Österreichs mit dem Deutschen Reich" vom 13. März 1938 und der Überführung des österreichischen Bundesheeres in die deutsche Wehrmacht endeten Staat und Heer. Rund 380.000 aus Österreich stammende Soldaten bezahlten ihren Dienst in der Hitler-Wehrmacht mit dem Leben.
Nach 1945 wurde unter dem Druck der Alliierten zunächst kein Heer aufgestellt. 1951/52 ging man jedoch daran, in Form der B-Gendarmerie ein neues Bundesheer vorzubereiten. Nach dem Staatsvertrag wurde mit dem Wehrgesetz vom 7. September 1955 die allgemeine Wehrpflicht eingeführt und der Aufbau des Bundesheeres der Zweiten Republik in Angriff genommen.
Die politischen Umstürze und die oftmaligen Änderungen im Heerwesen haben dazu geführt, daß viele Österreicher in diesem Jahrhundert zwei oder mehrere der folgenden Eidesformeln ablegten oder, besser gesagt, ablegen mußten.

Den Eid auf den Kaiser

Wir schwören zu Gott dem Allmächtigen einen feierlichen Eid, Seiner Apostolischen Majestät, unserem Allerdurchlauchtigsten Fürsten und Herrn,
Franz Joseph dem Ersten,
von Gottes Gnaden Kaiser von Österreich, König von Böhmen u. s. w. und Apostolischem König von Ungarn treu und gehorsam zu sein, auch Allerhöchst Ihren Generalen, überhaupt allen unseren Vorgesetzten und Höheren zu gehorchen, dieselben zu ehren und zu beschützen, ihren Geboten und Befehlen in allen Diensten Folge zu leisten, gegen jeden Feind, wer es immer sei, und wo immer es Seiner

kaiserlichen und königlichen Majestät Wille erfordern mag, zu Wasser und zu Lande, bei Tag und bei Nacht, in Schlachten, in Stürmen, Gefechten und Unternehmungen jeder Art, mit einem Wort, an jedem Orte, zu jeder Zeit und in allen Gelegenheiten tapfer und mannhaft zu streiten, unsere Truppen, Fahnen, Standarten und Geschütze in keinem Falle zu verlassen, uns mit dem Feinde nie in das mindeste Einverständnis einzulassen, uns immer so, wie es den Kriegsgesetzen gemäß ist, und braven Kriegsleuten zusteht, zu verhalten, und auf diese Weise mit Ehre zu leben und zu sterben. So wahr uns Gott helfe. Amen![1]

Der Erste Weltkrieg, in den die Monarchie mit soviel Begeisterung und Zuversicht gegangen war, dauerte rund vier Jahre und drei Monate. Er kostete Österreich mehr als 1,200.000 Tote und 3,860.000 Verwundete, Vermißte oder Gefangene. „Im Felde unbesiegt", wurde die k. u. k. Armee durch die Auflösung des Vielvölkerstaates und die materielle Not der Mittelmächte zur Aufgabe gezwungen. Durch den Untergang der Monarchie und die Verzichtserklärung Kaiser Karls I. vom 11. November 1918 wurde der Eid auf den Kaiser hinfällig.

Am Ende seines 1934 erschienenen Romans „Die Standarte" hat sich Alexander Lernet-Holenia (1897–1976) mit den psychologischen Wirkungen auseinandergesetzt, die sich für einen österreichischen Soldaten bzw. Offizier aus der Nachricht ergaben, daß der Kaiser seine Truppen ihres Treue-Eides entbunden hatte.

Den Eid auf die Erste Republik

Ich schwöre als Mann, als Bürger der Republik Österreich und als Soldat, daß ich zu jeder Zeit und an jedem Orte das Vaterland verteidigen, daß ich den vom Nationalrat und den Landtagen beschlossenen Gesetzen und den gesetzmäßigen Behörden, insbesondere der vom Nationalrat bestellten Regierung, Treue und Gehorsam leisten, daß ich alle Befehle meiner Vorgesetzten pünktlich und genau befolgen, allen ihren Weisungen gehorchen und im Interesse des Wohles und der Sicherheit meiner Mitbürger nach bestem Wissen und Gewissen mit allen meinen Kräften der Republik Österreich und dem österreichischen Volke dienen werde. [. . . .]

Dieses Eides will ich immerdar eingedenk sein.[2]

Das Bundesheer wurde gegen den Einmarsch der deutschen Truppen im März 1938 nicht eingesetzt. General Alfred Jansa, der einen Plan für den militärischen Widerstand gegen Hitler ausgearbeitet hatte, war bereits im Jänner 1938 zum Rücktritt gezwungen worden. Sein mehrstufiges Defensivkonzept, das einen deutschen Vormarsch verzögern und an der Enns aufhalten sollte, war den Deutschen schon seit 1936 bekannt gewesen. Namhafte Historiker sind der Überzeugung, daß Offiziere und Soldaten im Falle des Einsatzes des Bundesheeres im März 1938 zum allergrößten Teil zur Fahne gestanden wären.

Den „Korneuburger Eid"

Nach der Zerschlagung der Macht der Arbeiterschaft ab dem 15. Juli 1927 drohte der Heimwehr der „Feind" abhanden zu kommen. Immer wieder gab es Richtungssstrei-

---

[1] Dienstreglement von 1873, 2. Auflage 1909. Zit. nach: J. C. Allmayer-Beck, Das Heeresgeschichtliche Museum Wien. Vierter Band, Wien 1989, 50 ff.

[2] Allgemeine Dienstvorschrift, 1928

tigkeiten. Dies führte zu dem Versuch, die austrofaschistischen Wehrverbände auf ein einheitliches „Positivprogramm“ einzuschwören.
Anläßlich einer Versammlung des Heimatschutzverbandes Niederösterreich am 18. Mai 1930 wollte die radikal antidemokratisch eingestellte Führung der Heimwehren den Exponenten der Christlichsozialen Partei, den niederösterreichischen Landesführer Ing. Julius Raab, zwingen, sich entweder der Partei oder der Heimwehr zu unterstellen. Einen Tumult unter den 800 anwesenden Unterführern ausnützend, fragte der Bundesführer, der 1940 im KZ Buchenwald umgekommene Tiroler Rechtsanwalt Richard Steidle, die Anwesenden, ob sie wie bisher „nichts als Antreiber der Parteien“ sein oder sich, „um ein Schlagwort zu gebrauchen, für das faschistische System“ erklären wollten. Statt eine Antwort abzuwarten, ließ Steidle das Hornsignal „Habt acht!“ blasen, zog einen Zettel aus der Tasche und verlas in lautloser Stille das als „Korneuburger Eid“ bekanntgewordene „Gelöbnis über Richtung und Gesetz der Heimwehren“. Der offizielle Text lautet:

Wir wollen Österreich von Grund auf erneuern! Wir wollen den Volksstaat der Heimatwehren. Wir fordern von jedem Kameraden: den unverzagten Glauben ans Vaterland, den rastlosen Eifer der Mitarbeit und die leidenschaftliche Liebe zur Heimat. Wir wollen nach der Macht im Staate greifen und zum Wohle des gesamten Volkes Staat und Wirtschaft neu ordnen. Wir müssen eigenen Vorteil vergessen, müssen alle Bindungen und Forderungen der Parteien unserem Kampfziel unbedingt unterordnen, da wir der Gemeinschaft des deutschen Volkes dienen wollen!

Wir verwerfen den westlichen demokratischen Parlamentarismus und den Parteienstaat! Wir wollen an seine Stelle die Selbstverwaltung der Stände setzen und eine starke Staatsführung, die nicht aus Parteienvertretern, sondern aus den führenden Personen der großen Stände und aus den fähigsten und den bewährtesten Männern unserer Volksbewegung gebildet wird.

Wir kämpfen gegen die Zersetzung unseres Volkes durch den marxistischen Klassenkampf und die liberal-kapitalistische Wirtschaftsgestaltung. Wir wollen auf berufsständischer Grundlage die Selbstverwaltung der Wirtschaft verwirklichen. Wir werden den Klassenkampf überwinden, die soziale Würde und Gerechtigkeit herstellen. Wir wollen durch eine bodenstarke und gemeinnützige Wirtschaft den Wohlstand unseres Volkes heben.

Der Staat ist die Verkörperung des Volksganzen, seine Macht und Führung wacht darüber, daß die Stände in die Notwendigkeiten der Volksgemeinschaft eingeordnet bleiben.

Jeder Kamerad fühle und bekenne sich als Träger der neuen deutschen Staatsgesinnung; er sei bereit, Gut und Blut einzusetzen, er erkenne die drei Gewalten: den Gottesglauben, seinen eigenen harten Willen, das Wort seiner Führer!

Alle Delegierten mit Ausnahme des niederösterreichischen Gewerkschafters und Bundesrates Josef Dengler erklärten unter stürmischem Beifall ihr Einverständnis. Danach wurde die dreistündige Sitzung mit dem Deutschlandlied (!) geschlossen.
Abgesehen von der eindeutig anschlußfreudigen Atmosphäre: wer annimmt, diesen Text habe man nun eben beschworen und damit punktum, der irrt sich gewaltig. Der Richtungsstreit zwischen den eher demokratischen Vertretern der „Donaugebiete“ und den radikaleren Vertretern der „Alpengebiete“ wurde mit dem „Korneuburger Eid“ nicht beendet, ja es ist fraglich, ob dieser überhaupt ernst genommen wurde. Obwohl Julius Raab mit Inhalt und Intention des Gelöbnisses nicht einverstanden war, legte er unter dem Druck der Stimmung im Saal in die Hand des ersten Bundesführers den Eid ab. Später distanzierte er sich vom Kernpunkt des Korneuburger Programms, der Absage an den „demokratischen Parteienstaat“. Ein weiteres Detail: An-

geblich konnte Steidle nach der Versammlung den Zettel nicht mehr finden und mußte mit den ihn bedrängenden Journalisten den Text rekonstruieren.
Im Anschluß an die Tagung ging man zu Meißl & Schadn, um dort den Text abzuändern (die Wörter „Faschismus" und „revolutionär" wurden auf Antrag von Julius Raab herausgestrichen).
Unter dem Einfluß des späteren Bundesführers Ernst Rüdiger Starhemberg, der den Eid als „unklar und bombastisch" bezeichnete, weigerten sich die oberösterreichischen Heimwehrführer, den Eid zu schwören. Der offiziell veröffentlichte Text wurde immer wieder falsch zitiert – entweder absichtlich, wie durch den Kunschak-Flügel, oder unabsichtlich, wie durch Verfasser zeitgeschichtlicher Werke, die gelegentlich auch Kirche und Erziehungssystem in die Eidesformel einschließen.
Das Gelöbnis wurde nicht, wie oft auf Photos dargestellt, beim „Gauaufmarsch" auf dem Hauptplatz, sondern im Saal des Gasthofes Taul geleistet.Ist zu diesem „Symbol" noch ein Kommentar notwendig? Wir glauben, die Darstellung der Fakten genügt.[1]

DEN EID AUF DEN FÜHRER

Ich schwöre bei Gott diesen heiligen Eid, daß ich dem Führer des Deutschen Reiches und Volkes, Adolf Hitler, dem Obersten Befehlshaber der Wehrmacht, unbedingten Gehorsam leisten und als tapferer Soldat bereit sein will, jederzeit für diesen Eid mein Leben einzusetzen.[2]

Offiziere des Tiroler Jägerregiments werden auf Adolf Hitler vereidigt

Fast alle 50.000 Mann des österreichischen Bundesheeres legten unmittelbar nach dem 13. März 1938 den obigen Eid ab, nur 126 Personen weigerten sich, darunter 123, die nach den Nürnberger Rassegesetzen als Juden von der Eidesleistung ausgeschlossen waren. Unter denen, die den Eid verweigerten, war der Kommandant der Militärakademie, Generalmajor Towarek. Die meisten Soldaten trugen bereits den deutschen Reichsadler als neues Hoheitszeichen auf ihrer österreichischen Uniform. Besonders Eifrige hatten sich sogar mit einer Hakenkreuzarmbinde geschmückt, was aber durch einen bald eintreffenden Befehl verboten wurde.[3]
Das Attentat, das Graf Stauffenberg am 20. Juli 1944 auf Hitler verübte, löste Diskussionen über das Wesen des Fahneneides aus, die bis heute andauern: Wer oder was entbindet den Soldaten von den Pflichten, die zu erfüllen er unter Anrufung Gottes geschworen hat?

---

1 Brusatti/Heindl (Hg.), Julius Raab, a. a. O.
Walter Kleindel, Österreich. Wien 1978
Bruce F. Pauley, Hahnenschwanz und Hakenkreuz. Wien 1972
Walter Wiltschegg, Die Heimwehr. Wien 1985
2 Infanteriedienst, Berlin 1938
3 Tomkowitz/Wagner, a. a. O., 340

Den Eid gegen den Führer

Ein ganz anderes Gelöbnis gaben einander Angehörige des österreichischen Widerstandes gegen das NS-Regime: den „heiligsten Eid, das Geheimnis der Bewegung jederzeit und vor jedermann zu wahren". Auch der beruflich wenig erfolgreiche Burgschauspieler Otto Hartmann legte diesen Eid ab und lieferte in der Folge die Widerstandsgruppe um Dr. Jacob Kastelic ans Messer. Der Wiener Anwalt Kastelic, seit 1938 im Widerstand aktiv, hatte sich 1940 mit seinen Mitkämpfern den Widerstandsgruppen Lederer und Scholz angeschlossen. Er wurde vom Volksgerichtshof Berlin wegen Separatismus und Wehrkraftzersetzung verurteilt und am 2. August 1944 in Wien hingerichtet.

Das Treuegelöbnis auf die Zweite Republik

Ich gelobe, mein Vaterland, die Republik Österreich, und sein Volk zu schützen und mit der Waffe zu verteidigen; ich gelobe, den Gesetzen und den gesetzmäßigen Behörden Treue und Gehorsam zu leisten, alle Befehle meiner Vorgesetzten pünktlich und genau zu befolgen und mit allem meinen Kräften der Republik Österreich und dem österreichischen Volke zu dienen.[1]

Das militärische Treuegelöbnis der Gegenwart rezipiert einige Teile aus dem Fahneneid der Ersten Republik – so wie dieser Elemente aus jenem der Monarchie übernahm – , unterscheidet sich aber dadurch von seinen drei Vorgängern, daß es eben ein Gelöbnis und kein Eid ist.

Den Eid auf die Verfassung

Gemäß Artikel 62 Abs. 1 der Bundesverfassung leistet der österreichische Bundespräsident vor der Bundesversammlung ein Gelöbnis, das er gemäß Abs. 2 durch die Beifügung einer religiösen Beteuerung bekräftigen kann. Der Text des Gelöbnisses lautet:

Ich gelobe, daß ich die Verfassung und alle Gesetze der Republik getreulich beobachten und meine Pflicht nach bestem Wissen und Gewissen erfüllen werde.

Den Burscheneid und das Freimaurergelöbnis

Studentische Verbindungen ebenso wie die Freimaurer verlangen von ihren Mitgliedern nach einer gewissen Probezeit ein Gelöbnis/einen Eid, der hauptsächlich darin besteht, nach den Grundsätzen der Bruderschaft zu leben, ihr lebenslange Freundschaft zu bewahren und bestimmte vertrauliche Informationen nicht weiterzugeben.

[1] Erinnerungsblatt an den Tag der Angelobung (Der Text ist eine leicht gekürzte Form des Wortlauts des § 31 des Wehrgesetzes vom 7. September 1955, BGBl. 181/1955)

Vom „Rock des Kaisers" zum „Blauhelm"

Militärische Symbole Österreichs

Aus Platzgründen beschäftigt sich dieses Buch nicht mit dem Symbol „Uniform", obwohl es bis auf den heutigen Tag neben der Uniform des Soldaten, Gendarmen und Polizisten jene des Zollwachebeamten, Postbeamten, Eisenbahners, Straßenbahners etc. gibt. Jedes dieser Dienstkleider hat historische Vorbilder, steht damit in einem direkten Bezug zur österreichischen Staatssymbolik und sollte daher unter den Symbolen Österreichs wenigstens genannt werden.
Schon in der Römerzeit war das Militär einer der wichtigsten Träger staatlicher Symbolik – wir haben dies u. a. bei der Behandlung der Feldzeichen als Vorläufer der Fahnen gesehen (vgl. S. 73 f.). Was die militärische Symbolik Österreichs betrifft, müssen wir uns auf einige wesentliche Punkte beschränken. Insbesondere wollen wir dabei die Auswirkungen der Brüche und Übergänge von einem politischen System zum anderen untersuchen.

Von der Monarchie zur Republik

„Des Kaisers Rock" zu tragen, war nicht nur für den Offizier und den einfachen Soldaten des alten Österreich Ehre und Auszeichnung; auch der Staatsbeamte, der zusammen mit dem Militär das Rückgrat der Verwaltung der Doppelmonarchie bildete, fühlte sich durch seine Dienstkleidung, die er zu feierlichen Anlässen (z. B. anläßlich von Kaisers Geburtstag) anlegte, mit dem „Obersten Kriegsherrn", seinem oft lebenslangen Dienstgeber, verbunden.
Der auf den Zusammenbruch der Habsburgermonarchie 1918 folgende Aufbau der österreichischen „Volkswehr" erfolgte in radikaler Abkehr von dem reichen, über die Jahrhunderte gewachsenen Zeichen- und Symbolvorrat der k. u. k. Armee. An die Stelle der farbenprächtigen Uniformen, der federverzierten Hüte, der goldenen Feldbinden und Portepées (Säbelquasten), der schwarz-gelben Rosetten mit dem „allerhöchsten Namenszug" und der Sterne auf den Kragenspiegeln (eine altösterreichische Erfindung) trat eine einheitliche graubraune Feldbluse. Die Unteroffiziersränge wurden durch blaue Winkel, die Offiziersränge durch blaue Streifen am Ärmel nachgewiesen. Die nach dem Vorbild der deutschen Reichswehr an die Stelle der österreichischen Feldkappe getretene Tellerkappe trug eine rot-weiß-rote Kokarde, darunter war das Wappen des Heimatbundeslandes angebracht. Die in der Folge eingeführten silbernen Doppellitzen am Kragenspiegel ließen die österreichische Volkswehr der deutschen Reichswehr äußerlich zum Verwechseln ähnlich werden, was si-

cherlich mit der offiziellen Anschlußideologie der frühen Ersten Republik zusammenhing.[1]
Symbolische Handlungen, wie etwa die in § 57 auf fünf Seiten des „Dienstreglements für das kaiserliche und königliche Heer“ genau beschriebene Fahnenweihe, hatten keinen Platz in einem zumindest anfänglich „revolutionären“ Heer. Vorbei war auch die Zeit hochwohlgeborener Regimentsinhaber. An die Stelle der mit dem Doppeladler als dem Zeichen der Dynastie geschmückten weißen und gelben Regimentsfahnen und der seit 1786 ununterbrochen verwendeten österreichischen Seeflagge mit dem gekrönten Bindenschild traten einfache rot-weiß-rote Truppenfahnen.[2]
Nicht nur aus staatspolitischen Gründen, sondern offenbar auch einem Bedürfnis der Truppe folgend blieb es jedoch nicht sehr lange bei der egalitär-spartanischen Adjustierung. Die militärischen Reformen des christlichsozialen Parteiführers und langjährigen Heeresministers der Ersten Republik, Carl Vaugoin (1873–1949), brachten eine intensive Wiederbesinnung auf die Symboltradition Österreichs. Der Rückgriff auf die Vergangenheit ging dabei so weit, daß Kavalleriestandarten und Ehrensignalhörner eingeführt wurden, die schon in der Monarchie kaum mehr eine Rolle gespielt hatten. Am Ende der Amtszeit Vaugoins (1933) wurde zur Betonung der österreichischen Eigenständigkeit das „reichsdeutsche“ Uniformmodell durch eine Adjustierung ganz nach dem Vorbild der k. u. k. Armee ersetzt. Die Regierung Dollfuß entschloß sich überdies zur Einführung einer Beamtenuniform nach altösterreichischem Vorbild, die jedoch in Ansätzen stecken blieb. Jedenfalls wurde ab 1935 wieder unter dem Doppeladler marschiert, wobei der Stahlhelm mit grünen Tannenreisern oder Eichenblättern verziert wurde – nach A. E. Schmidl dem „österreichischsten“ aller militärischen Symbole.[3] Jägerhorn und Birkhahnstoß fanden sich wieder auf den Feldkappen.
Dem nach der Ermordung von Bundeskanzler Dollfuß im Jahr 1935 geschaffenen Gardebataillon wurde die traditionsreiche Fahne der k. k. Trabantenleibgarde (gegründet 1767) verliehen.[4] Sie zeigt den Doppeladler und das Muttergottesbild und wird heute noch bei feierlichen Anlässen geführt. Die Gardemusik pflegt bis heute die überaus reiche Tradition österreichischer Militärmusik, wenn auch ihre gegenwärtige Adjustierung durch die vielen Weißelemente eher unösterreichisch wirkt.
Der Staatsvertrag von St. Germain vom 10. September 1919 gestand der jungen Republik Österreich ein Berufsheer bis zu 30.000 Mann, eine Donauflottille von drei (!) Aufklärungsbooten, jedoch keinerlei Luftstreitkräfte zu. Noch vorhandenes Fluggerät – die Marineflieger mit ihrem rot-weiß-roten Seitenleitwerk, die Heeresflieger mit dem preußischen schwarz-weißen Tatzen- bzw. Balkenkreuz – waren den Alliierten zu übergeben. Doch Mitte der dreißiger Jahre war nicht nur eine florierende österreichische Zivilluftfahrt entstanden, es gab auch wieder eine Fliegertruppe. Während beim Heer die (deutsche) Tellerkappe durch die (österreichische) Feldkappe ersetzt wurde, konnte sich die Fliegertruppe unter Berufung auf die altösterreichische Marine eine dunkelblaue Uniform mit elegantem doppelreihigem Rock und Tellerkappe sichern.

[1] 1918–1968. Die Streitkräfte der Republik Österreich, Katalog zur Sonderausstellung im Heeresgeschichtlichen Museum, Wien. 1968, Abb. 16
Herbert von Patera, Unter Österreichs Fahnen. Graz 1960

[2] Vgl. Johann Christoph Allmayer-Beck, Militärische Symbole des alten Österreich; Erwin A. Schmidl, Militärische Symbolik in Österreich. In: Leser/Wagner (Hg.), Österreichs politische Symbole, a. a. O.

[3] A. E. Schmidl, a. a. O., 107

[4] Erwin Steinböck, Die Feldzeichen der österreichischen Streitkräfte 1918–1938. In: Zeitschrift für Heereskunde. 12/1976,1

1934 entstand das auch heute wieder gültige Erkennungszeichen der österreichischen Militärflieger, das weiße Dreieck auf roter Scheibe. Ing. Paul Rosner, ein Techniker am Flughafen Graz-Thalerhof, hat es im Rahmen eines Wettbewerbes entworfen.[1]

„Achtung“ statt „Habt acht“

1938 war es mit der österreichischen Kommandosprache und der traditionellen Militärsymbolik wieder vorbei. Über Nacht fand sich der deutsche Reichsadler auf Kappen, Blusen und Waffenröcken des österreichischen Bundesheeres, das umgehend auf Adolf Hitler vereidigt worden war. Kamerad Schnürschuh“ sollte durch „Knobelbecher“ (kurzer Militärstiefel), Stechschritt und Schellenbaum (preußisches Rasselinstrument) „auf Zack“ gebracht werden. Es gab in der deutschen Wehrmacht später einige Alibiaktionen zur Erinnerung an altösterreichische Traditionen, so etwa die Taufe des deutschen Schlachtschiffes „Prinz Eugen“, zu welcher der ungarische Reichsverweser und ehemalige k. u.k Admiral Horthy von Hitler eingeladen wurde, oder die Verwendung des Namens „Hoch- und Deutschmeister“ für die in Stalingrad verblutete 44. Infanterie-Division.

Das vierte Heer in vier Jahrzehnten

Das Bundesheer der Zweiten Republik entstand aus der 1952 aufgestellten sogenannten „B-Gendarmerie“, einer verkappten Vorbereitungstruppe für die Zeit nach dem Staatsvertrag. Anfänglich konnte es sich – vor allem aus personellen Gründen – nur schwer vom Geist der deutschen Wehrmacht lösen. Das zeigte sich unter anderem in dem bei der Ausbildung verwendeten Liedgut („In Kreta bei Sturm und bei Regen . . .“, „In einem Polenstädtchen . . .“ etc.). Als der Verfasser, der als Jahrgang 1937 dem ersten Einberufungsjahrgang der Zweiten Republik angehört, nach dem Studium 1962 seine Ausbildung zum Reserveoffizier der Tel-Truppe machte, war im Heer von der Wiedereinführung der „preußischen“ Tellerkappe noch nicht die Rede. Bei der Fliegertruppe war diese jedoch schon 1959 erfolgt. Das Heer folgte nach heftiger Diskussion 1965, wohl auf Druck der Zeitsoldaten und Offiziere, die die österreichische Feldmütze als zu wenig attraktiv für die Ausgangsuniform empfanden. Mancher Patriot kann sich bis heute nicht damit anfreunden. Mit der Einführung des (britischen) Baretts in den siebziger Jahren hat sich dieser Disput freilich weitgehend erledigt; heute gibt in allen Armeen der Welt vor allem die US-amerikanische Militärmode den Ton an.

Die lange Jahre gebräuchliche Bundesheeruniform mit den fünfeckigen („belgischen“) Kragenspiegeln in den Waffenfarben wurde zuletzt durch den „Feldanzug 75“ (ohne Waffenfarbe!) ersetzt, der bei Grundwehrdienern auch als Ausgangsuniform dient.[2] Zweifellos sehr praktisch, läßt der olivgrüne Feldanzug 75 jedoch nicht die Nationalität des Soldaten erkennen, weswegen er im aktiven Grenzschutzeinsatz durch eine rot-weiß-rote Armbinde und durch ein am linken Ärmel aufgenähtes Bundeswappen ergänzt wurde. Dieses Abzeichen trugen von Anfang an die österreichi-

[1] Quelle hiezu bei A. E. Schmidl, a. a. O., 109

[2] Die Waffenfarben, deren Symbolik auf altösterreichische und reichsdeutsche Wurzeln zurückgeht, sind im Farbteil dargestellt.

schen „Blauhelme“, die in Zypern und am Golan im UNO-Einsatz stehen; seit 1992 wird diese sogenannte „Nationalitätskennzeichnung“ von *allen* Soldaten am Dienstanzug getragen. Dazu treten in letzter Zeit zahlreiche „Truppenkörper“- und „Verbandsabzeichen“, die als Metallabzeichen an der Brusttasche (z. B. Militärakademie) bzw. als Stoffabzeichen am Ausgangsanzug (z. B. BMLV) getragen werden. Die west- und südösterreichischen Verbände des II. Korps tragen ein metallenes Edelweiß an der Kappe.

Die österreichischen Heereskraftfahrzeuge sind mit den jeweiligen Truppenzeichen und rot-weiß-roten Flaggensymbolen an den Stoßstangen versehen. Sie führen ein Kfz-Kennzeichen mit Bundeswappen und den Buchstaben „BH“.

Mit zwei rot-weiß-roten „Flügeln“ ausgestattet, ist das Hoheitszeichen der Flugzeuge zum allgemeinen Heeressymbol geworden, das sich auf vielen Plakaten und Broschüren des Bundesheeres findet.

Die Ausführung von Fahnen und Standarten regelt eine eigene Anordnung (Verlautbarungsblatt Nr. 142/1983; s. Abbildung unten).

Insgesamt ist zu sagen, daß die Bedeutung der militärischen Symbolik in Österreich von Jahr zu Jahr abnimmt. Als Beispiele dafür mögen der (aus Sparsamkeitsgründen verständliche) Wegfall der großen Paraden, der Verzicht auf die Waffenfarben, die gelockerte Habt-Acht-Stellung, das Ausgehen ohne Kopfbedeckung, vor allem aber die Abschaffung der täglichen Flaggenparade in den österreichischen Kasernen dienen. Selbst an der 1752 durch Maria Theresia gegründeten Militärakademie in Wiener Neustadt, der ältesten Offiziersausbildungsstätte der Welt, kommt man mit einer im Innenhof abgehaltenen Flaggenparade pro Woche aus – nach außen hin werden die rot-weiß-roten Farben nicht gezeigt. Das große „AEIOU“ am Giebel der St. Georgskathedrale und der stattliche Doppeladler über dem Westtor genügen offenbar als steinerne Zeugen Österreichs und seiner Wehrbereitschaft. Da auch das Verteidigungsministerium nicht beflaggt ist – es ist damit wahrscheinlich einzigartig auf der Welt –, sollte man den Wiener Neustädtern daraus wohl keinen Vorwurf machen.

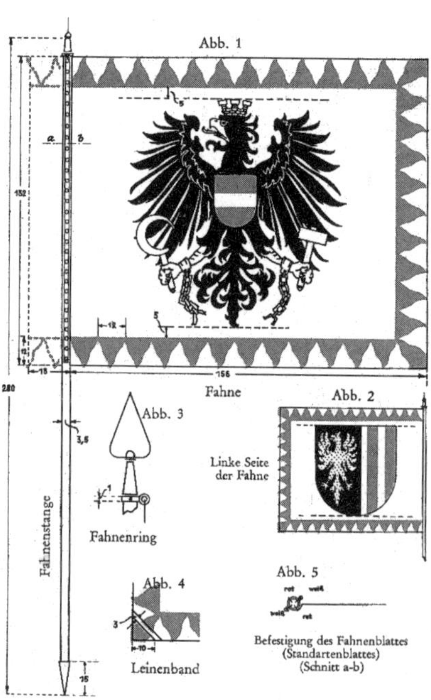

Die Internationale der faschistischen Symbole

Der Rahmen dieses Buches erlaubt es nicht, mehr als nur eine kursorische Übersicht über Entwicklung und Symbolik des Faschismus zu geben. Wir setzen voraus, daß der Leser um die ideologischen Kennzeichen des Faschismus, wie etwa Führerkult und blinden Gehorsam, Verherrlichung des Krieges und Expansionsdrang, Pseudosozialismus und Antibolschewismus, Antiparlamentarismus und Antisemitismus Bescheid weiß. An dieser Stelle soll vor allem auf die einander sehr ähnliche Farb- und Zeichensymbolik der faschistischen Bewegungen eingegangen werden, die sich von Italien nach Deutschland ausbreitete und bis 1941 in fast alle europäische Staaten vordrang. Sie strahlte damit auch auf die Symbolik der beiden autoritären Bewegungen im Österreich der Zwischenkriegszeit aus, auf die Nationalsozialisten und die mit ihnen teilweise sympathisierenden, sie teilweise aber auf das heftigste bekämpfenden „Vaterländischen". Nach Nolte können ja alle Bewegungen faschistisch genannt werden, die ihre Sympathie für Mussolini und Hitler nicht nur theoretisch, sondern auch praktisch bekunden:

> *Ein diffuses Wohlwollen ist höchstens philofaschistisch, eine noch so prononcierte Doktrin ist allenfalls faschistoid: aber der Wille zum farbigen Hemd, bildlich gesprochen, das heißt zum militanten Kampfverband ist ein unverwechselbares Merkmal des Faschismus.*[1]

Italien: Schwarzhemd und Rutenbündel – Mode und Modell für ganz Europa

Die Bezeichnung „Faschismus" leitet sich nicht direkt von den altrömischen „fasces", den Rutenbündeln der Liktoren, ab, sondern von den bereits Ende des 19. Jahrhunderts bestehenden „fasci dei lavoratori", einer auf spontanen Zusammenschlüssen beruhenden Bewegung der Landarbeiter. Mit dem Emblem der Fasces direkt verbunden wurden erst die „fasci di combattimento" (Kampfbünde), deren erster am 23. 3. 1919 in Mailand gegründet wurde. Diese faschistischen Rollkommandos zogen in den zwanziger Jahren durch Italien, wodurch ihre Symbolik im ganzen Land bekannt wurde.

Die Liktorenbündel, von einer Verschnürung zusammengehaltene Stäbe oder Ruten, die sich um ein Beil gruppierten, waren im römischen Altertum Zeichen der richterlichen Gewalt und wurden deshalb den hohen Beamten des Reiches vorangetragen. Dabei symbolisierte die Rute die Strafe des Auspeitschens und das Beil die Enthauptung. In der Neuzeit war das Liktorenbündel vorerst ein republikanisches Freiheits-

[1] Ernst Nolte, Faschismus von Mussolini zu Hitler. München 1968, 157

symbol. Es findet sich noch heute in der 1803 angenommenen grünen Wappenflagge des Schweizer Kantons St. Gallen und im Hoheitszeichen der französischen Republik (Frankreich führt seit 1870 kein Wappen im eigentlichen Sinn).
Wahrscheinlich unter dem Einfluß von Gabriele d'Annunzio wählte der ehemals sozialistische Ideologe und Redakteur Benito Mussolini die Fasces als Parteisymbol. Sie unterschieden sich von den republikanischen Liktorenbündeln dadurch, daß das Beil nicht aus der Mitte herausragte, sondern an der Außenseite befestigt war. Die Fasces Mussolinis wurden noch durch ein Band mit der Aufschrift „Einigkeit macht stark" versehen – eine Devise, die an die nationalen Gefühle der Italiener appellieren sollte. In seiner Schrift „Philosophie des Faschismus in ihren Grundgedanken", Kapitel 13, bezeichnete der „Duce" (diese Bezeichnung ist ein Rückgriff auf das Ursymbol des römischen Diktators) das Liktorenbündel ausdrücklich als ein „Symbol der Einheit, der Kraft und der Gerechtigkeit". Mit Gesetz vom 12. 12. 1926 wurden die Fasces offizielles Staatssymbol Italiens.
Die Liktorenbündel wurden später auch außerhalb Italiens bekannt. 1936 eroberten sie Äthiopien, 1939 mußten sie in das Wappen und die Flagge des besetzten Albanien aufgenommen werden. Sie tauchten auch in nicht von Italien besetzten Gebieten auf, so in Spanien und Griechenland (Abzeichen der Jugendorganisation „Falanga" unter Metaxas, 1936–1941), ja sogar in Großbritannien, wo sich die Gruppen um Oswald Mosley ihrer bedienten.

„Römischer Gruss" und „Giovinezza"

Das berühmte Schwarzhemd der italienischen Faschisten, das zum Vorbild der Uniformierung vieler faschistischer und nationalistischer Bewegungen in ganz Europa werden sollte, leitete sich von der Adjustierung der sogenannten „Arditi" ab. Diese „Verwegenen" oder „Draufgänger" waren eine Eliteeinheit im Ersten Weltkrieg, die zur offen getragenen Uniformjacke ein schwarzes Hemd und einen schwarzen Fez trugen (die Ableitung des Schwarzhemdes von der italienischen Bauernkleidung dürfte eine nachträgliche Romantisierung sein). Auf die „Arditi" und auf die Ideenwelt des Dichters Gabriele d'Annunzio gehen auch die anderen Symbole des italienischen Faschismus zurück: schwarze Wimpel und Standarten, häufig mit dem Totenkopf, sowie der „römische Gruß". Im Gegensatz zu dem mit gestrecktem Arm geleisteten „deutschen Gruß" wurde der Faschistengruß mit abgewinkeltem rechtem Arm, die Randfläche nach außen, geleistet,[1] wohl in Anlehnung an die von antiken Denkmälern her bekannte Gebärde des Kaisers Augustus, den rechten Arm (zur Sonne?) auszustrecken. Anfänglich bestand der „römische Gruß" im Emporrecken eines Dolches mit dem rechten Arm, wozu die Wechselrede „A chi l'onore?" – „A noi!" gehörte. Später wurde daraus der Sprechchor „A qui Italia?" – „A noi!", ergänzt um den schon in d'Annunzios Fliegertruppe verbreiteten „griechischen Siegesruf" „Eia, eia, alalà" bzw. die Bemerkung „Me ne frego" („Ich pfeife darauf"). Schließlich kam noch ein 1909 in Turin entstandenes und danach etwas modifiziertes Studentenlied, die „Giovinezza",

Feldkaplane marschieren mit faschistischem Gruß am Quirinal vorbei

[1] K. H. Brackmann/R. Birkenhauer, NS-Deutsch. Straelen 1988, 70

1850
1950
2 KREUZER
1s
Republik Österreich
2
kr.
HEL 10 LER
KRO 2 NEN
Deutschösterreich
HEL 80 LER
Deutschösterreich
10 heller
Österreich
1/2 Krone
Österreich
1 Krone 1
ÖSTERREICH
8+GROSCHEN+2
UNITED STATES POSTAGE
5
AUSTRIA
5
CENTS
11. März 1938
FINIS AUSTRIAE
REPUBLIK ÖSTERREICH S5
EIN FÜHRER
6 Rpf
EIN VOLK EIN REICH
10. APRIL 1938
Deutsches Reich
8
Österreich
DEUTSCHES REICH
FRANZ JÄGERSTÄTTER 1907-43
ER FOLGTE SEINEM GEWISSEN
S 5.50
REPUBLIK ÖSTERREICH
REPUBLIK
AUSSTELLUNG
NIEMALS VERGESSEN
ÖSTERREICH
REPUBLIK
ÖSTERREICH
REPUBLIK
AUSSTELLUNG
NIEMALS VERGESSEN
6+4
ÖSTERREICH
S2.50
REPUBLIK ÖSTERREICH
DEN OPFERN FÜR DIE FREIHEIT ÖSTERREICHS
REPVBLIK
S1.80
ÖSTERREICH
REPUBLIK
40+10g
1230
ÖSTERREICH
S 2
1918-1968
50 JAHRE
REPUBLIK ÖSTERREICH
950 JAHRE ÖSTERREICH
30g
70g
REPUBLIK
ÖSTERREICH
BABENBERGER AUSSTELLUNG IN LILIENFELD 1976
REPUBLIK ÖSTERREICH
S 3
EUROPA-CEPT 1976
REPUBLIK ÖSTERREICH
4S
NÖ LANDESAUSSTELLUNG KLOSTERNEUBURG 1985 DER HEILIGE LEOPOLD
LANDESFÜRST UND STAATSSYMBOL
S 350
REPUBLIK ÖSTERREICH
REPUBLIK ÖSTERREICH
S3
600 JAHRE
UNIVERSITÄT WIEN
1365-1965
3
1.20
Republik Österreich
WEIHNACHTEN 1990
S 5
REPUBLIK ÖSTERREICH

25 JAHRE ZWEITE REPUBLIK
REPUBLIK ÖSTERREICH
80. GEBURTSTAG VON BRUNO KREISKY
5S
REPUBLIK ÖSTERREICH
STAATSVERTRAG 1955
REPUBLIK ÖSTERREICH
DR KARL RENNER
2S
1870-1970
REPUBLIK ÖSTERREICH
JULIUS RAAB 1891-1964
6S
REPUBLIK ÖSTERREICH
40 JAHRE BURGENLAND
S 1.50
REPUBLIK ÖSTERREICH
XIX. KONGRESS DES INTERNATIONALEN GEMEINDEVERBANDES 1969 IN WIEN
2S
REPUBLIK ÖSTERREICH
TIROL BEI ÖSTERREICH
600 JAHRE
1363-1963
S 1.50
REPUBLIK ÖSTERREICH
REPUBLIK ÖSTERREICH
S 4
1180
Herzogtum Steiermark
REPUBLIK ÖSTERREICH
8. INTERNATIONALE FEUERWEHRWETTKÄMPFE 1985
S 4.50
Republik Österreich
VÖCKLABRUCK
Niederösterreich
Oberösterreich
Steiermark
Kärnten
Tirol
Vorarlberg
Salzburg
Burgenland
Wien
REPUBLIK ÖSTERREICH
REPUBLIK ÖSTERREICH
50 JAHRE ÖSTERREICHISCHER RUNDFUNK
S 2
REPUBLIK ÖSTERREICH
S6 REPUBLIK ÖSTERR
AUSTRIAN AIRL
10 JAHRE MITGLIED DER VEREINTEN NATIONEN
S 3
REPUBLIK ÖSTERREICH
AUSTRIA
UNITED NATIONS 20¢
S 1.50
REPUBLIK ÖSTERREICH
BEITRITT ZUR EUROPÄISCHEN UNION
REPUBLIK ÖSTERRE
DIE ÖSTERREICHISCHE ARBEITSWELT
FLUGBEGLEITER
S6
REPUBLIK ÖSTERREICH
S 1.50
REPUBLIK ÖSTERREICH
KATHOLISCHES FARBSTUDENTE
4S REPUBLIK ÖSTERREI

Briefmarken
und Notengeld
als Träger
österreichischer Symbolik

20 Kronen, 1794 — *2 Kronen, 1912* — *1 Krone, 1915* — *10 Kronen, 1916*

1 Schilling, 1926 — *5 Groschen, 1931* — *1 Schilling, 1934*

10 Pfennig, 1938 — *1 Schilling, 1946*

50 Groschen, 1947 — *5 Schilling, 1952* — *10 Schilling, 1989*

1 Schilling, 1990 — *50 Groschen, 1991*

Jubiläumsmünzen: 50 Schilling, 1963 – 50 Schilling, 1974 – 100 Schilling, 1977

Oben links: Rot-Weiß-Rot und Doppeladler
(Wien, Neue Hofburg)
Links: Traditionsfahne des Gardebataillons
Oben rechts: Korrekt gezeigte Dienstflagge
(Wien, Parlament)
Unten links: Schwarz-Gelb zu Silvester 1914
Unten rechts: Europaflagge und Rot-Weiß-Rot

Die wichtigsten Flaggen der Marine der Donaumonarchie und Flagge der DDSG.
Das Schild des großen Staatswappens von 1836 (H. G. Ströhl)

SPÖ

ÖVP

ÖVP

SPÖ

Die ÖVP.

SPÖ

Die Entwicklung der Parteisymbole von SPÖ und ÖVP seit 1945

Die Parteisymbole der FPÖ 1956–1995

Parteisymbole KPÖ, Die Grünen und Liberales Forum

Die Waffenfarben des Bundesheeres der Zweiten Republik

Waffengattungen	Farben	
ABC-Abwehrtruppe	hechtgrau	
Artillerie	scharlachrot	
Aufklärungstruppe	goldgelb	
Fernmeldetruppe	rostbraun	
Fliegerabwehrtruppe	scharlachrot	
Fliegertruppe	kirschrot	
Infanterie	grasgrün	
Ordnungstruppe (MilStrf)	grasgrün	
Panzerjägertruppe	rosa	
Panzertruppe	schwarz	
Pioniertruppe	stahlgrün	
Sanitätstruppe	lichtblau	
Versorgungstruppe	dunkelblau	

als faschistisches Kampflied hinzu. Es erinnert sentimental an das Schwinden der Jugend. Wir zitieren hier den vollen Text, weil das Lied ausdrücklich als Vorbild für das „Dollfußlied“ herangezogen wurde (vgl. S. 142).[1]

Salve, o Popolo d'Eroi, salve, o Patria Immortale! Son rinati i figli tuoi con la fe'nell'Ideale. Il valor del tuoi guerrieri la virtù del pionieri, la visione de l'Alighieri oggi brilla in tutti i cuor.	Heil dir, o Volk der Helden Heil Dir, unsterbliches Vaterland! Deine Söhne sind wiedergeboren Im Glauben an ihr Ideal. Die Tapferkeit deiner Krieger, Die Tugend der Pioniere, Die Vision Alighieris – Heute glänzt sie in aller Herzen.
Giovinezza, giovinezza primavera di bellezza, della vita nell'asprezza Il tuo canto squilla e va.	Jugend, Jugend, Schönheitsfrühling, von unserm harten Leben kündet dein weithin schallender Gesang.
Dell'Italia nei confini son rifatti gli Italiani, i ha rifatti Mussolini per la guerra di domani Per la gioia del lavoro per la pace e per l'alloro per la gogna di coloro che la patria rinnegar.	Aus einem begrenzten Italien Sind wieder Italiener geworden, neu geschaffen hat sie Mussolini, Für den Krieg von morgen, Für die Freude an der Arbeit, Für den Frieden und für den Sieg. Und zur Schmach für jene, Die das Vaterland verleugnen.
Giovinezza, giovinezza . . .	Jugend, Jugend . . .
I poeti e gli artigiani i signori e i contadini, con orgoglio d'Italiani giuran fede a Mussolini. Non v'é povero quartiere che non mandi le sue schiere, che non spieghi le bandiere del Fascismo redentor.	Die Dichter und die Handwerker, Die Herren und die Bauern Schwören mit dem Stolz der Italiener, Treu zu Mussolini zu stehen. Es gibt kein Armenviertel, Das nicht seine Scharen schickte, Das nicht die Fahnen des rettenden Faschismus entfaltete.
Giovinezza, giovinezza . . .	Jugend, Jugend . . .

Es ist interessant, daß sich die Symbolik des italienischen Faschismus wie ein Modediktat über ganz Europa verbreitete. Die Erklärung dafür liegt in der starken psychologischen Wirkung, die diese Symbolik unter den besonderen sozialen und ökonomischen Bedingungen ihrer Epoche auf das Individuum, die Gruppe und die „Masse“ auszuüben imstande war.

Die Schwarzhemden Mussolinis hatten – wie bald darauf die Braunhemden der Nationalsozialisten – die Funktion, kleine Rollkommandos und Schlägertrupps von den Umstehenden abzuheben, sie zahlreicher erscheinen zu lassen, den Zusammenhalt zu stärken und eine generelle Identifikation mit der „Bewegung“ zu erzielen. Uniformen haben ja die Eigenschaft, daß sie einen sonst vielleicht völlig unbedeutenden (z. B. arbeitslosen) Jugendlichen, einen aus der Armee entlassenen Bauernburschen, vor allem auch den typischen „Kleinbürger“ größer und stärker erscheinen lassen, als er dies allein und in Zivil wäre. Durch die Uniform wird der einzelne aus der Masse der

[1] Weißmann, Karlheinz: Schwarze Fahnen, Runenzeichen. Düsseldorf 1991, 149

„einfachen Bürger" herausgehoben, wird Gleicher unter Gleichen, Teil einer Männergemeinschaft, einer Sippe, ja Mitglied einer „heroischen" Elite. „Duce" und „Führer" trugen in der Regel bewußt schlichte Uniformen, wodurch dem einzelnen der Gehorsam gegenüber dem „princeps inter pares" erleichtert wurde. Daneben sollte man nicht übersehen, daß das Tragen einer Uniform – selbst nach der Katastrophe des Ersten Weltkrieges (den ja auch Italien nicht wirklich gewonnen hatte) – auch noch dazu beitrug, daß einem die Mädchen nachblickten.
Die jungen Faschisten in ihren todesfarbigen „camicia nera" wurden zum Schrecken vor allem ihrer Hauptgegner, der Kommunisten. Vielleicht liegt hier der farbpsychologische Schlüssel: dem politisch äußerst aggressiven Rot kann man nur mehr die „ultima ratio" der Farbskala, nämlich Schwarz, die Todesfarbe, gegenüberstellen.

Deutschland: Braunhemd, Adler und Totenkopf

Hitler hat einige Elemente der von Mussolini wiedererweckten römischen Symboltradition übernommen, so die typische Verwendung des Adlers, die Standarte, den Totenkopf und den faschistischen Gruß. Diese Symbole wurden in der Folge allerdings gern in altgermanische Überlieferungen uminterpretiert.
Das am 27. 2. 1925, dem Tag der Wiedergründung der NSDAP, eingeführte Braunhemd war wohl das in der Welt am häufigsten getragene Parteikleid. Gaben die Schlägertrupps der Nazis mit ihrem Sturmlied „Wir sind des Führers braune Haufen" unbewußt eine Selbstdefinition als unkultivierte Randaliererhorden ab? A. Rabbow[1] ging dieser Frage nach und kommt zu dem überraschenden Schluß, daß die Annahme der Farbe Braun vielleicht nichts weiter als ein Zufall war: Während der Festungshaft Hitlers warf Röhm in einer Besprechung mit dem Freikorpsführer Gerhard Rossbach und mit Hermann Göring 1924 in Salzburg die Frage der Uniformierung der SA auf. Rossbach zeigte auf das von ihm getragene khakifarbene Hemd, worauf Röhm geantwortet haben soll: „Das sieht gut aus!" Das Braunhemd wurde somit eigentlich für die österreichische SA geschaffen, damit sich diese als „Vaterländischer Schutzbund" von anderen Wehrverbänden und deren grauen Jacken unterscheide. So soll es mit nachträglicher Billigung Hitlers zum Braunhemd gekommen sein, das sich überdies relativ preiswert und leicht herstellen ließ.[2]
Das bald massenweise getragene braune Hemd der Nazis diente zur Kennzeichnung Gleichgesinnter und vervielfachte ihre optische Wirkung bei Aufmärschen und gewaltsamen Aktionen. So füllte die „braune Flut" immer öfter die deutschen und österreichischen Straßen und Plätze, was besonders in kleinen Gemeinden seine Wirkung nicht verfehlte. Die Weimarer Republik konnte sich erst relativ spät (1930/31) zu einem Uniformverbot durchringen. Die SA reagierte darauf mit weißen Hemden („Verbotshemd") oder mit Aufmärschen ohne Hemd, was sich in seiner Art ebenfalls als wirksam herausstellte. (Ähnlich war die Situation in Österreich: als die Naziuniform verboten wurde, machten sich die „Illegalen" durch weiße Stutzen und Bundhosen kenntlich, manchmal trugen sie dazu auch ein Hakenkreuz am Hut.)
Mit der Machtergreifung 1933 war der Weg frei, das Braun auch zur Uniformfarbe der Beamtenschaft zu machen.
Schwarz, die eigentliche Farbe des Faschismus, wurde von den Nationalsozialisten gewissermaßen als „Farbe der Elite" übernommen. Es kam in den mit einer weißen Sig-Rune versehenen Wimpeln und Fahnen des Deutschen Jungvolks (Organisation

[1] a. a. O., 46
[2] Weißmann, a. a. O., 164

der 10–14jährigen) und in den Uniformen von HJ-Führern (14–18jährige) vor. Die nachhaltigste und grauenvollste Wirkung zeitigte das faschistische Schwarz jedoch bei der Elitetruppe der NSDAP, der SS (Schutz-Staffel). Die SS trug eine schwarze Uniform, dazu schwarze Lederriemen und schwarze Stiefel. Die Uniform, die Millionen von KZ-Opfern wie ein Alptraum begleitete und die in ihrer raffinierten psychologischen Wirkung auf ihren Träger und dessen Opfer ein singuläres Phänomen verbrecherischer Symbolik darstellt, war mit dem SS-Zeichen, zwei silbernen Sig-Runen, geschmückt. Die geschwungene Tellerkappe war mit dem Parteiadler und einem silbernen Totenkopf versehen.

Ring mit SS-Runen

Der „Deutsche Gruß", der flach nach rechts oben ausgestreckte rechte Arm und die Formel „Heil Hitler" (bei persönlicher Begegnung: „Heil mein Führer") wurde in Weiterführung des „römischen Grußes" wahrscheinlich beim Parteitag 1926 bei der SA eingeführt. Für die im militärischen Zeremoniell nicht geübte SA eignete sich der ausgestreckte Arm besser als das Salutieren mit an die Mütze gelegter Hand. Bald stellte sich auch die suggestive Massenwirksamkeit dieser meist mit Sprechchören verbundenen Gebärde heraus, wenn man sich im Norden Deutschlands auch noch lange gegen die Formel „Heil Hitler" wehrte. Der „Heil"-Ruf war schon bei der DAP und bei anderen völkischen Gruppen als „Deutscher Gruß" verbreitet gewesen, der „Hitler-Gruß" wurde daher auch oft als altgermanische Grußform interpretiert.[1]

Zehn Jahre später, bei den Olympischen Winter- und Sommerspielen des Jahres 1936, hatte sich der „Deutsche Gruß" bereits voll durchgesetzt. Als die britische in Garmisch und die französische Mannschaft in Berlin den Arm zum „olympischen Gruß" erhoben, wurde das von den Zuschauern mit frenetischem Jubel begrüßt. Bei den österreichischen Sportlern war der Hitler-Gruß wohl nichts Besonderes mehr . . .

ÖSTERREICH: SPIELHAHNSTOSS UND KRUCKENKREUZ

Schon seit Karl Renner hatte die junge Republik versucht, sich der Hilfe und des Schutzes Italiens zu versichern. Dies gelang auch bis zu jenem Punkt, an dem Mussolini das Zusammenwirken mit Hitler wichtiger wurde als das Zusammengehen mit Österreich. Von Italien bezog Österreich nicht nur Waffen für seine Privatarmeen, sondern – genauso wie Hitlerdeutschland – auch Elemente der faschistischen Ideologie und Symbolik. Ursprünglich vom Gedanken des Anschlusses an Deutschland beseelt, besann sich die Erste Republik nach der Ermordung von Bundeskanzler Dr. Engelbert Dollfuß am 25. Juli 1934 zwar immer mehr auf ihre Eigenständigkeit, suchte diese aber durch den Einsatz einer Symbolik zu bewahren, die jener des Nationalsozialismus analog war:

- Der Ständestaat wurde nach den „Korporationen" des italienischen Faschismus konstruiert.
- Idee und Symbolik der Heimwehren folgten faschistischem Vorbild:
  das Führerprinzip und die (halb)militärische Uniformierung,
  der faschistische Gruß, manchmal auch mit gezogenem Dolch,
  der „Korneuburger Eid", mit dem der westliche demokratische Parlamentarismus und der Parteienstaat verworfen wurden.
- Das Kruckenkreuz als Rückgriff auf ein Kreuzritter-Symbol zur Abwehr des aggressiven Hakenkreuzes und als Ausdruck der „christlich-deutschen Ostmarkmission" Österreichs.

[1] Weißmann, a. a. O., 165 f.

- Das Dollfußlied als Kampfgesang neben der Staatshymne (vgl. hiezu das Kapitel über die Hymnen, S. 141 ff.).
- Die „Vaterländische Front" als „Staatspartei".
- Die „Ostmärkischen Sturmscharen" mit dem hochgestellten weißen Chi-Ro (Christusmonogramm) in einer schwarzen Raute (als Gegenpol zur SS).
- Das „Freiwillige Sturmkorps" (FS) als Ordnertruppe Schuschniggs mit Imponiergehabe (dunkelblaue Uniformen, Stiefel, Sturmkappen mit Kinnriemen), der Gruß „Front Heil!" mit den Schwurfingern der erhobenen Rechten etc.[1]

Die Niederlande: Schwarzhemd und Wolfsangel

Neben einer katholischen „Schwarzen Front" und zahllosen faschistischen Splittergruppen wurde in Holland nur die Nationalsozialistische Bewegung der Niederlande (N. S. B.) bedeutsam. Sie wurde am 14. 12. 1931 durch Ing. Anton Adrian Mussert (1894–1946) und C. van Geelkerken in Utrecht gegründet. Ihr Programm orientierte sich stark an den Grundsätzen der NSDAP, ohne anfangs antisemitische Züge zu tragen. Das von Mussert angenommene Schwarzhemd hatte vor allem beim „Landdag" von Utrecht am 7. 1. 1933 Furore gemacht, doch erließ die niederländische Regierung 1934 ein Uniformverbot. Als die Anhänger der N. S. B. nach 1940 unter deutscher Besetzung wieder im schwarzen Uniformhemd auftraten, stempelten sie sich damit selbst zu Kollaborateuren. Reichsstatthalter Seyss-Inquart ließ im übrigen Mussert und seine Leute immer links liegen, um die Bevölkerung nicht unnötig zu provozieren.
Ein typisches Beispiel für den Einsatz akustischer Symbole im Faschismus war der Gruß und Kampfruf der N. S. B., „Hou Zee" (seemännisch für „Halte Kurs"). Diese bewußt an den Volkscharakter appellierende Grußformel klang entfernt an „Hoezee" (holländisch für „Hurra") und an „Hou en Trouw" („Liebe und Treue") an. Viel hat das nicht genützt, der Ruf verklang im Endeffekt ungehört.

Die „Wolfsangel"

Neben dem niederländischen Löwen wurde von der N. S. B. der Donnerkeil im Dreieck auf Plakaten verwendet und auch auf dem Schwarzhemd getragen. Im Niederländischen wurde der Donnerkeil als „wolfsklem", also Wolfsfalle, Wolfsangel, bezeichnet. Wie die meisten faschistischen Symbole war auch dieses Parteizeichen aus dem altgermanischen Symbolschatz entlehnt.

Ungarn: Grünhemd und Pfeilkreuz

In Ungarn konnte sich der Faschismus erst relativ spät gegen das konservative Establishment durchsetzen – schon 1934 war das Hakenkreuz als ausländisches Symbol verboten worden. Die Pfeilkreuzlerpartei wurde am 1. 3. 1935 als radikal antisemitische „Partei des Willens der Nation" von Ferenc Szálasi gegründet. 1937 kam es zur Vereinigung mit der vorwiegend aus ländlichen Proletariern bestehenden ebenfalls stark antisemitischen Sammlungsbewegung von Z. Böszörmenyi, der Sichelkreuzpartei. Die Pfeilkreuzler wirkten in einer der NSDAP ähnlichen Form bis zum Einmarsch der sowjetischen Truppen am 4. 4. 1945 weiter.

[1] Gerhard Tomkowitz/Dieter Wagner, Ein Volk, ein Reich, ein Führer! a. a. O.

KROATIEN: DAS GRAUENVOLLE „U“ DER USTASCHA

Einer der Schützlinge Mussolinis war der Zagreber Rechtsanwalt Ante Pavelić (1889–1959), der in Wien Jus studiert hatte und 1929 die aufständische Ustascha-Bewegung gegründet hatte. Nach seiner Emigration nach Italien organisierte er den Widerstand gegen die großserbischen Bestrebungen des Königs Alexander. Mit Hilfe der Achsenmächte wurde er während des Zweiten Weltkriegs „Poglavnik“, Führer des selbständigen Kroatien. 1945 gelang ihm die Flucht über Österreich, Italien und Argentinien nach Spanien, wo er bis zu seinem Tod lebte.
Es ist unmöglich, auch nur ansatzweise zu schildern, welche Greueltaten die unter dem „U“ verschworenen und von der katholischen Kirche unterstützten Angehörigen der Ustascha begangen haben (über 600.000 ermordete Serben) und welche ebenso grausamen Vergeltungsakte seitens der Tito-Partisanen (mehr als 400.000 Opfer) sie nach ihrer Niederlage damit heraufbeschworen haben. Bei der Analyse der heutigen Probleme im ehemaligen Jugoslawien sollte man diese Umstände nicht außer acht lassen.[1]

Gedenkstein mit darüber-gepinseltem Ustascha-U

SLOWAKEI: EINE ZWEITE SS

Die von dem slowakischen Priester Andrej Hlinka (1864–1938) bereits im Jahre 1905 begründete separatistische Slowakische Volkspartei (HSL) geriet unter Hlinkas Nachfolger, dem katholischen Theologen Jozef Tiso (1887–1947), Anfang 1939 unter starken deutschen Einfluß. Er proklamierte als Ministerpräsident der bereits seit einem Jahr autonomen Slowakei am 14. März 1939 deren Unabhängigkeit. 1938 war nach dem Muster der SA die radikale paramilitärische Hlinka-Garde gegründet worden. Sie trug schwarze Uniformen, Tellermützen mit großen, widersehenden Adlern und eine rote Armbinde, auf der sich das Zeichen der Slowakischen Volkspartei, ein schwarzes Doppelkreuz in einem weißen Kreis, befand – die Ähnlichkeit der Symbolik mit der SS war frappant. Gegrüßt wurde mit „Na straz!“ („Habt acht!“).
Ab 1940 dominierte die nationalsozialistische und antisemitische Richtung unter Ministerpräsident Vojtech Tuka. 1945 wurde die Slowakische Volkspartei verboten, Tiso und Tuka wurden hingerichtet.

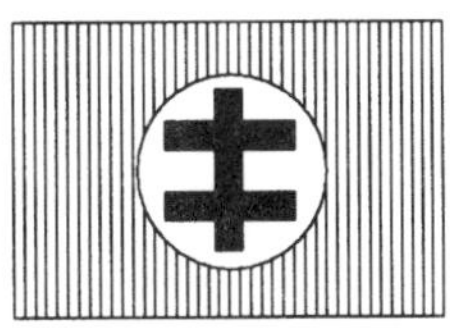

Das Doppelkreuz der Slowakischen Volkspartei

[1] Details sind u. a. folgenden Quellen zu entnehmen:
Werner Brockdorff, Kollaboration oder Widerstand. München – Wels 1968
Friedrich Heer, Der Glaube des Adolf Hitler. Frankfurt 1989
Besonders illustrativ und detailreich: Vladimir Dedijer, Jasenovac – das jugoslawische Auschwitz und der Vatikan. Freiburg 1993

Das aggressive Hakenkreuz

Zwei Skinheads beschmierten Mittwoch abend das Denkmal Hrdlickas vor der Albertina mit Hakenkreuzen, sie wurden von der Polizei festgenommen. Die 18jährigen Burschen, Edgar Sch. und Benedict S., gestanden die Schmiererei, nachdem die Beamten bei einem von ihnen den schwarzen Lackstift sichergestellt hatten, der verwendet worden war. Die Festgenommenen erklärten der Exekutive, sie hätten „nur aus politischen Motiven" geschmiert, weil „Juden, Tschuschen und Kanaken es besser haben als wir Arier". Die Skinheads wurden auf freiem Fuß angezeigt. (Der Standard, 17. 6. 1994)

Das Hakenkreuz (die Swastika) ist ein klassisches Ursymbol: es wurde jahrtausendelang in vielen Teilen der Welt als Heilszeichen oder Dekorationselement verwendet, bis es gegen Ende des 19. Jahrhunderts in Mitteleuropa zum Symbol von Deutschnationalismus, Pangermanismus und Antisemitismus wurde, um schließlich als millionenfach reproduziertes Abzeichen des Nationalsozialismus bis auf den heutigen Tag sein Unwesen zu treiben. Die moderne Symbolbedeutung des Hakenkreuzes geht auf Gruppierungen zurück, die nach der Jahrhundertwende im österreichisch-bayrisch-sudetendeutschen Raum wirkten. Wir halten es für legitim und notwendig, uns mit dem bis heute immer wieder auftretenden Symbol einer unseligen Vergangenheit im Detail auseinanderzusetzen.

Die Bezeichnung „Swastika" kommt wahrscheinlich aus dem Sanskrit und bedeutet soviel wie „es ist gut". Das Hakenkreuz wurde somit als ein Zeichen des Heils, als Glückszeichen und als Symbol für Gesundheit und langes Leben angesehen und verwendet.

Die Swastika kommt in ihrer fünftausendjährigen Geschichte in vielen Formen vor: aufrecht oder schräg stehend, mit geraden oder gebogenen Haken, die Enden im Uhrzeigersinn nach rechts weisend oder gegen denselben gerichtet. Sehr deutlich ist die Verwandtschaft des Hakenkreuzes mit dem Radkreuz, aus dem es ebenso abgeleitet werden kann wie aus der Kombination zweier Doppelwinkel, die wie laufende Beine aussehen und damit Bewegung signalisieren. Nach Wilhelm Reich stellt das Hakenkreuz die Verbindung von Mann und Frau im Geschlechtsakt dar – ein gutes Beispiel für ein symbolisches Dualsystem.

Entscheidend für die psychologische Wirkung des Hakenkreuzes ist die durch die Anordnung seiner vier Haken entstehende optische Dynamik, die einen Rotationseffekt hervorruft, der den Charakter des Hakenkreuzes als Feuerrad und Sonnensymbol unterstreicht. Dabei waren stets beide „Drehrichtungen" möglich, sodaß dem Hakenkreuz eine weitere Bedeutung – ähnlich dem Yin-Yang-Prinzip – beigelegt werden

Hakenkreuze auf einem minoischen Krug

kann. Das Hakenkreuz kann als Sonnensymbol und Symbol des Lebens, als Zeichen für die vier Windrichtungen, die vier Elemente, die vier Jahreszeiten etc. aufgefaßt werden. Meist wurde es in seiner langen Geschichte auf ornamentale Weise – als allein stehendes Symbol oder in Reihen bzw. Bordüren – verwendet.
Das Hakenkreuz war in ganz Asien mit Ausnahme Persiens sowie im indischen Kulturkreis verbreitet, aber auch in Nord- und Südamerika, in Zypern, West- und Nordeuropa sowie in der keltischen Kultur. Nationalsozialistische Autoren bemühten sich in der Zwischenkriegszeit, möglichst viele Bildnachweise für die Existenz des Hakenkreuzes in vorgeschichtlicher und geschichtlicher Zeit zu erbringen.[1] Nach diesen Forschungen konnte die Swastika auf dem Boden jungsteinzeitlicher Tongefäße aus Siebenbürgen, auf Spinnwirteln und Gesichtsurnen aus Troja (2500–1800 v. Chr.), auf keltisch-iberischen Münzen und im China der Sung-Dynastie (10.–13. Jahrhundert n. Chr.) festgestellt werden.
Von besonderem Interesse für die NS-Ideologie war natürlich der Gebrauch des Hakenkreuzes durch die Germanen. Ringe, Becher und vor allem Speerspitzen wurden angeführt, die aus der Zeit zwischen dem 3. und 4. nachchristlichen Jahrhundert stammten und zeigten, wie die Swastika in die Lanzenspitzen eingraviert worden war.
In Skandinavien wird das Hakenkreuz auf den Hammer Thors zurückgeführt, von dem es in der pränationalsozialistischen Symbolik auch noch öfter begleitet wird.
Die Swastika tritt auch im christlichen Bereich auf, so auf Grabsteinen in römischen Katakomben und auf dem Grabmal des Vandalen Stilicho (†408) in einer Kirche in Mailand. Die rote Stola eines Meßdieners auf einem Bild in der Marienkirche von Lübeck (16. Jh.) trägt eine Reihe gelber Hakenkreuze. Im Wiener Museum für angewandte Kunst wird der „Gösser Ornat" aus dem Jahr 1230 aufbewahrt, den ebenfalls Hakenkreuze zieren.
Als Zeichen Buddhas symbolisiert die Swastika den Schlüssel zum Paradies. Das buddhistische Hakenkreuz soll auf Goldplättchen aus dem Grab des 477 n. Chr. verstorbenen Religionsgründers gefunden worden sein. Es existieren viele Buddhabilder mit dem gegen den Uhrzeigersinn gerichteten Hakenkreuz, wie es noch heute in Asien, z. B. in Japan, üblich ist. In Broschüren des Roten Kreuzes wird ein rotes linksgeflügeltes Hakenkreuz sogar als mögliches Rettungszeichen in Sri Lanka angegeben.
Allgemein läßt sich sagen, daß dem Hakenkreuz in seiner frühen Geschichte offenbar keinerlei negative Bedeutung beigemessen wurde.
Der deutsche „Turnvater" Jahn verband Anfang des 19. Jahrhunderts die vier Anfangsbuchstaben seiner Parole „Frisch, Froh, Fromm, Frei" zu einem Hakenkreuz mit gebogenen „F"-Haken.
Damit gelangen wir in jene geistesgeschichtliche Periode vor etwa hundert Jahren, in welcher das Hakenkreuz in einem fatalen Zusammenspiel zwischen deutschnationalen

[1] Jörg Lechler, Vom Hakenkreuz. Die Geschichte eines Symbols. Leipzig 1934. 2.erw. Aufl. Auf der Basis dieses Werks:
Dr. Fritz Geschwendt, 5000 Jahre Hakenkreuz. Schriften zu Deutschlands Erneuerung, Nr. 23. Breslau 1935

Sektierern in Wien und München seine Umdeutung zum mystischen Kultsymbol militanter pangermanischer und antisemitischer Zirkel, Gruppierungen, Parteien und schließlich der von Hitler hysterisierten Massen erfuhr.
Weit verbreitet war das Hakenkreuz als Abzeichen der etwa hundert deutschen Freikorps, die nach Auflösung der deutschen Armee 1918 auf Betreiben der Obersten Heeresleitung gebildet wurden. Neben den Farben Schwarz-Weiß-Rot und der Reichskriegsflagge war das oft am Stahlhelm geführte Hakenkreuz Teil der „Landsknechtmode" der Freikorps, die sich – infolge ihrer Gegnerschaft zur Weimarer Republik nicht ganz zu Unrecht – als „verlorene Haufen" fühlten. Die Freikorps übernahmen aber auch alte Heereszeichen; so wurde etwa das Edelweiß des Alpenkorps durch das von der Thule-Gesellschaft gegründete oder zumindestens beeinflußte „Freikorps Oberland" geführt, dem sich 1921 auch der spätere österreichische Heimwehrführer Ernst Rüdiger Graf Starhemberg anschloß, bevor er 1923 in München zur Hitlerbewegung stieß.[1]

Hat Hitler das Hakenkreuz erfunden?

Die Behauptung Adolf Hitlers, er selbst habe die Hakenkreuzfahne entworfen, kann zur Gänze stimmmen, zum Teil richtig oder aber ganz falsch sein. Hier zunächst der häufig zitierte Originaltext:

> *Ich selbst trat immer für die Beibehaltung der alten Farben ein, nicht nur weil sie mir als Soldat das Heiligste sind, das ich kenne, sondern weil sie auch in ihrer ästhetischen Wirkung meinem Gefühl weitaus am meisten entsprechen. Dennoch mußte ich die zahllosen Entwürfe, die damals aus den Kreisen der jungen Bewegung einliefen, und die meistens das Hakenkreuz in die alte Fahne hineingezeichnet hatten, ausnahmslos ablehnen. Ich selbst – als Führer – wollte nicht sofort mit meinem eigenen Entwurf an die Öffentlichkeit treten, da es ja möglich war, daß ein anderer einen ebenso guten oder vielleicht auch besseren bringen würde. Tatsächlich hat ein Zahnarzt aus Starnberg auch einen gar nicht schlechten Entwurf geliefert, der übrigens dem meinen ziemlich nahekam, nur den einen Fehler hatte, daß das Hakenkreuz mit gebogenen Haken in eine weiße Scheibe hineinkomponiert war. Ich selbst hatte unterdes nach unzähligen Versuchen eine endgültige Form niedergelegt: eine Fahne aus rotem Grundtuch mit einer weißen Scheibe und in deren Mitte ein schwarzes Hakenkreuz. Nach langen Versuchen fand ich auch ein bestimmtes Verhältnis zwischen der Größe der Fahne und der Größe der weißen Scheibe sowie der Form und Stärke des Hakenkreuzes. Und dabei ist es dann geblieben.*

In der Folge schildert Hitler die Entstehung von Armbinde und Parteiabzeichen und interpretiert noch einmal die ideologische Bedeutung der Fahne:

> *Als nationale Sozialisten sehen wir in unserer Flagge unser Programm. Im Rot sehen wir den sozialen Gedanken der Bewegung, im Weiß den nationalistischen, im Hakenkreuz die Mission des Kampfes für den Sieg des arischen Menschen und zugleich mit ihm auch den Sieg des Gedankens der schaffenden Arbeit, die selbst ewig antisemitisch ist und antisemitisch sein wird.*[2]

Die für die Entstehung der (NS)DAP sehr wichtige „Thule-Gesellschaft", eine ordensähnliche Vereinigung pangermanischer und antisemitischer Sektierer, wurde zu

---

[1] Weißmann, a. a. O., 100 f.
[2] Adolf Hitler, Mein Kampf. München 1938, 551 ff.

dieser Zeit vor allem von Professor Karl Haushofer, dessen Schüler Rudolf Heß, dem Schriftsteller Dietrich Eckart und von Alfred Rosenberg repräsentiert. Heß hatte sich auf Veranlassung Haushofers nach dem Putschversuch vom 8. 11. 1923 freiwillig den Behörden gestellt, um Adolf Hitler, den die Mitglieder des innersten Kreises des Thule-Ordens am 3. Oktober 1919 bei einer DAP- Veranstaltung „entdeckt" und am 29. Juli 1921 zum 1. Vorsitzenden der Partei gemacht hatten, weiter „betreuen" zu können.

Im Mai 1918 war in Österreich eine „Deutsche Nationalsozialistische Arbeiterpartei" gegründet worden. Die am 5. Januar 1914 in München gegründete Deutsche Arbeiterpartei DAP wurde etwa Anfang März 1920 „in Anlehnung an die verwandten sudetendeutschen und österreichischen Gruppierungen" in NSDAP umbenannt und übernahm angeblich gleichzeitig das „Kampfsymbol der Gesinnungsfreunde jenseits der Grenze, das Hakenkreuz."[1]

Im Gegensatz zu dieser verbreiteten Auffassung muß jedoch festgehalten werden, daß die Pränationalsozialisten bereits seit der Gründung des „Arbeiter-Ringes" durch den Journalisten Karl Harrer und seinen Thule-Freund Anton Drexler im Oktober 1918 und nach dessen Weiterentwicklung zur „Deutschen Arbeiter-Partei" im Frühjahr 1919 unter dem Hakenkreuz der Thule-Gesellschaft auftraten – ja mehr noch, unter eben jener Fahne, hinter der bald die ersten SA-Verbände marschieren sollten.

E. R. Carmin bemerkt dazu:

> *Folgende Episode hat zweifellos mehr als anekdotischen Charakter: Während der Trauerloge um die von den Münchner Räterepublikanern (April 1919 – Anm. d. Verf.) erschossenen Brüder und Schwestern von Thule – also geraume Zeit vor der Gründung der NSDAP – war der Tisch des Meisters mit einer erbeuteten roten Fahne bedeckt, von der man die gelben Zeichen Hammer und Sichel entfernte und an deren Stelle ein kreisrundes, weißes Tuch aufsteckte, auf dem das Hakenkreuz dargestellt war.*
>
> *In der Parteilegende für die profanen Mitläufer würde es dann später freilich heißen, Hitler habe nicht nur die NSDAP erfunden, sondern auch die Idee gehabt, es müsse eine Parteifahne geschaffen werden, „die mit dem flammendroten Banner der Kommunisten in Wettstreit treten könne". Das war nicht mehr notwendig.*[2]

Der Gründer der Thule-Gesellschaft, Rudolf Freiherr von Sebottendorf, faßte das „Urheberrecht" seines „Ordens" an den wichtigsten NS-Symbolen wie folgt zusammen:

Das Zeichen der Thule-Gesellschaft

> *Das „Heil und Sieg", den Gruß der Thule-Leute, machte Hitler zum „Sieg-Heil", die Thule-Zeitung machte der Führer zum „Völkischen Beobachter", zum Kampfblatt der nationalsozialistischen Bewegung Großdeutschlands. Unser Thule-Zeichen, das germanische Hakenkreuz, übernahm Hitler in dieser Form als Symbol der siegenden NSDAP.*[3]

Für die Glaubwürdigkeit dieser These spricht auch die Abbildung eines Briefkopfes der Thule-Gesellschaft auf einem Schreiben derselben an den „verehrlichen Magistrat der Landeshauptstadt", datiert mit 25. Juni 1919, der nicht nur das Signet der Thule (Schwert mit Sonnenrad und Eichenlaub), sondern auch zwei Hakenkreuze in eben der später von Hitler um 45 Grad nach rechts gedrehten Form enthält.[4]

---

[1] Joachim C. Fest, Hitler. Frankfurt 1973, 183

[2] E. R. Carmin: „Guru" Hitler. Zürich 1985, 120

[3] Carmin, a. a. O., 76

[4] München, „Hauptstadt der Bewegung". Ausstellungskatalog. Münchner Stadtmuseum 1993, 55

„Ritter Jörg“ – Lanz von Liebenfels

Das Hakenkreuz als praktisch verwendetes politisches Symbol der arisch-pangermanischen, antisemitischen Weltanschauung wurde in den völkischen Zirkeln Österreichs und Deutschlands ungefähr zur selben Zeit ausgegraben und als Vereinsabzeichen eingesetzt. Nach Wilfried Daim[1] könnte es sein, daß Österreich in diesem Fall sogar eine traurige Vorreiterrolle zukommt. Daher steht sein Buch auch unter einem Ausspruch von August Maria Knoll, dem österreichischen Soziologen und linkskatholischen Sozialreformer:

> *Der Nationalsozialismus ist jene Bewegung, die das preußische Schwert der österreichischen Narretei zur Verfügung gestellt hat.*

Wer war der „Mann, der Hitler die Ideen gab“?

Geboren als Sohn eines Lehrers am 19. Juli 1874 in Wien-Penzing, steht sein Name im Taufbuch als Adolf Josef Lanz. Bekannt unter dem von ihm selbst „verbesserten“ Namen Jörg Lanz von Liebenfels (ein Großvater war vermutlich jüdischer Herkunft, wie dessen Name und Beruf – Abraham Hoffenreich, Handelsmann in der Slowakei – vermuten läßt), war Lanz seit frühester Jugend darauf versessen, „Tempelritter“ zu werden und eine „Templerburg“ zu besitzen. Zunächst trat er neunzehnjährig nach bestandener Matura in den Zisterzienserorden im Stift Heiligenkreuz bei Wien ein. Eine in Stein gehauene Abbildung einer Männergestalt mit nimbiertem Haupt, die auf einem affenähnlichen Tier steht (für Lanz das „böse Prinzip“), beeinflußte ihn offenbar nachhaltig. Ein Traumgesicht habe ihm gesagt, daß es sich bei der Gestalt um einen Tempelritter handle. Dies bestärkte ihn in seiner Absicht, Templer zu werden. (Der begüterte Templerorden existierte von 1119 bis 1312 und verfolgte das Ziel, die Ungläubigen zu bekämpfen und das Heilige Grab zu schützen.) Für Lanz war die Skulptur von Lilienfeld (nach seinen Worten „eine der ältesten Südostdeutschlands“) Ausgangspunkt seiner „ariosophischen Forschungen“. Zu allem Überfluß war auch sein Novizenmeister, Nivard Schlögl, ein kämpferischer Antisemit.

1899 trat Lanz – vermutlich einer Liebesgeschichte wegen und weniger aufgrund von ikonographischen Streitigkeiten – aus dem Kloster aus, behielt aber zeitlebens seinen Ordensnamen – den des Drachentöters Georg (Jörg) – bei. Vielleicht hat Lanz dabei an Georg Ritter von Schönerer gedacht.[2]

Der Ordensaustritt von Lanz trug Züge einer „Los-von-Rom-Bewegung“: er ging hin, seine eigene „christliche“ Kirche zu gründen – „ein ariosophisches Institut für sakrale heroische Rassenzucht“, als Gegenbild zum „verjudeten“ Christentum. Daher verwendete Lanz auch später für „Jesus“ den aus der gotischen Ulfila-Bibel stammenden, offenbar genügend germanisch klingenden Namen „Frauja“. Das Programm seines „Ordens des Neuen Tempels“ (1907 !) begann mit folgendem Satz:

> *Die Staaten werden im Interesse ihres Bestandes der Kultur zur planmäßigen Zucht der staats- und kulturerhaltenden Menschen arischer Rasse kommen müssen.*

Der neue Orden übernahm Elemente sowohl des Templerordens als auch des Zisterzienserordens (weißes Habit mit Kruckenkreuz). Man hielt Gralsfeiern ab, für die Tausende Seiten selbstverfaßter liturgischer Literatur zur Verfügung standen. Assoziationen mit dem Ku-Klux-Klan drängen sich auf. Zentrum des Ordens war die auf einem Felsen im Strudengau gelegene Burg Werfenstein, die Lanz seit 1896 kaufen

[1] Wilfried Daim, Der Mann, der Hitler die Ideen gab. 2. Auflage, Wien 1985

[2] Vgl. hiezu: Wilfried Daim, Name und Politik. In: Der Psychologe, Heft 4, Band XIII, 1961
Jetzt auch noch auf Jörg Haider zu verweisen, hieße ein ganzes Kapitel Daimscher Namensdeutung zu eröffnen.

wollte, aber erst 1907 vertraglich als sein Eigentum erwerben konnte. Daneben besaß der Neutemplerorden noch mehrere Burgen in Deutschland und Ungarn.
Im Rahmen einer Kulthandlung wurde zu Weihnachten 1907 zum erstenmal eine Hakenkreuzfahne auf Burg Werfenstein gehißt. Ein Nachbar von Lanz, Franz Herndl, beschreibt diesen Vorgang in seinem autobiographischen Roman:[1]

> *Die eine Flagge, auf den Trümmern des einstmaligen „Palas" an einem neu errichteten Maste befestigt, zeigte einen silbernen Adlerflügel auf rotem Grunde, während die andere, die auf dem noch erhaltenen Turm aufgezogen war, auf goldenem Grunde vier blaue Lilien um ein rotes Hakenkreuz darstellte.*

Die erste Flagge enthielt das von Lanz in der Schweizer Stadt Zuzgen im Aargau aufgefundene Wappen der Familie Lanz von Liebenfels. Seine heraldischen Elemente „rot" und „Adlerflug" paßten sehr gut zur radikalen Weltanschauung des Wiener Weltverbesserers. Die zweite Flagge deutet Wilfried Daim wie folgt:

> *Der goldene Grund als Symbol der Ewigkeit, die Lilien als Symbol der (Rassen-) Reinheit und das rote Hakenkreuz als Symbol des aufsteigenden Arioheroischen.*

Blau und gelb finden wir auch an anderer Stelle als germanische „Edelfarben" (vgl. S. 397).
In Deutschland dürfte der Münchner Alfred Schuler der erste moderne Hakenkreuztheoretiker gewesen sein. Schon 1895 wollte er über das Hakenkreuz dissertieren, da er in der Swastika „das mittelpünktliche Symbol der vorgeschichtlichen Menschheit entdeckt zu haben glaubte und bis zuletzt an den Aufschlüssen festhielt, die ihm darüber durch Schulung dessen, was er ‚innere Wahrnehmung' nannte, zu eigen wurden".[2]
Wilfried Daim konnte zwar keine Verbindung zwischen dem Kreis um Alfred Schuler (dem auch Stefan George und Rainer Maria Rilke angehörten) in München und jenem um Lanz bzw. Guido von List in Wien nachweisen; wie wir aber durch E. R. Carmin[3] erfahren haben, waren die beiden letzteren prominente Mitglieder der Thule-Gesellschaft! Es ist daher anzunehmen, daß sehr wohl Kontakte zwischen den genannten Pränationalsozialisten bestanden haben, zumindest war man gegenseitig über das Schrifttum informiert.
Nach Guido von List[4] ist das linksflügelige Hakenkreuz eine „Ur-Glyphe", die „Fyrfos" (Feuerzeugung) bedeutet und als heiliges Geheimzeichen der Armanen, der geistigen Führer der Arier, auch Hakenkreuz oder Swastika heißt. Neben der Ableitung aus dem Sanskrit (svasti = Glück) stellt Guido von List eine Beziehung zwischen „thu" und „ask" („tue wachsen") und dem germanischen Gottesnamen „Tuisk-fo" her. Das rechtsflügelige Hakenkreuz soll hingegen das Feuer der Empörung gegen die Behinderung neuer Ideen symbolisieren. Als solches soll es als „Pflugrad" (in einen Kreis gestellt, die Haken gerundet) auf den Fahnen der Bauernkriege geführt worden sein, wovon sich der Begriff „Rädelsführer" ableite. (Alle diese wohl vorwiegend assoziativen Deutungen passen sehr schön zu den frühen Nationalsozialisten!) Wenn man nun beide „Glyphen" übereinanderlege, entstehe das „Redende Haupt", das „heiligste Sigill des Armanentums" –, eine dem Malteserkreuz, Lilienkreuz oder Kruckenkreuz ähnliche Form, die – in gnostischer Weltsicht – als die Verdichtung des Geistes zum Stoffe = Tod (linksflügelig), vereinigt mit der Entdichtung des Stoffes zum Geiste = Leben (rechtsflügelig), interpretiert

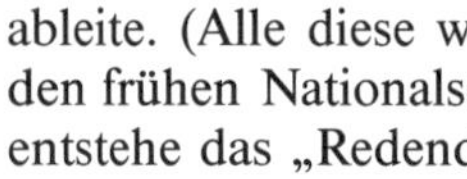
Vom Hakenkreuz zum Kruckenkreuz

[1] Zit. nach Daim, a. a. O, 81
[2] Zit. nach Daim, a. a. O. 84, Lit. 315
[3] a. a. O., 71
[4] Die Bilderschrift der Ariogermanen. Leipzig 1910

werden könne. Das linksflügelige Hakenkreuz findet sich folgerichtig auf einem Grabstein, den ein Neutempler 1914 seiner verstorbenen Frau setzte[1], während das rechtsflügelige sowohl auf der Schrift Lists „Das Geheimnis der Runen“ (1908) als auch in einer Beilage zu einem „Ostara“-Heft von Lanz (1909) vorkommt.[2] Hitler hat in seiner Wiener Zeit mit größter Wahrscheinlichkeit „Ostara“-Hefte gelesen.
Erfunden hat Hitler das Hakenkreuz aber ebensowenig wie die NSDAP und deren Ideologie. Was von ihm stammt, ist die Entwicklung eines auf ein Zentralsymbol aufbauenden, geschlossenen propagandistischen Konzepts.
Millionenfach wirksam geworden als mystisch einigendes und den Kampf befehlendes Symbol ist das Hakenkreuz – stärker als ähnliche faschistische Symbole in ganz Europa – durch seine physische Vervielfältigung als Abzeichen und Bild, auf Flaggen und Fahnen, aber vor allem auch durch das in der NS-Zeit erstmals eingesetzte audiovisuelle Medium Film.

Der Siegeszug des Hakenkreuzes im Deutschen Reich

Beim „Reichsparteitag der Freiheit“, am 15. September 1935, wurden vom Deutschen Reichstag einstimmig die berüchtigten „Nürnberger Gesetze“ beschlossen:
- das Reichsflaggengesetz,
- das Reichsbürgergesetz und
- das Gesetz zum Schutze des deutschen Blutes und der deutschen Ehre.

Für das erste der drei Gesetze, das durch eine Reihe von Verordnungen und Erlässen mit deutscher Gründlichkeit genau konkretisiert wurde, fand Reichstagspräsident Hermann Göring folgende einführende Worte:

> *Die alte Flagge ist in Ehren eingerollt, sie gehört einem vergangenen Deutschland der Ehre an. Aber unter den alten Farben mit einem neuen Symbol begann der Kampf um die Freiheit . . . Zwei Flaggen waren es, die letzten Endes in Deutschland um die Freiheit rangen: ein blutrotes Tuch, in dem einen der Sowjetstern, in dem anderen aber leuchtend das Sonnenzeichen des Hakenkreuzes. Hätte jene rote Flagge mit dem Sowjetstern gesiegt, dann wäre Deutschland untergegangen im Blutrausch des Bolschewismus. Danken wir Gott und der Vorsehung, daß unser Feldzeichen siegte, denn damit ging für Deutschland das Wunder auf der Volkswerdung und damit seiner Rettung für alle Zeiten.*

Die ersten drei der fünf Artikel des Reichsflaggengesetzes vom 15. September 1935 lauteten wie folgt:

> *Artikel 1. Die Reichsfarben sind schwarz-weiß-rot.*
> *Artikel 2. Reichs- und Nationalflagge ist die Hakenkreuzflagge. Sie ist zugleich Handelsflagge.*
> *Artikel 3. Der Führer und Reichskanzler bestimmt die Form der Reichskriegsflagge und der Reichsdienstflagge.*

Reichskriegsflagge

Gösch der Kriegsschiffe

Handelsflagge mit dem Eisernen Kreuz

Reichsdienstflagge

[1] Photo bei Daim, a. a. O. 48
[2] Daim, a. a. O. Abb. 80, 95

Die Abbildung auf S. 269 zeigt die vier Spezialformen der Hakenkreuzflagge. Für sie wurde das Format 3:5 vorgeschrieben, während für die Nationalflagge mit dem Hakenkreuz keine Formatvorschrift bestand.
Am 7. März 1936 wurde auch die genaue Gestaltung des Hoheitszeichens des Reiches durch Verordnung bekanntgemacht:

> *Das Hoheitszeichen des Reichs zeigt das Hakenkreuz, von einem Eichenkranz umgeben, auf dem Eichenkranz einen Adler mit geöffneten Flügeln. Der Kopf des Adlers ist nach rechts gewendet...*

In einen Kreis mit Umschrift gesetzt, entstand aus diesem Zeichen jener runde „Farbdruckstempel", mit dem Millionen großteils verbrecherischer Erlässe, Bescheide und Befehle des Dritten Reiches versehen waren. Diese Gesetze und Verordnungen blieben im Deutschen Reich nicht nur bürokratische Vorschriften, sondern wurden durch die reiche Propagandatätigkeit, die dort entfaltet wurde, weit über die Grenzen sichtbarer Ausdruck der neuen Machthaber und ihrer Ideologie. Insbesondere trug der deutsche Tonfilm zur Verbreitung der nationalsozialistischen Symbole bei. Sie sollten wenige Jahre später, durch Verordnung vom 14. Januar 1939, geltendes Recht in der in das Deutsche Reich eingegliederten „Ostmark" werden.

DAS HAKENKREUZ IN ÖSTERREICH

Wie wir gesehen haben, brauchte das Hakenkreuz gar nicht nach Österreich importiert zu werden, um als Abzeichen für nationalsozialistische Vereine und Gruppierungen gewählt zu werden. Es war hier spätestens seit den neunziger Jahren des 19. Jahrhunderts bekannt, als es der antisemitische „Deutsche Turnerbund" (gegründet 1889 in Deutschböhmen) als Abzeichen führte. Die Nachfolgeorganisation, der „Deutsche Turnerbund 1919" mit Sitz in Wien, war eine der Kerntruppen des Nationalsozialismus und als solche maßgeblich am Putschversuch 1934 beteiligt. Dennoch ist anzunehmen, daß erst der massive propagandistische Einsatz des Hakenkreuzes und der Hakenkreuzfahne im „Altreich" dieses Zeichen auch breiteren Schichten der Bevölkerung in Österreich bekanntmachte.

Im Kampf gegen den Ständestaat: Hakenkreuz und drei Pfeile

Für deutschnational gesinnte Kreise in der sogenannten „Ostmark" war das Hakenkreuz jedenfalls schon sehr früh Zeichen einer tief empfundenen Hoffnung, wie der hymnische Lobpreis Ottokar Kernstocks beweist (vgl. das Kapitel über die Hymnen, S. 140).
Das Hakenkreuz erfüllte die ihm zugedachte Funktion in der legalen wie in der (seit 19. Juni 1933) illegalen Zeit der nationalsozialistischen Bewegung in Österreich. Was Karl Kraus ein „Gezücht von Hakenkreuzottern" nannte, nannte der Volkmund „Hakenkreuzler". Diese verwendeten ihr Symbol als einigendes Zeichen und als Mittel der Provokation. Es tauchte in den verschiedensten Formen überall und immer wieder auf: in Form von auf Berghängen entzündeten Feuern oder in Melonen geschnitzt, an den Zylinder gesteckt, zwischen den Türmen der Wiener Votivkirche aufgespannt oder als eine

sich selbst entzündende Holzkonstruktion in einem auf den Grazer Jakominiplatz gestellten Paket. Das Hakenkreuz spukte aber auch in den Köpfen der Intelligenz. Nur wenigen Germanisten ist der Umstand bekannt, daß Josef Weinheber (1892–1945) zu Hitlers 50. Geburtstag am 20. 4. 1939 ein Hörspiel verfaßt hat. In dessen überaus schwülstiger erster Version erklärt er die Swastika (wie vor ihm Wilhelm Reich in seiner „Massenpsychologie des Faschismus") zum Abbild der Vereinigung von Mann und Frau. Als „Flammenzeichen lichtgläubigen Volks" bilde das Hakenkreuz die Apotheose der Reichskleinodien und sei damit ein Hort der Treue zum „von Gott gesandten Führer".

Den Weg des Hakenkreuzes in Wien mögen zwei Photos illustrieren. Das erste (S. 270) zeigt ein Wohnhaus, auf dem unter der Hakenkreuzfahne die drei Pfeile der Sozialdemokratie angebracht sind; Symbolik des Kampfes der zwei oppositionellen Bewegungen der Ersten Republik gegen die konservative Regierung aber auch gegeneinander.

Das Hakenkreuz war in Mode. Tausende aus Blech gestanzte Hakenkreuze wanderten von der Hinterseite des Rockaufschlages auf die Vorderseite: die „Märzveilchen" blühten (Bezeichnung für bisher illegale Nazis, die sich nunmehr zu erkennen gaben). Viele Österreicher, die nichts mit den Nazis gemein hatten, steckten sie einfach an, um in Ruhe gelassen zu werden. Der verstorbene General Emil Spannocchi, 1938 Offiziersanwärter im österreichischen Bundesheer, berichtete, daß eine Freundin – offenbar eine attraktive „Nazisse" – beim ersten Rendezvous verschämt das von ihr getragene Hakenkreuz wieder hinter dem Revers ihres Mantels verschwinden ließ, da sie annahm, es würde einen angehenden österreichischen Offizier stören. Doch dieser wurde bald auf den Heldenplatz kommandiert, leistete den Eid auf Hitler und trug den „Hoheitsvogel" auf der Uniform.[1]

In den Tagen des „Anschlusses" traten massiv Hakenkreuzarmbinden auf, nicht nur bei SA-Angehörigen oder Ordnern, sondern auch bei vielen Wiener Polizisten, die sie als Illegale wohl schon wochenlang in der Uniformtasche mitgeführt hatten.

Das zweite Bild (rechts) zeigt die Reichskriegsflagge bei der Vereidigung der Rekruten auf dem Wiener Heldenplatz. Sie war zum Entsetzen der reichsdeutschen Stellen seitenverkehrt aufgehängt worden – zunächst vielleicht nur Ausdruck „ostmärkischer Schlamperei" bei der Behandlung von Staatssymbolen, aber vielleicht schon ein erstes Anzeichen dafür, daß die Verbindung zwischen dem Träger des österreichischen „Schnürschuhs" und des preußischen „Knobelbechers" nicht ewig dauern würde.

KONNTE AUCH NUR IN WIEN PASSIEREN: Die reichsdeutschen Stellen waren entsetzt, als sie dieses Bild sahen, das ein Wiener Pressefotograf geknipst hatte. Bei der Vereidigung der Rekruten auf dem Heldenplatz war die Reichskriegsflagge mit verkehrtem Hakenkreuz gehißt!

Die Jugend im Deutschen Reich wurde in Jungvolk, Hitlerjugend (HJ) und in den Bund Deutscher Mädel (BDM) eingegliedert, die alle anderen Jugendorganisationen ersetzten. Das Abzeichen des Jungvolks war (auch schon vor 1933) die weiße Sig-Rune auf schwar-

[1] Chorherr, 1938, a. a. O., 197 f.

zem Grund. Die Hitlerjugend führte das Hakenkreuz auf rot-weiß-rotem Grund. Es konnten bisher keine Hinweise darauf gefunden werden, daß in dieser Farbkombination in irgendeiner Weise – vielleicht auch nur unbewußt – ein Hinweis auf die österreichische Herkunft Adolf Hitlers zu erblicken ist. Jedenfalls marschierten „Austro-Nazis" mit rot-weiß-roten Fahnen, die das Hakenkreuz zeigten, 1931 über den Wiener Heldenplatz.[1]

Wie in der Einleitung erwähnt, ist in der Überflutung Österreichs mit Hakenkreuzflaggen, Hitlerbildern und sonstigen NS-Symbolen – besonders in der ersten Zeit nach dem „Anschluß" – eine der wesentlichsten Ursachen für die starke Zurückhaltung zu erblicken, mit welcher man heutzutage den Staatssymbolen in Österreich gegenübertritt. Da diese Einstellung in der innerfamiliären und schulischen Sozialisation gewissermaßen „sozialbiologisch" weitergegeben und vererbt wird, wird dieses Phänomen trotz dem stark gewachsenen österreichischen Nationalbewußtsein wohl noch für Generationen anhalten.

Mancher Leser wird sich fragen, warum wir uns an mehreren Stellen des Buches so ausführlich mit verschiedenen Phänomenen der ständestaatlichen oder der NS-Zeit beschäftigen. Sollte über diese Dinge nicht endlich Gras wachsen? Die Antwort ist ein klares Nein. Dieses Nein liegt in dem Umstand begründet, daß bis auf den heutigen Tag viele Dinge ungeklärt sind, unter den Teppich gekehrt werden, verdrängt werden. Vieles wurde den jungen Österreichern auch nie mitgeteilt – die Eltern wollten nicht, die Schulen durften nicht. Umgekehrt aber wirken manche dieser ins Unterbewußtsein verschobenen Phänomene bis heute nach. Man kann dabei an die immer wieder auftretenden Hakenkreuz-Schmieraktionen (vgl. das Motto dieses Kapitels) oder an manches Wirtshausgespräch denken. Fast ein halbes Jahrhundert nach Kriegsende darf für das neue Kfz-Kennzeichen für den Bezirk Neusiedl/See nicht „NS", sondern muß „ND" gewählt werden, weil Abkürzungen wie „HJ", „NS", „SA", „SS" oder auch „VF" auch heute noch Signal- oder Symbolwert haben. Es ist eines der Anliegen dieses Buches, möglichst viele jener Symbole, Zeichen und Signale zu analysieren, die das Verhältnis des Österreichers zu seinem Land, zu seiner Republik und damit zu sich selbst betreffen.

[1] Zeitgeist wider den Zeitgeist. Hochschule für angewandte Kunst, Wien 1988, 262

Das defensive Kruckenkreuz

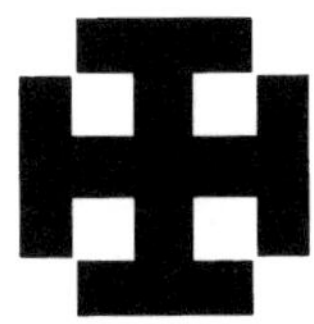

Neben der in Österreich gebräuchlichen Schreibweise existieren auch noch die Formen „Krukenkreuz“ und „Krückenkreuz“.
Wie viele Kreuzformen kommt auch das Kruckenkreuz als Ornament bei zahlreichen frühzeitlichen Völkerschaften vor. Auf einer aus dem 7. vorchristlichen Jahrhundert stammenden Kanne von der Insel Rhodos ist es deutlich sichtbarer Teil der Zierleiste. Auch im lateinamerikanischen Raum ist das Kruckenkreuz nachzuweisen, so etwa auf einem brasilianischen Teppich des 19. Jahrhunderts, wo es übrigens zusammen mit dem Hakenkreuz vorkommt. Konrad Josef Heilig, der als Deutscher (!) das Traditionsreferat der Vaterländischen Front bekleidete und im Zweiten Weltkrieg fiel, wies in seiner grundlegenden Monographie „Österreichs neues Symbol“ darauf hin, daß sich das Hakenkreuz, dem ja das ständestaatliche Kruckenkreuz in den dreißiger Jahren bewußt gegenübergestellt wurde, nicht von der Kreuzform, sondern von der Form des Wirbels oder der Haspel ableite.[1] Aus dieser Ableitung – wie auch aus der üblichen Interpretation des Hakenkreuzes als eines Sonnenrades – geht hervor, daß das Hakenkreuz einen dynamischen, das Kruckenkreuz hingegen einen statischen Symbolgehalt hat. Unwillkürlich denkt man beim Kampf dieser beiden Symbole um das Österreich der Zwischenkriegszeit an die Auseinandersetzung zwischen der offensiven Marseillaise und dem defensiven „Gott erhalte“ in den napoleonischen Kriegen.
Auf dem berühmten Prunkornat aus dem steirischen Nonnenkloster Göß aus der Zeit um 1230 – der Periode der Entstehung des rot-weiß-roten Bindenschildes – kommen Hakenkreuz und Kruckenkreuz ebenfalls gemeinsam vor. Wenn es einen kunstgeschichtlichen Zusammenhang beider Zeichen gegeben hat – was Experten freilich eher ausschließen –, so dominierte in vorchristlicher Zeit das Hakenkreuz, in nachchristlicher das Kruckenkreuz.
Eindeutige Kreuzesdarstellungen finden sich erst im 4. Jahrhundert, da die römischen Christen vor dem Mailänder Edikt Kaiser Konstantins im Jahre 313 das typische „Schandzeichen“ kaum einsetzten und das Zeichen der Fische oder das Chi bevorzugten. Nach Heilig läßt sich das Kruckenkreuz zum ersten Mal auf Münzen nachweisen, die unter dem in der Nähe Wiens um 454 geborenen Ostgotenkönig Theoderich im Mittelmeerraum geprägt wurden. Die Behauptung, daß der „alte germanische Recke“ Theoderich, der die Römer bei Tulln geschlagen haben soll und sich dann als erster christlicher Germanenkönig mit der Gründung eines Reiches befaßte, das Kruckenkreuz verwendete, war natürlich Wasser auf die Mühlen der Protagonisten eines „christlich-deutschen“ Österreich.

---

[1] Konrad Josef Heilig, Österreichs neues Symbol. Geschichte, Entwicklung und Bedeutung des Krukkenkreuzes. 2. Aufl., Wien 1936, 11

Während der Nationalsozialismus dem Hakenkreuz eine tragende Rolle im germanischen Bereich zuschrieb, fand Heilig, das Kruckenkreuz sei das „erste wirklich gemeingermanische Symbol geworden“:

> *Christlicher Glaube, gemeinsame christliche Kultur waren die historischen Voraussetzungen des Werdens des großen deutschen Volkes. Diese Einheit verkörpert sich im Kruckenkreuz, dem christlichen Zeichen germanischer Art, das auf den Fahnen des christlich-deutschen Österreichs erstrahlt.*[1]

Von den Ostgoten und Vandalen übernahmen die siegreichen Byzantiner das Kruckenkreuz. In verschiedenen Formen, darunter als Hantelkreuz, überlebte es auf oströmischen Münzen bis um 930. Deutlich sichtbar ist es auf langobardischen Münzen, so unter Rothari (615–652), und im merowingischen Kulturkreis. Die fränkischen Kaiser ersetzten es auf den Münzen durch das Eiserne Kreuz.

Nach der Jahrtausendwende soll sich nach Heilig die Form des Kruckenkreuzes dadurch erneuert haben, daß in den Darstellungen der Kreuzigung nach Johannes 19,19 eine Inschrift-Tafel am oberen und nach Psalm 99,5 („Werft euch am Schemel seiner Füße nieder!“) das „Suppedaneum“ am unteren Kreuzende angebracht wurden. Heilig verweist auch auf das in der Wiener Schatzkammer aufbewahrte Reichskreuz, das mit seinen zur Aufnahme von kleineren Reliquien angebrachten Balkenschlüssen tatsächlich die Form eines Kruckenkreuzes hat. Von besonderer Bedeutung scheint ihm jedoch der Umstand, daß Herzog Rudolf IV. (1358–1365) das Kruckenkreuz manchmal zusammen mit seiner Unterschrift verwendete. Im blumigen Stil der Ständestaat-Ideologie liest sich das wie folgt:

> *Er, der das Wort prägte, daß Österreich Herz und Schild des Reiches sei, der in Hausverträgen die spätere große Donaumonarchie anbahnte, auf den das Wappen Niederösterreichs, der Titel Erzherzog zurückgeht, der die Wiener Universität als Bollwerk des Geistes, den Dom zu St. Stephan als Staatsheiligtum errichtete, dieser Fürst, auf dem der Staat Österreich viele Jahrhunderte ruhte, hat mit jenem Zeichen seine eigenhändige Unterschrift beglaubigt, zu dem das neue Österreich seine Zuflucht genommen hat.*[2]

Auch hier begegnen wir wieder einer für den defensiven Kern der Dollfuß-Schuschnigg-Staatsdoktrin charakteristischen Sprachfigur: das Zeichen, „zu dem das neue Österreich seine Zuflucht genommen hat“. Innerlich war man sich wohl darüber klar, daß gegen die deutsche Übermacht nur mit übernatürlicher Hilfe anzukommen war. „Gott schütze Österreich“ – das waren ja auch Schuschniggs letzte Worte in gleichem Sinne.

Bezog das Kruckenkreuz zunächst seine ideelle Kraft aus einer eher kontemplativen Auffassung des Kreuzes Christi („Wundmalkreuz“), so wurde es mit den Kreuzzügen zum feudalen und missionarischen Symbol – zwei wichtige Elemente in der gesamten ständestaatlichen Ideologie, die ja, im Hinblick auf ihre zum Teil (klein-)adligen Führerpersönlichkeiten, durch die Annahme sekundärfeudalen Gehabes und den Gedanken einer historischen Mission der von ihr entdeckten „Ostmark“ geprägt ist.

Das Kruckenkreuz, wurde als Symbol des Königtums Jerusalem und Symbol des Deutschen Ritterordens „zum Kreuzfahrerzeichen schlechthin“.[3] In Anlehnung an Johannes 19,34 symbolisiert das von vier Eckkreuzlein umgebene Kruckenkreuz als „Jerusalemkreuz“ die fünf Wundmale Christi. Entsprechend dem alten roten Kreuzfahrerzeichen zunächst rot, nahmen die Kreuze ab dem 13. Jahrhundert die Farbe Gold in silbernem Feld an – wie wir aus der Heraldik wissen, eine Ausnahme von der klas-

[1] Heilig, a. a. O., 16
[2] Heilig, a. a. O., 25 f.
[3] Heilig, a. a. O., 31

sischen Farbregel, die offiziell nur dem päpstlichen und dem jerusalemitanischen Wappen zugebilligt wurde. Das letztere war ja ein päpstliches Lehen, wie auch das goldene Kreuz auf silbernem Grund Wilhelms des Eroberers – dargestellt im berühmten Teppich von Bayeux – auf eine direkte Verleihung durch Papst Alexander II. zurückgeht.[1] Dazu tritt noch die Wappensage, die besagt, daß man für Gottfried von Bouillon, den „Erfinder" der Kreuzzüge, bewußt ein regelwidriges Wappen (in Silber ein goldenes Kruckenkreuz bewinkelt von vier goldenen Kreuzchen) entworfen habe, um spätere Generationen speziell auf das Besondere der ruhmreichen Feldzüge in das Heilige Land hinzuweisen.[2]

Das rote Jerusalemkreuz (hierosolymitanisches Kreuz) ist heute noch das Symbol des wahrscheinlich von Papst Alexander VI. um 1496 gegründeten Ordens des Heiligen Grabes zu Jerusalem, dessen Großmeister der Patriarch von Jerusalem ist.

Kaiser Friedrich II. „erheiratete" das Jerusalemkreuz, das dadurch in das Wappen des Königreichs beider Sizilien gelangte. Später gelangte auch Venedig durch die Übernahme der Herrschaft von Zypern in seinen Besitz. Sizilien kam über Karl von Anjou an Pedro III. von Aragonien, von wo das Jerusalemkreuz über Ferdinand von Aragonien an Karl V. und damit an die Habsburger fiel. Karl VI., der Vater Maria Theresias, legte nach dem verlorenen Spanischen Erbfolgekrieg das spanische Wappen und damit auch das Jerusalemkreuz ab; dieses gelangte jedoch auf mancherlei Umwegen wieder in den Besitz der Habsburger, da es Franz Stephan von Lothringen als Erinnerungswappen in seine Ehe mit Maria Theresia einbrachte. Das Jerusalemkreuz findet sich aber auch im Wappen Prinz Eugens (Savoyenkapelle im Stephansdom) und in zahlreichen Familienwappen.

Um 1504 ließ Ferdinand der Katholische (1479–1516) Goldmünzen (sogenannte „Pistolen") prägen, die ein perfektes Kruckenkreuz zeigten – die Ähnlichkeit mit der Rückseite der Zwei- und Fünfgroschenstücke der Ersten Republik ist frappierend. Diese Münze existierte stellenweise, so in Burgund, bis 1820.

In der Phantasie des Mittelalters wurde das rote Kruckenkreuz in Silber als allgemeines Symbol des Kreuzrittertums, ja des Rittertums schlechthin angesehen, sodaß es sogar mit König Artus, seiner Tafelrunde und der Gralssage in Zusammenhang gebracht wurde. Diese ritterliche Bedeutung veranlaßte Heilig zu folgender zusammenfassender Würdigung:

> *Das Kruckenkreuz hat wirklich keinen Vergleich zu scheuen mit dem anderen Zeichen, das zum Symbol eines deutschen Staates wurde, dem Hakenkreuz. Zwar beginnen beide Zeichen gleich; in grauer Vorzeit tauchen sie auf. Anders aber und grundverschieden entwickeln sie sich, da sie historisch greifbar werden . . .*[3]

Der Unterschied lag für Heilig darin, daß das Hakenkreuz als allgemeines Sonnensymbol und Glückszeichen praktisch nichts mit dem Christentum zu tun habe. Seine Funktion im Germanentum müsse „seit hundert Jahren" durch „geistreiches, aber unsicheres Vermuten und Deuteln" erschlossen werden. Das Kruckenkreuz hingegen sei bei Schriftstellern, auf zahllosen Münzen und Wappen bezeugt. Es sei durch den „Sohn des späteren Österreichs" Dietrich von Bern (der mit Theoderich identischen literarischen Gestalt) zum „Zeichen christlicher, germanischer, universaler Art" erhoben worden, es stelle die „arteigene, spezifisch germanische Ausdrucksweise des höchsten christlichen Zeichens" dar. Von Gottfried von Bouillon bis Kaiser Otto reiche die verbürgte Tradition des Jerusalemkreuzes, wodurch das Kruckenkreuz „wahrhaftig eine ruhmreiche Geschichte" habe, „voll inniger Beziehungen zum Christen-

[1] Alfred Anthony von Siegenfeld, Das Landeswappen der Steiermark. Graz 1900, 28 ff.

[2] Abbildung bei D. L. Galbreath/Leon Jequier, Handbuch der Heraldik. München 1989, 164

[3] Heilig, a. a. O., 54

tum, zum Deutschtum, zu Österreich, Beziehungen, wie sie das Hakenkreuz aber auch nicht in einem Belange aufweisen kann".

Im Klartext: das Kruckenkreuz symbolisiert das *christliche* Germanentum, das Hakenkreuz das *heidnische.* In diesem Zeichen wollte der VF-Staat gegen den NS-Staat bestehen.

Auch Karl Kraus konnte dem Versuch, dem Hakenkreuz das Kruckenkreuz als „einfaches Kreuz" entgegenzustellen, seine Anerkennung nicht versagen.[1]

Eine etwas banalere Interpretation teilte der verstorbene Prof. Carry Hauser dem Verfasser brieflich mit:

> *Wir verlängerten in nächtlichen Aktionen die Halbbalken des allenthalben sichtbaren Hakenkreuzes und erzeugten so das Kruckenkreuz.*

Das Kruckenkreuz wurde aber nicht nur als Kampfsymbol gegen den Nationalsozialismus eingesetzt. Wie die Verhüllung der drei Büsten des Republikdenkmals an der Wiener Ringstraße durch Kruckenkreuzfahnen im Februar 1934 zeigt (s. Photo S. 99), diente es auch zur mystischen „Austreibung" eines dämonischen Sozialismus.

Wichtig ist noch der Umstand, daß das Kruckenkreuz keineswegs erst mit der ständischen Verfassung vom 1. Mai 1934 offiziell verwendet wurde. Auch darüber gibt Heilig in seinem Schlußkapitel Auskunft:

Auf Bundeskanzler Ignaz Seipels Anregung wurde für das Große Ehrenzeichen der Ersten Republik die Kruckenkreuzform gewählt. Heilig vermutete, daß es die Kreuzrittersymbolik war, die Seipel dabei im Auge hatte. Es war Seipel, der anregte, die Zwei- und Fünfgroschenmünze (ab 1924 bzw. 1931) mit dem Kruckenkreuz zu versehen. Im Motivenbericht zur Schaffung der Münze wurde jedenfalls auf die Funktion des Kruckenkreuzes als Ordenszeichen hingewiesen (Näheres im Kapitel „Münzen", S. 227 ff.).

Das Kruckenkreuz war in den Münzbildern massiv und gedrungen – fast könnte man es als die Zusammenfügung von vier Hämmern deuten, was ja eine (un-)bewußte Konzession an die Arbeiterschaft sein hätte können. In der nach dem Tod Seipels verwendeten Form erscheint es weiß mit roten Konturen und damit zweifellos eleganter. Dadurch wurde es vom semiotischen Standpunkt aus aber wieder geschwächt: Das zarte, rot-weiß-rote, statische Kruckenkreuz war symbolpublizistisch im Nachteil gegenüber dem massiven, schwarzen, dynamischen Hakenkreuz.

Am 1. September 1933 berichtete die „Wiener Zeitung", daß das Kruckenkreuz zum Symbol der Vaterländischen Front erwählt worden sei. Seine Publikation erfolgte am 11. September 1933 anläßlich der „Trabrennplatz-Rede" von Bundeskanzler Dollfuß, in der dieser gutgläubig zwei symbolische Anleihen machte, die uns heute eher gespenstisch vorkommen: Nach dem Vorbild Hitlers verwendete er die Phrase „Österreich erwache" und unter wörtlicher Bezugnahme auf die Kreuzzüge die Formel „Gott will es". (Unter dem Slogan „Deus vult" wateten die „christlichen" Kreuzritter bis zu den Knöcheln im Blut der Sarazenen.)

War das Kruckenkreuz für Seipel vermutlich mehr Ausdruck seiner Forderung nach „Sanierung der Seelen", so heftete es Dollfuß als Gegenstück zum Hakenkreuz auf seine „Führerstandarte". Dort verblieb es, wurde vorangetragen und schmückte manche Stirnwand, bis sich Schuschnigg entschloß, entgegen seinem Aufruf „Rot-Weiß-Rot bis in den Tod" (24. 2. 1938) „der Gewalt zu weichen", sich „ohne wesentlichen Widerstand, ohne Widerstand" zurückzuziehen und das vor der Okkupation stehende Österreich „mit einem deutschen Wort und einem Herzenswunsch" dem Schutz Gottes zu empfehlen.

---

[2] Karl Kraus, Die Dritte Walpurgisnacht. München 1952, 224

DIE SYMBOLE DER BERUFSSTÄNDE

Neben dem nimbierten Doppeladler als dem Symbol des Bundesstaates Österreich und dem Kruckenkreuz (der Kruckenkreuzflagge) als dem Symbol der Vaterländischen Front gab sich der Ständestaat noch eine Reihe weiterer Symbole, nämlich acht Ständeabzeichen.

Die Verfassung vom 1. Mai 1934 hatte der eigentlichen Gesetzgebung des Bundes insgesamt vier beratende Gremien vorgeordnet: den Staatsrat, den Bundeskulturrat, den Bundeswirtschaftsrat und den Länderrat. In Art. 48 Abs. 4 wurde bestimmt, daß die Rekrutierung der siebzig bis achtzig Mitglieder des Bundeswirtschaftsrates aus sieben „berufsständischen Hauptgruppen" zu erfolgen habe. Diese Hauptgruppen und ihre Vertreter waren nach dem Verfassungsübergangsgesetz 1934:

Land- und Forstwirtschaft (29 Vertreter)
Industrie und Bergbau (15)
Gewerbe (12)
Handel und Verkehr (9)
Geld-, Kredit-und Versicherungswesen (5)
Freie Berufe (5)
Öffentlicher Dienst (7)

Das ergibt 82 Vertreter, also zwei mehr als achtzig, was aber offenbar niemanden störte.

Der Architekt Clemens Holzmeister – neben Rudolf Henz und Guido Zernatto einer der führenden Vertreter des Geisteslebens im Ständestaat – schuf für jeden der sieben Berufsstände und für die „kulturellen Gemeinschaften" eine Art modernes „Zunftzeichen". Diese Symbole aus der Hand des berühmten Baukünstlers, die viel über die Ideologie des „christlich-deutschen Ständestaates", seine Wirtschafts- und Kulturauffassung aussagen, sollen im folgenden kurz analysiert werden:

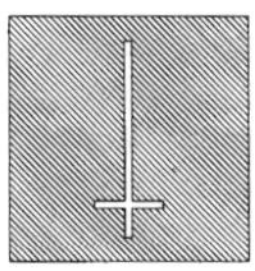
Öffentlicher Dienst

Freie Berufe

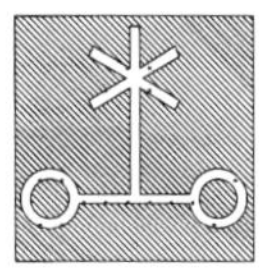
Geld-, Kredit- und Versicherungswesen

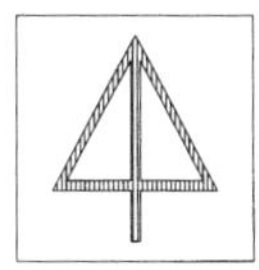
Gewerbe

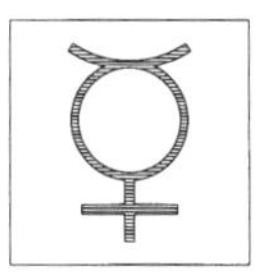
Handel und Verkehr

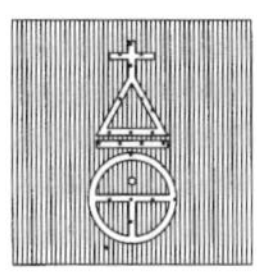
Kulturelles Schaffen

Landwirtschaft

Industrie und Bergbau

Die *Landwirtschaft* wird durch einen stilisierten grünen Spaten auf schwarzem Grund dargestellt. Dieser Berufsstand war damals nicht nur als sozioökonomische Gruppe bedeutend, sondern auch aus politisch-ideologischen Gründen so stark vertreten. Das Grün steht für Natur und Heimat, das Schwarz symbolisiert Ackererde und den klerikalen Gedanken.

Industrie und Bergbau wird durch ein in ein schwarzes Zahnrad gesetztes schwarzes Dreibein („Triquetra") auf goldenem Grunde symbolisiert. Hier signalisiert das Schwarz Eisen, Kohle und Ruß, das Gold die Bergschätze und die Finanzkraft der Industrie. Wenn man weiß, daß die Deutsche Arbeitsfront (DAF), die am 10. 5. 1933 gegründete Organisation „der schaffenden Deutschen der Stirn und der Faust", ein schwarzes Hakenkreuz in einem goldenen Zahnrad auf rotem Grund führte, könnte man auf den Gedanken kommen, hier eine Verbindung herzustellen, obwohl Holzmeister alles andere als ein Sympathisant der NSDAP war. Auch die immer noch in Gebrauch befindliche Flagge der rechtsextremen Südafrikanischen Burenbewegung drängt sich zum Vergleich auf. Vermutlich hat Holzmeister das alte heraldische Zeichen des Dreibeins (es kommt im Wappen der Insel Man und in jenem des Königreiches Sizilien vor) als ein Symbol für die menschliche Inititative im Gegensatz zur Maschine verstanden.

Das *Gewerbe* wird durch ein rotes Richtscheit (Richtscheit und Dreieck?) auf silbernem Grund dargestellt. Das Handwerk hat also nur mehr im Sprichwort goldenen Boden. Rot mag auf die Esse des Schmiedes oder auf den Färberberuf hinweisen.

Handel und Verkehr erhalten von Staatskünstler Holzmeister das traditionelle Merkur-Zeichen in Blau auf Silber. Merkur ist schließlich nicht nur der Gott des Handels, sondern auch das Symbol des Quecksilbers. Blau steht für Handel und Wandel – importiert nicht der Kaufmann blaues Tuch aus einem Land weit über dem Meer?

Das *Geld-, Kredit- und Versicherungswesen* dürfte der Architekt nicht besonders tief in sein christlichsoziales Herz geschlossen haben. Wie sonst ist zu erklären, daß er das chemische Zeichen für das seltsame Mineral Auripigment (Rauschgold), eine giftige Arsenverbindung (As_2S_3), in Gold auf Grün wählte? Auripigment wurde schon in der Antike als Goldfarbe und als Enthaarungsmittel verwendet. Die Alchimisten forderte es wie kein anderes Mineral zur Goldgewinnung heraus.

Bei den *freien Berufen* galt es, Architekten, Ärzte, Rechtsanwälte usw. in einem Symbol zu vereinen – keine leichte Aufgabe. Holzmeister versuchte sie durch das Zeichen für die Stadt (Mauer mit Zinnen und Stadttor), die Schale mit der Äskulapnatter und die Waage zu lösen. Als Farben wählte er das vornehme Gold auf schwarzem Grund. Dieses Symbol wurde in der Praxis weiter vereinfacht.

Einfach und eindeutig ist die Darstellung des *Öffentlichen Dienstes*: das silberne Richtschwert auf grünem Grund. Da kam dem Stahl des Schwertes die Farbe der Polizeiuniform zu Hilfe.

Nun stellte sich der Meister noch die Aufgabe, das gesamte *kulturelle Schaffen* Österreichs unter einen symbolischen Hut zu bringen, wobei auch die Religion nicht vergessen werden durfte. Das Ergebnis war in Rot ein goldenes Dreieck mit Kreuz, das die Kirche darstellt, darunter als Symbol für Wissenschaft und Kunst eine „Weltscheibe“. Diese läßt sich durch den über die horizontale Linie gesetzten Punkt auch als die Stilisierung der berühmten Skizze der Proportionen des Menschen im Kreis durch Leonardo da Vinci deuten. Die Farben Gold und Purpur sprechen für sich – Holzmeister war schließlich Präsident des Katholikentages 1933.[1]

Den acht „berufsständischen Zeichen“ kam in der Praxis eine hauptsächlich zeremonielle Wirkung zu. Sie wurden bei Umzügen mitgeführt und auf Wandteppichen dargestellt. Ein nachhaltiges Echo im Volk dürften sie nicht hervorgerufen haben.

[1] Jan Tabor (Hg.), Kunst und Diktatur. Ausstellungskatalog. Baden 1994, 139

Der Davidstern – ein Symbol aus dem alten Österreich

Der aus zwei gleichseitigen Dreiecken gebildete Davidstern hat als gelb-schwarzer Judenstern in der Symbolgeschichte Europas tragische Bedeutung erlangt. Verfolgen wir zunächst die Wurzeln der reinen geometrischen Form.
Der sechszackige Stern, manchmal auch als „Zionsstern“ bezeichnet, kommt sowohl im Judentum als auch im Christentum und im Islam vor. Seine geometrische Urform liegt auch dem hinduistischen Meditationsszeichen „Yantra“, einem Symbol für die göttliche Kraft, zugrunde. Das Hexagramm wird aus dem männlich/feurigen Dreieck (Spitze nach oben) und dem weiblich/wäßrigen Dreieck (Spitze nach unten) gebildet, um so ein harmonisches Dualsystem zu formen.
Ursprünglich als „Schild Davids“ („Magen Davids“) oder „Siegel Salomons“ bezeichnet, wurde das Hexagramm insbesondere im arabischen Kulturkreis als Siegelabdruck zur Vertreibung böser Geister und Dämonen verwendet. In der mittelalterlichen Alchimie stellte es die Vereinigung aller Gegensätze dar, da es die Zeichen für die vier Elemente Feuer, Luft, Wasser und Erde in sich trägt. Die Durchdringung der beiden Dreiecke symbolisiert die Verschmelzung der sichtbaren mit der unsichtbaren Welt, die Vereinigung von „oben“ und „unten“.
Wie das Hexagramm als „Schild Davids“ zum Symbol des Judentums und des Staates Israel wurde, beschreibt Gershom Scholem in einem 1948 hebräisch verfaßten und im Almanach des „Haarez“ (Tel Aviv) erschienenen Aufsatz. In umgearbeiteter Form wurde dieser Aufsatz auch auf deutsch publiziert.[1]
Nach Gershom Scholem steht das Hexagramm in *keinem* ursächlichen Zusammenhang mit der jüdischen Religion. Wie in vielen anderen Kulturen war es auch im jüdischen Kulturkreis zunächst nichts als ein geometrisches Ornament. Es trat auf jüdischen Altertümern nur sehr selten auf. Ironischerweise findet es sich auf einem Fries der Synagoge von Kapharnaum (2. bis 3. Jahrhundert) zusammen mit einer Art Hakenkreuzornament. Lange bevor das Hexagramm in den *Synagogen* erschien, trat es als Heilszeichen in frühmittelalterlichen *Kirchen* auf. Demgegenüber war das eigentliche religiöse Symbol des Judentums der siebenarmige Leuchter, die Menorah. Diese bildet ja heute auch das offizielle Wappen Israels.
Als „Siegel Salomons“ wurde das Hexagramm fälschlich auf die im 16. Jahrhundert entstandenen kabbalistischen Schriften des Isaak Luria zurückgeführt. In Wahrheit fand sich das Hexagramm in zahlreichen jüdischen, christlichen und auch arabischen magischen Texten als ein gegen böse Geister wirkendes Symbol. Als solches wird es im Mittelalter dem Text der Mesusa (am Türpfosten des jüdischen Hauses angebrachte Schriftkapsel) hinzugefügt. Als Talisman gegen die Dämonen erhielten sich Hexagramm und Pentagramm bis in die Neuzeit, wobei *beide* als „Siegel Salomons“

[1] Gershom Scholem, Das Davidschild – Geschichte eines Symbols. Judaica 2, Frankfurt/Main 1963

bezeichnet wurden. Beide Zeichen fanden natürlich auch Eingang in die Symbolsprache der Alchimisten.

Der offizielle Gebrauch des Hexagramms als Symbol für eine jüdische Gemeinschaft geht erst auf das mittelalterliche Prag zurück: Unter Karl IV. erhielten die Prager Juden 1357 das Recht, eine eigene Fahne zu führen. Schon 1527 wurde Kaiser Ferdinand I. bei seinem Einzug in Prag von der jüdischen Gemeinde mit einer Fahne begrüßt, die das Davidschild enthielt. Ein Duplikat dieser Fahne, 1716 angefertigt, befindet sich in der Prager „Altneusynagoge“. Demgegenüber wurde Matthias Corvinus bei seinem Einzug in Budapest 1476 von der dortigen jüdischen Gemeinde mit einer roten Fahne begrüßt, die einen „fünfeckigen Drudenfuß und unter ihm zwei goldene Sterne über einem Judenhut“ zeigte.[1]

In Prag setzte sich jedenfalls das Hexagramm gegen das Pentagramm als offizielles Zeichen der jüdischen Gemeinde auf Siegeln und auf Gebäuden durch. Von dort aus verbreitete es sich ab dem 17. Jahrhundert über die gesamte Monarchie.

In Wien erschien das Hexagramm zuerst in einer Urkunde von 1655. Aus dem Jahr 1656 hat sich ein Grenzstein zwischen der Judenstadt von Wien und der Christenstadt erhalten, auf dem Davidschild und Kreuz in gleicher Größe eingemeißelt sind. Er befindet sich heute im neuen Jüdischen Museum der Stadt Wien.

Grenzstein zwischen dem Ghetto und der Christenstadt in Wien (1656)

Die 1670 aus Wien vertriebenen Juden nahmen ihr Zeichen mit über Mähren bis nach Preußen. Die aschkenasische Gemeinde Amsterdams führte ab dem 18. Jahrhundert den Davidstern in der Prager Form (mit einem schiefstehenden Judenhut, der dort freilich als „Schwedenhut“ bezeichnet wurde).

Immer mehr wurde das Hexagramm zum identitätsstiftenden Symbol, das von den Juden dem ihnen überall begegnenden christlichen Kreuz gegenübergestellt wurde. Viele nichtjüdische Architekten integrierten es im 19. Jahrhundert als selbstverständliches religiöses Kennzeichen in die von ihnen entworfenen Synagogenbauten.

Das Hexagramm hatte seinen überlieferten Amulettcharakter nie verloren und gelangte so – unwidersprochen durch Rabbiner und Schriftgelehrte – auch auf viele jüdische Kultgegenstände. Gershom Scholem bemerkt hiezu bitter:

> *Gerade in den Tagen seiner größten Verbreitung im 19. Jahrhundert diente das Davidschild als sinnleeres Symbol eines Judentums, das selber mehr und mehr der Sinnlosigkeit verfiel. Die Sermone der Prediger waren nicht ausreichend, um dem Zeichen Leben einzuhauchen. Die glanzvolle und leere Karriere des „Magen David“ im 19. Jahrhundert ist selber ein Zeichen jüdischen Verfalls.*[2]

Interessant ist, daß der Davidstern noch um die Mitte des 19. Jahrhunderts auch als Zunftzeichen der Gastwirte und Beherberger diente (Deckenschmuck im Gemeinderatssitzungssaal des Alten Rathauses in Wien).

Mit dem Auftreten der zionistischen Bewegung in den neunziger Jahren des vorigen Jahrhunderts trat das Hexagramm in eine neue, bedeutende Phase. Am 4. 6. 1897 erschien die erste Nummer der von Theodor Herzl herausgegebenen Zeitschrift „Welt“, versehen mit dem Davidstern. Im gleichen Jahr wählte der Basler Kongreß das Hexagramm zum offiziellen Emblem der zionistischen Bewegung. Gleichzeitig aber wurde

[1] Scholem, a. a. O., 109
[2] Scholem, a. a. O., 116

das von den Juden nunmehr als Symbol ihrer Sehnsucht nach einem eigenen Staat gewählte Zeichen immer stärker auch zum antisemitischen Kürzel, das auf judenfeindlichen Flugblättern und Schriften allenthalben auftrat. Schon in den zwanziger Jahren wurde der Davidstern auf Synagogen und jüdische Geschäfte geschmiert. Und auch heute kommt es vor, daß nicht nur Hakenkreuze, sondern auch Hexagramme als Graffiti an Wände, Mauern oder Grabsteine gelangen.

Der Judenstern in Österreich

Nichts symbolisiert die ungebrochene Tradition des österreichischen Antisemitismus besser als ein kleines Relief am Wiener Judenplatz. Der Judenplatz hatte unter dem Namen „Schulhof" den Mittelpunkt der einstigen Judenstadt gebildet, die sich direkt neben dem Herzogshof erstreckte. Hier befanden sich Schule, Badestube, Synagoge und das Haus des Rabbis. Die Judenschule war eine der bedeutendsten des deutschen Sprachraums. Die Wiener Judenstadt war bis zur ersten großen Judenverfolgung durch vier Tore von der übrigen Stadt abgeschlossen. Nach 1421 wurde die Synagoge abgetragen, das Baumaterial wurde zur Errichtung des Universitätsgebäudes mitverwendet.

Auf dem Judenplatz wurde 1935 ein Standbild für Gotthold Ephraim Lessing (1729–1781) errichtet, der mit seiner Ringparabel in „Nathan der Weise" der interkonfessionellen Toleranz ein bleibendes literarisches Denkmal gesetzt hat. Die von Siegfried Charoux geschaffene Statue wurde 1938 von den Nazis entfernt und eingeschmolzen. 1968 entstand sie neu und kam zunächst auf den Morzinplatz, übersiedelte aber 1982 an ihren „alten" Aufstellungsort am Judenplatz.

Von dem eindrucksvollen Standbild des Aufklärers Lessing wendet sich der Blick des Beschauers auf die Fassade des „Jordanhauses", wo in lateinischer Sprache zu lesen steht:

> *Durch den Jordanfluß wird der Leib von Krankheit und Übel gereinigt, da weicht selbst verborgene Sündhaftigkeit. So rast die Flamme sich erhebend durch die ganze Stadt im Jahr 1421 und sühnt die grausamen Verbrechen der jüdischen Hunde. Die Welt wurde einst durch die Deukalionische Flut gereinigt, doch diesmal wurde die Schuld in den Flammen gebüßt.*

Diese Darstellung der Taufe Jesu im Jordan wurde zur Erinnerung an die 1421 auf der Gänseweide (Hinrichtungsstätte, etwa am Beginn der heutigen Weißgerberlände) erfolgte Judenverbrennung vom ersten Besitzer des Hauses, Jörg Jordan, 1497 angebracht. Nachdem das Haus zeitweilig dem Jesuitenorden gehört hatte, befindet es sich seit 1684 in Privatbesitz. Als willkommene Entschuldigung für das Fehlen jeder erklärenden Inschrift dient die Befürchtung des Hauseigentümers, eine solche Tafel würde zu antisemitischen Schmieraktionen führen. Vielleicht gemildert durch die der Mehrheit der Österreicher unverständliche Sprache, aber jedenfalls durch keine Zusatztafel kommentiert, perpetuiert das Relief die traditionelle Judenfeindschaft, die aus dem Mittelalter über Schönerer und Lueger zu Hitler und Eichmann, nach Dachau und Auschwitz geführt hat:

- eine Tradition, die noch heute deutschnationale, fremdenfeindliche Inschriften auf Hausfassaden kommentarlos duldet (Haus des Ersten Wiener Turnvereins in Wien 6., Schleifmühlgasse 23 mit der Inschrift: „Dem Deutschen kann nur durch Deutsche geholfen werden. Fremde Helfer bringen uns immer tiefer ins Verderben.");
- eine Tradition, die bis zum heutigen Tag auch empirisch nachweisbar ist: In der

vom ORF seit der Ausstrahlung der Fernsehserie „Holocaust" 1980 jährlich weitergeführten Langzeitstudie bezeichnen immer noch rund 7 Prozent der Österreicher über 14 Jahre den millionenfachen Mord an den Juden während der NS-Zeit als „historisch nicht erwiesen".

Der Davidstern als Symbol von Ausgrenzung, Vertreibung und Vernichtung der österreichischen Juden

Gerhard Botz und Erika Weinzierl haben in zwei einander ergänzenden Aufsätzen einen Überblick über die tragischen Jahre gegeben, in denen das jüdische Leben in Österreich praktisch ausgelöscht wurde:[1]
Eingangs sei bemerkt, daß die Mitwirkung von Österreichern an den Judenverfolgungen der Nazis zwar jedermann bekannt war und ist, dieser Umstand aber im öffentlichen Bewußtsein nie richtig verarbeitet, sondern in gut österreichischer Tradition verdrängt wurde. Es sollte bis zum Jahr 1991 dauern, bis ein österreichischer Bundeskanzler offiziell die Verstrickung des österreichischen Volkes in die Greuel der Nazizeit erklärt und zugegeben hat:

> *Dennoch haben auch viele Österreicher den Anschluß begrüßt, haben das nationalsozialistische Regime gestützt, haben es auf vielen Ebenen der Hierarchie mitgetragen. Viele Österreicher waren an den Unterdrückungsmaßnahmen und Verfolgungen des Dritten Reichs beteiligt, zum Teil an prominenter Stelle. Über eine moralische Mitverantwortung für Taten unserer Bürger können wir uns auch heute nicht hinwegsetzen . . .*[2]

Der folgende Überblick über die progressive Ausgliederung der österreichischen Juden aus der Gesellschaft in den Jahren 1938 – 1943 anhand der von Gerhard Botz herausgearbeiteten acht Phasen, die in der Kennzeichnung mit dem Judenstern und der Deportation vieler österreichischer Juden gipfelten, geht teilweise ins Detail, damit auch dem jungen Leser vor Augen geführt wird, was der Judenstern an der Brust österreichischer Mitbürger – manche von ihnen waren Offiziere in der k. u. k. Armee gewesen – in der Praxis wirklich bedeutete.

1. Spontane Privatpogrome und Erniedrigungsrituale

Unmittelbar nach dem „Anschluß" am 12. März 1938 wurden jüdische Mitbürger durch uniformierten und nicht uniformierten Mob zu „Putzkolonnen" und „Reibpartien" gezwungen, bei denen sie unter Spott und Mißhandlungen Straßen und Wände von den Wahlparolen Schuschniggs und den Kruckenkreuzen der Vaterländischen Front reinigen mußten. Hier ein Auszug aus dem Augenzeugenbericht eines britischen Journalisten:

> *Jetzt aber wurden tagtäglich Juden, Frauen und Männer von der SA aus Geschäften, Büros und Wohnungen geholt und gezwungen, inmitten einer sich drängenden, stichelnden und lachenden Menge von „goldenen Wiener Herzen" mit Ausreibbürsten, auf allen vieren kriechend, stundenlang die Gehsteige zu reiben, in dem hoffnungslosen Versuch, die Spuren der Schuschnigg-Propaganda zu besei-*

---

[1] Gerhard Botz, Stufen der Ausgliederung der Juden aus der Gesellschaft. Die österreichischen Juden vom „Anschluß" zum „Holocaust". In: Zeitgeschichte 9/10, 1987, 359 ff.
Erika Weinzierl, Schuld durch Gleichgültigkeit. In: Anton Pelinka/Erika Weinzierl, Das große Tabu. Wien 1987, 174 ff.

[2] Bundeskanzler Franz Vranitzky im Nationalrat am 8. Juli 1991. Sten. Prot. XVIII. GP, 35. Sitzung, 3282 f.

tigen. (Wo es keine Krückenkreuze wegzuwaschen gab, malten sie die Nazi selbst auf den Gehsteig, um den Juden so eine Arbeit zu schaffen.)[1]

Durch die NSDAP „legalisierte" und nicht legalisierte Privatraubzüge und andere Gewalttaten trieben über 200 Juden in den Selbstmord. Rund 2000 jüdische Bürger wurden verhaftet und nach Dachau deportiert. Nach Friedrich Heer drangen die Nazi-Stürmer mit dem Ruf „Hep, hep, hep!" in jüdische Geschäfte ein: dieser Ruf geht auf die Kreuzfahrer zurück, die unter der Parole „H/ierosolima e/st p/erduta" bei der ersten Eroberung Jerusalems die ganze jüdische Gemeinde massakrierten.[2]

2. LEGISTISCHE AUSGRENZUNG

Die sogenannten Nürnberger Gesetze („Reichsflaggengesetz", „Reichsbürgergesetz" und „Gesetz zum Schutz des deutschen Blutes und der deutschen Ehre" aus dem September 1935) wurden in der „Ostmark" am 20. Mai 1938 eingeführt. Danach konnte den „Ariernachweis" nur erbringen, wer vier nichtjüdische Großeltern hatte. „Eheschließungen zwischen Juden und Staatsangehörigen deutschen oder artverwandten Blutes" waren ebenso verboten wie „außerehelicher Verkehr zwischen Juden und Staatsangehörigen deutschen oder artverwandten Blutes". Die mit 23. Juli 1938 eingeführten „Kennkarten" und die Reisepässe wurden im Falle jüdischer Bürger auf der ersten Seite mit einem großen roten „J" gestempelt. . Das „J" – übrigens eine Schweizer „Erfindung" – fand sich bald auch auf den in Geltung tretenden Lebensmittelkarten.

Ab 7. Februar 1939 wurden alle Juden dazu gezwungen, die Vornamen „Israel" bzw. „Sara" anzunehmen. Die Juden wurden aus dem Schul- und Hochschulwesen sowie aus den freien Berufen ausgeschlossen.

3. WIRTSCHAFTLICHE ZWANGSMASSNAHMEN

Von den rund 200.000 Juden der „Ostmark" lebten 90 Prozent in Wien. Im Gegensatz zum „Altreich" wurde die „Entjudung" in Österreich durch zunächst „wilde Arisierungen" stark beschleunigt. Massenentlassungen von Juden und Enteignungen begannen das wirtschaftliche Leben stark zu beeinträchtigen. 25.000 „kommissarische Verwalter" (meist Nazifunktionäre und Mitläufer) hatten – oft ohne hinreichende Sachkenntnis – von jüdischen Geschäften Besitz ergriffen. Das österreichische „Arisierungsverfahren" wurde zum Vorbild für Regelungen in den übrigen Teilen des „Großdeutschen Reiches". (Hier und an anderer Stelle wird man immer wieder an das Wort von Karl Kraus von der „österreichischen Versuchsstation des Weltunterganges"[3] – erinnert.)

Die Pauperisierung großer Teile der Juden Wiens kommt u. a. in der öffentlichen Ausspeisung von täglich bis zu 40.000 Juden durch die „Notausspeisungszentrale" der zur Mitwirkung (!) an den Verfolgungsmaßnahmen am 2. Mai 1938 wiedereröffneten Wiener Israelitischen Kultusgemeinde zum Ausdruck.

4. ERZWUNGENE EMIGRATION

Unter Mithilfe der „Zentralstelle für jüdische Auswanderung in Wien" wurden bis Ende 1939 an die 130.000 österreichische Juden gezwungen, das Land zu verlassen.

[1] E. R. Gedye, Als die Bastionen fielen. Wien 1981, 294 f. (Das Buch wurde unter dem unmittelbaren Eindruck der erlebten Ereignisse geschrieben und erschien zum ersten Mal im Februar 1939 in London. Die erste deutschsprachige Ausgabe kam 1947 im Wiener Verlag Danubius heraus.)

[2] Heer, a. a. O., 548

[3] Die Fackel Nr. 400–403/Juli 1914

5. MORD UND BRAND AUF BREITER BASIS: DIE „REICHSKRISTALLNACHT“

In Wien hatte die Radikalisierung schon *vor* den wegen der vielen zu Bruch gegangenen Fensterscheiben zynisch als „Reichskristallnacht“ bezeichneten Ausschreitungen eingesetzt. So war auch das von höchster Stelle angeordnete Großpogrom, das SA und SS in der Nacht vom 9. auf den 10. November 1938 in Zivil durchführten, in Wien heftiger als im „Altreich“: Neben der Verwüstung Tausender jüdischer Geschäfte und Wohnungen wurden 42 Synagogen – meist durch Brand – vollkommen zerstört. Plünderungen, Vergewaltigungen und Morde hinterließen zahlreiche Opfer.

6. RÄUMLICHE AUSGRENZUNG (GHETTOISIERUNG)

Etwa 10 Prozent des Gesamtbestandes an Wohnungen in Wien – rund 70.000 – waren 1938 in jüdischem Besitz. Hand in Hand mit den Wohnungsarisierungen wurden immer mehr jüdische Einwohner Wiens in den Bezirken entlang des Donaukanals angesiedelt. Das führte zu Protesten der NS-Dienststellen der betroffenen Stadtviertel, worauf die Wiener Stadtverwaltung unter Gauleiter Bürckel die Errichtung zweier Arbeitslager für je 6.000 Insassen bei Gänserndorf ins Auge faßte. Bei den verbliebenen 50.000 Juden im Oktober 1939 wurde offensichtlich bereits damals mit den letalen Folgen von Zwangsarbeit und Überbelegung spekuliert. Die rasche Eroberung Polens führte zur Aufgabe dieser Pläne, da die Deportation der Juden aus Wien für Hitler aus seiner bekannten persönlichen Sicht Priorität hatte.[1]

7. STEREOTYPISIERUNG DES „SCHMUTZIGEN JUDEN“

Die Pauperisierung und Ghettoisierung der Juden in der „Ostmark“ und im „Reich“ machte aus der langjährigen Diffamierung dieser Bevölkerungsgruppe als „heruntergekommen“, „schmutzig“, „egoistisch“ eine „self-fulfilling prophecy“: Je mehr man sie knechtete und ausgrenzte, umso mehr näherten sich die bedauernswerten Opfer der nationalsozialistischen Ausrottungspolitik dem in Julius Streichers „Stürmer“ (seit 1923) und in anderen antisemitischen Hetzschriften erzeugten Stereotyp des „Ostjuden“.

Mit einer Ausgangssperre belegt, spätestens ab September 1939 vom Besuch der Bäder, vom Betreten des Praters und der übrigen Parkanlagen, vom Radioempfang und der Telephonbenützung ausgeschlossen, durften jüdische Mitbürger schließlich nicht einmal mehr die öffentlichen Verkehrsmittel benutzen.

8. STIGMATISIERUNG, ABTRANSPORT, TODESLAGER

Es ist nicht möglich, an dieser Stelle alle Restriktionen, Schikanen und Quälereien – durch mehr als 250 antijüdische Verordnungen legistisch verbrämt – aufzuzählen, denen die bis 1941 noch im Herrschaftsbereich des Nationalsozialismus verbliebenen Menschen jüdischen Glaubens und jüdischer Abstammung ausgesetzt waren. Man darf aber nie übersehen, daß der Nationalsozialismus – gerade im katholischen Österreich – auf eine jahrhundertelange Tradition der blutigen Verfolgung und vielfachen Diskriminierung – darunter auch schon die äußerliche Kenntlichmachung der Juden – zurückgreifen konnte: Bereits im Jahre 1215 wurde den Juden vom 4. Laterankonzil das Tragen hoher, kegelförmiger Hüte vorgeschrieben. Später wurde ein gelber Kreis-

[1] Vgl. die immer wieder faszinierend zu lesenden Assoziationen Friedrich Heers zu den Wurzeln von Hitlers Antisemitismus, u. a. in: Gottes erste Liebe. Esslingen 1967/München 1981 (Lizenzausgabe), 386 ff.

ring bzw. Tuchlappen erdacht, der von den Juden zu tragen war. 1452 setzte sich der deutsche Kirchenrechtler und Philosoph Nikolaus von Kues (1401–1464) für eine Erneuerung dieser Vorschrift ein, die von Kaiser Ferdinand I. 1551 für die österreichischen Erblande bekräftigt wurde.
Der Gipfelpunkt der gesellschaftlichen Diskriminierung wurde jedenfalls mit der Polizeiverordnung vom 1. September 1941 über die Kennzeichnung der Juden erreicht. Diese Vorschrift – zuerst 1939 im Warthegau und im „Generalgouvernement" (Restgebiet Polens um Krakau) mit einer „judengelben" Armbinde bzw. einem blauen Zionsstern auf weißer Armbinde ausprobiert – sah folgendes vor: Ab Mitte September 1941 mußten alle über sechs Jahre alten Juden auf ihrer Kleidung den Davidstern tragen. In zynischer Raffinesse kehrte man dabei das traditionelle Symbol des Judentums wider die Juden selbst, wobei man außerdem das Wort „Jude", das der schwarz gerandete gelbe Stern enthielt, in einer an das Hebräische erinnernden Schreibweise gestaltete. So suchte man die vorhandenen, uralten antisemitischen Tendenzen zu verstärken. Dem gleichen Ziel hatten ja Propagandausstellungen wie jene in der Wiener Nordwestbahnhalle („Der Ewige Jude", 1938) gedient, wo auch ein Judenkleid mit gelbem Judenring gezeigt wurde, oder Propagandafilme wie „Jud Süß", der mit einem Davidstern begann. Und schon im Juni 1941 war vom kroatischen Ustascha-Regime verfügt worden, daß jüdische Geschäftslokale mit einem gelben Stern zu kennzeichnen seien. Die Betroffenen hatten bei der Verteilung der Judensterne wieder selbst mitzuwirken. Dabei wurde wie folgt vorgegangen: Am 8. September 1941 wurde Dr. Josef Löwenherz als Vertreter der Israelitischen Kultusgemeinde Wien im Reichssicherheitshauptamt in Berlin von zwei Gestapo-Offizieren mitgeteilt, daß am 17. September 1941 zunächst *ein* Stern pro Person zur Verfügung gestellt werden würde. Pünktlich zum Inkrafttreten der Verordnung am 19. September 1941 seien alle Juden ausnahmslos zu kennzeichnen. Als Bezugspreis habe die Gemeinde drei Reichspfennige zu entrichten, der Stern sei um zehn Reichspfennige weiterzugeben.

Mit der Ausgabe der gelben Judensterne wurde ein erneuter antisemitischer Feldzug verbunden, der jeden Umgang mit den „Sternträgern" untersagte. Von den Juden selbst ist der Stern als quälendes Brandzeichen, als weithin sichtbares Symbol ihrer sozialen Degradierung empfunden worden. Insbesondere die Kinder traf dies schwer. Am 15. April 1942 wurden übrigens die noch im Land verbliebenen Juden verpflichtet, auch an ihrer Wohnungstür einen schwarzen Judenstern auf weißem Papier anzubringen.
Neben dem „Judenstern" gab es im Dritten Reich auch noch den „Polenstern" mit ähnlich diskriminierendem Charakter, der ebenfalls schon durch die Farbe Gelb zum Ausdruck kam. Der Polenstern war ein gelber Flicken mit einem großen violetten „P" in der Mitte eines auf der Spitze stehenden Quadrats mit violettem Rand. Er wurde den polnischen Zwangsarbeitern auf die Jacke genäht.
Des weiteren erfanden die Nationalsozialisten auch eine Kennzeichnung aller jener Nationen, die Zwangsarbeiter im Dritten Reich stellen mußten: für die Ukrainer den Dreizack („Trysub", altes ukrainisches Symbol für Autorität, seit 19. 2. 1991 wieder Staatswappen) und die Farben Blau-Gelb, für die Russen das Andreaskreuz (Farben Blau-Rot), für die Weißrussen Ähre und Zahnrad (Farben Weiß-Rot).
Über die verschiedenen KZ-Abzeichen und ihre Farben berichtet der ehemalige Nationalratspräsident Dr. Alfred Maleta aus Dachau:

> *Es gab dort sogenannte „Politische", die ein rotes Dreieck auf ihrer Jacke trugen, dann die sogenannten „Kriminellen" mit einem grünen Dreieck, die im Augen-*

blick ihrer Entlassung aus der Strafhaft – als sie glücklich glaubten, wieder die Luft der Freiheit atmen zu können – von der Gestapo am Gefängnisausgang geschnappt und in das KZ eingeliefert worden waren. Dann gab es die sogenannten „Homosexuellen" mit einem rosaroten Winkel, die aber bei weitem nicht alle homosexuell waren. Man wollte ganz einfach unbequeme Leute in ihrer Heimat moralisch diffamieren. Die letzte Gruppe waren die sogenannten „Arbeitsscheuen", wobei innerhalb dieser Gruppe noch einmal fein säuberlich unterschieden wurde, was durch schwarze und braune Dreiecke erkennbar war ... Juden aller Farbschattierungen trugen außerdem noch den Davidstern.[1]

Nicht erwähnt hat Maleta die „Bibelforscher", die durch ein lila Dreieck, und die Emigranten, die durch ein blaues Dreieck gekennzeichnet wurden.

Die noch während des Krieges in England und den USA aufgekommene Behauptung, König Christian X. von Dänemark habe sich einer deutschen Forderung nach antijüdischer Gesetzgebung durch die Drohung widersetzt, selbst aus Protest einen Judenstern zu tragen, entspricht nicht den Tatsachen. Der dänische König hatte allerdings dem Rabbiner Marcus Melchior brieflich sein Mitgefühl ausgedrückt, als im Dezember 1941 ein Brandanschlag auf die Synagoge von Kopenhagen verübt wurde. Im übrigen wurden die Juden in Dänemark niemals zum Tragen des Judensternes verpflichtet.

Im besiegten Holland wurde die Aktion Judenstern – unter der umsichtigen Leitung des katholischen Wiener Rechtsanwalts und Reichsstatthalters Dr. Arthur Seyss-Inquart – ab April 1942 voll durchgezogen.

AUF DEM WEG ZUR „ENDLÖSUNG"

Trotz gelegentlicher Solidarisierung mit den Gebrandmarkten, von denen auch einige hundert versteckt wurden und so den Krieg überlebten, gab es in Österreich „zu wenige Gerechte" (Erika Weinzierl), und so nahm die „Endlösung" der „Judenfrage" ihren furchtbaren Lauf: Wegen geringfügiger „Delikte" (z. B. unbeabsichtigtes Verdecken des Judensterns, Besitz eines Zigarettenstummels) verhaftet oder in der Nacht planmäßig „ausgehoben", wurden Tausende Juden zunächst in Sammellager gebracht. Mit maximal 50 Kilogramm Gepäck erfolgte darauf in Güter- oder Viehwaggons der Abtransport nach Polen. So wurden bis Ende 1944 an die 40.000 Juden deportiert. Nur 5.700 Juden überlebten das „Dritte Reich" in Wien; rund 65.000 österreichische Juden fanden den Tod durch die Schergen des NS-Regimes, unter welchen sich viele und prominente Österreicher befanden.

Die Schändung jüdischer Friedhöfe blieb nicht auf die Nazizeit beschränkt, sondern hat sich auch in der Zweiten Republik ereignet.

---

[1] Alfred Maleta, Bewältigte Vergangenheit. Österreich 1932–1945. Graz 1981, 204 f. – Eine Homosexuellen-Initiative „Vote Pink" trat Ende September 1994 mit einem dem Bundeswappen aufgelegten rosa Dreieck auf – unkommentiert von einer wenig symbol- und geschichtsbewußten Öffentlichkeit.

WIE DER DAVIDSTERN IN DIE ISRAELISCHE FLAGGE KAM

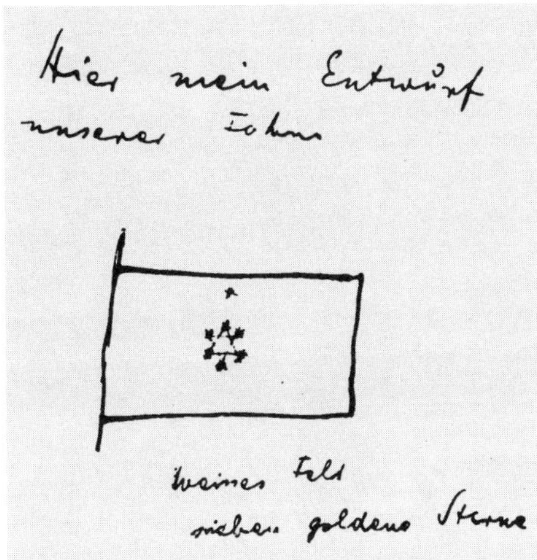

Seit 28. 10. 1948 ziert der blaue Davidsstern die weiße Flagge Israels. In Anlehnung an den Tallit, den jüdischen Gebetsschal, wird er von zwei breiten blauen Streifen eingesäumt. Ursprünglich lichtblau, wurde die Farbe später aus praktischen Gründen etwas dunkler gemacht. Das Staatswappen zeigt in Blau eine weiße Menorah, den siebenarmigen Leuchter (das eigentliche religiöse Symbol Israels), die vom Landesnamen und zwei weißen Olivenzweigen eingerahmt wird.

Theodor Herzl entwarf urspünglich eine weiße Flagge, auf der ein Davidstern mit sechs kleinen Davidsternen in seinen Ekken und dem Löwen von Juda in seinem Mittelfeld die sieben Arbeitsstunden symbolisieren sollte, auf deren Einführung im Judenstaat man hoffte.[1] Vor der britischen königlichen Kommission für Einwanderung, 1902, führte Herzl aus: „Wenn ein Mensch siedeln will, braucht er eine Flagge und eine Idee. Man kann ein solches Siedlungsprojekt nur mit viel Geld durchführen. Ohne Flagge kann es keinen Erfolg haben . . .“[2] Der Wiener Arzt und Schriftsteller Ludwig August Frankl beschrieb bereits 1864 in einem Gedicht die Farben Israels als ein „glänzendes weißes Kleid, eingefaßt durch breite lichtblaue Streifen“.[3] Mit „Blau-Weiß“ wurde die erste jüdische Jugendbewegung der Welt in Wien gegründet.

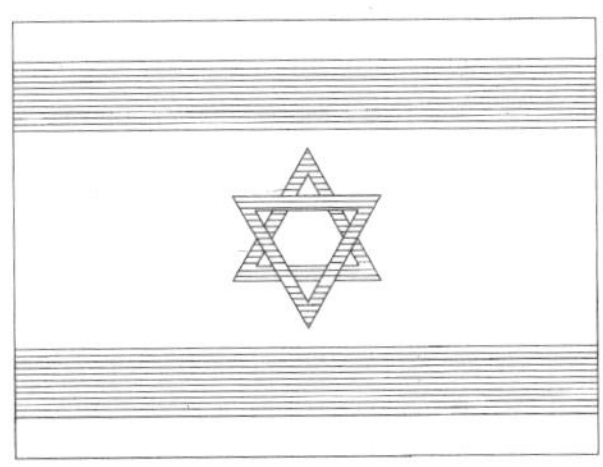

1933 wurde die Flagge mit dem Davidstern vom Zionistischen Weltkongreß offiziell angenommen.

1 W. Gunther Plaut, The Magen David. How the six-pointed star became an emblem for the Jewish people. Washington, D. C. 1991

2 Zitiert nach: David Ben Gurion, Ein Visionär und ein politischer Führer. In: Das jüdische Echo 43, Wien, Oktober 1994, 146

3 Yitzhak Yoresh, The Flag of Israel. Jerusalem 1988

Nur wenige Gerechte

Symbole des Widerstandes

„O5" für „Oesterreich"

05 am Wiener Stephansdom

Das Zeichen „O5" besteht aus dem Buchstaben „O" und der Ziffer „5". Die letztere steht für den Buchstaben „E", den 5. Buchstaben des Alphabets. „O5" war somit der verschlüsselte Anfangsbuchstabe des Wortes „Österreich", das in der Zeit der nationalsozialistischen Besetzung 1938–1945 verboten und durch den Begriff „Ostmark" ersetzt worden war.

Die Bezeichnung „O5" stammt von Dr. Jörg Untereiner, damals Medizinstudent, nach dem Krieg Professor für Orthopädie an der Universität Gijon in Asturien, Spanien. Jörg Untereiner wuchs in der Steiermark auf und studierte in Graz. 1944 zur Wehrmacht eingezogen, kam er in die Mediziner- und Studentenkompanie nach Wien, wo er sich der Widerstandsgruppe Dr. Hans (von) Becker und Major Alfons (Freiherr von) Stillfried anschloß. Untereiner gründete in den verschiedenen Studentenkompanien (Wien, Graz, Leoben, Innsbruck und Salzburg) Widerstandsgruppen.

Im Frühherbst 1944 forderten Becker und Stillfried Untereiner auf, eine Schmieraktion in möglichst vielen Städten Österreichs durchzuführen, und zwar sollte er den Slogan „Freiheit für Österreich" an die Wände malen. Untereiner meinte, dieser lange Slogan benötige zu viel Platz, und man würde auch zu lange brauchen, was die Gefahr der Entdeckung vergrößere. Statt dessen schlug er das Zeichen „O5" vor, was sofort Anklang fand. Einige Tage später wurde die erste Aktion in Wien durchgeführt, zunächst in drei, später in weiteren vier Wiener Bezirken. Untereiner selbst begann die Aktion am Stephansplatz in Wien, wo heute noch, liebevoll erneuert, am Dom neben dem Riesentor das Zeichen „O5" zu sehen ist. Als er mit zwei Gehilfen am Gebäude der neuen Universität ebenfalls das „O5" anbringen wollte, wurden die drei von einer Wehrmachtsstreife entdeckt, sie konnten aber nach einer Schießerei flüchten und entkommen. Untereiner selbst fiel Ende Februar 1945, einige Tage nach dem historischen Treffen der Spitzenleute von „O5" und „POEN" („Provisorisches österreichisches Nationalkomitee") beim Bauunternehmen Spitz auf der Heiligenstädter Lände und dann bei Major Stillfried auf dem Saarplatz, in die Hände der Gestapo. Er wurde beim Betreten des Café Herrenhof verhaftet und in das KZ Mauthausen gebracht. Dort war er mit Dr. Becker zusammen. Beide wurden am 7. Mai 1945 von amerikanischen Truppen befreit.[1]

[1] Briefliche Mitteilung von Fritz P. Molden vom 8. 4. 1991 an den Autor

Dr. Hans (von) Becker, vor dem Zweiten Weltkrieg Propagandareferent der „Vaterländischen Front", nach dem Krieg österreichischer Geschäftsträger in Chile, wo er im Dezember 1948 ermordet wurde, war einer der Organisatoren des zivilen österreichischen Widerstandes. Nach seiner 1946 verfaßten Schrift „Österreichs Freiheitskampf" kam es zwischen der Niederlage der deutschen Wehrmacht bei Stalingrad und den ersten Monaten des Jahres 1944 zu einer Konsolidierung der Widerstandskräfte. Man hatte Mittel und Wege gefunden, Kontakt zu den Alliierten aufzunehmen und so mit Hilfe von „Feindsendern" Informationen in die „Ostmark" zu leiten. Bei der Aufstellung des Volkssturms gelang es, viele Widerstandskämpfer einzuschleusen.

> *Nun mußten auch die Straßenaktionen im großen Maßstab durchgeführt werden. Es war notwendig, ein Zeichen zu erfinden, das kurz und einprägsam ist. Die Anfangsbuchstaben des Wortes Österreich ergaben O 5 (e = 5. Buchstabe des Alphabets). Eine Nacht später waren die Straßen dreier Wiener Bezirke mit dem Zeichen verschmiert. Die nächste Nacht tauchte es in allen Bezirken auf und einige Tage später gab es bereits eine Sonderabteilung für O 5 in der Gestapo-Leitstelle.*[1]

Durch Spitzel in den Reihen der Widerstandsbewegung wurde ein umfassender Schlag der Gestapo möglich, der die Wiener Organisation empfindlich schwächte und dem auch Becker selbst zum Opfer fiel.

Ein für den 6. April 1945 vorgesehener Plan, durch Inhaftierung der militärischen und zivilen Spitzen des Regimes die sofortige Kapitulation Wiens herbeizuführen und einen Aufruf an die Bevölkerung durch die O5 zu erlassen, konnte nicht verwirklicht werden. Folgendes aber konnte erreicht werden:

- Mit den Sowjets konnte vereinbart werden, daß die Wasserleitungen nicht angegriffen und die Versorgungsbetriebe intakt bleiben würden.
- Ende März berichteten die alliierten Sender über die O5.
- Es gelang Oberfeldwebel Ferdinand Käs, sich zu Marschall Tolbuchin durchzuschlagen und Absprachen über die Besetzung der Stadt zu treffen. In der Folge wurde der Volkssturm aufgelöst, Widerstandsleute nahmen ihre Waffen mit.
- Eine Kampfgruppe der Studentenorganisation besetzte am 6. April das Gelände des Allgemeinen Krankenhauses.
- In der Nacht zum 7. April konnten Panzerverstärkungen, die unter den Decknamen „Bernstein" und „Diamant" mit der Nordbahn nach Wien gebracht werden sollten, durch eine manipulierte Haltverfügung gestoppt werden.
- Die Sprengung der Reichsbrücke und einer Donaukanalbrücke durch die SS konnte verhindert werden. Mit Ausnahme der hinter der Donaukanallinie verschanzten SS trafen die zum Teil in die Stadt hereingeführten russischen Einheiten kaum auf nennenswerten Widerstand.

Der Ortskommandant von Wien, General von Bühnau, kabelte am 7. April nach Berlin, daß „die Wiener Bevölkerung stärkeres Feuer gegen die deutschen Truppen richte als der Feind". Das letzte Telegramm, das Hitler aus dem Führerbunker in seine ehemalige Heimat sandte, lautete: „Vorgehet mit brutalsten Mitteln gegen die Rebellen von Wien".[2]

In den Bundesländern hatten sich ebenfalls Widerstandsgruppen gebildet, die jedoch aus Sicherheitsgründen weitgehend autonom operierten. Zahllose Sabotageakte wurden verübt, für die viele Hunderte Patrioten ihr Leben gaben. In letzter Minute konnte die Sprengung der im Salzbergwerk von Altaussee versteckten Kunstschätze (darunter die rudolfinische Kaiserkrone!) und der Salzachbrücken in der Landeshauptstadt Salzburg verhindert werden.

---

[1] Hans Becker, Österreichs Freiheitskampf. Wien 1946, 20.

[2] Gordon Shepherd, Die österreichische Odyssee. Wien 1958, 176

Die Widerstandsgruppen in Westösterreich, vor allem in Tirol, versuchten noch in den letzten Wochen des Krieges, aktiv in das Kampfgeschehen einzugreifen.[1]
Die O5 löste sich etwa zehn Tage nach Kriegsende auf. Sie wirkte in dieser kurzen Zeitspanne noch bei der Wiedereinsetzung der Beamtenschaft aus der Zeit vor 1938 mit und half durch eine aus dem Boden gestampfte Ärzteorganisation, einen sanitären Zusammenbruch zu verhindern. Als politische Kraft wollte sie nicht auftreten, sondern überließ dieses Feld den traditionellen Parteien.
Gordon Shepherd sieht die letzten Tage der O5 freilich etwas weniger ruhmvoll, wenn er schreibt:

> *Eine Schar erregter Österreicher, vom ehemaligen Heimwehrmann bis zum Kommunisten, was das politische Bekenntnis anlangt, auf der sozialen Seite vom Fürsten bis zum Briefträger herab in einem Wiener Palais verbarrikadiert, und zwar gegen einen Feind, der anderes zu tun hatte als sie anzugreifen. Auf dem Dache hißte man die rot-weiß-rote Flagge und holte sie wieder ein, je nachdem wie die Kämpfe um das Stadtzentrum zwischen den Panzern der SS und der Roten Armee hin- und herschwankten.*[2]

Insgesamt litt der österreichische Widerstand weniger an schlechter Organisation als an folgenden Umständen:

- Seit dem Zerfall der Donaumonarchie hatte das deutschsprachige Restösterreich an seiner wirtschaftlichen Lebensfähigkeit gezweifelt.
- Maßgebliche Politiker der Ersten Republik aus allen Lagern traten von Beginn an für den Anschluß an Deutschland ein. (Die Sozialdemokraten strichen erst knapp vor der Illegalität beim Parteitag im Oktober 1933 den Anschlußparagraphen aus dem Parteiprogramm.)
- Selbst als sich der Ständestaat nach der Ermordung von Bundeskanzler Dollfuß am 25. Juli 1934 auf einen österreichisch-nationalen, auf Eigenstaatlichkeit und Unabhängigkeit bedachten Kurs begab, lag diesem die Vorstellung zugrunde, daß der Österreicher in seinem Wesen nichts anderes als ein „Deutscher mit Sondermission“ sei. Schuschnigg hat in vielen seiner Reden verschiedene Bilder dafür gebraucht, so z. B. am 29. Mai 1935: „Österreich hat nie einen Zweifel darüber gelassen, und wird es, solange wir leben, auch in aller Zukunft nicht tun, daß es sich als deutscher Staat bekennt.“
- Millionen Österreicher hatten am 10. April 1938 für den Anschluß gestimmmt: bei einer Beteiligung von über 99 Prozent der 4,484.000 Stimmberechtigten votierten 99,73 Prozent mit „Ja“. 5.776 Zettel waren ungültig, nur 11.929 Österreicher hatten es über sich gebracht, mit „Nein“ zu stimmen.
- Hunderttausende hatten einen Beamten- oder Soldateneid auf Adolf Hitler abgelegt.
- Es existierte keine anerkannte österreichische Exilregierung im Ausland.
- Es gab keinen organisierten militärischen Widerstand, obwohl es seit 1937 einen von Feldmarschalleutnant Alfred Jansa ausgearbeiteten Verteidigungsplan gegen den deutschen Einmarsch gegeben hatte. Dieser hätte in heutiger Sicht die Okkupation zwar nicht verhindert, aber doch entscheidend verzögert. Die Westmächte hätten es weitaus schwerer gehabt, dem erzwungenen Anschluß Österreichs tatenlos zuzusehen. Und Österreich wäre nach Ende des Weltkrieges ein

[1] Otto Molden, Der Ruf des Gewissens. Wien 1958

[2] Shepherd, a. a. O. Hugo Portisch weist auf die großen Organisationsmängel der O5 unmittelbar nach Einstellung der Kampfhandlungen hin (Österreich II, a. a. O., 143 ff.). Siehe auch Gerhard Jagschitz, Der österreichische Widerstand gegen das nationalsozialistische Regime. In: P. Schneck/ K. Sretenovic (Hg.), Zeitgeschichte als Auftrag politischer Bildung. Wien 1979, 65 ff.

respektierter Staat wie die Niederlande gewesen. Jansa mußte jedoch schon im Jänner 1938 auf Druck Schuschniggs zurücktreten.

- Die Gestapo war in der Ostmark infolge der gleichen Sprache ungleich erfolgreicher als in anderen von Nazi-Deutschland besetzten Gebieten – und auch deshalb, weil es mehr Denunzianten gab als anderswo. Außerdem hatte die Gestapo fast eineinhalb Friedensjahre Zeit gehabt, alle mißliebigen Personen zu entfernen, da ihr ja auch alle Polizeikarteien in die Hände gefallen waren.

Die Zahl der Opfer, die der österreichische Widerstand gegen die Nazi-Herrschaft kostete, war dennoch höher, als man heute vielleicht anzunehmen geneigt ist. Insgesamt dürften über 35.000 Österreicher ihr Leben im Kampf gegen den Nationalsozialismus verloren haben, die Hälfte davon in den Konzentrationslagern, an die 10.000 in Gestapogefängnissen. 2700 Österreicher wurden bei Gerichtsverhandlungen als aktive Widerstandskämpfer zum Tode verurteilt und hingerichtet. 65.000 österreichische Juden wurden ermordet. Und schließlich fielen nicht weniger als 380.000 Österreicher als Angehörige der deutschen Wehrmacht in einem Krieg, der in Wahrheit nicht der ihre war.

Den höchsten Blutzoll im Verhältnis zu ihrer Stärke leisteten die österreichischen Kommunisten, die als einzige Partei am Tag vor dem deutschen Einmarsch dazu aufgerufen hatten, die Unabhängigkeit Österreichs wieder herzustellen.[1]

Das Zeichen O5 wurde am Höhepunkt des Kampfes um Wien von Oberstleutnant Mühlfeit heimlich rechts vom Riesentor des Wiener Stephansdoms angebracht. 1965 wurde es in den Stein geschnitten, zum Gedächtnis an die im Widerstand umgekommenen Österreicher, aber auch als Protest dagegen, daß man sich um die Opfer des Widerstandskampfes in der Zweiten Republik herzlich wenig gekümmert hat. Völlig verblaßt, nur mehr zu ahnen, kann man es am südlichen Pfeiler der Ostbahnbrücke über die Prater Hauptallee ausmachen. Es wäre vielleicht nicht schlecht, O5 auch dort als „Mahnmal" nachzuzeichnen. Aber wen kümmern schon alte Aufschriften auf alten Bauten? Wie gäbe es sonst heute noch die Aufschrift am Arenberg-Bunker: „Eintritt nur für Wehrmacht in Uniform"?

[1] Erika Weinzierl, Der österreichische Widerstand. In: Österreich – die Zweite Republik. Hg. von Erika Weinzierl und Kurt Skalnik, Graz 1972, 109 ff.
Oliver Rathkolb, Raoul Bumballa, ein politischer Nonkonformist 1945. In: Unterdrückung und Emanzipation. Festschrift für Erika Weinzierl, Wien 1985. 295 ff.
Herbert Steiner, Widerstand und Verfolgung im Dritten Reich. In: Leopold Rettinger u. a. (Hg.), Zeitgeschichte. Beiträge zur Lehrerfortbildung, Band 22. Wien 1982, 165 ff.

Die Symbole der Bundesländer

„Du jüngstes Kind von Österreich“

Die Symbole Burgenlands

Geschichte Burgenlands

Der Name „Burgenland“ leitet sich von den Endsilben der deutschen Namen der vier früheren westungarischen Komitate Preßburg, Wieselburg, Ödenburg und Eisenburg ab (ursprünglicher Vorschlag: „Vierburgenland“).
Der Landstrich an der frühgeschichtlichen Bernsteinstraße, die von den Römern zu einer Kunststraße Carnuntum – Aquileia ausgebaut wurde, gehörte zur römischen Provinz Pannonien. Die Besiedlung in der Zeit der Völkerwanderung erfolgte durch germanische, awarische und slawische Stämme. Seit dem Sieg der Magyaren über die Baiern (Schlacht bei Preßburg am 4. Juli 907, Ende der Karolingischen Ostmark) gehörte das Land zu Ungarn. Leitha und Lafnitz – heute Grenzflüsse mit den Bundesländern Niederösterreich und Steiermark – bildeten seit dem 11. Jahrhundert die Grenze zwischen Österreich und Ungarn. Mächtige Grafengeschlechter – die aus Aragonien stammenden Mattersdorfer-Forchtensteiner im Norden, die Athinai im mittleren Teil und die Grafen von Güssing-Bernstein im Süden – beherrschten das Land. Der widersehende Adler und das von Rot und Kürsch gespaltene Schild im burgenländischen Wappen erinnern ebenso an die Forchtensteiner und Güssinger Geschlechter wie ihre bis heute hochaufragenden Burgen. Im 16. und 17. Jahrhundert wurden Kroaten, Salzburger und Schwaben in den oft von Türken und ungarischen Aufständischen verwüsteten Landstrichen angesiedelt.
Eine bis heute spürbare Prägung erfuhr das Land um den Neusiedlersee mit seinem besonderen Klima und seiner eigentümlichen pannonischen Flora und Fauna durch das ungarische Grafengeschlecht der Esterházy, die Eisenstadt zu einem überregional bedeutsamen Musik- und Kulturzentrum machten.
Der österreichisch-ungarische Ausgleich von 1867 resultierte in einer intensiven Mayarisierungspolitik im deutschsprachigen Westungarn, die besonders in Ödenburg/Sopron erfolgreich war. Der das Land kontrollierende Adel widersetzte sich länger als anderswo wirtschaftlichen und rechtlichen Reformen.
Seit Jahrhunderten war das westliche Grenzgebiet Ungarns durch die Sprache, aber auch durch intensive wirtschaftliche Verflechtungen mit dem benachbarten österreichischen Gebiet verbunden. Die Bauern hatten hier den Markt für ihre Produkte, viele Tausende Wanderarbeiter ihre Arbeitsplätze. Der Zerfall der Donaumonarchie

in völlig getrennte Nationalstaaten hätte für viele Menschen dieses Raumes katastrophale Folgen gehabt, sodaß im Herbst 1918 auf breiter Basis die Forderung eines Anschlusses „Deutsch-Westungarns" an Österreich entstand. Die Siegermächte des Ersten Weltkrieges trugen dem Rechnung. Im Friedensvertrag von St. Germain wurde Ödenburg zur Hauptstadt bestimmt, doch konnte Österreich das Territorium infolge des Widerstandes ungarischer Freischärler erst 1921/22 übernehmen.
Unter italienischem Druck und unter italienischer Aufsicht wurde am 14. 12. 1921 eine – im Friedensvertrag gar nicht vorgesehene – Volksabstimmung im Raum Ödenburg abgehalten. Während das Umland für Österreich votierte, wurde das Plebiszit durch die Stimmen in der Stadt selbst entschieden (64 Prozent für Ungarn).
Nachdem die neue Landesregierung kurzfristig in Sauerbrunn getagt hatte, wurde 1925 Eisenstadt zur Landeshauptstadt erkoren.
Überraschend schnell wurden aus den früheren „Heanzen" im Süden und den „Heidbauern" im Norden landesbewußte Burgenländer, obwohl das Land zu Beginn noch einige Elemente der ungarischen Rechtsordnung beibehielt. Das jüngste Bundesland Österreichs wuchs immer mehr zusammen, woran auch die Aufteilung auf den „Gau Niederdonau" und den „Gau Steiermark" während der nationalsozialistischen Zeit 1938–1945 und die den wirtschaftlichen Aufholprozeß stark bremsende sowjetische Besetzung 1945–1955 nichts ändern konnten. Aus eigener Kraft und mit Hilfe des Bundes erfolgte in der Zweiten Republik die verkehrsmäßige Erschließung und der Ausbau der übrigen Infrastruktur.
Der Schutz und die Integration der größeren kroatischen und der kleineren magyarischen Minderheit ist besonders in kultureller Hinsicht vorbildlich. Das Burgenland hat als Erbe seiner ungarischen Geschichte auch einen relativ hohen Anteil an protestantischen Christen. Trotz allem soll nicht verhehlt werden, daß die jahrhundertelange Feudalstruktur und Grenzlage, der Mangel an Bodenschätzen und größeren Industrien sowie das Fehlen größerer städtischer Siedlungsschwerpunkte Ursachen dafür sind, daß das östlichste Bundesland Österreichs auch heute noch in mancher Hinsicht einen Nachholbedarf gegenüber anderen Teilen Österreichs hat.

DEMOGRAPHISCHE DATEN

Fläche: 3.966 km^2
Wohnbevölkerung (Volkszählung 1991): 263.092
Einwohner Eisenstadt: 10.349 = 3,9 Prozent
Ausländeranteil: 7.788 = 2,9 Prozent
Agrarquote: 6,0 Prozent
Prozente Landtagswahl 1991: SPÖ 48, ÖVP 38, FPÖ 10, GAL 3

LANDES-VERFASSUNGSGESETZ 1981; ARTIKEL 8

1. Die Farben des Burgenlandes sind rot-gold.
2. Das Landeswappen des Burgenlandes ist in goldenem Schild ein roter, golden gekrönter und bewehrter, rot bezungter widersehender Adler mit ausgebreiteten Schwingen, der auf einem schwarzen Felsen steht, in den Oberecken von zwei schwarzen, breitendigen Kreuzchen begleitet wird und dessen Brust mit einem dreimal von rot und kürsch gespaltenen und golden eingefaßten Schildchen belegt ist.
3. Das Landessiegel des Burgenlandes weist das in Absatz 2 beschriebene Landeswappen mit der Umschrift „Land Burgenland" auf.
4. Die Landeshymne des Burgenlandes ist das Lied „Mein Heimatvolk, mein Heimatland".

5. Nähere Bestimmungen über die burgenländischen Landessymbole und deren Verwendung sind durch Landesgesetz zu treffen.

LANDESWAPPEN UND LANDESFARBEN

Das Landeswappen des Burgenlandes ist in goldenem Schild ein roter, golden gekrönter und bewehrter, rot bezungter, widersehender Adler mit ausgebreiteten Schwingen, auf einem schwarzen Felsen stehend, die Brust mit einem dreimal von Rot und Kürsch gespaltenen, golden eingefaßten Schildchen belegt, in den Oberekken von zwei schwarzen, breitendigen Kreuzchen begleitet (vgl. Farbabbildung S. XVI).

Das Wappen verbindet heraldische Elemente der beiden mächtigsten, im 15. Jahrhundert ausgestorbenen Adelsgeschlechter Burgenlands, der Mattersburger-Forchtensteiner und der Grafen von Güssing-Bernstein: Mattersburg-Forchtenstein – in Silber ein schwarzer, widersehender Adler auf rotem Felsen, begleitet von zwei roten Kreuzchen und Güssing-Bernstein – dreimal gespalten von Rot und Kürsch (Pelzwerk).

Die Landesfarben des Burgenlandes sind Rot und Gold. Sie könnten auf das von der Sage überlieferte Wappen der Vandalen zurückgehen: in Rot ein goldener Drache. (Der germanische Stamm der Vandalen war bis ins 4. Jahrhundert in Südwestungarn seßhaft.) Da es international üblich ist, die Landesfarben im Wappen zu reproduzieren, beschloß die burgenländische Landesregierung am 17. 10. 1922, die oben genannten Hauptfarben des Adlerwappens zu modifizieren. So wurde aus dem schwarzen Adler ein roter, aus dem roten Felsen ein schwarzer und aus dem silbernen (nach heraldischen Gepflogenheiten auch weißen) Schildgrund ein goldener (gelber).

In einem Aufsatz aus dem Jahr 1947 stellt Wilhelm Gerlich eine interessante, wohl aber spekulative Theorie über die Verwandtschaft des burgenländischen Wappens mit der Symbolik des Templerordens auf.[1] Nach Gerlichs Theorie läßt sich die Gründung von Mattersburg-Forchtenstein auf den ungarischen König Emmerich (1196–1204) zurückführen, dessen Gemahlin die aragonische Prinzessin Konstanze, die Tochter Alfons' II., war (auf sie geht nach Ansicht mancher Heraldiker das altungarische Wappen zurück; vgl. das Kapitel über die hl. Stephanskrone, S. 175 ff.). Durch Schenkung hätten Gefolgsleute der Prinzessin, nämlich die schöne Tota sowie die „Brüder" (= Tempelritter) Simon und Bertrant, Grund und Boden im Raum Mattersburg erhalten. An einem Wegkreuz auf der Straße von Mattersburg nach Marz sowie im Verlies der Burg Forchtenstein gebe es Hinweise darauf, daß das Mattersburger Wappen Ähnlichkeiten mit dem Wappen des Templerordens (ein Adler auf einem Felsen, darüber zwei Sterne und ein Jerusalemer Kreuz) aufweise. Dies gründe darauf, daß die Könige von Aragonien Protektoren des Templerordens waren. Das Templerwappen selbst stellte nach Gerlich die Kombination von „Ecclesia" (Felsen Petri und Kreuz) und „Imperium" (Adler) dar. Damit symbolisiere es das universalistische Ideal des Mittelalters.

Man wird nicht fehlgehen, wenn man diese Zusammenhänge als eine etwas weit hergeholte Hypothese bezeichnet, da es keinen historischen Anlaß dafür gibt, die verheirateten „Stammväter" von Mattersburg und Forchtenstein, Simon und Bertrant, nicht als Brüder (im Sinn von „Verwandten") anzuerkennen und stattdessen in (zölibatäre) Tempelritter zu verwandeln.[2]

---

[1] Wilhelm Gerlich, Der Templerorden im Burgenland. In: Burgenländische Heimatblätter, 9. Jahrgang, Heft 3–4/1947, 131 ff.

[2] Hofrat Dr. Gerald Schlag in einem Brief an den Autor, mitgeteilt durch das Büro des Landeshauptmanns am 2. 3. 1994

Mit dem Gesetz vom 15. November 1990 über die burgenländischen Landessymbole, LGBl. 36/1991, zu dessen Vorbereitung der Verfasser einen bescheidenen Beitrag leisten durfte, besitzt das Burgenland das zur Zeit modernste Symbolgesetz der Republik, das Farben, Flagge, Wappen, Siegel und Hymne nicht nur regelt und schützt, sondern auch dazu ermutigt, die Landessymbole in würdiger Form einzusetzen.

Landeshymne

In den frühen dreißiger Jahren besaßen bereits zwei Bundesländer eine offizielle Landeshymne: Salzburg (1928) und Steiermark (1929). In Kärnten, Oberösterreich und Tirol wurden die heutigen Landeshymnen bereits inoffiziell als solche gesungen. Die Republik hatte sich 1929 zum zweiten Mal eine Bundeshymne gegeben (den Kernstock-Text „Sei gesegnet ohne Ende, Heimaterde wunderhold" zur Melodie des „Gott erhalte" von Joseph Haydn, s. S. 138 f).

Es verwundert nicht, daß es der im Kampf gegen Hitlerdeutschland auf Tradition und Patriotismus bedachte Ständestaat als Mangel betrachtete, daß das jüngste Bundesland noch über kein Heimatlied verfügte. So veranlaßte die Landesleitung der Vaterländischen Front des Burgenlandes einen Wettbewerb, der am 12. 10. 1935 in ihrer eigenen Zeitung, dem „Burgenländischen Volksblatt", mit den Worten ausgeschrieben wurde:

> *Immer wieder wird bei festlichen Anlässen eine geeignete burgenländische Landeshymne vermißt, die die burgenländische Einheit würdig zum Ausdruck zu bringen vermag.*

Inhaltlich regte die Ausschreibung folgendes an:

> *Die Hymne soll etwa Freude und Stolz auf die burgenländische Heimat und die Zugehörigkeit zum burgenländischen Volk sowie die Verbundenheit mit dem großen österreichischen Vaterland zum Ausdruck bringen.*[1]

Aus 105 Einsendungen wurde der Vorschlag des burgenländischen Volksbildners und Lehrers an der katholischen Lehrerinnenbildungsanstalt in Steinberg/Burgenland, Dr. Ernst Görlich, ausgesucht.

Analysiert man den Text, so findet man die Ausschreibungserfordernisse erfüllt, insbesondere was die Verbundenheit mit dem übrigen Österreich betrifft, die in der ersten und dritten Strophe angesprochen wird. Historisch ein wenig schief ist die Symbolik „Rot war der heißen Herzen Spruch, die für die Heimat starben", da im ersten Weltkrieg Burgenland noch nicht existierte und die Angliederung „Deutsch-Westungarns" an Österreich an sich ein unblutiger völkerrechtlicher Akt war, der allerdings einige Zusammenstöße der österreichischen Exekutive mit ungarischen Freischärlern auslöste.

„An Kraft und Treue allen gleich, Du jüngstes Kind von Österreich" – mit dieser Wendung wird die Ebenbürtigkeit im Staatsverband mit Österreich trotz „Geschichtsdefizits" festgestellt und postuliert. Gleichzeitig wird gerade durch diesen Hinweis die „Benjaminrolle" Burgenlands aber auch perpetuiert. Auf die ethnischen Minderheiten oder sonstige Eigenheiten des Landes wird nicht eingegangen.

Insgesamt handelt es sich beim Text der burgenländischen Landeshymne um ein dreifaches, an den Landesfarben und an der Verbindung mit der Republik festgemachtes Gelöbnis, dem Land die Treue zu halten – im Hinblick auf die Auswandererströme der Zwischenkriegszeit und die auch heute noch sehr hohe Mobilität der Burgenländer eine durchaus stimmige und weitsichtige Textstrategie.

[1] Gerhard J. Winkler, Das verordnete Landesbewußtsein – am Beispiel der Burgenländischen Landeshymne (1935/36). In: IWK-Mitteilungen, 2/1988, 52 ff.

Wenn wir in diesem Zusammenhang auf das dreißig Jahre früher entstandene, aber erst 1949 zur Landeshymne bestimmte Vorarlberger Heimatlied „Du Ländle, meine teure Heimat" hinweisen, so bezweckt dies weniger, die Möglichkeit seiner Vorbildfunktion anzudeuten, als vielmehr die doch interessanten geistigen Parallelen aufzuzeigen, die die beiden kleinen Bundesländer am Ost- und am Westrand Österreichs trotz ihrer grundlegenden Verschiedenheit aufzuweisen scheinen.

Was die Melodie betrifft, so ist zunächst festzuhalten, daß bei der Ausschreibung des diesbezüglichen Wettbewerbs[1] nur gefordert wurde, die Melodie solle „künstlerisch wertvoll, leicht sangbar und volkstümlich" sein und eine Dezime nicht überschreiten.

Sieger des Wettbewerbs war der 1886 als Sohn einer Pöttschinger Bauernfamilie geborene Peter Zauner, Primgeiger bei Carl Michael Ziehrer und später Kapellmeister. Ohne die Kaiserhymne zu zitieren, ist die Melodie dem „Gott erhalte" nachempfunden, was insbesondere durch die Oberoktave am Beginn des letzten Viertakters zum Ausdruck kommt, der – auch von der Dynamik her (forte!) – freilich nur mit dem Text der dritten Strophe voll zusammenstimmt.

Die vierteilige Melodie der burgenländischen Landeshymne ähnelt eher einem fröhlichen Marschlied als einer getragenen Hymne. Dieser vielleicht aus dem Geist seiner Entstehungszeit erklärbare Charakter wird durch das schwungvolle Tempo, den punktierten Rhythmus im 4/4-Takt und die häufigen Intervallsprünge noch zusätzlich unterstrichen.

Es ist erfreulich, daß die Landeshymne mit Gesetz vom 27. 6. 1947 ohne jede Änderung wieder eingeführt werden konnte; sie enthielt trotz ihres eigentlich hochpolitischen Ursprungs im autoritären Ständestaat keine mit „demokratischen Tendenzen unvereinbare Tendenz".

Außer der burgenländischen ist nur die oberösterreichische Landeshymne in der Landesverfassung verankert. Das Gesetz über die burgenländischen Landessymbole, das in § 4 die Landeshymne regelt, bestimmt in § 12:

> *Die Kenntnisse des Textes und der Melodie der Landeshymne sollen in der Bevölkerung verbreitet, ihr Singen und Spielen in würdiger Form gefördert werden.*

[1] Burgenländisches Volksblatt, 8. 2. 1936

Landespatron und Landesfeiertag

Martin von Tours, der Landespatron des Burgenlandes, ist eine der populärsten Heiligengestalten Österreichs. Obwohl sein Leben durch die Aufzeichnungen von Sulpicius Severus (363–420) gut dokumentiert ist, ranken sich um Martin viele Legenden und Volksbräuche, deren Ursprung oft tief im Heidentum zu suchen ist.

Martin wurde um das Jahr 316 in Savaria, dem heutigen Szombathely (Steinamanger), unweit der burgenländischen Landesgrenze als Sohn eines römischen Militärtribuns aus Pavia geboren. Savaria war die Hauptstadt der römischen Provinz Pannonien, die die Oststeiermark, das Burgenland und Ungarn bis zur Donau umfaßte. Martinus („der dem Mars Geweihte") wuchs in Oberitalien auf und wurde schon mit fünfzehn Jahren in die römische Armee eingegliedert.

Mit achtzehn Jahren empfing er die Taufe und wurde Christ. Bereits als junger Mann zeigte er heiligmäßige Tugenden, als er nach der Legende einem frierenden Bettler vor den Toren der nordfranzösischen Stadt Amiens die Hälfte seines Soldatenmantels überließ. In der folgenden Nacht sei ihm Jesus im Traum erschienen, bekleidet mit dem Mantelstück, und habe ihm sein Tun mit der Rede vom Weltgericht gedeutet: „Was ihr dem geringsten meiner Brüder getan habt, das habt ihr mir getan" (Matthäus 25,40). Bis heute gehen die meisten künstlerischen Darstellungen des Heiligen auf diese Szene zurück: der stolze römische Offizier auf dem weißen Pferd, der Barmherzigkeit übt. In Wirklichkeit aber verdankt Martin seine Heiligsprechung nicht seinem Mitgefühl für einen Bettler, sondern seinem mutigen Bekenntnis zu einem sehr radikal gelebten christlichen Glauben. Während eines Feldzuges gegen die Alamannen 356, in der Nähe von Worms, trat Martin vor Kaiser Julian. Statt eine Gratifikation anzunehmen, bat er militärisch knapp um seinen Abschied vom Militär: „Bis heute habe ich dir gedient; gestatte nun, daß ich jetzt Gott diene. Dein Geschenk mag in Empfang nehmen, wer in die Schlacht ziehen will. Ich bin ein Soldat Christi; es ist mir nicht erlaubt zu kämpfen!"[1]

Der hl. Martin war, schlicht gesagt, ein Wehrdienstverweigerer aus Glaubensgründen. Die Eisenstädter Martins-Kaserne, die östlichste Österreichs, ist nach ihm benannt – ein weiteres Beispiel dafür, daß Symbole in Österreich oft erhebliche Unstimmigkeiten aufweisen. Den Namen des hl. Martin trägt übrigens auch der westlichste Turm Österreichs, der zu Beginn des 14. Jahrhunderts errichtete Martinsturm in der Stadtmauer von Bregenz.

In seiner Heimat von Arianern verfolgt, ging Martin zuerst nach Italien und dann nach Frankreich. Dort wurde Martin Schüler des heiligen Bischofs Hilarius von Poitiers, der ihm auch die vier niederen Weihen spendete. Nach einem fünfjährigen Aufenthalt als Einsiedler auf der Insel Gallinaria im Golf von Genua gründete Martin um 360 in der Nähe der westfranzösischen Stadt Poitiers die erste gallische Mönchsgemeinschaft und damit das erste große Kloster des Abendlands. Er kehrte auf einige Zeit nach Pannonien zurück, bekehrte seine Mutter und missionierte an der Donau. Als Martin im Jahre 371 zum Bischof von Tours an der Loire gewählt wurde, soll er sich in einem Gänsestall versteckt haben, um dem Amt zu entgehen. Das Geschnatter der Gänse habe ihn jedoch verraten – ein willkommener Vorwand für das volkstümliche „Ganslessen" zu Martini.

Als Bischof weiterhin einer asketischen Lebensweise verpflichtet, trat Martin mutig gegen den Plan des Kaisers Maximus und einiger Mitbischöfe auf, einen theologischen Streit mit Bischof Priszillian vermittels der Todesstrafe zu beenden.

[1] Alfred Läpple, Das Hausbuch der Heiligen und Namenspatrone. München 1992, 240 ff.
Heinrich Schnuderl, Einer der volkstümlichsten Heiligen Europas – Martin von Tours. In: Entschluß, 12/1987, 30 ff.

Martin starb am 8. November 397 auf einer Visitationsreise in eine seiner Pfarreien an der Loire. Er ist einer der ersten Heiligen, die die Ehre der Altäre nicht ihrem Martyrium verdanken. Das Grab des Heiligen in der Kathedrale von Tours wurde bald zum fränkischen Nationalheiligtum. Die fränkischen Könige erklärten in der Folge den legendär gewordenen Mantel zu ihrem Feldzeichen und ließen ihn bei ihren Schlachten als glückbringendes Reichskleinod mitführen – im Grunde eine Verhöhnung der eigentlichen Lebensziele seines heiligen Trägers. Übrigens: den Raum, in dem der Mantel – lateinisch „capa“ – aufbewahrt wurde, nannte man „capella“. Von dieser Wortwurzel leitet sich die uns geläufige „Kapelle“ ab.[1]
Martin ist trotz seines vorwiegend auf Frankreich bezogenen Wirkens gerade in den Alpenländern zu einem der großen Volksheiligen geworden. Sein Festtag ist der 11. November, seine Attribute sind Schimmel, Bettler, Mantel und Gans. Der 11. November – im Rheinland Beginn der Karnevalsvorbereitungen – gilt im Österreichischen als Lostag. Nach altem Volksglauben leitet Martini den Winter ein: „Kommt Martin auf dem Schimmel geritten, braucht man im Winter um Schnee nicht zu bitten.“ Der Martinstag war aber auch – so wie Mariä Lichtmeß am Ausgang des Winters (2. Februar) – ein üblicher Termin für den Dienstbotenwechsel. Mit ihm wurde die Ableistung des Zehents und die Eröffnung der Spinnstuben verbunden.
Der hl. Martin gilt als Patron der Hirten und des Viehs. Nach vorchristlichem Brauch wurden die Tiere noch im vorigen Jahrhundert mit der „Martinsrute“ berührt, ehe sie in die Winterstallungen eingelassen wurden. Heute empfangen die Viehhalter den Martinssegen. In Bregenz etwa gibt es einen Martinsritt, verbunden mit einer Messe in der Martinskapelle und einem Platzkonzert auf dem Martinsplatz – ein nach den Ersten Weltkrieg aus Augsburg importierter Brauch.
Seit dem Zweiten Weltkrieg hat es sich in den österreichischen Kindergärten eingebürgert, den Martinsabend mit einem Laternenfest zu feiern.
Der bekannteste Volksbrauch Mitte November ist freilich das „Martinilobn“, das gastliche Verspeisen des „Martinigansls“, das zwar auf die zitierte Legende über die Bischofswahl verweisen kann, im Grunde aber eher ein Fruchtbarkeitsritus am Ende der Mastzeit ist, zu welchem Termin der Bauer gemästete Gänse an den Gutsherrn oder das zuständige Kloster abzuliefern hatte. Mit dem Festessen verbindet sich auch eine Wetterregel: Ist das zurückgebliebene Brustbein der Gans schön weiß, kommt ein schneereicher Winter.

Bekanntheit des burgenländischen Landespatrons 1993

	hl. Martin	andere	weiß nicht
bis 29	80	10	10
bis 49	89	11	0
ab 50	65	18	18
Total	75	14	11

Quelle: Integral-Telephonumfrage Jänner 1993, n = 36

SONSTIGE SYMBOLE DES BURGENLANDES

Wie wir aus der Integral-Umfrage „Symbole für Österreich“ (1993, n = 1.000) wissen, ist der Symbolwert der Landschaft um den Neusiedlersee (31 Prozent Nennungen) für das Burgenland sehr groß. Es überrascht uns auch nicht, wenn wir erfahren, daß

[1] Paul Kaufmann, Brauchtum in Österreich. Wien – Hamburg 1982, 309

ebenfalls rund ein Drittel der befragten Burgenländer den Wein als ein wichtiges Landessymbol bezeichnen – ex aequo mit den Schlössern und Burgen, denen das Land zwar, wie wir wissen, nicht seinen Namen verdankt, die aber offenbar doch eine große identitätsstiftende Funktion haben. Von den Klischees des Burgenlandes sind die Störche und die Tradition der Tamburizzamusik zu erwähnen.

„BIS ZUR KARAWANKEN FELSENWAND"

DIE SYMBOLE KÄRNTENS

GESCHICHTE KÄRNTENS

Die glanzvolle Frühgeschichte Kärntens spiegelt sich in zahlreichen Ausgrabungen im südlichsten Bundesland Österreichs. Besiedelt seit der jüngeren Steinzeit, wurde Kärnten in der Bronzezeit von den illyrischen Venetern bewohnt. Die um 400 v. Chr. eingewanderten Kelten wurden „Taurisker" genannt; der Begriff „Tauern" (= Übergänge) erinnert heute noch daran.

Die Hauptstadt des nach einem Keltenstamm benannten Königreiches Noricum befand sich auf dem Magdalensberg. Die Ausgrabungen auf dem Magdalensberg berichten über diese kulturell und wirtschaftlich bedeutsame Periode, in der auch Villach gegründet wurde.

In der Römerzeit gehörte Kärnten zur Provinz Noricum. Ihre Hauptstadt war das im Zollfeld gelegene Virunum. Während der vom Patriarchat Aquileia ausgehenden ersten Christianisierungswelle wurden Virunum und das in Oberkärnten gelegene römische Teurnia Bischofssitze.

Ab 591 zogen Alpenslawen in das breite Kärntner Becken. Das Land stellte sich zunächst unter den Schutz der Baiern, wurde ab 765 zum zweiten Mal und endgültig christianisiert (Maria Saal) und schließlich 976 zum selbständigen Herzogtum erhoben – das älteste auf österreichischem Boden und eines der ältesten im Reich. An die Einsetzung der frühen Kärntner Herzöge erinnern „Fürstenstein" und „Herzogsstuhl". Wir haben beide für die Rechtsgeschichte von Kärnten so wichtige Objekte im Kapitel Denkmäler (S. 196) genauer beschrieben.

Das mittelalterliche „Karantanien" war übrigens bis zur Unabhängigkeitserklärung Sloweniens am 26. Juni 1991 das einzige selbständige slowenische Staatsgebilde in der Geschichte. Deshalb sehen die Slowenen bis heute den Fürstenstein als ein mythologisches Symbol ihrer Eigenstaatlichkeit an. So kam der Fürstenstein auch auf das Partisanengeld der Jahre 1944/45 und auf das slowenische Übergangsgeld 1992, was in Kärnten als deplaciert angesehen wurde.[1]

Das frühe Kärnten stand unter der Herrschaft verschiedener Geschlechter und umfaßte lange Zeit auch die Steiermark (bis 1122), das oberösterreichische Ennstal sowie die Mark Verona mit Friaul, Krain und Istrien. Den Eppensteinern folgten die Span-

[1] Alfred Ogris, Die historisch sensiblen Zwillinge des Schicksals. In: Die Presse, 7. März 1992
Manfred Scheuch, Zankapfel Fürstenstein. In: Der Standard, Historischer Weltatlas 84

heimer, von denen Přemysl Ottokar 1269 das Land erbte. Mächtige Feudalherren in Kärnten waren auch die Erzbischöfe von Salzburg (mit Friesach) und Bamberg (in Villach und Wolfsberg). Im 13. Jahrhundert hatte sich in Oberkärnten bereits die deutsche Sprache durchgesetzt: das Land wurde von den Meinhardinern regiert, einer Linie der Grafen von Tirol. Nach deren Aussterben 1335 belehnte Kaiser Ludwig IV. die Habsburger mit Kärnten, das mit der Steiermark (und vordem Krain) seither im österreichischen Staatsverband verblieben ist. Landeshauptstadt war bis 1518 St. Veit an der Glan. In diesem Jahr schenkte Kaiser Maximilian I. den Kärntner Ständen die Stadt Klagenfurt, die vorher bis auf die Grundmauern abgebrannt war. Die neue Landeshauptstadt wurde gegen die Türkengefahr zu einem der stärksten Bollwerke des Reiches ausgebaut und im Stil der Renaissance erweitert. 1590 schuf der Bildhauer Ulrich Vogelsang den Lindwurm, das Wahrzeichen Klagenfurts. Aus dem 16. Jahrhundert stammen auch das Renaissanceschloß Porcia in Spittal an der Drau und die Burg Hochosterwitz.
Seit ca. 1525 drang das Gedankengut der Reformation in Kärnten, vor allem in die Städte, ein. Fast ganz Kärnten wurde protestantisch; während und nach der Gegenreformation mußten zahlreiche Kärntner ihrem Glauben abschwören oder das Land verlassen.
In der ersten Hälfte des 19. Jahrhunderts war Kärnten dem „Illyrischen Königreich" Napoleons (seit 1816) mit der Hauptstadt Laibach unterstellt, ähnlich wie Vorarlberg von Innsbruck aus verwaltet wurde. 1849 wurde Kärnten mit den Stimmen der Slowenenvertreter im ersten konstitutionellen Landtag wieder selbständiges Kronland.
1918/19, im Kärntner Abwehrkampf, gelang es den Kärntnern, die jugoslawischen Truppen, die Südkärnten besetzt hatten, zur Räumung des Territoriums zu zwingen. Die Kärntner Volksabstimmung vom 10. 10. 1920 erbrachte eine Mehrheit von 59,04 Prozent für den Verbleib des gemischtsprachigen Gebietes (laut Volkszählung 1910 wohnten in der südlichen Abstimmungszone A 70 Prozent slowenischsprachige Kärntner) bei Österreich. In der Folge mußten nur das Mießtal und Unterdrauburg an Jugoslawien und das Kanaltal an Italien abgegeben werden.
In der Zeit der deutschen Besetzung 1938–1945 wurden Osttirol und (ab 1941) Teile Sloweniens (das Mießtal mit Unterdrauburg sowie Oberkrain) Kärnten zugeschlagen. Das letztere führte zu jugoslawischen Gebietsforderungen nach Ende des Zweiten Weltkrieges, die in Verhandlungen bis 1949 zurückgewiesen wurden.
Von 1945 bis 1955 stand das Land Kärnten unter britischer Besatzung. Die volle Erfüllung der Bestimmungen des Artikels 7 des österreichischen Staatsvertrags über die Minderheitenrechte der Kärntner Slowenen läßt bis heute auf sich warten, wenn sich auch das früher von „Urangst" geprägte politische Klima aufgrund der geopolitischen Veränderungen weitgehend entspannt hat.

Demographische Daten

Fläche: 9.533 km^2
Wohnbevölkerung (Volkszählung 1991): 530.726
Ausländeranteil: 17.072 = 3,1 Prozent
Einwohner Klagenfurt: 89.415 = 16,8 Prozent
Agrarquote: 5,4 Prozent
Prozente Landtagswahl 1994: SPÖ 37, ÖVP 24, FPÖ 33, GAL 2, Liberales Forum 3

LANDESVERFASSUNG FÜR DAS LAND KÄRNTEN; ARTIKEL 5:

1. Die Farben des Landes Kärnten sind gelb-rot-weiß.
2. Das Land Kärnten führt als Landeswappen das historische Wappen. Der Schild des Landeswappens ist von Gold und Rot gespalten; vorn sind drei schwarze, rotbezungte und gewaffnete Löwen übereinander, hinten ein silberner Balken. Der gekrönte Turnierhelm mit rotgoldenen Decken trägt zwei goldene Büffelhörner, die außen mit je fünf goldenen Stäbchen besteckt sind, von denen rechts je drei schwarze, links je drei rote Lindenblätter herabhängen. Die bildliche Darstellung des Landeswappens ist im Landesgesetzblatt kundzumachen.
3. Das Recht zur Führung des Landeswappens steht den Behörden, Ämtern und Anstalten des Landes Kärnten zu. Wer sonst berechtigt ist, das Landeswappen oder den Wappenschild zu führen, wird durch Landesgesetz bestimmt.
4. Die Landesflagge besteht aus drei waagrechten, gleich breiten Streifen von Gelb-Rot-Weiß; der oberste Streifen ist der gelbe.
5. Das Landessiegel weist das Landeswappen mit der Umschrift „Land Kärnten" auf.

LANDESWAPPEN UND LANDESFARBEN

Das historische Wappen Kärntens ist das einzige unter den Wappen der österreichischen Bundesländer, das im Landesgesetzblatt mit Helm, Helmzier und Helmdecken dargestellt wird: in von Gold und Rot gespaltenem Schild vorne drei übereinander gestellte, schwarze, rot bezungte und rot bewehrte schreitende Löwen, hinten ein silberner Balken; auf den Schild ist ein golden gekrönter Turnierhelm mit rot-goldenen Helmdecken gestellt, der zwei goldene Büffelhörner trägt, die außen mit je fünf goldenen Stäbchen besteckt sind, von denen rechts je drei schwarze, links je drei rote Lindenblätter herabhängen. Im allgemeinen wird aber als Kärntner Wappen nur der Wappenschild geführt, da der Helm mit Decken und Helmzier die Proportionen der Darstellung zusammen mit anderen Wappen in der Regel sprengt.
Das ursprüngliche Kärntner Wappen, wie es die Spanheimer in ihrem Herzogssiegel führten, war ein schwarzer heraldischer Panther in Silber beziehungsweise aus Zobelpelz auf Hermelin.
Über den genauen historischen Werdegang des Kärntner Wappens existieren verschiedene Auffassungen. Eine quasi „offizielle" Version der Entstehung findet sich in den Erläuterungen zum Kärntner Wappengesetz 1985 in Form eines vom ehemaligen Direktor des Kärntner Landesarchivs, wirkl. Hofrat Dr. H. Wiessner, verfaßten Abrisses, der auch schon im Entwurf des Gesetzes zum Schutz des Kärntner Landeswappens aus dem Jahr 1955 (LGBl. Nr. 1/1956) enthalten war. Wiessner schreibt (Z. Zl. Verf.-148/1/1985):

> *Herzog Ulrich III. bediente sich, um seinen Ansprüchen auf das durch den Tod Friedrichs des Streitbaren 1246 freigewordene babenbergische Erbe schon äußerlich Ausdruck zu verleihen – sein Vater, Herzog Bernhard, war der Sohn der Babenbergerin Agnes, der Tochter Heinrich II. von Österreich und Schwester Herzog Heinrichs I. von Mödling, Herzog Ulrich III. selbst war in erster Ehe mit Agnes, der Witwe des letzten Babenbergers, in zweiter Ehe mit Agnes, der Großnichte Friedrich des Streitbaren vermählt – seit 1246 nicht mehr des alten Kärntner Pantherwappens (schwarzer Panther auf weißem Hintergrund), sondern eines kombinierten Wappens, das auf der vorderen Hälfte (vom Beschauer links) das Wappen der in Mödling seßhaften babenbergischen Secundogenitur – die babenbergischen Löwen in Dreizahl – auf der hinteren Hälfte (vom Beschauer rechts) den halben Schild von Österreich, den Bindenschild, aufwies.*

Als nach dem Tode Ulrichs III. am 27. Oktober 1269 sich König Ottokar II. von Böhmen auf Grund des Podiebrader Vertrages vom 4. Dezember 1268 auch Kärntens bemächtigte, bewog ihn die alte Gleichheit des kärntnerischen und steirischen Wappens – nämlich des Pantherwappens –, dieses völlig aufzugeben und den Schild mit den drei Löwen und der Binde als Kärntner Landeswappen zu designieren.

Der aus dem gekrönten Helm hervorwachsende Pfauenstoß des damaligen Wappens ging auf das österreichische Vorbild zurück. Herzog Meinhard mußte im Kärntner Wappen den gekrönten Helm abtun, da er nicht Rechtsnachfolger der Babenberger war und damit Successor des unter Friedrich dem Streitbaren projektierten Königreiches Österreich-Steier. Er ersetzte den gekrönten Helm durch den Herzogshut, dessen Krempe mit Lindenblättern behangen war.

Nach dem Anfall Kärntens an die Habsburger – 1335 – und damit im Spätmittelalter den österreichischen Ländern der Habsburger zugehörig („Herrschaft zu Österreich") trat an die Stelle des Herzoghutes wieder der gekrönte Turnierhelm. Weil dadurch die Wappenkleinode Tirols und Kärntens gleich waren, erwies es sich 1363 durch den Anfall Tirols an Österreich als notwendig, für Kärnten einen neuen Helmschmuck zu schaffen, und so wies man nun dem Kärntner Wappen die goldenen Büffelhörner zu, außen mit je fünf goldenen Stäbchen besteckt, deren jedes mit drei rechts schwarzen, links roten Lindenblättern behängt erscheinen. Dabei verschwand auch der vom österreichischen Wappen übernommene Pfauenfederstoß, der aus dem Helm hervorwuchs. In dieser Form ist das Kärntner Wappen bis auf den heutigen Tag auf uns gekommen. Die Kärntner Landesfarben – gelb, rot, weiß – sind dem Wappen entnommen.

Ulrichs III. Bruder Philipp, erwählter Erzbischof von Salzburg, führte den ursprünglichen Spanheimer Panther als Anspruchswappen weiter. Mit seiner Niederlage gegen Ottokar und seinem Tod im Exil erlosch jedoch das Pantherwappen endgültig.[1]

Im Gegensatz zu den anderen Bundesländern haben die Landesfarben Kärntens als Dreifarb in der heutigen Reihenfolge eine relativ kurze Tradition. 1608, anläßlich eines Schießwettbewerbs in Klagenfurt, kann zum ersten Mal eine rot-weiße Fahne nachgewiesen werden. Noch in der Landesverfassung vom 14. März 1924 wurden im 1. Hauptstück, § 12, Abs. 3, die Kärntner Landesfarben mit Rot-Weiß festgeschrieben. Nach dem Kärntner Abwehrkampf wurde am 4. 12. 1919 von der Landesregierung ein sogenanntes „Kärntner Kreuz" gestiftet. Es wurde an einem Band getragen, das neben Rot-Weiß auch das Gold des Landeswappens enthielt. Ebenso begannen damals dreifarbige Fahnen aufzutreten. Da es den heraldischen Gepflogenheiten entspricht, die Tinkturen des Wappens zur Grundlage der Landesfarben zu machen und sich überdies dadurch die Kärntner Farben von jenen anderer Bundesländer besser abhoben, wurden am 4. 6. 1930 die Farben Gelb-Rot-Weiß als Bestandteile der Landesflagge in die Verfassung Kärntens aufgenommen. Wie man am Text des oben zitierten Artikels 5 der Landesverfassung sieht, werden in Kärnten Landesfarben und Landesflagge in getrennten Absätzen geregelt.

Genaue Abbildungen des historischen Kärntner Wappens in Schwarzweiß und in Farbe finden sich als Anlagen zum Gesetz vom 19. Juni 1985 zum Schutz des Kärntner Landeswappens und anderer Hoheitszeichen des Landes Kärnten (Kärntner Wappengesetz), LGBl. 69/1985. Dieses Gesetz regelt Führung, Verwendung und

[1] Anthony von Siegenfeld, Kärnten. In: Das Landeswappen der Steiermark, a. a. O., Graz 1900, 244 ff.
H. Appelt, Zur Frage der Entstehung des Kärntner Landeswappens. In: Zeitschrift des Historischen Vereins für Steiermark (Pirchegger Festschrift) 46/1955, 50–56

Schutz von Wappen und Siegel in der im Gefolge des Wappengesetzes 1984 etwas liberaleren Art (vgl. Farbabbildung S. XIV).

Die Kärntner Landeshymne

Die 1966 offiziell eingeführte Kärntner Landeshymne „Dort wo Tirol an Salzburg grenzt" geht in Text und Melodie auf die erste Hälfte des 19. Jahrhunderts zurück. Nach einem Artikel in der Nummer 7 der Zeitung „Draupost" vom 21. Jänner 1864 verdankt die Melodie ihr Entstehen einer fröhlichen Abendgesellschaft, die sich im Jänner 1835 auf Schloß Waldenstein an der Packstraße zusammengefunden hatte. J. M. Offner, der Besitzer des Schlosses, bat einen seiner Gäste, den als sehr musikalisch bekannten Josef Rainer von Harbach, einen in Wolfsberg ansässigen Wiener, mit ihm in der Bibliothek des Schlosses einen Text zu suchen, der sich zur Vertonung eignen würde. Tatsächlich fand man in der Literaturzeitschrift „Carinthia" (Nummer 44 vom 2. 11. 1822) das Gedicht „Des Kärntners Vaterland" von Johann Thaurer von Gallenstein. Von Harbach vertonte den ursprünglich schon im Jahre 1817 geschriebenen Text noch am gleichen Abend. Von Wolfsberg aus verbreitete sich die Komposition über das ganze Land. Die Weise wurde erst 1849 richtig zu Papier gebracht und veränderte sich gegenüber der ursprünglichen Version im Laufe der Jahre etwas. Anfänglich viel gesungen, sank die Popularität des Liedes jedoch gegen Ende des 19. Jahrhunderts. Erst im Frühjahr 1911 beschloß die „Kärntner Landsmannschaft", das Lied wieder aus der Schublade zu holen, neu zu instrumentieren und als Kärntner Hymne zu propagieren. Zweite „Uraufführung" war beim Kärntner Trachtenfestzug anläßlich der Handwerkerausstellung im August 1911 in Klagenfurt.
Josef Rainer von Harbach, der Komponist, hatte sich im Lavanttal der Landwirtschaft verschrieben und war ein in Kärnten geachteter und wohlhabender Gutsbesitzer geworden. Wenn er etwas komponierte, so geschah dies aus der Inspiration heraus und meist ohne sorgfältige schriftliche Aufzeichnung.
Der Text der Hymne stammt aus der Feder von Johann Thaurer von Gallenstein, geboren am 11. 9. 1779 in Judenburg/Steiermark. Er studierte in Graz Jus und war seit 1813 Gutsbesitzer und Landadvokat in Wolfsberg. Thaurer schrieb juristische und heimatkundliche Abhandlungen, aber auch Romane und Balladen. 1820 übersiedelte er als ständischer Beamter nach Klagenfurt. Von 1821 bis 1822 war Thaurer provisorischer Bürgermeister der Landeshauptstadt, wo er am 22. 11. 1840 starb und auf dem alten Friedhof in St. Ruprecht begraben wurde. Seinen literarischen Werken war freilich kein großer Ruhm beschieden – mit Ausnahme des Textes der Kärntner Hymne, der übrigens ursprünglich mit einer das österreichische Kaiserhaus verherrlichenden vierten Strophe endete:

Und breitet über Österreichs Haus
Der Kaiseraar die Schwingen aus;
Dann auch von Feinden ungeneckt
Sein Flügelpaar Carinthia deckt,
Und segnend strecket Franzens Hand
Sich über dich, mein Heimatland.

1930 – anläßlich des zehnten Jahrestages der Kärntner Volksabstimmung – wollte die Landesregierung das Lied zur Landeshymne erklären, konnte sich aber nicht mit der im Umlauf befindlichen vierten Strophe anfreunden. So beauftragte sie die „Kärntner Landsmannschaft", eine neue vierte Strophe vorzulegen. Im Mai 1930 wurde hiezu ein Preisausschreiben mit der Auflage veranstaltet, einen Text mit Bezugnahme auf den erfolgreichen Kärntner Abwehrkampf zu verfassen. Unter über 250 Einsendungen gefiel der Entwurf der Kärntnerin Agnes Millonig am besten, die als Lehrerin in

Neumarkt in der Steiermark tätig war. Nach geringfügigen Änderungen wurde ihr Text offiziell anerkannt.[1]

Warum es bis zum Jahre 1966 dauerte, bis sich die Kärntner Landesregierung entschloß, das Lied offiziell zur Landeshymne zu erklären, hängt wohl mit jenem Selbstfindungsprozeß zusammen, den Österreich und seine Länder durchzumachen hatten und der bis auf den heutigen Tag nicht abgeschlossen ist. Am 29. Juni 1966 jedenfalls beschloß der Kärntner Landtag das folgende, aus einem einzigen Satz bestehende Landesgesetz (LGBl. 46/1966):

> *Das Kärntner Heimatlied „Dort wo Tirol an Salzburg grenzt", Weise von Josef Rainer von Harbach, Gedicht von Johann Thauerer von Gallenstein, 4. Strophe von Agnes Millonig, ist in der aus der Anlage ersichtlichen Fassung die Kärntner Landeshymne.*

Die Kärntner Landeshymne ist durch eine volksliedähnliche Dreiklangsmelodik gekennzeichnet. Dadurch und durch die Terz- und Sextparallele eignet sich die Hymne sowohl für mehrstimmigen Gesang als auch für den Instrumentalvortrag. Der feierliches Charakter des Liedes wird durch ruhig fließende Achtelbewegung, Triolen und Wiederholungen betont.

Landespatron und Landesfeiertag

In einer freundlichen Stellungnahme des Amtes der Kärntner Landesregierung vom 28. 10. 1986 an den Verfasser heißt es:

> *Anstelle eines offiziellen Landesfeiertages gibt es in Kärnten deren zwei halboffizielle: zunächst den Patroziniumstag des Hl. Josef Nährvater, Kärntner Landespatron, am 19. 3., sowie der 10. Oktober als Gedenktag an die für die Landeseinheit entscheidende Kärntner Volksabstimung des Jahres 1920.*
>
> *Aus den regional verehrten Heiligen wuchs seit dem 17. Jahrhundert der Kirchengründer Domitian unter kräftiger Propaganda der Jesuiten, in deren Herrschaft Millstatt sich das Zentrum seines Kultes befand und der sich ins jesuitische Ideologiekonzept einfügte, zu einem Quasi-Landespatron.*

[1] Grasberger, a. a. O., 168 ff.
F. Wlatnigg, Hundert Jahre Kärntner Heimatlied. In: Neues Kärntner Jahrbuch, Klagenfurt 1935, 40 ff.
W. Deuer, Der Wettbewerb zur vierten Strophe des Kärntner Heimatliedes 1930. In: Die Kärntner Landsmannschaft Nr. 10/Oktober 1985, 92–94

Der von den Habsburgern seit dem 17. Jahrhundert zentralistisch geförderte, ja fast verordnete Josefs-Kult, der in Kärnten keine tieferen historischen Wurzeln hat, führte zu einer längeren „Zweigleisigkeit": hier die sich auf die Landestradition berufenden Stände mit Domitian, dort der habsburgische Landesfürst mit Josef. Da die Kanonisierung Domitians nach der Aufhebung der Jesuiten scheiterte und die Josefsverehrung im 19. Jahrhundert allgemein einen Höhepunkt erreichte, finden wir etwa seit dem späten 18. Jahrhundert den Hl. Josef Nährvater bis zur Gegenwart als Landespatron.

Die kirchliche Josefsverehrung in Kärnten konzentriert sich heute auf zwei Kultstätten: St. Josef im Lavanttal, erbaut 1687 auf dem 700 Meter hohen Josefsberg südlich von St. Paul, wo jährlich eine Bergwallfahrt stattfindet, und St. Josef auf der Tratten bei Bodensdorf am Ossiachersee. Nicht eben üppig für einen offiziellen Landespatron – oder eben ein Zeichen dafür, daß der Josefskult von den Kärntnern doch als von Wien aus oktroyiert empfunden wurde.

Welche Bewandtnis es mit Josef dem Nährvater als Schutzheiligen von Kärnten hat, wissen wir also. Wer aber war jener von den Jesuiten so geförderte Domitian? Das „Österreich-Lexikon" (Wien 1969) nennt Domitian einen „legendären Slawen-Herzog von Kärnten aus dem 9. Jahrhundert, dem die Gründung des Klosters Millstatt zugeschrieben wurde". Das Fest des „Heiligen" sei der 5. Februar. Mehr erfahren wir aus dem Kunstführer Kärnten:[1] Eine von drei Etymologien des Wortes „Millstatt" – die historisch unwahrscheinlichste, aber attraktivste – lautet „mille statuae" und bezieht sich auf einen heidnischen Herzog namens Domitian, der nach seiner Bekehrung zum Christentum einen Tempel mit tausend Statuen, also Götzenbildern, zerstören habe lassen. Die Sage wird im Wappen von Millstatt durch drei mit Tierköpfen bekrönte Säulen wachgehalten. Ob dieser Herzog mit jenem Domitian identisch ist, der am Hof des Salzburger Bischofs Virgil erzogen wurde, wird sich wohl nie klären lassen. Jedenfalls kam den Benediktinermönchen diese Gestalt als Kirchengründer sehr zupaß, da sie mit den Nachfolgern des tatsächlichen Klostergründers Aribo, den Görzer Grafen und Vögten Millstatts, immer wieder Schwierigkeiten hatten.

Alle drei in Millstatt tätigen Orden, Benediktiner, Georgsritter und Jesuiten, versuchten, dem von ihnen verehrten Stifter die Würde eines Heiligen zu verschaffen. Wenn sie dies auch – trotz der Mitwirkung von Kaiserin Maria Theresia – nicht zuwege brachten, so birgt dennoch der Altar der Domitianskapelle in der wegen ihrer romanischen Bauplastik berühmten Millstätter Kirche einen Glasschrein mit den Reliquien des Herzogs und seiner Gemahlin sowie weitere künstlerische Darstellungen des „Quasiheiligen" und „Quasilandespatrons".

Neben den genannten beiden männlichen Fürbittern verfügt Kärnten jedoch auch über eine „geistliche Landesmutter", die hl. Hemma von Gurk. Man wird wohl nicht fehlgehen, wenn man annimmt, daß sie im Volksglauben stärker verankert ist als ihre beiden „Kollegen".

Geboren um 980 und gestorben am 29. Juni 1045, war die hl. Hemma von Gurk eine geborene Gräfin von Friesach-Zeltschach. Sie war wahrscheinlich sogar mit Kaiser Heinrich II. (1002–1024) verwandt. Verheiratet war sie mit dem untersteirischen Grafen Wilhelm von der Sann. Der glücklichen Ehe entstammten zwei Söhne, die jedoch beide einen frühen Tod von der Hand aufrührerischer Bergknappen fanden. Hemma verlor 1036 auch ihren Gemahl, der im Kampf gegen Rebellen fiel, die sich gegen seinen kaiserlichen Verwandten erhoben hatten. Verwitwet und ohne Erben, stiftete Hemma ihr gesamtes Vermögen der Kirche, indem sie die Stifte Admont und Gurk errichtete. Admont wurde von den Benediktinern, Gurk von Benediktinerinnen vom

[1] Marianne Mehling (Hg.), Knaurs Kulturführer in Farbe. Kärnten. München 1984, 140 ff.

Salzburger Nonnberg 1043 besiedelt. Da sich das Kloster in Gurk nicht so recht entwickeln wollte, löste es Erzbischof Gebhard von Salzburg 1072 auf und weihte Gunther von Krappfeld zum ersten Bischof in Gurk. 1787 wurde der Bischofssitz nach Klagenfurt verlegt.
Der Dombau geht auf die kraftvolle Persönlichkeit von Bischof Roman (1131–1167) zurück. Der Dom von Gurk, das bedeutendste romanische Bauwerk Österreichs, wurde um 1140 begonnen und um 1180 vollendet. 1174 wurden die Gebeine Hemmas in die von genau hundert Säulen getragene, 400 Quadratmeter große Krypta, einen den Besucher in seiner Würde überwältigenden Sakralbau, transferiert. Sie ruhen in einem romanischen Steinsarg auf seltsam fremdartigen Köpfen. Aufgrund zahlreicher wunderbarer Erscheinungen wurde Hemmas Grab schon sehr früh zum beliebten Wallfahrtsziel. Gläubigen Frauen galt das Durchkriechen unter dem Sarkophag als ein Mittel für Kindersegen und eine gute Geburt. Von dem aus Grünschiefer bestehenden „Hemmastein" soll die Klostergründerin den Baufortgang überwacht haben. Der gläubige Pilger, der sich auf diesem Stein niederläßt, darf hoffen, daß ihm ein Wunsch in Erfüllung geht. Mit dem „Hemmaring", der aus dem Besitz der Heiligen stammen soll, wird am Hemmatag vom Abt von Admont der Augensegen gespendet, ein Brauch, der auch in anderen Orten Österreichs durchaus üblich ist.
Die Verehrung der heiligmäßigen Gräfin strahlte über Admont und Gurk bis nach Slowenien und Kroatien aus. Hemma von Gurk wurde 1287 seliggesprochen. Der Heiligsprechungsprozeß wurde zwar 1466 begonnen, aber erst fast ein halbes Jahrtausend später abgeschlossen: zu Beginn eines für unser Vaterland schicksalsschweren Jahres, am 5. Jänner 1938, erhob Rom die „Kärntner Landesmutter" offiziell zur Ehre der Altäre.
Der Festtag der hl. Hemma von Gurk ist der 27. Juni. Ihre Attribute sind Kopftuch und eine doppeltürmige Kirche (Dom zu Gurk). Obwohl sie eigentlich Patronin der Augenleidenden und werdenden Mütter ist, haben nach dem Zweiten Weltkrieg auch viele Kriegerwitwen, die sich des persönlichen Schicksals der Heiligen entsannen, Trost und Hilfe bei ihr gesucht.
Mit dem Ring der hl. Hemma wird jedes Jahr im Juni auch in der Wiener Pfarre Mariahilf der Augensegen gespendet.

Bekanntheit des Kärntner Landespatrons 1993

	hl. Josef	andere	weiß nicht
bis 29	29	24	48
bis 49	32	41	27
ab 50	59	11	30
Total	41	24	34

Quelle: Integral-Telephonumfrage Jänner 1993, n = 70

Der 10. Oktober als Landesfeiertag Kärntens

Im Herbst 1992 lösten die Kärntner Zeitungen mit Unterschriftenaktionen eine breit angelegte Kampagne zur Einführung eines arbeitsfreien Landesfeiertages am 10. Oktober aus. Alle politischen Gruppierungen sprachen sich dafür aus. Am 1. Oktober 1992 verabschiedete der Kärntner Landtag eine einstimmige Resolution an das Parlament, den 10. Oktober in Kärnten zum gesetzlichen Feiertag zu erklären.
Der Jahrestag der Volksabstimmung war seit 1945 inoffizieller Gedenk- und Feiertag, an dem die Schulen geschlossen blieben. In der Zeit des Ständestaates bis hinein in

den Zweiten Weltkrieg war dieser Tag sogar offiziell arbeitsfrei. Erst die Kriegswirtschaft machte seine Abschaffung notwendig. Wirtschaftliche Erwägungen sind es auch heute, die gegen die Einführung eines weiteren arbeitsfreien Tages sprechen. Auf Bundesebene kommt dann noch eine gewisse ideologisch-politische Zurückhaltung dazu.

Nach einer Umfrage des Instituts OGM im Dezember 1993 (n = 501) befürworteten 67 Prozent der Kärntner einen arbeitsfreien Feiertag am 10. Oktober, wobei sich vor allem Anhänger von SPÖ und FPÖ dafür aussprachen. 26 Prozent der Kärntner lehnten den Feiertag aus wirtschaftlichen Erwägungen ab. Besonders stark war die Gegnerschaft in der Bevölkerungsgruppe mit der höchsten formalen Bildung (53 Prozent).[1]

SONSTIGE SYMBOLE KÄRNTENS

Neben der als besonders harmonisch empfundenen Landschaft, der Schönheit der Seen und Berge, wird von den Kärntnern auch die eigene Lebensart als besonders charakteristisch für das südlichste der österreichischen Bundesländer bezeichnet.

Das eindrucksvolle, büffelhorngeschmückte Dreilöwenwappen ist mit 10 Prozent (gleicher Wert wie der Tiroler Adler bei den Tirolern) relativ stark im Bewußtsein der Kärntner verankert. Das hängt mit dem Selbstbewußtsein Kärntens als altem Herzogtum und vielleicht auch mit den beiden Wappensälen im Landhaus zusammen, die mitsammen nicht weniger als 963 Wappendarstellungen aufweisen.

Daneben nimmt das Klagenfurter Lindwurmdenkmal mit 20 Prozent einen Spitzenwert unter den sonstigen Landessymbolen Österreichs ein – vergleichbar nur mit dem Wert von 20 Prozent für Mariazell (Integral-Umfrage „Symbole für Österreich“, 1993, n = 1.000).

„O HEIMAT, DICH ZU LIEBEN“

DIE SYMBOLE NIEDERÖSTERREICHS

GESCHICHTE NIEDERÖSTERREICHS

Niederösterreich gilt als das historische Kernland Österreichs. Seine Besiedlung geht bis auf die Altsteinzeit zurück, wie Funde am Manhartsberg und in der Wachau beweisen (Venus von Willendorf, 11 Zentimeter hohe Kalksteinplastik, rund 25.000 Jahre alt). Von der keltischen Bevölkerung künden Ausgrabungen im Bereich des Thebener Kogels bei Hainburg, im Weinviertel (Leiser Berge) und im Kamptal (Umlaufberg). Die Römer besetzten das Gebiet südlich der Donau und teilten es in die Provinzen Noricum und Pannonien, die sie gegen die germanischen Stämme im Norden befestigten. Nach der Völkerwanderung betraten Langobarden, vor allem aber Bajuwaren den Boden Niederösterreichs. Mit den Awaren kamen Slawen aus dem Osten, sodaß Bajuwaren und Slawen nebeneinander lebten. Um die Mitte des 7. Jahrhunderts bildete der wahrscheinlich fränkische Kaufmann Samo ein slawisches Reich, das jedoch nach seinem Tod zerfiel. Erst Karl der Große konnte die bis an die Traun

[1] Der Standard, 13. 1. 1994, 6

vorgerückten Awaren endgültig besiegen. Er errichtete 799 die beiden Karolingischen Marken: im Norden die Awarische Mark – von der Enns bis zum Wienerwald – und im Süden die Karantanische Mark – bis an die Adria und nach Istrien. Eine kurze Periode ungarischer Herrschaft wurde 955 durch Otto I. beendet. Nach seinem Sieg auf dem Lechfeld bei Augsburg gründete er die Ottonische Mark, die 976 an die Babenberger fiel. Dieses erste österreichische Herrschergeschlecht konnte bis Mitte des 11. Jahrhunderts sein Herrschaftsgebiet bis an Thaya, March und Leitha ausdehnen. Auf Jahrhunderte hinaus sollten diese Flüsse natürliche Grenzen Niederösterreichs bleiben; im Norden und Osten bildeten sie bis in unsere Tage die Trennlinie zwischen dem freien Westeuropa und dem kommunistischen Osteuropa.
1156 wurde die Markgrafschaft – im wesentlichen das Gebiet des heutigen Niederösterreich und kleinere Teile von Oberösterreich – durch Kaiser Friedrich Barbarossa auf einem Reichstag zu Regensburg zum Herzogtum erhoben („Privilegium minus"). Das Gebiet fiel jedoch einige Jahre nach dem Tod des letzten Babenbergers, Friedrichs II., des Streitbaren, 1251 an Ottokar II. von Böhmen. Der Sieg Rudolfs von Habsburg über Ottokar bei Dürnkrut und Jedenspeigen am 26. August 1278 führte zur Belehnung der Habsburger mit dem Land unter der Enns (1282). In der Zeit der Bauernkriege (16. Jahrhundert) wurden große Landesteile protestantisch. Ihre Rekatholisierung wurde von den Habsburgern mit Nachdruck betrieben. Die über 150 Jahre währenden Türkenkriege brachten dem Land schwere Prüfungen. Auch die Auseinandersetzungen mit den Schweden, Kuruzzen, Bayern, Franzosen (1805/1809) und Preußen (1866) machten Österreich unter der Enns immer wieder zum Kriegsschauplatz. Schließlich wurde im Zweiten Weltkrieg besonders der Osten Niederösterreichs in Mitleidenschaft gezogen, als im Endkampf an der Donau 1945 sowjetische Verbände die deutschen Truppen zurückdrängten. Niederösterreich hatte 60.000 Gefallene zu beklagen, 70 Prozent aller Fabriken waren zerstört. Ein Drittel aller Schäden, die der Zweite Weltkrieg auf dem Boden der heutigen Republik Österreich verursachte, fiel auf das schwergeprüfte, unter der Naziherrschaft als „Reichsgau Niederdonau" bezeichnete Land.
Die Zeit der sowjetischen Besatzung beraubte das eben in der Industrialisierung begriffene Bundesland vieler Ressourcen, besonders durch die Erdöllieferungen an die UdSSR. Erst 1955 konnte das bis dahin noch stark agrarisch strukturierte Bundesland im Osten der Republik darangehen, mit den westlichen Bundesländern wirtschaftlich gleichzuziehen. Die Namen des österreichischen Außenministers Leopold Figl und des Staatsvertragskanzlers Julius Raab – beide Söhne des Landes – sind untrennbar mit dem Schicksal Niederösterreichs verbunden.
1920 wurde Wien, seit den Babenbergern die Hauptstadt des Landes unter der Enns, als selbständiges Bundesland abgetrennt. Es sollte mehr als ein halbes Jahrhundert dauern, bis der niederösterreichische Landtag nach Abhaltung einer Volksbefragung am 10. Juli 1986 den Beschluß faßte, die zentral gelegene Industriestadt St. Pölten, seit Joseph II. (1785) Bischofssitz, zur neuen Landeshauptstadt zu bestimmen.

DEMOGRAPHISCHE DATEN

Fläche: 19.174 km^2
Wohnbevölkerung (Volkszählung 1991): 1,406.294
Ausländeranteil: 67.519 = 4,6 Prozent
Einwohner St. Pölten: 50.026 = 3,6 Prozent
Agrarquote: 8,2 Prozent
Prozente Landtagswahl 1993: SPÖ 34, ÖVP 44, FPÖ 12, GABL 3

NIEDERÖSTERREICHISCHE LANDESVERFASSUNG; ARTIKEL 7:

(1) Das Landeswappen besteht aus einem blauen Schild, der eine goldene Mauerkrone mit drei sichtbaren Zinnen trägt und in welchem sich fünf goldene Adler, je zwei gegeneinander und einer nach links gewendet, befinden.
(2) Die Landesfarben sind blau-gelb.
(3) Durch Gesetz ist eine Landeshymne zu bestimmen.
(4) Das Landessiegel weist das Landeswappen mit der Umschrift „Land Niederösterreich" auf.
(5) Durch Gesetz sind die näheren Bestimmungen über die Verwendung des Landeswappens, der Landesfarben und des Landessiegels zu treffen.

LANDESWAPPEN UND LANDESFARBEN

Das geltende niederösterreichische Landeswappen enthält in einem blauen Schild fünf goldene Adler, zwei und zwei zusammensehend über einem einzelnen. Der Schild trägt eine goldene Mauerkrone mit drei Zinnen (vgl. Farbabbildung S. XV).
Nach den Forschungen des Augustiner-Chorherren Floridus Röhrig erscheint das Fünfadlerwappen zum ersten Mal 1330/35 auf Glasscheiben, die für den Kreuzgang des Stiftes Klosterneuburg angefertigt wurden und jetzt im Kapitelsaal bzw. in der Leopoldskapelle eingebaut sind.[1] Die Durchsetzung des Fünfadlerwappens erfolgte aber erst in der Zeit Herzog Rudolfs IV., des Stifters, (1358–1365).
Nach der ausführlichen Abhandlung Andreas Kusternigs[2] findet sich die erste Darstellung auf einem herzoglichen Siegel vom 9. Juli 1359. Für das Fünfadlerwappen bürgerte sich in der Folge der Begriff „Alt-Österreich" ein, während der (eigentlich ältere) Bindenschild „Neu-Österreich" genannt wurde.
Doch zurück zum Aussehen dieses Wappens bei seinem ersten Auftreten: Herzog Heinrich II. „Jasomirgott" wird in einem dieser Klosterneuburger Glasfenster flankiert von einem Fünfadlerwappen, vom österreichischen Bindenschild und von einem Sechsadlerwappen, wobei die Adler beide Male in gelb auf schwarz dargestellt sind. Steht also weder die Grundfarbe noch die Fünfzahl von vornherein fest? Offenbar gibt es kein festes Muster für die Anordnung bzw. Blickrichtung der Adler – sind es überhaupt Adler und nicht Lerchen ? Derlei Fragen sollten bis in unsere Zeit hinein die Gemüter erregen.
Für uns steht fest, daß der Ursprung des niederösterreichischen Landeswappens in einem mit goldenen Adlern bestreuten blauen Wappenschild liegt, der Leopold dem Heiligen zugeschrieben wurde. Auf den Glasfenstern in der Leopoldskapelle von Klosterneuburg ist der Untergrund nur deshalb nicht blau, weil die Glasfläche dort sehr klein ist und somit Schwarzlot auf gelbem Glas verwendet werden mußte. Der bekannte österreichische Schriftsteller und spätere Rundfunkdirektor Rudolf Henz (1897–1987), der eine Ausbildung als Glasmaler hatte, untersuchte die Fenster anläßlich ihrer Bergung in der Kriegszeit 1942. Bei größeren Darstellungen, wie etwa auf einem Chorfenster in St. Stephan, war die blaue Grundfarbe dann kein Problem mehr. Auch die dem Wappenschild angemessenste Anordnung der Adler (2–2-1) findet sich an diesem etwa zehn Jahre jüngeren Glasfenster.
Für die Farbkombination blau-gelb und die Verbindung der fünf Adler mit Leopold dem Heiligen sprechen auch insgesamt dreizehn Stoffstücke von einem Ornat, die im

[1] Floridus Röhrig, Das niederösterreichische Landeswappen – seine Entstehung und Bedeutung. St. Pölten 1980
[2] In: Andreas Kusternig (Hg.): Adler und Rot-Weiß-Rot. Symbole aus Niederösterreich. Katalog des Niederösterreichischen Landesmuseums, Neue Folge Nr. 174, Wien 1986, 55 ff.

Stift Klosterneuburg aufbewahrt werden. Sie werden um 1260 datiert und zeigen u. a. goldene, stark gefiederte Vögel, gestickt auf blauen Seidenrips. Bis Anfang unseres Jahrhunderts bildeten sie den sogenannten „Markgrafen-Ornat", in dem der Landesfürst empfangen wurde, wenn er Klosterneuburg einen Besuch abstattete. Aus diesem Stoffmuster schloß man auf den Waffenrock bzw. den Schild Leopolds des Heiligen. Und so entstand in Klosterneuburg das niederösterreichische Landeswappen, ähnlich wie das französische Lilienwappen aus einem mit Lilien bestreuten mittelalterlichen Stoff entstanden ist. Entgegen früherer Auffassung könnte es sich bei den erwähnten Stoffresten aber nicht um ein französisches, sondern um ein sizilianisches Erzeugnis handeln.

Wird man bei dieser Beschreibung nicht unwillkürlich an den Krönungsmantel der römisch-deutschen Kaiser aus der Wiener Schatzkammer erinnert? An jenes erhabene, über drei Meter breite, rotbraune Pluviale, hergestellt 1133 in der königlichen Werkstatt von Palermo von arabischen Künstlern, wie seine kufische Inschrift (= arabische „Blockbuchstaben") beweist? Wird es sich vielleicht irgend einmal herausstellen, daß der 1220 bei der Kaiserkrönung Friedrichs II. in Rom erstmals verwendete, innen mit „Vogelstoff" gefütterte Krönungsmantel und die bescheidenen, ebenfalls mit Vögeln und Palmen besetzten Brokatstücke aus dem Stiftschatz Klosterneuburgs aus der gleichen Schule arabischen Kunstgewerbes stammen? Christlicher Kaiser und Kreuzfahrer, frommer Markgraf und Kreuzzugverweigerer, beide gehüllt in sarazenische Seide: eine interessante Spekulation, jedenfalls aber ein Anreiz dazu, sich stärker auf den arabischen Einfluß auf unsere Kultur zu besinnen.[1]

Floridus Röhrig faßt seine Nachforschungen mit der Feststellung zusammen, daß der Fünfadlerschild in Klosterneuburg höchstwahrscheinlich als apokryphes Wappen (Phantasiewappen) des hl. Leopold geschaffen wurde.

Das Wappen tritt im 15. Jahrhundert öfter auf: Aus dem ersten Jahrzehnt stammt seine Darstellung am Südturm von St. Stephan, zusammen mit dem Bindenschild sowie den Wappen von Steiermark und Oberösterreich. Auch am aufwendig gestalteten Hochgrab Friedrichs III. im Apostelchor des Domes, errichtet 1463 bis 1513, findet sich eine Darstellung des hl. Leopold mit dem Fünfadlerschild. Auf der Grabplatte, die den Leichnam des 1493 verstorbenen Herrschers deckt, ist das Wappen „Alt-Österreichs" in vollendeter Form dargestellt: zur Linken des Kaisers, seinem Herzen am nächsten und gespiegelt zum Doppeladler des Reiches, trägt der Fünfadlerschild die Erzherzogskrone. Die Helmzier bildet ein gekrönter Adler mit Adlerflug, der das Motto Friedrichs „AEIOU" auf einem Schriftband im Schnabel hält.

Die um 1500 aufgekommene Theorie, die Wappenvögel Alt-Österreichs seien Lerchen und leiteten sich von der römischen Lerchen-Legion (Legio X allaudarum) her, führte insbesondere im Barock zu zahlreichen mißverständlichen Darstellungen. Der niederösterreichische Historiker Karl Lechner führte schließlich 1942 endgültig den Beweis, daß es sich bei den Wappentieren um Adler handelt.[2]

Unter Friedrich III., der die Heiligsprechung Leopolds im Jahre 1485 durchsetzte, begegnen wir dem Fünfadlerwappen mehrmals. Wunderschön erhalten ist es 1446 in der berühmten „Handregistratur" des Kaisers, mit dem oberösterreichischen Wappen den Bindenschild flankierend, die alte Helmzier unter der geheimnisvollen Devise „AEIOU". Auf dieser Darstellung blicken alle fünf Adler nach rechts (vgl. Farbabbildung S. IV).

Jener Anordnung der Adler, in welcher diese einander anblicken, begegnen wir ein

[1] Vgl hiezu: Sigrid Hunke, Allahs Sonne über dem Abendland, a. a. O.

[2] Karl Lechner, Wappen und Farben des Gaues Niederdonau in seiner historischen Entwicklung. Gaupresseamt Niederdonau der NSDAP, Heft 68–70. St. Pölten 1942

Jahr davor im „Wappenbuch der österreichischen Herzöge“ von 1445. Mit der Bezeichnung „Alt-Österreich“ hatte das blau-goldene Leopoldswappen zu eben dieser Zeit eindeutig schon den Charakter eines Landeswappens. Dies läßt sich u. a. auch durch den von Bindenschild und Fünfadlerwappen gespaltenen und noch heute erhaltenen Siegelstempel der Stadt Zwettl (1443) nachweisen.
Auf der eindrucksvollen Wappenwand der St. Georgskirche zu Wiener Neustadt finden sich die fünf Adler ebenso wie auf einem Totenschild für Friedrichs Bruder Albrecht (1463, im Historischen Museum der Stadt Wien) oder am Fuß der 1470 an der Klosterneuburger Kirche errichteten lebensgroßen Statue Leopolds des Heiligen. Nach Stiftung des berühmten Erzherzogshutes von Klosterneuburg im Jahre 1616 wurde die frühere Schildbekrönung (Adlerkopf und Adlerflug) durch die heraldische Darstellung des Erzherzogshutes ersetzt, doch kam der Erzherzogshut auch schon davor ab und zu als Bekrönung vor.
Am 11. August 1804, als Franz II. den Titel eines „Kaisers von Österreich“ annahm und der einfache Bindenschild zum „nunmehrigen Wapen des Allerdurchlauchtigsten Hauses Oesterreich“ erhoben wurde, wurde auch das Fünfadlerwappen für das Erzherzogtum unter der Enns wie folgt blasoniert: „fünf güldene Adler, im blauen Feld, zu zwei und zwei zusammensehend, der unterste Adler ist rechtsgekehrt“. Nach dieser Beschreibung wurde 1805 auch ein neues Siegel der niederösterreichischen Stände geschaffen, das als Bekrönung eine siebenzackige, einbügelige Krone aufwies. 1836, im Jahr nach der Thronbesteigung durch Ferdinand I., erfolgte wieder eine Neuregelung des österreichischen Wappens. Auf dessen „Nebenmittelschild“ oberhalb des österreichischen Hauswappens erhielt das Fünfadlerwappen eine bevorzugte zentrale Stellung. Es bildete „einen blauen Mittelschild, welcher den Erzherzogshut trägt und worin fünf goldene Adler (irrig Lerchen genannt) je zwey gegeneinander gewendet und einer gestellt sind (Österreich unter der Enns)“.
Diese Form blieb bis zum Ende der Monarchie bestehen.
Mit der Schaffung einer neuen Landesverfassung am 30. 11. 1920 wurde der Erzherzogshut durch das Zeichen des republikanischen Bürgertums, die Stadtmauerkrone, die ja auch im Bundeswappen enthalten ist, ersetzt. (Für Karl Lechner übrigens eine völlig widersinnige Vorgangsweise, „da ein Land nicht mit einer Mauer umgeben sein kann“.)[1]
Die diesbezügliche Bestimmung der Landesverfassung im Artikel 9 lautete:

> *Das Wappen des Landes Niederösterreich-Land besteht aus einem blauen Schilde, welcher eine goldene Mauerkrone mit drei sichtbaren Zinnen trägt und worin fünf goldene Adler, je zwei gegeneinander gewendet und einer nach links gestellt, sind.*
> *Die Farben des Landes Niederösterreich-Land sind gelb-blau.*
> *Das Landessiegel weist das Landeswappen mit der Umschrift „Niederösterreich-Land“ auf.*

Bei der Wiederverlautbarung der Landesverfassung im Jahre 1930 wurde der Begriff „Niederösterreich-Land“ durch die Bezeichnung „Niederösterreich“ ersetzt, sonst blieb die Beschreibung des Wappens und der Landesfarben unverändert.
Der Ständestaat promulgierte am 31. Oktober 1934 eine neue Landesverfassung, die mit nachstehender Anrufung des niederösterreichischen Landespatrons eingeleitet wurde:

> *Heiliger Leopold, Schutzpatron, bitte bei Gott dem Allmächtigen um Segen und Wohlfahrt für das Land Niederösterreich und seine Bewohnerschaft, die hiemit durch ihre Vertreter folgende Landesverfassung erhält.*

[1] a. a. O., 48

Der neue Artikel 9 lautete wie folgt:

(1) Das Wappen des Landes Niederösterreich besteht aus einem blauen Schilde, welcher eine goldene Mauerkrone mit drei sichtbaren Zinnen trägt und worin fünf goldene Adler, je zwei gegeneinander und einer nach rechts gewendet, sind.

(2) Die Farben des Landes Niederösterreich sind blau-gelb.

(3) Das Landessiegel weist das Landeswappen mit der Unterschrift „Niederösterreich“ auf.

(4) Der Festtag des Hl. Leopold, 15. November, ist Landesfeiertag.

Wir bemerken vier Modifikationen gegenüber der Heraldik der Ersten Republik:

1. Der „fünfte Adler“ wird als „nach rechts gewendet“ beschrieben.
2. Die Reihenfolge der Landesfarben wurde umgedreht (siehe unten).
3. Im Siegel wurde aus der „Umschrift“ eine „Unterschrift“.
4. Der „Leopolditag“ wurde verfassungsgesetzlicher Landesfeiertag.

Lechner weist darauf hin, daß nach der Ersten Durchführungsverordnung zum Ostmarkgesetz (1939) auch in der Zeit des „Großdeutschen Reiches“ die Reichsgaue als Selbstverwaltungskörperschaften dazu berechtigt waren, eigene Wappen zu führen.[1] Seine Ausführungen sollten letztlich die wissenschaftliche Grundlage für die Schaffung dieses „Reichsgauwappens“ bilden, wozu es aber nicht mehr gekommen sein dürfte. Durch die vorläufige Verfassung und das Verfassungsüberleitungsgesetz wurde 1945 die Landesverfassung von 1930 wieder in Kraft gesetzt, damit auch die Beschreibung des Landeswappens und der Landesfarben von 1930. Damit schien der hl. Leopold nicht mehr in der Verfassung auf, in die ihn der „christlich-deutsche Ständestaat“ doppelt Einzug halten hatte lassen, und die Landesfarben wurden wieder einmal umgedreht. 1954 kam es zu einer symbolpublizistisch sehr interessanten gesetzgeberischen Initiative: Auf Antrag des Abgeordneten Stangler u. a. wurde der Text des Absatzes 2 in Artikel 9 der 1945 wieder eingeführten niederösterreichischen Landesverfassung von 1930 geändert in:

Die Farben des Landes Niederösterreich sind blau-gelb.

Endlich hatte man sich die Mühe gemacht nachzuforschen, ob Blau-Gelb oder Gelb-Blau die richtige Reihenfolge sei. Bei Karl Lechner[2] fanden sich die notwendigen Hinweise: Bis in die Biedermeierzeit hinein gab es keine brauchbaren Angaben. Erst 1844, auf der Basis des schon erwähnten Hofkanzleidekrets vom 22. August 1836, fand sich im „Austria-Kalender“ eine Tafel mit den Farben aller kaiserlichen Provinzen. Für Niederösterreich wurde Blau-Gelb angegeben, und das blieb auch die Reihenfolge bis 1902. Im Jahr 1903 wurden die Farben Niederösterreichs wie auch jene anderer Kronländer plötzlich vertauscht – ein zunächst unerklärlicher Vorgang. Ein Blick in das Werk Karl Lechners hilft, das Rätsel zu lösen. Bei der Erstellung des Amtskalenders hatte man zu Beginn des Jahrhunderts an der richtigen Reihenfolge der Farben gezweifelt und eine Anfrage an das Ministerium des Inneren gerichtet. Nach Stellungnahmen des Adelsarchivs und der anderen Statthaltereien konzipierte das Ministerium eine Antwort an die niederösterreichischen Anfragesteller, nach welcher die Landesfarben „usuell blau-gold“ seien. Doch am 29. August 1902 führte ein Promemoria des damaligen Wappenzensors im Ministerium, Heinrich Seydl, zu einer gegenteiligen Entscheidung. Nach Seydls heraldischer Auffassung war die Farbe des Wappentiers wichtiger als die Farbe des Schildes. Er dachte hiebei wohl an die kaiserliche Farbkombination Schwarz-Gelb, die sich ja vom schwarzen Reichsadler in Gold ableitet, oder auch an das Weiß-Grün der Steiermark, deren Farben ihre Reihenfolge offenbar dem silbernen Panther im grünen Feld verdanken. Demgemäß wurde das

[1] a. a. O., 45

[1] a. a. O., 45 f.

Land Niederösterreich mündlich darüber informiert, daß Gold/Gelb die vornehmere Farbe sei und die Farben des Landes daher Gold-Blau zu sein hätten.
Unser Gewährsmann Karl Lechner schließt die Darstellung dieses Vorganges mit der Bemerkung ab, daß es nirgendwo in der wissenschaftlichen Heraldik eine derartige Regel gegeben habe. Im Grunde sei die Farbe des Schildes die weithin sichtbare Farbe und daher die führende. Das niederösterreichische Wappen ist das einzige österreichische Landeswappen, in dem Blau vorkommt. Es ist natürlich zu weit hergeholt, im Blau des Landeswappens ein Symbol für das Blau der Donau zu sehen, die Niederösterreich von der Westgrenze bis zur Ostgrenze durchfließt. Denken wir an die zweite Wappenfarbe, das Gold bzw. Gelb, so mag uns Grillparzer einfallen, der im dritten Akt von „König Ottokars Glück und Ende“ Ottokar von Horneck schwärmen läßt von jenem „guten Land“:

Mit hellem Wiesengrün und Saatengold,
Von Lein und Safran gelb und blau gestickt,
Von Blumen süß durchwürzt und edlem Kraut,
Schweift es in breitgestreckten Tälern hin –
Ein voller Blumenstrauß, soweit es reicht,
Vom Silberband der Donau rings umwunden –
Hebt sich's empor zu Hügeln voller Wein,
Wo auf und auf die goldne Traube hängt,
Und schwellend reift in Gottes Sonnenglanze;
Der dunkle Wald voll Jagdlust krönt das Ganze.

(Ob die Donau überhaupt und wenn ja, wann, blau ist, ist eine alte Streitfrage. Alfred Polgar, der 1873 in Wien geborene Essayist und Theaterkritiker, der u. a. in Berlin wirkte, 1938 zur Emigration gezwungen wurde und 1955 in Zürich starb, löste sie mit folgendem Bonmot: „Die Österreicher sind so deutsch, wie die Donau blau ist.“)
Der weiter oben erwähnte Antrag des Abgeordneten Stangler wurde als Dritte Landesverfassungsnovelle am 13. Juli 1954 angenommen.
Nach viermaligem Wechsel der Reihenfolge innerhalb eines halben Jahrhunderts (!) gibt es nun keinen Zweifel mehr: Die Farben Niederösterreichs sind Blau-Gelb.
Die Flagge Niederösterreichs ist somit in ihrem oberen Streifen blau. Wird sie vertikal (als sogenannte „Sportplatz-“ oder „Bannerfahne“) angebracht, so ist der vom Beschauer aus gesehen linke Streifen der blaue. Bei den pflegeleichten, ebenfalls vertikal angebrachten „Knatterfahnen“ ist blau mastseitig anzuordnen. Wird eine „Hausfahne“ aus der Dachluke gesteckt, so gehört jedoch das Blau an die Straßenseite, weil es gewissermaßen der von der Stange her gesehen obere und damit für vornehmer gehaltene Streifen ist.
Aber es wäre nicht Österreich, würde das alles im Endeffekt hundertprozentig stimmen.
Die geltende „Landesverfassung 1979“ stammt aus dem Oktober 1978 und wurde am 7. Dezember 1978 kundgemacht. Wie weiter oben im Volltext dargestellt, enthält der Artikel 7 folgenden Absatz 1:

Das Landeswappen besteht aus einem blauen Schild, der eine goldene Mauerkrone mit drei sichtbaren Zinnen trägt und in welchem sich fünf goldene Adler, je zwei gegeneinander und einer nach links gewendet, befinden.

Es fällt auf, daß der fünfte Adler, der im Ständestaat noch „nach rechts gewendet“ war, nun „nach links gewendet“ ist. Sollte sich da eine Verschiebung der politischen Machtverhältnisse im Land manifestieren? Nach Kusternig[1] ist alles halb so schlimm: Wenn in der Verfassung 1934 der einsame fünfte Adler „nach rechts gewendet“ zu

[1] a. a. O., 70

sein hat, so ist dies nichts anderes als „heraldische Kunstsprache“. Der sich volkstümlich ausdrückende niederösterreichische Verfassungsgesetzgeber von 1978 meint genau dasselbe, wenn er „nach links gewendet“ sagt. Kusternig hat sich in unnachahmlicher Ironie mit dieser Frage beschäftigt, indem er das Wappen auf der vierten Umschlagseite seiner schönen Broschüre seitenverkehrt anbringen ließ. So stimmt es (heraldisch) und stimmt doch nicht (wirklich). Mittlerweile verfügt die Landesregierung übrigens über eine hieb- und stichfeste offizielle Farbzeichnung, in der Adler Nr. fünf ungerührt von derlei Unklarheiten nach heraldisch rechts (= volkstümlich nach links) blickt.

LANDESHYMNE

Ähnlich wie bei Wappen und Farben war es gar nicht so einfach, eine für das Land Niederösterreich passende und unbestrittene Hymne zu finden. Schon vor dem Zweiten Weltkrieg, seit dem Jahr 1932, gab es Bemühungen, eine Landeshymne einzuführen. Bei einem Preisausschreiben schnitt eine Komposition des Prämonstratenser Chorherrn P. Milo H. Offenberger aus Geras noch am besten ab. Zu dieser und zu einem „Niederösterreichischen Hoamatlied“ von Paul Herzbach hatte Monsignore Josef Wagner aus St. Pölten Texte geliefert. Aber weder das eine noch das andere Lied konnte sich durchsetzen.[1]

Nach dem Krieg ersuchte P. Milo den aus altösterreichischer Militärtradition kommenden spätromantischen Lyriker Franz Karl Ginzkey (1871–1963) um einen Text für seine Melodie. Der Dichter schrieb den dreistrophigen Text „O Heimat, dich zu lieben“, doch auch damit war der Komposition kein Erfolg beschieden. Es sollte bis Ende 1961 dauern, bis der Landesschulrat an Landeshauptmann Johann Steinböck mit der Bitte um Schaffung einer Landeshymne herantrat. Der Tod des langjährigen Landesvaters verzögerte die Angelegenheit wieder um fast ein Jahr, bis die Landesregierung unter Leopold Figl am 16. Oktober 1962 endlich den Beschluß faßte, Landesschulrat und Kulturreferat mit der Erarbeitung einer Landeshymne zu betrauen. Da man sich von einem Preisausschreiben nicht viel versprach, beschloß man, die Werke heimischer Klassiker ebenso zu durchforschen wie das Volksliedgut Niederösterreichs. Unter Mitwirkung zahlreicher Wissenschaftler und Kulturpreisträger wurden drei Vorschläge erstellt, die der Landesregierung vom Tonband vorgespielt wurden:

1. „Weil der Tag nun fanget an“ (Volksweise, 18. Jahrhundert),
2. „Neujahrslied“ (niederösterreichisches Volkslied),
3. Melodie aus einer Kantate von Ludwig van Beethoven.

Am 2. April 1963 entschied sich die Landesregierung für die Beethoven-Kantate und gab Auftrag, nach einem geeigneten Text Ausschau zu halten. Das war gar nicht so leicht. Nach Prüfung einiger Vorschläge kam ein neuerlich eingesetzter Fachausschuß zu der Überzeugung, daß der Text von Franz Karl Ginzkey doch am geeignetsten sei. Aber – der Leser weiß es bereits – Staatssymbole zu kreieren, ist in Österreich keine einfache Sache; es gab noch eine letzte Verzögerung. In der Begründung zum Antrag der Landesregierung betreffend ein Gesetz über die niederösterreichische Landeshymne heißt es:

> *Aus Anlaß einer Regierungssitzung am 12. Mai 1964 wurde Melodie und Text der Landesregierung vorgetragen und es wurden mangels entsprechender Zeit die Landesräte Kunter und Hilgarth beauftragt, die Sache der Landeshymne weiter zu verfolgen.*

Die beiden Landesräte ließen zunächst am 9. Juni 1965 eine gut singbare Rundfunkaufnahme anfertigen. Dann wurde wieder der Landesregierung berichtet; das Projekt

[1] Grasberger, a. a. O., 171

lief mittlerweile schon unter dem dritten Landeshauptmann, Eduard Hartmann. Dieser regte an, in der jährlichen Festsitzung nach dem Pontifikalamt in Klosterneuburg am 15. November 1965 eine endgültige Entscheidung zu treffen. Es hatte also noch eineinhalb Jahre gedauert, bis der niederösterreichische Landtag – genau zwanzig Jahre nach der Wiedererrichtung eines demokratischen Österreich – am 12. Dezember 1965 beschließen konnte:

> *Die Weise von Ludwig van Beethoven mit dem Text „O Heimat, dich zu lieben" von Franz Karl Ginzkey ist in der aus der Anlage ersichtlichen Fassung die niederösterreichische Landeshymne.*

Kundgemacht wurde die Hymne im Landesgesetzblatt 137/1966 am 4. März 1966, also mehr als dreißig Jahre nach der ersten diesbezüglichen Initiative. Gut Ding braucht eben Weile. Dafür haben die Niederösterreicher jetzt eine in der Landesverfassung verankerte, auf dieser Grundlage landesgesetzlich beschlossene und ordentlich kundgemachte Landeshymne – was man von der Republik und ihrer Hymne ja nicht behaupten kann.

Die für Ludwig van Beethoven kennzeichnende gleichmäßige Viertelbewegung verleiht der Melodie Würde und Feierlichkeit. Durch den relativ geringen Tonumfang (nur eine Oktave) eignet sich das Lied gut zum vokalen Vortrag.

LANDESPATRON UND LANDESFEIERTAG

> *... Demnach Wir wahrgenommen/das/daß Fest des Heiligen LEOPOLDI, in Unserem Land Under der Ennß nur an etlichen Orthen/in Ober Oesterreich aber gar nicht/feyerlich gehalten würdet. Und nun es sich in allweeg gebühren will/ daß der Heilige LEOPOLDUS, alß ein Patronus und Schutz-Herr Unseres gantzen Lands Oesterreich in demselben durchgehend mit sonderbahrer Andacht geehret/ und dessen Fest von allen und jeden Innwohnern und Underthanen Hochfeyerlich gehalten werde. Also seynd Wir auß sonderbahren gegen dem Heiligen LEOPOLDO tragenden Eyffer und Andacht bewogen worden/die Ewige und offentliche Feyrung dieses Fests/an allen und jeden Orthen/Unsers ErtzHertzogthumbs Oesterreich Under- und Ob der Ennß einzuführen/dergestalten/daß von nun an hinführo zu Ewigen Zeiten der benennte JahrsTag deß Heiligen LEOPOLDI, allenthalben ordentlich und völlig gefeyret werden solle ...*

Mit diesem kaiserlichen Patent vom 19. Oktober 1663 wurde dem Landespatron der alten österreichischen Kernlande Niederösterreich (mit Wien) und Oberösterreich, dem hl. Leopold, ein kirchlicher Feiertag gewidmet, der 15. November, der Todestag des Heiligen.
Floridus Röhrig, der Archivar und Historiograph des Stiftes Klosterneuburg, gibt über den Landesheiligen Auskunft – ohne klerikale Behübschung, ohne Betonung der vielen Legenden um den Landesheiligen.[1]
Leopold der Heilige, dritter Markgraf aus dem Geschlecht der Babenberger (Luitpoldinger), wurde um das Jahr 1075 – höchstwahrscheinlich in Melk – geboren. Er dürfte jedoch seine Jugend in Gars am Kamp verlebt haben. Sein Vater, Leopold II., hatte schwer um das noch kleine österreichische Territorium zu kämpfen, da er sich im Investiturstreit auf die Seite des Papstes gestellt hatte und damit in Gegensatz zu Kaiser Heinrich IV. geraten war.
Leopold übernahm die Herrschaft nach dem Tod seines Vaters im Jahre 1095. Er war damals etwa zwanzig Jahre alt. Im Gegensatz zu vielen anderen Landesfürsten vor und nach ihm lag ihm nichts an Eroberungsfeldzügen. Er weigerte sich, an Kreuzzügen teilzunehmen, da ihm die Sorge für sein Land als die wichtigste Pflicht erschien. Leopold, der oft sehr hart und zielstrebig – also nicht eben heiligmäßig – seine Landeshoheit durchsetzte, schreckte auch vor Verrat nicht zurück, wenn es ihm politisch nützte: Durch den Rückzug seiner Truppen in einem Streit zwischen Kaiser Heinrich IV. und dessen Sohn Heinrich V. am Fluß Regen 1105 gewann er die Hand der salischen Kaisertochter Agnes – eine für die weitere Entwicklung Österreichs entscheidende Hochzeit. Die bereits verwitwete Agnes (ihr Sohn war der spätere König Konrad III.) brachte nicht nur eine ansehnliche Mitgift ein, sondern ließ den Markgrafen aus Ostarrichi auch als Stiefvater der Staufer unter die ersten Fürsten des Reiches aufrücken. Agnes wird aus diesem Grund gerne mit dem Reichsadler dargestellt, so über dem Südeingang der Stiftskirche in Klosterneuburg.
Die Babenberger hatten in dieser Zeit ihren Hauptsitz immer mehr nach Osten verschoben, von Melk über Gars nach Tulln. Leopold III. errichtete eine großzügige Burganlage in Klosterneuburg, nicht etwa auf dem Leopoldsberg, wie die Legende berichtet, sondern vielmehr in der Gegend der heutigen Albrechtsbergergasse, wo im Haus Nr. 4 noch Überreste davon zu finden sind. Der Bau der Residenz konnte wahrscheinlich an ein von den Römern angelegtes Kastell anschließen.
1114 legte Leopold den Grundstein zur Stiftskirche von Klosterneuburg. Die romanische Basilika war damals eine der größten Kirchen des Landes. Sie wurde schließlich am 29. September 1136, wenige Wochen vor dem Tod des Markgrafen, feierlich eingeweiht. All die Jahrhunderte danach wurde an ihr weitergebaut, und erst 1887 erhielten die beiden Westtürme durch Friedrich Schmidt, den Rathausbaumeister von Wien, ihre heutige, neugotische Gestalt.
1133 berief Leopold Augustiner-Chorherren nach Klosterneuburg. Zur gleichen Zeit gründete er das Zisterzienserstift Heiligenkreuz und dotierte es reichlich.
Als erster wirklicher Vertreter eines Landesfürstentums („principatus terrae“) hat Leopold wesentlich zur Ausbildung österreichischer Identität und österreichischen Landesbewußtseins beigetragen. Leopold III. ist deshalb keineswegs nur als religiöse Figur zu sehen. Er suchte in typisch österreichischer Art zwischen verfeindeten Fürsten zu vermitteln und half mit, den Investiturstreit im Wormser Konkordat 1122, das

[1] Floridus Röhrig/Gottfried Stangler u. a., Der Heilige Leopold – Landesfürst und Staatssymbol. Katalog der niederösterreichischen Landesausstellung, Stift Klosterneuburg 1985
Floridus Röhrig, Stift Klosterneuburg und seine Kunstschätze. St. Pölten–Wien 1984
V. O. Ludwig, Der heilige Leopold, Innsbruck 1936

er mit unterzeichnete, zu beenden. Die ihm angetragene Königswürde lehnte er jedoch in weiser Einsicht in die tatsächliche Stärke seiner Herrschaft ab.
Der großgewachsene Landesfürst hatte nicht weniger als achtzehn Kinder, die sich freilich nicht immer gut verstanden.
Leopold III. starb am 15. November 1136, im Alter von etwa 61 Jahren, wahrscheinlich an den Folgen eines Jagdunfalls. Die Vermutung des bekannten Landeshistorikers Karl Gutkas, daß Leopold „keines natürlichen Todes gestorben sei", wird von Floridus Röhrig als „absurd" bezeichnet. 1936 wurde an der Schädelreliquie ein Bruch des Unterkiefers festgestellt.[1]
Mit der Jagd zu tun hat auch die berühmte Gründungslegende Klosterneuburgs, die seit 1371 überliefert ist, aber laut Röhrig „nicht im mindesten der historischen Wahrheit entspricht".[2] Nach dieser Legende habe ein Windstoß den Schleier der frisch angetrauten Agnes auf dem Söller der Burg am Kahlenberg (!) erfaßt und verweht. Neun Jahre später hätten ihn die Jagdhunde in den Donauauen an einem Holunderstrauch entdeckt. Dem Markgrafen sei sodann die Gottesmutter erschienen und habe ihm befohlen, an dieser Stelle ihr zu Ehren ein Kloster zu errichten.
Man erinnert sich gerne an diese Legende, wenn man den heute im Brunnenhaus des Stiftes aufgestellten, in Verona aus Bronze gegossenen siebenarmigen Leuchter bewundert, der aus der Gründungszeit der Kirche stammt und schon im Mittelalter „Holunderbaum" (Sambucus) genannt wurde. Von diesem Leuchter wird auch erzählt, daß er Holzstücke von jenem Holunderstrauch enthalte, an dem der Markgraf den Schleier seiner Gattin aufgefunden habe. In der Tat enthielt der Leuchter einen Kern aus blau bemaltem Holunderholz. Dieser wurde aber erst im 17. Jahrhundert eingesetzt, um als Kontrast für die durchbrochene Bronzearbeit zu dienen. Die legendenhafte Beschreibung dürfte vor allem auf die baumartige Form des übermannshohen Leuchters zurückgehen. Wie Floridus Röhrig[3] ausführt, handelt es sich bei der Baumform des Leuchters wohl um die theologische Umdeutung der jüdischen Menorah im Sinne von Jesaja 11 („Wurzel Jesse").
Gleichfalls aus der Zeit um 1100 stammen zwei je etwa eine Elle lange Stücke orientalischen Seidenschleiers, die in einem aus Alabasterfragmenten zusammengesetzten Altärchen (ursprünglich 14. Jahrhundert) im Stiftsmuseum aufbewahrt werden. In den „Klosterneuburger Tafeln" werden sie als Teil vom Gewand der Gottesmutter beschrieben, andererseits gelten sie als Teil des berühmten Schleiers der Gattin Leopolds III., Agnes.[4]
Im Anschluß an die Überlegungen von Heide Dienst, die im Aussehen des blühenden Holunderbaumes selbst den Ursprung der Schleierlegende sieht, sei ein kurzer Exkurs über die Symbolkraft des Holunders, dieses bescheidenen, in unserer Heimat weit verbreiteten strauch- oder baumartigen Gewächses gestattet. Er soll zeigen, daß die für (Nieder-)Österreich nicht unwichtige Legende von der Gründung Klosterneuburgs unbewußt auf ein altes Sinnbild, ein von Aberglauben umranktes Ursymbol, zurückgreift. Schon in der Antike als Heilpflanze gebraucht, galt das Berühren des Holunders als Möglichkeit, eine Krankheit loszuwerden. Da der „Holler" als Mittel gegen Hexen und Zauberer angesehen wurde, durfte der Baum nicht gefällt werden. Umgekehrt war aber der „Hollerbusch" dem guten Christen auch nicht ganz geheuer, da sich angeblich Judas an einem Holunderbaum erhängt hat. Nach manchen Versionen

[1] Karl Gutkas, Geschichte des Landes Niederösterreich. 5. Aufl., St. Pölten 1974, 54
Röhrig/Stangler, a. a. O., 18.
[2] Floridus Röhrig, in: Erläuterungen zur Sonderpostmarke „Markgraf Leopold der Heilige". Österreichische Post- und Telegraphendirektion., Wien, 1967
[3] Röhrig, Stift Klosterneuburg, 59
[4] Vgl. hiezu Heide Dienst, Agnes: Herzogin, Gräfin, Landesmutter. In: Röhrig/Stangler, a. a. O., 24 f.

der Legende soll auch der hl. Koloman an einem Holunderbaum gehängt worden sein.
Bezeichnend für die jahrhundertealte antijüdische Tradition des katholischen Österreich war die im hohen Mittelalter verbreitete Ansicht, der wie ein Schleier blühende Holunderbaum sei ein Symbol für die aus dem gleichen Stamme kommenden Christen und Juden, da seine Blüten süß dufteten (Christen) und seine Blätter bitter schmeckten (Juden). Ein ziemlicher „Holler", der hier über den Holunder verzapft wurde ...
An die Markgräfin Agnes erinnert übrigens auch das Agnesbrünnl, 200 Meter nördlich des Hermannskogels, der höchsten Erhebung von Wien (542 Meter), gelegen. In vorchristlicher Zeit angeblich der zauberkundigen Urmutter Freia geweiht, war es von mancherlei Legenden über eine Waldfee umrankt. Bei Aufkommen des Zahlenlottos im Jahre 1752 wurde die Quelle zu einer besonderen Art von „Wallfahrtsort": Vor allem am Tag der hl. Agnes (21. Jänner) vermeinte man, auf dem Grund der Quelle die Glückszahlen zu lesen. Nachdem der Quelle noch zu Beginn des 19. Jahrhunderts wundertätige Kräfte zugeschrieben worden waren, wurde sie 1817 zugeschüttet. 1941 wurde sie schließlich in ein Brunnenhäuschen gefaßt. Zur Zeit wird sie durch den Verschönerungsverein Klosterneuburg restauriert.
Zurück zu Leopold III., zurück in die Zeit, als er (noch) kein Heiliger war. Die Verehrung des „milden Markgrafen" nach seinem Tod entwickelte sich zunächst aus der Frömmigkeit des einfachen Volkes. Doch Rudolf IV., der Stifter, der zusätzlich zu seinen politisch-historischen Bemühungen um Gleichstellung mit den führenden Kräften des Reiches nach einem „Nationalheiligen" zur „überirdischen" Legitimation seiner Herrschaft suchte, betrieb die Kanonisierung seines markgräflichen „Urahnen" auf systematische Weise. Der 1358 eröffnete Prozeß wurde allerdings erst unter einem weiteren „Österreich-Ideologen", nämlich unter Friedrich III., 1465 weitergeführt und durch die feierliche Erhebung Leopolds zur Ehre der Altäre am 6. Jänner 1485 durch Papst Innozenz VIII. abgeschlossen. (Die Wahl des Dreikönigstages sollte andeuten, daß Leopold ebenfalls im Rang eines Königs stand.) Die Heiligsprechungs-Feierlichkeiten in Rom sind uns übrigens bis ins kleinste Detail überliefert, genauso wie die 14 Buchseiten umfassende Rede, das „Defensorium canonisationis sancti Leopoldi" des Johannes Franz von Pavinis, die der Advokat am 20. November 1484 vor dem römischen Konsistorium hielt.[1] Die Freigebigkeit gegenüber den Armen, die Gründung von Klöstern sowie die Friedensliebe und Friedenspolitik des Markgrafen wurden als Hauptmotive für die Heiligsprechung ins Treffen geführt.
Die Überreste des ursprünglich in einer Gruft unter dem Kapitelsaal zusammen mit seiner Frau Agnes und seinem ältesten Sohn Adalbert zur letzten Ruhe gebetteten Heiligen wurden in der Folge als Reliquien exhumiert. Die „Translation" oder „Erhebung" des Heiligen wurde im Rahmen eines großartigen Festes am 16. Februar 1506 im Beisein von Kaiser Maximilian I. gefeiert. Dieser war in Erzherzogskleidung erschienen, mit dem „Erzherzogshuetel" auf dem Kopf, in der Hand ein rot-weiß-rotes Windlicht. Damit wollte er sich eindeutig als Nachfolger des hl. Leopold deklarieren.
Die Reliquien des Heiligen wurden zum größten Teil in einem Silbersarg geborgen, der allerdings schon 1526 als Beitrag zur Finanzierung der Türkenkriege eingeschmolzen werden mußte. Ein neuer Silberschrein erlitt 1810 ein ähnliches Schicksal. Heute befinden sich die sterblichen Überreste des Heiligen in einem kleinen, vergoldeten Silberschrein aus dem Jahre 1936, vorne verziert mit dem bekannten Standbild Leopolds: die Fahne seines Landes in der Rechten, ein Modell der Stiftskirche in der Linken haltend. Das Stift hatte die Umbettung aus Anlaß der 800-Jahr-Feier der Kir-

[1] Röhrig/Stangler, a. a. O., 56 ff.

che (29. September) veranlaßt, weil die Gebeine Leopolds damals nur in einem Holzsarg ruhten. Der neue Reliquienschrein wurde am 13. November 1936 eingeweiht. Er steht – wie schon der Holzsarg zuvor – auf dem weltberühmten „Verduner Altar“, dem kostbarsten Schatz des Stiftes Klosterneuburg. Der Flügelaltar gilt als das besterhaltene Kunstwerk des europäischen Mittelalters. Seine 51 goldenen Bildtafeln (Gruben- und Zellschmelz auf vergoldetem Kupfer) wurden 1181 (in Klosterneuburg!) durch Nikolaus von Verdun nach rund zehnjähriger Arbeit vollendet. Der Altar, der in seinen geistigen Wurzeln bis in die Zeit des Klostergründers zurückreicht, teilt die dargestellten biblischen Szenen in Zeitzonen (waagrecht) und typologische Gruppen (senkrecht). Die obere Schädelpartie des Heiligen ruht hingegen in der Schatzkammer des Stiftes in einer kostbaren Einfassung aus Stoff, durch welche allein das Stirnbein sichtbar ist. Sie wird von einer Nachbildung des Erzherzogshutes, ebenfalls aus Stoff, gekrönt.
Wie wir einleitend zitiert haben, proklamierte Kaiser Leopold I. (1658–1705) ein Jahr vor seinem Sieg über die Türken bei Mogersdorf (1664) seinen Namenspatron, Leopold den Heiligen, zum offiziellen österreichischen Schutzheiligen. Dieser Sieg und die Befreiung Wiens 1683 wurden auf die Fürbitten des neuen Landespatrons zurückgeführt, was dessen Verehrung enorm förderte. Auch Joseph II., der später nicht nur Klöster, sondern auch Feiertage aufhob, tastete „den Tag des heiligen Leopold als sonderbar zu verehrenden österreichischen Landespatron“ nicht an.
Leopold III. trat damit an die Stelle des hl. Koloman, eines aus keltischem Geblüt stammenden irischen Pilgers, der um 1012 bei Stockerau „wegen seiner fremdartigen Kleidung“ (Floridus Röhrig) und seiner mangelnden Sprachkenntnisse für einen (böhmischen) Spion gehalten und getötet worden war, indem man ihm beide Beine absägte und ihn an einem dürren Holunderbaum (!) aufhängte – ein früher Fall österreichischer Fremdenfeindlichkeit der brutalen Art. Da der Baum aber sogleich ergrünte, erkannte man den fatalen Irrtum und bestattete den so grausam an seiner Reise ins Heilige Land gehinderten Fremdling in allen Ehren. An Kolomans Grab sollen sich weitere Wunder ereignet haben, worauf seine Gebeine nach Melk übergeführt wurden, wo sich ein jahrhundertelanger Koloman-Kult entwickelte. Rudolf IV., der 1365 das Hochgrab des hl. Koloman in Melk stiftete, ließ den Stein, der angeblich mit dem Blut des Märtyrers bespritzt worden war, nach Wien bringen und in das Türgewände des nördlichen Seitentors von St. Stephan (Braut- oder Bischofstor) einmauern. Dieser „Kolomani-Stein“ wurde als Steinreliquie durch Berühren verehrt, ein auf alte magische Vorstellungen zurückgehender Kult und der einzige Beleg für die Verehrung einer Steinreliquie in Wien (vgl. Farbabbildung S. IX).[1]
Die Wiener Universität wählte lange Zeit ihre Rektoren am 13. Oktober, dem Festtag des hl. Koloman, bis sie im 17. Jahrhundert zum Leopoldskult überging und die Rektorswahl ab da am 15. November vornahm. In der heutigen Zeit gilt der hl. Koloman (Attribute: Pilgerhut, Strick, Marterwerkzeug) als Wetter- und Bauernheiliger, zu dessen Ehren Umritte und Pferdesegnungen veranstaltet werden. Vergleicht man jedoch Kolomans Vita mit der sich etwa ein Jahrhundert später entfaltenden Leopolds III., so ist verständlich, daß dieser der Vorstellung von einem Nationalheiligen eher entspricht als jener.
Sehr passend dazu ist die älteste noch vorhandene bildliche Darstellung des Markgrafen, ein wunderschönes Glasgemälde aus den Fenstern des Brunnenhauses im Stift Heiligenkreuz, das von Leopold III. gestiftet wurde. Die Glasmalerei zeigt den Markgrafen in fürstlichem Gewand, gestützt auf Schwert und Bindenschild.

[1] Elisabeth Kovacs, Der Heilige Leopold und die Staatsmystik der Habsburger. In: Röhrig/Stangler, a. a. O., 73

Als Landespatron von Wien, Niederösterreich und Oberösterreich wird der hl. Leopold auch heute noch verehrt; daher auch der beliebte Vorname Leopold(ine), verkleinert zu Poldi und Poldl und besonders durch den berühmten Sohn des Landes Leopold Figl popularisiert.
Der 15. November ist als Landesfeiertag zwar nicht mehr generell arbeitsfrei, doch haben Schüler und Landesbeamte in Niederösterreich frei (Niederösterreichisches Schulzeitgesetz 1978, Dienstpragmatik der Landesbeamten 1955). Auch in Wien ist schulfrei. Am Landesfeiertag kommen auch die Wiener gerne zum „Fasselrutschen" nach Klosterneuburg, wobei sie in der Stiftsbinderei über die Wölbung des Tausendeimerfasses (= 56.000 Liter) aus dem Jahre 1704 hinabgleiten – ein alter Brauch, der auf die Ablieferung des Zehentweines zurückgehen soll: Nach dem Eingießen der flüssigen Steuerleistung sollen die tributpflichtigen Weinbauern die Höhe des Fasses auf ihrem Hintern herunterrutschend wieder verlassen haben.
Die Darstellungen Leopolds III. in der Kunst sind überaus zahlreich: Tafelbilder, Deckengemälde, Miniaturen (sie alle sind im oben angeführten Katalog dokumentiert). Sie gehen in der Regel von der ältesten, zweieieinhalb Meter hohen Sandsteinfigur des Heiligen (1470, heute im Stiftsmuseum Klosterneuburg) mit der „klassischen" Darstellungsweise (als alter, bärtiger Mann mit Erzherzogshut und Kirchenmodell) bzw. einer ähnlichen Plastik in Bronze aus, die Leopold unter die Mächtigen der Welt einreiht (1520, Innsbruck, Hofkirche).
Kaiser Leopold I. errichtete 1671 im Judenviertel Wiens an der Stelle einer Synagoge eine seinem Namenspatron geweihte Kirche, die der Leopoldstadt ihren Namen gab. Auch die Kirche auf dem Leopoldsberg stammt aus dieser Zeit. Noch vor ihrer endgültigen Fertigstellung hat dort Marco d'Aviano vor der Entsatzschlacht um Wien am 12. September 1683 die Messe gelesen, bei der ihm der Polenkönig Jan Sobieski ministrierte. Die Kirche wurde erst 1693 zu Ende gebaut und dem hl. Leopold geweiht; gleichzeitig erhielt dieser Teil des Kahlengebirges seinen heutigen Namen „Leopoldsberg".
Bekannt sind auch die beiden Brunnen neben der Pestsäule auf dem Graben in Wien, dem hl. Josef und dem hl. Leopold gewidmet, 1804 von Johann Martin Fischer schwungvoll gestaltet. An der Ecke Herrengasse – Leopold-Figl-Gasse befindet sich ein Mosaik des Heiligen, geschaffen von Leopold Schmid im Jahre 1936.
Weniger bekannt ist der Umstand, daß die nach Plänen von Otto Wagner 1907 geweihte bedeutende Jugendstilkirche am Steinhof Leopold dem Heiligen geweiht ist und diesen und den hl. Severin auf den Fassadentürmchen zeigt.

Bekanntheit des niederösterreichischen Landespatrons 1993

	hl. Leopold	hl. Koloman	andere	weiß nicht
bis 29	44	2	27	31
bis 49	75	0	15	10
ab 50	77	0	12	12
Total	67	1	17	17

Quelle: Integral-Telephonumfrage Jänner 1993, n = 189

SONSTIGE SYMBOLE NIEDERÖSTERREICHS

Die Integral-Umfrage „Symbole für Österreich", in welcher mittels offener Fragestellung nach den Symbolen aller Bundesländer geforscht wurde, ergab im Falle Niederösterreichs zunächst eine relativ hohe Nennungshäufigkeit für das Landeswappen

(10 Prozent – Steiermark 19 Prozent, Tirol 12 Prozent). Wie auch in den meisten anderen Bundesländern sind es die landschaftlichen Schönheiten, die mit 37 Prozent einen Spitzenplatz einnehmen. Was in den westlichen und südlichen Bundesländern die Berge sind, ist in Niederösterreich jedoch die Donau, die von 12 Prozent als Landessymbol genannt wird (Wien 9 Prozent, Oberösterreich 7 Prozent). Die neue Landeshauptstadt St. Pölten bringt es immerhin auf 11 Prozent Nennungen. Der Wein spielt mit 6 Prozent (Burgenland: 31 Prozent !) nicht jene Rolle, die man vielleicht erwarten würde, wenn man an die Wachau und an das Motiv der Goldhaube denkt, die das 10-Schilling-Stück schmückt. Erwähnt seien schließlich die großen Klostergründungen (Melk, Göttweig, Klosterneuburg, Heiligenkreuz, Lilienfeld, Zwettl), derer wir uns heute vielleicht nicht mehr so stark bewußt sind, deren Rolle für die Entwicklung des Landes Niederösterreich und des gesamten österreichischen Volkes aber nicht hoch genug eingeschätzt werden kann und deren Symbolfunktion weit über ihren religiösen und kunstgeschichtlichen Beitrag hinausgeht.

„Hoamatland, Hoamatland"

Die Symbole Oberösterreichs

Geschichte Oberösterreichs

Das Besondere am „Land ob der Enns" ist seine geographische Vielfalt. Durch seine Ausdehnung vom Böhmerwald bis zum Dachstein und vom Inn bis zur Enns umschließt Oberösterreich Donau- und Alpenregionen und wird so zum „Land der Mitte", d. h. zu einem „Österreich im kleinen". Die meisten statistischen Durchschnittswerte Österreichs – vom Klima bis zur Sozialstruktur – finden sich in Oberösterreich wieder. Auch die Aufteilung in Besatzungszonen 1945–1955 spiegelte ein wenig diese Mitteposition: Das Mühlviertel, der Landesteil nördlich der Donau, war sowjetisch besetzt, der Rest gehörte zur amerikanischen Zone. Westlich der Enns konnte also schon früher als in Niederösterreich und Wien mit dem Wiederaufbau nach dem Zweiten Weltkrieg begonnen werden.
Oberösterreich ist altes Kulturland. Reiche Funde aus der Mondsee- und Hallstattkultur zeugen von Besiedlung in der Bronze- bzw. in der Eisenzeit (2000 bzw. 800 vor Christus). Unter der römischen Besatzung wurde Wels/Ovilava Zentrum des nördlichen Teils der Provinz Noricum. Die dort schon vor 700 n. Chr. angesiedelten Baiern mußten sich zuerst gegen die aus dem Osten einfallenden Awaren und später gegen die Ungarn (bis 955) zur Wehr setzen.
Wohl noch im 10. Jahrhundert übernahmen die Babenberger zunächst Teile des unteren Mühlviertels und in der Folge immer weitere Gebiete Oberösterreichs. In der zweiten Hälfte des 13. Jahrhunderts bildete sich die Kernzelle des Landes ob der Enns zwischen Enns und Hausruck. Im Verlauf des 14. und 15. Jahrhunderts vergrößerte und verfestigte sich das neue Land, das damit auch immer mehr Selbständigkeit gegenüber Österreich (unter der Enns) gewann. 1490 ist Linz unter Kaiser Friedrich III. als Landeshauptstadt bezeugt, der dort auch 1493 starb. 1506 erwarb Kaiser Maximilian I. das Mondsee- und St. Wolfgangland.

Oberösterreich hatte wie Niederösterreich die Bauernkriege, die Gegenreformation und die Franzosenkriege zu überstehen. 1779 gelangte das fruchtbare Innviertel von Bayern an Österreich. Während der napoleonischen Kriege kehrte es kurzfristig (1809–1816) wieder dorthin zurück – seither ist es eine wichtige Brücke zwischen Österreich und seinem westlichen Nachbarn geblieben. Als Erzherzogtum erhielt „Österreich ober der Enns" 1861 seinen ersten gewählten Landtag.
Nach dem Ersten Weltkrieg als eines der neun neuen österreichischen Bundesländer konstituiert, wurde Oberösterreich nach 1938 in „Oberdonau" umbenannt und um das steirische Salzkammergut (Gerichtsbezirk Bad Aussee) sowie einen südböhmischen Grenzstreifen vergrößert. Das Ausseerland wurde erst 1948 wieder in die Steiermark rückgegliedert.
Die Zeit der NS-Besatzung hat in Oberösterreich, dem „Heimatgau" des in Braunau geborenen und in Linz aufgewachsenen „Führers", wirtschaftliche Spuren hinterlassen. Die großen verstaatlichten Eisen- und Stahlwerke in Linz gehen auf die 1938 gegründeten „Reichswerke Hermann Göring" zurück, die im Krieg allerdings teilweise zerstört wurden.
Oberösterreich entwickelte sich nach dem Zweiten Weltkrieg zum Zentrum der modernen chemischen Industrie Österreichs, zu der auch noch die Aluminiumerzeugung trat. Die einstmals Weltruf genießenden „Schornsteinindustrien" des Landes sind in der Gegenwart einem tiefgreifenden Umstrukturierungsprozeß unterworfen, um überleben zu können.

DEMOGRAPHISCHE DATEN

Fläche: 11.980 km^2
Wohnbevölkerung (Volkszählung 1991): 1,262.221
Einwohner Linz: 203.044 = 16,1 Prozent
Ausländeranteil: 71.259 = 5,3 Prozent
Agrarquote: 6,6 Prozent
Prozente Landtagswahl 1991: SPÖ 31, ÖVP 45, FPÖ 18, GAL 3, VGÖ 3

OBERÖSTERREICHISCHES LANDES-VERFASSUNGSGESETZ 1991; ARTIKEL 15:

(1) Die Farben des Landes Oberösterreich sind weiß-rot.
(2) Das Land Oberösterreich führt als Landeswappen das historische Wappen; es besteht aus einem mit dem Herzogshut gekrönten, gespaltenen Schild, der rechts einen goldenen Adler im schwarzen Feld trägt, links von silber und rot dreimal gespalten wird. Die bildliche Darstellung des Wappens des Landes Oberösterreich ist im Landesgesetzblatt kundzumachen.
(3) Das Recht zur Führung des Landeswappens steht den Behörden, Ämtern und Anstalten des Landes Oberösterreich zu. Inwieweit anderen physischen oder juristischen Personen die Führung oder eine sonstige Verwendung des Landeswappens zusteht oder bewilligt werden kann und inwieweit die Verwendung des Landeswappens verboten ist, ist durch Landesgesetz zu regeln.
(4) Das Landessiegel weist das Landeswappen mit der Umschrift „Land Oberösterreich" auf.
(5) Die Landeshymne des Landes Oberösterreich ist das Lied „Hoamatgsang", Worte: Franz Stelzhamer, Weise: Hans Schnopfhagen.

LANDESWAPPEN UND LANDESFARBEN

Das Wappen des Landes Oberösterreich besteht aus einem gespaltenen Schild, der vorne in Schwarz einen goldenen, rotbezungten und rotbewehrten Adler zeigt und hinten dreimal von Silber und Rot gespalten wird. Der Schild trägt den österreichischen Erzherzogshut (vgl. Farbabbildung S. XV).

Die älteste bekannte Abbildung des oberösterreichischen Landeswappens findet sich auf zwei Miniaturen aus der Zeit zwischen 1384 und 1395. Sie sind in der deutschen Übersetzung eines Liturgiehandbuches enthalten, die Herzog Albrecht III. (1365–1395) vermutlich in Wien anfertigen ließ.[1] Schon in der Barockzeit fiel dem Geschichtsschreiber Marquard Herrgott auf, daß dieses Wappen jenem entsprach, welches das bereits im 12. Jahrhundert ausgestorbene Adelsgeschlecht der Herren von Machland (Aulandschaft am linken Donauufer zwischen Mauthausen und Grein, tiefliegender, fruchtbarster Teil des Mühlviertels mit dem Hauptort Perg) geführt haben soll. In einem Urbar (Güter- und Abgabenverzeichnis) des Klosters Baumgartenberg am Nordostrand des Machlandes aus der Zeit um 1335 findet sich – ebenfalls auf zwei Miniaturen – ein Wappen, das dem oberösterreichischen sehr ähnlich ist. Es zeigt vorne einen silbernen Adler auf rotem Grund und hat hinten einen dritten silbernen Pfahl. Das Wappen steht in Verbindung mit dem Stifterehepaar Otto und Jutta von Machland. Das Wappen von Machland wurde nach Ansicht der Historiker deshalb für ein geeignetes Vorbild gehalten, weil das Machland schon seit altersher einen integrierenden Bestandteil des Herrschaftsgebietes der Babenberger gebildet hatte und dies wohl auch gegenüber den Ansprüchen der bayrischen Nachbarn im Westen demonstriert werden sollte.[2]

Es paßt durchaus in das Bild der zahlreichen staatspolitischen Fälschungen, die unter Rudolf IV. vorgenommen wurden, daß dessen Bruder und Nachfolger Albrecht III. ein bereits vorhandenes Wappen zum „regionalen" Symbol eines neu entstandenen Landes erhob und es „austrifizierte": hiezu wurde der Adler von Silber zu Gold „aufgewertet" und damit näher zum Fünfadlerwappen „Alt-Österreich" gerückt, außerdem wurde die Zahl der silbernen Pfähle um eins reduziert, was die hintere Schildhälfte vielleicht etwas stärker in die Nähe des Bindenschildes „Neu-Österreich" brachte – fürwahr ein symbolpolitisch klug überlegtes „Redesigning".

Zum erstenmal im Siegel geführt wurde das Wappen durch Herzog Ernst den Eisernen im Jahre 1418. Es findet sich am Grabmal Friedrichs III. im Apostelchor des Wiener Stephansdoms ebenso wie außen an der Sohlbank des Südturmes. Auf Münzen erscheint das Landeswappen in nicht immer einheitlicher Form bis Joseph II.

Seit Mitte des 15. Jahrhunderts wurde der von Rudolf IV. erfundene Erzherzogshut als Wappenbekrönung üblich. Davor war das Wappen manchmal auch mit einer Helmzier dargestellt worden, bei welcher der aus einer Helmkrone wachsende Adler eine Waage im Schnabel hielt. Die letztere könnte man – sicher nur spekulativ – als ein schönes Symbol für die Ausgewogenheit oder den Gerechtigkeitssinn des „Landes der Mitte" ansehen. Sie ist gut erkennbar an der Wappenwand der St. Georgskirche in Wiener Neustadt und in der berühmten Handregistratur Friedrichs III. aus dem Jahr 1446, wo der Bindenschild (mit Pfauenfedern) vom Fünfadlerwappen (mit Adlerflug) zur Rechten und vom oberösterreichischen Wappen (mit Adler und Waage) zur Linken flankiert wird (vgl. Farbabbildung S. IV).

---

[1] Siegfried Haider, Das oberösterreichische Landeswappen. In: Tausend Jahre Oberösterreich. Das Werden eines Landes. Katalog zur Landesausstellung, Wels 1983, Band 2, 185 ff.

[2] Alfred Hoffmann, Das Wappen des Landes Oberösterreich als Sinnbild seiner staatsrechtlichen Entwicklungsgeschichte. Linz 1947
Alfred Hoffmann, Österreich und das Land ob der Enns. Wien 1981

Seine erste amtliche Beschreibung erfuhr das oberösterreichische Wappen in einem Zirkularerlaß des Landeshauptmannes vom 21. September 1904, in welchem auch die Landesfarben Weiß-Rot zum ersten Mal bestimmt wurden. Dabei war die weiße Farbe der Fahnenspitze zunächst zu setzen, war also die ranghöhere. Die Landesfarben dürften sich erst im 19. Jahrhundert herausgebildet haben. So lassen sich auf einem Linzer Stich aus dem Jahre 1833, der ein Pferderennen zeigt, zweifarbige Fähnchen erkennen. Die Bugflagge des ersten Donaudampfschiffs „Maria Anna" zeigte im Jahre 1837 die weiß-roten Farben.[1]

Aufbauend auf Artikel 9 der Landesverfassung vom 17. Juni 1930, in dem Wappen und Farben des Bundeslandes Oberösterreich bereits hinreichend beschrieben sind, bestimmte die in der Zeit des Ständestaates „Im Namen des Allmächtigen Gottes" vom Landtag beschlossene Verfassung vom 9. Juli 1935 , ebenfalls in Artikel 9:

(1) Die Farben des Landes Oberösterreich sind weiß-rot.

(2) Das Land Oberösterreich führt als Landeswappen das geschichtlich übernommene Wappen; es besteht aus einem mit dem Herzogshut gekrönten, gespaltenen Schilde, der rechts einen goldenen Adler im schwarzen Felde trägt, links von Silber und Rot dreimal gespalten wird. Der Gebrauch des Landeswappens ist gesetzlich geschützt.

(3) Das Landessiegel weist das Landeswappen mit der Umschrift „Land Oberösterreich" auf.

(4) Der Hl. Leopold ist der Schutzherr des Landes Oberösterreich. Sein Festtag, der 15. November, ist Landesfeiertag.

Der schriftlichen Verfassungsbestimmung über Landesfarben und Landeswappen folgte am 17. Juli 1936 eine Kundmachung der Landesregierung betreffend die bildliche Darstellung des Wappens des Landes Oberösterreich, in schwarz-weiß und in Farbe mit detaillierten Angaben über die praktische Ausführung des Wappens. Das ist bemerkenswert, denn bis in die jüngste Zeit gab es noch ein, zwei Bundesländer, die über keine offizielle Farbdarstellung ihres Landessymbols verfügten.

In der geltenden Landesverfassung haben sich demgegenüber wieder einige Kleinigkeiten geändert. Abgesehen von der Kleinschreibung der Farben im Wappen wird nunmehr auf die Veröffentlichung im Landesgesetzblatt hingewiesen. Diese erfolgte in Nr. 19/1949 in heraldisch vorbildlicher Form.

Weiters wird das Recht zur Führung des Landeswappens umschrieben und ein diesbezügliches Landesgesetz statuiert. Ein solches ist bereits am 26. Februar 1948 beschlossen und im Jahre 1956 ergänzt worden. Danach kann das Landeswappen auch zu Schmuckzwecken verliehen werden.

LANDESHYMNE

Die oberösterreichische Landeshymne, das über das Land hinaus bekannte volkstümliche Lied „Hoamatgsang", geht auf ein Gedicht eines der bedeutendsten Mundartdichter des bayerisch-oberösterreichischen Raumes, Franz Stelzhamer, zurück. Er wurde am 29. 11. 1802 in Groß-Piesenham bei Ried im Innkreis geboren und starb am 14. 7. 1874 in Henndorf (Salzburg).

Nach diversen Studien, darunter an der juridischen Fakultät in Graz und an der Wiener Kunstakademie, begann Franz Stelzhamer ein unstetes Leben als Wanderschauspieler, das von seiner ersten Ehe auf elf Jahre unterbrochen wurde. Erst mit seiner zweiten Frau ließ er sich im salzburgischen Henndorf auf Dauer nieder.

1841 veröffentlichte Stelzhamer seinen zweiten Gedichtband unter dem Titel „Neue

[1] Hoffmann (1947), a. a. O, 57 f.

Gesänge in obderenns'scher Volksmundart". Der Band enthielt das Gedicht „Hoamatgsang", dessen achte Strophe „Dahoam is dahoam" gesperrt gedruckt war. Ursprünglich hatte der Titel im Innviertler Dialekt noch „s 'Haimatg'sang" gelautet. Der musikbegeisterte Lehrer Hans Schnopfhagen aus der Gegend von Oberneukirchen brachte am 27. Dezember 1884 seinem Freund Dr. Hans Zötl eine Melodie für das Gedicht „Da gehat Schuasta". Landesgerichtsrat Zötl, der gerade mit der Herausgabe der Gedichte Stelzhamers beschäftigt war, veranlaßte Schnopfhagen, die am 20. September 1884 in St. Veit entstandene Melodie einem anderen Gedicht, nämlich dem „Hoamatgsang", zu unterlegen. Auch mehrere andere Komponisten schufen Melodien für eben dieses Gedicht. Aber nur Schnopfhagens Weise konnte sich im Endeffekt durchsetzen.

Das Lied gewann schnell an Popularität, indem es vor allem bei Heimatveranstaltungen immer wieder als Schlußgesang verwendet wurde. So hieß es etwa bei einem Vortragsabend, der am 5. April 1936 in Urfahr zu Ehren Stelzhamers gegeben wurde, beim letzten Programmpunkt: „Hoamatgsang – oberösterreichische Volkshymne, stehend gesungen von der ganzen Versammlung".

Die oberösterreichische Landeshymne ist somit ein wirklich aus dem Volk entstandenes Landessymbol; daß es lange dauern würde, bis das auch der Gesetzgeber zur Kenntnis nahm, wundert den Leser sicher nicht mehr. Aber immerhin:

Am 3. November 1952 beantragte die oberösterreichische Landesregierung aus Anlaß der 150. Wiederkehr des Geburtstages des oberösterreichischen Mundartdichters Franz Stelzhamer, den „Hoamatgsang" durch Landesgesetz zur Landeshymne zu bestimmen. Als Begründung wurde angegeben, das Lied sei längst zum Volkslied geworden, das bei feierlichen Anlässen als Ausdruck der Verbundenheit der Bevölkerung mit dem Land Oberösterreich gesungen werde. Aus allen Kreisen der Bevölkerung komme der Wunsch, das Lied offiziell zur Landeshymne zu erklären. Und so geschah es auch durch Landtagsbeschluß vom 28. November 1952. Die Publikation dauerte dann zwar noch fast ein Jahr (!); sie erfolgte im Landesgesetzblatt für Oberösterreich 1953, Nr. 36 vom 15. Oktober 1953. Aber damals – drei Jahre vor dem Staatsvertrag – hatte man sicher andere, wichtigere Probleme.[1]

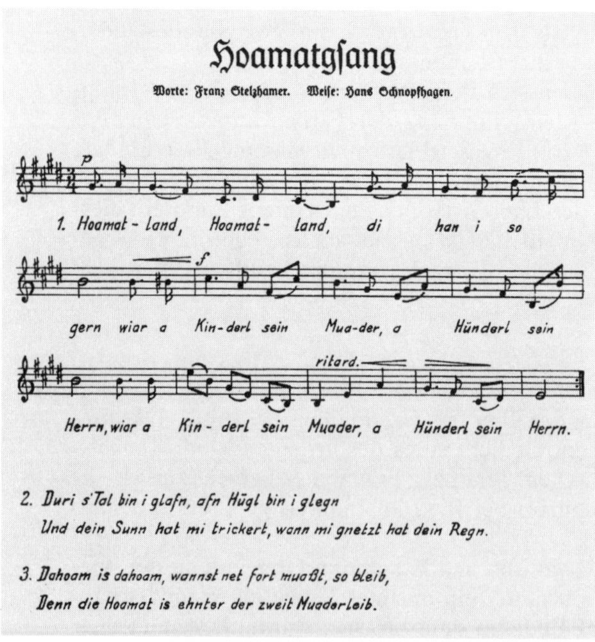

Die oberösterreichische Landeshymne läßt sich musikalisch als einfache Weise mit besinnlichem Volksliedcharakter beschreiben, die durch einfache Dreiklangsmelodik und punktierten Rhythmus bestimmt wird. Durch das Terz-Sext-Parallel eignet sich die Hymne sehr gut zum zweistimmigen Singen.

[1] Grasberger, a. a. O., 175 f.
Eichinger, Wilhelm, Zur Geschichte der oberösterreichischen Landeshymne. In: Mühlviertler Heimatblätter, 5/1965, 133–140

Landespatron(e) und Landesfeiertag

Trotz eindeutiger historischer Willensakte staatlicher Autoritäten (Kaiserliches Patent vom 19. Oktober 1663, siehe S. 316 und Art. 9 der Oberösterreichischen Landesverfassung 1935, siehe oben S. 325) mit welchen der hl. Leopold zum Schutzheiligen Oberösterreichs proklamiert wurde, findet dieser Heilige als Landespatron keinen ungeteilten Widerhall in der Bevölkerung, bei den Vertretern der Amtskirche und bei jenen Politikern, die für solche – in der heutigen Zeit natürlich eher periphere – Fragen Verständnis aufbringen. Volksfrömmigkeit, aber auch Klerus neigten seit jeher auch dem hl. Florian, dem einzigen christlichen Märtyrer Österreichs, als Schutzheiligen zu. So hat etwa eine informelle Umfrage, die im Jahr 1974 vor allem unter Lehrern durchgeführt wurde, ein Verhältnis von 60:30 für Florian als Landespatron erbracht.[1]
Wie sich aus der am Ende dieses Kapitels genau zitierten Integral-Umfrage ergibt, sind heutzutage 38 Prozent der Oberösterreicher der Meinung, der hl. Leopold sei der Landespatron, und 10 Prozent halten den hl. Florian für den Schutzheiligen des Landes. Die hohe Zahl der Nennungen für andere Heilige (15 Prozent) und die Zahl von 39 Prozent „weiß nicht" läßt auf einen hohen Säkularisierungsgrad Oberösterreichs schließen.

Oberösterreich besitzt insgesamt nur drei dem hl. Leopold geweihte Kirchen – ein deutliches Zeichen dafür, daß der Schutzheilige im Bewußtsein des Landes nicht voll verankert ist. Hingegen war die Verehrung des hl. Florian früher weit verbreitet. Es sollte freilich bis 1971 (!) dauern, bis dieser Märtyrer zum Schutzpatron der bereits 1783 errichteten Diözese Linz erhoben wurde. Es war der Amtskirche offensichtlich nicht leicht gefallen, sich aus einem gefühlsmäßigen Gehorsam gegenüber der kaiserlichen Willenskundgebung aus dem Jahr 1663 zu lösen. Angeblich aufgrund neuerer Nachforschungen über die geschichtliche Existenz und das Martyrium des hl. Florian – in Wirklichkeit wohl aber, um die Eigenständigkeit der Linzer Kirche zu betonen – wurde der „Landespatron Nr. 2" offizieller Patron des Bistums.

Wer war nun dieser Florian – oder Florianus – wirklich? Der ehemalige Stadtpfarrer von St. Laurenz in Enns, Eberhard Marckhgott, stellt uns den „prominentesten Christen in der Provinz Ufernorikum"[2] vor.

Florian war nach den neuesten Erkenntnissen der Geschichtsforschung nicht römischer Offizier, sondern so etwas wie der „Landesamtsdirektor" von Ufernoricum. Kaiser Diocletian (284–305) versuchte den Bestand des römischen Imperiums nicht nur durch zentralistische Verwaltung, sondern auch im Wege einer einheitlichen Staatsreligion durchzusetzen. Dies richtete sich vor allem gegen das junge Christentum. Die Christen in der Donauprovinz zwischen Ovilava/Wels und Cetium/St. Pölten wußten sehr wohl, daß Florian, der wichtigste Beamte unter Statthalter Aquilinus, ihr Glaubensgenosse war. Florian wurde trotz – oder gerade wegen – seines hohen Amtes vor die Alternative gestellt, dem neuen Glauben abzuschwören oder ins Exil zu gehen. Wie der aus Westungarn stammende Martin fünfzig Jahre nach ihm entschied sich auch Florian für das Christentum und gegen den heidnischen Dienst am römischen Kaiser. Er ging nach St. Pölten in die Verbannung. Als Florian jedoch von der brutalen Verfolgung seiner Glaubensgenossen in Lauriacum/Lorch erfuhr, kehrte er aus dem Exil zurück. Doch seine Intervention half nichts, im Gegenteil, er wurde selbst erneut aufgefordert, dem Christentum abzuschwören und den römischen Göttern zu opfern. Selbst als man ihm die Schulterblätter zerbrach, fügte er sich nicht. Sein ehemaliger Vorgesetzter verurteilte ihn zum Tod. Von der römischen Straßenbrücke über

[1] Dietmar Assmann, Die Schutzheiligen des Landes Oberösterreich. In: Tausend Jahre Oberösterreich. Katalog zur Landesausstellung. Linz 1983, 307 ff.

[2] In: Entschluß 12/1987

die Enns stürzte man ihn am 4. Mai 304 in den Fluß, nachdem man ihm einen Stein an den Hals gebunden hatte. Auch die übrigen Christen aus der Region starben den Märtyrertod. Ihre Überreste, 78 Gebeine, sollen sich in einem am 12. Oktober 1900 am Hauptaltar der Lorcher Basilika entdeckten Steinsarg befinden.
Nach Eberhard Marckhgott ist dies alles nicht Legende, sondern durch das Märtyrerverzeichnis des Hieronymus und den „Berner Codex" erwiesenes historisches Faktum. Nur bis ins 5. Jahrhundert bekannte geographische Bezeichnungen und archäologische Grabungen erhärten die „Passio Floriani et sociorum" in Lauriacum.
Das Grab des Heiligen selbst soll zunächst dort gewesen sein, wo sich heute das Stift St. Florian befindet. Die Reliquie soll jedoch von den sich 488 nach Rom zurückziehenden christlichen Romanen mitgeführt worden sein. So soll der Heilige seine nächste Ruhestätte in der Kirche St. Laurenz vor den Mauern Roms erhalten haben. Im Jahre 1183 soll der Polenfürst Kasimir die Gebeine mit Zustimmung des Papstes Lucius III. nach Krakau übergeführt haben, wo sie in der alten Florianskirche ruhen. Eine kleine Teilreliquie davon wurde schließlich vom heutigen Papst, dem damaligen Kardinal Karol Wojtyla, nach Wien und von dort nach Lorch überbracht, wo sie am 31. 10. 1968 bei der feierlichen Konsekration des Hauptaltars durch Diözesanbischof Franz Zauner in den Altarblock eingemauert wurde. Auf diese Weise ist der Heilige nach langer Abwesenheit symbolisch zu seinen Glaubensgenossen und Mitmärtyrern heimgekehrt.[1]
Trotz historischer Beweisführung ranken sich viele Halbwahrheiten und Legenden um die meist in Rüstung dargestellte Gestalt Florians, dessen Heiligenattribute die Fahne, der Mühlstein, der Wassereimer und das brennende Haus sind.[2] Danach war der heutige „Feuerwehrheilige", der meist beim Löschen eines Brandes dargestellt wird und so unzählige Feuerwehreinrichtungen, Wohnhäuser und Kirchen schmückt, um sie vor Unheil zu bewahren, ursprünglich ein in Zeiselmauer geborener Kelte. Der Mann, der ihn in die Enns stieß, soll sofort darauf erblindet sein. Als Florians Leichnam vom Fluß an einen Felsen gespült wurde, soll ein Adler schützende Totenwacht gehalten haben. Wie sogenannte „Florianibründl" bezeugen, galt der Heilige ursprünglich gar nicht als Brandschützer, sondern vielmehr als Schützer des Wassers und der Quellen: ein Frühlingsheiliger mit deutlichen Anleihen an einen altheidnischen Wasser- und Regenkult. So war der hl. Florian eigentlich der Urvater des Umweltschutzes. Erst viel später, gegen Ende des Mittelalters „wurde das Bachwasser zum Löschwasser und der Wasserheilige zum Feuerpatron". Aus der häufigen Darstellung als römischer Beamter oder Offizier mag das Symbol des Helmes stammen, das zusammen mit dem Wasserschaff den Gedanken des Brandschutzes ergeben haben mag. So wurde der hl. Florian nicht nur Schutzheiliger der Feuerwehren, sondern auch der Schmiede, Hafner und Rauchfangkehrer.
St. Florian gehört zu den populärsten Heiligen Österreichs. Sein Bild ist in allen Landesteilen zu finden. Die berühmte Wendung „O heiliger Sankt Florian/Schütz' unser Haus, zünd' andere an!" ist freilich wenig schmeichelhaft für unser Volk.
Jedenfalls ist der hl. Florian so etwas wie ein „geheimer Landespatron" von Oberösterreich. Alljährlich findet am Samstag vor dem Fest des Heiligen am 4. Mai eine Wallfahrt zu den Gedenkstätten in Lorch und St. Florian statt.
Nach einer Meldung der „Presse" vom 25. 3. 1987 gab es in Oberösterreich eine Diskussion darüber, ob der hl. Florian (zweiter) Landespatron werden soll oder nicht. Landesvater Dr. Josef Ratzenböck war dafür, die beiden anderen Landesparteien

[1] Karl Rehberger, Zur Verehrung des Hl. Florian im Stift St. Florian. In: Mitteilungen des Oberösterreichischen Landesarchivs, 11/1974, 85 ff.
[2] Paul Kaufmann, Brauchtum in Österreich, a. a. O., 284 f.

zeigten ihm aber die kalte Schulter: für die FPÖ stand der ökumenische Gedanke auf dem Spiel, die SPÖ hielt das Problem nicht für relevant.

Bekanntheit des oberösterreichischen Landespatrons 1993

	hl. Leopold	hl. Florian	andere	weiß nicht
bis 29	23	7	13	57
bis 49	49	16	16	22
ab 50	42	7	18	37
Total	38	10	15	39

Quelle: Integral-Telephonumfrage Jänner 1993, n = 168

LANDESFEIERTAG

Der 15. November ist in Oberösterreich nicht allgemein arbeitsfrei, jedoch haben die Schüler keinen Unterricht.

SONSTIGE SYMBOLE OBERÖSTERREICHS

Wie in Niederösterreich stehen auch in Oberösterreich die landschaftlichen Schönheiten an der Spitze, wenn man nach den Landessymbolen fragt (Integral-Umfrage „Symbole für Österreich", 1993, n = 1.000). Das Landeswappen ist mit 9 Prozent im Bewußtsein der Oberösterreicher verankert. Eine wichtige Rolle spielt die Landeshauptstadt (17 Prozent), die insbesondere für die Jugend einen großen Symbolwert besitzt.

Aus der Frühzeit des Landes stammt der berühmte Tassilokelch, den der Baiernherzog Tassilo III. (742–788) dem von ihm 777 gegründeten Benediktinerkloster Kremsmünster gestiftet hat. Der Legende nach hat er das Kloster an jener Stelle gegründet, an der sein Sohn Gunther auf der Jagd von einem Eber getötet wurde. In der Schatzkammer wird der Tassilokelch aufbewahrt, ein vergoldetes Kupfergefäß, entstanden 769–788, das in Niello-Technik (eingegrabene Abbildungen werden durch Bleimasse und Gold hervorgehoben) den segnenden Weltheiland zwischen dem Alpha und Omega sowie die vier Evangelisten und ihre Symbole zeigt. Wahrscheinlich als Hochzeitskelch für den tapferen Tassilo und seine aus langobardischem Königsgeschlecht stammende Braut Liutpirg angefertigt, hat der Kelch auch eine politische Bedeutung – eine Spitze gegen die neuen Frankenkönige und deren Oberhoheit über Bayern. Als ursprünglich liturgisches Gefäß wird der Tassilokelch heute wieder bei feierlichen Anlässen als Abendmahlskelch verwendet.

„Land uns'rer Väter"

Die Symbole Salzburgs

Geschichte Salzburgs

Die Urbevölkerung Salzburgs kann bis in die jüngere Steinzeit (ca. 4.000 v. Chr.) nachgewiesen werden. Illyrer und Kelten entwickelten den Salzabbau, besonders am Dürrnberg bei Hallein. Neben dem Salz machten Kupfer- und Goldvorkommen Salzburg schon in frühgeschichtlicher Zeit zu einem Zentrum regen Handels, der vor allem über die Flußfolge Salzach – Inn – Donau abgewickelt wurde.
15 v. Chr. besetzten die Römer das Territorium, das einen Teil der Provinz Noricum bildete. Das ursprünglich keltische Iuvavum wurde Handels- und Verwaltungszentrum. Die römische Stadt reichte ungefähr vom Sigmundsplatz bis zum Kajetanerplatz. Ende des 2. Jahrhunderts begann das Christentum in Salzburg Fuß zu fassen. 470 gab es in Iuvavum bereits eine christliche Basilika. Zwischen 500 und 600 standen Teile des heutigen Landes Salzburg unter slawischer Dominanz (an die „Wenden" erinnern Ortsnamen wie Göriach, Granitzl etc.). Es folgte die bairische Besiedlung (Ortsnamen auf -ing, -ham etc.) und eine Durchmischung mit der romanisierten Bevölkerung (Welsche oder „Walchen"; vgl. die Siedlungsnamen Wals, Straßwalchen etc.). Um 690 gründete der hl. Rupert, ein Rheinfranke, auf den Ruinen des römischen Iuvavum das Kloster St. Peter und das Frauenkloster auf dem Nonnberg. 739 erhob der hl. Bonifatius, ein angelsächsischer Benediktiner, der zum „Apostel Deutschlands" werden sollte, die junge christliche Siedlung zum Bistum. Im selben Jahr wurde auch Passau durch ihn zum Bischofssitz gemacht. Die erste urkundliche Erwähnung des Namens Salzburg geht auf das Jahr 755 zurück. Bereits 798 wurde Salzburg Erzbistum. Es entwickelte sich zu einem der wichtigsten religiösen Zentren Europas, dem Diözesen wie Regensburg, Passau und Brixen unterstanden und dessen Missionstätigkeit sich bis nach Südtirol, Kärnten und Ungarn erstreckte.
Der aus Irland stammende hl. Virgil, Bischof von Salzburg zwischen 746/47 und 784, erbaute den ersten Salzburger Dom, mit Maßen von 33x66 Meter der größte Kirchenbau nördlich der Alpen. Virgil gründete auch das erste Bildungsinstitut auf österreichischem Boden: die Domschule von Salzburg, die mit 150 Bänden einen für damalige Verhältnisse unvorstellbar großen Wissensschatz angesammelt hatte. In der Folge geriet Virgil mit Bonifatius über Fragen der Kirchendisziplin in Konflikt. Bonifatius, der für eine enge Bindung an Rom eintrat, klagte Virgil, den für etwas mehr Unabhängigkeit plädierenden Iro-Schotten, in Rom eines schweren Vergehens an: Virgil vertrete die Meinung, daß die Erde eine Kugelgestalt habe und daß deshalb auch auf der anderen Seite des Globus Menschen lebten. Wahrhaftig eine Häresie – noch dazu 800 Jahre vor Kopernikus!
Im Jahre 996 wurde dem Erzbischof von Salzburg das Markt- und Münzrecht verliehen. Salzburg kann daher mit Fug und Recht als älteste Stadt Österreichs bezeichnet werden. Um die Dom- und Klosterstadt entstand die Kaufmannssiedlung „Porta", aus der sich später die heutige Bürgerstadt entwickelte. Eine geschlossene Landeshoheit bildete sich jedoch erst unter dem aus Schwaben stammenden Erzbischof Eberhard II. (1200- 1246) heraus, als dieser eine Reihe von Grafschaften hinzuerwarb. Der Salzabbau am Dürrnberg bei Hallein wurde Ende des 12. Jahrhunderts wieder aufgenommen.
Anfang des 14. Jahrhunderts wurde Salzburg selbständiges Reichsfürstentum. Den

Fürsterzbischöfen gelang es, sich so weit wie möglich aus den zahlreichen Fehden des Mittelalters herauszuhalten, was zu langen Friedenszeiten und hoher kultureller Blüte führte. Salzburg wurde auf diese Weise Umschlagplatz zwischen dem europäischen Westen und Venedig, vor allem für den Tuchhandel. Der Bergbau bildete lange Zeit die eigentliche Grundlage des Reichtums und der Selbständigkeit der geistlichen Landesherren, die freilich mit aufständischen Bauern und Bergknappen, den Folgen der Reformation und dazwischen immer wieder mit bayerischen Usurpationsbestrebungen zu kämpfen hatten.

Die barocke Macht- und Prachtentfaltung Salzburgs ist untrennbar mit den Namen dreier Erzbischöfe verbunden: mit Wolf Dietrich von Raitenau (1587–1612), Marcus Sitticus von Hohenems (1612–1619) und Paris Lodron (1619–1653). Wolf Dietrich legte den Grundstein zum barocken Dom, zur Residenz und zum Schloß Mirabell; Marcus Sitticus vollendete beide Werke und erbaute Hellbrunn; Paris Lodron schließlich gründete die Universität, befestigte die Festung Hohensalzburg und hielt das Land durch seine kluge Politik aus dem Dreißigjährigen Krieg heraus.

Jahrzehnte gewaltsamer Rekatholisierung gipfelten im Protestantenpatent 1732, das mehr als 20.000 Bergleute und Bauern („Exulanten") zur Auswanderung zwang – nach Ostpreußen, Holland und bis Amerika wurden Salzburger Protestanten verstreut. Rund 2000 herrenlose Bauernhöfe und wirtschaftliche Einbußen waren die Folge.

Der Reichsdeputationshauptschluß von 1803 teilte alle geistlichen Fürstentümer auf. Damit verlor auch Erzbischof Colloredo die Herrschaft über Salzburg. Das Land wurde dem Habsburger Erzherzog Ferdinand von Toskana als Entschädigung für den Verlust seines Territoriums zugespielt; dieser wiederum trat Salzburg 1805 im Tausch gegen Würzburg an Österreich ab.

Zwischen 1810 und 1816 gehörte Salzburg zu Bayern, wonach der Rupertiwinkel, Berchtesgaden und Mühldorf am Inn nicht mehr an Österreich zurückgelangten. Am 1. Mai 1816 wurde Salzburg endgültig Österreich zugeschlagen, hörte damit aber auf, ein selbständiges Land zu sein. Es wurde als fünfter Kreis des Landes Österreich ob der Enns verwaltet. Mit kaiserlichem Patent vom 30. Dezember 1849 erhielt das Herzogtum Salzburg jedoch eine eigene Landesverfassung, wodurch es 1850 endlich selbständiges Kronland, seit 1861 mit eigenem Landtag, wurde.

Nach dem Ersten Weltkrieg wurde Salzburg Bundesland der Republik Österreich. Es nahm bis zum Ende der Ersten Republik einen starken wirtschaftlichen und kulturellen Aufschwung (Großglockner-Hochalpenstraße, Salzburger Festspiele). Wie die meisten anderen Bundesländer war es in der nationalsozialistischen Zeit „Reichsgau" mit einem Minimum an Selbstverwaltung. 1945 bis 1955 war Salzburg Teil der amerikanischen Zone, was einen frühzeitigen Aufschwung von Industrie und Fremdenverkehr mit sich brachte.

In kultureller Hinsicht ist Salzburg seit dem Mittelalter ein bedeutendes Zentrum geblieben. Viele Landpfarrkirchen konnten ihren gotischen Charakter bewahren. In der Landeshauptstadt entfalteten sich neben der erwähnten Baukunst vor allem Theater und Musik. So wurde 1618 in Salzburg die erste italienische Oper in Mitteleuropa aufgeführt. In die zweite Hälfte des 18. Jahrhunderts fällt die Salzburger Schaffensperiode von Wolfgang Amadeus Mozart. 1818 entstand in Oberndorf das Weihnachtslied „Stille Nacht". Mit der Hochschule für Musik (dem „Mozarteum", gegründet 1870) und den Salzburger Festspielen (1920) besitzt Salzburg zwei der bedeutendsten Stätten der Musikpflege und Theaterkunst Österreichs. 1962 wurde die 1810 unter der Herrschaft Bayerns aufgehobene Universität Salzburg wiederbegründet. Salzburg zählt zu den Bundesländern mit der ältesten und intensivsten Brauchtumspflege.

DEMOGRAPHISCHE DATEN

Fläche: 7.154 km²
Wohnbevölkerung (Volkszählung 1991): 444.373
Einwohner Stadt Salzburg: 143.978 = 32,4 Prozent
Ausländeranteil: 37.992 = 7,9 Prozent
Agrarquote: 4,5 Prozent
Prozente Landtagswahl 1994: SPÖ 27, ÖVP 39, FPÖ 20, Liberales Forum 6, Bürgerliste 7

LANDES-VERFASSUNGSGESETZ 1945; ARTIKEL 10:

(1) Das Wappen des Landes Salzburg ist das historische Wappen. Es besteht aus einem gekrönten gespaltenen Schild: rechts in Gold ein aufrechter, nach rechts gewendeter schwarzer Löwe, links in Rot ein silberner Balken.
(2) Die Farben des Landes Salzburg sind rot-weiß.
(3) Das Landessiegel weist das Landeswappen mit der Umschrift „Land Salzburg" auf.

LANDESWAPPEN UND LANDESFARBEN

Das Wappen des Landes Salzburg zeigt in einem von Gold und Rot gespaltenen Schild vorne einen aufgerichteten schwarzen, rotbezungten und -bewehrten Löwen, hinten einen silbernen Balken. Auf dem Schild ruht der Fürstenhut mit fünflappigem – die beiden äußeren nur je zur Hälfte – Hermelinstulp samt voller purpurner Haube, darauf sichtbar drei perlenbesetzte goldene Spangen, inmitten oben der goldene Reichsapfel. (Vgl. Farbabbildung S. XVI). Der Fürstenhut stellt den Bezug zum Kurfürsten Ferdinand von Toskana (1803–1805) bzw. zum Herzogtum Salzburg (1806–1808, 1850–1918) her. Außerdem führte auch schon der eine oder andere Erzbischof den Fürstenhut, so etwa Sigismund von Schrattenbach (1753–1771), dargestellt auf der Mariensäule am Domplatz.
Das Wappen ist auf einem Friesacher Pfennig des Erzbischofs Rudolf von Hohenegg (1284–1290) erstmals nachgewiesen, stand aber erst im 14. Jahrhundert in regelmäßigem Gebrauch. Entgegen einer seit fast hundert Jahren gängigen Hypothese, die das Salzburger Wappen vom persönlichen Siegel Herzog Philipps von Kärnten (1246-1256 Erzbischof von Salzburg) ableitet, geht die Direktorin des Salzburger Landesarchivs, Dr. Friederike Zaisberger, davon aus, daß der Ursprung des Landeswappens nicht in den drei Löwen der Kärntner Herzöge Ulrich und Philipp zu suchen ist, sondern im rotbewehrten schwarzen Löwen in Gold der Staufer. Dieser ist in umgekehrter Farbgebung ja auch der Urahne des bayerischen Wappenlöwen, da der staufisch-schwäbische Löwe 1228 über das Pfalzgrafenamt an die Wittelsbacher kam. Dabei ist von Bedeutung, daß die Staufer höchstwahrscheinlich nicht aus der Schwäbischen Alb, sondern vielmehr aus dem Gebiet des heutigen Salzburg stammen. Aus einer Reihe von historischen und topographischen Zusammenhängen und Parallelen läßt sich nämlich erkennen, daß das Geschlecht der Sieghardinger im 9. Jahrhundert aus der Gegend am untersten Neckar zunächst in den Wiener Raum gelangt war, sich aber nach dem Ungarnsturm 906 in das Salzburger Becken zurückgezogen hatte. Auf zwei Sieghardinger Grafen, Sieghard und Friedrich, die 987 nach Schwaben heirateten, geht nach diesen Quellen das Geschlecht der Staufer zurück. In der Folge sollten zwischen Staufern und Babenbergern enge verwandtschaftliche Beziehungen entstehen: Wie wir wissen, war Agnes, die Gattin Leopolds III., des Heiligen, die Tochter

Kaiser Heinrichs IV. Einer ihrer Söhne war Erzbischof Konrad von Salzburg (1164–1168). Der deutsche Staufer-Forscher Hansmartin Decker-Hauff vermutet, daß sich Staufer und Babenberger im 12. Jahrhundert „nahezu als Mitglieder eines Hauses betrachteten". Es liegt somit der Schluß nahe, daß aus dieser Gedankenwelt das Salzburger Wappen entstanden ist: die Kombination des schwarzen staufischen Löwen in Gold (als Erbe der Sieghardinger) mit dem rot-weiß-roten Bindenschild der Babenberger. Eine vollständige Gewißheit über die Tingierung (Farbgebung) der frühesten Wappen wird es jedoch kaum je geben können, da bis zum Ende des 13. Jahrhunderts alle Wappendarstellungen nur durch einfarbige Siegel oder Münzen überliefert sind.[1]
Die erste farbige Abbildung des Salzburger Wappens, die uns überliefert ist, findet sich in der um 1340 entstandenen Züricher Wappenrolle. Nach den Bannern der Kurfürsten von Köln, Mainz und Trier steht an vierter Stelle die Fahne des militärischen Aufgebots, das der Salzburger Erzbischof als Reichsfürst für das Reichsheer zu stellen hatte. Im Botenbuch der Bruderschaft St. Christoph auf dem Arlberg (um 1400) wird der Salzburger Löwe zum ersten Mal nach rechts steigend und rotbewehrt dargestellt. Zunächst wurde das Wappen der Salzburger Erzbischöfe mit einer bischöflichen Mitra bekrönt. Unter dem in Salzburg bewußt gepflegten italienischen Einfluß trat zu Beginn der Neuzeit der Kardinalshut bzw. Legatenhut an die Stelle der Mitra. Darin drückt sich auch der Übergang vom religiös bestimmten Denken des Mittelalters zu den stärker weltlich bestimmten Anschauungen der neuzeitlichen Kirchenfürsten Salzburgs aus. Um 1700 trat schließlich der bis heute übliche Fürstenhut als Schildbekrönung auf, nicht selten in Kombination mit dem Legatenhut neben Bischofsstab und Schwert, den Symbolen geistlicher und weltlicher Macht.
Die wechselnden Besitzverhältnisse und staatsrechtlichen Beziehungen Salzburgs zu Österreich und Bayern im Verlauf des 19. Jahrhunderts fanden natürlich auch ihren heraldischen Niederschlag, auf den hier im einzelnen nicht eingegangen werden soll. Die Entwicklung zum selbständigen Kronland (und später Bundesland) wurde in heraldischer Hinsicht durch Artikel I § 4 der Landesverfassung von 1849/50 dokumentiert, wo es lakonisch heißt:

Das Herzogthum Salzburg behält sein bisheriges Wappen und die Landesfarben.

Das Wappen Salzburgs als eines Bundeslandes der Republik Österreich wurde durch das Landesverfassungsgesetz vom 16. 2. 1921, LGBl. Nr. 58/1921 dekretiert, seine Führung durch ein Gesetz vom 4. Dezember 1923 geregelt. Salzburg hat schon sehr früh neben der hoheitlichen „Führung" des Landeswappens die allgemeine „Verwendung" desselben in würdiger Form für Zwecke der Heimatkunde oder der Kennzeichnung von für Stadt und Land Salzburg typischen Waren gestattet.
Eine in heraldischer Hinsicht etwas kuriose Phase war die Zeit von 1943 bis 1945, in welcher Salzburg ein Gau „Großdeutschlands" war. Wie in den anderen damals als „Reichsgaue" bezeichneten Bundesländern bestand auch in Salzburg die Bestrebung, für die Gauselbstverwaltung das traditionelle Landeswappen – wenn auch ohne Bekrönung – weiterzuführen. Daneben gab es aber Tendenzen, dem Wappen entweder den auf die erstmals im 18. Jahrhundert auftretende Spottgeschichte vom „Salzburger Stierwaschen" zurückgehenden Stier oder den nationalsozialistischen Reichsadler oder auch ein von Lorbeer umgebenes Reichsschwert als Zier aufzusetzen. Wie schon öfters im österreichischen Wappenwesen (man denke an die Pläne Karl Renners, 1918 je zwei goldene Ähren und rote Hämmer über einem schwarzen Turm als Wap-

[1] Friederike Zaisberger, Das Salzburger Landeswappen. Vom geistlichen Fürstentum zum österreichischen Bundesland. In: Bericht über den XVIII. Internationalen Kongreß für Genealogie und Heraldik, Innsbruck, 5.-9. September 1988, 511 ff.
Friederike Zaisberger/Nikolaus Pfeiffer, Salzburger Gemeindewappen. Salzburg 1985, 14

pen Deutschösterreichs einzuführen) setzte sich die heraldische Tradition durch: Der „Reichsgau" Salzburg erhielt am 24. Juni 1942 ein Wappen, das sich nur in kleinen Details der von Rudolf Klement geschaffenen Darstellung des Löwen vom bis dahin verwendeten Landeswappen unterschied: das Löwenantlitz war „wehrhafter" gestaltet, mit deutlich sichtbaren Zähnen und einem angriffslustig blickenden Auge – kein Wunder, die Blüte der Jugend Salzburgs stand mitten im Zweiten Weltkrieg; im Februar war der deutsche Vormarsch in Nordafrika bei Tobruk ins Stocken gekommen, im Osten kündigte sich die Sommeroffensive gegen Stalingrad an.
Mit dem Landesverfassungsgesetz 1945, LGBl. 1947 Nr. 1, wurde das Landeswappen in der Form des Jahres 1921 wieder eingeführt. Dem entspricht die Blasonierung des Wappens in Artikel 10 der geltenden Salzburger Landesverfassung.
Obwohl der Schutz des Landeswappens durch eine eigene Rechtsvorschrift (Landeswappengesetz 1954, LGBl. 49) schon vor dem Staatsvertrag gewährleistet war, fehlte doch jahrzehntelang eine verbindliche Abbildung, insbesondere über das Aussehen des Fürstenhutes, da in der Verfassung ja nur von einem „gekrönten" Schild die Rede ist. Es ist das Verdienst von Landeshauptmann Dr. Wilfried Haslauer, daß durch das Salzburger Landeswappengesetz vom 7. 7. 1989 (LGBl. 1989/89) nicht nur Führung und Verwendung, Verleihung und Schutz des Wappens genau geregelt wurden, sondern erstmals auch verbindliche bildliche Darstellungen geschaffen wurden. Die heraldisch perfekte schwarzweiße und farbige Abbildung im Landesgesetzblatt stützt sich auf die Arbeiten Friederike Zaisbergers und des Restaurators Nikolaus Pfeiffer, aus dessen Hand die farbige Wappenzeichnung stammt.
Das genannte Gesetz regelt die offizielle Praxis der Wappenführung, liberalisiert aber auch seine Verwendung zur Hebung des Landesbewußtseins weiter, zum Beispiel in Form von Abzeichen oder Erinnerungsgegenständen. Mißbrauch wird unter Strafe gestellt. Neben den Dienststellen des Landes, verschiedenen Landeskammern und Landesverbänden wurden u. a. die Tourismus Ges. m. b.H, der Nationalpark Hohe Tauern und der Salzburger Landesfeuerwehrverband ermächtigt, das Landeswappen zu führen.
Für „hervorragende, im besonderen Interesse des Landes gelegene Leistungen" kann das Landeswappen physischen oder juristischen Personen als Auszeichnung verliehen werden.
Offizielle Drucksorten, Stempel und Siegel waren bis zum 31. Dezember 1991 auf das neue Wappenbild umzustellen. Damit erhielt Salzburg spät aber doch ein sehr modernes Wappenrecht. Die Landespresse begrüßte dies; sie qualifizierte den Übergang von der vordem gebräuchlichen barockisierend-geschwungenen Schildausführung auf die einfache Wappenform als Ausdruck von „Geradlinigkeit", während ihr der Löwe nunmehr „sichtlich bissiger" vorkam.[1]

Landesfarben

Die Farben des Landes Salzburg sind Rot-Weiß.
Von Problemen bei der Anordnung der beiden Farben ist dem Verfasser nichts bekannt geworden. Hingegen verweist Friederike Zaisberger auf eine Publikation aus dem Jahre 1935, in welcher die Landesflagge mit „rot-weiß, von schwarz-gelben Halbrauten eingesäumt" umschrieben wird. Die heutige Praxis weiß davon nichts, vielmehr verwenden die Salzburger Landesbehörden als Dienstflagge die Farben Rot Weiß im Format 2:3, wobei das Landeswappen harmonisch im Mittelfeld angeordnet ist.

[1] Salzburger Nachrichten, 6. 10. 1989, 21

LANDESHYMNE

Die Einführung der Salzburger Landeshymne „Land uns'rer Väter" geht auf einen Beschluß des Landtages vom 24. Mai 1928 zurück. Zehn Jahre nach Gründung der Republik gab sich das Bundesland Salzburg – so wie später Burgenland und Niederösterreich – eine von Fachleuten ausgewählte Hymne. Als ihr Initiator gilt der christlichsoziale Politiker Franz Rehrl (1890–1947). Der Jurist Dr. Franz Rehrl war Landeshauptmann von Salzburg in den Jahren 1922–1938, also während des größten Teils der Ersten Republik und des Ständestaates.

Der Text stammt aus der Feder des Religionslehrers und Dichters Kanonikus Anton Pichler (1874–1943) aus Salzburg, die Melodie schuf der Dirigent der Salzburger Liedertafel, Ernst Sompek (1876–1954), ein bekannter Salzburger Komponist, der hauptsächlich durch heitere Kompositionen und Werke für Männerchor hervorgetreten ist. Der Entwurf zur Hymne wurde am 15. Mai 1928 dem Landeshauptmann und den Mitgliedern des Salzburger Landtags in der Knabenschule St. Andrä vorgestellt. Die Hymne wurde vom Schülerchor unter der Leitung des Schuldirektors Laimböck gesungen, der Vortrag wurde durch den Komponisten am Klavier begleitet. Anschließend spielte die Musikkapelle der Alpenjäger, die im Hof Aufstellung genommen hatte, unter der Leitung von Kapellmeister Hüttisch eine Instrumentalversion. Danach wurde die Hymne noch einmal vom Schülerchor gesungen. Der Vorführung war ein durchschlagender Erfolg beschieden: die Abgeordneten gratulierten den Schöpfern des Liedes zu ihrem Werk.

Zwei Wochen später nahm der Landtag folgenden Antrag des Verwaltungsausschusses einstimmig an:

> *1. Die von den Herren Bürgerschuldirektoren Pichler und Sompek in Text gesetzte und vertonte Hymne wird als Salzburger Landeshymne erklärt.*

2. Den genannten Herren wird der Dank des Landtages für ihre Bemühungen ausgesprochen.

3. Die Landesregierung wird beauftragt, diesen Herren den Dank schriftlich zu übermitteln, weiter dafür Sorge zu tragen, daß die Hymne in den Schulen im Lande geübt und bei allen feierlichen Anlässen, die das Land betreffen, vorgetragen werde. Auch ist dafür zu sorgen, daß die Hymne in den weitesten Kreisen der Bevölkerung Eingang finde.[1]

Der Text der Hymne enthält eine topographisch und sozial ausgeglichene Landesbeschreibung, wie sie auch die geltende Bundeshymne „Land der Berge, Land am Strome" unternimmt. Sie versäumt nicht, auf die Strahlkraft der Landeshauptstadt und ihres größten Sohnes Wolfgang Amadeus Mozart einzugehen. Die ihr Pathos dennoch nicht übertreibende Landeshymne beendet ihre dritte und letzte Strophe mit einer theistisch gefärbten Bitte um den Schutz Gottes für das Land, die allen Ländern der Welt überlegene Scholle der Väter.

Das Lied im langsamen 4/4-Takt mit dem feierlich punktierten Rhythmus und den häufigen Wiederholungen eignet sich durch seinen großen Tonumfang (a-d") und die eher schwer singbare chromatische Verzierung in der letzten Zeile mehr zum instrumentalen als zum vokalen Vortrag.

Landespatron und Landesfeiertag

Landespatron Salzburgs ist der hl. Rupert (auch Hruodpert und Ruodpert, „der Ruhmglänzende"). Rupert wurde um 650 in der Gegend um Worms am Rhein wahrscheinlich als Sproß eines begüterten fränkischen Adelsgeschlechts geboren. Nach anderer Auffassung war er ein iro-schottischer Missionar wie viele vor und nach ihm. Er starb vermutlich am Ostersonntag, dem 27. März 718, in Worms. Seine Gebeine wurden später nach Salzburg zurückgebracht.

Ob Rupert bereits Bischof von Worms war, ehe er aufbrach, die Alpenländer zu missionieren, ist nicht verbürgt. Er kam Ende des 7. Jahrhunderts nach Salzburg; vielleicht folgte er einem Ruf des Bayernherzogs Theoto II. (696–718). Nach ehrenvoller Aufnahme in Regensburg und Missionsarbeit bei den teilweise noch heidnischen Baiern versuchte Rupert, die Awaren zu bekehren. Dabei fuhr er auf der Donau bis Lorch, kehrte jedoch bald nach Seekirchen am Wallersee zurück. 696 gründete er auf den Resten der weitgehend zerstörten Römersiedlung Iuvavum das Kloster St. Peter, das älteste Österreichs, nach der Regel des Benedikt von Nursia (529, Monte Cassino). Erste Äbtissin des ebenfalls von Rupert begründeten Frauenklosters auf dem Nonnberg – das erste Frauenkloster in den Alpen – wurde seine Nichte Ehrentrudis (Ehrentraud), die um 718 in Salzburg starb. Das Fest der Heiligen wird am 30. Juni gefeiert.

Vom genannten Bayernherzog erhielt Rupert das Privileg der Salzgewinnung in „Hala", dem „reichen Hall", also im heutigen Bad Reichenhall. Der Transport des Salzes erfolgte zumeist auf dem Wasserweg, eine Erklärung dafür, daß sich der frühere Flußname „Ivarus" zu „Salzach" änderte. Deshalb wird auch der hl. Rupert zumeist mit einem Salzkübel („Salzkufe") dargestellt. Er gilt auch als Schutzheiliger der Salinenarbeiter.

Am 24. September 784, anläßlich der Weihe des von seinem Nachfolger Virgil erbauten Domes, wurden Ruperts Gebeine im neuen Gotteshaus zur endgültigen Ruhe bestattet. Am 15. November 1676 erklärte Erzbischof Max Gandolf den hl. Rupert offiziell zum Landespatron von Salzburg.

[1] Grasberger, Hymnen Österreichs, a. a. O., 180

Der 24. September wird in Salzburg als „Herbstruperti" feierlich begangen und gilt als Salzburger Landesfeiertag. Schulen und Landesbehörden haben frei und auch viele Geschäfte halten geschlossen.[1]

Bekanntheit des Salzburger Landespatrons 1993

	hl. Rupert	andere	weiß nicht
bis 29	35	5	60
bis 49	86	10	5
ab 50	65	15	20
Total	62	10	28

Quelle: Integral-Telephonumfrage Jänner 1993, n = 61

Sonstige Symbole Salzburgs

Es wird nicht weiter verwundern, wenn auf die (offene) Frage nach den Symbolen Salzburgs die Nennung des Landeswappens (3 Prozent) gegenüber den Schönheiten der Landschaft (26 Prozent) und der Rolle Mozarts als „Landesgenius" (10 Prozent) in den Hintergrund tritt (Integral-Umfrage „Symbole für Österreich", 1993, n = 1.000).
Wolfgang Amadeus Mozart (1756–1791), der sich 1777 – nach fünf Jahren als Konzertmeister der Hofkapelle von Erzbischof Colloredo – aus Salzburg zurückzog, ist und bleibt der kardinale Punkt im Image seiner Vaterstadt und des Landes Salzburg – selbst wenn er in seiner Bedeutung beinahe schon durch die Mozartkugel übertroffen worden zu sein scheint.

„Hoch vom Dachstein an"

Die Symbole der Steiermark

Geschichte der Steiermark

Die ältesten Spuren menschlicher Siedlungen auf dem Gebiet der heutigen Steiermark reichen in die Ältere Steinzeit zurück. So wurden etwa in der Drachenhöhle bei Mixnitz neben Hunderten Tonnen Knochen und Zähnen von Höhlenbären auch Steinwerkzeuge und Feuerstellen von Höhlenbärenjägern gefunden.
Im 4. vorchristlichen Jahrhundert überzogen keltische Stämme das Gebiet der heutigen Steiermark. Zur Römerzeit gehörten die steirischen Gebiete zum größten Teil zur Provinz Noricum, einige Landstriche der ehemaligen Untersteiermark (um Pettau/Ptuj) waren Teil der Provinz Pannonien. Der Schwerpunkt der Provinz Noricum lag aber in Kärnten (Magdalensberg). Auf dem Boden der heutigen Steiermark entstand nur eine römische Zivilstadt, nämlich Flavia Solva beim heutigen Leibnitz.

[1] Kaufmann, Brauchtum in Österreich, a. a. O., 301 f.
Johannes Neuhardt, Eine neue Epoche der Glaubensverkündigung. Rupert und Virgil. In: Entschluß 12/1987

Als die Römer Pannonien verloren, war der steirische Raum ungeschütztes Grenzgebiet gegen aus dem Osten eindringende Völker. Flavia Solva wurde bald nach 400 zerstört. Unter dem Druck der Awaren drangen alpenslawische Stämme – die Vorfahren der Slowenen – in die Ostalpentäler ein. Sie errichteten das Fürstentum Karantanien, das Mitte des 8. Jahrhunderts unter die Oberhoheit der Baiern kam. In dieser Zeit begann die Christianisierung der Steiermark. Nach seinem Sieg über die Awaren errichtete Karl der Große die Karolingischen Marken, was eine weitere bairische Siedlungswelle auslöste. Ausgangspunkte der damit verbundenen christlichen Missionierung waren im Norden Salzburg und südlich der Drau Aquileia. Nach der Schlacht am Lechfeld, bei der die Ungarn endgültig besiegt wurden, erstreckten sich die Herzogtümer Bayern und Kärnten mit den obersteirischen Grafschaften und drei Marken über steirisches Gebiet: die Mark an der mittleren Mur („Kärntner Mark", das Kerngebiet der heutigen Steiermark), die Mark an der Drau und die Mark an der Sann.
Als Herrschaftszentrum der Kärntner Mark diente zunächst die Hengistburg, wahrscheinlich auf dem Wildoner Schloßberg, südlich der Mündung der Kainach in die Mur gelegen. Die Eppensteiner, Nachfahren des ersten Markgrafen mit dem – zufällig – passenden Namen Markwart (vor 970 bis ca. 995), hatten ihren Sitz ursprünglich in Judenburg. Zeitweise sogar Amtsinhaber der Mark Verona, stellten sie auch Kärntner Herzöge, bis ihr Geschlecht 1122 erlosch.
Graf Otakar I. (Markgraf vor 1056 bis ca. 1075) hatte seinen Hauptbesitz im Traungau und seine Stammburg in Steyr. So erhielt das werdende Land den Namen „Marchia Styriae", „Steiermark" bzw. die volkstümlichen Bezeichnungen „Steier" und „Steierland". („Traungauer" oder „Otakare" wurden die Markgrafen von Steyr später von der Geschichtsforschung genannt.) Markgraf Otakar III. (1129–64) gilt als eigentlicher Begründer des steirischen Landesfürstentums. Er konnte die Mark weit nach Norden (Gebiet Pitten und späteres Wiener Neustadt) und Süden (Marburg) ausdehnen. Otakar III. legte die Semmeringstraße an und errichtete 1160 am südlichen Fuß des Passes ein Hospiz. Er wählte den Panther zum Wappentier der Steiermark und gründete Fürstenfeld. Unter seiner Herrschaft entwickelte sich Graz zum politischen, wirtschaftlichen und kulturellen Zentrum der grünen Mark. Der Name „Graz" kommt von der slowenischen Bezeichnung für die Burg auf dem Schloßberg „gradec". Die uns von manchen alten Stichen geläufige Schreibweise „Grätz" stellt übrigens keine zweite Wortform dar; mit dem Buchstaben „ä" sollte vielmehr nur ausgedrückt werden, daß das „a" in „Graz" offen und hell zu sprechen sei.
1180 wurde die Mark von Bayern getrennt und von Kaiser Friedrich Barbarossa zum selbständigen Herzogtum erhoben.
Am 17. August 1186 wurde auf dem St. Georgsberg (heute Georgenberg) bei Enns zwischen dem kinderlosen, vom unheilbaren Aussatz befallenen Herzog Otakar IV. und dem Babenberger Leopold V. ein Erbvertrag geschlossen, welcher den Babenbergern die Nachfolge, den steirischen Ständen aber ihre erworbenen Rechte auf Dauer sicherte („Georgenberger Handfeste", die „Magna Charta" der steirischen Ministerialen). 1192 fiel dann die Steiermark gemäß dem Vertrag an die Babenberger, behielt aber ihre Selbständigkeit. Damit ist die Steiermark das erste der heutigen Bundesländer, das sich mit dem österreichischen Kernland vereinigte.
Die Herrschaft Přemysl Ottokars II. blieb eine Episode: im Wiener Frieden 1276 mußte er die Steiermark abtreten, die schließlich 1282 an Albrecht I. von Habsburg gelangte. An der Wende zum 15. Jahrhundert wurde die Steiermark zum Kernland von Innerösterreich, dem neben der „ehernen Mark" auch Kärnten, Krain und Triest angehörten. Fast zwei Jahrhunderte – zwischen 1564 und 1748 – spielte der Staat Innerösterreich politisch und kulturell eine bedeutende Rolle, was auch dadurch zum Ausdruck kommt, daß Graz bis 1619 Residenzstadt war.

Unter den Ungarn- und Türkeneinfällen litt besonders der südliche und östliche Teil der Steiermark. Von Graz aus wurde die sogenannte „Militärgrenze“ in Kroatien aufgebaut: die Ansiedlung von Wehrbauern und der Festungsgürtel zum Schutz gegen die Türken wurden vor allem mit in der Steiermark aufgebrachten Geldmitteln finanziert.

Die mit der Reformation verbundenen Glaubenskämpfe verschonten auch die Steiermark nicht. Zusammen mit anderen Glaubensbrüdern mußte etwa Johannes Kepler 1600 Graz verlassen. Unter Maria Theresia verloren die Landstände eines ihrer letzten Rechte, das der Steuerbewilligung. 1749 wurden Kreisämter geschaffen, womit die jahrhundertealte Grundherrschaft ausgehöhlt wurde. Unter Joseph II. wurden in der Steiermark 32 Klöster aufgehoben. Leopold II. machte einige Maßnahmen seines Bruders wieder rückgängig; so kehrte auch der nach Wien verbrachte steirische Herzogshut wieder nach Graz zurück.

1797 und 1805 besetzten die Franzosen das Land. Obwohl vom Feind unbesiegt, mußte nach dem Frieden von Schönbrunn 1809 die Festung auf dem Grazer Schloßberg geschleift werden. Glocken- und Uhrturm wurden von der Grazer Bürgerschaft ausgelöst und blieben so erhalten.

Bis zum heutigen Tag mit der Geschichte der Steiermark untrennbar verbunden ist die Person Erzherzog Johanns (1782–1859). Ursprünglich auf Tirol konzentriert, wandte sich der Enkel Maria Theresias nach 1809 der Steiermark zu. Er gründete das Grazer Joanneum, betrieb Musterlandwirtschaften, führte rheinische Reben in der Südsteiermark ein und baute die Eisenindustrie nach englischen Vorbildern aus. Am Erzberg, von welchem die Bezeichnung der Steiermark als der „ehernen“ oder „eisernen“ Mark stammt, war ja wahrscheinlich schon von Kelten und Römern Eisenabbau betrieben worden. Daraus hatte sich im Laufe der Jahrhunderte ein wichtiger Wirtschaftszweig entwickelt, der erst durch den Wegfall der Absatzmärkte der Monarchie nach dem Ersten Weltkrieg in Schwierigkeiten kam.

Erzherzog Johann förderte auch die steirische Volkskultur, insbesondere Volkslied und Volkstracht. Nach seiner Heirat mit der Ausseer Postmeisterstochter Anna Plochl wurde der „steirische Prinz“ bereits zu Lebzeiten zu einer verehrten volkstümlichen Gestalt. Während der Revolution 1848 wurde Johann kurzzeitig Regent in Wien, danach Reichsverweser in Frankfurt, legte dieses Amt jedoch 1849 nieder und wirkte noch ein Jahrzehnt in seiner Wahlheimat Steiermark.

Die Jahrzehnte bis zum Ersten Weltkrieg waren die Blütezeit des liberalen und später deutschnationalen Bürgertums. Der verlorene Krieg bedeutete für die Steiermark einen empfindlichen Gebietsverlust: die gesamte Untersteiermark ging 1919 an den neuen jugoslawischen Staat verloren. Damit fiel unter anderem auch die direkte Bahnverbindung über Marburg/Maribor nach Klagenfurt weg.

Hunger, Arbeitslosigkeit und Inflation trugen das Ihre zur Radikalisierung der Politik in der Ersten Republik bei. Die Situation als Grenzland hatte in der Steiermark schon früh eine relativ starke, autochthone deutschnationale Bewegung hervorgebracht. Unmittelbar vor dem „Anschluß“ führte dies 1938 zu intensiver nationalsozialistischer Propagandaentfaltung in der Steiermark, was der Stadt Graz den Titel „Stadt der Volkserhebung“ einbrachte. Als „Reichsgau“ erhielt die Steiermark unter der NS-Herrschaft das südliche Burgenland dazu, mußte aber das Ausseerland an „Oberdonau“ abgeben.

1941 wurde die Untersteiermark unter die kommissarische Verwaltung durch den Gauleiter des „Reichsgaus“ Steiermark gestellt. Die darauf einsetzende Germanisierungspolitik des Deutschen Reiches sollte für die deutschsprachige Minderheit der Untersteiermark nach Kriegsende furchtbare Folgen haben. In den letzten Wochen des Zweiten Weltkrieges, der auch in den steirischen Industriegebieten starke Zerstö-

rungen durch Bombenangriffe mit sich gebracht hatte, wurde die Steiermark im Osten zum Kampfgebiet zwischen deutschen Truppen und der Roten Armee, um nach dem 8. Mai 1945 auch noch Aufmarschgebiet von Briten, Amerikanern, Bulgaren und Tito-Partisanen zu sein. Mit dem Zonenvertrag vom 24. Juli 1945 begann die zehnjährige Besetzung durch britische Truppen.
Die Nachkriegs- und Wiederaufbauzeit war durch die starke Persönlichkeit von Landeshauptmann Josef Krainer sen. (im Amt 1948–1971) geprägt, dessen Sohn heute sein Erbe fortführt. Ähnlich den anderen östlichen Bundesländern, die unter sowjetischer Besatzung an der toten Grenze lagen, konnte die Steiermark infolge ihrer Randlage nur mühsam wirtschaftlich aufholen. Als dies schon beinahe gelungen schien, geriet die gesamte steirische Schwerindustrie in den Sog der großen internationalen Kräfteverschiebungen auf dem Eisen-, Stahl- und Fahrzeugsektor. Mühsame Umstrukturierungsprozesse waren die Folge, die bis heute noch nicht ganz bewältigt sind. Auf dem kulturellen Sektor hingegen konnten sich Graz und die Steiermark mit zahlreichen literarischen und musikalischen Initiativen sowie mutigen Aktionen auf dem Gebiet der bildenden Künste einen Spitzenplatz in Österreich sichern.

DEMOGRAPHISCHE DATEN

Fläche: 16.388 km^2
Wohnbevölkerung (Volkszählung 1991): 1,154.452
Einwohner Graz: 237.810 = 20,6 Prozent
Ausländeranteil: 30.268 = 2,6 Prozent
Agrarquote: 7,6 Prozent
Prozente Landtagswahl 1991: SPÖ 35, ÖVP 44, FPÖ 15, GAL 3, Grüne 2

LANDES-VERFASSUNGSGESETZ 1960; PARAGRAPH 6:

(1) Die Farben des Landes sind weiß-grün.
(2) Das Wappen des Landes ist in grünem Schild der rotgehörnte und gewaffnete silberne Panther, der aus dem Rachen Flammen hervorstößt. Der Wappenschild trägt den historischen Hut.
(3) Das Recht zur Führung des Landeswappens steht den öffentlichen Behörden und Ämtern des Landes Steiermark sowie jenen physischen und juristischen Personen zu, die es bisher auf gesetzmäßigem Weg erworben haben. Neubewilligungen zur Führung des steirischen Landeswappens können nur von der Steiermärkischen Landesregierung erteilt werden, die auch nötigenfalls dieses Recht aberkennen kann.
(4) Das Landessiegel enthält den Wappenschild mit dem historischen Hut und die Umschrift „Land Steiermark Republik Österreich".

LANDESWAPPEN UND LANDESFARBEN

Das Landeswappen der Steiermark ist in grünem Schild ein silberner, rotgehörnter und rotbewehrter Panther, der aus dem Rachen Flammen hervorstößt. Der Wappenschild trägt den steirischen Herzogshut (vgl. Farbabbildung S. XIV).
Das Wappentier der Steiermark ist seit seiner Einführung am Ende des 13. Jahrhunderts zum quasi lebenden Symbol steirischer Eigenständigkeit geworden. Mit Ausnahme vielleicht des Tiroler Adlers kommt ihm kein Wappen der österreichischen Bundesländer an identitätsstiftender Wirkung gleich.

Bereits im Jahre 1162, Jahrzehnte, bevor die Babenberger den Adler zu ihrem Familienwappen erwählten und auf ihren langgestreckten, gelappten „Gonfanon“ setzten, erscheint auf einem Siegel des Grafen Philipp von Flandern der flandrische Löwe auf einer Fahne in Form eines hochgestellten, ungelappten Rechtecks.
Zusammen mit den deutschen Fürsten schuf sich auch Otakar III., Markgraf in Steier, Siegel, Wappen und Feldzeichen. Ursprünglich führte er ein einfaches Heroldsbild, einen Schräglinksbalken in mit Ballen belegtem bordiertem Schild. Später jedoch wählte sich Otakar – nach Ansicht der zuständigen Historiker im vollen Bewußtsein des Symbolgehalts – den Panther als Wappen- und Siegelbild. Auf Urkunden ist dieser Siegelabdruck erstmals 1160 belegt. 1180, mit der Erhebung der Steiermark zum Herzogtum, ging das Traungauer Familienwappen auf das Land über. Otakar war aber nicht der einzige, der sich für den Panther entschied; auch die aus Rheinfranken stammenden Spanheimer, zeitweilig Herzöge von Kärnten, führten ursprünglich den Panther im Wappen, wie wir aus der Geschichte des Kärntner Wappens (s. d.) wissen. Durch den Übergang ihres Besitzes an die Herzöge von Niederbayern kam der Panther auch ins bayerische Wappen. Noch heute zeigt das große Staatswappen des Freistaates Bayern blau in Silber im dritten Feld den heraldischen Panther. Bayern ist unserer Kenntnis nach das einzige Staatswesen, das neben der Steiermark dieses Fabeltier im Wappen führt.[1] Es wäre reizvoll, die mannigfachen geistigen, politischen und auch wirtschaftlichen Bindungen zwischen der Steiermark und Bayern – von der ersten Christianisierung bis zur Achse Josef Krainer sen./Franz Josef Strauß – näher zu analysieren oder auch die sehr eigenständige Politik zu reflektieren, die die großen Bundesländer jeweils im Süden Deutschlands und Österreichs betreiben – nicht immer zur Freude der Bundespolitik.
Heinrich Purkarthofer geht davon aus, daß Markgraf Otakar III. den mit dem Panther verbundenen christlichen Symbolgehalt sehr genau kannte, als er sich für dieses Wappentier entschied. Otakar war mit den geistigen Strömungen seiner Zeit vertraut: ihm waren religiöse und künstlerische Erwägungen, die im Mittelalter von politischen nicht zu trennen waren, gewiß nahegebracht worden. Insbesondere muß Otakar das vielgestaltige ikonographische Programm der Fresken in der Johanneskapelle auf der Pürgg gekannt haben, war diese erste Pfalz der Traungauer doch eine Stiftung des Markgrafen.
Was ist nun die Bedeutung des Panthers, und welche Legenden ranken sich um dieses in unseren Breiten ja nur im Gehege vorkommende Tier?
Zur Jahrhundertwende erschien eine achtunggebietende Monographie über die Grundzüge der österreichischen Landesheraldik und über das steirische Pantherwappen, das berühmte Standardwerk von Anthony von Siegenfeld.[2] Wenn auch in einer seiner grundlegenden Thesen überholt (Siegenfeld führt die europäische Heraldik in direkter Linie auf orientalische, griechisch-römische und germanische Vorbilder zurück), bleibt das Buch eine Fundgrube für den heraldisch Interessierten. Von besonderer Bedeutung ist darin auch die lange und detailreiche Auseinandersetzung mit dem „Physiologus“ („Der Naturkundige“), einem vor 300 im frühchristlichen Alexandrien entstandenen populärtheologischen Büchlein eines uns unbekannten Verfassers. In viele Sprachen übersetzt, spielte diese Aneinanderreihung von mystischen und moralischen Auslegungen realer oder nur in der Fabel existierender Lebewesen und ihrer Eigenschaften im Mittelalter neben der Bibel eine nicht unbedeutende

[1] Heinrich Purkarthofer, Das Wappen der Steiermark, Kulturgeschichtliche und rechtliche Aspekte. In: Mitteilungen des Steiermärkischen Landesarchivs 30/1986, 77 ff. sowie: Der steirische Panther. Kulturgeschichte und rechtliche Aspekte. In: Der Herold 5/94, 117 ff.

[2] Alfred Ritter Anthony von Siegenfeld, Das Landeswappen der Steiermark. Graz 1900. 437 Seiten, 41 Textillustrationen und 51 Tafeln in Mappe

Rolle. Der „Physiologus" bildete nicht nur die Grundlage für zahllose künstlerische und architektonische Symboldarstellungen vor allem in Kirchen und Klöstern, sondern war auch eine beliebte Quelle für Sagen und Legenden. Anfänglich ein Naturkundebuch, wurde es später durch christliche Deutungen erweitert.

Was hat der „Physiologus" nun über den Panther, der zum steirischen Wappentier erkoren wurde, zu berichten? Hier der Text nach Siegenfeld:[1]

> *Der Panther ist allen Thieren sehr freund, außer dem Drachen. Er ist bunt (wie das Kleid des Josef). Er ist still und sehr sanft. Wenn er gefressen und sich gesättigt hat, legt er sich schlafen in seiner Höhle. Und am dritten Tage erwacht er aus seinem Schlafe und schreit mit mächtiger Stimme brüllend. Und ferne und nahe hören die Thiere seine Stimme. Aber aus seiner Stimme dringt aller Wohlgeruch der Gewürze hervor. Und es folgen die Thiere dem Wohlgeruch des Duftes des Panthers nahe zu ihm laufend. Ebenso auch Christus, indem er am dritten Tage erwachte und von den Todten aufstand, wurde uns aller Wohlgeruch, den Friedfertigen in der Nähe und in der Ferne. Sehr vielfärbig aber ist die verständige Weisheit Gottes. Also sprach auch der Psalmist: „Hier ist die Königin zu Deiner Rechten in golddurchwirktes Gewand bunt gekleidet." Diese ist die Kirche. Sehr bunt ist Christus, er selbst ist Jungfräulichkeit, Enthaltsamkeit, Erbarmen, Treue, Tapferkeit, Langmuth, Einigkeit, Friede. Schön also sprach der Naturkundige über den Panther.*

Der Panther als Feind des Drachens und als Wohlgeruch verbreitendes friedfertiges Wesen symbolisiert also den auferstandenen Christus, der Tod und Teufel, Verwesung und Sünde überwindet und diejenigen, die an ihn glauben, um sich schart. Die frühe Entstehung dieser Darstellung legt nahe, daß dem Verfasser nicht das Bild des ihm wohlbekannten Panthers als das eines wilden Raubtieres, sondern jenes eines gezähmten Geparden vor Augen stand. Der Gepard pflegt in der Tat nach einem ausgiebigen Mahl drei Tage zu schlafen, um danach friedfertig zu spielen, bis es zur Jagd geht.

Mag der Physiologus auch ideologisches Vorbild sein, das schließlich heraldisch ausgeformte steirische Wappentier ist ein reines Produkt menschlicher Phantasie, fernab jeder Wirklichkeit: der im Wappen der Steiermark und einiger wichtiger Städte (Graz, Steyr, Enns, Fürstenfeld und Mödling) vorkommende silberne/weiße Panther hat einen langgestreckten Pferdeschädel, eine Löwenmähne, bezottelte Hinterläufe, einen (manchmal doppelten) Löwenschwanz, kurze rote Stierhörner, rote Klauen, und – nicht zu vergessen – er speit Feuer aus seinem Rachen, ja zu bestimmten Zeiten seiner langen Lebensgeschichte noch aus weiteren Leibesöffnungen, insbesondere aus den Ohren. Damit sollte der vom „Urpanther" verströmte Wohlgeruch dargestellt werden. Allerdings seien die Flammen auf einen Schreibfehler zurückzuführen, macht Siegenfeld aufmerksam:[2] statt „fragrat" wurde im lateinischen Physiologus „flagrat" geschrieben, was zur Darstellung der Flammen geführt habe. Die Hörner und Hufe lassen sich nach Siegenfeld – wie er zugibt, mit etwas Mühe – auf Machtsymbole der Apokalypse zurückführen (Lamm mit sieben Hörnern als Symbol für den Sieg über den Tod und die Fülle der Macht 5,6; Tier mit zehn Hörnern und sieben Köpfen, das aus dem Meer steigt und einem Panther gleicht, als Symbol für das römische Kaiserreich, das göttliche Verehrung fordert 13,1 f.)

Im Wappen der Stadt Graz sind übrigens die roten Hörner des Panthers durch eine goldene Laubkrone (Helmkrone) ersetzt, und auch die Krallen sind golden. Die einfachste Erklärung hiefür wäre eine Art „Ehrenkränzel", wie es etwa der Tiroler Adler

[1] a. a. O., 413
[2] a. a. O., 96

trägt, also eine Aufwertung des Panthermotivs durch die selbstbewußten Bürger der Landeshauptstadt.
Reiner Puschnig offeriert eine heraldisch interessante andere Deutung: Vor Einführung der Schraffuren habe man die Tinkturen eines Wappens mit Hilfe kleiner Farbsymbole ausgedrückt, mit welchen man die Schildfelder bestreute: Lilien für Blau, Kleeblätter für Grün, Herzen für Rot, den Mond für Silber, die Sonne oder eine Krone für Gold. Auf die ursymbolischen Konnotationen dieser Zeichen wurde bereits weiter oben eingangen (vgl. S. 41 ff.). Um nun den Panther im steirischen Wappen als weiß/silbern zu kennzeichnen, habe man über seinem Haupt einen Halbmond angebracht. Demgegenüber wurde dem „Stadtpanther" eine Krone beigegeben, womit er dann in Gold tingiert worden wäre.[1] Ein Beispiel dafür findet sich freilich nicht. Das Siegel der Stadt Graz von 1261 zeigt jedenfalls nicht einen gehörnten, sondern einen gekrönten Panther. Später wurden auch die Klauen im Wappen der Stadt Graz golden gefärbt. Überdies speit der „Hauptstadt-Panther" aus allen Leibesöffnungen Feuer, während der rot gehörnte und gewaffnete „Landespanther" bekanntlich – streng nach der Vorschrift des Physiologus – nur seinen Rachen als Flammenwerfer benutzt.
Der große österreichische Heraldiker Hugo Gerard Ströhl sieht das alles ein wenig anders, wenn er dem Grazer Panther Krone *und* Hörner zugesteht, ihm nur Flammen aus dem Rachen erlaubt und ihm überdies – wie allen anderen lokalen steirischen Wappenpanthern auch – statt Vorderpfoten Adlerfänge wachsen läßt.[2]
Spätestens um 1260 entstanden die Landesfarben Weiß und Grün. Über sie erfahren wir in einem Bericht über die Schlacht von Kroissenbrunn, in welcher die Ungarnherrschaft über die Steiermark unter Béla IV. abgeschüttelt wurde. Das weiß-grüne Landesbanner trug damals der Landmarschall Ulrich von Wildon voran. Weiß und Grün werden von dessen Familienwappen hergeleitet, das drei Kleeblätter unter silbernem Schildhaupt zeigte. Der Reimchronist Ottokar aus der Gaal beschreibt 1315 die frühen Landessymbole seiner Heimat in bezug auf diese Schlacht mit folgenden Worten:

... ein banier grüene als ein gras
darin ein pantel[3] swebte
blanc als ob es lebte ...

Die erste Farbdarstellung des steirischen Landeswappens überliefert die Züricher Wappenrolle (um 1340): in nach unten spitz zulaufendem grünem Schild ein rot gewaffneter weißer Panther, der aus Rachen und Geschlecht rote Flammen sprüht. In dieser Abbildung ist das historische Vorbild für die landesgesetzlich festgelegte Zeichnung des heutigen steirischen Wappens zu suchen.
Gedruckt erscheint das Pantherwappen in der Landhandfeste von 1523. Um diese Zeit erfolgte eine Neuinterpretation des steirischen Panthersymbols. Im Hinblick auf die Türkengefahr stand nicht mehr die christliche Friedfertigkeit, sondern die animalische Verteidigungsbereitschaft des Wappentieres im Mittelpunkt. Der Landeshandfeste war das folgende elegische Distichon angefügt, welches offenbar die Situation am „Hofzaun des Reiches" in ein heraldisches Bild bringen wollte:

Nemo Styrorum Pantheram tangere tentet
Ructat ab ore ignem posteriusque cacat.
(Niemand wag' es, den Panther der Steirer zu reizen,
Feuer versprüht sein Maul, Feuer der Hintere auch.)

[1] Reiner Puschnig, Unser steirisches Wappentier. In: Blätter für Heimatkunde 50/1976, 52 ff.
[2] Hugo Gerard Ströhl, Städte-Wappen von Österreich-Ungarn. Wien 1904
[3] Pantel (auch Pantier, Pardel) ist eine Abwandlung des Wortes Panther

Das steirische Landeswappen ist seit mehr als 750 Jahren in praktisch unveränderter heraldischer Form in Gebrauch. Zusammen mit dem rot-weiß-roten Bindenschild ist es eines der ältesten und ehrwürdigsten Staatssymbole Europas.
Die Farben der Steiermark, Weiß und Grün, sind – wie auch der Panther – im europäischen Wappen- und Flaggenwesen nur selten anzutreffen. Grün dient hingegen in jüngerer Zeit als Farbe des Propheten im mohammedanischen Kulturraum häufiger als Staatssymbol.
Einmal in seiner vielhundertjährigen Geschichte wurde der steirische Panther furchtbar mißbraucht, als er nämlich zum Symbol des „Steirischen Heimatbundes", der untersteirischen Organisation der NSDAP, gemacht wurde. Einem Hakenkreuz aufgelegt, diente er zwischen 1941 und 1945 der grausamen Assimilierungspolitik Adolf Hitlers („Macht mir die Untersteiermark deutsch!").[1]
Nahezu zwei Jahrtausende, nachdem der „Naturkundige", der Physiologus, seine Erkenntnisse über den friedfertigen Panther niedergeschrieben hatte, wurden diese auch als Mittel der österreichischen Innenpolitik eingesetzt. Und das kam so:
Als die Bundesregierung Anfang 1985 25 Jahre alte schwedische Kampfflugzeuge vom Typ „Draken" (Drachen!) ankaufte und deren Stationierung am Flughafen Thalerhof bzw. in Zeltweg ankündigte, griff Landeshauptmann-Stellvertreter Prof. Kurt Jungwirth – als Landeskulturreferent auch heraldisch gebildet – am 10. 5. 1985 das Bild des Physiologus auf. Bei einer Rede anläßlich der Eröffnung des Kuppelsaales des Joanneums unterstrich er damit den Widerstand der Steirer gegen die lärmenden Düsenjäger-Drachen.
Das steirische Wappen ist nicht nur in Paragraph 6 der steiermärkischen Landesverfassung aus dem Jahr 1960 beschrieben, sondern auch in Paragraph 1, Abs. 1 des Landesgesetzes zum Schutz der steirischen Landeswappens, LGBl. 1980/8, gleichlautend blasoniert. Der Abs. 2 bestimmt, daß die in der Anlage enthaltene Darstellung einen Bestandteil des Gesetzes bildet. Leider konnte man sich damals nicht dazu entschließen, der gut reproduzierbaren Schwarzweißzeichnung auch eine Farbabbildung beizugeben. Zur Zeit stellt die Landesregierung zwar bereitwillig einen Farbdruck zur Verfügung, doch handelt es sich dabei weder um eine offizielle Gesetzesbeilage noch entspricht dieses Farbbild der gängigen Praxis. Es stimmt zwar in der Form des gotisierenden Schildes mit den allenthalben verwendeten landesamtlichen Wappendarstellungen überein, weicht aber durch einen leicht blaustichigen Grünton von dem in der Heraldik üblichen Blattgrün ab.
Benötigt man eine heraldisch perfekte, einfache und praxiskonforme Darstellung, verwende man die Abbildungen in der kleinen Broschüre „Die Grazer Burg" (Steiermärkische Landesdruckerei, Graz, 2. Aufl. 1993).

Landeshymne

1844 gab die Steiermärkische Landwirtschaftsgesellschaft aus Anlaß ihres 25jährigen Bestandsjubiläums ein Flugblatt zu Ehren ihres Gründers, Erzherzog Johann, heraus. Es enthielt als Motto des Festes ein Gedicht, das der Grazer Buchhändler Jakob Franz Dirnböck (1809–1861) mit dem Titel „Der Steirer Land" verfaßt hatte. Dazu hatte der Grazer Domorganist und Komponist Ludwig Carl Seydler eine einfache, aus sechzehn Takten bestehende Melodie in G-Dur für vierstimmigen Chor geschrieben. Beide Autographe tragen das Datum des 18. Mai 1844; die Uraufführung des Werkes fand im Grazer Redoutensaal am 16. Oktober 1844 statt.
Ohne obrigkeitliche Anordnung verbreitete sich das ursprünglich aus zehn Strophen bestehende Lied nicht nur in der Steiermark und im Alpenraum, sondern weit darüber

[1] In: Die Steiermark, Brücke und Bollwerk. Katalog zur Landesausstellung 1986, 485

hinaus im gesamten deutschen Sprachraum. Von Süddeutschland („Von des Rheines Strand, wo die Rebe blüht . . .“) bis nach Preußen („Von der Ostsee Strand, wo die Möwe zieht . . .“) und von Vorarlberg („Hoch vom Widerstein, wo die Ach entspringt . . .“) bis ins Sudetenland („Hoch vom Erzgebirg, wo der Bergmann haust . . .“) wurde der Melodie ein landsmannschaftlicher Text unterlegt. So war aus einer Gelegenheitsdichtung ein Volkslied geworden – ein gar nicht so seltener Fall, wie wir ihn auch schon bei der Kärntner Landeshymne kennengelernt haben. Und wie in Kärnten sollte es auch in der Steiermark viele Jahrzehnte dauern, bis das in den Schulen und im Volk längst geübte steirische Heimatlied auch offiziell zur Landeshymne bestimmt wurde. Man schrieb das Jahr 1929, als der Steiermärkische Landtag in seiner 41. Sitzung am 3. Juli folgenden Beschluß faßte:

1. Das Lied „Hoch vom Dachstein an“, Text von Jakob Dirnböck, Melodie von Ludwig C. Seydler, wird als steirisches Heimatlied erklärt und bei feierlichen Anlässen ähnlich wie die Bundeshymne behandelt.

2. Der steiermärkische Landesschulrat wird ersucht, die Einübung dieses Liedes (1. bis 6. Strophe) für die Schüler der Volks-, Haupt- und Mittelschulen, sowie der Lehrer- und Lehrerinnenbildungsanstalt anzuordnen.

Es ging nicht ohne heftige Debatten ab, bis der Beschluß gefaßt wurde. Dieser wies jedenfalls genügend steirisches Selbstbewußtsein auf, vermischt mit jener deutlichen Betonung des Deutschtums, die in dieser Zeit nicht nur in der Steiermark en vogue war (vgl. die Umstände der Einführung der Kernstock-Hymne im Dezember 1929, S. 138 ff.). So hieß es schließlich im Landtag:

. . . es gibt kein Steirerlied, das so sehr von jedem Steirer gekannt wird, das außerdem überall, wo Deutsche wohnen, als das Steirerlied, eben als die steirische Nationalhymne bekannt ist wie das Dachsteinlied.[1]

Notabene klingt „Dachsteinlied“ ein wenig wie „Deutschlandlied“ . . . Wie dem auch sei, nach seiner jahrzehntelangen inoffiziellen Funktion als Landeshymne wurde „Hoch vom Dachstein an“ nun offiziell anerkannt.

Das Dachsteinlied wurde übrigens

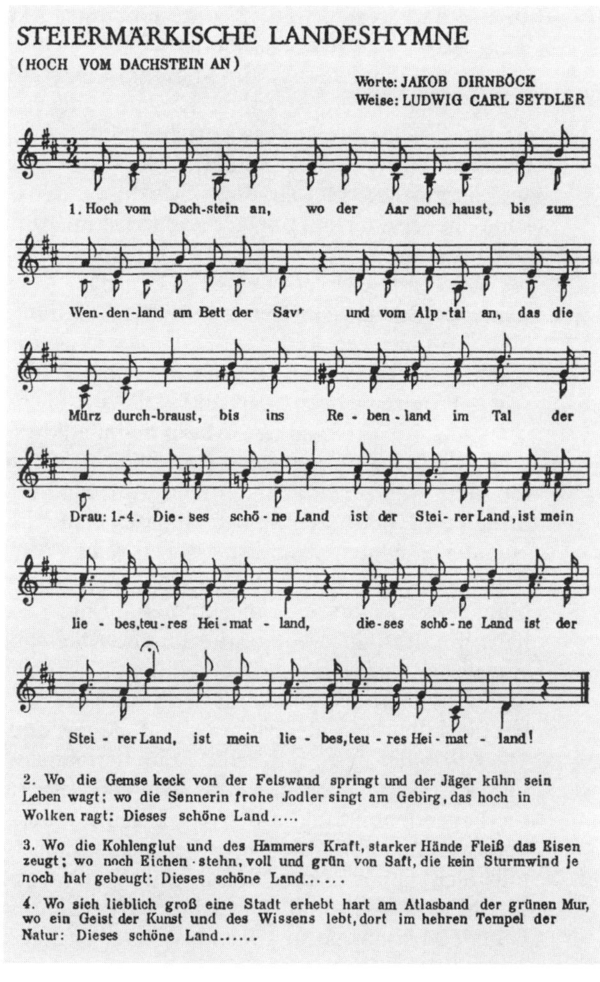

[1] Grasberger, a. a. O., 182 ff. In den zugänglichen Liederbüchern sind meist nur drei oder vier Strophen abgedruckt.

am 15. Juni 1904 an der Universität Graz von Otto Nußbaumer in ein Kohlemikrophon gesungen und mittels eines Lichtbogensenders drahtlos übertragen – zum ersten Mal in der Geschichte wurde so die menschliche Stimme über Radiowellen gesendet.[1]

Das Dachsteinlied erhält durch den 3/4-Takt und die abwechselnden Achtel bzw. Viertel einen tänzerischen Charakter. Chromatische Verzierungen und relativ große Intervallsprünge machen den vokalen Vortrag nicht gerade leicht.

Landespatron und Landesfeiertag

Über Josef, den Schutzheiligen der Steiermark sowie Kärntens und Tirols, den einzigen biblischen Heiligen unter den Landespatronen Österreichs, haben wir relativ wenige gesicherte Angaben. Wir müssen uns damit begnügen, daß er aus dem königlichen Haus Davids stammte und den ehrsamen Beruf des Zimmermanns ausübte. Josef wurde in große Gewissensqualen gestürzt, als er erkennen mußte, daß seine Verlobte, die wahrscheinlich noch sehr junge Mirjam (Maria), guter Hoffnung war. Doch da er ein „gerechter", d. h. gottesfürchtiger Mann war, ging er nicht den einfachen Weg, Maria zu entlassen, sondern stellte sich demütig in den Dienst der Vorsehung Gottes und der Fürsorge für Maria und ihr göttliches Kind. Die für die künstlerische Darstellung des erst seit dem 12. Jahrhundert von der abendländischen Religiösität erfaßten „Nährvaters" Jesu entscheidenden Legenden stammen nicht aus dem kanonischen Teil der Bibel, sondern gehen auf die von manchen Autoren als „geschwätzig" bezeichneten apokryphen Schriften zurück. Nach dem Protoevangelium des Jakobus habe der Hohepriester Zacharias im Auftrag des Herrn alle Witwer Judäas zu einer Prüfung zusammengerufen, indem er ihnen auftrug, unter Mitnahme eines Stabes im Tempel zu erscheinen. Derjenige, an dessen Stab sich ein Zeichen zeigen werde, sollte die dem Herrn geweihte Jungfrau Maria heimführen und unberührt behüten. An alle wurde der ihnen vorher abgenommene Stab ausgeteilt, und nichts geschah. Aus Josefs Stab aber entwich eine Taube und flatterte auf sein Haupt. Gegen Josefs Protest – er sei zu alt und wolle sich nicht zum Gespött der Kinder Israels machen – wurde er veranlaßt, Maria heimzuführen, nur um nach einer längeren Abwesenheit ihre Schwangerschaft feststellen zu müssen.[2] Die Heiligenlegende hat aus diesen und wahrscheinlich anderen Aufzeichnungen eine davon etwas abweichende Schilderung entstehen lassen, gemäß welcher Josef bei seinem Erscheinen unter den Heiratskandidaten seine Rute wegen seines Alters zunächst verborgen gehalten habe. Als er jedoch dazu veranlaßt wurde, sie dennoch hervorzuziehen, sei sie plötzlich erblüht. Eine Taube sei vom Himmel auf ihn herabgeschwebt, und die Stimme Gottes habe ihn dazu auserkoren, die Jungfrau heimzuführen.

Aus dieser Schilderung, deren eindeutig sexuelle Untertöne auch für den Nicht-Freudianer unüberhörbar sind, hat sich die Lilie als Attribut des Heiligen entwickelt, wobei die Lilie dann als Symbol von Reinheit und Unschuld gilt.

Die Attribute „Jesuskind" und „Zimmermannswerkzeuge" sind somit kanonisch, „Lilie" und „Stab" aber apokryph. Fehlende biographische Einzelheiten regten offenbar die Legendenbildung in dem im 2. Jahrhundert niedergeschriebenen apokryphen Jakobus-Evangelium oder in der erst nach dem 6. Jahrhundert aufgezeichneten, ebenfalls nicht kanonischen „Geschichte Josefs, des Zimmermanns" an.

Der hl. Josef wird kraft seiner ihm auferlegten Rolle und seiner praktischen Aufgaben bei der Menschwerdung Jesu als Stifter ehelichen Friedens, als Helfer bei Obdachlo-

[1] Franz Schulhauser, Vater des Rundfunks wurde vergessen. In: Neue Zeit, 19. Jänner 1974, I Viktor Ergert, 50 Jahre Rundfunk in Österreich. Band 1, 14 ff.

[2] Erich Weidinger, Die Apokryphen – verborgene Bücher der Bibel. Augsburg 1990, 436 ff.

sigkeit und Wohnungsnot verehrt. Vor allem aber gilt er als Fürbitter für eine „gute Sterbestunde“, da angenommen werden kann, daß Jesus bei seinem Tod selbst anwesend war. Aus seinem Beruf ergibt sich das Patronat für einige einschlägige Formen des Handwerks, so für Zimmerleute, Tischler, Wagner und Holzhauer.

Sein Namensfest, der 19. März, wird im Abendland zum ersten Mal in martyrologischen Quellen aus Reichenau um 850 erwähnt. In mittelalterlichen Kunstdarstellungen bleibt Josef nebensächlich, gelegentlich wird er noch mit dem spitzen Judenhut dargestellt, so auf einem gotischen Fresko aus der Zeit um 1340 in der Vorhalle des Gurker Doms. Die Zurückhaltung in der Verehrung des Nährvaters Jesu hängt mit der Besorgnis zusammen, er könnte als leiblicher Vater Jesu mißverstanden werden. Gegen eine breite Annahme im Kult der Volksfrömmigkeit wirkte sich aber auch das Fehlen jeder Reliquien bzw. das Nichtvorhandensein einer Grabstätte aus.[1]

Die vereinzelte Verehrung des „Josephus nutritius Domini“ mit dem Fest am 19. März geht in der Steiermark schon auf die zweite Hälfte des 12. Jahrhunderts zurück (Missale Nr. 479 des Stiftes Seckau sowie ein Missale aus Vorau aus dem 12. Jahrhundert). Besondere Verbreitung fand der Kult des hl. Josef durch französische Theologen und italienische Minoriten sowie den aus Spanien stammenden Karmeliterorden, dessen Patron er war. Einige Kirchenpatrozinien bis in die ehemalige Untersteiermark künden von der Verehrung des hl. Josef. Auf Bitten des Kaisers und einzelner Bischöfe erhob Gregor XV. schließlich 1621 das Fest zum gebotenen Feiertag im katholischen Kalender.

Für die Entwicklung des hl. Josef zum Landespatron der Steiermark war aber die gezielte politische Propagierung entscheidend. Diese erfolgte in drei Stufen:

- 1654 dekretierte Kaiser Ferdinand III. den Josefstag als Feiertag in den Salzburger Diözesanteilen der Herzogtümer Steiermark und Kärnten (somit im Großteil dieser Gebiete).
- 1675 legte Kaiser Leopold I. den hl. Nährvater Josef als „Schutzherrn aller kaiserlichen Erbkönigkreiche und Länder“ fest und befahl, das Fest feierlich zu begehen. Damit war der Heilige aber noch nicht formell Landespatron.
- 1771 reduzierte Maria Theresia mit päpstlichem Einverständnis die hohe Zahl kirchlicher Feiertage und dekretierte als örtlichen Patron für Steiermark, Kärnten und Tirol den hl. Josef. Für die Steiermark erfolgte die endgültige Einführung des Festes mit 15. Jänner 1772.

Es ist überliefert, daß Kaiserin Maria Theresia nach der Geburt von drei Töchtern inbrünstig zum hl. Josef gebetet hatte, ihr doch einen männlichen Erben zu schenken, der für den Bestand des jungen Hauses Habsburg-Lothringen von großer Bedeutung war. Als ihr Wunsch 1741 in Erfüllung gegangen war, förderte die Kaiserin die Josefsverehrung mit allen Mitteln.

1870 wurde der hl. Josef von Papst Pius IX. zum Patron der gesamten Kirche erhoben. 1955 setzte Papst Pius XII. das Fest „Josef, der Arbeiter“ auf den 1. Mai, den Tag der Arbeit, fest. Das Zweite Vatikanische Konzil stellte seine Arbeit unter den besonderen Schutz des Heiligen.

Der Vorname „Josef“ wurde in der Steiermark wie auch anderswo vor allem durch das Vorbild des Kaiserhauses populär. Im bäuerlichen Brauchtum Österreichs gilt der 19. März als wichtiger Lostag: „Ist's am Josefitag schön, wird ein gutes Jahr man sehn.“

---

[1] Franz Leskoschek, Die Geschichte der St. Josef-Verehrung in der Steiermark. In: Blätter für Heimatkunde 22/1948
Leopold Kretzenbacher, Historische Schichten der St. Josephs-Verehrung in der Steiermark. In: Zeitschrift des Historischen Vereines für Steiermark 85/1994; vgl. hiezu auch Coreth, Pietas Austriaca, a. a. O., 70 ff.

Dennoch: Insgesamt tritt der hl. Josef in Österreich nur in einigen wenigen Wallfahrtsorten in Erscheinung, so etwa in der Wiener Augustinerkirche und am niederösterreichischen Josefiberg (1699 von Zisterziensern aus Lilienfeld, ebenfalls einer Stätte der Josefsverehrung, gegründet) und jener im Kärntner Lavanttal (1687). In Tirol ist es Bichlbach und Gaistal, in Vorarlberg gibt es in Schruns ein Patrozinium, in der Steiermark ist uns das liebliche Bergkirchlein St. Josef ob Schwanberg (erbaut 1685) bekannt und vertraut. Dort pflegte man am 19. März oft ein altes Josefilied zu singen:

Den Patriarchen hoch erhoben,
Im Himmelssaal vor Gottes Thron,
Den Vater Joseph laßt uns loben,
Den guten Steiermark-Patron . . .

So hat der einfache Zimmermann aus Nazareth manche Herzen der Grünen Mark erobert, unauffällig und bescheiden, wie es sich für ihn ziemt. Wo würde er auch besser hinpassen als in das holzreiche Herz Österreichs, dessen Landeshauptmann sogar schon in der zweiten Generation den Namen des Schutzheiligen trägt?

Bekanntheit des steirischen Landespatrons 1993

	hl. Josef	andere	weiß nicht
bis 29	46	12	44
bis 49	50	10	40
ab 50.	68	16	16
Total	55	13	33

Quelle: Integral-Telephonumfrage Jänner 1993, n = 156

Sonstige Symbole der Steiermark

In der Integral-Umfrage „Symbole für Österreich" (1993, n = 1.000) wurde auch nach den Symbolen der Steiermark gefragt. Es stellte sich heraus, daß von den Einwohnern aller Bundesländer die Steirer die stärkste Beziehung zu ihrem Landeswappen haben: Mit 19 Prozent erzielt der steirische Panther vor dem Tiroler Adler (12 Prozent) und dem Fünfadlerwappen Niederösterreichs (10 Prozent) die meisten Nennungen. Während wie in anderen Bundesländern die Landschaft (31 Prozent) und die Berge (17 Prozent) als wichtige Landessymbole genannt werden, tritt in der Steiermark der Wald hinzu. Mit 18 Prozent Nennungen nimmt der steirische Wald einen einsamen Spitzenplatz unter den „Natursymbolen" Österreichs ein – er wird nur knapp vom Grazer Uhrturm (20 Prozent) geschlagen. Erzherzog Johann und der nach ihm benannte Jodler, Steireranzug und Steirerhut sind als reine Klischeebilder vom „grünen Herzen Österreichs" zu werten – ähnlich der immer wieder anzutreffenden Aussage vom „wilden Bergvolk hinter dem Semmering".

Das österreichische Nationalheiligtum Mariazell

Der steirische Marienwallfahrtsort Mariazell gilt als das ehemalige österreichische Reichs- und heutige Nationalheiligtum. Vom Ende des Mittelalters bis in die neueste Zeit war Mariazell das bedeutendste Wallfahrtszentrum im östlichen Mitteleuropa. Die Österreicher beteten hier um göttliche Hilfe gegen die Einfälle der Magyaren; Ungarn und Kroaten wieder zogen nach Mariazell, um den Beistand der Gottesmutter im Kampf gegen die Türken zu erflehen. Seit dem frühen 17. Jahrhundert schlossen sich auch die Angehörigen des Herrscherhauses den Pilgern aus den Kronländern an, um bei der „Magna Mater Austriae“ geistige Einkehr zu halten. Maria Theresia empfing hier ihre Erstkommunion, Kaiser Franz Joseph I. führte 1857 eine Wallfahrt von 270.000 Pilgern nach Mariazell an. Dadurch ist das steirische Marienheiligtum zum zentralen Symbol für die „Pietas Austriaca“, die besondere österreichische „Staatsfrömmigkeit“, geworden. Noch Julius Raab erinnerte in einer Rede an die Teilnehmer der Standeswallfahrt der gewerblichen Wirtschaft zur 800-Jahrfeier Mariazells im Jahre 1957 an den Umstand, daß Österreich als einziges der Donauländer die volle Freiheit wiedererlangt habe. Der Staatsvertragskanzler schloß mit den Worten: „Wir bitten die Große Mutter Österreichs, auch in Zukunft den Mantel über unser Vaterland zu halten. Deshalb sind wir da und gehen wieder freudigen Herzens an unsere Arbeitsstätten zurück, zu neuer Arbeit für den Aufbau des österreichischen Vaterlandes.“

Am 18. Mai 1647 weihte Ferdinand III. sich, seine Familie und sein ganzes Land der Gottesmutter (Maria als die „Generalissima“). Die Mariensäule auf dem Wiener Platz Am Hof geht auf diesen stark von der Schweden-, Türken- und Franzosengefahr bestimmten Akt zurück. Am 8. Dezember 1667 wurde die ursprünglich nach Münchner Vorbild aus Stein geschaffene Marienstatue auf Anordnung von Leopold I. (1658–1705) durch eine Bronzeplastik ersetzt. Sie zeigt die Immaculata, das Haupt im Sternenkranz und auf einem Drachen stehend. Seit damals gilt Maria als die himmlische Schutzpatronin Österreichs. Leopold I. drückte seine „Pietas Mariana“ durch die besondere Förderung der Gnadenkirche Mariazell aus. Der Wallfahrtsort wurde aber auch aus wirtschaftlichen Gründen begünstigt: die Pilgerströme sollten vom damaligen marianischen Zentrum Altötting nach Innerösterreich umgelenkt werden.

Der erste Bau der Kirche geht auf die Zeit um 1200 zurück, doch dürfte sich der Bau des heutigen Gotteshauses über einen Großteil des 14. Jahrhunderts hingezogen haben. Um die Mitte des 16. Jahrhunderts erfolgte ein kompletter Umbau, der dem gotischen Langhaus 24 Kapellen hinzufügen sollte, von denen aber nur zwölf errichtet wurden. Die Seitenkapellen sind u. a. den wichtigsten österreichischen und ungarischen Nationalheiligen geweiht und bilden somit so etwas wie ein österreichisch-ungarisches Pantheon. Der gotische Chor wurde 1653 abgerissen und durch einen längeren, dreischiffigen Bau gegen Osten so erweitert, daß er durch eine elliptische Kuppel überwölbt werden konnte.

Von eigenartigem Gepräge ist die dreitürmige Westfront: der gotische Mittelturm ist über quadratischem Grundriß erbaut und geht oben in die Achteckform über. Er dürfte einst einen durchbrochenen Steinhelm besessen haben. Die beiden barocken Seitentürme stammen aus der Mitte des 17. Jahrhunderts. Ursprünglich sollte der Mittelturm barockisiert werden, doch unterblieb dies, wie die oben erwähnten zwölf Kapellen. (Beides erinnert ein wenig an den Stephansdom, der auch nur einen von zwei geplanten Türmen angefügt bekam, bzw. an die Neue Hofburg, von der nur ein Flügel gebaut wurde – in allen diesen Fällen gefällt uns das unvollendete Werk nachträglich offenbar besser.) In Mariazell tritt die für Österreich so typische Verschmelzung gotischer und barocker Architektur gut sichtbar hervor.

Von hoher Symbolkraft ist das breite, aus rötlichem Sandstein gehauene gotische Türzsturzrelief (1438). Es zeigt die Himmelskönigin mit Jesuskind und Zepter, unter deren Schutzmantel sich Herzog Albrecht V. von Österreich begibt, während der Ungarnkönig zur Linken der Gottesmutter kniet, das berühmte „Schatzkammerbild“ haltend. Hinter ihm tobt die Türkenschlacht, die er im Vertrauen auf Maria siegreich bestand. Zur Rechten der Jungfrau steht Herzog Wenzel von Böhmen mit dem knieenden mährischen Markgrafenpaar. Das politische Programm, das den Wallfahrer begrüßt, ist klar: die sich unter Albrecht V. abzeichnende Trias von Österreich, Ungarn und Böhmen wird hier bereits als Einheit dargestellt. Unter dem Schutz der Himmelsmutter steht an zentraler Stelle Österreich. Es wird auch durch den Bindenschild symbolisiert, der links von den Emblemen Ungarns und Polens flankiert wird, während rechts von ihm, im Wimpel des hl. Wenzel, der böhmische Löwe auftritt. Diese leicht faßliche Pilgerdarstellung nimmt geistig auch schon alle jene Wallfahrten vorweg, die die österreichischen, ungarischen und slawischen Völkerschaften in den Jahrhunderten danach und bis zum heutigen Tag zu ihrer gnädigen Schirmherrin machen sollten: zur *Magna Mater Austriae,* zur *Magna Hungarorum Domina* und zur *Mater Gentium Slavorum.*

Das Türsturzrelief der Basilika in Mariazell

Mit dem Mariazeller Heiligtum verbinden sich vor allem drei Legenden: Die Gründung Mariazells im weitgehend ungerodeten Waldland ging vom Benediktinerstift St. Lambrecht (Obersteiermark, in 1072 Meter Seehöhe bei Murau, gegründet 1096, größte Kirche der Steiermark) aus. Sie sei durch einen Mönch namens Magnus erfolgt. Dieser durfte, als er auszog, die von ihm aus Lindenholz geschnitzte Madonna mitnehmen. Auf seiner beschwerlichen Reise versperrte ihm am Abend des 21. Dezember 1157 ein großer Fels den Weg. Er bat Maria um Hilfe, worauf sich der Fels spaltete und ihn durchließ. Magnus stellte die mitgebrachte Skulptur auf den im Gnadenaltar heute noch erhaltenen Baumstrunk und errichtete die erste Kapelle aus Holz („cella“ = Zelle).
Einen gewissen historischen Hintergrund mag auch der Bericht über Markgraf Heinrich von Mähren und seine Gemahlin haben: Als beide an schwerer Gicht erkrankt darniederlagen, gelobten sie eine Wallfahrt nach Mariazell. Nach der wunderbaren Erlösung von ihren Schmerzen pilgerten sie unter Führung von Herzog Wenzel tatsächlich zum Heiligtum, wo sie eine steinerne Kapelle errichteten.
König Ludwig I. von Ungarn (1326–1382) erfocht einen Sieg über ein vierfach überlegenes türkisches Heer, das er, durch einen Traum und ein auf seiner Brust liegendes Marienbild ermuntert, angriff. Das Bild befindet sich heute in der Schatzkammer der Basilika an einem Altaraufsatz in der Form eines Türkenzeltes. Es wurde von Andrea Vanni aus Siena geschaffen. Die darauf dargestellte Madonna ist mit dem Kind durch eine dreifache Perlenschnur verbunden, ihr mit Edelsteinen besetzter goldener Heiligenschein fügt sich organisch in die mit goldenen Lilien bestreute blaue Emailplatte, Emblem des Hauses Anjou, dem ja Ludwig angehörte.
Das eigentliche Heiligtum Mariazells aber ist die nur 48 Zentimeter hohe, aus Lindenholz geschnitzte Statue der Muttergottes mit dem Kind. Sie stammt aus der zweiten Hälfte des 13. Jahrhunderts und ist – ausgenommen ein paar Tage vor Weihnachten – mit dem sogenannten „Liebfrauenkleid“, einem reich bestickten und mit goldenen Fransen versehenen Mantel, bekleidet. Maria trägt wie das Jesuskind eine goldene Krone mit blauer Weltkugel und Kreuz. Beide Kronen wurden 1821 vom Kardinalprimas von Ungarn gestiftet, 1908 vom Papst geweiht und anläßlich der Erhebung zur Basilika sodann durch einen Nuntius nach Mariazell gebracht.
Die spätromanische Madonna trägt ein blaues, rotgefüttertes Überkleid, das Jesuskind hat ein weißes Hemdchen mit Goldsaum an. Beide haben Früchte in den Händen: das Kind den Apfel als Sinnbild der Erbsünde, von der es die Menschheit befreit, die Mutter eine Birne bzw. (rote) Feige. Die letztere soll einst Sinnbild des Leidens gewesen sein, von dem Christus die Menschheit erlöste. Maria zeigt auf den Ap-

fel, als wolle sie mit dem Kind die Früchte tauschen. Aufgrund dieser Geste könnte man auf einen viel tieferen Symbolgehalt schließen, von dem man annehmen kann, daß er dem mittelalterlichen Statuenschöpfer kaum bewußt war: Gottesmutter und Sohn tauschen Symbole ihrer Geschlechtlichkeit aus, um ihr jeweiliges volles Sein zu entwickeln – der männliche Teil seine „Anima", der weibliche seinen „Animus". (Vgl. hiezu „Maria mit der Birne" von Albrecht Dürer im Wiener Kunsthistorischen Museum sowie die aus dem letzten Viertel des 13. Jahrhunderts stammende, eigenwillige Tympanon-Madonna an einer der ältesten Kirchen von Graz, der Leechkirche.)
Das Gnadenbild ist jedenfalls verehrt worden wie sonst keines in Österreich. Davon zeugen Tausende Votivbilder und Votivgaben, vom einfachen Dankbrief bis zum wertvollen Kunstwerk. 1809 wurde die Statue zum Schutz vor den Franzosen nach Temesvar gebracht, 1827 überstand sie eine Feuersbrunst, der die Turmdächer zum Opfer fielen.
Zu den zahlreichen Berichten über Besonderheiten des Gnadenbildes gehören Erzählungen über den außergewöhnlich guten Erhaltungszustand der hölzernen Statue, darüber, daß sich auf den Gesichtern Marias und des Kindes kein Staub festsetze sowie über verschiedene Augenbewegungen und Lichterscheinungen.[1]
Die trapezförmige Gnadenkapelle in der Kirchenmitte geht ursprünglich auf eine Stiftung des schon erwähnten Königs Ludwig von Ungarn zurück. Das schwere Silbergitter hat Maria Theresia gespendet. Es wird von einem mächtigen Doppeladler gekrönt, ein deutlicher Ausdruck der engen Beziehungen der Habsburger zu diesem Heiligtum.[2]

„Mit ihm das Land Tirol"

Die Symbole Tirols

Geschichte Tirols

Das „Land im Gebirge", wie Tirol ursprünglich genannt wurde, liegt an der breitesten Stelle der Ostalpen und umfaßt als ihr einziges Land alle drei Hauptgebirgszüge: die nördlichen Kalkalpen, die Zentralalpen und die südlichen Kalkalpen. Die beiden Längstalfurchen, das Inntal im Norden und der Verlauf Rienz – Drau im Süden, sind über den Brennerpaß, mit 1370 Meter der niedrigste Alpenpaß, verbunden.[3] Diese besondere Lage Tirols als Durchzugs- und Paßland in der Nord-Süd- und der West-Ost-Richtung hat dem Land während seiner gesamten Geschichte seinen Charakter gegeben – von den vorrömischen Ureinwohnern, den Rätern, bis zu den Transitabkommen mit der Europäischen Union zu Ausgang des 20. Jahrhunderts. Schon die Römer, die Tirol von 15 vor bis 476 nach Christus beherrschten, führten kunstvolle Straßenbauten nicht nur über den Brenner, sondern auch über den Reschen- und den Fernpaß sowie über den Paß von Scharnitz.

[1] Othmar Wonisch, Die Gnadenbilder Unserer Lieben Frau in Maria-Zell. St. Lambrecht – Maria Zell 1916
[2] Coreth, Pietas Austriaca, a. a. O., 43 ff.
[3] Vgl. Franz-Heinz Hye, Grundzüge der Tiroler Landesgeschichte. Kulturabteilung der Tiroler Landesregierung, Innsbruck o. J.

Die Baiern drangen im 6. Jahrhundert in breiter Front in das Gebiet des heutigen Tirol ein. Sie konnten die ins Drautal vorstoßenden Alpenslawen zurückdrängen und die bis nach Bozen vorgerückten Langobarden an die Salurner Klause zurückwerfen. So wurde die wichtige Brennerstraße Teil des bairischen Herzogtums und damit Teil des Reiches. Um ihre Krönungs- und Heerstraße nach Italien zu sichern, entzogen die römisch-deutschen Kaiser nach der Jahrtausendwende das Gebiet dem bairischen Einfluß, indem sie es als reichsunmittelbares Lehen an die Bischöfe von Trient und Brixen vergaben. Da geistliche Fürstentümer nicht erblich waren, versprachen sich die deutschen Kaiser beständigen Einfluß auf diese strategisch-verkehrspolitisch so wichtigen Gebiete. Weil die Bischöfe aber zur weltlichen Verwaltung (Hohe oder Blutsgerichtsbarkeit sowie Landesverteidigung) die Hilfe von Vögten („advocati") in Anspruch nehmen mußten, gelangte das gesamte Gebiet schließlich in den erblichen Besitz der Grafen von Tirol (1140–1253). Sie nannten sich nach ihrer Burg bei Meran und gaben damit dem Land Tirol seinen Namen und sein Wappen.
Nach dem Aussterben der Grafen von Tirol erbten die Grafen von Görz das Territorium. Auf Meinhard II. von Tirol-Görz (1259–1295), den „Schmied des Landes Tirol", geht eine Neueinteilung von Nord- und Südtirol in Gerichtsbezirke zurück, die nicht nur die Rechtsprechung, sondern auch die politische Verwaltung auf unterer Ebene besorgten.
Meinhards jüngster Sohn Heinrich hinterließ nach seinem Tode im Jahre 1335 eine Tochter, Margarete, mit dem Beinamen „die Maultasche". Nach einer auch politisch mißglückten Kinderhochzeit (die Zwölfjährige wurde dem achtjährigen Böhmenprinzen Johann angetraut) ehelichte Margarete Maultasch 1342 Markgraf Ludwig von Brandenburg aus dem Hause Wittelsbach, der zuvor im „Großen Tiroler Freiheitsbrief" den Untertanen besondere Rechte eingeräumt hatte. Margarete überlebte ihren zweiten Gemahl und ihren Sohn und übergab schließlich das gesamte Erbe nicht an die Wittelsbacher, sondern an ihren Cousin Rudolf IV., den Stifter. So kam Tirol 1363 an die Habsburger, die sich ihrerseits verpflichteten, die Tiroler Freiheitsrechte zu wahren. Damit war eines der wichtigsten großräumigen Wegkreuze Europas in österreichischem Besitz.
Die Tiroler wußten sich weitere Privilegien zu sichern, so auch unter Herzog Friedrich IV. (1402–1439), der uns unter dem Beinamen „Friedl mit der leeren Tasche" in Erinnerung geblieben ist. Friedrich war eine der bemerkenswertesten Gestalten in der Tiroler Geschichte. Er verlor zunächst eine Schlacht gegen aufständische Bauern in der Schweiz, geleitete dann den Gegenpapst Johannes XXIII. im Jahr 1414 zum Konstanzer Konzil, verhalf ihm zur Flucht, wurde deshalb geächtet und gefangengesetzt, entfloh nach einem Jahr Haft verkleidet nach Tirol und baute dort seine Herrschaft neu auf. Er verlegte 1420 seine Residenz von Schloß Tirol bei Meran nach Innsbruck, von wo die österreichischen Vorlande besser zu administrieren waren.
Das Zeitalter Sigmund des Münzreichen (1439–1490) und Kaiser Maximilians I. (1490–1519), der Ausgang des Mittelalters, brachte Tirol durch den Kupfer- und Silberbergbau eine wirtschaftliche und kulturelle Blüte. An diese Periode erinnern das von Maximilian I. anläßlich seiner Hochzeit mit Bianca Maria Sforza von Mailand in Innsbruck in Auftrag gegebene „Goldene Dachl" seines Hofwerkmeisters Nikolaus Türing ebenso wie der berühmte gotische Flügelaltar von St. Wolfgang des Südtirolers Michael Pacher und die größte figurale Grabmalanlage des Abendlandes, das vom Maler Gilg Sesselschreiber u. a. entworfene Maximiliansgrab, für das der Enkel des Kaisers, Ferdinand I., die Innsbrucker Hofkirche errichten ließ.
Kriege gegen die Schweizer und Venedig sowie gegen Bayern brachten wechselndes Schlachtenglück, wobei der von Maximilian sehr geförderten Artillerie erstmals größere Bedeutung zukam. Das Tiroler Schützenwesen, das in der gesamten Neuzeit,

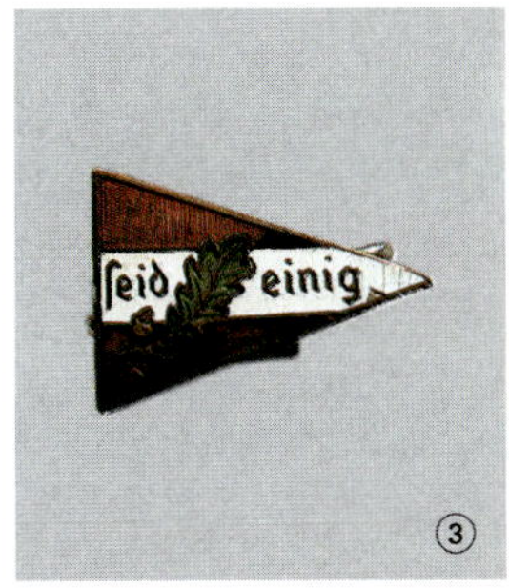

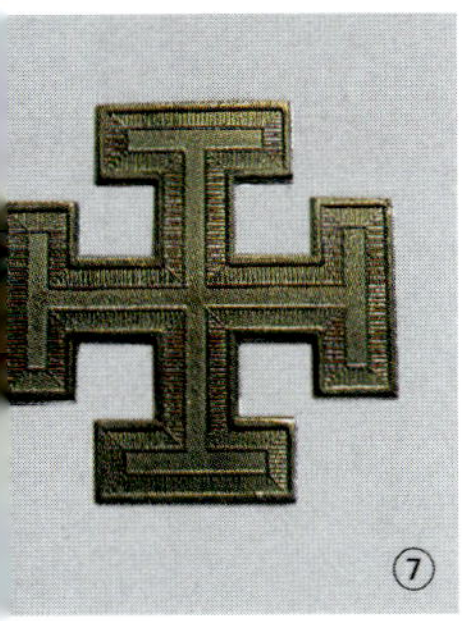

① „Gold gab ich für Eisen". 1. Weltkrieg ② Österreich und Deutschland. 1. Weltkrieg ③ Aufruf im Ständestaat. 1934–1938 ④ Zeichen der Stände. 1934 ⑤ Italienischer Faschismus ⑥ Gewerbe- und Wirtschaftsbund 1. und 2. Republik ⑦ Krukkenkreuz-Nadel ⑧ NS-Parteiabzeichen. 1933 ⑨ Hakenkreuznadel aus der Zeit des „Anschlusses" ⑩ Stiefmütterchen, Abzeichen der Freidenker ⑪ Anhänger für Spenden zum „Winterhilfswerk" ⑫ Armbinde der Widerstandsbewegung ⑬ Uniformstern der Sowjetarmee ⑭ SPÖ-Abzeichen 1. Mai 1948

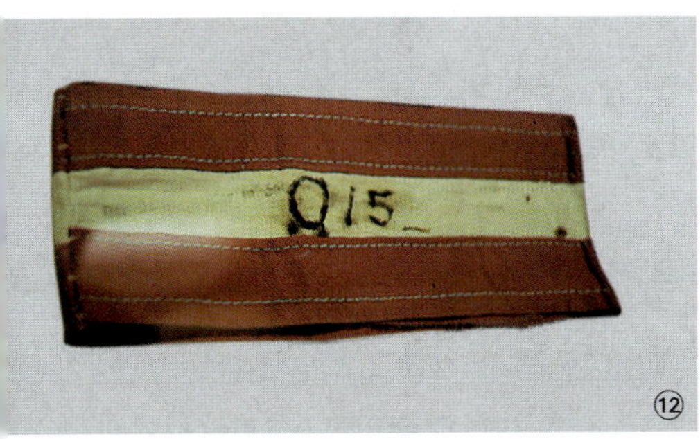

Oben links: Maiaufmarsch vor dem Parlament
Oben rechts: „Davidstern“, 1941. Nach einem Original aus dem KZ Theresienstadt (zur Verfügung gestellt von der Israelitischen Kultusgemeinde Innsbruck durch Esther Fritsch). Kruckenkreuzflagge. 1936
Unten: „Identitätskarte“. 1945–1955

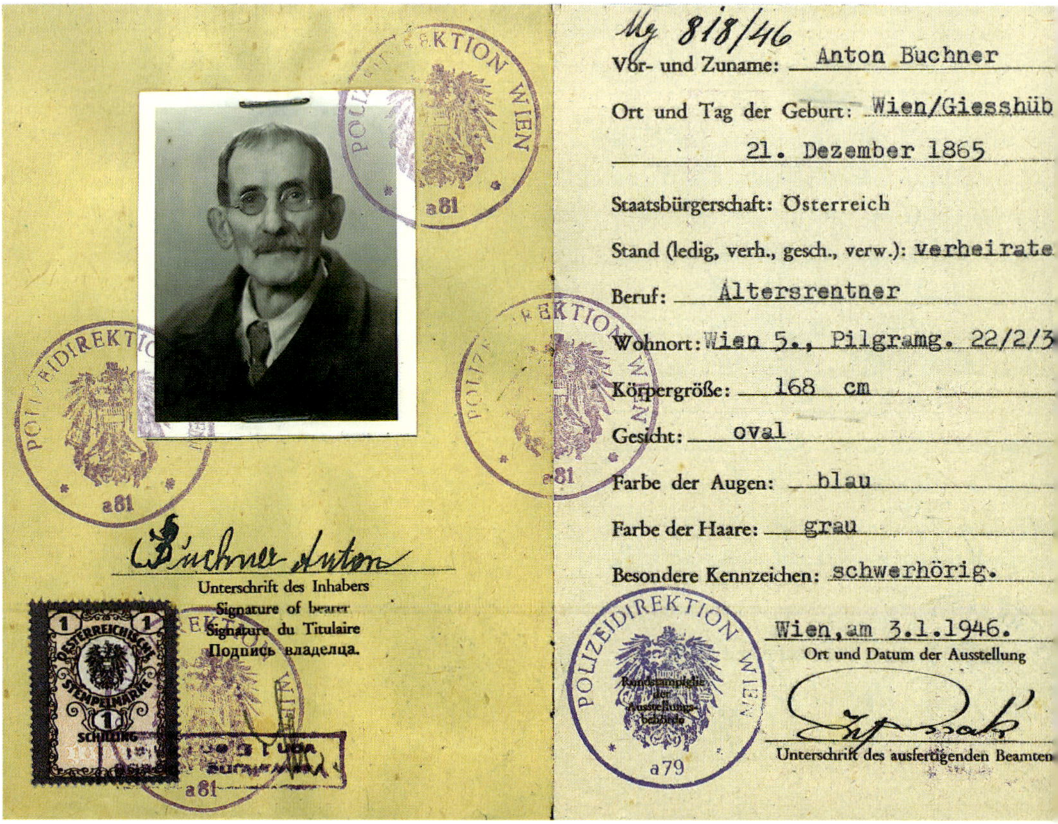

Mg 818/46
Vor- und Zuname: Anton Buchner
Ort und Tag der Geburt: Wien/Giesshüb
21. Dezember 1865
Staatsbürgerschaft: Österreich
Stand (ledig, verh., gesch., verw.): verheirate
Beruf: Altersrentner
Wohnort: Wien 5., Pilgramg. 22/2/3
Körpergröße: 168 cm
Gesicht: oval
Farbe der Augen: blau
Farbe der Haare: grau
Besondere Kennzeichen: schwerhörig.
Wien, am 3.1.1946.
Ort und Datum der Ausstellung
Unterschrift des ausfertigenden Beamten

Buchner Anton
Unterschrift des Inhabers
Signature of bearer
Signature du Titulaire
Подпись владельца.

Polizeidirektion Wien a81
Polizeidirektion Wien a79
Rundstampiglie der Ausstellungsbehörde
Österreichische Stempelmarke 1 Schilling

Großes Goldenes Ehrenzeichen
für Verdienste um die Republik Österreich

Oben links: Großes Ehrenzeichen für Verdienste um die Republik Österreich
Oben rechts: Österreichisches Ehrenkreuz für Wissenschaft und Kunst
Unten links: Ehrenzeichen für Verdienste um die Befreiung Österreichs
Unten rechts: Österreichisches Militärverdienstzeichen, 1989

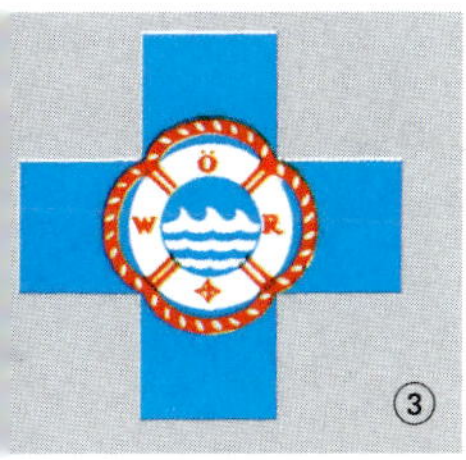

Alltagssymbole: Verkehrszeichen, Piktogramme und Logos
① Zivilschutz ② Feuerwehr ③ Wasserrettung
Links unten: Österreichischer Alpenverein

Bank Austria

OMV Gruppe

ÖBB Unternehmen Bahn

CREDITANSTALT
Die Bank zum Erfolg

Raiffeisen. Die Bank

BUNDESLÄNDER

Welcome To
AUSTRIAN

ÖGB

AK
aktiv für Sie

AUSTRIA

WIRTSCHAFTSKAMMER
ÖSTERREICH

Servus in Österreich

IBM

Symbole von Verbänden und Unternehmen in Österreich

R

ORF

ORF
ÖSTERREICHISCHER RUNDFUNK

Europaflagge

Flagge der Vereinten Nationen

Flagge des Internationalen Olympischen Komitees

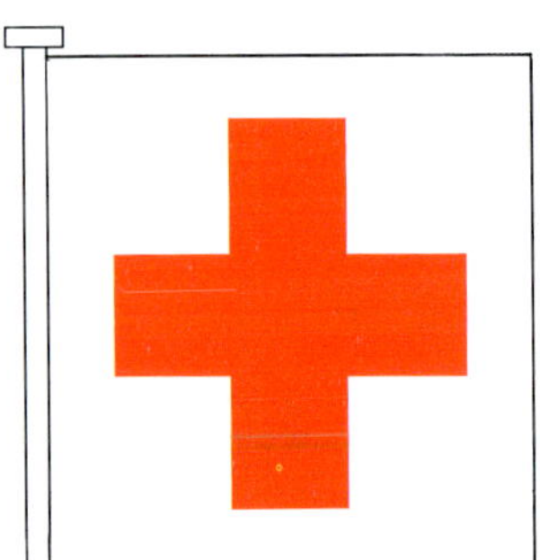

Flagge des Roten Kreuzes

Symbol der Paneuropa-Bewegung

Der grüne Stern der Esperanto-Bewegung

Das alte Symbol der Pfadfinder Österreichs

über die napoleonischen Kriege bis in den Ersten Weltkrieg, eine entscheidende Rolle im Kampf um Tirol spielen sollte, wurde durch das Landlibell von 1511 in seine über Jahrhunderte gültige Organisationsform gebracht.
Durch die Niederlage Österreichs gegen Frankreich und seine Verbündeten im dritten Koalitionskrieg geriet Tirol 1805 bis 1814 unter bayerische Herrschaft. Besonders der Tiroler Freiheitskampf von 1809, in dem sich die Tiroler Schützen unter Andreas Hofer und seinen Getreuen gegen einen übermächtigen Feind immer wieder durchsetzen konnten, um am Ende doch der zahlenmäßigen Überlegenheit, der Politik und Diplomatie weichen zu müssen, hat ihr Andenken unvergeßlich gemacht.
1814 kam Tirol inklusive der italienischen Gebiete Welschtirols wieder an Österreich. Nach dem verlorenen Ersten Weltkrieg, dessen Ende an der tirolerisch-italienischen Front infolge divergierender Auslegungen des Waffenstillstandes für die Tiroler Regimenter besonders bitter war (Gefangennahme abrückender Truppen), und dem Zusammenbruch der Monarchie 1918 verlor Tirol das Gebiet südlich des Brenners an Italien – gegen die Formel des amerikanischen Präsidenten Wilson vom Selbstbestimmungsrecht der Völker.
Die Italianisierungspolitik Mussolinis und später – 1939/43 – die Umsiedelung von 75.000 deutschsprachigen Südtirolern ins Deutsche Reich Adolf Hitlers stellten schwere Belastungen für Südtirol dar. Erst Jahrzehnte nach dem Zweiten Weltkrieg sollte sich das Südtirolproblem durch ein wirksames Autonomiestatut in gutnachbarschaftlichem, europäischem Geist lösen.
Während der Zeit der deutschen Besetzung 1938–1945 waren Nordtirol und Vorarlberg in einem „Reichsgau" vereinigt, während Osttirol bis 1947 zu Kärnten geschlagen wurde. Vom Ende des Zweiten Weltkrieges bis 1955 war Nordtirol von französischen, Osttirol aber von britischen Truppen besetzt.
Der Wiederaufbau einer Qualitätsindustrie, der Ausbau der Energieversorgung und die Errichtung eines leistungsfähigen Straßennetzes sowie die Förderung des Fremdenverkehrs waren die wichtigsten Aufgaben Tirols nach dem Krieg.
1964 wurden die getrennten Diözesen Bozen-Brixen und Innsbruck errichtet, 1969 ein „Paket" von Maßnahmen zur Erlangung einer dauerhaften Autonomie für Südtirol beschlossen.
Die schönste Auszeichnung für das neu erstandene Tirol war die Abhaltung der Olympischen Winterspiele, die zweimal, nämlich 1964 und 1976, in der Tiroler Landeshauptstadt ausgetragen wurden und den Namen des Landes Tirol in aller Welt bekannt machten.

Demographische Daten

Fläche: 12.648 km^2
Wohnbevölkerung (Volkszählung 1991): 586.352
Einwohner Innsbruck: 118.112 = 20,1 Prozent
Ausländeranteil: 45.058 = 7,1 Prozent
Agrarquote: 4,7 Prozent
Prozente Landtagswahl 1994: SPÖ 20, ÖVP 47, FPÖ 16, Grüne 11, Liberales Forum 3

TIROLER LANDESORDNUNG 1989; ARTIKEL 6:

(1) Das Landeswappen ist im silbernen Schild der golden gekrönte und bewehrte rote Adler mit goldenen Flügelspangen mit Kleeblattenden und einem grünen Kranz hinter dem Kopf.
(2) Die Landesfarben sind Weiß-Rot.

(3) Das Landessiegel weist die Schildfigur des Landeswappens mit der Umschrift „Land Tirol" auf.
(4) Die Landeshymne wird durch Landesgesetz bestimmt.

Landeswappen und Landesfarben

Das Tiroler Wappen zeigt in silbernem Schild einen roten, golden bekrönten, nach heraldisch rechts blickenden Adler mit goldenen Waffen, mit goldenen Flügelspangen mit Kleeblattenden und einem nach oben offenen grünen Kranz hinter seinem Haupt (vgl. Farbabbildung S. XV).
Die älteste überlieferte Darstellung des Tiroler Wappentiers findet sich auf einem Siegelfragment an einer undatierten Urkunde im Archiv des Klosters Wilten, die im letzten Jahrzehnt des 11. Jahrhunderts entstanden sein dürfte.[1]
In einem Zürcher Wappengedicht um 1260 wird der in der Folge immer nach heraldisch rechts gewendete Adler erstmals auch nach seiner Farbe beschrieben: er sei von „hervorragender Röte" („prestante rubore"). Fast genau sechshundert Jahre später sollte der Offizier und Tiroler Lyriker Johann Senn (1792–1857), ein Freund Schuberts, der zwei Gedichte von ihm vertonte, mit einem zum Volkslied gewordenen Gedicht berühmt werden, von dem die bekannteste Strophe lautet:

Adler, Tiroler Adler,
Warum bist du so rot?
Vom roten Feuerweine,
Vom roten Sonnenscheine,
Vom Feindesblute rot,
Darum bin ich so rot.[2]

Nach dem Aussterben der Grafen von Tirol im Mannesstamm übernahmen die Gebrüder Meinhard und Albert von Görz mit dem Land auch das frühere Familienwappen der Tiroler Grafen und führten es als Territorialwappen weiter. Ebenso nannten sie sich auch „Grafen von Görz und Tirol" bzw. Meinhard ab 1271 „Graf von Tirol und Görz". Er kann als Begründer des Landes Tirol angesehen werden; seither kann man also von einem Tiroler Landeswappen sprechen.
Die älteste uns überlieferte Farbdarstellung des Tiroler Wappens kann nach den genauen Ermittlungen von Franz-Heinz Hye unmittelbar in die Zeit nach der Erbteilung von 1271 datiert werden. Sie befindet sich an der Westwand der Burgkapelle von Schloß Tirol.
Nach der Erwerbung Tirols durch die Habsburger 1363 hat Rudolf IV. seine Heraldik den neuen Besitzverhältnissen klug angepaßt: Auf seinem Reitersiegel, im Original erhalten auf einer Urkunde von 1364 im Stadtarchiv von Hall in Tirol, wurde oberhalb des rot-weiß-roten Bindenschilds im rechteckigen Lanzenfähnchen der Adler von „DYROL" ergänzt. Am Siegelrand sind die Wappen der übrigen habsburgischen Territorien sichtbar, darunter Steiermark, Kärnten, die Windische Mark und Krain. Erstmals erscheint in diesem Siegel das Wappen Tirols mit dem Wappen von Österreich verbunden.
Ein ähnliches Motiv aus ungefähr derselben Zeit findet sich auf einem Glasfenster in der Wiener Kirche Maria am Gestade, deren Baugeschichte bekanntlich ungemein wechselvoll ist. Es zeigt das Tiroler Wappen inmitten der Wappen von Österreich, Kärnten, Krain, Steiermark und Habsburg.
Die älteste Darstellung des Tiroler Adlers in Nordtirol befindet sich auf einem erst

[1] Franz-Heinz Hye, Das Tiroler Landeswappen. Entwicklungsgeschichte eines Hoheitszeichens. Bozen 1985
[2] Franz Gschnitzer, Tirol – Geschichtliche Einheit. Wien 1958, 43

1981 stark beschädigt aufgefundenen und ergänzten Sandsteinrelief im Kloster Stams (aus der Zeit um 1300).
Die Flügelspangen des Adlers erscheinen zum ersten Mal auf Münzen, die Meinhard II. zwischen 1271 und 1295 in Meran prägen ließ. Unter Herzog Friedrich IV. enden diese Flügelspangen erstmals in Form von zwei Dreikleeblättern, wie sie auf der Wappenseite des im Haus-, Hof- und Staatsarchiv aufbewahrten, um 1410 angelegten Rheinfelder Urbars sehr gut sichtbar sind. In der Regel sind die Flügelspangen in Gold tingiert. Das Krönlein des Adlers tritt spätestens 1411 auf, ohne daß der Anlaß für seine Hinzufügung bisher genau geklärt werden konnte. In einigen seltenen Fällen wird der Adler auch mit dem österreichischen Bindenschild als Herzschild belegt.
An die Stelle der mittelalterlichen Bekrönung des Wappenschilds durch Helm und Helmzier tritt in der an einfacheren Formen interessierten Neuzeit das jeweils passende Rangsymbol, also zumeist eine Krone oder ein Fürstenhut. Der Tiroler Wappenschild wurde zwischen 1477 und 1548 zwar auch gelegentlich mit dem österreichischen Erzherzogshut bedeckt, erhielt aber immer öfter nach italienischer Mode einen Lorbeerkranz aufgelegt. Nach der Aufnahme dieses Beizeichens in Tiroler Münzbilder gelangte dieses sogenannte „Kränzel" im ersten Drittel des 18. Jahrhunderts schließlich in einer oben geöffneten Form in den Schild selbst, wo es eine willkommene Unterscheidung gegenüber dem dem Tiroler Adler sehr ähnlichen brandenburgischen Adler (roter Adler im silbernen Feld, überliefert seit 1156) bildet.
Eines der ersten Beispiele für den seit dem gleichnamigen Büchlein von Franz Graf von Brandis (1678) „Ehrenkränzel" genannten Schmuck bildet die vollplastische Darstellung des Tiroler Wappentiers im Stiegenaufgang des alten Tiroler Landhauses in Innsbruck aus dem Jahr 1728.
Nachdem während der Zeit der bayerischen Herrschaft das Tiroler Wappen durch den Rautenschild hatte ersetzt werden müssen, führten die Tiroler Landstände nach 1814 das hinter den Adlerkopf gesetzte Ehrenkränzel als quasi amtlichen Bestandteil des Wappens ein, obwohl die offizielle Tiroler und, dieser folgend, die österreichische Staatsheraldik dies erst 1921 festlegte.
Für das große und mittlere österreichische Staatswappen wurde nach Gründung des österreichischen Kaiserreiches 1804 das Tiroler Wappen erstmals offiziell blasoniert:

> *Im silbernen Felde ein rechtssehender, rother, gekrönter Adler mit silbernen Kleestängeln in den Flügeln.*

Aufgrund der Stellung Tirols als „gefürstete Grafschaft" wurde das Wappen – wie das anderer Fürstentümer im Verband des Kaiserreichs – mit dem Fürstenhut bedeckt, während allein das Wappen von „Österreich unter der Enns" den Erzherzogshut trug. Eine genaue Beschreibung des Tiroler Fürstenhutes findet sich im Kapitel über die Erzherzogshüte (s. S. 170).
Die letzte Wappenänderung der Monarchie fand Ende 1915 statt und brachte, ohne das Kränzel zu erwähnen, einige kleinere Änderungen in Richtung der heute gebräuchlichen Form:

> *In Silber ein golden gekrönter und gewaffneter roter Adler, dessen Flügel mit je einer kleeblattartigen goldenen Spange belegt sind.*

Nun war es nicht mehr weit bis zur ersten republikanischen Landesverfassung. Mit Datum vom 8. November 1921 bestimmte die Tiroler Landesordnung in Artikel 6:

> *Das Wappen des Landes Tirol ist im silbernen Schild der golden gekrönte rote Adler mit goldenen Flügelspangen mit Kleeblattenden und einem grünen Kranze hinter dem Kopf.*

In der Verfassung 1934 ist der Wortlaut praktisch gleich. Franz-Heinz Hye weist darauf hin, daß die ersten drei Landesverfassungen der republikanischen Zeit (1921, 1934 und 1946) zwar das „immergrüne Ehrenkränzel" einführen, dafür aber die gol-

den tingierten Waffen (Schnabel und Fänge) unerwähnt lassen und reklamiert daher ihre Berücksichtigung im Text der Landesverfassung. Die Tiroler Landesordnung 1989 hat dies erfreulicherweise nachgeholt.
Die Führung und Verwendung des Tiroler Wappens regelt ein kurzes Landesgesetz vom 2. Juni 1948, dem man anmerkt, daß der Landtag damals andere Sorgen hatte. Archivdirektor Senatsrat Univ.-Doz. Franz-Heinz Hye, dem wir die genaue Geschichte des Tiroler Wappens, wie sie hier auszugsweise wiedergegeben ist, verdanken, vertritt vehement die Auffassung, daß die Kundmachung der bildlichen Darstellung des Tiroler Adlers im Landesgesetzblatt 13/1949 mangelhaft ist, da dem Wappen der Schild fehlt. Dieser Meinung ist grundsätzlich zuzustimmen, da es in der Tat nicht angeht, daß sich eine Wappenzeichnung nicht an den Gesetzestext hält. (Ähnliches gilt ja auch für das Wappengesetz 1984, BGBl. 159, dessen Anlage den Bundesadler nicht in Schwarz, sondern blau-schwarz meliert darstellt, was in der Praxis oft zu durchsichtig-grauen Adlerdarstellungen führt.) Nicht folgen können wir Hye aber in der Begründung seines Anliegens, daß nämlich ein Wappen ohne Schild kein Wappen sei. Spätestens seit Gründung des österreichischen Kaiserreiches schweben Doppeladler und Bundesadler frei in den Lüften – alles keine Wappen?
Am 21. 3. 1983 wurde in Ausführung des Autonomiestatuts von 1971 für Südtirol ein eigenes Wappen dekretiert. Eine Wappenkommission unter Landeshauptmann Magnago hatte empfohlen, die Abbildung des Tiroler Adlers von ca. 1370, wie sie sich am Altar der Kapelle von Schloß Tirol befindet, als Wappenbild zu übernehmen. Am 30. Juli 1982 faßte die Südtiroler Landesregierung einstimmig einen diesbezüglichen Beschluß. Die Beschreibung des Wappens lautet:

> *Auf Silbergrund alter roter (Tiroler) Adler, goldbewehrt, mit roter Zunge und goldenen Flügelspangen.*

Das gleichzeitig geregelte gemeinsame Wappen der Region Trentino-Südtirol besteht aus einem viergeteilten Schild, dessen Felder 1 und 4 in Silber den schwarzen, rotgeflammten Adler von Trient, dessen Felder 2 und 3 den oben beschriebenen Südtiroler Adler zeigen. Der rotgeflammte, schwarze Adler in Silber bildete ursprünglich das Wappen des Königreichs Böhmen und seines Schutzpatrons, des hl. Wenzel. Er wurde dem Fürstbischof von Trient, Nikolaus von Brünn, auf dessen Bitte 1339 von König Johann von Böhmen, dem ersten Schwiegervater von Margarete Maultasch, verliehen.
Die älteste erhaltene Tiroler Schützenfahne stammt aus der Wende zum 16. Jahrhundert und zeigt in ihrer Mitte einen großen, freischwebenden (!) Tiroler Adler, daneben das königliche Wappen Maximilians I., den österreichischen Bindenschild sowie eine Darstellung des hl. Georg, der als der ursprüngliche Tiroler Schutzheilige gilt, wie wir weiter unten sehen werden. Auch am Goldenen Dachl befindet sich ein Fresko mit dem Landesbanner Tirols in ähnlicher Zeichnung: der Tiroler Adler in Weiß. Aus diesen historischen Vorbildern scheinen sich also problemlos die Landesfarben Weiß-Rot ableiten zu lassen, wie sie die Tiroler Landesordnung in Art. 6 Abs. 2 auch vorsieht.
Aber so einfach ist die Geschichte nicht, unter anderem deshalb, weil die Tiroler Schützen in mehrfachen Abwandlungen die Farben Grün und Weiß als Fahnenfarben verwenden (ob in Anlehnung an das „Ehrenkränzel" oder den „grünen Rock" des Jägers, ist ungewiß). Im Landtag 1921 entstand eine längere Debatte darüber, ob nicht rot-weiß die richtige Reihenfolge der Farben in der Tiroler Landesflagge sei.[1]
Für die Beibehaltung von weiß-rot sprach die Tradition, ferner die Ansicht, daß man

[1] Stenographische Berichte des verfassunggebenden Tiroler Landtags. 71. Sitzung am 16. Februar 1921, 1890 ff.

zuerst eine Grundfarbe haben müsse, um darauf ein Wappentier zeichnen zu können. Rot-weiß seien überdies auch die Farben der Landeshauptstadt Innsbruck (ihr Wappen: im roten Schild eine aus der Vogelschau gesehene, auf zwei Jochen ruhende silberne Brücke; nach Hye eine Paraphrase des österreichischen Bindenschilds).
Gegen die Beibehaltung bzw. für die Umkehrung der Landesfarben in rot-weiß wurde zunächst ins Treffen geführt, daß sich in sehr vielen Fällen die erste Farbe vom höherwertigen Wappeninhalt ableite (Schwarz-Gelb vom schwarzen Reichsadler in Gold, Schwarz-Weiß vom preußischen Adler in weiß etc. – so wurde ja auch im Falle Niederösterreichs argumentiert, wo man unter Hinweis auf die goldenen Adler von Blau-Gelb auf Gelb-Blau wechselte). Daneben wurde auch die Theorie aufgestellt, daß das Metall als „schwerere" Farbe immer unten zu stehen habe. Außerdem wurde von sozialdemokratischer Seite der Verzicht auf die Worte „golden gekrönte" verlangt.
Die Debatte, die trotz gelegentlichen Abgleitens ins Scherzhafte und auch unter Betonung ihrer im Grunde geringen realen Bedeutung mit Sachargumenten geführt wurde, endete mit einer klaren Mehrheit für den Vorschlag des Verfassungsausschusses, bei der jahrhundertealten Übung zu bleiben, dem Adler nicht nur sein Kränzel, sondern auch sein Krönlein zu lassen und bei weiß-rot als den eingeführten Landesfarben zu bleiben, insbesondere auch deshalb, weil eine schlüssige heraldische Regel über die Reihenfolge von Flaggenfarben von niemandem beigebracht werden konnte. Kein Wunder, es gibt eine solche nämlich nicht.

LANDESHYMNE

Die Tiroler Landeshymne, das Andreas-Hofer-Lied, ist weit über das Land Tirol hinaus bekannt geworden. Einen so hohen Bekanntheitsgrad unter den Landeshymnen hat vielleicht noch das Dachsteinlied, die steirische Hymne, schon kaum mehr das oberösterreichische „Hoamatland" .
Es mutet seltsam an, daß weder der Dichter des Textes noch der Komponist der Melodie Söhne jenes Landes waren, zu dessen unbestrittener Hymne das Lied wurde.
Julius Mosen wurde am 8. Juli 1803 in Marieney im sächsischen Vogtland südlich von Leipzig als Sohn eines Lehrers geboren. Er besuchte das Gymnasium und die Universität Jena. Auf einer Reise nach Italien wanderte er 1823/24 auch durch Tirol und das Passeiertal. Wahrscheinlich waren es die Begeisterung des jungen Studenten für die Ideale des Tiroler Freiheitskampfes und der Besuch seiner historischen Stätten, die ihn inspirierten; jedenfalls verfaßte er acht Jahre später, am 11. März 1832, ein Gedicht, dem er die Überschrift „Sandwirt Hofer" und die Widmung „Dir, biederem, tapferem Gebirgsvolke im Lande Tyrol, widmet dieses Lied der Verfasser" voranstellte. Das Gedicht erschien in gedruckter Form zuerst im „Deutschen Musenalmanach für das Jahr 1833". In der Erstausgabe der Gedichte Julius Mosens (1836) trägt es den Titel „Andreas Hofer".
Nach einer Praxis als Advokat wurde Mosen 1844 Dramaturg am Hoftheater in Oldenburg. Er starb am 10. Oktober 1867 nach mehrjähriger Krankheit. Sein Werk umfaßt neben zahlreichen Gedichten und Balladen auch Dramen und historische Trauerspiele.
Leopold Knebelsberger war ebenfalls ein Lehrerssohn. Am 15. September 1814 in Klosterneuburg geboren, absolvierte er sein Musikstudium unter anderem bei Konradin Kreutzer in Wien. Nachdem er in einer Sängergesellschaft mitgewirkt hatte, gründete er 1849 eine eigene Gruppe, mit der er ausgedehnte Reisen nach Norddeutschland, Rußland und auch Österreich (Innsbruck 1859) machte. Es gibt verschiedene Ansichten darüber, wo Knebelsberger auf das Gedicht Mosens stieß. Nach einer Meinung habe er 1844 das Gedicht in einer Dresdner Zeitung entdeckt, nach einer ande-

ren Version habe er die Melodie in Hart im Zillertal komponiert, nach einer dritten Lesart war er mit dem Dichter persönlich bekannt und kam so dazu, unter Verwendung alter Volksweisen dem Text die äußerst wirkungsvolle Melodie zu unterlegen. Wie dem auch sei, zehn Jahre später, 1855, brachte er mit seinen Sängern dem in Oldenburg im Ruhestand lebenden Julius Mosen unangemeldet ein Ständchen dar. Daß sich daraus eine Freundschaft entwickelte, ist fast selbstverständlich. Leopold Knebelsberger starb am 30. Oktober 1869 in Riga. Er hinterließ über 270 volkstümliche Lieder und Instrumentalstücke.

Mit der bei österreichischen Landeshymnen nicht ungewöhnlichen Verzögerung von rund hundert Jahren beschloß der Tiroler Landtag am 2. Juni 1948 das folgende Gesetz, LGVBl. 1948/1 vom 31. August:

> *Paragraph 1*
> *Das Andreas-Hofer-Lied nach den Worten von Julius Mosen und nach der Weise von Leopold Knebelsberger gilt als Tiroler Landeshymne.*
> *Paragraph 2*
> *Text und Melodie des Andreas-Hofer-Liedes bilden ein untrennbares Ganzes. Es ist daher verboten, seinen Text nach einer anderen Melodie und zu seiner Melodie einen anderen Text zu singen. Dieses Verbot gilt auch für Texte und Melodien, die dem Andreas-Hofer-Lied ähnlich sind und nur unwesentlich davon abweichen.*

Zu Mantua in Banden

Andreas-Hofer-Lied.

Worte: Julius Mosen, 1831
Weise: Leopold Knebelsberger, 1844

Feierlich

3. Doch als aus Kerkergittern
im festen Mantua
die treuen Waffenbrüder
die Händ' er strecken sah,
da rief er laut: »Gott sei mit euch,
mit dem verrat'nen Deutschen Reich
und mit dem Land Tirol!«

4. Dem Tambour will der Wirbel
nicht unterm Schlegel vor,
als nun der Sandwirt Hofer
schritt durch das finst're Tor.
Der Sandwirt, noch in Banden frei,
dort stand er fest auf der Bastei.
Der Mann vom Land Tirol.

5. Dort sollt' er niederknien.
Er sprach: »Das tu' ich nit!
Will sterben, wie ich stehe,
will sterben, wie ich stritt.
So wie ich steh' auf dieser Schanz;
Es leb' mein guter Kaiser Franz,
mit ihm das Land Tirol!«

2. Die Hände auf dem Rücken
der Sandwirt Hofer ging
mit ruhig festen Schritten.
Ihm schien der Tod gering;
der Tod, den er so manchesmal
vom Iselberg geschickt ins Tal.
Im heil'gen Land Tirol.

6. Und von der Hand die Binde
nimmt ihm der Korporal,
und Sandwirt Hofer betet
allhier zum letzten Mal.
Dann ruft er: »Nun, so trefft mich recht!
Gebt Feuer! – Ach, wie schießt ihr schlecht!
Ade, mein Land Tirol!«

Paragraph 3
Das Andreas-Hofer-Lied darf nur bei Veranstaltungen und Feiern gesungen und gespielt werden, die seiner Würde als Landeshymne entsprechen.
Paragraph 4
Übertretungen der Bestimmungen dieses Gesetzes werden von der Bezirksverwaltungsbehörde (Bundespolizeibehörde) mit Geldstrafen bis 1000 Schilling oder mit Arrest bis vier Wochen bestraft.

Wie man sieht, nahm der Landesgesetzgeber seine Sache sehr ernst, indem er den Gebrauch eines von Nicht-Tirolern geschriebenen, zum Volkslied gewordenen Stükkes auf bestimmte Gelegenheiten einschränkte und jede Abweichung davon unter empfindliche Strafe stellte. Wir haben hier der in Österreich einmaligen Fall von frühen Schutzbestimmungen für eine Hymne.[1]

Die schwermütige, feierliche Melodie ist durch einen langsamen Marschrhythmus gekennzeichnet, der durch den punktierten Rhythmus jeweils am Anfang eines Taktes noch mehr betont wird. Durch die bequemen Intervalle ist das Andreas Hofer-Lied als Hymne gut singbar.

Landespatron und Landesfeiertag

Der Ausdruck „heiliges Land Tirol" findet sich in der Literatur schon vor der Abfassung des Andreas-Hofer-Liedes (1832), wurde aber vor allem durch seine Aufnahme in die zweite Strophe der heutigen Tiroler Landeshymne, die sich bald nach ihrer Abfassung als Volkslied verbreitet hatte, populär.

Wenn auch der christliche Volksglaube in Tirol seit langem tief verwurzelt war, so scheint es doch, daß die Verehrung eines einzigen, alle anderen Heiligengestalten dominierenden Schutzheiligen dem Glaubensverständnis der Tiroler nicht entsprach.

Dem Tiroler Jungbürgerbuch (Seite 306) ist zu entnehmen, daß ursprünglich der hl. Georg Schutzpatron Tirols war. Jedenfalls ist noch die Kapelle im alten Tiroler Landhaus (erbaut 1724/28) dem hl. Georg geweiht, während wenige Jahrzehnte später der habsburgische Hauspatron, der hl. Josef, von Maria Theresia am 11. Jänner 1772 zum Landespatron auch von Tirol (neben Steiermark und Kärnten) dekretiert wurde. Die so forcierte Verehrung des hl. Josef sollte offenbar dessen Schutz für das Erzhaus verstärkt bewirken.

Bekanntheit des Tiroler Landespatrons 1993

	hl. Josef	andere	weiß nicht
bis 29	34	48	17
bis 49	69	15	15
ab 50	74	7	19
Total	59	24	17

Quelle: Integral-Telephonumfrage Jänner 1993, n = 82

Mit dem Alter steigend hat der hl. Josef in Tirol somit eine außergewöhnlich hohe Bekanntheit.

1796 hat ein Ausschuß der Tiroler Landstände angesichts der französischen Einfälle bei einer Session in Bozen das Land unter den Schutz des heiligsten Herzens Jesu ge-

[1] Grasberger, a. a. O., 185 f.

stellt, welches Gelübde auch Andreas Hofer vor einer Berg-Isel-Schlacht erneuert hat. Noch heutigentags wird das Herz-Jesu-Fest am zweiten Sonntag nach dem Fronleichnamsfest in Tirol besonders feierlich begangen.
Anläßlich der 150-Jahr-Feier der Tiroler Freiheitskämpfe beschloß der Tiroler Landtag am 11. September 1957 aufgrund eines ellenlangen, alle patriotischen Register ziehenden Berichtes einstimmig und ohne jede Debatte die Errichtung einer „Landesgedächtnisstiftung zur Erinnerung an die Erhebung von 1809“ (LGVBl. 43/1957). Die Stiftung bezweckte die Errichtung und Erhaltung einer Kapelle zu Ehren „Unserer Hohen Frau von Tirol“ sowie einer Gedächtnisstätte, in welcher dem „Tiroler Ehrenbuch“ ein in Beziehung zur Landesgeschichte stehender, allgemein zugänglicher Ehrenplatz geschaffen werden sollte. Daneben wurde ein Jugendhilfswerk zur Vergabe von Begabtenstipendien eingerichtet. Die Ehrenstätte bzw. Kapelle befindet sich auf dem Berg Isel. Schließlich sollte nach dem Willen des Landtages der „Hohe Frauentag“ (15. August) fortan als „Gedächtnistag dieser Landesstiftung“ im ganzen Land begangen werden.
Der 19. März ist als Patronatsfest des hl. Josef ein kirchlicher Feiertag – in Tirol haben Schüler, Gemeinde- und Landesbedienstete frei, und auch die Banken halten geschlossen. Hingegen haben die Bundesbediensteten keinen Feiertag, was die Tiroler Arbeiterkammer schon mehrmals dazu bewogen hat, sich für einen für alle dienstfreien Landesfeiertag einzusetzen.
Das „heilige Land Tirol“ hat also ähnlich wie Kärnten zwei „unvollkommene Landesfeiertage“, deren zweiter, der 15. August, als kirchlicher Feiertag jedoch automatisch unter die Arbeitsruhe fällt.
Neben den beschriebenen „offiziellen“ bzw. „inoffiziellen“ „Landesheiligen“ sollen noch zwei bekannte, offenbar im Volksglauben tief verwurzelte, weil einheimische, Heiligengestalten Erwähnung finden.
Die „hl.“ Notburga lebte nach einer Überlieferung im Rattenberg des 9. oder 10. Jahrhunderts. Der Tiroler Polyhistor, Hygieniker und Arzt Hippolyt Guarinoni versetzte ihre Geburt allerdings in das Jahr 1265. Sie soll 1313 in Eben/Tirol gestorben sein. Notburga war zunächst Bediente des Landeshofmeisters Heinrich von Rottenburg, mit dessen Frau sie sich wegen ihrer Mildtätigkeit überwarf. Als sie wieder einmal Wein und Brot an die Armen verschenkte und dabei vom Schloßherrn ertappt wurde, soll sich der Wein in Lauge und das Brot in Hobelspäne verwandelt haben, was als willkommener Entlassungsgrund diente. Darauf brach ein Unglück nach dem anderen über den Besitz herein. Die Schloßherrin starb. Nach der Legende mußte ihr Geist als Schwein weiterleben, da sie zu Lebzeiten die Speisereste den Schweinen eher vergönnt hatte als den Armen. Und noch eine zweite, bekanntere Legende rankt sich um diese Volksheilige: Notburga ging als Magd zu einem Bauern in Eben in der Nähe des Achensees. Sie hatte sich ausbedungen, nach dem Aveläuten nicht mehr arbeiten zu müssen, um ins Rupertikirchlein zum Gebet gehen zu können. Die Bitte wurde gewährt. Als der Bauer einmal aber dennoch verlangte, daß Notburga nach Feierabend noch den Weizen fertigschneide, erwiderte sie, dies möge Gott entscheiden. Sie warf darauf ihre Sichel in die Luft, und siehe da: Die Sichel blieb an einem Sonnenstrahl am Himmel hängen, und alle staunten und eilten zum Beten. Dieses Sichelwunder ist in der Pfarrkirche von Eben bildlich dargestellt.
Notburga wurde nie formell heiliggesprochen, ihre Verehrung im Volke wurde aber 1862 von der kirchlichen Ritenkongregation anerkannt. Sie gilt als Patronin der Dienstboten und der Armen. Wie der spanische Heilige Isidor, ebenfalls ein Landarbeiter, ist sie eine Heilige ganz nach dem Herzen des Landvolks, in Tiroler Tracht und mit bäuerlichen Gebrauchsgegenständen dargestellt. Ihre Attribute sind eine schwebende Sichel, eine Getreidegarbe und eine Trinkflasche mit Schraubverschluß. Ihr

Fest ist der 14. September. Notburgas Gebeine ruhen in einem Glasschrein auf dem Hauptaltar der neuen Pfarrkirche von Eben, die zum beliebten Wallfahrtsziel wurde. Die Verehrung Notburgas reicht über Tirol hinaus in den gesamten Ostalpenraum bis nach Slowenien.
Sowohl in Nord- als auch in Südtirol lebt auch der heilige Romedius in der Erinnerung des gläubigen Volkes weiter. Nach der Legende soll er ein Zeitgenosse des hl. Vigilius gewesen sein, muß also im 4. Jahrhundert gelebt haben. Er soll aus gräflichem Geblüt aus der Burg Thaur bei Innsbruck stammen. Dort gibt es bei den Burgruinen heute noch ein „Romedikirchlein".
Romedius entschloß sich, begleitet von zwei seiner Gefährten, nach Rom zu pilgern, nachdem er all seinen Besitz verschenkt hatte. Von dort zurückgekehrt, zog er mit seinen Freunden David und Abraham auf den Nonsberg im Trentino, wo er als Einsiedler viele Jahre ein heiligmäßiges Leben führte. Die Einsiedelei, das „Santuario San Romedio", liegt in einer schluchtartigen Landschaft. Aus mehreren übereinandergeschichteten Kapellen bestehend, ist das Bauwerk bis auf den heutigen Tag ein Wallfahrtsort. Als Romedius im hohen Alter noch einmal den Bischof von Trient, Sankt Vigilius, besuchen wollte, und ein Bär seinen Maulesel gefressen hatte, veranlaßte der Heilige den Bären, ihm auf dem Rest seiner Reise als Reittier zu dienen.
Das Fest des heiligen Romedius wird am 15. Jänner gefeiert, sein Attribut ist, wie könnte es anders sein, der Bär.

Sonstige Symbole Tirols

Die Integral-Umfrage „Symbole für Österreich" (1993, n = 1.000) ergab, daß die heraldischen Landessymbole (Tiroler Adler, Wappen und Flagge Tirols) mit insgesamt 37 Prozent Nennungen deutlich über dem Bundesdurchschnitt (19 Prozent) und auch über dem Wert des steirischen Panthers und seiner Wappenfarben (26 Prozent) liegen. Dazu tritt noch eine sehr hohe Identifikation mit den Tiroler Bergen (43 Prozent) und der sonstigen Landschaft (32 Prozent). Daraus und aus der Trennung von Südtirol resultiert ein besonders hohes historisches und topographisches Landesbewußtsein. Mit 4 Prozent Nennungen scheint noch das Goldene Dachl auf, der prunkvolle spätgotische Erker mit den Wappen Maximilians I. (1500 vollendet) – neben den Figuren seines Grabmals („Schwarze Mander") in der Hofkirche ein weiteres wichtiges Symbol der Stadt Innsbruck und des Landes Tirol.

„Du Ländle, meine teure Heimat"

Die Symbole Vorarlbergs

Geschichte Vorarlbergs

Die Geschichte Vorarlbergs hängt eng mit seiner Topographie zusammen: Vorarlberg liegt am Rhein, d. h. westlich der europäischen Hauptwasserscheide, an den Paßstraßen nach Italien und am Arlberg. Das Land ist nach Westen hin offen, nach Osten hingegen durch hohe Gebirge vom Nachbarland Tirol getrennt. An diese natürliche Grenze wird man immer wieder durch das gängige Scherzwort erinnert, wenn vom

Arlbergtunnel die Rede ist: „Was Gott durch einen Berg getrennt hat, soll der Mensch nicht durch ein Loch verbinden."
Das Land ist seit der Altsteinzeit besiedelt; um 400 v. Chr. wanderten Kelten in das Gebiet ein. 15 v. Chr. von den Römern erobert, bildete das spätere Vorarlberg einen Teil der Provinz Rätien, die von einem Statthalter in Augsburg (Augusta Vindelicum) regiert wurde. Die Römer beherrschten das Land über 400 Jahre lang, was deutliche Spuren der Romanisierung hinterließ („Rätoromanen", rätoromanische Landessprache, vgl. auch Brigantium = Bregenz, Handelsstadt ab 50 n. Chr.).
Um 259 stießen Alemannen ins Bodenseegebiet und gegen die Römer vor, die in der Folge Brigantium zum Kriegshafen ausbauten. Ab Ende des 5. Jahrhunderts besiedelte der westgermanische Volksstamm der Alemannen Südwestdeutschland, die Schweiz und das Vorarlberger Unterland; die Bergtäler hingegen behielten noch jahrhundertelang ihre romanisierte rätische Urbevölkerung. Im 17. Jahrhundert folgte der aus der Schweiz kommende, ebenfalls alemannische Stamm der Walser, der rund ein Viertel Vorarlbergs besiedelte und urbar machte. Mit ihren typischen Blockhäusern und der alten Tracht haben die Walser die Volkskultur des „Ländles" entscheidend mitgeprägt.
Gegen Ende des ersten Jahrtausends wurden die Udalrichinger zum führenden Geschlecht. Nach einer Teilung in eine Bregenzer und eine Buchhorner Linie ging der Besitz 1160 auf Hugo von Tübingen über, der seine Residenz nach Feldkirch verlegte. Sein Sohn, Hugo der Jüngere, nannte sich seit ca. 1206 Graf von Montfort (nach dem Stammschloß Montfort bei Götzis). 1523 wurde die letzte montfortische Besitzung an Österreich verkauft.
Mitte des 17. Jahrhunderts geriet das Land in die Wirren des Dreißigjährigen Krieges. Der schwedische General Wrangel nahm 1647 Bregenz gegen den Widerstand der Vorarlberger unter Hauptmann Rhomberg ein und ließ es plündern.
Die französischen Heere, die die Ideen der Französischen Revolution weit über Europa verbreiten sollten, erreichten 1796 Vorarlberg. 1806–1814 geriet das Land unter bayrische Herrschaft.
Schon früh erkämpften sich die Vorarlberger Bauern und Bürger gegen Adel und Geistlichkeit eine für Österreich einmalige landständische Demokratie. Seit 1511 organisiert, erhielten die Vorarlberger Stände 1861 ihren eigenen Landtag. Doch erst 1918 konnte sich Vorarlberg verwaltungsmäßig völlig von Tirol lösen und eine eigene Landesregierung bilden.
Die Jahre 1918/21 brachten starke separatistische Tendenzen in Richtung Schweiz (Volksabstimmungsergebnis: 80 Prozent für Anschlußverhandlungen).
Noch einmal, während der NS-Zeit, wurde Vorarlberg mit Tirol zusammengelegt. Damals kam es auch zu einem starken Zuzug von Südtirolern.
1945–1955 gehörte Vorarlberg wie Tirol zur französischen Besatzungszone. 1968 ging der jahrhundertealte Wunsch nach einem eigenen Landesbistum in Erfüllung.
Die große Rolle Vorarlbergs in der Elektrizitätsindustrie und auf dem Textilsektor wie auch die Dornbirner Messe zeugen von der Wirtschaftskraft, die Bregenzer Festspiele von der kulturellen Aufgeschlossenheit des kleinen Musterlandes im äußersten Westen Österreichs.
Vorarlberg wird übrigens als einziges österreichisches Bundesland in seiner Verfassung als „selbständiger Staat" bezeichnet. Der Landeshauptmann-Stellvertreter führt den Titel „Statthalter".
Die heute noch gültige Landesverfassung datiert vom 17. 9. 1923.

DEMOGRAPHISCHE DATEN

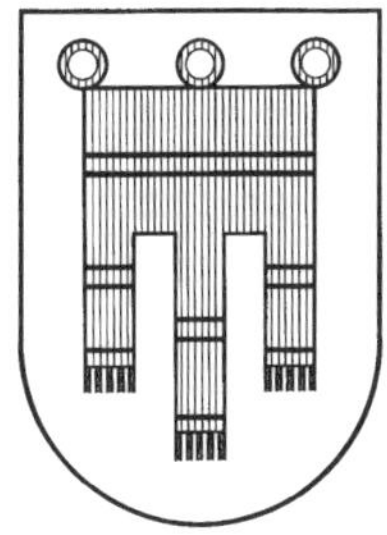

Fläche: 2.601 km^2
Wohnbevölkerung (Volkszählung 1991): 287.390
Einwohner Bregenz: 27.097 = 9,4 Prozent
Ausländeranteil: 44.082 = 13,3 Prozent
Agrarquote: 1,9 Prozent
Prozente Landtagswahl 1994 : SPÖ 16, ÖVP 50, FPÖ 18, GAV 8, LG 3

LANDESVERFASSUNG; ARTIKEL 6:

(1) Das Wappen des Landes ist das Montfortische rote Banner auf silbernem Schilde.
(2) Die Farben von Vorarlberg sind rot-weiß.
(3) Das Landessiegel weist das Landeswappen mit der Umschrift „Land Vorarlberg" auf.
(4) Durch Gesetz wird eine Landeshymne bestimmt und das Nähere über Wappen und Farben des Landes geregelt.

LANDESWAPPEN UND LANDESFARBEN

Das Wappen Vorarlbergs ist das Montfortische Banner. Es zeigt im silbernen Schild eine mit drei gleich breiten, schwarz befransten Lätzen versehene rote Kirchenfahne an drei roten Ringen, die im oberen Teil von zwei und in den drei Lätzen je von drei schwarzen, schmalen Balken durchzogen wird. Die Enden der drei Lätze verlaufen waagrecht (vgl. Farbabbildung S. XVI).
Am 20. August 1864 wurde durch kaiserliches Diplom dem damaligen Kronland Vorarlberg der österreichisch-ungarischen Monarchie ein Wappen verliehen, das aus den Wappen einzelner Städte, Gerichte und Herrschaften in Vorarlberg zusammengesetzt war. Dieses Wappen wurde nach dem Zusammenbruch der Monarchie und der Erlangung der Selbständigkeit Vorarlbergs in der neuentstandenen Republik aufgelassen. Das neue Wappen deckt sich jedoch im wesentlichen mit dem Herzschild des ehemaligen Wappens.
Die ersten farbigen Wiedergaben des Landeswappens finden sich gegen Mitte des 14. Jahrhunderts: in der Handschrift „speculum humanae salvationis" aus dem Kloster Weissenau (undatiert, wohl um 1330/35) und in der Züricher Wappenrolle (um 1340). Die Familie der Montforter war im Mittelalter eines der mächtigsten Herrschergeschlechter im alemannischen Raum. Ihr Wappen hatten sie von den Pfalzgrafen von Tübingen übernommen, ebenso wie den Namen, der von der im damals noch rätoromanisch sprechenden Vorarlberger Oberland bei Weiler gelegenen Burg Montfort (= Starkenberg) stammt. Das Symbol wird auf die Gerichtsfahne (auch „Pfalz" genannt) zurückgeführt, die die Pfalzgrafen von Tübingen seit 1146 in ihrem Wappen führten.
Die heute gültige Form des Vorarlberger Wappens geht auf das Gesetz über das Landeswappen, 2. Novelle (LGBl. 18/1936) zurück, welches seinerseits auf dem Landesgesetz vom 3. Dezember 1918 (LGBl. 20/1918) und dem Landesverfassungsgesetz vom 30. Juli 1923 (LGBl. 47/1923) beruht. Im Gesetz von 1918 heißt es forsch: „Als Landeswappen wird in Zukunft das Montfortische rote Kriegsbanner auf silbernem Schilde geführt, wie es im Mittelschilde des aufgelassenen Landeswappens sich vorfindet." Auch das Gesetz aus dem Jahre 1936 spricht noch vom „Montfortischen Kriegsbanner". In der geltenden Landesverfassung vom 14. März 1984 heißt es nur

mehr „das Montfortische rote Banner". So wurde aus einer Gerichtsfahne in Gestalt einer Kirchenfahne zunächst ein Kriegsbanner und schließlich ein einfaches rotes Banner.
Entsprechend dem Landeswappen sind die Landesfarben rot-weiß.

LANDESHYMNE

Das Land Vorarlberg gab sich verhältnismäßig spät eine Hymne: mit Landesgesetz vom 10. Mai 1949 (LGBl. 21/1949) wurde das Lied „s'Ländle, meine Heimat", gedichtet und vertont von Anton Schmutzer, zur Landeshymne bestimmt.
Das Lied war bereits im Jahre 1905 entstanden. Anton Schmutzer, der es geschrieben hatte, war ein echter Sohn des Landes. Schon sein Vater war Regens chori der Feldkircher Stadtpfarrkirche gewesen. Zwar hatte der Sohn Anton Jus studiert, doch wie seinen Bruder Philipp zog es ihn zur Musik. Anton begann seine Laufbahn als Musiklehrer an der berühmten „Stella Matutina" und leitete wie sein Vater die Kirchenmusik. Er komponierte Messen und Motetten, Lieder und Märsche.
Das im Dreivierteltakt gesetzte Lied war über die Schule und das Jugendsingen schon vor seiner offiziellen Bestimmung weit im Land verbreitet. Der Text enthält – ähnlich wie die dreißig Jahre später entstandene burgenländische Landeshymne – als Hauptmotiv die Treue zur Heimat, die kurz geographisch und anhand ihrer Flora beschrieben wird. Auch hier die Erwähnung des Bürgerfleißes („ein rührig Völklein") und der etwas linkische Hinweis auf die Landesfarben („und rot-weiß weht es in der Luft").

„Will treu dir bleiben, bis mich der liebe Herrgott ruft" ist – obwohl in jeder Strophe zweimal, also insgesamt sechsmal vertreten – im Gegensatz zu den Texten der Hymnen von Burgenland und Salzburg keine auf das Land bezogene religiöse Formel, sondern nur der Ausdruck der lebenslangen Treue zur Heimat.
Die kunstvolle Melodie der Vorarlberger Hymne mit ihrem komplizierten Rhythmus (häufige Triolen, abwechselnd mit punktiertem Rhythmus) ist in leichtem Tanzcharakter gehalten. Durch die großen Intervallsprünge eignet sich das Lied mehr zum instrumentalen als zum vokalen Vortrag.

Landespatron und Landesfeiertag

Der Landespatron von Vorarlberg, der hl. Gebhard, wurde am 7. 8. 949 vermutlich in Bregenz geboren und starb am 27. 8. 995 in Konstanz am Bodensee. Der Legende nach soll Gebhard als jüngster Sohn des Grafen Ulrich VI. von Bregenz (auch: Udalrich oder Uzo) genau an jener Stelle zur Welt gekommen sein, an der sich heute die Wallfahrtskirche auf dem 600 Meter hohen Gebhardsberg befindet. Seine Mutter soll an Gebhards Geburt gestorben sein, weswegen der Heilige von werdenden Müttern, bei schweren Geburten und bei Kinderkrankheiten angerufen wird. Aber auch gegen Halsleiden wird er angerufen (Gebhardsbrot).
Gebhard besuchte zunächst die Domschule von Konstanz. Auf Veranlassung von Kaiser Otto II. wurde er als Gebhard II. 979 Bischof von Konstanz. Er gründete 983 die Benediktinerabtei Petershausen und stattete diese mit Erbgütern und aus Rom erbetenen wertvollen Reliquien aus. Dort liegt der Stifter auch begraben. Gebhard, der sich sehr um die Klosterreform verdient gemacht hatte, wurde 1134 seliggesprochen und 1259 zur Ehre der Altäre erhoben.
Von ihm wird berichtet, daß er das Haupt des großen Papstes Gregor von Rom nach Konstanz gebracht habe. Wahrscheinlich wird Gebhard kraft dieser Werke meist mit folgenden Attributen dargestellt: Bischofsstab, Kirchenmodell, Totenkopf mit Tiara.

Bekanntheit des Vorarlberger Landespatrons 1993

	hl. Gebhard	andere	weiß nicht
bis 29	7	43	50
bis 49	18	29	53
ab 50	50	20	30
Total	22	32	46

Quelle: Integral-Telephonumfrage Jänner 1993, n = 41

Das Fest des hl. Gebhard wird an seinem Todestag, dem 27. August, begangen. Daß dieser Feiertag, der für die Schüler ohnedies in die Sommerferien fällt, nicht allgemein arbeitsfrei ist, versteht sich unter Alemannen von selbst.

Sonstige Symbole Vorarlbergs

Die Vorarlberger sind nüchterne Menschen – ihre Einstellung zu den Landessymbolen ist eher pragmatisch. Nach der Integral-Umfrage „Symbole für Österreich" (1993, n = 1.000) wurde das Landeswappen mit 8 Prozent etwas weniger oft als im österreichischen Durchschnitt erwähnt. Die Vorarlberger Landschaft und die Berge erzielen mit je 17 Prozent eher geringe Werte, zu denen dann noch der Bregenzer Festspiele (6 Prozent) traten. Eines aber fällt auf: Ähnlich wie im Burgenland (40 Prozent) wurde in Vorarlberg mit 39 Prozent die „besondere Lebensart" hervorgehoben. Das ist kein Zufall: das Burgenland und Vorarlberg sind jene beiden Bundesländer, die nicht nur geographisch, sondern auch kulturell am weitesten von der Mitte Österreichs entfernt sind, die die stärkste Traditionsbindung an das jeweils benachbarte Volk (Ungarn und Schweizer) haben, die also am wenigsten integriert sind. Es gibt dabei allerdings einen großen Unterschied: die Burgenländer wollen die noch bestehende Distanz abbauen und sich stärker integrieren, während den Vorarlbergern die Distanz zum Rest Österreichs, insbesondere zur Bundeshauptstadt Wien, durchaus recht ist und daher ihrer Ansicht nach auch nicht abgebaut zu werden braucht.

„ICH HAB DICH LIEB, MEIN WIEN“

DIE SYMBOLE WIENS

GESCHICHTE WIENS

Die frühesten Wurzeln Wiens weisen in die Jungsteinzeit, als Kleinsiedlungen an den Hängen des Wienerwaldes entstanden. In der Bronzezeit wurde auch die Stadtterrasse, etwa 15 Meter über dem Wasserspiegel der Donau, besiedelt. Aus der Hallstattzeit – rund ein Jahrtausend vor Christus – gibt es zahlreiche Funde, die von der Kunstfertigkeit der Illyrer zeugen. Ob es eine wehrhafte keltische Stadtburg auf dem Leopoldsberg und eine Dorfsiedlung im heutigen dritten Bezirk im Bereich der späteren römischen Zivilstadt gegeben hat, ist umstritten.
Wie neueste Funde unter dem Palais Harrach, präsentiert durch den Wiener Stadtarchäologen Ortolf Harl am 3. Februar 1994, vermuten lassen, haben die Römer auf Wiener Boden *zwei* Militärlager errichtet, von denen bisher nur das jüngere bekannt war. Nach Funden (Lanzenspitzen, Fibeln etc.) an der Freyung wurde dort schon um Christi Geburt eine Garnison in Holzbauweise errichtet, deren Hauptstraße von der heutigen Herrengasse zum heutigen Michaelerplatz führte. Erst im Jahre 92 n. Chr. wurde unter Kaiser Domitian „Neu-Vindobona“ errichtet, ein Militärlager mit Gebäuden aus Stein, dessen Zentrum (Praetorium und Legatenpalast) östlich des heutigen Platzes „Am Hof“ lag und dessen Via Principalis der nach Westen verlängerten Wollzeile entsprach. Das „erste“ Vindobona dürfte also, wenn nicht alles täuscht, älter als Carnuntum gewesen sein und damit die älteste Römerbefestigung im Donauraum. Von Markomannen und Quaden zerstört, wurde Vindobona um 180 wieder aufgebaut. Auf Anregung von Kaiser Marcus Aurelius Probus wurde der schon den Kelten bekannte Weinbau um 280 in den Donauprovinzen wieder aufgenommen.
Auch in der Zeit der Völkerwanderung blieb Wien als bewehrte Siedlung mit sehr gemischter Bevölkerung bestehen, wie Funde an den Fundamenten der Peterskirche und Mauerreste im Viertel um die Ruprechtskirche zeigen. Um 600 begann ein Ringen um die Grenzziehung zwischen Westen und Osten, das im Raum Wien mehr als dreihundert Jahre dauerte. Die zunächst gegen die Awaren errichtete Karolingische Mark konnte gegen die Einfälle der Magyaren nicht gehalten werden; in der Schlacht bei Preßburg 907 fielen der bairische Markgraf Luitpold und der Erzbischof von Salzburg. Ostösterreich blieb magyarisch, bis Otto I. durch seinen Sieg auf dem Lechfeld 955 die Ungarn auf Dauer niederrang. In der Folge wurden die Magyaren östlich der Leitha seßhaft.[1]
Um 1100 entstanden die ersten Außensiedlungen zur Abwicklung des regen Handelsverkehrs an der Donau. Der Babenberger Herzog Heinrich Jasomirgott errichtete um 1150 seine Pfalz auf dem heutigen Platz „Am Hof“. Unter Leopold VI. (1198–1230) erfolgte die Befestigung durch eine Stadtmauer entlang des inneren Randes der Ringstraßenverbauung.
Nach dem Aussterben der Babenberger standen die Wiener Bürger auf der Seite des Böhmenkönigs Ottokar (1254–1276); nur widerstrebend akzeptierten sie die Herrschaft Rudolfs von Habsburg im Wiener Frieden von 1276.
Ab der Mitte des 14. Jahrhunderts erlebte die Stadt einen bedeutenden wirtschaftlichen und kulturellen Aufschwung, der im spätgotischen Ausbau des Stephansdoms

[1] Christian Brandstätter/Günter Treffer (Hg.), Stadtchronik Wien. Wien 1986, 66

(ab 1340 Langhaus, ab 1359 Südturm) und der Gründung der Wiener Universität durch Rudolf IV. seinen Ausdruck fand. Sie wurde in den folgenden beiden Jahrhunderten eine der wichtigsten Heimstätten des Humanismus.
Wien war ab Mitte des 15. Jahrhunderts (mit Unterbrechung durch die Herrschaft des Ungarnkönigs Matthias Corvinus 1485–1490) und seit 1611 ununterbrochen Residenzstadt der römisch-deutschen Kaiser und Sitz der Zentralverwaltung der Habsburgermonarchie. Es überstand die erste Türkenbelagerung im Jahre 1529, öffnete sich aber der Reformation und wurde mehrheitlich protestantisch. 1551 wurden deshalb die Jesuiten nach Wien gerufen. Ende des 16. Jahrhunderts begann die Gegenreformation, die bis in die Zeit der Pest (1679) und der zweiten Türkenbelagerung (1683) reichte. Unter Karl VI. und Maria Theresia setzte ein glanzvoller Aufstieg ein, der in den großen Barockbauten (Belvedere, Karlskirche, Schönbrunn, Stift Klosterneuburg etc.) seinen Ausdruck fand.
Die Zeit der Aufklärung unter Joseph II. drückte sich kulturell vor allem in der Pflege der Musik und des Theaters aus, führte aber auch zu bedeutenden Reformen im Schulwesen und in der Medizin. Die Porzellanmanufaktur Augarten (1744) markiert den Beginn der Industrialisierung.
Nach zweimaliger Besetzung durch die Truppen Napoleons (1805 und 1809) wurde Wien glanzvoller Schauplatz des Wiener Kongresses (1814/15), der eine Neuordnung der Machtverhältnisse in Europa brachte.
In der Zeit des Vormärz wandte sich das Wiener Bürgertum eher der häuslichen Kultur zu (Biedermeier), bis die Revolution von 1848 mit einiger Verzögerung dem Liberalismus Bahn brach. Wien erlangte 1860 die volle kommunale Selbstverwaltung. Schon drei Jahre vorher, 1858, waren die Stadtmauern abgebrochen worden. So wurde Platz für die Ringstraße und ihre Prachtbauten geschaffen. In den Jahren 1869 bis 1875 wurde die Donau zwischen Nußdorf und Fischamend reguliert.
Die starke Industrialisierung in der zweiten Hälfte des 19. Jahrhunderts brachte großes soziales Elend mit sich und bildete so den Boden für die Entstehung einer starken Arbeiterbewegung. Zunächst errang die kleinbürgerlich-konservative Christlichsoziale Partei unter Dr. Karl Lueger die Mehrheit im Gemeinderat. Unter dem populären Bürgermeister, der anfänglich gegen den Widerstand von Regierung und Kaiser kämpfen mußte, wurden die Gaswerke und die Straßenbahn kommunalisiert und die Elektrizitätswerke errichtet. Nach den genialen, bis heute gültigen Entwürfen von Otto Wagner wurde das Wiener Stadtbahnnetz eingerichtet.
Nach dem Ersten Weltkrieg schien die einstige Reichs- und Residenzstadt als „Wasserkopf" dessen, „was blieb" (Clemenceau), um eine Nummer zu groß. Doch die Umstellung gelang. Wien wurde durch ein Verfassungsgesetz vom 29. 12. 1921 nicht zuletzt aus parteipolitischen Gründen von Niederöstereich abgetrennt und zu einem eigenen Bundesland erklärt. Das „Rote Wien" wurde zu einer Musterstadt im kommunalen Wohnbau, in der sozialen Fürsorge und im Schulwesen.
Nach den Februarkämpfen von 1934, die in der Auflösung der Sozialdemokratischen Partei und im Ständestaat mündeten, verlor Wien seinen Status als Bundesland und wurde zunächst „bundesunmittelbare Hauptstadt". Der christlichsoziale Abgeordnete und Unterrichtsminister Richard Schmitz wurde am 7. 4. 1934 zum Bürgermeister von Wien ernannt. Er wurde 1938 von den Nationalsozialisten verhaftet und war bis Mai 1945 im KZ Dachau interniert.
Unter der nationalsozialistischen Herrschaft wurde durch Eingliederung von 97 niederösterreichischen Gemeinden von Kritzendorf bis Moosbrunn und von Breitenfurt bis Gänserndorf der aus 26 Bezirken bestehende „Reichsgau Wien" mit über zwei Millionen Einwohnern geschaffen.
Der Zweite Weltkrieg wütete auch in Wien furchtbar. In 52 Luftangriffen und in zehn

Erdkampftagen wurden mehr als 11.000 Wiener und Wienerinnen getötet. Mehr als ein Viertel der Bausubstanz wurde ganz oder teilweise zerstört. Noch am 8. April 1945, fünf Tage vor der endgültigen Einnahme der Stadt durch die Sowjettruppen, geriet der 500 Jahre alte, aus Lärchenholz gefertigte Dachstuhl des Wiener Stephansdoms in Brand. Der Dom brannte in der Folge fast zur Gänze aus.
Nach zehnjähriger Besetzung durch die vier Alliierten, die den 1. Bezirk gemeinschaftlich verwalteten, wurde am 15. Mai 1955 im Belvedere der Österreichische Staatsvertrag unterzeichnet.
Es folgten einige für das Wiener und das österreichische Kulturleben bedeutsame Ereignisse:

- Am 15. Oktober wurde das Burgtheater mit „König Ottokars Glück und Ende" wieder in Betrieb genommen.
- Am 5. November wurde die Staatsoper in einem feierlichen Staatsakt und mit Beethovens Befreiungsoper „Fidelio" wiedereröffnet. (Am Vortag, dem 4. November, war übrigens die Opernpassage als eines der modernen Verkehrsbauwerke dem Verkehr übergeben worden.)
- Am 6. November wurde mit Mozarts „Don Giovanni" eine zweite „inoffizielle" Opern-Einweihung für das Insider-Publikum gefeiert (mit dieser „Oper aller Opern" war das Haus am Ring ja 1869 eröffnet worden).

Am 26. Jänner 1968 wurde der Beschluß zum U-Bahn-Bau gefaßt – 72 Jahre, nachdem in Budapest die erste Untergrundbahn auf dem Kontinent errichtet worden war.
1973–1979 wurde die Wiener „UNO-City" (Vienna International Center) nach Plänen des österreichischen Architekten Johann Staber errichtet, der unter 656 eingereichten Projekten den vierten Platz errungen hatte.
1981 wurde nach zehnjähriger Bauzeit der nördliche Teil der Donauinsel, die dem Hochwasserschutz und der Naherholung dient, eröffnet. Die Fertigstellung des Grundnetzes der U-Bahn mit der Einbindung des Westbahnhofes erfolgte am 3. September 1994.

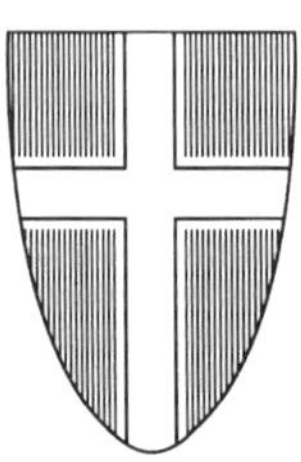

Demographische Daten

Fläche: 415 km^2
Wohnbevölkerung (Volkszählung 1991): 1,343.196
Ausländeranteil: 196.652 = 12,8 Prozent
Agrarquote: 0,4 Prozent
Prozente Landtagswahl 1991: SPÖ 48, ÖVP 18, FPÖ 23, GAL 9

Keine Bestimmungen der Landesverfassung über die Landessymbole

Die Bundeshauptstadt Wien ist zugleich Stadt mit eigenem Statut und Bundesland. Dieser Sonderstatus drückt sich in einem sehr eigenartigen verfassungsrechtlichen Selbstverständnis aus, dessen juristisch-administrative Ausdrucksweise jeder Form von in Worten gefaßtem „Landesbewußtsein" abhold ist. Weder die Stadtverfassung noch die Landesverfassung von Wien enthalten für die Landessymbolik bedeutsame Aussagen.

LANDESWAPPEN UND LANDESFARBEN

Gesetz vom 13. Februar 1925, LGBl. für Wien, Nr. 9/1925, betreffend das Wappen und Siegel der Bundeshauptstadt Wien:

Artikel I

Das Wappen besteht aus einem weißen Kreuz auf rotem Felde.

Artikel II

Das Siegel zeigt das Wappen im Brustschild eines Adlers als Wappenhalters. Der einköpfige, ungekrönte Adler steht flugbereit, rechtsschauend im Felde. Sein leicht gebogener, gedrungener Hals weist schuppenähnliche Büschel auf und seine Flügel gehen in vier nach abwärts gespreizte Federn über. Seine mit starken Krallen bewehrten Fänge sind schräg ab- und auswärts gestreckt. Der Schweif ist senkrecht nach unten gekehrt und ornamentiert gestaltet. Das Siegel trägt die Umschrift: „Bundeshauptstadt Wien". Die Zeichnung des Siegels ist aus der einen Bestandteil dieses Gesetzes bildenden Anlage ersichtlich.

Artikel III

Das Wappen und das Siegel der Bundeshauptstadt Wien ist zugleich das Wappen und Siegel des Bundeslandes Wien.

Die frühesten Belege für das Wiener Stadtwappen finden sich auf den sogenannten „Wiener Pfennigen" aus den späten siebziger Jahren des 13. Jahrhunderts. Sie zeigen bereits das für Wien charakteristische Balkenkreuz, das sich aller Wahrscheinlichkeit nach von der seit Ende des 12. Jahrhunderts nachgewiesenen Reichssturmfahne herleitet. 1278 wurde Wien durch König Rudolf I. in den Besitz des Reiches genommen; ähnlich wie in anderen Grenzgebieten des Heiligen Römischen Reiches (Schweiz, Savoyen, Dänemark) mag dadurch auch in Wien die Reichsfahne heraldisches Vorbild für das lokale Wappen gewesen sein.

Im 14. Jahrhundert war das Wiener Wappen bereits geläufig – so tritt es am Südturm des Stephansdoms und im ersten Siegel der Wiener Universität auf. Die erste Farbdarstellung des Wiener Wappens findet sich in einem der Wappenbücher der 1394 gegründeten Bruderschaft von St. Christoph am Arlberg. Diese Bücher enthielten Hunderte von Wappen ihrer meist adeligen Mitglieder. und wurden bis zur Aufhebung dieser karitativen Vereinigung im Jahre 1786 weitergeführt. Einige Originale und mehrere Kopien sind davon in österreichischen und deutschen Archiven erhalten geblieben.

Das Wappen von 1461

Als Erzherzog Albrecht VI. seinen kaiserlichen Bruder, Friedrich III., 1461 im Streit um die österreichischen Donauländer befehdete, versuchte er, das vom Kaiser nicht unterstützte Wien einzunehmen. Der Angriff wurde jedoch von den Wienern abgewehrt. Der Kaiser bedankte sich durch eine Wappenbesserung: In einem feierlichen Wappenbrief, gegeben zu Leoben am 26. September 1461, gestattete Friedrich III. der Stadt Wien, anstelle des schon bisher verwendeten goldenen, einköpfigen Adlers im schwarzen Feld den mit der Reichskrone gezierten, nimbierten goldenen Doppeladler zu führen. Hoch oben am neu renovierten Haus 1., Lugeck 4, erbaut 1897, steht eine Statue Friedrichs III. mit dem Wappenbrief, darüber ein Baldachin, überhöht von der ottonischen Kaiserkrone. An dieser Stelle stand früher der sogenannte Regensburger Hof, ein ansehnliches Bürgerhaus mit drei Obergeschossen, in welchem Niklas Teschler, Tuchhändler, Bankier und Bürgermeister Wiens, am 19. Februar 1470 für Kaiser Friedrich III. und Matthias Corvinus ein großes Fest mit Tanz gab. An der Wand des Museums für angewandte Kunst in der Weiskirchnerstraße befindet

sich eine Marmortafel mit dem kaiserlichen Stadtwappen. Sie erinnert an die Verteidigungsstellung der Stadt Wien an der Steinernen Brücke vor dem Stubentor, wo Bürgermeister Christian Prenner an der Spitze von Bürgern und Söldnern die Truppen Albrechts VI. am 12. August 1461 zurückschlug, was der Stadt Wien das Recht eintrug, den kaiserlichen Doppeladler zu führen.
Die Wappenurkunde enthält neben einer Farbzeichnung folgende Beschreibung des neuen Stadtwappens:

> *... daz Sy den Schilt mit dem Guldein Adler in den swartzen Veld so Sy vorher löblich geprauhet vnd gefürt haben, nu hinfür zu ewigen zeiten denselben Adler mit zwayn haupten geziert mit Irn dyademen und zwischen denselben haupten ain Kaiserliche Kron auch von Gold in demselben Swartzen Veld des Schildes ... geprauchen mügen.*[1]

Schon bald nach 1461 schlug die Treue der Stadt Wien in Ungehorsam um: statt zum Kaiser zu stehen, belagerten die Bürger ihn und seine Familie in der Wiener Burg. Deshalb nahm Kaiser Friedrich III. das Wappen zurück und übertrug es am 1. April 1463 den beiden ihm treu ergebenen Schwesterstädten Krems und Stein. Seither führt Krems den mit der Reichskrone (mit hoher Mitra) und zwei flatternden Binden versehenen goldenen Doppeladler in Schwarz, allerdings ohne Nimben. Wiener Neustadt, die „allzeit Getreue", hatte schon am 10. Juli 1452 von Kaiser Friedrich III. den nimbierten und halsgekrönten schwarzen Doppeladler erhalten, den die Stadt bis heute schwarz in Gold im gevierten Wappen mit Burg und Bindenschild führt.
Nach dem Tod Albrechts VI. söhnte sich Wien mit dem Kaiser aus; 1464 wurden der Stadt Wien ihre alten Rechte bestätigt. Als Ratssiegel enthält das Wappen nun wieder das Balkenkreuz im Brustschild. Als Beleg dafür dient das Typar des neuen Stadtsiegels, ebenfall aus dem Jahr 1464, das übrigens – vermutlich aufgrund eines Irrtums des Siegelstechers (so etwas soll in Österreich ja vorkommen) – statt der geschlossenen Kaiserkrone die offene Königskrone zeigte, was bis zum Ende der Monarchie immer wieder zu verschiedenen Varianten führte, je nachdem, ob man sich an den Wappenbrief oder den Siegelstock hielt.[2]
1465 wurde durch den Maler Jakob Kaschauer eine große Fahne für die Bürgerwehr angefertigt, die bis heute im Historischen Museum der Stadt Wien aufbewahrt wird. Sie trägt vier Felder, von denen jeweils zwei das weiße Kreuz in Rot und zwei, diagonal dazu angeordnet, den goldenen Doppeladler in Schwarz zeigen. In der zweiten Hälfte des 19. Jahrhunderts waren die Nimben verschwunden, dafür trugen die Adlerköpfe selbst Krönlein.

Das Stadtwappen nach H. G. Ströhl

Um die Jahrhundertwende treten uns zwei Wappenzeichnungen von hoher Autorität entgegen: Die erste stammt vom k. k. Rat und Konservator für Wien, Albert Ritter von Camesina, der für das Kreuzschild die frühgotische Dreiecksform wählte und die Krone nach der Abbildung in der Verleihungsurkunde von 1461 als heraldische Kaiserkrone gestaltete.[3] Die zweite Zeichnung verdanken wir dem berühmten Heraldiker Hugo Gerard Ströhl, der den Kreuzschild halbrund machte, die Krone jedoch eindeutig der ottonischen Kaiserkrone nachempfand.[4] Mit Lind sind wir der Ansicht, daß die ältere, „dreieckige"

[1] Karl Lind, Das Wappen der Stadt Wien. Wien 1866, 24 ff.
[2] Ströhl, Städte-Wappen von Österreich-Ungarn, a. a. O., 1
Felix Czeike, Das Rathaus. Wien – Hamburg 1972, 82
[3] Jakob Dont (Hg.), Der heraldische Schmuck des Wiener Versorgungsheims. Wien 1910, Tafel 1a oben
[4] Ströhl, a. a. O. 107

Schildform 1465 wohl absichtlich gewählt wurde, um darzutun, daß das Wiener Wappen schon älteren Ursprungs sei. Ströhl hingegen hat die halbrunde Form aufgrund seiner sehr strengen heraldischen Auffassung gewählt, um sie der runden Form des gesamten Wappenschildes anzugleichen. Das erscheint uns zwar möglich, im Endeffekt geht aber dabei doch etwas für die Wappen- und Siegelgeschichte Wiens sehr Typisches verloren. Hingegen muß der Kronenform Ströhls der Vorzug gegeben werden, symbolisiert diese doch viel deutlicher die Einzigartigkeit der nicht weit vom Wiener Rathaus aufbewahrten Krone des Heiligen Römischen Reiches.

Interessanterweise folgt die Wappendarstellung am Giebel der Lainzer Versorgungsheimkirche trotz einer gewissen Manieriertheit und der Überladung durch eine goldene Stadtmauerkrone mit fünf sichtbaren Türmen dem oben angedeuteten Weg: die Kaiserkrone und die Bänder „ottonisch" wie bei Ströhl, der Kreuzschild „frühgotisch" wie bei Camesina, wenn auch um eine Spur gedrungener[1] – eine sehr geschickte Kompromißlösung.

Das Wappen an der Versorgungsheimkirche

Nach dem Zusammenbruch der österreichisch-ungarischen Monarchie veränderte die Stadt Wien ihr Wappen zunächst nicht. Erst ein vollkommen unbedeutender Anlaß, nämlich der Ersatz „niederösterreichischer" durch „Wiener" Dienstabzeichen für Flurhüter (!), führte zu einer tiefgreifenden Wappenreform.

Diese Reform wurde durch einen Brief des Direktors des Stadtarchivs, Univ.-Prof. Dr. Otto Stowasser, an den Magistratsdirektor vom 22. April 1924 ausgelöst. In dem Brief heißt es, daß „streng sachlich auch vom Standpunkt der neuen Zeit am Stadtwappen nichts auszusetzen ist", da weder der Doppeladler noch die Farbe schwarzgelb ursprünglich mit dem Hause Habsburg etwas zu tun hatten („Habsburgisch ist der rote Löwe im goldenen Feld"). Dennoch sei der Wunsch nach Änderung „begreiflich und berechtigt", weil das Wappenbild gemeinhin „eben falsch verstanden wird". Der Archivdirektor regt somit eine generelle Wappenänderung an und schlägt als einheitliches Wappenbild einen einköpfigen Adler vor, der im Herzschild ein weißes Kreuz im roten Feld trägt, wie er sich in einem Siegel an einer Urkunde aus dem Jahr 1346 findet.

Das Siegel von 1346

Seit der Gemeinderatswahl vom 21. 10. 1924 verfügten die Sozialdemokraten über 78, die Christlichsozialen über 41 Mandate im Gemeinderat. Karl Seitz war Bürgermeister, das Wohnbauprogramm, der Stolz des „Roten Wien" war angelaufen. Die politische Führung der Stadt schloß sich der Meinung des Archivdirektors an. Der Motivenbericht ex 1925 versucht kaum, sein Anti-Habsburg-Sentiment zu verbergen, wenn er auch die „Überladenheit" des Doppeladler-Wappens betont: Und so wurde 1925 die heraldische Uhr Wiens um fast ein halbes Jahrtausend zurückgedreht – in die gute alte Zeit vor 1461, als der Adler noch einköpfig war und nicht „überladen"...

In einem Durchführungserlaß des Stadtsenats vom 29. April 1925 wurde festgelegt, daß das Wappen „entweder allein oder in der Figur des Wappenhalters" gebraucht werden könne. Die Farben des Adlers wurden nicht definiert, sodaß man ihn – seltener – golden (etwa in einem Glasfenster des Wiener Jörgerbads) oder schwarz (z. B.

[1] Dont, a. a. O., Tafel 1a unten

auf dem Dach des Stephansdoms, wo der Wiener Adler sogar imstande ist, dem Bundesadler den Kopf zu verdrehen!) dargestellt findet.
Während der Ständestaat in den westlichen Bundesländern Ende des Jahres 1934 Landesverfassungen in Kraft setzte, die in ihren Zielparagraphen großen Wert auf die Landessymbole legten (vgl. die jeweiligen Kapitel), wurde am 31. März 1934 durch den Bundeskommissär für Wien eine (einstweilige) Stadtordnung erlassen, die sich – wie die Landesverfassungen davor und danach – um „identitätsstiftende Zielparagraphen" nicht kümmerte. Schon einen Monat vorher, am 15. Februar 1934 – am dritten Tag nach seiner Einsetzung als Bundeskommissär für Wien und am letzten Tag des Bürgerkriegs – hatte Richard Schmitz das alte doppelköpfige Adlerwappen von 1461 durch Verordnung (LGBl. für Wien, Nr.10/1934) wieder eingeführt. Es blieb in dieser Form etwas mehr als vier Jahre in Geltung, bis sich die Nacht der Hitler-Zeit über Wien senkte.

Das Wappen in der NS-Periode

Das NS-Regime, das nicht müde wurde, die Funktion Wiens als eines „Bollwerks des Reiches" zu beschreiben, brachte just in der Periode, in der die Reichskleinodien aus der Wiener Schatzkammer nach Nürnberg geschafft wurden (s. Kapitel über die Reichskleinodien, S. 167 f.) einige kleine Änderungen an dem seit 1934 gültigen Wappen von 1461 an: das Motiv der „heraldischen" Kaiserkrone wurde durch eine stilisierte Zeichnung der realen, ottonischen Kaiserkrone ersetzt, die Nimben wurden nicht mehr gefüllt, sondern nur konturiert, die Bänder ohne ihren bisherigen Edelsteinschmuck dargestellt. Wenn man will, war das Wappen dadurch etwas spartanischer, vielleicht auch eine Spur kriegerischer geworden: keinesfalls war es aber eine unheraldische Lösung. Sie sollte nicht lange Bestand haben. Wie alle anderen Spuren der Nazizeit, ist auch die nationalsozialistische Heraldik Wiens heute verschwunden, bewußt ausgetilgt. Es wäre dennoch interessant zu erfahren, wohin manches gelangte. Allerdings will man darüber weder im Historischen Museum der Stadt Wien noch im Stadtarchiv Bescheid wissen. So hing etwa im sogenannten „Gobelinsaal" (heute Steinsaal) des Rathauses in der Zeit des Ständestaates ein großer Gobelin. Offenbar gleich nach „Systemwechsel" wurde er durch einen „Prachtgobelin" des Malers Riefel ersetzt. „Als Erinnerung an die Wiedervereinigung der Ostmark mit dem Großdeutschen Reich" zeigte der Wandteppich die Worte Adolf Hitlers, die dieser am „Tag des Großdeutschen Reiches" zu dem ihn am 9. April 1938 im Rathaus begrüßenden Bürgermeister Ing. Dr. Hermann Neubacher sprach:

> *... diese Stadt ist in meinen Augen eine Perle! Ich werde sie in jene Fassung bringen, die dieser Perle würdig ist ...*

Diese Worte müssen im Lichte der inneren Einstellung Adolf Hitlers zu Wien als reine Propagandaphrase verstanden werden.

Die juristische und heraldische Situation des Wiener Landeswappens

Verfassungsrechtlich ist zunächst zu bemerken, daß es der Wiener Stadt- und Landesverfassung an jeglichen das Stadt- und Landesverständnis umschreibenden Artikeln fehlt. Insbesondere fehlen grundsätzliche Bestimmungen über Staatsform, Staatsgewalt, Parteien, Landessprache und Landessymbole, wie sie etwa in den Verfassungen des Burgenlandes (zuletzt novelliert 1990) und Oberösterreichs (Fassung 1991) in vorbildlicher Form enthalten sind. Was das Wappenrecht auf landesgesetzlicher Ebene betrifft, so handelte es sich bei der Interpretation des Gesetzes vom 13. Februar 1925 durch den Stadtsenatsbeschluß vom 29. April 1925 eindeutig um eine

Kompetenzüberschreitung seitens der Vollziehung, die noch dazu nicht mehr Rechtssicherheit schuf, sondern eher das Gegenteil, nämlich das Nebeneinander zweier Wappenformen nach sich zog. Es fehlt in Wien weiterhin an einer gesetzlichen Regelung der Landesfarben (!), von den in den anderen Bundesländern üblichen Landessymbolen (Landesflagge, Landesdienstflagge, Landeshymne und Landesfeiertag) gar nicht zu reden. Vor allem aber hat das Fehlen eines zeitgemäßen Gesetzes über die Landessymbole die gesetzliche Regelung der vom Landesarchiv seit 1986 (!) fertiggestellten Bezirkswappen bisher verhindert.

Was hätte also zu geschehen?

Zunächst wäre durch Gutachten des Landesarchivs eine heraldisch stichhaltige und den heutigen Erfordernissen entsprechende gesamthafte Wiener Landessymbolsprache nach dem Vorbild der diesbezüglichen Bundesgesetzgebung (Art. 8a BV-G und Wappengesetz 1984) vorzuschlagen:

- Landesfarben (Reihenfolge Rot-Weiß!)
- Landeswappen (Form, Farb- und Schwarzweißdarstellung)
- Landessiegel (Schwarzweiß)
- Landesflagge (Rot-Weiß, Format 2:3)
- Dienstflagge des Landes (Format 2:3, Wappen im Mittelfeld)

Aus der Kenntnis der politischen Verhältnisse in der Bundeshauptstadt, insbesondere was die Schwierigkeit einer Verfassungsreform betrifft, ist die Wahrscheinlichkeit, daß sich der Landtag bzw. der Gemeinderat in den nächsten Jahren zu einer umfassenden und konsistenten gesetzlichen Regelung der Landessymbole entschließt, als sehr gering anzusehen. Vielleicht wäre aber eine ergänzte Neufassung des Gesetzes vom 13. Februar 1925, LGBl. für Wien, Nr. 9/1925 dennoch möglich. Realistisch gesehen wäre es schon ein Erfolg, wenn auf der Basis der Vorschläge des Landesarchivs innerhalb absehbarer Frist folgendes durchzusetzen wäre:

- Das eigentliche Landeswappen ist und bleibt das silberne Kreuz im roten Feld; die Schildform bleibt aus traditionellen Erwägungen „gotisierend", d. h. spitz zulaufend. Dies empfiehlt sich unter anderem deshalb, weil der 1. Bezirk, der ja bis Mitte des 19. Jahrhunderts mit der Stadt identisch war, das abgerundete Wappenschild verwendet. Die heraldisch an sich nicht notwendigen feinen schwarzen Kreuzkonturen sollen aus traditionellen und praktischen Gründen ebenfalls erhalten bleiben.
- Das Siegel der Stadt Wien bleibt unverändert.
- Die Dienstflagge der Bundeshauptstadt und des Landes Wien trägt in ihrer Mitte das Landeswappen in der eben beschriebenen Darstellung. Das Seitenverhältnis der Dienstflagge ist 2 : 3 (vgl. Farbabbildung S. XIV).
- Die politisch bereits akkordierten 23 Bezirkswappen hingegen werden einheitlich in der halbrunden Schildform dargestellt, da diese der jüngeren Bezirksheraldik eher entspricht. Die Bezirksvorsteher sollten ihr Bezirkswappen neben dem oben beschriebenen Stadtwappen führen dürfen, das ja heute schon ihr amtliches Briefpapier schmückt.
- Im Auftrag des Bürgermeisters gibt das Landesarchiv eine fachliche Broschüre über die Stadtheraldik sowie – gemeinsam mit dem Stadtschulrat und dem Presse- und Informationsdienst (PID) – so bald wie möglich einen „Wappen-Musterbogen" für Wien heraus. Damit ist eine heraldisch und drucktechnisch ansprechende „offiziöse" Darstellung der Landessymbole (Wappen, Siegel, Dienstflagge, Landesflagge) und der 23 Bezirkswappen mit kurzer Erläuterung etwa im Poster-Format A2 gemeint. In genügend hoher Auflage an Schulen und Volksbildungseinrichtungen verteilt und im Rathaus zum Kauf angeboten, würden die beiden Publikationen viel dazu beitragen, Heimatgefühl und Identifikation mit der Stadt zu wecken.

- Die 23 Gemeindebezirke verfügen zur Zeit über sehr unterschiedliche und zum Teil sehr unbeholfene Ausführungen ihrer Wappen. Auf der Basis des oben angeregten Wappen-Musterbogens werden für jeden Bezirk gleichartige, qualitätvolle Abziehbilder des Bezirkswappens und der Stadtsymbole hergestellt.
- Dem Souvenirhandel werden geeignete Druckvorlagen der Symbole der Stadt Wien und ihrer Bezirke zur Verfügung gestellt. Damit könnte der immer wieder auftretenden Verwendung des Doppeladler-Wappens entgegengewirkt werden.
- Das Rathaus, die Magistratischen Bezirksämter und die Schulen der Stadt Wien werden mit einheitlichen Flaggen in Format 2 : 3 versehen.

WIEN, WIEN, NUR DU ALLEIN . . . HAST KEINE LANDESHYMNE . . .

Um es gleich vorwegzunehmen: wenn es auf der Welt im Rahmen eines föderativen Staatswesens einen Teilstaat mit eigener kultureller Identität gibt, der keine eigene Hymne braucht, so ist es Wien, die Stadt der Musik. Für Wien eine Landeshymne zu schaffen, heißt Eulen nach Athen zu tragen.
Und dennoch hat auch der umgekehrte Gedankengang einiges für sich: wenn es auf der Welt eine Stadt mit eigener Landesidentität gibt, welcher auch musikalisch Ausdruck verliehen werden könnte, so ist es Wien, die Stadt der Musik. Für Wien keine Landeshymne zu schaffen, klingt fast so, wie in München kein Bier mehr auszuschenken. Man kann schließlich drittens der Auffassung sein, Wien habe mit dem „Donauwalzer" ohnedies eine Hymne: zwar keine offizielle, aber eine umso tiefer im Volk verwurzelte. So hat schon Eduard Hanslick (1825–1904), der bedeutende Wiener Musikkritiker und Musikhistoriker, den „Donauwalzer" ein „patriotisches Volkslied ohne Worte" genannt:

> *Neben der Volkshymne von Vater Haydn haben wir in Strauß' „Schöner blauer Donau" eine andere Volkshymne. Diese uns allen eingeprägte Melodie sagt deutlicher und wärmer als alle Worte, was über das Thema Wien Schmeichelhaftes gesagt werden kann.*[1]

In der Tat, die Melodie des „Donauwalzers" ist so mit der Stadt Wien verwoben, daß es eine offizielle Hymne, würde eine solche beschlossen, sehr schwer hätte, das Werk von Johann Strauß Sohn auszustechen und auch nur einen Bruchteil der Popularität zu erlangen, die der „Blauen Donau" zukommt. Nicht umsonst erklingt dieser Walzer in den ersten Minuten eines jeden neuen Jahres im Österreichischen Rundfunk.
Hans Weigel geht noch einen Schritt weiter: In einem Büchlein über das Wesen des Walzers meint er, daß der „Donauwalzer" „eine österreichische Nationalhymne ist, weil er gespielt und nicht gesungen wird".[2]
Der „Donauwalzer", der ganzen Welt durch seinen verhaltenen Beginn, den langsam aufsteigenden D-Dur-Dreiklang, bekannt, entstand etwa 1867, einige Jahre nach der Hochzeit von Johann Strauß mit Henriette Treffz, im Hause Praterstraße 54. Der Komponist betitelte ihn selbst mit „An der schönen blauen Donau" – eine Wortfolge, die er vermutlich aus den Gedichten des Budapester Feuilletonisten Karl Isidor Beck kannte.[3]
Der ursprüngliche Text begann mit den sinnigen Worten „Wiener seid froh, oho, wieso?"; sie waren die Einleitung zu einigen zeitkritischen Coupletstrophen über Hausherren und Juden, Maler und Börsianer aus der Feder des schriftstellernden Polizeibeamten Josef Weyl, der für den Wiener Männergesang-Verein die Texte schrieb.

[1] Zit. nach: Gottfried Heindl, Die Welt in der Nuß oder Österreichs Hauptstadt. Wien 1972, 287
[2] Hans Weigel, Das kleine Walzerbuch. Salzburg 1965, 88
[3] Marcel Prawy, Johann Strauß. Weltgeschichte im Walzertakt. Wien 1975, 173 ff.

In einer Liedertafel dieses Vereins im Dianasaal (die 1842 errichtete gedeckte Schwimmhalle des 1804 erbauten Dianabades konnte in einen Ballsaal verwandelt werden) erfuhr auch der „Donauwalzer“ am 15. Februar 1867 seine Uraufführung. Das ellenlange Programm – fünf Stunden Satire und Parodie – wurde durch eine Pause unterbrochen. Das erste Stück nach der Pause war der „Donauwalzer“. Er war kein rasender Erfolg – es wurde nur eine Wiederholung verlangt ! –, aber auch kein Durchfaller.

Op. 314 war als Chorwalzer geschrieben worden, obwohl Strauß dem Wort stets mißtraute. Denn: Strauß-Musik ist „Musik an sich“ – sie will nur gespielt, nicht gesungen werden, um selbst wie Singen zu klingen.

Zur weltweiten Bekanntheit des Walzers trug u. a. der Auftritt von Johann Strauß bei der Pariser Weltausstellung 1867 bei, wo er unter der Schirmherrschaft von Gräfin Pauline Metternich konzertierte. Im Herbst desselben Jahres dirigierte der „Walzerkönig“ über sechzig Promenadenkonzerte im Londoner Covent Garden. Und sein Verleger Spina versandte viele Tausende Notendrucke des „Donauwalzers“ in alle Welt.

Die Popularität des „Donauwalzers“ ist bis heute ungebrochen. Deshalb verwendet auch der ORF diese Weise als Kennmelodie für seine Hauptnachrichtensendung „Zeit im Bild“. Daran ändert auch der eher kitschige Text des Herrn Oberlandesgerichtsrates Dr. Franz von Gernerth nichts, der dem Musikstück 1890 unterlegt wurde:

Donau, so blau, durch Tal und Au,
Wogst ruhig du hin, dich grüßt unser Wien,
Dein silbernes Band knüpft Land an Land,
Und fröhliche Herzen schlagen
An deinem schönen Strand.
Weit vom Schwarzwald her
Eilst du hin zum Meer,
Spendest Segen allerwegen,
Ostwärts geht dein Lauf,
Nimmst viel Brüder auf:
Bild der Einigkeit für alle Zeit.
Alte Burgen seh'n nieder von den Höh'n,
Grüßen gerne dich von ferne,
Und der Berge Kranz,
Hell vom Morgenglanz,
Spiegelt sich in deiner Wellen Tanz.

Nun, Wien hat also keine Landeshymne und hat doch eine, nämlich einen wunderschönen Konzertwalzer. Wenn die „Introduction“ zum Donauwalzer geheimnisvoll erklingt, erhebt man sich nicht, um respektvoll still zu stehen, nein, man erhebt sich, um zu tanzen – falls man das Glück hatte, in Wien geboren zu sein und hier eine Tanzschule besucht zu haben. Denn erst dann beherrscht man auch den Linkswalzer und das „Einkreuzen“, um nötigenfalls einen „Fleckerlwalzer“ tanzen zu können.

Diese positive Einstellung zum „Donauwalzer“ ist allerdings deutlich generationsbedingt, wie die Ergebnisse einer Umfrage bei rund 500 repräsentativ ausgewählten Wienern zeigen:

Frage: Können Sie mir sagen, was die Wiener Landeshymne ist?

Alter	Donauwalzer	anderes Lied	gibt keine/weiß nicht
14–19 Jahre	3	6	91
20–29 Jahre	0	2	98
30–39 Jahre	0	3	97
40–49 Jahre	2	2	96
50–59 Jahre	10	10	80
60–69 Jahre	5	10	85
70 Jahre und älter	7	3	90

Quelle: Integral-Telephonumfrage Wien, 15. 10. 1993, n = 476

So bleibt nur noch eine rein theoretische Spekulation am Schluß: Welches Lied – außer dem „Donauwalzer" – hätte überhaupt eine Chance, zur Wiener Hymne erhoben zu werden? Ist unter den Hunderten Wiener Liedern kein einziges, das dafür in Frage käme? Die Antwort ist ein eindeutiges Nein. Das einzige Lied auf weiter Flur, das ein wenig in die Nähe dessen kommt, was eine „Hymne der Stadt Wien" bräuchte, ist unseres Erachtens Leo Lehners „Ich hab' dich lieb, mein Wien!", Text von M. Klieba:

Ich sing ein Lied zu deinem Preis,
Du Stadt am Donaustrand,
Mein Herz entbrennt in Liebe heiß,
Und ist dir zugewandt.
Ob du im Frühlingszauber prangst,
Ob du nach Winterruh verlangst.

Refrain:
Was auch die Welt an Schönheit hat,
Mich lockt es nicht dahin,
Ich hab dich lieb,
du schöne Stadt,
Ich hab dich lieb, mein Wien.

Paläste stehn in stolzer Pracht
Und buntes Leben schallt,
Behüt dich Gott in seiner Macht,
Dich und den Wienerwald.
Mein Dank empor zum Himmel fleht,
Mein Lied erkling wie ein Gebet.

Was auch die Welt an Schönheit hat,
Mich lockt es nicht dahin,
Für mich bist du
Die schönste Stadt,
Ich hab dich lieb, mein Wien.

Das Lied ist im Dreivierteltakt geschrieben. Der Refrain beginnt jeweils im langsamen und endet im flotten Walzertempo – als Wienerlied muß das wohl so sein. Gut singbar ist „Ich hab dich lieb“ nur für den ausgebildeten Sänger, der weder mit den Auflösungszeichen noch mit den hohen Noten am Schluß Schwierigkeiten hat.

Landespatron und Landesfeiertag

Mit kaiserlichem Patent vom 19. Oktober 1663 wurde der hl. Leopold zum Landespatron der alten österreichischen Kernlande Niederösterreich (mit Wien) und Oberösterreich bestimmt. Der 15. November, der Todestag des Heiligen, wurde kirchlicher Feiertag.[1]

Neben dem hl. Leopold, dem „offiziellen“ Landespatron von Wien, gilt der hl. Klemens Maria Hofbauer als der eigentliche Schutzheilige der Bundeshauptstadt; typischerweise ein Südmährer („Randlböhm“), wie viele berühmte und weniger berühmte Wiener nach ihm.

Klemens Maria Hofbauer steht uns von allen Landespatronen zeitlich am nächsten. Er wurde am 26. 12. 1751 in Taßwitz/ Tasovice bei Znaim/Znojmo in Südmähren als neuntes von zwölf Kindern eines Fleischermeisters, der ursprünglich Dvořák hieß, geboren. Nach dem frühen Tod seines tschechischen Vaters wuchs er unter der Obhut seiner frommen Mutter deutschsprachig auf. Schon sehr früh zog es ihn zum Priesterberuf, den er aber erst später ergreifen konnte.

1808 begann Hofbauer seine Tätigkeit als Redemptoristenpater in Wien, ohne Kloster, von einem einfachen Zimmer aus, das ihm Schlafzimmer, Eßraum, Beicht- und Aussprachezimmer zugleich war. Er nahm Kontakt zu Intellektuellenkreisen um die Romantiker August Wilhelm und Friedrich Schlegel, Clemens Brentano, Joseph von Eichendorff, Zacharias Werner u. a. auf, die sich damals in Wien aufhielten. Als „Posaune Gottes“ wurde er zum wortgewaltigen Apostel Wiens. Er setzte neuartige Methoden der Seelsorge ein (Hausbesuche, Heimabende, Zeitschrift „Ölzweig“) und erkannte früh die Notwendigkeit ökumenischen Denkens.

Als Lehrer von Kardinal Rauscher wurde Klemens Maria Hofbauer zum Wegbereiter des Konkordats von 1855. Er starb am 15. März 1820 im Haus 1., Seilerstätte 11, einem Zinshaus der Ursulinen. Am Morgen nach seinem Tod traf das von Kaiser Franz I. unterfertigte Einführungsdekret für seinen Orden an seiner Bahre ein.

Klemens Maria Hofbauer wurde zunächst, seinem Wunsch entsprechend, auf dem „Romantikerfriedhof“ in der Pfarre Maria Enzersdorf, dem geistig-religiösen Zentrum des Hofbauer-Schlegel-Kreises, bestattet. „Fidelis servus et prudens“ stand über seinem Grab.[2] Seit 4. November 1862 aber ruhen seine Gebeine in einem Schrein in der von den Redemptoristen geführten Kirche Maria am Gestade, die er sich zu Lebzeiten für seinen Orden so sehnlich gewünscht hatte. Votive künden dort von vielen Gebetserhörungen.

Klemens wurde am 29. 1. 1888 seliggesprochen; seine Heiligsprechung erfolgte am 20. 5. 1909. Sein Fest wird am 15. März in allen Diözesen Österreichs und Deutschlands gefeiert. 1914 wurde Klemens Maria Hofbauer durch Papst Pius X. zum Stadtpatron von Wien erklärt. Der „Apostel von Wien“, wie der Heilige respektvoll genannt wird, wird als Redemptorist im schwarzen Talar, mit weißem Halskragen und Rosenkranz dargestellt.

Sein ihm 1913 gesetztes Denkmal an der Minoritenkirche wurde im Zweiten Weltkrieg eingeschmolzen, später aber wiedererrichtet. Am Ursulinenkloster (1., Seilerstätte 26) befindet sich eine Gedenktafel.

[1] Näheres hiezu im Kapitel Niederösterreich, S. 317 ff.

[2] Wilhelm Hünermann, Der Apostel von Wien – Klemens Maria Hofbauer. Innsbruck 1988, 190

Bekanntheit des Wiener Landespatrons 1993

	hl. Leopold	hl. Klemens M. Hofbauer	hl. Severin	andere	weiß nicht
bis 29	30	0	0	36	34
bis 49	34	4	12	2	38
ab 50	27	4	12	8	41
Total	30	3	12	8	38

Quelle: Integral-Telephonumfrage Jänner 1993, n = 214

Sonstige Symbole Wiens

Während bei den anderen Bundesländern die Landschaft eine große Rolle spielt, wenn es um die Frage geht, was denn die Symbole des jeweiligen Bundeslandes seien, stehen im Fall von Wien Bauten und Denkmäler an der Spitze. So ergab die Integral-Umfrage „Symbole für Österreich" (1993, n = 1.000) für den Stephansdom 47 Prozent Nennungen, das ist der höchste Wert unter den in allen Bundesländern genannten Symbolen. Aufgrund seiner großen Symbolkraft haben wir dem Wiener Stephansdom in diesem Buch einen eigenen Abschnitt gewidmet. Neben der Stephanskirche ist auch das Riesenrad mit 19 Prozent ein anerkanntes Wahrzeichen Wiens, während Schönbrunn (8 Prozent) und die Oper (6 Prozent) dagegen bereits stark abfallen. Interessant ist, daß das Rathaus und die UNO-City mit 5 Prozent gleich oft genannt werden, während auf die Hofreitschule 3 Prozent und auf die Hofburg 2 Prozent entfallen. Das Wappen Wiens wird mit 8 Prozent leicht unter dem gesamtösterreichischen Durchschnitt genannt.
Im folgenden wollen wir uns noch mit einigen Dingen beschäftigen, die nicht nur zum Wien-Klischee gehören, sondern auch eine tiefere Symbolbedeutung für diese Stadt besitzen.

DER EISERNE RATHAUSMANN

Das zur 200-Jahr-Feier des Sieges über die Türken am 12. September 1883 im Aufbau vollendete Neue Rathaus von Friedrich Schmidt war unter dem Motto „saxa loquuntur" von Anfang an als lehrhafte „Symbolsammlung" gedacht. Die Spitze des 100 Meter hohen Mittelturms krönt ein in Kupfer getriebener, 3,40 Meter hoher Bannerträger in Gestalt eines geharnischten städtischen Söldners. Sein Vorbild dürfte die Rolandsfigur sein, die man auf vielen norddeutschen Marktplätzen als Symbol der städtischen Freiheiten und Rechte oder auch der hohen Gerichtsbarkeit findet. Der wehrhafte Rathausmann hat sich in über einem Jahrhundert luftiger Präsenz neben Stephansturm und Riesenrad als Wahrzeichen Wiens etablieren können, wenn er auch naturgemäß stark mit Rathauspolitik und Rathausbürokratie assoziiert wird. Die doppelt mannshohe Figur wurde durch den Kunstschlosser Alexander Nehr in der Werkstätte des Schlossermeisters Wilhelm Ludwig gefertigt und von diesem der Kommune zum Geschenk gemacht. Das Modell stammt von dem Bildhauer Franz Gastell; Vorbild für die Rüstung dürfte der Reiterharnisch Maximilians I. aus der kaiserlichen Waffensammlung gewesen sein. Der 1800 Kilogramm schwere Rathausmann ist pendelnd verankert, wodurch ihm auch starke Stürme nichts anhaben können. Abweichungen von der Vertikalen bis zu 25 Zentimeter sind dabei möglich.
Der Rathausmann wurde mit Hilfe einer Lokomobile am 20. Oktober 1882 auf die Turmspitze gesetzt (bei der vor kurzem erfolgten Renovierung erledigte dies ein Hubschrauber).

Zu Füßen des Rathausmannes findet sich an der Vorderseite des Turmes die Statue der Vindobona (s. d.) sowie ganz unten Halbreliefs mit Reiterbildern von Franz Joseph I., Rudolf von Habsburg und Rudolf IV., die als Geste an das Kaiserhaus zu verstehen sind, aber so angeordnet wurden, daß daraus keine Unterwürfigkeit abgeleitet werden konnte.

DIE VINDOBONA

Im Schatten des Rathausmannes ist die „Stadtgöttin“ Vindobona nie recht populär geworden. Flankiert von zwei Bannerträgern mit dem Reichs- und dem Stadtwappen schmückt die Statue von Josef Fritsch den Rathausturm an zentraler Position. Sie trägt eine etwas schwer geratene Mauerkrone auf dem Haupt, in der Rechten hält sie einen klobigen Stadtschlüssel, die Linke ist auf einen Schild mit dem Stadtwappen gestützt. Durch ihre luftige Position inmitten einer Vielzahl von Figuren (u. a. Schildträgerinnen der Vorstädte und Schildhalter der Kronländer) kommt sie kaum zur Geltung. Überdies hat sie eine Zwillingsschwester, eine von Edmund von Hellmer geschaffene Vindobona in der Mitte der Rückseite des Rathauses. Diese durch Lanze und Schild recht wehrhafte, doch etwas mollige Dame ist von Allegorien wichtiger Tugenden wie „Weisheit“ und „Treue“ umgeben.

Die Vindobona am Deutschmeisterdenkmal

Am Flötzersteig befindet sich das Vindobonadenkmal; 1898 von L. Schadler entworfen, stellt es Vindobona als Samariterin dar. Eine weitere Vindobona findet sich am Deutschmeisterdenkmal vor der ringseitigen Front der Roßauer Kaserne.

DAS RIESENRAD

Sehr oft wird das Wiener Riesenrad fälschlich mit der Wiener Weltausstellung von 1873 in Verbindung gebracht. Das 65 Meter hohe, sich zur Überraschung mancher ausländischer Gäste nur ganz langsam drehende Aussichtsbauwerk wurde aber erst 1897 für das 50jährige Regierungsjubiläum Kaiser Franz Josephs von dem englischen Konstrukteur Walter Basset errichtet. Das Rad wiegt 430 Tonnen und steht genau Nord-Süd. Es bietet einen guten Überblick über die gegen die Donau liegenden Bezirke Wiens. Im letzten Kriegsjahr 1945 verbrannten alle 30 Waggons. Man entschloß sich beim Wiederaufbau, aus Sicherheitsgründen nur mehr halb so viele Gondeln einzusetzen. Am 25. Mai 1947 ging das neue Riesenrad in Betrieb. Durch den Film „Der dritte Mann“ auch international sehr bekannt, ist es zu einem Wahrzeichen für das lebensfrohe Wien geworden.

DER HEURIGE

Wenn das Wort „Wien“ etymologisch auch nicht von „Wein“ kommt, sondern vom keltischen Vedunia („Waldbach“), so gehören beide Begriffe doch eng zusammen. Der Weinbau in Wien geht auf die Römerzeit zurück und bildete auch einen wichtigen Wirtschaftsfaktor im Mittelalter: man erinnert sich an die Legende vom sauren Wein, dessen Unverkäuflichkeit Friedrich III. auf die Idee brachte, den Mörtel für den Nordturm des Stephansdoms damit anrühren zu lassen. Früher reichten die

Weinberge noch weiter in die Nähe des Stadtzentrums als heute; so war die Vorstadt Gumpendorf für ihren edlen Tropfen berühmt. Und auch das Belvedere, das berühmte Barockschloß des Prinzen Eugen, wurde auf einem Weinberg errichtet. Aber auch heute ist es nicht weit „zum Wein": von Nußdorf über Grinzing, Sievering und Dornbach bis Ottakring und Stammersdorf reichen Weingärten bis knapp an die Endstationen der Straßenbahnlinien.

Der Wiener Heurige in seiner Doppelbedeutung – der zuletzt gelesene Wein und der Ort seines Ausschanks – ist trotz seiner stellenweisen Kommerzialisierung für den Tourismus eine der liebenswürdigsten Traditionen dieser Stadt. Die Berechtigung „auszustecken", also einen Buschen aus grünen Föhrenzweigen an einer Stange über den Eingang zu hängen, geht auf eine Verordnung aus dem Jahre 1784 zurück. Sie berechtigt den Weinbauern, Weine aus eigener Fechsung ein paarmal im Jahr auszuschenken und dazu eine beschränkte Zahl meist kalter Speisen anzubieten. Es ist dem Heurigenbesucher deshalb auch erlaubt, sein eigenes „Packerl" mitzubringen, um eine gute „Unterlage" zu haben, wenn er das massive Henkelglas mit dem „Vierterl Heurigen" oder „Alten" bestellt. Der wahre Connaisseur des Wiener Weines – zumeist werden Weißweinsorten mit leichter Säure ausgeschenkt – nennt sich „Weinbeißer", zieht er es doch vor, den Wein nicht schnell hinunterzustürzen, sondern langsam zu „beißen". Er will dazu auch keine laute Musik haben und schon gar keine Schunkellieder, sondern er liebt seine Musik einschmeichelnd und eher leise. Liedertexte kann er im Gegensatz zur Tradition anderer Nationen prinzipiell nicht auswendig. Sehr oft sind es eher leichte Tanzweisen und Molltöne, die zur wirklichen Heurigenstimmung passen. Wenn das traditionelle Schrammelquartett aufspielt (zwei Geigen, Baßgitarre und Ziehharmonika) kann es schon vorkommen, daß manches Auge feucht wird, wenn die „gute alte Zeit" musikalisch beschworen wird.

Der Heurige ist eine der wenigen „klassenlosen" Institutionen, die die Zeiten zu überdauern vermochten; hier sitzt der Generaldirektor neben dem einfachen Angestellten, der Arbeiter neben dem Studenten. Wer zum Heurigen geht, bleibt dort selten allein. Dafür sorgt schon der Wein. Die zwanglose Stimmung kann zwar emphatisch und euphorisch werden, artet aber selten in rohe Trunkenheitsformen aus. Zur Sperrstunde gibt es jedenfalls die Gelegenheit, bei einem kleinen Spaziergang „auszulüften".

DAS WIENER KAFFEEHAUS

Neben dem vielbesungenen Heurigen ist das vielbeschriebene Kaffeeehaus die zweite Institution, die sich zu einem Symbol – ja, zu einem Synonym – für Wiener Lebensart entwickelt hat. Dem Wiener fällt es erst im Ausland auf, was er an seinem Kaffeehaus wirklich hat: den Ort des Verweilens bei individuell zubereiteter Kaffeesorte und verlockender Mehlspeise, allein oder in Gesellschaft, zur geschäftlichen Besprechung, um Zeitung zu lesen oder einfach deshalb, weil man gerade Zeit hat, „nicht zu Hause und doch nicht an der frischen Luft" (Alfred Polgar) zu sein.

Das Wiener Kaffeehaus geht zwar auf die Zeit unmittelbar nach der zweiten Türkenbelagerung zurück, doch wurde es nicht, wie immer wieder hartnäckig behauptet wird, von Franz Georg Kolschitzky (richtig: Koltschitzky) begründet, der zum Dank für seine Dienste als Kundschafter und Hilfsdolmetsch eine Konzession als Kaffeesieder erhalten habe, sondern von einem „Kollegen", dem Orientkaufmann und Geheimagenten Johannes Diodato.[1]

Johannes Diodato war ein armenischer Kaufmann aus Istanbul, der sich in der Zeit

[1] Karl Teply, Kundschafter, Kuriere, Kaufleute, Kaffeesieder. In: Österreich in Geschichte und Literatur, 22. Jg., Heft 1, Jänner/Feber 1978, 1 ff. Vgl. auch Hans Weigel, Das Wiener Kaffeehaus. Wien 1978

vor der zweiten Türkenbelagerung auf den Schmuggel von Silber und Waffen aus dem Orient verlegt hatte. Zum Katholizismus konvertiert, wurde er Ende des 17. Jahrhunderts Bürger von Wien und Mietshausbesitzer. Am 17. Jänner 1685 hatte ihm eine kaiserliche Hoffreiheit das Privileg bescheinigt, „solches orientalisches Getränkh auf 20 Jahr allein zu verkauffen". Das erste Wiener Kaffeehaus dürfte sich in der Rotenturmstraße befunden haben. Damit stehen also Geburtstag, Geburtsort und wirklicher Taufpate des Wiener Kaffeehauses fest. Um 1700 entwickelte sich ein veritabler Konkurrenzkampf um Konzessionen, den „gebrannten Türkh" ausschenken zu dürfen. Vorreiter im neuen Gewerbe waren wieder Armenier, darunter ein weiterer Hofkurier, Isaak de Luca. Sein von ihm und später von seinem Sohn jahrzehntelang geführtes Wiener „Urkaffeehaus" trug den klingenden Namen „Zur blauen Flasche" und befand sich im Schlossergaßl in der Nähe der heutigen Goldschmiedgasse. Auch in anderen Ländern Europas waren es aller Wahrscheinlichkeit nach Armenier, die das Kaffeehaus heimisch gemacht haben. In Wien gab es um 1910 mehr als 1200 Kaffeehäuser; heute sind es etwa die Hälfte, doch ist die Tendenz wieder steigend: während noch vor einigen Jahren Cafés in Bankfilialen umgewandelt wurden, gibt es heute bereits Banken mit angeschlossenem Kaffeehaus.
Die Geschichte des Wiener Kaffeehauses ist reich an Anekdoten, die sich zumeist um den Typus des Kaffeehausliteraten der Zeit vor 1938 ranken. Die bekannteste ist wohl jene vom Minister des Äußeren, der die Möglichkeit einer Revolution in Rußland mit den Worten bezweifelte „Aber ich bitt' Sie, wer soll denn diese Revolution machen? Vielleicht der Herr Bronstein aus dem Café Central?" Lew Bronstein, der spätere Leo Trotzki, war tatsächlich Stammgast in der Herrengasse gewesen.
Es soll hier nicht auf die verschiedenen Arten von Kaffee eingegangen werden, die man sich in einem Wiener Espresso oder Kaffeehaus zur Zeitung bestellen kann, dafür wären wieder einige Absätze notwendig. Vielleicht probiert es der geneigte Leser einmal selbst aus, wenn er „allein sein will, aber dazu Gesellschaft braucht" (Alfred Polgar).

DER WIENER WALZER

Hans Weigel hat mit seinem „Kleinen Walzerbuch" eine „Introduction" in das Phänomen des mit Wien besonders eng verbundenen Walzers gegeben, worin er ihn als „das Bild, die Vision, die Idee des Tanzes" bezeichnet.[1] Gottfried Heindl bezeichnet den Wiener Walzer als Symbol einer Zeitenwende:

> *In den Klängen des Wiener Walzers hat die Menschheit im Anbruch des industriellen Zeitalters musikalischen Abschied von einer tausendjährigen Lebensform genommen, den Abschied von der Welt ohne Technik und dem Dasein in unberührter Natur.*[2]

Man könnte diese doch etwas wehmütige Feststellung auch ins Positive kehren und sagen: Wenn es eine Möglichkeit gibt, sich in die sogenannte „gute alte Zeit", in das vorindustrielle Zeitalter, in die Romantik des alten Wien zurückzuversetzen, so bietet sie der Wiener Walzer auf einem Wiener Ball. Wer sich seinen Klängen hingibt, indem er im wienerisch verhalten akzentuierten Dreivierteltakt über das Parkett zu schweben versucht, wird gewissermaßen „metaphysisch" in eine andere Zeit versetzt, wird „Geschichten aus dem Wienerwald", „Frühlingsstimmen" oder „Dorfschwalben" hören, die „Morgenblätter" aufschlagen, im „Kaiserwalzer" versinken oder auch vom Duft der „Rosen aus dem Süden" bezaubert werden. Möge uns diese vollkommenste aller bewußtseinserweiternden Drogen noch lange erhalten bleiben!

[1] a. a. O, 42
[2] Heindl, a. a. O., 213

DER STEPHANSDOM UND SEINE POLITISCHE SYMBOLIK

Seit einem halben Jahrtausend prägt der Stephansdom mit seinem unverwechselbaren Profil die Silhouette der Stadt Wien. Wie ein Pfeil strebt sein einsamer Turm zum Himmel, der „schönste Turmgedanke der Gotik“, das von Sagen und Legenden umwobene Wahrzeichen Wiens. Das mächtige Steildach und die hochaufragende Westfassade mit den Heidentürmen tun ein übriges, um diese Domkirche aus der großen Zahl gotischer Kathedralen herauszuheben und ihr eine Sonderstellung zu geben. Aber nicht nur das Äußere des Kirchenbaus, sondern auch die besondere Auffassung ihres Innenraumes macht die Stephanskirche zu einem immer wieder faszinierenden Erlebnis. Niemand Geringerer als Adolf Loos hat dafür 1906 folgende Worte gefunden:

> *Der schönste innenraum: der stephansdom. Sage ich damit etwas altes? Umso besser. Man kann es nicht oft genug sagen: wir haben den weihevollsten kirchenraum der welt. Das ist kein totes inventarstück, das wir von unseren vätern übernommen haben. Dieser raum erzählt uns unsere geschichte. Alle generationen haben daran mitgearbeitet, alle in ihrer sprache. Bis auf die unsere – denn die kann ihre sprache nicht sprechen. Und so ist dieser raum am herrlichsten, wenn die mitarbeiterschaft der letzten vierzig jahre nicht zu worte kommt. In der dämmerung, wo man der kirchenfenster nicht gewahr wird. Dann aber strömt dieser raum auf einen ein, daß man ... Ich sehe, ich kann mich nicht ausdrücken, wie er wirkt. Aber vielleicht beobachte jeder das gefühl, das ihn erfaßt hat, wenn er nach dem durchschreiten die straße betritt. Es ist stärker als nach der fünften von Beethoven. Aber die dauert eine halbe stunde. St. Stephan braucht dazu eine halbe minute.*[1]

Der Bau einer Kathedrale stellte zur Zeit der späten Babenberger und frühen Habsburger ein bewußtes politisch-geistliches Programm dar. An der östlichen Peripherie des Reiches, in einer Mark ohne politisches Gewicht, wurde eine romanische Riesenkirche im Stil einer kaiserlichen Pfalzkirche geplant und in der Folge eine französische Königskirche nachgeahmt, gleichzeitig aber der Blick auf Prag gerichtet. Die Stifter errichteten eine Kathedrale in einer Stadt, die nicht einmal Bischofssitz war – alles ungewöhnliche Voraussetzungen für einen Bau dieser Ausmaße, erklärbar nur durch den unbändigen Willen zu politisch-geistlicher Selbstmanifestation. Während die ältesten Wiener Kirchen noch die Namen der Salzburger Heiligen Rupert und Peter trugen, wurde die Stephanskirche bereits nach dem Titelheiligen des Passauer Domes, Stephanus, benannt. Die Absicht, politische und staatsrechtliche Selbständigkeit vom und im Reich zu erlangen und zu dokumentieren, war wohl auch der wichtigste Grund dafür, daß der Wiener Stephansdom neben zahlreichen religiösen Symbolen auch viele weltliche Herrschaftszeichen enthält.

Die Stephanskirche mit ihrem 137 Meter hohen gotischen Turm – der Stephansturm wird übrigens nur in den Reiseführern und im Wiener Lied „Steffl" genannt – ist nicht nur das Wahrzeichen Wiens, sondern kann mit Fug und Recht als *Dom aller Österreicher* gelten. Das hat vor allem der gemeinsame Wiederaufbau des in den letzten Kriegstagen durch Funkenflug auf den eingerüsteten Nordturm (Plünderer hatten Geschäftslokale gegenüber dem Riesentor angezündet) in Brand geratenen romanisch-gotischen Gotteshauses gezeigt. *Alle* österreichischen Bundesländer haben nach 1945 dazu beigetragen, daß dieses österreichische Nationalheiligtum, in dem sich alle Epochen und Episoden unserer nationalen Geschichte wie in keinem zweiten Bauwerk spiegeln, wieder der geistig-religiöse Mittelpunkt Wiens sein konnte.

Eine Tafel oberhalb des 1952 eingefügten Schlußsteines im Hauptschiff trägt folgende Inschrift:

> *Die dich in dieses Gotteshaus ruft, die Glocke, spendete das Land Oberösterreich; das dir den Dom erschließt, das Tor, das Land Steiermark; der deinen Schritt trägt, den Steinboden, das Land Niederösterreich; in der du betend kniest, die Bank, das Land Vorarlberg; durch die das Himmelslicht quillt, die Fenster, das Land Tirol; die in festlicher Helle erstrahlen, die Kronleuchter, das Land Kärnten; an der du den Leib des Herrn empfängst, die Kommunionbank, das Burgenland; vor dem deine Seele sich in Andacht neigt, den Tabernakel, das Land Salz-*

[1] Aus: Trotzdem. Innsbruck 1931. Zit. nach: Unvergängliches Wien. 1964, 395

burg; das die heiligste Stätte des Landes behütet, das Dach, spendete im Verein mit vielen hilfreichen Händen die Stadt Wien.[1]

Es ist an dieser Stelle weder geplant noch möglich, eine Darstellung der Baugeschichte des Doms oder seiner architektonischen und künstlerischen Einzelheiten zu geben. Wir müßten dabei auf verschiedene Besonderheiten näher eingehen, wie etwa die Integration des romanischen Westteils in eine gotische Hallenkirche, die überdurchschnittliche Höhe des Daches oder den Umstand, daß die hohen Türme von Anfang an nicht als Teil des Westwerks geplant waren, daß der vollendete Südturm an der Kirchenmitte zu stehen kam, und so weiter. Im Rahmen dieses Buches kommt es uns vielmehr auf die Symbolbedeutung des Gesamtbauwerks und einzelner Details an. Der Dombau zu Wien ist – durch seine Verwurzelung im mittelalterlichen Denken Zentraleuropas und durch die spezifischen Ambitionen seines Stifters, der die Stephanskirche als „Capella regia Austriae", als Königskirche Österreichs, konzipiert hatte – von Symbolen geradezu durchwoben. Selbst in der Neuzeit – man denke nur an die zwei Türkenbelagerungen und die zwei Weltkriege, deren letzter beinahe die vollständige Zerstörung des Gotteshauses bedeutet hätte – wurden immer wieder Akte von höchster Symbolbedeutung für unser Land an diesem Ort vollzogen. Lassen wir eine Reihe solcher Akte vor unserem geistigen Auge Revue passieren:

- Der Dom wurde bereits in seiner romanischen Bauperiode, 1147, dem hl. Stephanus, dem 31 n. Chr. gesteinigten Erzmärtyrer, geweiht. Seine Längsachse richtet sich genau nach jenem Punkt am Horizont, an welchem am 26. Dezember, dem Tag des Namenspatrons der Kirche, die Sonne aufgeht, wie dies bei Kathedralen in der Regel vorgesehen war.
- Vor dem Riesentor des Stephansdoms nahm die Reichshaupt- und Residenzstadt Wien am 30. November 1916 nach 68jähriger Regentschaft Abschied von Kaiser Franz Joseph I., dessen Leichnam sodann in der Kapuzinergruft beigesetzt wurde.
- Einige Schritte davon entfernt, die Nordwand entlang, war in den ersten Dezembertagen 1791 Wolfgang Amadeus Mozart eingesegnet worden, bevor die sterblichen Überreste des 35jährigen Komponisten ihre Reise zum josephinischen Armengrab auf dem St. Marxer Friedhof antraten.

Welch eine Spannweite zwischen den letztgenannten beiden zutiefst wienerischen und österreichischen Ereignissen!

Einige in den Dombau integrierte oder mit ihm in engstem Zusammenhang stehende Symbole sind auch an anderer Stelle unseres Buches erwähnt:

In der rechten Wand des Torbogens des Riesentors ist ein Teil eines römischen Grabsteines eingemauert. Die lateinischen Buchstaben lassen erkennen, daß der Stein von einem Grabmal für einen Soldaten der X. Legion stammt, die im dritten Jahrhundert gegen die Markomannen und Quaden gekämpft hatte.

Den Kolomani-Stein, eine Steinreliquie, ließ Rudolf IV. im Jahre 1361 in das nordseitige „Bischofstor" einmauern (vgl. das Kapitel Niederösterreich, S. 320). Er ist durch verehrungsvolle Berührung stark abgegriffen. Unter der Statue des Kirchenstifters und seiner Gemahlin (Originale!) sollte dieser Stein durch seinen Hinweis auf den Landesheiligen Koloman die ehrgeizigen politischen Pläne der österreichischen Herrscher spirituell untermauern. In der Nähe des Kolomani-Steines befindet sich ein Stein mit einer geheimnisvollen Inschrift. Rudolf IV. hat über eine eigene Geheimschrift verfügt, um seine Botschaften vor fremder Neugier zu schützen. Die Inschrift wurde entziffert und lautet: „Hic est sepultus nobili stirpe dux Rudolphus fundator." Das Porträt des Stifters, Rudolf als „Archidux" mit Bügelkrone (39 × 22 Zentimeter,

[1] Zit. nach Heindl, Die Welt in der Nuß, a. a. O., 193

Tempera auf ungrundiertem, über Fichtenholz gespannten Pergament, vor 1365), gilt als ältestes erhalten gebliebenes gemaltes Porträt des Abendlandes. Bis 1933 war es in der Stephanskirche selbst aufbewahrt. Heute ist es zusammen mit dem Grabtuch des Domgründers (mit vergoldeten Silberfäden ornamentierter persischer Seidenbrokat, 14. Jahrhundert) in eindrucksvoller Weise im Diözesanmuseum zu sehen.
Die großen, feierlich-einfachen Wappen an der Sohlbank der südlichen Turmseite (Steiermark, Niederösterreich, Österreichischer Bindenschild, Oberösterreich) stammen aus der Periode 1386–1395.
Der noch zu Lebzeiten angefertigte Kenotaph für den mit 26 Jahren in Mailand 1365 verstorbenen Rudolf IV. zeigt den Stifter des gotischen Stephansdoms an der Seite seiner Gemahlin Katharina in festlichen Gewändern. Beider Häupter liegen auf weichen Kissen, das Paar scheint nur zu ruhen, die Augen sind geöffnet, der Blick ist ins unfaßbar Weite gerichtet – im Erheben dem Osten, dem Licht zugewendet. Am Fußende wachen zwei Löwen als Sinnbild der Auferstehung. Die Absicht des Monuments ist es, nicht Tote darzustellen, sondern die Nachwelt durch einen lebendigen Ausdruck anzusprechen. Leider läßt die gegenwärtige Aufstellung des Kenotaphs keinen Augenkontakt zu – ähnlich wie auch die Figur Friedrichs III. für den Besucher praktisch unsichtbar bleibt. Das Grabdenkmal Rudolfs IV. stand ursprünglich direkt über der Fürstengruft unter der Mitte des Albertinischen Chores, in der der Herzog in einem Kupfersarkophag bestattet wurde. Am 7. April 1933 wurde dieser geöffnet und das oben erwähnte Leichentuch entnommen. Der Sarg neben Rudolfs Sarkophag ist höchstwahrscheinlich nicht die letzte Ruhestätte seiner Gemahlin Katharina, die ihn um drei Jahrzehnte überlebte und erst 1395, 53jährig, als Gattin des Markgrafen Otto von Brandenburg starb.[1]
Unter Friedrich III., dem Großneffen Rudolfs IV., wurde St. Stephan 1469 zur Domkirche erhoben. Dem sparsamen Herrscher sagt man nach, er habe bei der Errichtung des Nordturms verfügt, den sehr sauer geratenen und deshalb unverkäuflichen Jahrgang 1450 des Wiener Weins zum Anrühren des Mörtels zu verwenden, was sich positiv auf die Haltbarkeit des Fundaments ausgewirkt haben soll. Für die Einstellung des Weiterbaus am „Adlerturm" im Jahre 1511 werden mehrere Gründe angeführt: die Türkengefahr, die aufkeimende Reformation, der neue Baustil der Renaissance und – das wahrscheinlichste Motiv – Geldmangel.[2]
An Friedrich III. erinnert vor allem sein Grabmonument. Das freistehende Hochgrab im Apostelchor des Doms geht in seiner erhabenen Monumentalität weit über den eigentlichen Zweck einer Begräbnisstätte hinaus: politisch ist es letzter Ausdruck der wahrhaft übernationalen römisch-christlichen Reichsidee, künstlerisch kann es bereits als spätgotischer Vorbote einer barocken Gedankenwelt gelten. Das Grabmal wurde vom größten Bildhauer seiner Zeit, dem Niederländer Niklaus Gerhaert van Leyden, aus rot-weiß geädertem Untersberger Marmor geschaffen. Das vielgestaltige ikonographische Programm des Monuments umfaßt insgesamt 240 Statuen. 1513 wurde der in Linz verstorbene Friedrich III. in diesem letzten großen mittelalterlichen Kunstwerk beigesetzt. Wie die meisten Gegenstände aus seinem Besitz trägt es als letzten Gruß des Kaisers an die Nachwelt das geheimnisvolle Motto AEIOU (vgl. das entsprechende Kap. S. 191 ff.).
Zu Friedrichs III. Kuriositätensammlung zählte auch der rund 8000 Jahre alte rechte Schenkelknochen des „Mammuts vom Stephansplatz", der angeblich beim Aushub des Fundaments für den Nordturm 1450 gefunden wurde, am Westtor aufgehängt war

[1] Rudolf Bachleitner/Peter Kodera, Der Wiener Dom, Wien 1966, 36 f.
Rupert Feuchtmüller/Franz Hubmann, Der unbekannte Dom. Wien 1984, 112
[2] Elisabeth Jaindl, Der Stephansdom im alten Wien. Korneuburg, o. J

und so dem „Riesentor“ seinen Namen gegeben haben soll. Nach anderer Lesart kommt das Wort „Riesentor“ aus dem Mittelhochdeutschen: das Westportal weist nämlich in die Richtung, in welcher die Sonne „ze rîse“ geht (= untergeht). Eine dritte Theorie sagt, das Wort „Riesentor“ stamme von mhd. „rîsan“ = fallen, weil es durch ein „Risgater“ = Fallgitter gegen den Stephansfreythof hin abgeschlossen werden konnte.[1]

Die Kreuzkapelle links vom Haupteingang ist zugleich das Grabmal des Prinzen Eugen von Savoyen (1663–1736), des erfolgreichsten Feldherrn Österreichs und großen Mäzens der Barockzeit. Er lebt nicht nur im bekannten Volkslied „Prinz Eugen, der edle Ritter“, sondern vor allem durch sein Sommerschloß Belvedere und seine Bücher- und Kartensammlung in der Nationalbibliothek weiter. In der Kapelle hängt ein großes hölzernes Kruzifix. Das Kinn des Gekreuzigten ziert anstelle eines geschnitzten Bartes ein schwarzer Bart aus echten Haaren. Die Legende sagt, der Bart sei immer wieder nachgewachsen, nachdem ihn fürsorgende Jungfrauen alljährlich am Karfreitag gestutzt hätten.

Die Katharinenkapelle, deren Eingang unterhalb des Südturms liegt, ist ein architektonisches Juwel (14./15. Jahrhundert). Der aus einem Achteck entwickelte Zentralraum besitzt einen kleinen Chor. Frei schwebende Rippen des Sterngewölbes vereinigen sich zu einem hängenden Zapfen, dessen Schlußstein die Halbfigur der hl. Katharina von Alexandrien, Patronin der Philosophen, mit Schwert und Rad zeigt. Vor dem Eingang in die Katharinenkapelle erinnert eine genau unter der Turmspitze des Südturms in den Boden eingelassene Gedenktafel an den vornehmsten von sieben Vermessungspunkten der Grundsteuerbemessung von 1817, mit welchem die gesamte Donaumonarchie mit Ausnahme der Länder der Stephanskrone katastriert wurde.

Die unterhalb des Nordturms liegende Barbarakapelle (1492) ist ebenfalls aus dem Oktogon gestaltet. Ihr Doppelsterngewölbe läuft jedoch in zwei Hängezapfen aus, die Reichsadler und Bindenschild tragen.

Die Pummerin ist mit einem Durchmesser von 3,14 Meter und einem Gewicht von 20.135 Kilogramm die größte Glocke Österreichs. Ursprünglich 1711 in der Leopoldstadt aus dem Metall türkischer Kanonen hergestellt, läutete die 17.000 Kilogramm schwere alte Pummerin von ihrem hölzernen Gestühl im Südturm aus zum ersten Mal am 26. Jänner 1712, als Karl VI. nach der Kaiserkrönung in Wien einzog. Die alte Glocke zeigte den hl. Josef mit den Wappen von Böhmen und Ungarn, die Jungfrau Maria mit dem kaiserlichen Wappen und den hl. Leopold mit dem österreichischen Wappen.

Zum letzen Mal vor ihrem traurigen Ende ertönte ihre zwischen dem großen B und dem großen H angesiedelte Stimme zu Ostern 1937. Die mächtige Glocke zerschellte beim Brand des Doms am 12. April 1945, nachdem sie 50 Meter in die Tiefe gestürzt war. In der Glockengießerei St. Florian am 5. November 1951 nach einem mißlungenen ersten Versuch auf Kosten des Bundeslandes Oberösterreich aus dem alten Metall wieder gegossen, kehrte sie am 26. April 1952 in einem ergreifenden Triumphzug nach Wien heim. So wie die alte „Josephinische Glocke“ einige Monate nach dem Tod Josephs I. mit ihrem Einzug am 29. Oktober 1711 das Ende der Türkenkriege und Ungarnaufstände eingeläutet hatte, galt die neue Pummerin sieben Jahre nach dem Ende des Zweiten Weltkrieges als ein Symbol für die glückliche Wiedergeburt Österreichs aus Trümmern und Not.

Die neue Pummerin trägt drei lateinische Inschriften, die in deutscher Übersetzung lauten:

[1] Richard Groner, Wien wie es war. Wien 1922, 387

Gegossen bin ich aus der Beute der Türken, als die ausgeblutete Stadt nach tapferer Überwindung der feindlichen Macht jubilierte. 1711.
Geborsten bin ich in der Glut des Brandes. Ich stürzte aus dem verwüsteten Turm, als die Stadt unter Krieg und Ängsten seufzte. 1945.
Wiederhergestellt unter Theodor Kardinal Innitzer, über Bemühung von Heinrich Gleißner, durch Werkmeister Karl Geiz; geweiht der Königin von Österreich, damit durch ihre mächtige Fürbitte Friede sei in Freiheit. 1951.

Über dieser Inschrift befindet sich eine Darstellung des Bundeswappens, darunter das oberösterreichische Landeswappen sowie die Wappen Kardinal Innitzers, des Linzer Bischofs Dr. Josef Fließer und der Glockengießerei St. Florian.

Als der Dom nach den Kriegszerstörungen am 27. April 1952 feierlich wiedereröffnet wurde (am siebenten Jahrestag der Unabhängigkeitserklärung!), wurde die neue Pummerin das erste Mal angeschlagen. Am 5. Oktober 1957 in ihre neue Glockenstube unter dem Helm des 68 Meter hohen Nordturms aufgezogen, erschallte ihr nunmehr auf das kleine c+4/16 gestimmtes Läuten bereits über einem freien Österreich, zum ersten Mal am 13. Oktober 1957. Seither begleitet ihr sonorer Klang die hohen kirchlichen Feste und das ausgelassene Treiben am Silvesterabend.

Über dem nördlichen Eckstein des Riesentores erinnern zwei Norm-Maße (alte Wiener Elle mit 77 Zentimeter und Klafter mit 90 Zentimeter) und darüber ein geheimnisvolles Kreismaß daran, daß hier einst ein Ort der Rechtsprechung war. Während die eisernen Längenmaße manch betrügerischem Stoffhändler zum Verhängnis wurden, stammt der Kreis von einem Eisenhaken, der zur Befestigung des geöffneten linken Flügels des mächtigen Gittertores diente. In der Bevölkerung hielt sich freilich hartnäckig der Glaube, daß es sich bei dem Kreis um das richtige Maß für Brotlaibe handle. Grobe Verstöße gegen das Gewicht des Brotes wurden in Wien bekanntlich durch das „Bäckerschupfen" geahndet: der geizige Bäcker wurde in einem versperrten Eisenkorb einige Male in das Wasser eines Donauarmes versenkt.

Den Gedanken des tragenden Ecksteines greifen Statuen des Stifterehepaares auf, deren Originale sich heute im Historischen Museum der Stadt Wien befinden:

An der südlichen Eckstrebe befindet sich die Statue Erzherzog Rudolfs IV. mit Erzherzogskrone und zwei Wappenträgern, am nördlichen die seiner Gemahlin Katharina, Tochter Kaiser Karls IV. Rudolf war übrigens schon als Neunjähriger der sechsjährigen Kaisertochter angetraut worden, deren Vater dem 19jährig zur Herrschaft gelangten Habsburger zum großen Vorbild werden sollte. So ist der Stephansdom auch in Konkurrenz zum 1344 gestifteten Prager Veitsdom entstanden, ebenso, wie die Wiener Universität (1365) der Prager Karls-Universität (1348) nacheiferte.

Nicht alltäglich für einen Kirchenbau sind die beiden doppelten Halbsäulen an der Westfassade des Stephansdoms, deren nördliche in einem naturgetreuen männlichen und deren südliche in einem ebensolchen weiblichen Geschlechtsorgan enden.

Ebenfalls an der Westfassade, gleich rechts neben dem Riesentor, findet sich das in den uralten Stein gemeißelte Zeichen „O5". Es wurde in den letzten Monaten der NS-Herrschaft von der vorwiegend bürgerlichen Widerstandsbewegung als Kürzel für „OEsterreich" verwendet. Als eines der wenigen Widerstands-Zeichen erinnert es an jene Österreicher, die nicht mit den Wölfen heulten, sondern ihr Leben aufs Spiel setzten, um die Ehre Österreichs zu retten. Von Zeit zu Zeit wird das Zeichen liebevoll mittels weißer Kreide sichtbar gemacht, als bleibende Mahnung: zu verzeihen, aber niemals zu vergessen.

Von den feierlichen Glasmalereien aus der Zeit zwischen 1330 und 1350 überlebten nur 90 die Barockzeit, die sich durch die Entfernung der das ganze Langhaus zierenden bemalten Fenster mehr Licht verschaffen wollte. Nur die Fenster des Chores wurden nach dem Krieg mit erhalten gebliebenen Originalscheiben ausgestattet. So befin-

det sich gegenüber dem erzbischöflichen Thron das neu arrangierte Glasgemälde mit der großen Kreuzigung:
- in der untersten Reihe Steinigung des hl. Stephanus, Patron der Kathedrale,
- darüber die Wappen von Kärnten, Niederösterreich und Steiermark,
- oben Fensterarchitektur, gekrönt von der Kreuzigungsszene mit Assistenzfiguren.

Die etwa 1390 entstandenen „Fürstenfenster" aus der südwestlichen Bartholomäuskapelle des Doms zählen zu den eindrucksvollsten Exponaten des Historischen Museums der Stadt Wien. Darunter befinden sich die nach Prager Vorbild in der Wiener Hofwerkstatt gestalteten „Habsburgerfenster", die – im Gegensatz zu den um 1280 entstandenen Babenbergerfenstern im Brunnenhaus des Stiftes Heiligenkreuz – nicht dem Gedächtnis der Ahnen, sondern der Verherrlichung des regierenden Geschlechts (von Rudolf I. bis Friedrich III.) dienten.[1]

Abschließend soll noch eine Stimme zu Wort kommen, welche den Dom zu St. Stephan als ein Symbol besonderer Art zu würdigen weiß:

> *Die Mystiker des Mittelalters hatten das „himmlische Jerusalem" als eine kristallene Stadt geschaut, mit leuchtenden Wänden aus Edelsteinen, von göttlichem Licht durchschienen. Diese Visionen, welche die Mystiker mit dürren Worten in die Sprache der Erde zu verdolmetschen suchten, wollten die gotischen Architekten mit den Mitteln der Erde vor die Augen der Menschen zaubern. Tatsächlich gelang es ihnen durch Auflösung der Wände in Glasfenster, durch Beschränkung der Steinverwendung auf das Mindestmaß eines Konstruktionsgerippes, durch Auflösung dieser Steine in filigranste Formen, eine Entmaterialisierung des Materials vorzutäuschen und den Bewohnern der Erde in den Kathedralen nicht nur ein Symbol, sondern ein sichtbares Abbild des himmlischen Jerusalem zu geben. So erwuchs innerhalb der Mauern des „irdischen Jerusalem" die Pracht des „himmlischen Jerusalem".*
>
> *Gegen diese Konzeption hatte sich der Protest der Bettelorden erhoben. Sie lehnten es ab, aus der Kirche eine eitle Schau zu machen. Für sie ist die Kirche nichts anderes als ein Haus neben anderen Häusern, eine schlichte Gebetshalle neben den Markthallen.*
>
> *Die Kathedrale von Wien stellt den großartigsten Versuch einer Synthese zwischen beiden Formen dar: der Chor ist Bettelordensgotik, das Langhaus Kathedralgotik.*
>
> *Die große Kraft und Kunst des Österreichers, immer wieder Synthesen zu finden, hat sich an diesem Bauwerk wieder bewiesen: es gelang ihm, den Stil der Könige und der Bettler, die Kunst der mächtigsten Herren und der mindesten Brüder, zu einer Einheit werden zu lassen und in der Stadt des irdischen Königs von Jerusalem (die Habsburger trugen diesen Titel) dem himmlischen Jerusalem des Königs der Könige ein Abbild von einmaligem Glanz erstehen zu lassen.*[2]

[1] Es lohnt sich, die weit kritischere Sicht der Symbolik des Stephansdoms auch bei Gerhard Roth, Eine Reise in das Innere von Wien, Frankfurt 1991, 132 ff., nachzulesen.
[2] Willy Lorenz. In: Festschrift zur Wiedereröffnung des Albertinischen Chores. Wien 1952, 27

„Brüder, zur Sonne, zur Freiheit“

Symbole der Arbeiterbewegung Österreichs

Frühe Symbole

Am Beginn der Symbolik der österreichischen Arbeiterbewegung steht das Bild der ineinandergefügten Hände, das sofort als ein Zeichen für Solidarität und Brüderlichkeit zu erkennen ist. Ihm wurde bald der Hammer als Sinnbild der handwerklichen und industriellen Arbeit beigefügt.

Die Utopie der Freiheit wurde durch eine Reihe von Symbolen aus der Zeichensprache der Französischen Revolution dargestellt. An erster Stelle stand dabei die Gestalt der siegreichen Freiheitsgöttin, einer Fahnenträgerin oder Priesterin der Freiheit: die Allegorie der „Liberté“. Dazu traten Sonnen- und Lichtmotive, die den Weg aus der Finsternis des Feudalismus und der Lohnknechtschaft in eine helle Zukunft des gesellschaftlichen Fortschritts und des individuellen Glücks symbolisieren sollten. Diese Symbolik drückt sich schön in dem bekannten Arbeiterlied aus:

Brüder, zur Sonne, zur Freiheit,
Brüder, zum Lichte empor.
Hell aus dem dunklen Vergangenen
leuchtet die Zukunft hervor.

Aus dem Licht der Freiheit läßt sich auch die Fackel, ja sogar die rote Nelke (als ein Sonnen- und Frühlingssymbol) ableiten.

Die rote Nelke war das wichtigste Abzeichen der Sozialdemokratischen Arbeiterpartei (SDAP) und fand sich daher auch auf den Kokarden des Schutzbundes. Sie ist bis heute aus dem Bild der jährlichen Maiaufmärsche der österreichischen Sozialdemokratie nicht wegzudenken.

Die österreichische Arbeiterbewegung übernahm allerdings relativ bald bürgerliche Muster, was teilweise zu überladenen Symbolformen führte. Zornig empfahl deshalb die „Oesterreichische Arbeiter-Sängerzeitung“ vom 1. Dezember 1903:

Kauft euch zwei Meter rotes Tuch und nagelt es an eine Stange, so habt ihr eine Fahne, die einem proletarischen Gesangsverein besser zu Gesichte steht als ein goldstrotzendes Prunkstück.[1]

In der Ersten Republik kam es zur Reduktion der Parteisymbolik auf das Wesentliche, nicht zuletzt auch unter dem Einfluß von Kunstströmungen wie der „Neuen Sachlichkeit“ (der Begriff wurde von G. F. Hartlaub im Jahr 1925 geprägt). Die einfache rote Fahne dominierte Massenaufmärsche und Massenfestspiele, so z. B. jene zum 1. Mai 1932. Ab den frühen dreißiger Jahren wird die sozialistische Symbolik aber nicht nur zur Selbstdarstellung der Arbeiterbewegung, sondern vor

---

[1] Josef Seiter, Visuelle Symbole und Embleme der Österreichischen Sozialdemokratie. Dokumentation 2/91 des Vereins für Geschichte der Arbeiterbewegung, 11

allem als Zeichen des Kampfes gegen Faschismus und Nationalsozialismus eingesetzt.

Faust und „drei Pfeile“

Die emporgestreckte geballte Rechte ist ein für sich selbst sprechendes Kampfsymbol: als Geste der proletarischen Weltbewegung ist sie viel mehr noch als Hammer und Sichel ein reines Klassensymbol. Als Zeichen der unversöhnlichen Entschlossenheit zum Klassenkampf war die geballte Faust der Gruß des kommunistischen Rotfront-Kämpferbundes (1924 gegründeter Wehrbund der KPD), wurde aber von Kommunisten auf der ganzen Welt verwendet. Daß diese symbolische Geste (Ursymbol Kain?) dem Bürgertum gehörig Angst einjagte, ist verständlich, wurde damit doch die Assoziation des von Lenin als Kampfmittel approbierten Terrors in der diktatorischen Übergangsphase geweckt.

Sozialdemokratischer Aufmarsch am 12. 11. 1932

In Österreich wurde bei Maiaufmärschen der Kommunisten mit der emporgestreckten Faust gegrüßt; aber auch in den Reihen der SPÖ konnte man gelegentlich geballte Fäuste sehen – wohl als nostalgische Erinnerung an die Jugendtage bei den revolutionären Sozialisten.

> *Der sozialistische Schulterschluß zwischen Gewerkschaften, Reichsbanner Schwarz-Rot-Gold und SPD, die reichsdeutsche „Eiserne Front“, gab das Symbol der „Drei Pfeile“ vor, die zur Faust geballte, vorgestreckte Hand und den Kampfruf „Freiheit“, um Nazigruß und den „Heil Hitler“-Schrei zu treffen. Allgegenwärtig sollten die Blauhemden der sozialistischen Wehrsportler die braunen und schwarzen Farben der Reaktion wegschwemmen.*[1]

Josef Seiter bezeichnet die „Drei Pfeile“ als das erste „nach werbepsychologischen Konzepten geformte politische Emblem“. Das in Österreich bis heute verwendete Symbol wurde von S. Tschachotin und C. Mierendorff in der Broschüre „Grundlagen und Formen politischer Propaganda“ (Magdeburg 1932) beschrieben. Danach steht die Funktion der „Drei Pfeile“ als Mittel des Symbolkampfes im Vordergrund: Sie sollten vor allem dazu dienen, die an die Wände geschmierten Hakenkreuze zu überpinseln und damit gewissermaßen „aufzuspalten“. (Vgl. hiezu das Kapitel über das Kruckenkreuz des Ständestaates, S. 273 ff. Dieses wurde ursprünglich ebenfalls zur „Neutralisierung“ der an die österreichischen Hauswände gepinselten Hakenkreuze verwendet.) Es ist heute müßig, darüber zu diskutieren, welchem der beiden Zeichen werbepsychologisch die Priorität zukommt, dem Hakenkreuz oder den „Drei Pfeilen“. Es muß jedoch darauf verwiesen werden, daß gerade der Einsatz des Hakenkreuzes und der Hakenkreuzfahne von Adolf Hitler psychologisch sehr genau überlegt worden war (vgl. hiezu das Kapitel über die Entstehung des Hakenkreuzes, S. 263 ff.). Aus der Absicht, den Nationalsozialismus symbolpublizistisch „niederzuringen“, erklärt sich jedenfalls die nach links unten verlaufende optische Dynamik der „Drei Pfeile“. Die österreichischen Sozialdemokraten übernahmen das „Drei-Pfeile-

[1] Josef Seiter, „Blutigrot und silbrig hell . . .“, a. a. O., 6

Symbol“ von ihren deutschen Genossen. Doch bald sollte dieses Zeichen aus dem Straßenbild wieder verschwinden: Mit Verordnung der Bundesregierung vom 19. Mai 1933 wurde der öffentliche Gebrauch von roten Fahnen ebenso wie der des Sowjetsterns, der „Drei Pfeile“ und des Hakenkreuzes verboten.

Illegale sozialistische Flugblätter aus der Zeit des Ständestaates, auf denen die „Drei Pfeile“ nach rechts oben zeigen, beweisen die instinktive Umkehrung des antifaschistischen Kampfsymbols in ein positives Kennzeichen einer zukunftsweisenden politischen Bewegung.

Nach dem Zweiten Weltkrieg wurden die „Drei Pfeile“ in einen Kreis gesetzt und zum offiziellen Parteiabzeichen der SPÖ erhoben. Die drei Pfeile im roten oder weißen Ring sollten nunmehr die Einheit der Industriearbeiter, Landarbeiter und geistigen Arbeiter symbolisieren. Nach anderer Lesart wollten sie den dialektischen Dreischritt innerhalb eines einheitlichen philosophischen Prozesses ausdrücken. Man merkt deutlich, daß sich hier beamtete Parteidenker bemühten, der Parteibasis krückenhafte Erklärungen für die Bedeutung eines Symbols anzubieten, das seine ursprüngliche Funktion längst verloren hatte. Dennoch schmücken die „Drei Pfeile mit Ring“ bis heute die Spitzen der traditionellen Parteifahnen der SPÖ.[1]

Das Symbol der Sozialistischen Jugend in Österreich und Deutschland ist der Rote Falke, nach dem auch die Organisationen für die jugendlichen Parteimitglieder benannt sind. Entworfen wurde das Symbol von Max Winter, einem Mitbegründer der österreichischen „Roten Falken“. Es ist nicht auszuschließen, daß das Symbol, welches das blaue Hemd, das Zeichen der Verbundenheit mit der Arbeiterschaft, ziert, in Anlehnung an den Begriff des „Wandervogels“ geschaffen wurde, da die Jugendorganisationen der meist städtischen sozialdemokratischen Bewegungen natürlich gerne auf Fahrt gingen. Der Falke ist Ausdruck der Freiheit und des Stolzes. Mit diesen Eigenschaften spricht er den jungen Menschen besonders an.

In Österreich treten die Roten Falken mit ihren Fahnen vor allem am 1. Mai in Erscheinung. Aber auch über ihren Sommerlagern weht noch die Falkenflagge.

DIE OPTISCHE LINIE DER SPÖ SEIT 1970

1970, zu Beginn der SPÖ-Alleinregierung, kam es zu einer ersten symbolpublizistischen Neupositionierung der Sozialistischen Partei nach dem Krieg. Ein ursprünglich für die Sozialistische Internationale (SI) konzipiertes, aufrechtes, später aber schräg nach rechts oben gezogenes weißes „S“ im roten, rechteckigen Feld signalisierte Sozialismus und Österreich zugleich. Das Abzeichen wurde auch unter Einfügung des weißen Schriftzuges „SPÖ“ verwendet und wurde ab 1978 zum optischen Ausdruck des Slogans vom „österreichischen Weg“. Das optimistische Emblem vermochte sogar die rote Nelke vom Maiabzeichen 1979 zu verdrängen.

In den frühen achtziger Jahren wurde das Partei-Logo wieder umgestellt; diesmal wurde der schwarze Schriftzug „SPÖ“ rot unterstrichen verwendet.

Nach einem Bericht der Zeitschrift „profil“[2] hat die Parteibasis der SPÖ weiters keine Probleme mit der Tradition: Eine Meinungsumfrage signalisierte, daß 48 Prozent der SPÖ-Mitglieder die Bezeichnung „Genosse“ nicht mehr zeitgemäß finden. Den jährlichen Maiaufmarsch würden 31 Prozent abschaffen, während nur 23 Prozent die roten Fahnen und den Gruß „Freundschaft“ entbehrlich finden. 16 Prozent halten die

---

[1] Zur Symbolik des 1. Mai vgl. das Kapitel über „Festtage der Republik“, S. 158 ff.

[2] Nr. 19/6. Mai 1991

„Internationale", ebenso viele die rote Nelke für unzeitgemäß. Das automatisch gebrauchte „Du"-Wort unter Parteimitgliedern stört nur 7 Prozent des Parteivolks.
Die bislang letzte Änderung des Parteisymbols erfolgte zu Beginn des Jahres 1992. Im Vorwort zum „Neuen Bild der SPÖ" heißt es hiezu:

> *Dieses Zeichen ist ein wichtiger Ausdruck der „neuen SPÖ": Wir haben die Bezeichnung „Sozialdemokraten" wieder angenommen, jenen Namen, den unsere Partei zur Zeit ihrer Gründung trug . . . Dieses Zeichen symbolisiert gleicherweise unser Bekenntnis zu unserem Heimatland Österreich wie unsere Offenheit für das neue, zusammenwachsende Europa.*[1]

Wie schon bei der Nationalratswahl 1990 kombiniert die SPÖ heute das Europa-Emblem mit den österreichischen Farben – eine sehr aktuelle, wirksame und auch staatstragende politische Symbolik. Leider hat auch sie einen Schönheitsfehler: Während man bei der Nationalratswahl 1990 die rot-weiß-roten Streifen noch horizontal anordnete (die damit befaßte französische Werbeagentur verstand offenbar ihr Handwerk besonders gut), stellt das jetzige SPÖ-Logo die Nationalfarben mit vertikalen Pinselstrichen dar, wie dies übrigens auch die Österreich Werbung tut. Es ist sehr bedauerlich, daß diese – der peruanischen Flagge eher angemessene und daher unrichtige – Verwendung der Farbkombination Rot-Weiß-Rot offenbar keinem der damit befaßten Graphiker aufgefallen ist.

„Stimmt an das Lied der hohen Braut!" Arbeiterlieder

Weit über ein Jahrhundert lang hat das Arbeiterlied eine wichtige Funktion der politischen Bewußtseinsbildung auch in Österreich erfüllt. Erst in der allerjüngsten Zeit hat sich seine Bedeutung stark abgeschwächt. Dies hängt einerseits mit dem Abtreten der Gründergeneration, dem Wegfall der „Parteikirchen" und der Verwirklichung der wichtigsten Ziele der Arbeiterbewegung zusammen, liegt aber andererseits in einem allgemeinen Bedeutungsverlust begründet, den gemeinschaftsbildende Symbole in der individualisierten Wohlstands- und Informationsgesellschaft durchmachen. Weder die politischen Parteien, noch die Kirchen und schon gar nicht der Staat können – und wollen! – heute noch Massen mobilisieren. Am ehesten ist diese Funktion noch dem Zuschauersport verblieben, und hier praktisch auch nur mehr dem Fußball.
Auch das Singen in der Gruppe – beim Wandern oder beim „Heimabend" – beschränkt sich heute auf kleine, oft nur mehr nostalgische Zirkel. Mancher mag diese Entwicklung emotional bedauern, insgesamt ist der faktische Wegfall von politischen Massenveranstaltungen aber ein Zeichen demokratischer Reife, weil damit verhindert wird, daß Emotionen und irrationale Elemente die Politik in eine Richtung drängen, die sich bei näherer Prüfung meist als ein falscher Weg herausstellt.
Das Arbeiterlied besitzt gerade in Österreich ein große Vielfalt, die hier auch nicht im entferntesten ausgelotet werden kann. Dennoch soll versucht werden, anhand einiger weniger Beispiele auch diese wichtigen Symbole anzusprechen.

Das Lied der Arbeit

Als der Funktionär des Arbeiterbildungsvereins Wien-Gumpendorf, Andreas Scheu, im Jahre 1868 eines Tages den Briefkasten öffnete, fand er darin ein anonym verfaßtes

[1] Artikeldienst Nr. 1/Februar 1992

Gedicht. Er brachte es seinem Bruder Josef Scheu, Musiker im Burgtheater und Leiter der Gesangssektion des ABV, der das Gedicht bereitwillig vertonte. Das Lied wurde am 29. August 1868 in Zobels Odeongarten im 15. Bezirk von neunzig Sängern vor fast 4.000 Zuhörern vierstimmig uraufgeführt und war von Beginn an ein Erfolg. Wie sich herausstellte, stammte der Text aus der Feder des 21jährigen Graveurs und Amateurdichters Josef Zapf, der das zehnstrophige Gedicht, begeistert von einem Kurs über die Geschichte der menschlichen Arbeit, geschrieben hatte, dem er im Bildungsverein gefolgt war. Das Lied, von dem heute nur mehr die erste und die letzte Strophe gesungen werden und das Karl Kautsky einmal eine „gesungene Kulturgeschichte" genannt hat, gilt als eine der traditionellen Hymnen der österreichischen Arbeiterbewegung. Der breiten Öffentlichkeit wurde es bei der ersten Maifeier der Wiener Arbeiterschaft im Jahre 1890 bekannt.[1]

BRÜDER, ZUR SONNE, ZUR FREIHEIT

1897 schrieb der junge Revolutionär Leonid P. Radin im Moskauer Tagansker Gefängnis einen neuen Text auf die Melodie des aus den achtziger Jahren des 19. Jahrhunderts stammenden russischen Studentenliedes „Langsam bewegt sich die Zeit". Das Lied wurde erstmals beim Abtransport politischer Gefangener nach Sibirien gesungen. Der deutsche Dirigent Hermann Scherchen lernte es während der Oktoberrevolution 1917 kennen, fertigte eine freie Übersetzung an und brachte das Lied nach dem Ersten Weltkrieg nach Berlin mit, wo er es mit seinen beiden Arbeiterchören zur Aufführung brachte. Die Weise verbreitete sich rasch auch in Österreich. Wie viele andere Arbeiterlieder wurde es in der NS-Zeit verändert („Brüder, in Zechen und Gruben") und mit diversen Zusatzstrophen versehen. Die ursprünglich getragene Weise überlebte jedoch diese Periode und ist bis heute als zügiges Marsch- und Demonstrationslied populär geblieben.

[1] Helmut Brenner, Stimmt an das Lied. Graz 1986
Richard Fränkel, 80 Jahre Lied der Arbeit. Wien 1948

Kinderfreunde-Lied

Der Arbeiterverein „Kinderfreunde“ wurde 1908 in Graz gegründet; 1917 wurden die Landesorganisationen in einem „Reichsverein der Kinderfreunde“ zusammengefaßt. 1914, zu Beginn des Ersten Weltkriegs, entstand ein Lied, dessen Klänge zur Gitarre uns bis heute vertraut sind: „Aufwärts blicken, vorwärts drängen! Wir sind jung, und das ist schön!“ Ursprünglich in Anlehnung an die bürgerliche Wandervogelbewegung als Wanderlied geschrieben, wurde der Text von Jürgen Brand zur Melodie von Heinrich Schoof bald zur offiziellen Hymne der Kinderfreunde.

Wir sind das Bauvolk

Dieses Lied entstand nach dem Fehlurteil im Schattendorf-Prozeß und den Demonstrationen vor dem Justizpalast am 15. Juli 1927. Es wurde bei den internationalen Jugendtagen 1929 in Wien und bei Demonstrationen während des Februaraufstands 1934 gesungen. Der Text stammt von Fritz Brügel, die Melodie kommt von einem russischen Revolutionslied.

Parteisymbole

Die Farben, die Bild- und Schriftsymbole wie auch die Lieder der politischen und religiösen Bewegungen sowie der politischen Parteien sind aus dem öffentlichen Leben Österreichs gerade im 20. Jahrhundert nicht wegzudenken. Wir beschränken uns an dieser Stelle auf Betrachtungen über die Symbolik *demokratischer* Parteien, da die politische Symbolik der totalitären Massenbewegungen in den betreffenden Abschnitten behandelt wird.
Die gemeinschaftsbildende, identitätsstiftende Funktion nach *innen* und die informierende, beeindruckende und werbende Funktion nach *außen* gilt auch für die Symbole der Parteien und Bewegungen in demokratischen Systemen. Durch die Möglichkeit, optische Signale über das Fernsehen heute an die gesamte Bevölkerung heranzutragen, haben Bild- und Schriftsymbole sogar noch an Bedeutung gewonnen. Was früher auf Plakaten, Flugblättern und Broschüren sowie durch Ansteckabzeichen kommuniziert werden mußte, kann heute größtenteils über den Bildschirm vermittelt werden. Voraussetzung dafür ist freilich, daß das Symbol prägnant genug ist. So wäre etwa eine mehrsprachige Devise „Proletarier aller Länder vereinigt euch!" schwer ins Bild zu setzen. Folge dieses „medialen Zwanges" ist es, daß heute das kurze Schrift-/ Bildsymbol („Signet" oder „Logo" genannt) und die einfache Farbe oder Farbkombination dominieren.

Das Parteisymbol ins Bild bringen

Bei beinahe jeder Pressekonferenz kann man verfolgen, wie der Veranstalter entweder durch ein kleines Objekt vor dem zentralen Akteur oder durch eine Wandaffiche hinter demselben versucht, die Hauptaussage der Pressekonferenz, einen aktuellen Slogan oder einfach die Identität der veranstaltenden Organisation ins (Fernseh-) Bild zu rücken. Das gelingt auch in den meisten Fällen, da das Fernsehen – wenn es von einer Pressekonferenz berichtet, was in der Praxis zwar unausweichlich ist, in Österreich aber vielleicht immer noch zu häufig geschieht – natürlich ein möglichst deutliches Bild vom Hauptakteur senden will. Daher stellt der zuständige Pressereferent pflichtgemäß seinem Politiker das Parteisymbol vor die Nase oder dekoriert den Hintergrund mit dem neuesten Plakatsujet seiner Organisation.
Wie wir sehen, hat sich also im Verlauf der Zeit der Schwerpunkt vom in direkter Kommunikation eingesetzten Parteiemblem – dem Abzeichen oder Sinnbild auf Plakaten und Drucksorten – zum indirekt, also massenmedial vermittelten Parteisymbol verlagert. Das bedeutet aber umgekehrt, daß die Wichtigkeit des optischen Parteisymbols nicht ab-, sondern eher zugenommen hat. Deshalb wird für die Gestaltung dieser Symbole auch viel Energie aufgewendet, was zum Teil zu häufigem Wechsel führt. Neue Generalsekretäre und Bundesgeschäftsführer sehen es in der Regel als ihre

„Pflicht“ an, ihrer ihnen nunmehr organisatorisch anvertrauten Partei eine neue optische Linie, ein neues „Styling“, ein neues „Corporate Design“ zu verpassen. Sie übersehen dabei allerdings, daß ein Signet oft jahrelang, ja jahrzehntelang braucht, bis es sich in der Bevölkerung als eindeutiges Zeichen für eine bestimmte politische Gruppe durchgesetzt hat und schon bei flüchtigem Betrachten die richtige Assoziation auslöst. Der in Österreich relativ häufige Wechsel von Parteisignets durch die Parteizentralen macht *allen* Parteiorganisationen, besonders auf Landes- und Gemeindeebene, Schwierigkeiten. Neben der Mühe, sich geistig umzustellen, sind es oft ganz erhebliche Kosten, die ein neues Briefpapier oder Parteischild verursachen.
Umgekehrt ist auch zu sagen, daß gerade das Fernsehen eine starke Tendenz zu einem „Déjà-vu“-Effekt mit sich bringt, der in einer automatischen Abwertung des sehr – oder zu – oft Gesehenen endet. Berühmtestes Beispiel dafür ist der Kuß, mit dem der Papst bei seinen häufigen Reisen die Erde des jeweiligen Gastlandes ehrt. Trotzdem beweist die Wirtschaftswerbung, daß ein mutwilliges Abgehen von einer bewährten Linie eher Nach- als Vorteile bringt. Wichtig dabei ist das Wort „bewährt“; wenn ein Symbol seinen Bedeutungsinhalt verloren hat – etwa ein Kampfsymbol wie die „Drei Pfeile“ der Sozialdemokratie der Zwischen- und Nachkriegszeit –, dann wäre es verfehlt, es in Zeiten geänderter gesellschaftlicher Bedingungen weiterzuverwenden. Es kommt also auch sehr stark darauf an, ob ein Parteisymbol (noch) einen „Sitz im Leben“, d. h. einen aktiven Bezug zwischen seiner Aussage und dem jeweiligen gesellschaftlichen Bewußtsein hat (vgl. Farbabbildungen S. XXIII u. XXIV).

Die SPÖ

Mit der Entstehung und Entwicklung der Parteisymbolik der Sozialistischen/Sozialdemokratischen Partei Österreichs haben wir uns ausführlich im Kapitel über die Symbole der heimischen und internationalen Arbeiterbewegung auseinandergesetzt (vgl. S. 389 ff.). Zur Zeit ist die SPÖ die einzige Partei unseres Landes, die die österreichischen Farben mit jenen Europas verbindet. Es erscheint uns zweifelhaft, ob das Parteisignet nach Eintritt Österreichs in die EU auf lange Sicht so bleiben wird, wie es jetzt ist – vom werbegraphischen Standpunkt aus ist es ja kein besonders gelungener Wurf.

Die ÖVP

Die Österreichische Volkspartei ist nach ihrer Gründung am 17. April 1945 zunächst mit einem Dreieck mit dem Schriftzug „ÖVP“, später mit einem rot-weiß-roten „Ö“ an die Öffentlichkeit getreten. Durch gegnerische Karikaturen, die das „Rundliche“, „Dicke“ des Buchstabens ausnützten, um die ÖVP als „ÖVP-Tant'“ unsympathisch erscheinen zu lassen, sah sich die Partei in den sechziger Jahren veranlaßt, auf ein rot-weiß-rotes „V“ umzusteigen. Anfang der siebziger Jahre wurde das rot-weiß-rote „V“ auf Vorschlag von Werbestrategen aus der Privatwirtschaft von einem grünen „Ö“ und einem grünen „P“ flankiert – die grüne Grundfarbe mit Rot-Weiß-Rot war damals eine recht erfolgreiche optische Linie, die sich noch heute auf den Tafeln mancher Parteilokale findet.
Auf die Werbelinie „Grün/Rot-Weiß-Rot“ folgte der rot/rot-weiß-rote Schriftzug „ÖVP“. Er war als „Dynamisierung“ nach dem Muster der CDU entworfen worden und bewährte sich sehr, bis man zum „Kraftei“ und schließlich zum „kraftlosen Ei“ (weiß, mit aus neun feinen roten Spitzen zusammengesetztem „V“) überging – den beiden bislang erfolglosesten Parteisignets der ÖVP.

Die FPÖ

Schon bei der Gründung der FPÖ am 7. April 1956 deutete ein Plakat hinter dem zum ersten Bundesparteiobmann gewählten ehemaligen illegalen Nationalsozialisten und Landwirtschaftsminister der Regierung Seyss-Inquart, Anton Reinthaller, die künftige Strategie der Freiheitlichen an: einen Keil zwischen die beiden großen Parteien ÖVP und SPÖ zu treiben. Zunächst wurde der Schriftzug „FPÖ“ auf einen weißen Keil gesetzt, dann wurde lange Zeit ein „F“ in einem auf der Spitze stehenden Dreieck verwendet. Unter Friedrich Peter, dem zum liberalen Demokraten gewandelten ehemaligen SS-Mann, der die FPÖ zwei Jahrzehnte – von 1958 bis 1978 – führte, wurde der Schriftzug „FPÖ“ verwendet, wobei das „F“ in der Größe ein wenig betont wurde. Nach Alexander Götz und Norbert Steger kam 1986 Jörg Haider und unter ihm das neue „F“, dessen vertikaler Balken blau war, während die beiden leicht nach oben weisenden Balken ein rot-weiß-rotes Fahnenmotiv darstellten. Dieses lange Jahre erfolgreiche Signet wurde 1994 für einen mittelblauen, runenartigen Logo, ein „gläsernes F“, das „nur durch Licht- und Schattenwirkung hervortritt“, verlassen.
Beim Linzer Parteitag der FPÖ vom 19. und 20. Juni 1994 wurde das neue Design vorgestellt, wobei sich der Grundfarbe Blau die Farbe Gelb nicht nur als Schmuckfarbe hinzugesellte, sondern zum Teil gleichrangig auftrat. Damit wird keineswegs ein Naheverhältnis zu Niederösterreich signalisiert, vielmehr handelt es sich bei der Kombination von Blau und Gelb um ein uraltes germanisches Farbmuster, auf das auch die FDP immer wieder gerne zurückgreift. Karlheinz Weißmann zitiert zur Interpretation der „völkischen“ Farben Blau und Gelb ein Gedicht mit dem Titel „Arierfarben“, das vor dem Ersten Weltkrieg auf einer Postkarte verbreitet wurde:

Blauer Himmel – goldne Sonne,
Blaue Flut und goldnes Feld,
Blaue Augen – goldne Haare,
Sind das schönste in der Welt;
Blau und gold ist Nordlands Flagge,
Schwedens, Schleswigs altes Recht.
Heil des Ariers Edelfarben,
Blau und golden – „treu“ und „echt“!
Blau soll unser Himmel bleiben,
Ziehn auch schwarze Wolken her!
Freiheit gilt es des Gewissens
Und des deutschen Namens Ehr!
Und das Gold aus Erdenschoße,
Unsern Nibelungenhort,
Schwer mit Schweiß und Blut errungen,
Nehme uns kein Fremdling fort![1]

Auf einem Sonderparteitag am 14. Jänner 1995 – wiederum in Linz – wurde eine Parteireform beschlossen, nach welcher die FPÖ nunmehr unter der Bezeichnung „Die Freiheitlichen“ („F“) auftritt. Ob das stilisierte „F“ mehr der Rune f (= fehu, Geld) oder mehr der Rune a (= ansuz, Wotan) ähnlich ist, läßt sich schwer sagen (vgl. S. 61).

[1] Weißmann, a. a. O., 44 ff.

Die KPÖ

Die Kommunistische Partei Österreichs, die an der Gründung der Zweiten Republik aktiv mitbeteiligte KPÖ, hat bis in die Gegenwart Hammer und Sichel über einer rot-weiß-roten Flagge geführt, mit der sie ihr frühes Eintreten für die österreichische Nation betonen wollte. Durch die starke Zusammenarbeit mit der Sowjetunion konnte sie aber der Wählerschaft ihren österreichischen Charakter nie recht glaubhaft vermitteln. Nunmehr sind rote und bunte Schriftzüge „KPÖ“ in Verwendung.

Die Grünen und das Liberale Forum

Nach einigem Hin und Her hat sich die Grüne Alternative für ein grünes „G“, das in einen Pfeil ausläuft, entschieden, während das Liberale Forum ein etwas schüchternes, gerastertes „L“ in Lichtblau als Parteilogo gewählt hat.

Parteilieder

Während sich Partei*fahnen* – insbesondere aber vor Hauptquartieren oder Tagungsstätten gehißte Partei*flaggen* – nicht nur gehalten haben, sondern vielleicht sogar (in Konkurrenz mit der Wirtschaftswerbung) – heute wichtiger geworden sind als früher, sind Partei*lieder* nur mehr von geringer Bedeutung. Oft ist es peinlich mitanzusehen, wie hohe Parteifunktionäre gezwungen werden, ein Traditionslied mitzusingen, dessen Text ihnen entfallen ist oder den sie nie gelernt haben, da sie nicht aus der Kernschicht der Funktionäre, sondern – im Zuge der „Verbreiterung der weltanschaulichen Basis“ – von außen zur Führungsschicht der betreffenden Partei gestoßen sind („Quereinsteiger“).

Die Entwicklung der modernen politischen Parteien nahm von den sogenannten „Honoratiorenparteien“ – wenige, besonders geachtete Parlamentarier gaben ihnen das Gepräge, ein hauptberuflicher Apparat und eine Territorialorganisation existierten nicht – ihren Ausgang. Darauf folgten Massenparteien, einige davon als „Kaderparteien“ mit einem gut ausgebildeten, straff organisierten Kern einsatzfreudiger Funktionäre, die von einem zentralen, meist hauptberuflichen Apparat gelenkt werden. Mit der Transformation der politischen Parteien von „Kaderparteien“ bzw. „Parteikirchen“ (alle Lebensbereiche durchdringenden weltanschaulich geschlossenen Gruppen) hin zu „zur Mitte offenen“ „Volksparteien“ wurden auch Parteilieder obsolet, denn sie dienten ja der ideologischen Ausrichtung, dem Einschwören auf ein Ziel, der Erhöhung der Schlagkraft gegen womöglich physisch bedrohliche politische Gegner/Feinde durch den inspirierenden, gemeinsamen Gesang.

Im Österreich von heute spielen Parteilieder nur mehr im linken Teil des politischen Spektrums eine Rolle. Beispiele hiefür finden sich im Kapitel über die Symbole der Arbeiterbewegung (S. 392 ff.).

POLITIK DURCH DIE BLUME

DIE ROTE NELKE LEBT

Die Arbeiter marschierten mit ihren Frauen und Kindern in geschlossenen Viererreihen und mit vorbildlicher Disziplin in den Prater, jeder die rote Nelke, das Parteizeichen, im Knopfloch. Sie sangen im Marschieren die Internationale, aber die Kinder fielen dann im schönen Grün der zum ersten Mal betretenen „Nobelallee" in ihre sorglosen Schullieder. Es wurde niemand beschimpft, niemand geschlagen, keine Fäuste geballt; kameradschaftlich lachten die Polizisten, die Soldaten ihnen zu . . .
Kaum tauchte die rote Nelke als Parteiabzeichen auf, so erschien plötzlich eine andere Blume im Knopfloch, die weiße Nelke, das Zugehörigkeitszeichen der christlich-sozialen Partei . . .
Aber schon tauchte eine dritte Blume auf, die blaue Kornblume, Bismarcks Lieblingsblume und Wahrzeichen der deutschnationalen Partei, die – man verstand es nur damals nicht – eine bewußt revolutionäre war, die mit brutaler Stoßkraft auf die Zerstörung der österreichischen Monarchie zu Gunsten eines – Hitler vorgeträumten – Großdeutschlands unter preußischer und protestantischer Führung hinarbeitete . . .[1]

Diese 1941 (ein Jahr vor seinem Freitod) gegebene anschauliche Schilderung des ersten Maiaufmarsches in Wien, den Stefan Zweig 1890 als Neunjähriger offenbar selbst miterlebt hat, sowie seine Analyse der gesamtpolitischen Situation beschreibt einen Zustand, der sich in Österreich im Grunde bis heute erhalten hat. Mag auch der Marxismus abgedankt haben, der Kommunismus zusammengebrochen und der Sozialismus zu einer voll marktwirtschaftlich orientierten Sozialdemokratie geworden sein, in Österreich gibt es immer noch den Maiaufmarsch und die rote Nelke als zentrale Symbole der Arbeiterbewegung.
Und auch die weiße Nelke ist keineswegs ausgestorben: bei der konstituierenden Sitzung des Wiener Gemeinderates tragen alle fünf Jahre die Vertreter der ÖVP eine weiße Nelke im Knopfloch, obwohl sich die Volkspartei nicht als direkte Nachfolgerin der Christlichsozialen Partei sieht, deren enge Bindung an die Kirche sie 1945 ebenso ablegte, wie sie deren taktischen Antisemitismus verwarf.
Der roten Nelke, dem bekanntesten und wichtigsten Symbol der österreichischen Sozialdemokratie, liegt nach Josef Seiter die Metapher der aufgehenden Sonne zugrunde. Er zitiert hiezu das folgende Gedicht von Josef Friedmann vom 1. Mai 1909:

[1] Stefan Zweig, Die Welt von Gestern. Stockholm 1947, 82–84

Es glühen rote Nelken
Freiheitssonnenentstammt,
Es lodern rote Gluten,
Die Freiheitssehnsucht flammt.
(...)
Er naht, der Tag der Tage,
Der Freiheit Banner fliegt –
Weitauf, weitauf die Herzen,
Die rote Nelke siegt![1]

Die Nelkensymbolik geht auf das Mittelalter zurück, wobei die Nelke – ihrer Dauerhaftigkeit wegen – als Verlobungsblume und – in Anlehnung an die Heilkraft der Gewürznelke – als Apotropäon angesehen wurde. Die österreichische Arbeiterbewegung zog sie der als aristokratisch geltenden roten Rose vor und wählte sie als zu den Fahnen und sonstigen Abzeichen passende „Festblume". Josef Seiter weist auch darauf hin, daß die rote Nelke in Österreich leicht verfügbar war, da sie auch außerhalb ihrer sommerlichen Blütezeit im Glashaus gezogen werden konnte oder zumindest aus Kreppapier leicht herzustellen war. So ist es bis heute Brauch, zum Maiaufmarsch Papiernelken in die Fahrradspeichen zu flechten.

Nach dem Ersten Weltkrieg wurde die rote Nelke offizielles Parteizeichen; als Abzeichen wurde sie mit grünem Stiel auf schwarzem Grund, umrandet von einer goldenen Kette und oben versehen mit den Initialen S. D. A. P., dargestellt (vgl. Farbabbildung S. XXIII).

Die rote Nelke lebt also – zumindest solange die Feiern zum 1. Mai und der „Rote Nelken-Ball" weiterbestehen.

KORNBLUMENBLAU ...

Die tiefblaue Kornblume galt als die Lieblingsblume Bismarcks. Sie wurde damit auch zum Symbol der deutschnationalen Bewegung Altösterreichs.

Über die Kornblume wurde 1909 sogar im Reichsrat debattiert, nachdem antiösterreichisch gesinnte Gymnasiasten bei einem Linzer Sportfest die gefiederte blaue Akkerblume öffentlich getragen und damit den Zorn der Unterrichtsbehörden heraufbeschworen hatten.

Die Kornblume behielt ihren deutschnationalen Symbolgehalt auch in der Ersten Republik, wo sie neben dem Hakenkreuz die Sehnsucht vieler Österreicher nach der „Heimkehr ins Reich" auszudrücken suchte. So berichtet Hans Dichand, daß es bei der Aufführung von Wagners „Meistersingern" in der Grazer Oper 1938 immer wieder zu deutschnationalen Demonstrationen gekommen sei: „Nach der großen Arie des Hans Sachs braust es nur so von Heilrufen, und ein Hagel von Kornblumen trifft die Sänger auf der Bühne. Draußen auf dem Ring geht es dann weiter: ‚Ein Volk, ein Reich, ein Führer!'"[2]

Die blaue Kornblume hat das ganze Elend, das sie in zwei – ohne den Deutschnationalismus undenkbaren – Weltkriegen verursachen half, überdauert. Sie hat in den Köpfen jener überlebt, die bis heute dem deutschnationalen Gedanken etwas abgewinnen können, so zum Beispiel bei den Turnern. 1952 wurde als Dachverband der nicht aufgelösten Vereine des „Deutschen Turnerbundes 1919" und der „Allgemeinen Turnvereine" der „Österreichische Turnerbund" gegründet. In einem Grundsatzartikel über den Turnergedanken in Österreich heißt es:

---

[1] Seiter, a. a. O., 84
[2] In: Chorherr, 1938, a. a. O. 78

Das Blau unserer Übungsanzüge, der Turnanzüge der Turnerinnen, ist keine zufällige Farbenwahl. Auf den alten Traditionsfahnen finden sich als Zierstickereien Kornblumen. Blaue Kornblumen als Sinnbild des ungebundenen Wachstums. Die Kornblume tritt überall am Rande von Getreidefeldern auf. Unausrottbar, leuchtend in ihrem Blau, daran wollten die Vorväter erinnern, als sie diese Blume und ihre Farbe wählten und dachten dabei an ihre Idee von der Freiheit und der Ungebundenheit unseres Volkes, vielleicht auch an die „blaue Blume der Romantik". In der Romantik entstand die Idee der individuellen Freiheit und des nationalen Selbstbewußtseins im deutschen Volk und strahlte auf viele Völker Europas aus. Deshalb tragen wir heute, vielfach ohne es zu wissen, blaue und weiße Turnkleidung, haben Kornblumen auf den alten Fahnen und tragen die weiße Schwungfahne vor unserer Reihe . . .

Die Kornblume taucht auch gelegentlich bei Parteiveranstaltungen der FPÖ auf. Sie lebt jedenfalls weiter in der Parteifarbe der Freiheitlichen Partei Österreichs, die bei der jüngsten Überarbeitung ihres „Corporate Design" sogar das lange Jahre verwendete Rot-Weiß-Rot aus dem Parteisignet („F") entfernte (vgl. das Kapitel über die Parteisignets, S. 397).

Das Stiefmütterchen

Das Stiefmütterchen galt in der mittelalterlichen Ikonographie seiner Dreifarbigkeit wegen als das Symbol der Dreifaltigkeit.

Seiter weist auf die Symbolwerte der Mäßigkeit, des Fastens, der Intelligenz und des Wissens hin, die der Farbe Violett in der christlich-abendländischen Tradition innewohnen.[1]

Das Stiefmütterchen gilt schon bei Shakespeare als „Denkerblume", wenn er Ophelia sagen läßt: „(. . .) and there is pansies, that's for thoughts." Shakespeare spielt hier offenbar auf die Etymologie des mittelfranzösischen Wortes „pensée" an – es bedeutet sowohl „Stiefmütterchen" als auch „Denken".

Interessanterweise ist diese bescheidene und vielleicht etwas geheimnisvolle, in den gepflegten Wiener Gärten sehr häufig anzutreffende Frühlingsblume das Abzeichen der österreichischen Freidenkerbewegung geworden.

Die sozialdemokratische Freidenkerbewegung hatte ihren Ursprung im 1887 gegründeten Verein der Konfessionslosen. Sie suchte einerseits die klerikal-christlichsozial-antisemitischen Tendenzen des ausgehenden 19. Jahrhunderts zu bekämpfen, andererseits den Arbeitern eine kirchenfreie ethisch-sittliche Grundhaltung zu vermitteln. Durch „Wiegenfeste", „Jugendweihen" und ähnliche säkularisierte Lebensstufen-Feste sollte der Arbeiterschaft eine eigene, vom Klerus unabhängige Festkultur gegeben werden. Zeitweise überlegte man sogar, innerhalb der „Ersatzkirche" des Freidenkerbundes „Seelsorger" anzustellen, die den Gesinnungsfreunden bei ihrer „Selbsterlösung" zur Seite stehen sollten.[2]

Am erfolgreichsten war die Freidenkerbewegung in der Propagierung der – damals von der Kirche verurteilten – Feuerbestattung und des Kirchenaustritts. Innerhalb der Sozialdemokratischen Arbeiterpartei der Ersten Republik war die Agitation der Freidenker nicht unumstritten, da sie eindeutig Probleme bei der Werbung in der katholischen Landbevölkerung mit sich brachte. Der zuletzt zwischen 30.000 und 65.000 Mitglieder umfassende Bund wurde 1933 als eine der ersten oppositionellen Organisationen aufgelöst.

[1] Seiter, a. a. O., 118

[1] Gerhard Steger, Rote Fahne – Schwarzes Kreuz. Wien 1987, 236 ff.

Das Edelweiss

Das Edelweiß ist das Vereinsabzeichen des traditionsreichen Österreichischen Alpenvereins. Fünf Jahre nach dem britischen „Alpine Club" als erster Alpinverein des Kontinents am 19. November 1862 in Wien gegründet, setzte sich der Alpenverein das Ziel, die Befassung mit den heimischen Alpen über die akademische Elite hinaus ins Volk hineinzutragen. 1873 erfolgte der Zusammenschluß mit dem Deutschen Alpenverein, der bis zum Ersten Weltkrieg zu einem enormen Wachstum auf über 100.000 Mitglieder in mehr als 400 Sektionen führte. Neben der wissenschaftlichen Tätigkeit lag der Schwerpunkt des „Deutschen und Österreichischen Alpenvereins" auf dem Wege- und Hüttenbau (700 Schutzhütten in den Ostalpen) sowie im Bereich der Bergführerausbildung. In der Ersten Republik geriet der bürgerlich-liberale Verein immer mehr in völkisches, antisemitisches und NS-Fahrwasser („über 2000 Meter ist alles braun"). Südtirol und das Sudetenland waren als wichtige Aktionsgebiete verlorengegangen, viele Mitglieder gefallen, wichtige Mäzene abhanden gekommen. Der „Ausbruch aus der Misere der Städte" führte jedoch zu einer neuen Blütezeit: 1924 hatte der Verein 250.000 Mitglieder. Als neue Aufgabe trat der Naturschutz hinzu. Als die sozialistischen „Naturfreunde" durch das Dollfuß-Regime verboten wurden, kam es zur zeitweiligen Übernahme von Schutzhäusern. Das „Dritte Reich" mißbrauchte den Verein vorwiegend zur Ausbildung von Gebirgstruppen. Nach dem Krieg wurde die rechtliche und wirtschaftliche Trennung vom Deutschen Alpenverein so vollzogen, daß der nunmehrige Österreichische Alpenverein die sachliche Vereinstätigkeit unter neuen politischen Vorzeichen voll fortsetzen konnte.

Zusammen mit dem später von den Heimwehren übernommenen Spielhahnstoß war das Edelweiß auch das Abzeichen der Tiroler Landesschützen, einer Gebirgstruppe der k. k. Landwehr. Es wurde nicht an der Kappe, sondern am Kragenspiegel getragen. Dollfuß trat sehr oft in der Uniform eines Oberleutnants der „Tiroler Kaiserschützen" auf.

Wie Ernst Rüdiger Starhemberg in seinen Memoiren berichtet, war das Edelweiß des Alpenvereins auch das Erkennungszeichen der Angehörigen des Freikorps „Oberland", welches in Oberschlesien gegen die Polen kämpfte. „Oberland" hatte das Blumensymbol vom Deutschen Alpenkorps des Ersten Weltkrieges übernommen. Damit stand das Edelweiß in enger Nachbarschaft zum Hakenkreuz, das die Stahlhelme der Angehörigen mehrerer deutscher Freikorps schmückte, bevor es noch zum offiziellen Parteiabzeichen der Nationalsozialisten wurde.

An der Uniformmütze der deutschen und österreichischen Gebirgsjäger/Gebirgstruppen hat das Edelweiß zum Kriegsdienst in Hitlers Armeen verurteilten österreichischen Soldaten zwischen dem Nordmeer und dem Kaukasus, zwischen dem Balkan und Kreta als Identifikationssymbol gedient. Das Edelweiß wird im II. Armeekorps des österreichischen Bundesheeres an der Kappe getragen und ist das Abzeichen der Heeresbergführer. In einen grünen Kreis gesetzt sind ihm dabei Bundeswappen, Ski, Seil und Eispickel in Gold aufgelegt. Das Edelweiß ist das Parteisymbol der Südtiroler Volkspartei (SVP).

Seit 1959 zeigt die Rückseite der aus Aluminiumbronze geprägten Ein-Schilling-Münze Österreichs drei Edelweißblüten (*Leontopodium alpinum – Compositae*), während die im selben Jahr eingeführte 50-Groschen-Münze, ebenfalls aus Aluminiumbronze, auf der Vorderseite durch eine kleine Enzianblüte (stengelloser Keulenenzian – *Gentiana kochiana*) verziert wurde.

ALMRAUSCH UND ENZIAN

Während der 1890 gegründete „Österreichische Gebirgsverein“ als Sektion des Alpenvereins neben dem Edelweiß drei blaue Enzianblüten zu seinem Symbol gewählt hat, verwendet der sozialistische Touristenverein „Die Naturfreunde“ die rosa Alpenrose (bzw. Almrausch) als Abzeichen. Es stammt wahrscheinlich von Karl Renner selbst, der es im Gründungsjahr 1895 entworfen hat. Bis Mitte der zwanziger Jahre war die Mitgliedschaft der „Naturfreunde“ auf fast 100.000 Personen angewachsen. 1985 betrug die Zahl der Mitglieder der Naturfreunde über 160.000.

LILIE UND KLEEBLATT

Eine goldene Lilie mit rot-weiß-rotem Bindenschild auf grünem Grund war bis 1976 das traditionelle Symbol der Pfadfinder Österreichs. In diesem Jahr schlossen sich der Bubenverband und die Pfadfinderinnen zu einer gemeinsamen Organisation zusammen. Das neue Symbol der „Pfadfinder und Pfadfinderinnen Österreichs“ entstand aus der Pfadfinderlilie und dem stilisierten Kleeblatt des Pfadfinderinnen-Weltverbandes. Es wird weinrot auf weiß verwendet und symbolisiert das Mit- und Füreinander der beiden Verbände (vgl. Farbabbildung S. XXXII).

Kommerzielle Symbole mit Österreichbezug

Austria-Signet und -Gütezeichen

„Made in Austria“ ist eine Vereinigung zur Förderung des Ansehens und der Geltung österreichischer Wirtschaftsleistungen in der Öffentlichkeit. Ordentliche Mitglieder dieser Organisation sind die Wirtschaftskammer, die Arbeiterkammer und die Republik Österreich, vertreten durch das Wirtschaftsministerium. Das von „Made in Austria“ geschaffene „österreichische Herkunftszeichen“ stellt ein großes „A“ dar, welches aus einem rot-weiß-roten Band und dem schwarzen Schriftzug „Austria“ gebildet wird. Dieses „Austria-Signet“ darf ohne besondere Bewilligung zur Kennzeichnung von Waren verwendet werden, deren österreichischer Wertanteil mindestens 50 Prozent beträgt.
Neben dem „Herkunftszeichen“ gibt es noch das „Austria-Gütezeichen“, das dann verwendet werden darf, wenn neben der überwiegenden österreichischen Wertschöpfung durch Attest einer staatlich autorisierten Prüfstelle auch noch der Nachweis überdurchschnittlicher Qualität erbracht wurde.[1]

Servus in Österreich

Die „Österreich Werbung“ – so der genaue Titel der zentralen Stelle für die Tourismuswerbung Österreichs – verwendet aufgrund einer Ausarbeitung der vielfach preisgekrönten Werbeagentur Demner & Merlicek den Slogan „Servus in Österreich“ in schwarzer Bodoni bold. Das Wort „Österreich“ wird dabei durch zwei rote Pinselstriche mit den Nationalfarben versehen – das ist wirkungsvoll, wenn auch die horizontale Anordnung der Streifen heraldisch korrekt gewesen wäre. Die Wort-Bild-Marke kann auch auf überregionale Begriffe (Bundesländer, Übersetzung des Wortes Österreich) angewendet werden. Es ist sehr bedauerlich, daß sich die meisten Bundesländer nicht entschließen können, bei dieser Corporate Identity mitzumachen. Wahrscheinlich liegt dies auch daran, daß keine Möglichkeit vorgesehen wurde, die jeweiligen Landesfarben in das Markenzeichen zu integrieren. Dem Vorwurf, im Ausland sei die Bedeutung des Wortes „Servus“ nicht bekannt, können wir uns nicht anschließen: auch „Sayonara“ konnte bekanntgemacht werden.

---

[1] Zu diesem und den folgenden Signets vgl. Farbabbildungen S. XXX und XXXI

DER ORF ALS TRÄGER ÖSTERREICHISCHER IDENTITÄT

Rundfunk gibt es in Österreich seit dem 1. Oktober 1924, dem Tag, an dem die RAVAG den regelmäßigen Radiobetrieb aufnahm. Als nationale öffentlich-rechtliche Sendeanstalt führte der nach dem Zweiten Weltkrieg erst 1958 wiedererstandene „Österreichische Rundfunk" schon vor der Rundfunkreform von 1966 die Nationalfarben in seinem Markenzeichen: einem kreisrunden, rot-weiß-roten „Ö" war ein „R" aufgelegt. Unter Gerd Bacher, Generalintendant des ORF ab 9. März 1967, erhielt der aufgrund des Rundfunkvolksbegehrens vom 12. Oktober 1964 unabhängige Rundfunk erstmals eine Corporate Identity. Erich Sokol schuf das bis heute gültige „ORF-Auge" auf der Grundfarbe Silber. Es besteht aus zwei roten Ellipsen, denen je ein weißer Kreis eingeschrieben ist. Den dazu passenden blauen Schriftzug „ORF" entwarf der Graphiker Hans Schaumberger. Ende 1992 kam es auf Initiative Bachers zu einer zweiten grundlegenden Reform des ORF-Designs. Inspiriert durch den britischen Star-Designer Neville Brody wurde nicht nur der Schriftzug, sondern die gesamte optische Linie neu gestaltet. Auch bei diesem stark typographische Züge tragenden visuellen Auftritt wird auf den Bezug zu den National- und Landesfarben geachtet.

DAS „NEUE GESICHT" DER WIRTSCHAFTSKAMMER

1993 wurde für den gesamten Organisationsbereich der Kammern der gewerblichen Wirtschaft ein neues Corporate Design geschaffen. An die Stelle des Begriffes „Bundeskammer der gewerblichen Wirtschaft" trat der Begriff „Wirtschaftskammer". Deren graphische Dachmarke wurde so gewählt, daß ihre Grundelemente leicht auf die Landes- und Standesorganisationen übertragen werden können. Dabei symbolisiert ein waagrecht liegender Kreisbogen das Dach der gemeinsamen Interessen. Ein aus zwei roten Schwingen zusammengesetztes „W" steht für den Begriff „Wirtschaft" und zitiert die Schwingen des Bundesadlers. Ein roter Punkt über einem weißen Dreieck ist als stilisiertes „i" das Symbol für den Menschen und sein individuelles Interesse. Durch diese Kombination ergeben sich auch die Nationalfarben Österreichs. Die verschiedenen Serviceorganisationen, Sektionen und Innungen besitzen eigene Farben und Symbole; so erkennt man etwa die Außenwirtschaft an einem von einem rot-weiß-roten Band umschlungenen Globus und die Bäcker an einer dem alten Zunftzeichen nachempfundenen stilisierten Brezel.

WELCOME TO AUSTRIAN

Österreich kann für sich in Anspruch nehmen, mit der Postverbindung Wien–Kiew am 31. März 1918 die erste regelmäßige internationale Flugverbindung der Welt eingerichtet zu haben. Im Juli 1918 wurde die Linie Wien–Budapest aufgenommen. Die 1923 gegründete Österreichische Luftverkehrs AG (ÖLAG) entwickelte sich in der Zwischenkriegszeit zur viertgrößten Fluggesellschaft Europas. Nachdem Österreich mit dem Staatsvertrag 1955 seine Lufthoheit wiedererlangt hatte, dauerte es noch zwei Jahre, bis am 30. September 1957 die Austrian Airlines gegründet werden konnten. Sie nahmen am 31. März 1958 mit vier gecharterten Vickers Viscount den Flugbetrieb auf der Strecke Wien–London auf. 1994 verfügte die AUA über mehr als dreißig moderne Passagiermaschinen und beschäftigte mehr als 4.000 Mitarbeiter.

Das Firmenzeichen der bald als „Friendly Airline“ beworbenen heimischen Luftlinie mit der charakteristischen rot-weiß-roten Heckflosse war zunächst der Schriftzug „AUA“ in einem Kreis, der von einem stilisierten Zugvogel durchstoßen wurde. Der letztere zierte zusammen mit dem Schriftzug „Austrian Airlines“ noch das erste Düsenflugzeug der AUA, eine am 1. April 1963 in Dienst gestellte Caravelle VIR. 1971 wurde mit der Anschaffung von vorerst sieben DC-9-32 eine neue, sehr erfolgreiche Ära eingeleitet. Die Maschinen erhielten durch Reduktion der Beschriftung auf das Wort „Austrian“ und ein rotes Pfeilsignet ein werblich sehr wirksames Erscheinungsbild. Es wurde aus 220 Entwürfen ausgesucht und bildet in Form der Einladung „Welcome to Austrian“ bis heute die Grundlage der Corporate Identity der österreichischen Fluglinie. Auch das private Konkurrenzunternehmen „Lauda Air“ bezieht sich in seinem Logo, dem Buchstaben L, auf die Nationalfarben Österreichs.

Die Post

Viele Jahre hindurch führte die österreichische Post als staatliche Einrichtung des Bundes das Bundeswappen, dem Posthorn und Blitze als Zeichen für Brief- und Fernmeldeverkehr beigegeben waren. Unter Generaldirektor Dr. Heinrich Übleis wurde diese als zu „amtlich“ empfundene Identity aufgegeben und durch ein stilisiertes schwarzes Posthorn auf „postgelbem“ Grund ersetzt.

Gewerkschaftsbund und Arbeiterkammern

Der erste österreichische Gewerkschaftskongreß wurde 1893 in Wien abgehalten; 1920 wurden die Arbeiterkammern eingerichtet. Nach dem Zweiten Weltkrieg trat der überparteiliche Österreichische Gewerkschaftsbund (ÖGB) an die Stelle der früheren Richtungsgewerkschaften. Dem ÖGB gehören insgesamt vierzehn einzelne Gewerkschaften an, deren Signets zum Teil reine Buchstabensymbole, zum Teil aber auf die jeweilige Berufssparte hinweisende Zeichen sind, so z. B. Metall-Bergbau-Energie, Post- und Fernmeldebedienstete oder Chemiearbeiter.
Die im Arbeiterkammergesetz 1992 neu geregelten Arbeiterkammern verwenden die Initialen „AK“ als Markenzeichen für ihre vielfältige Beratungstätigkeit in Arbeitnehmer- und Konsumentenfragen.

Die Österreichischen Bundesbahnen

Nachdem 1825 in England die erste Dampfeisenbahn ihren Betrieb aufgenommen hatte, wurde 1832 die Pferdebahn Linz–Budweis als erste Bahnlinie des Kontinents eröffnet. Erst 1838 verkehrte der erste fahrplanmäßige, lokomotivgetriebene Eisenbahnzug Österreichs auf dem Anfangsstück der nach Galizien geplanten Nordbahnstrecke von Wien nach Deutsch Wagram. Auf dieser Strecke wurde später der erste Nachtverkehr Europas eingerichtet. 1854 wurde die Semmeringbahn als erste Gebirgsbahn Europas fertiggestellt, 1860 folgte die Westbahn bis Salzburg, 1864 erreichte die Südbahn Villach. Noch vor dem Ersten Weltkrieg wurde mit dem Aufbau des elektrischen Betriebes in Österreich begonnen.
Seit dem neuen, am 1. Jänner 1993 in Kraft getretenen Bundesbahngesetz sind die

ÖBB eine Firma mit eigener Rechtspersönlichkeit. Um ihre Unverwechselbarkeit zu unterstreichen und am Markt einheitlich und eindeutig aufzutreten, gaben sich die Bundesbahnen im November 1993 ein neues Corporate Design. Der Logo setzt sich aus dem neuen Firmenschriftzug „ÖBB“ und dem bislang gebräuchlichen Firmenzeichen, dem stilisierten geflügelten Rad, zusammen. Als Firmenfarben werden neben Schwarz ein sattes Rot und ein mittleres Blau verwendet. An die Stelle des Slogans „Die Neue Bahn“ tritt nunmehr der Slogan „Unternehmen Bahn“. Als Titelschrift wird die wegen ihrer guten Lesbarkeit beliebte „Helvetica halbfett“ verwendet – allerdings ist die Spationierung um eine Spur zu großzügig ausgefallen.

DIE GROSSBANKEN

Österreichs Bankenwirtschaft ist durch einige mehrheitlich in öffentlichem Eigentum befindliche Großbanken gekennzeichnet. Dazu kommt die genossenschaftlich strukturierte Raiffeisen-Bank.
Die Creditanstalt-Bankverein (CA) wurde 1855 zur Finanzierung der Industrialisierung und des Eisenbahnbaus gegründet und ist damit neben der Nationalbank das traditionsreichste Institut Österreichs. Mehr als 40 Prozent der Bilanzsumme von 517 Milliarden Schilling fallen auf das Auslandsgeschäft. Die Bank verfügt über rund 200 Filialen. Der Firmenlogo besteht aus den zu einer weißen Scheibe verdichteten Buchstaben „c“ und „a“, die Grundfarbe der „Bank zum Erfolg“ ist ein leicht ins Weinrote verschobenes sattes Rot.
Die Bank Austria entstand im Oktober 1991 aus der Fusion der beiden traditionsreichen Häuser Zentralsparkasse (gegründet 1905) und Länderbank (gegründet 1880). Die Bilanzsumme 1992 der neuen Bankengruppe lag mit 558 Milliarden Schilling über jener der CA, die Gesamtzahl der Filialen beträgt rund 380. Es ist eindrucksvoll, wie schnell sich das neue Corporate Design, in dessen Mittelpunkt eine schräggestellte rote Tilde steht, in der Öffentlichkeit durchgesetzt hat.
In Österreich wurde 1886 die erste Raiffeisenkassa in Mühldorf bei Spitz errichtet. Heute besorgt die Raiffeisen-Bankengruppe mit 2.500 Bankstellen als Universalbank sämtliche Bankgeschäfte. Die Raiffeisen Zentralbank Österreich AG. hat sich in letzter Zeit auch stark im Ost-West-Geschäft engagiert. Als Firmenemblem der Raiffeisen-Banken wurde das Giebelkreuz gewählt, das auf einen uralten Volksbrauch zurückgeht, nach welchem ein am Dachgiebel angebrachtes Kreuz die Hausbewohner vor allen Gefahren schützen soll. Der Logo symbolisiert somit den Schutz vor wirtschaftlichen Gefahren durch genossenschaftlichen Zusammenschluß. Das Giebelkreuz wird schwarz in einem gelben Quadrat verwendet.

DIE ÖMV

Nach Abschluß des österreichischen Staatsvertrages schlug die Geburtsstunde der nationalen österreichischen Erdölindustrie. Die Österreichische Mineralölverwaltung war jedoch jahrelang zu hohen Ablöselieferungen an die Sowjetunion verpflichtet. 1960 wurde die petrochemische Produktion in der neuen Raffinerie Schwechat aufgenommen. 1974 wurde die Firmenbezeichnung „ÖMV“ angenommen. Die ÖMV-Gruppe umfaßt auch ein internationales Tankstellennetz und chemische Betriebe in Linz. 72 Prozent des Aktienkapitals befinden sich in Händen der ÖIAG, der Rest ist Streubesitz. Der aus den geometrischen Grundformen Kreis, Quadrat und Dreieck gebildete Logo ist in Petrolblau gehalten, eine grüne Linie unterstreicht die Verantwortung dieses modernen österreichischen Unternehmens für die Erhaltung der Umwelt.

Design-Vorbild IBM

IBM, die „International Business Machines Corp.“, wurde 1911 gegründet. Seit 1928 hat sie eine Niederlassung in Österreich. Ihr einprägsames, in den fünfziger Jahren von Paul Rand entworfenes Firmen-Logo ist das Herzstück einer ausgeprägten Corporate Identity. Inspiriert durch das Sternenbanner, wurde der Schriftzug „IBM“ horizontal in Linien gebrochen, die das Schriftbild aus dem Gewöhnlichen herausheben und damit Aufmerksamkeit erregen sollen. Nach den Design-Vorschriften von „Big Blue“ wird der in acht Linien gebrochene Schriftzug – meist in schräger Anordnung – auf den Produktverpackungen eingesetzt, während die aus dreizehn Linien bestehende Buchstabenfolge auf dem Briefpapier und auf anderen Geschäftsdokumenten verwendet wird. Dem geschlossenen „Corporate Design“ von IBM kam auch in Österreich lange Zeit Vorbildcharakter zu, bis sich das Designbewußtsein allgemein durchsetzte.

Ein Tafelservice für die Republik Österreich

Ein im April 1994 vom Bundesministerium für wirtschaftliche Angelegenheiten (Staatssekretärin Dr. Maria Fekter) initiierter und vom Österreichischen Institut für Formgebung (Präsident Dr. Gerhard Feltl) ausgerichteter Wettbewerb setzte sich zum Ziel, der Republik Österreich fünf Jahrzehnte nach ihrem Wiedererstehen ein neues Tafelgerät für offizielle Anlässe zu geben. Wenn dabei auch keine optimale Synthese von neuen Formen und klassischen Qualitäten gefunden wurde, so wurde doch ein entscheidender Beitrag zur „Corporate Identity“ Österreichs geleistet. Nach einer für 1995 geplanten Phase der technischen Umsetzung wird man sehen, welches Design die Republik für sich selbst gewählt hat.

Die „Bundesländer“

Die Bundesländer-Versicherung, Österreichs zweitgrößte Versicherung (gegründet 1922) steht im Eigentum einiger österreichischer Bundesländer, der Raiffeisen-Organisation und verschiedener kirchlicher Orden. Rund 3.500 Mitarbeiter (die Hälfte davon im Außendienst) betreuen mit Hilfe von 150 Kundenbüros 3 Millionen Versicherungsverträge mit einem Gesamtprämienaufkommen von mehr als 12 Milliarden Schilling pro Jahr. Der blau-weiße Firmenlogo stützt sich auf die Buchstaben B und V, der schlichte schwarze Firmenschriftzug signalisiert Verläßlichkeit.

„Entgrenzung"

Die Symbolik wichtiger internationaler Organisationen

Der Begriff der „Entgrenzung" (A. Rabbow) faßt alle symbolpublizistischen Versuche zusammen, mit Hilfe von neuen und/oder auf alte Vorbilder zurückgehenden Zeichen Grenzen niederzureißen, übernationale Vereinigungen zu fördern und internationaler Kooperation zum Durchbruch zu verhelfen. Ältere Beispiele dafür sind die rote Fahne der Arbeiterschaft oder das Lied „Die Internationale". Zu den moderneren Bemühungen um Entgrenzung durch Zeichen zählen die Symbole des Roten Kreuzes, der Olympia-Bewegung, der Vereinten Nationen, der Arabischen Liga, der Organisation für die Afrikanische Einheit, der EU und andere mehr. Auf einige von ihnen werden wir in der Folge zu sprechen kommen (vgl. Farbabbildungen S. XXXII).

Das Rote Kreuz und der rote Halbmond

Die Geschichte der Gründung des Roten Kreuzes ist bekannt: Der schweizerische Schriftsteller Henri Dunant (1828–1910) regte in seiner Schrift „Un souvenir de Solferino" unter dem Eindruck seiner Erlebnisse auf dem Schlachtfeld von Solferino (1859) die Gründung des Roten Kreuzes zur ärztlichen Betreuung von Kriegsopfern an. Auf Dunant geht auch die 1864 beschlossene „Genfer Konvention" zurück. Dunant erhielt 1901 zusammen mit F. Passy den Friedensnobelpreis. Der Beschluß, als Symbol der internationalen Hilfsorganisation ein gleichschenkeliges rotes Kreuz in quadratischem weißen Feld zu wählen, geht zuvorderst nicht auf ein christliches Motiv zurück, sondern entstand aus der Absicht, das Heimatland Dunants, die Schweiz, durch Umkehrung der Farben des Schweizerkreuzes zu ehren. In einer Reihe von Ländern wird statt des christlichen Kreuzsymbols ein der jeweiligen Hauptreligion angepaßtes Zeichen verwendet: die islamischen Länder benutzen den Roten Halbmond, Israel den Roten Davidstern, der Iran „Löwe und Sonne".
Graf Folke Bernadotte (1895–1948) trat als Präsident des Internationalen Roten Kreuzes dafür ein, als neues einheitliches Symbol das „Rote Herz" einzuführen. Die Ermordung des als UNO-Vermittler in Palästina tätigen Schweden durch jüdische Extremisten vereitelte diesen Plan.
Das Rote Kreuz zählt wohl zu den erfolgreichsten und positivsten Symbolen, die die Menschheit je ersonnen und eingesetzt hat.
An dieser Stelle sei auch das „Österreichische Schwarze Kreuz" erwähnt, ein 1919 gegründeter und 1946 wiedererrichteter gemeinnütziger Verein, der sich der Kriegsgräberfürsorge im In- und Ausland widmet.

FRIEDLICHER WETTSTREIT UNTER DEM OLYMPISCHEN FEUER

Österreich, das selbst schon zweimal Austragungsort Olympischer Winterspiele war (Innsbruck 1964 und 1976), kann aus der strengen Flaggenetikette der Olympischen Spiele für seinen historisch gewachsenen, aber aus Gründen, die in diesem Buch mehrfach beleuchtet wurden, uneinheitlichen Symbolgebrauch viel lernen. Die Olympischen Spiele sind ein gutes Beispiel sowohl für die Strategie der „Entgrenzung" als auch für die vorbildliche Umsetzung vexillologischer Grundsätze in die Praxis.
Die fünf olympischen Ringe versinnbildlichen den friedlichen Wettstreit der fünf Kontinente im Sport. Sie sind in den Farben Blau, Gelb, Schwarz, Grün und Rot auf weißem Grund gehalten.
Der Entwurf für dieses Symbol stammt von Pierre Baron de Coubertin (1863–1937), der 1894 die Spiele der Antike für die Moderne erneuerte. Der französische Pädagoge und Leibeserzieher gründete 1894 bei einem Kongreß an der Sorbonne das Internationale Olympische Komitee (IOC), dessen erster Generalsekretär und späterer Präsident er war. Aufgrund eines gesteigerten Bewußtseins für Leibeserziehung und Sport – insbesondere auch in Deutschland – und im Zusammenhang mit Ausgrabungen in Griechenland fiel der Gedanke, die seit 776 v. Chr. bezeugten, zu Ehren des Zeus in Olympia abgehaltenen Spiele wieder ins Leben zu rufen, auf fruchtbaren Boden.
Die ersten Olympischen Spiele der Neuzeit wurden 1896 in Athen ausgetragen. Seither fanden sie alle vier Jahre statt – mit Ausnahme der Jahre während der beiden Weltkriege. Seit 1924 werden auch Winterspiele veranstaltet.
Die Eröffnung der Spiele erfolgt nach einem von ihrem Gründer selbst entworfenen Zeremoniell: Einmarsch nach Nationen, Eröffnung durch das Staatsoberhaupt des Gastlandes, Einlauf des Fackelträgers und Entzündung des olympischen Feuers sowie olympisches Gelöbnis (Versprechen, an den Spielen in „ritterlichem Geist" teilzunehmen). In den letzten Jahrzehnten hat es sich eingebürgert, daß das Gastland für aufwendige künstlerisch-folkloristische Rahmenprogramme sorgt, die zu weltweiten Fernsehereignissen werden. Auf ähnliche Weise werden die Spiele auch beschlossen.
1914 wurden die olympischen Ringe zum ersten Mal verwendet; sie wehen seit den Spielen von Antwerpen (1920) über allen olympischen Veranstaltungen.
Eine Analyse der Farben und ihrer Reihenfolge nach den Gesichtspunkten der Heraldik ergibt zunächst, daß es sich um die traditionellen heraldischen Farben im engeren Sinn handelt – also ohne Purpur. Daß das neutrale *Weiß,* die Farbe der Unschuld und des Friedens, als Feldfarbe für die fünf weiteren heraldischen Farben (die glücksbringende Fünf und die Zahl der Erdteile) am besten geeignet war, versteht sich fast von selbst. Daß eine Anzahl von *Ringen* als Symbole gewählt wurden, ergibt sich einerseits aus deren sportlicher und spielerischer Bedeutung, andererseits ist der Kreis Zeichen der Vollkommenheit. In der Verschlingung der Ringe wird die sportliche Freundschaft besonders schön ausgedrückt.
Die Ringe wurden nicht als ein an und für sich sehr wirksames Zentralsymbol in kreisförmiger Form angeordnet – was ihre volle Gleichrangigkeit symbolisiert hätte –, sondern der Reihe nach: die horizontale, „ab- und aufspringende" Anordnung symbolisiert vielleicht den *Wettlauf,* wichtigstes Ereignis aller olympischen Spiele seit dem Altertum.
Betrachtet man die Farben der Ringe, so ist klar, daß das „schwere" *Schwarz* in die Mitte gestellt werden mußte, um ein optisches Gleichgewicht zu erzeugen. Interessant ist aber die weitere Reihenfolge von heraldisch rechts nach links: Das Sinnbild beginnt mit dem friedlichen und ins Idealistische weisenden *Blau* und endet mit dem aggressiven, kämpferischen *Rot.* An zweiter Stelle steht das *Gold,* das als Farbe des Siegers ja eigentlich auch an erster Stelle hätte stehen können – aber das hätte dem Gedanken der Spiele widersprochen: „Dabei sein ist alles!"

Der Platz des *Grün* ergibt sich somit von selbst.
Die Spekulation, daß die Farbabfolge die fünf Kontinente aus europäischer Sicht reiht, sei ebenfalls noch angestellt: Blau = Europa, Gold = Amerika, Schwarz = Afrika, Grün = Asien. Für Australien bleibt das Rot, gewissermaßen die vom Schöpfer des Zeichens bewußt – oder eher unbewußt – an den Schluß gestellte aggressive Farbe, als die Farbe „unfairer" oder nicht friedlicher Gangart – natürlich ohne Seitenhieb auf Australien!
Die olympischen Ringe sind ein interessantes Beispiel für die mehr oder weniger widerspruchslose Anerkennung und das Wirken eines Symbols, das ja für keine leichte Aufgabe steht: in einer niemals ganz friedlichen Welt den Wettstreit zwischen den Nationen als friedlichen und fairen Wettkampf jenseits von Nationalismus und Chauvinismus zu befördern. Man muß dazu sagen, daß diese Funktion im feierlichen Flaggenzeremoniell der Olympischen Spiele auch sehr bewußt und gekonnt propagiert wurde und wird.

Das Sonnenkreuz der Paneuropa-Bewegung

Der Paneuropa-Gedanke geht auf den pazifistischen Schriftsteller und Politiker Richard Nikolaus Graf Coudenhove-Kalergi (1894–1972) zurück. Mit dem Buch „Paneuropa" gründete dieser 1923 in Wien die Paneuropa-Union, deren Zentralbüro bis 1938 in Wien war.
In seiner zusammenfassenden Darstellung der Geschichte der Paneuropa-Bewegung beschreibt ihr Gründer selbst die Überlegungen, die zum Paneuropa-Emblem geführt haben:

> *Symbol der Bewegung sollte ein rotes Kreuz auf goldener Sonne sein: das Kreuz Christi auf der Sonne Apollos; übernationale Humanität verbunden mit dem strahlenden Geist der Aufklärung. Dieses Zeichen auf hellblauem Grunde – der blaue Himmel als Abbild des ungetrübten Friedens – wurde zur Fahne der Bewegung.*[1]

Der unermüdliche Vorkämpfer einer Union Europas in Frieden und Freiheit hatte vor allem die drohende Gefahr eines zweiten Weltkriegs vor Augen, als er am 1. Mai 1924 ein „Europäisches Manifest" veröffentlichte, dessen beschwörender Text gegen Ende folgende Sätze enthielt:

> *Im Zeichen des Sonnenkreuzes, das die Sonne der Aufklärung verbindet mit dem Roten Kreuze internationaler Menschlichkeit – wird der paneuropäische Gedanke siegen über alle Beschränktheit und Unmenschlichkeit chauvinistischer Zerstörungspolitik. In diesem Zeichen wird das neue Europa wachsen, zu dem sich heute schon die besten Europäer bekennen.*[2]

Mittlerweile hat die unter Karl Habsburg weiter für ein vereinigtes Europa eintretende österreichische Paneuropa-Bewegung den Kranz der zwölf goldenen Sterne ihrem Emblem hinzugefügt oder – umgekehrt – ihre goldene Sonne mit dem schmalen roten Kreuz der Europaflagge aufgelegt. Damit wurde das von Coudenhove-Kalergi selbst als Grundfarbe beschriebene helle Blau durch dunkles Kobaltblau ersetzt. Farbsymbolisch bedeutet dies: Aus dem in weiter Ferne scheinenden Friedensziel ist das Nahziel der Schaffung eines abendländischen Bundesstaates geworden.
In einer Betrachtung über eine mögliche tiefere Bedeutung des Paneuropa-Emblems kommt Maria Schild zu dem Schluß, daß sich in der Scheibe mit dem aufgelegten

[1] Richard Coudenhove-Kalergi, Die Wiedervereinigung Europas. Wien 1964, 28
[2] Coudenhove-Kalergi, a. a. O., 80

Kreuz das Gründungsritual der römischen „Urbs" widerspiegele. „Cardo", der Nord-Süd-Straßenzug, und „Decumanus", der Ost-West-Straßenzug, kreuzten einander im „Mundus", einer rituellen Opfergrube im geometrischen Stadtmittelpunkt. Stadtmauer und Stadtgraben folgten einer kreisrunden Furche („Sulcus Primigenius"), die der Gründer mit einem ehernen Pflug um das geplante Stadtgebiet zog, wobei er an den Endpunkten der Stadtkoordinaten viermal den Pflug anhob, um die vier Tore der Stadt anzudeuten („Urbs" und „Orbis" haben ja dieselbe Etymologie). Die beiden Achsen teilten die Stadt in vier „Stadtviertel", deshalb sprach man von der „Urbs Quadrata".
Für die Römer, die Weltliches und Sakrales nicht so scharf trennten wie wir heute, bedeutete die Gründung einer Stadt so etwas wie „Weltschöpfung gegen die Mächte des Chaos", was sich in dem genau festgelegten, abgezirkelten Gründungsmodus ausdrückte. So wäre demnach das Paneuropa-Emblem nichts anderes als ein Symbol für die Aufgabe, aus dem „Staatenchaos" unseres Kontinents eine „höhere europäische Ordnung" zu schaffen.[1]

DER VÖLKERBUND – AUF DER SUCHE NACH EINEM SYMBOL

Die Unfähigkeit des 1920 bis 1939 bestehenden Völkerbundes, eine friedensstiftende und friedenserhaltende Funktion auszuüben, kommt auch in seiner Unfähigkeit zum Ausdruck, ein verbindliches gemeinsames Symbol anzunehmen. Zwar hatte die Internationale Föderation der Völkerbundgesellschaften – als Dachorganisation der Vereine zur Förderung des Völkerbundgedankens – schon 1920 einen Urentwurf vorgelegt: Es war dies – deutlich ein Vorläufer des heutigen UNO-Symbols – eine weiße ovale Weltkarte auf blauem Grund, umgeben von einer Ellipse aus weißen Sternen in der Zahl der jeweiligen Mitgliedstaaten. Der Entwurf war nicht durchzubringen, weil die nationalstaatlich denkenden Delegierten befürchteten, daß sich der Völkerbund dadurch zu einem „Überstaat" entwickeln könnte. Ein 1929/30 durchgeführter Wettbewerb erbrachte zwar 1640 Einsendungen, doch konnte kein erster Preis vergeben werden. Am ehesten entsprachen noch zwei Darstellungen, von denen die erste durch einen Fünfstern im Kreis, die zweite durch fünf einander berührende goldene Ringe im Kreis (vgl. die Ausführungen zu den olympischen Ringen und zur Europaflagge, S. 412, 415 ff.) die Solidarität der fünf Kontinente bezeichnen sollten. 1939 wurde schließlich bei der New Yorker Weltausstellung der Völkerbundpavillon zwei Jahre lang mit einer weißen Flagge geschmückt, die zwei durch Weiß getrennte konzentrische blaue Fünfsterne innerhalb eines blauen Fünfecks als Symbol der fünf Kontinente und der fünf Rassen (!) trug.
Die vexillologische Analyse der Friedens-, Völkerbund-, UNO- und Europasymbolik ergibt folgendes:

- Für internationale Organisationen werden die Farben Weiß, Blau und Gold schon seit Anfang des Jahrhunderts als die geeignetsten angesehen.
- Als Bildsymbole bieten sich die Landkarte, der Kreis und der brüderliche fünfekkige Freiheitsstern an.
- Die alte und neue Olympiasymbolik wirkt als Vorbild (Olivenzweig, Ringe, Fünfzahl)
- Die Zahl fünf spielt als Zahl der Kontinente eine große Rolle.
- Internationale Beamte greifen (wie alle Beamte) gern auf die Vorakten zurück.

Nach unserer Kenntnis der politischen Ursymbolik entsprechen diese Symbole alle in

[1] Maria Schild, Zur Symbolik des Emblems der Pan-Europa-Bewegung. In: Adler 5/90, 158 ff.

hohem Maße der idealistisch/utopischen Hoffnung auf Frieden und universelle Brüderlichkeit. Die 1923 von Graf Coudenhove-Kalergi gegründete und seither stark von Aristokraten getragene Paneuropa-Union wählte dagegen ein herrscherlich/christliches Sonnen/Kreuz-Symbol. Sie schließt ja – aus der Herkunft ihrer Hauptproponenten verständlich – an die übernationale Reichsidee an. Symbolstrategisch war diese Versinnbildlichung und Sinngebung aber offenbar zu elitär, um sich in der überwiegend republikanisch ausgerichteten internationalen Staatengemeinschaft im Sinne ihrer Träger durchzusetzen. (Otto Habsburg liebt es, auch die von ihm mitinitiierte Europaflagge ein „reichisches" Symbol zu nennen.)

Die UNO – mehr Glück mit Friedenssymbolen?

Im Gegensatz zum Völkerbund, der seinen Symbolen zuwenig Aufmerksamkeit geschenkt hatte, waren sich die UNO-Gründer von Anfang an darüber im klaren, daß ein wirksames verbindendes Sinnzeichen geschaffen werden mußte. Nach einem Vorentwurf, der bei der Konferenz von San Francisco 1945 gezeigt wurde, arbeitete eine Kommission das endgültige Symbol aus, das am 7. 12. 1946 offiziell festgestellt wurde.

Das heute sehr bekannte UNO-Zeichen zeigt eine Weltkarte in Polaransicht mit Breitengraden, umrahmt von zwei Olivenzweigen. In Weiß auf lichtblauem Grund (die Friedensfarbe und Farbe des „Blauen Planeten") wurde das neue Symbol am 20. 10. 1947 von der Vollversammlung der Vereinten Nationen als UNO-Flagge publiziert. Die UNO gab sich auch ein eigenes Flaggenreglement, aus dem hervorgeht, daß der Sinn des Symbols die Weltorganisation mit dem Hauptzweck der Förderung des Friedens ist („Flag Code" vom 2. 2. 1952).

Obwohl die Zeichnung etwas kompliziert ist und daher nicht leicht von Hand reproduziert werden kann (der Weltfriede ist nun einmal kompliziert, alle internationalen Vereinbarungen sind kompliziert!), hat sich das Symbol kraft seiner friedvollen Farbgebung im Endeffekt doch gut bewährt. Dazu haben einerseits die vielfältigen p. r.-Bemühungen der UNO und ihrer internationalen Ligen beigetragen, andererseits der häufige und tapfere Einsatz von UNO-Kräften zur Hilfe und Friedenssicherung. Die UNO-Weltkarte erscheint häufig auf Briefmarken und hat sich so im Bewußtsein vieler Menschen als „Entgrenzungssymbol" einen Platz errungen.

Alljährlich wird das UNO-Symbol am „Tag der Vereinten Nationen" (24. Oktober) und am „Tag der Menschenrechte" (10. Dezember) propagiert.

Für Österreich, das jahrelang den Generalsekretär der Vereinten Nationen stellte, hat das Sinnbild der UNO besondere Bedeutung: Erstens stehen österreichische Soldaten als UNO-„Blauhelme" an mehreren Waffenstillstandslinien im Nahen Osten im Einsatz; zweitens ist Wien Sitz einer Reihe von Unterorganisationen der Vereinten Nationen, die im V.I.C. („Vienna International Centre") auf Einladung des österreichischen Staates ihre Büros haben.

„Gegen den blauen Himmel der westlichen Welt zwölf goldene Sterne": die Europaflagge

Nach dem Zeiten Weltkrieg hatte Duncan Sandys, der Schwiegersohn Winston Churchills, eine Europaflagge entworfen, die zunächst aus einem roten „E" auf weißem Grund bestand. Dieser Entwurf wurde im August 1948 bei einer Tagung in Straßburg

in ein grünes „E" umgewandelt – die Farbe Grün sollte die Hoffnung auf ein vereintes Europa ausdrücken. Als Flagge wehte dieses Symbol 1949 zum ersten Mal bei einer europäischen Wirtschaftskonferenz in London. Bald fand sich das neue Symbol auf Briefmarken, so auch 1959 in Österreich. Das grüne „E" auf weißem Grund („Churchills Unterhosen") setzte sich jedoch nicht durch, da es als reines Buchstabenzeichen zuwenig an emotionaler Bindungskraft auszuüben vermochte.
Anfang der fünfziger Jahre diskutierte der Europarat erstmals die Einführung eines eigenen europäischen Emblems. Das Straßburger Generalsekretariat legte zehn farbige Entwürfe vor, darunter auch das rot-gelbe Sonnenkreuz der Paneuropa-Bewegung (vgl. weiter oben, S. 413 f.). Trotz einer großen Mehrheit für dieses einfache Zeichen scheiterte das Paneuropa-Symbol schließlich am Veto der moslemischen Türkei. Ein Komitee aus drei Politikern und drei Heraldikern nahm einen weiteren Anlauf mit acht dem Olympiasymbol nachempfundenen silbernen Ringen. Doch als dieser Entwurf mit einer Kette, mit der Drehscheibe eines Telefons und mit einer Anzahl Nullen verglichen wurde, verfiel er der Vergessenheit.
Aufgrund einer Vorlage von Carl Weidl Raymon, einem nach Japan ausgewanderten Deutschen, versuchte man es in der Folge mit einem goldenen Stern auf blauem Grund. Dieses Zeichen wurde aber wegen seiner Ähnlichkeit mit der Flagge des damaligen Staates Belgisch-Kongo verworfen (auch Texas hatte ursprünglich ein solches Emblem). In Abwandlung dieses Entwurfes schlug Paul M. G. Levy, zu dieser Zeit Pressechef des Europarats, fünfzehn goldene Sterne auf blauem Grund vor, die die Zahl der damaligen Mitglieder repräsentieren sollten. Da damit aber auch dem Saarland Eigenstaatlichkeit zugesprochen worden wäre, protestierten die Vertreter Deutschlands gegen diese Regelung. Nach längeren Verhandlungen billigte das Ministerkomitee am 9. 12. 1955 die Zahl von zwölf Sternen. In der amtlichen Erläuterung hiezu heißt es:

> *Gegen den blauen Himmel der westlichen Welt stellen die Sterne die Völker Europas in einem Kreis, dem Zeichen der Einheit, dar. Die Zahl der Sterne ist unveränderlich auf zwölf festgesetzt, diese Zahl versinnbildlicht die Vollkommenheit und die Vollständigkeit . . . Wie die zwölf Zeichen des Tierkreises das gesamte Universum verkörpern, so stellen die zwölf goldenen Sterne alle Völker Europas dar, auch diejenigen, welche heute an dem Aufbau Europas in Einheit und Frieden noch nicht teilnehmen können.*

Generalsekretär Léon Marchal hatte die Zwölfzahl als Symbol der Vollkommenheit mit Hilfe des Bildes von den „zwölf Tierkreiszeichen" und den „zwölf Monaten des Jahres" geschickt durchgebracht. Erst beim Verlassen des Saales bemerkte er zu seinem Pressechef, daß die Europafahne wie durch Zufall den Sternenkranz der Apokalypse trage. Dieser Bericht gilt als Beweis dafür, daß der Beschlußfassung keinerlei religiöses Motiv zugrunde lag.

Die symbolpublizistische Bedeutung des Europa-Emblems

Blau als Symbol von Himmel und Meer weist auf eine beinahe ins Unendliche reichende Sehnsucht hin – realistisch betrachtet werden wohl noch viele Jahre bis zu einer vollen Verwirklichung des europäischen Einigungsgedankens vergehen. Insofern steht die Friedensfarbe Blau für eine „längerfristige" Hoffnung als die Frühlingsfarbe Grün. Das mittlere Kobaltblau, das für die Europaflagge gewählt wurde, unterscheidet sich vom hellen UNO-Blau durch eine zurückhaltende Kultiviertheit, die dem europäischen Geist als einem ursprünglich eher idealistischen als wirtschaftlichen Konzept gut entspricht.
Ob beabsichtigt oder nicht, der Archetyp des goldenen Sternenkranzes erinnert natür-

lich an das Bild aus der auf endzeitliche Vollkommenheit abzielenden Johannes-Apokalypse: „Ein großes Zeichen erschien am Himmel: eine Frau, mit der Sonne umkleidet, der Mond unter ihren Füßen und über ihrem Haupt ein Kranz von zwölf Sternen“ (Offenbarung 12,1).

Die vielfache symbolische Bedeutung der Zahl Zwölf braucht nicht näher umschrieben zu werden. Es sei jedoch angemerkt, daß die Zwölfzahl der Apostel auch als Symbol für eine Gruppengröße angesehen werden kann, in welcher direkte zwischenmenschliche Kommunikation noch gut möglich ist. Insofern ist die auf zwölf beschränkte Zahl der Sterne eine Mahnung, auch bei Ausweitung der Gemeinschaft den verständnisvollen Dialog und den demokratischen Interessenausgleich nicht zu vernachlässigen.

Die Farbe *Gold* drückt in ihrem Wesen den Souveränitäts- und Herrschaftsgedanken aus. Daß die Sterne (als archetypische Brüderlichkeitssymbole) und nicht die Sonne (das vom Aristokraten Coudenhove begreiflicherweise bevorzugte imperiale Herrschaftszeichen) gewählt wurden, ist beim Zusammenschluß rechtsstaatlicher Demokratien positiv zu werten. Das Symbol des aufrechtstehenden fünfzackigen Sterns weist auf das Ursymbol des Pentagramms als eines traditionellen Glücksbringers hin. Wie das Blau ist auch das Gold nicht in einem hellen, sondern in einem satten, vornehm wirkenden Farbton (Rotbeimischung signalisiert Weisheit!) gehalten.

Die offizielle Form der Europaflagge

Die offizielle Beschreibung der Europaflagge, der nun auch in Österreich eine größere Bedeutung zukommt, lautet wie folgt:

a) Symbolische Beschreibung:
Gegen den blauen Himmel der westlichen Welt stellen die Sterne die Völker Europas dar. Sie formen einen Kreis zum Zeichen der Einheit. Die Zahl der Sterne ist unveränderlich mit zwölf festgesetzt als Symbol der Vollkommenheit und der Vollständigkeit.

b) Heraldische Beschreibung:
Auf blauem Grund ein Kreis aus zwölf goldenen fünfstrahligen Sternen, deren Spitzen einander nicht berühren. Das heraldische Blau ist helles Kobaltblau, während das heraldische Gelb durch dunkles Chromgelb dargestellt wird.

c) Geometrische Beschreibung:
Die Flagge ist ein Rechteck, das Verhältnis von Höhe zu Breite ist 1:1,5. Die zwölf Sterne sind kreisförmig wie die Ziffern eines Uhrblattes angeordnet, um einen unsichtbaren Kreis in der Mitte der Fahne. Der Halbmesser dieses Kreises entspricht einem Drittel der Flaggenhöhe. Die Sterne haben fünf Zacken, von denen die oberste senkrecht nach oben zeigt. Der Halbmesser des Kreises, der einen Stern umschließt, beträgt ein Achtzehntel der Flaggenhöhe.

d) Verwendung:
Jedermann (Einzelpersonen, private Verbände, Behörden) hat das Recht, die Europafahne zu verwenden und zwar als Symbol für den Wunsch nach einem vereinten Europa; dabei sind die internen Bestimmungen sowie die Würde der Fahne zu wahren.

Es wäre sehr zu wünschen, wenn die Europaflagge nur in dem offiziellen Format 1:1,5 verwendet würde. Die Österreicher sollten als Neo-Europäer lernen, ihren unstillbaren Drang nach kurzen Masten und überlangen Flaggen abzulegen und sich (auch bei ihrer Nationalflagge) dem international gebräuchlichen Format 1:1,5 anzu-

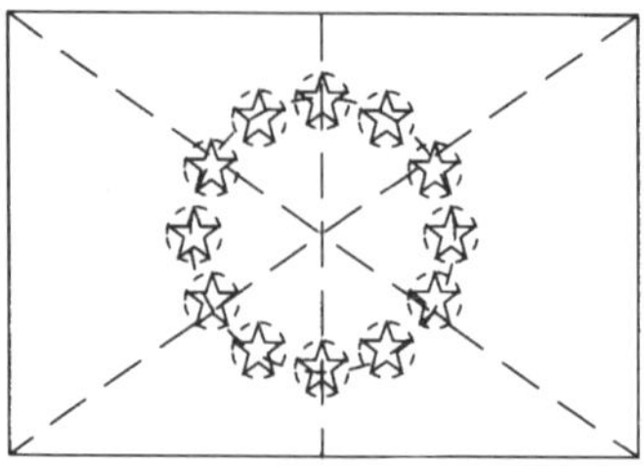

Geometrische Konstruktionszeichnung der Europa-Flagge

gleichen. Flaggen längerer Proportionen entfalten sich nämlich schlecht und verhaspeln sich leicht zwischen Leine und Mast. Die Europaflagge wird übrigens zum Beschauer hin gesehen links gehißt, die Nationalflagge rechts.

Obwohl der Europaflagge anfangs keine besondere publizistische Aufmerksamkeit zuteil wurde, setzte sie sich dennoch nach und nach durch. Dazu trug auch der Europatag (5. Mai – Gründungstag des Europarats im Jahre 1949) bei, ebenso wie die Bemühungen vieler europäischer Gemeinden, Verbindungen mit gleichgesinnten Schwestergemeinden in anderen Staaten einzugehen.

Am 11. 4. 1983 kam es zur offiziellen Annahme der Europaflagge durch das Europäische Parlament.

Die Stadt Wien hat durch die Bezeichnung des Platzes vor dem Westbahnhof als „Europaplatz" schon früh einen bewußten Beitrag zur europäischen Idee geleistet. Leider ist im Zuge des Baus der U3 1993 eine städtebauliche Katastrophe passiert. Unter immensem Geldaufwand wurden vor dem Gebäude des Westbahnhofs fünfzehn riesige Flaggenmasten aus Stahlprofil errichtet, die aber so nahe beisammen stehen, daß das Hissen von Flaggen ausreichender Größe darauf nicht möglich ist – einer der vielen Schildbürgerstreiche auf dem Gebiet der öffentlichen Bauten und der Symbolik Österreichs: im ganzen Land kann die Europaflagge gehißt werden, nur auf dem Europaplatz der Bundeshauptstadt nicht!

Industriellenvereinigung und Wirtschaftskammer haben schon seit geraumer Zeit Rot-Weiß-Rot und die blaue Flagge Europas gemeinsam gehißt. Seit dem 12. Juni 1994, dem Tag des EU-Referendums, weht die Europaflagge auch vom ringseitigen Nordturm des Wiener Rathauses – leider nicht im korrekten Format 1:1, 5. Es ist zu hoffen, daß das neue Flaggenpaar – die Bundesdienstflagge nach dem Wappengesetz 1984 und die Europaflagge – nun auch den wichtigen Amtsgebäuden und vor allem den Botschaften Österreichs im Ausland zur Verfügung gestellt wird.

Zunehmend wird auch unsere Hotellerie das blaue Banner mit den goldenen Sternen neben der österreichischen Nationalflagge als eleganten Gruß an die Gäste aus dem Ausland aufziehen. Mit der Zeit wird die Sternenflagge Europas allen Österreichern ans Herz wachsen, paßt sie doch schon rein optisch gut zu den Farben Rot-Weiß-Rot, die, wie erwähnt, neben dem dänischen „Danebrog" zu den ältesten Staatssymbolen Europas zählen.

DIE EUROPAHYMNE

Im Jahre 1972 wurde das Vorspiel zur „Ode an die Freude“ aus der IX. Symphonie Ludwig van Beethovens in einer Bearbeitung von Herbert von Karajan vom Ministerkomitee des Europarats zur Europahymne bestimmt. Beethoven hat seine „Neunte“ mit dem Text Friedrich Schillers in den Jahren 1822–1824 in Wien geschrieben. Da es bisher keinen „europäischen“ Text zu Beethovens Hymnus gibt, hier ein Vorschlag des Verfassers aus der alteuropäischen Metropole Wien, abgefaßt in englischer Sprache, die de facto als „lingua franca“ des neuen Europa anzusehen ist:

Unity has come to Europe,
Unity is here to stay.
Unity is our future –
Long live Europe, come what may!

North and South will work together
Just as friends and neighbours should.
East and West will grow together –
Brotherhood and sisterhood!

Europe, may your peoples flourish,
Let the common banner rise!
Stars of gold and blue of sky
/:Are the colours that we prize.:/

Vom richtigen Gebrauch der österreichischen Staatssymbole

Allgemeines zu Fahne und Flagge

Fahne und Flagge wollen durch Farbe und Form eine bestimmte Aussage sichtbar machen. Sie sind in der Regel international anerkannte Symbole einer bestimmten Sache oder einer bestimmten Gemeinschaft von Menschen.
Unter *Fahne* versteht man ein Stück Tuch, das an einem Stock befestigt ist. Die Fahne wird getragen oder aufgestellt.
Die *Flagge* ist ein Stück Tuch, das mittels oder an einer Leine an einem Mast gehißt wird. Das Flaggentuch kann auch plan an eine Wand geheftet werden.
Während die Flagge (das Flaggentuch) ersetzbares „Verbrauchsmaterial" ist, wird die Fahne (das Fahnenblatt) nicht erneuert, sondern in der ursprünglichen Form so lange wie möglich aufbewahrt, da die Fahne in ihrer Gesamtheit ein Symbol darstellt. Eine Fahne kann daher auch kirchlich geweiht werden. Der Fahnenstock kann eine Bekrönung („Krönlein") in Form einer Spitze oder eines Adlers, eines Partei- oder Vereinsabzeichens etc. tragen. Die dem Stock (Mast) zugewendete Seite der Fahne (Flagge) wird „Liek" oder „Mastseite" genannt, die gegenüberliegende Seite heißt „Flugseite". Das mastseitige Obereck wird auch als „Gösch" bezeichnet.
Das weltweit häufigste Fahnen- und Flaggenformat ist 2:3 (Höhe zu Länge).

Die Farben Österreichs

Die Farben rot-weiß-rot gehören zu den ältesten noch in Gebrauch befindlichen Nationalfarben. Sie gehen auf die Zeit der letzten Babenberger zurück.
Die älteste bekannte Abbildung des österreichischen Bindenschildes findet sich auf einem Reitersiegel Friedrichs II., des Streitbaren, Herzog von Österreich und Steiermark (1230–1246), des letzten Babenbergers, der in der für Österreich siegreichen Schlacht an der Leitha gegen Béla IV. von Ungarn fiel. Das Siegel gehört zu einer Urkunde für das Stift Lilienfeld datiert mit 30. November 1230.
1232, zwei Jahre später, werden erstmals die Farben rot-weiß-rot erwähnt: in seinem „Fürstenbuch" beschreibt Jans Enikel die Schwertleite Herzog Friedrichs durch den Bischof Gebhard von Passau, zu der Friedrich 200 junge Edelleute in rot-weiß-rote Gewänder gekleidet hatte. (Unter Schwertleite ist die feierliche Bekundung der Mündigkeit und Waffenfähigkeit des adeligen Jünglings im Rittertum zu verstehen.)

> *Die Flagge der Republik Österreich besteht aus drei gleich breiten waagrechten Streifen, von denen der mittlere weiß, der obere und der untere rot sind.*[1]

---

[1] Art. 8a B-VG, BGBl. 350/1981 sowie gleichlautend § 3 Abs. 2 Wappengesetz, BGBl.159/1984

Die österreichische Nationalflagge entspricht dem alten österreichischen Bindenschild. Ihre Vorläuferin war die 1786 eingeführte Seeflagge (vgl. S. 90 ff.). Die Nationalflagge sollte erstmals am 12. November 1918, dem Tag der Ausrufung der Republik, vor dem Parlament in Wien gezeigt werden; es gelang jedoch nicht, die rot-weiß-roten Farben zu hissen, da Angehörige der kommunistischen „Roten Garden" den weißen Mittelstreifen herausgerissen und die verknoteten roten Tücher aufgezogen hatten. Trotzdem wurde die rot-weiß-rote Flagge zum anerkannten Symbol des neuen Österreich.

Ein bestimmtes Format hat der Gesetzgeber für die Nationalflagge leider nicht vorgesehen. Vertreter des Verfassungsdienstes fanden dies bei der Vorbereitung des Wappengesetzes 1984 zu wenig „liberal"; sie meinten, die Nationalfarben würden sich in vielerlei Formaten besser durchsetzen. Doch ergibt sich aus den unten beschriebenen Proportionen der Dienstflagge des Bundes und der österreichischen Seeflagge ein Idealformat von 2:3. Wenn nämlich das Verhältnis der Höhe der Nationalflagge zu ihrer Länge zwei zu drei ist, entspricht dies ziemlich genau dem ästhetischen Prinzip des Goldenen Schnitts (2:3,25). Damit gleicht das Format der Nationalflagge Österreichs jenem der meisten ausländischen Flaggen, was sich dann vorteilhaft auswirkt, wenn sie zusammen mit einer oder mehreren Flaggen internationaler Gäste gehißt wird. Schließlich ist zu berücksichtigen, daß sich Flaggen im Format 2:3 im Wind leicht entfalten, sich weniger verschleißen, und daß sich Fahnen im Format 2:3 am besten tragen lassen. Leider besteht in Österreich eine geradezu fanatische Vorliebe für längere Flaggentücher, die im praktischen Einsatz dann meist recht unansehnlich wirken.

Das Wappen der Republik Österreich

Das Wappen der Republik Österreich (Bundeswappen) besteht aus einem freischwebenden, einköpfigen, schwarzen, golden gewaffneten und rot bezungten Adler, dessen Brust mit einem roten, von einem silbernen Querbalken durchzogenen Schild belegt ist. Der Adler trägt auf seinem Kopf eine goldene Mauerkrone mit drei sichtbaren Zinnen. Die beiden Fänge umschließt eine gesprengte Eisenkette. Er trägt im rechten Fang eine goldene Sichel mit einwärts gekehrter Schneide, im linken Fang einen goldenen Hammer.[1]

Die drei Symbole Mauerkrone (für Bürgertum und Republik), Sichel (für den Bauernstand) und Hammer (für den Arbeiterstand) haben nichts mit den zwei kommunistischen Symbolen Hammer und Sichel zu tun, sondern sind eine organische heraldische Weiterentwicklung von Kaiserkrone, Schwert/Zepter und Reichsapfel im ehemaligen kaiserlichen Wappen. Die gesprengten Eisenketten, das vierte dem Adler beigegebene Symbol, wurden 1945 hinzugefügt. Sie stehen für die Befreiung Österreichs vom Nationalsozialismus.

Wichtig für den richtigen Gebrauch des österreichischen Bundeswappens ist auch der in seiner Beschreibung enthaltene Hinweis, daß es sich um einen freischwebenden Adler handelt. Dieser ist also weder in einen Wappenschild noch in einen Kreis zu setzen, wie das leider noch oft geschieht. (Der Kreis geht auf die Hakenkreuzflagge und auf die zu dieser als „Gegensymbol" entwickelte Kruckenkreuzflagge zurück.)

Das Bundeswappen ist entweder vierfarbig (schwarz, weiß/silber, rot, gelb/gold) oder schwarzweiß mit den entsprechenden heraldischen Schraffuren darzustellen.

[1] Art. 8a B-VG; Farbdarstellung in Anlage 1 zum Wappengesetz 1984

Leider wird auch hier immer wieder am falschen Ort gespart: auf sehr vielen, wenn nicht den meisten Schildern an den Gebäuden der Bundesbehörden fehlt das Gelb/Gold der Mauerkrone und der Waffen mit Hammer und Sichel. Das ist übrigens auch bei den Urkunden der Fall, mit welchem verdienten Wirtschaftsunternehmen das Staatswappen verliehen wird (vgl. S. 127 bzw. XIII).

Das Siegel der Republik Österreich

Das Siegel der Republik Österreich ist kreisförmig und trägt im oberen Halbkreis um das Bundeswappen die Aufschrift „Republik Österreich".[1]

Die Dienstflagge des Bundes

Die Dienstflagge des Bundes entspricht der Flagge der Republik Österreich, weist aber außerdem in ihrer Mitte das Bundeswappen auf, welches gleichmäßig in die beiden roten Streifen hineinreicht. Das Verhältnis der Höhe der Dienstflagge des Bundes zu ihrer Länge ist zwei zu drei. Die Zeichnung der Dienstflagge des Bundes ist aus der einen Bestandteil dieses Gesetzes bildenden Anlage 2 ersichtlich.[2]

Mit der Einführung einer auch in ihren Proportionen beschriebenen Bundesdienstflagge wurde 1984 einer langjährigen Formenvielfalt mit zum Teil sehr unansehnlichen Ausprägungen ein Ende gesetzt. Freilich dauert es in der österreichischen Praxis sehr lange, bis sich das „neue" Format durchsetzt.
Die genaue Zeichnung der Bundesdienstflagge ist aus einer farbigen Abbildung in der Anlage 2 zum BGBl. 159/1984 ersichtlich, doch gibt es dabei einen kleinen Widerspruch:
Während nach dem im Jahre 1981 in die Bundesverfassung eingefügten Artikel 8a, Abs. 2 der das Bundeswappen bildende freischwebende Adler schwarz zu sein hat, ist er in der genannten Zeichnung nicht rein schwarz, sondern schwarz-grau-blau meliert. Der Grund dafür ist darin zu suchen, daß die Staatsdruckerei bei der Auswahl der Zeichnung auf eine möglichst detailreiche Vorlage zurückgriff. In der Praxis hat das allerdings dazu geführt, daß verschiedene Fahnenfabriken verschiedene Zeichnungen des Bundeswappens in die Dienstflagge einfügen. Es sollte nur die dem Text der Bundesverfassung entsprechende Form, also der einfarbig schwarze Adler, verwendet werden.[3]
Die Bundesdienstflagge kann – wie das Bundeswappen – insbesondere von folgenden Personen und Institutionen geführt werden: Bundespräsident, Präsident des Nationalrates, Vorsitzender des Bundesrates, Präsident/Vizepräsident des Rechnungshofes, Mitglieder der Bundesregierung und Staatssekretäre, Volksanwälte, Landeshauptleute, Behörden und Anstalten des Bundes, Bundesforste, Bundesheer, Universitäten und Hochschulen, Staatsmonopole sowie verschiedene Körperschaften des öffentlichen Rechts wie z. B. die Kammern.

---

1 § 2 Abs.1 Wappengesetz
2 § 3 Abs.3 Wappengesetz
3 Die Zeichnung hiefür wurde im Staatsgesetzblatt 22/1945 vom 20. 6. 1945 als „einen Bestandteil dieses Gesetzes bildende Anlage" zum Wappengesetz 1945 nachträglich verlautbart.

Die Flagge der Republik Österreich zur See (Seeflagge)

Die Seeflagge besteht aus drei gleichbreiten, waagrechten Streifen, von denen der mittlere weiß, der obere und der untere rot ist. Das Verhältnis der Höhe der Flagge zu ihrer Länge ist zwei zu drei. Andere Hinweise auf die österreichische Nationalität eines Seeschiffs (z. B. durch rot-weiß-rote Wimpel, Stander) sind unzulässig.[1]

Im Gegensatz zur rot-weiß-roten Nationalflagge Österreichs, die erst mit der Gründung der Republik im Jahre 1918 an die Stelle der schwarz-gelben Farben des Kaiserreiches trat, geht die rot-weiß-rote Seeflagge auf den großen Neuerer und Reformer Joseph II. zurück. Sie wurde am 20. März 1786 eingeführt und zeigte im vorderen Drittel des weißen Mittelstreifens den in Gold gefaßten österreichischen Bindenschild, darüber eine vereinfachte, mit Perlen besetzte goldene Königskrone.

Abgesehen von einigen geringfügigen Änderungen (Zahl der Perlen) blieb diese Marineflagge 132 Jahre lang – bis zum Untergang der Donaumonarchie – ununterbrochen in Gebrauch.[2]

Österreichische Seeschiffe (das sind vom Verkehrsminister mit „Seebrief" zugelassene seetaugliche Schiffe) dürfen nur die oben beschriebene Flagge führen. Diese ist an der „für Seeschiffe der betreffenden Gattung üblichen Stelle" zu setzen; andere Flaggen dürfen an dieser Stelle nicht geführt werden. Zusätzlich geführte Reedereiflaggen bedürfen der Genehmigung des Verkehrsministeriums. Unter österreichischer Flagge fahren rund dreißig Handelsschiffe auf See. Ihr Registerhafen ist Wien.

Die Seeflagge wird im großen und ganzen auch von österreichischen Binnenschiffen geführt; manchmal findet man bei einem „Alpensee-Kreuzer" leider auch ein längeres Format. Die Wasserfahrzeuge des Bundes (Gendarmerie, Strompolizei, Zoll, Bundesheer) führen die Dienstflagge des Bundes. Für mittlere Wasserfahrzeuge auf den großen Wasserstraßen Österreichs gelten besondere Bestimmungen. Gemäß Teil III der Wasserstraßen-Verkehrsordnung BGBl. 259/1971 haben Kleinfahrzeuge (7–15 m lang) mit Maschinenantrieb als „Tagbezeichnung" eine weiße Flagge mit waagrechtem roten Streifen in der Mitte zu führen.

Das „Führen" und die „Verwendung" der Staatssymbole

Während Wappen, Siegel und Dienstflagge nur von den hiezu laut Wappengesetz Berechtigten „geführt", das heißt in öffentlich-rechtlicher Funktion benützt werden dürfen, ist die „Verwendung" der Abbildungen von Hoheitszeichen der Republik Österreich allgemein gestattet:

Die Verwendung von Abbildungen des Bundeswappens, von Abbildungen der Flagge der Republik Österreich sowie der Flagge selbst ist zulässig, soweit sie nicht geeignet ist, eine öffentliche Berechtigung vorzutäuschen oder das Ansehen der Republik Österreich zu beeinträchtigen.[3]

Diese Bestimmung gilt als sogenannter „liberaler Kern" des Wappengesetzes. Damit soll ausgedrückt werden, daß es keine administrativen Einschränkungen für die Verwendung von Wappen- und Fahnenabbildungen und der Nationalflagge selbst gibt. Zu irgendeiner Form der Ermutigung, die rot-weiß-rote Flagge im offiziellen oder pri-

[1] § 3 Abs. 2 Seeschiffahrtsgesetz, BGBl. 174/1981

[2] Lothar Baumgartner, Die Entwicklung der österreichischen Marineflagge. In: Militaria Austriaca 1977, 29 ff., mit zahlreichen Abbildungen

[3] § 7 Wappengesetz 1984

vaten Bereich zu hissen oder die Fahne zu verwenden, konnte sich der Gesetzgeber freilich ebensowenig durchringen wie zu einer Aufnahme der Bundeshymne in das Gesetz über die sonstigen Staatssymbole. Hier zeigt sich eine vorsichtige Zurückhaltung, die jeden Anschein vermeiden will, daß der Staat wie in der unseligen NS-Periode seinem Bürger ohne dessen freiwillige Mitwirkung den Gebrauch von Symbolen auferlegen will.

Gemäß § 68 Abs. 1 Gewerbeordnung kann das Bundeswappen vom Handelsminister verdienten Wirtschaftsunternehmungen als „Staatliche Auszeichnung" verliehen werden. Es darf nur unter Hinweis auf diesen seinen Auszeichnungscharakter geführt werden. Leider spart die Republik bei den diesbezüglichen Abbildungen prinzipiell eine der drei Wappenfarben, nämlich das Gold der Waffen des Adlers, ein, ähnlich wie bei den emaillierten Tafeln der Finanzämter und der meisten anderen Bundesbehörden.

Der Missbrauch der Staatssymbole

Die Strafbestimmungen des § 8 des Wappengesetzes sind relativ kurz gehalten. Sie beziehen sich auf die unbefugte Führung von Bundeswappen, Siegel und Dienstflagge. Auch die Vortäuschung einer öffentlichen Berechtigung oder die Beeinträchtigung des Ansehens der Republik durch die Verwendung von Abbildungen des Wappens bzw. der Flagge oder durch die Verwendung der Flagge selbst sind mit Verwaltungsstrafen bis S 50.000.– bedroht, sofern nicht strafgesetzliche Bestimmungen (vor allem die Schutzbestimmungen gegen Herabwürdigung des Staates und seiner Symbole, § 248 Strafgesetzbuch, BGBl. 60/1974) verletzt werden. Das Strafgesetz schützt übrigens auch die Symbole fremder Staaten (§ 317 StGB).

Der richtige Gebrauch von Fahne und Flagge

Die obigen Grundsätze sind zum größten Teil aus Bundesverfassung und Wappengesetz selbst ableitbar. Für die eigentliche Verwendung der Staatssymbole durch den Bürger gibt es in Österreich aber keinerlei bindende Vorschriften oder auch nur Empfehlungen im Sinne einer „Flaggenetikette". Im folgenden werden daher alle jene Regeln zusammengefaßt, die in Österreich heute praktikabel und durchsetzbar erscheinen.

ÖSTERREICHISCHE FAHNEN- UND FLAGGENORDNUNG

Wann wird womit beflaggt?

1. An den beiden Staatsfeiertagen der Republik, d. h. jährlich am Nationalfeiertag, dem 26. Oktober, und am Tag der Arbeit, dem 1. Mai, sind die Bevölkerung und die öffentlichen Einrichtungen aufgerufen, in den Farben rot-weiß-rot zu flaggen. Der einzelne Staatsbürger verwendet hiezu die Nationalflagge, die allein oder gemeinsam mit der Landesflagge gezeigt wird. Nur die Landesflagge oder auch eine Parteiflagge zu hissen, entspricht nicht dem Gedanken des Staatsfeiertages. Öffentliche Einrichtungen des Bundes zeigen grundsätzlich die Bundesdienstflagge, können aber auch die Nationalflagge verwenden. Öffentliche Einrichtungen der Bundesländer zeigen die Nationalflagge allein oder diese gemeinsam mit der Landes-(dienst)flagge.
2. An den Landesfeiertagen wird in den jeweiligen Landesfarben beflaggt, allein oder zusammen mit der Nationalflagge: Landesdienststellen verwenden dabei nach Tunlichkeit die Landesdienstflagge, können aber auch die einfache Landesflagge ohne Wappen zeigen.
3. Die Bundesregierung/Landesregierung kann aus besonderem Anlaß, insbesondere auch zum Zeichen der Staats-/Landestrauer, zur Beflaggung aufrufen (zur Trauerbeflaggung vgl. S. 429).
4. Als Ausdruck der Achtung gemeinschaftlicher Einrichtungen und zur weiteren Förderung des österreichischen Nationalbewußtseins/Landesbewußtseins sollten die öffentlichen Dienststellen während der Dienstzeiten die Bundes-/Landesdienstflagge zeigen.
5. Es steht jedermann frei, seinen Wohnsitz oder seine Betriebsstätte permanent mit der National- und/oder Landesflagge – von Firmenflaggen abgesehen – zu beflaggen. Bisher ist das vor allem im Beherbergungsgewerbe üblich. Auch die Europaflagge (vgl. S. 417 f.) kann von jedermann verwendet werden, um damit die Zusammengehörigkeit der Völker Europas zu demonstrieren.

Bei der Beflaggung sind gewisse Regeln – insbesondere auch ästhetischer Natur – zu beachten, auf die im folgenden näher eingegangen wird.

Wo, wie und wie lange wird beflaggt?

Die folgenden Grundregeln werden anhand der Nationalflagge dargelegt; sie gelten sinngemäß auch für Landes-, Gemeinde- und Firmenflaggen.

Gebäude werden auf folgende Weise beflaggt:

1. Durch Hissen der Flagge an einem freistehenden Flaggenmast vor dem Gebäude.
2. Durch Hissen der Flagge an einem lotrechten Mast auf dem Dach oder einem Vorsprung des Gebäudes.
3. Durch Hissen der Flagge an einem Mast, der in einem Winkel von ca. 45 Grad über der Horizontalen an der Vorderfront angebracht ist.
4. Durch Einstecken einer Fahne in eine Halterung, die in einem Winkel von ca. 45 Grad über der Horizontalen an der Vorderfront angebracht ist.

In allen Fällen soll eine rechteckige Flagge im Format 2:3 verwendet werden, also z. B. 1 Meter × 1,50 Meter, 2 Meter × 3 Meter usw.

Die österreichische Flagge ist immer so zu hissen, daß ihre Streifen einen rechten Winkel zum Mast bilden, da sonst die Farben Perus (rot-weiß-rot vertikal) entstehen. Die in Österreich eingeführten überlangen, oft vom Dachfirst bis zum Erdgeschoß reichenden „Hausfahnen“ haben die Tendenz, sich auch schon bei wenig Wind um die Stange zu wickeln oder sich in der Mitte einzudrehen. Die Flagge soll aber frei wehen und nicht auf irgendeine Art angebunden werden.
Bei der Beflaggung an einem vertikalen Mast ist auf die notwendige Mastlänge zu achten. Ästhetische Erwägungen legen eine Mastlänge nahe, die mindestens der fünffachen Höhe der Flagge entspricht.
Wird eine schräge Fahnenstange an einer Hauswand verwendet, so verhindert ein sogenannter „Stabilisator“, d. i. ein Drahtstück, das von der Mitte der inneren Längsseite der Flagge zum Mast führt, das „Überschlagen“ des Flaggentuches. (Näheres siehe praktische Hinweise, S. 430 ff.).
Beim Schmuck eines Gebäudes mit einem daran befestigten Flaggenmast soll tunlichst nur *eine* Flagge von jeder Art (National-, Landes-, Gemeinde-, Firmen- oder Europaflagge) verwendet werden. In der Praxis heißt das, daß in der Regel nicht mehr als drei Flaggenmaste angebracht werden sollen. Dies gilt natürlich nicht für die in Boden verankerten, freistehenden Flaggenmaste, die in beliebig großen Gruppen angeordnet werden können, z. B. auf öffentlichen Plätzen, vor Kongreßzentren, Sportanlagen, Einkaufszentren, Hotels etc. Grundsätzlich aber sollte man beachten: die „einsame“, perfekt gehißte, nachts beleuchtete und in gutem Zustand gehaltene Flagge im Format 2:3 wirkt immer besser als eine Vielfalt von Flaggen.
Wasserfahrzeuge des Bundes führen die Bundesdienstflagge, andere Wasserfahrzeuge die Seeflagge. Die Flagge wird dabei in der Regel über Heck an einem Flaggenstock geführt. An der für die österreichische Flagge bestimmten Stelle darf keine andere Flagge gezeigt werden (vgl. § 3 Abs. 3 Seeflaggengesetz).

Hissen und Einholen der Flagge

Die Flagge wird an Gebäuden und ortsfesten Flaggenmasten im Freien grundsätzlich nur in der Zeit zwischen Sonnenaufgang und Sonnenuntergang gezeigt. Insbesondere bei feierlichen Anlässen oder auf wichtigen Gebäuden kann die Flagge auch während der Nachtstunden gehißt bleiben, jedoch ist in diesem Fall für eine entsprechende Beleuchtung der Flagge zu sorgen.
Die Flagge wird zügig gehißt und in gemessenem Tempo eingeholt. Die Flagge soll beim Hissen und Einholen nicht den Boden berühren und nach Gebrauch sorgsam gefaltet werden (am besten entlang der Diagonalen, da dann eine Art „Paket“ entsteht, das nicht gleich auseinanderfällt).
Zur Schonung des Flaggentuches ist es gebräuchlich, die Flagge bei sehr schlechten Wetterbedingungen nicht zu hissen oder zeitweilig einzuholen. Alte, ausgebleichte, verschlissene oder sonst unansehnlich gewordene Flaggentücher sind aufzutrennen oder zu verbrennen.

In welcher Rangordnung wird beflaggt?

Der Ehrenplatz ist bei drei Flaggen in der Mitte, sonst zum Beschauer gesehen rechts außen. Die österreichischen Farben erscheinen daher zur Rechten der Europaflagge. Die Flagge, welcher der Ehrenplatz gebührt, wird als erste gehißt und als letzte eingeholt.
Der Ehrenplatz gebührt grundsätzlich der gastgebenden Nation: in Österreich nimmt daher die Bundesdienst- oder Nationalflagge den vornehmsten Platz ein. Der Flagge der Vereinten Nationen, der Europaflagge und der Flagge des Internationalen Olym-

pischen Komitees kann jedoch bei bestimmten Anlässen der Ehrenplatz als Ausdruck der völkerverbindenden Gesinnung Österreichs eingeräumt werden.
Es hat sich bereits in vielen Staaten der Europäischen Union die Gewohnheit herausgebildet, die jeweilige nationale Dienstflagge zusammen mit der Europaflagge zu zeigen. Dies gilt insbesondere auch für die diplomatischen Vertretungen im Ausland. Es wäre sehr wünschenswert, wenn sich Österreich dieser Usance anschlösse und nicht nur das Bundeskanzleramt, sondern auch die Gebäude seiner Auslandsvertretungen und die Residenzen seiner Botschafter mit dieser Doppelbeflaggung ausstatten würde – nicht zuletzt aus Sicherheitserwägungen.
Internationale Flaggen und die Flaggen anderer Nationen dürfen nur zusammen mit einer österreichischen Bundesdienst- oder Nationalflagge gehißt werden, ausgenommen die Beflaggung der diplomatischen Vertretungen in Österreich.
Werden mehrere Flaggen gehißt, so folgen diese auf die Flagge, welcher der Ehrenplatz gebührt, in alphabetischer Reihenfolge nach dem deutschen oder ISO-Alphabet.[1]
Die Flaggen der österreichischen Bundesländer werden dem Wortlaut der Bundesverfassung gemäß ebenfalls in alphabetischer Reihenfolge angeordnet.
Die Beflaggung erfolgt immer an gleich hohen Masten. Die Höhe aller Flaggen ist gleich zu halten, doch sollte – entgegen vielfach bestehender Praxis – die Länge jeder Flagge dem jeweiligen nationalen Format entsprechen. Demgemäß wären beispielsweise bei einem internationalen Kongreß alle Flaggen 2 Meter hoch. Die österreichische Flagge wäre dann wie die meisten anderen Flaggen 3 Meter lang, die schweizerische wäre nur 2 Meter, die Flaggen der USA und Großbritanniens wären jedoch 3,80 Meter lang.
Die Beachtung des jeweiligen nationalen Flaggenformats ist eine Forderung der internationalen Courtoisie und des Respekts vor den Staatssymbolen anderer Nationen. Es ist ein bedauerlicher Ausdruck österreichischer Provinzialität, wenn heimische Veranstalter in trauter Gemeinsamkeit mit den Fahnenfabriken die Flaggen unserer Gäste in das meist überlange Format der österreichischen Haus-, Banner- oder Knatterfahnen pressen.
Besonderes Augenmerk ist auch auf die richtige Lage des Flaggenmusters zu legen: während die Streifen der österreichischen Flagge so wie jene der deutschen, ungarischen, niederländischen etc. einen rechten Winkel zum Mast bilden müssen, laufen sie im Fall von Frankreich, Italien, Belgien etc. parallel zum Mast. Es ist vor allem Aufgabe der Fahnenfabriken, auf die Veranstalter einzuwirken, diese Grundsätze zu beachten.

Der richtige Gebrauch der Fahne

Die Rangordnung der Fahne entspricht jener der Flagge. So wird etwa bei einem Vortrag die österreichische Fahne hinter dem Rednerpult zur Rechten des Redners aufgestellt. Ist der Vortragende ein ausländischer Gast, tritt seine Nationalfahne hinzu und steht hinter dem Rednerpult zur Linken des Redners.
Die Fahne wird lotrecht aufgestellt, sodaß das Fahnenblatt vor dem Stock herunterfällt.
Bei Umzügen und Aufmärschen wird die rot-weiß-rote Fahne an der Spitze des Zuges, jedoch immer nach einer eventuell teilnehmenden Musikkapelle getragen.

[1] ISO-Länderbezeichnungen und Abkürzungen auf S. 434 f.

Wenn die österreichische Fahne von mehreren Fahnen begleitet wird, wird sie in der Mitte vorangetragen. Das Mitführen mehrerer rot-weiß-roter Fahnen durch eine Gruppe ist zu vermeiden.
Erscheint der Fahnenträger in Uniform oder Standeskleidung, werden ihm zwei Uniformierte zur Begleitung der Fahne beigegeben. Solange die Fahne getragen oder gehalten wird, behalten der Träger und seine Begleiter ihre Kopfbedeckungen auch im Innenraum und in der Kirche auf dem Haupt.
Beim Vorbeimarsch an einer Ehrentribüne hebt der Fahnenträger die Fahne zum Gruß entweder in die Senkrechte hoch oder neigt sie nach vorn in die Waagrechte. Seine Begleiter wenden ihren Blick den Ehrengästen zu.
Bei religiösen Umzügen und Veranstaltungen gebührt den kirchlichen Fahnen der Ehrenplatz. In Kirchen nimmt die österreichische Fahne auf der vom Altar aus gesehen rechten Seite Aufstellung. In einer katholischen Kirche ist es üblich, die Fahne leicht geneigt anzuordnen, während sie in einer protestantischen Kirche in der Regel lotrecht steht.

Ehrenbezeigungen

Die Farben rot-weiß-rot sind das traditionsreiche Symbol Österreichs und als solches sichtbarer Ausdruck der Liebe zum Vaterland. Diese Farben zu achten, ist Pflicht aller Staatsbürger. Gleichzeitig respektiert der Österreicher auch die Staatssymbole anderer Nationen.
Während des Hissens und Einholens der österreichischen oder einer ausländischen Flagge wendet sich der Österreicher zum Flaggenmast, richtet seinen Blick auf die Flagge und nimmt dabei eine achtungsvolle Haltung ein. Soldaten, Angehörige der Exekutive und andere Personen in Uniform leisten die Ehrenbezeigung, Männer in Zivilkleidung nehmen die Kopfbedeckung ab. Dem Ausländer gebietet es die Höflichkeit, sich ebenso zu verhalten.
In gleicher Weise wird die österreichische Fahne im Augenblick ihres Vorbeimarsches oder wenn sie in einen Raum getragen, wird gegrüßt. Wer die Front einer zu seiner Begrüßung angetretenen Ehrenformation abschreitet, grüßt die vor ihm geneigte Fahne durch eine kurze Verbeugung.
Wird die österreichische Bundshymne oder eine andere Nationalhymne gespielt, gelten die oben genannten Regeln während der gesamten Dauer der Hymne. Ist keine Flagge oder Fahne zu grüßen, wenden sich die Anwesenden der Musik zu. Es ist ein Zeichen des wachsenden österreichischen Patriotismus, die Bundeshymne mitzusingen.
Das Hissen der Flagge(n) erfolgt immer *vor* dem allfälligen Abspielen der Nationalhymne(n). Das Aufziehen der Flagge kann jedoch von einem Hornsignal oder einem Trommelwirbel begleitet werden. Beim Einholen der Flagge(n) wird in umgekehrter Reihenfolge vorgegangen: zuerst Abspielen der Hymne(n), dann Einholen der Flagge(n).
Die Fahne wird zur Ehrenbezeigung gesenkt, berührt aber nicht den Boden:
- Vor dem Bundespräsidenten und vor einem ausländischen Staatsoberhaupt, wenn diese die Front einer Ehrenformation abschreiten.
- Während die Bundeshymne oder eine andere Nationalhymne gespielt wird.
- Beim katholischen Gottesdienst zur Wandlung und zum sakramentalen Segen.

Ausdruck der Trauer

Bei Staatstrauer oder in sonstigen Trauerfällen wird die Flagge auf Halbmast gesetzt. Dabei wird sie zuerst bis zur Mastspitze gehißt und nach einem kurzen Verweilen auf

etwas über die halbe Masthöhe gesenkt. Wenn die auf Halbmast gesetzte Flagge eingeholt wird, ist sie neuerlich bis an die Spitze zu hissen und dann einzuziehen. Am Morgen des Beisetzungstages wird die Flagge auf Halbmast gesetzt, nach der Beerdigung jedoch auf Vollmast gehißt.
Eine andere Form, Trauer auszudrücken, ist das Hissen einer schwarzen Flagge. Auch diese soll tunlichst das Format 2:3 besitzen. Sie wird immer auf Vollmast gehißt.
Die Fahne wird zum Ausdruck der Trauer mit einem etwa zwanzig Zentimeter breiten, in der Breite der Fahne langen und in zwei Bändern aus einer Schleife fallenden schwarzen Flor versehen.
Beim Abspielen des Liedes „Ich hatt' einen Kameraden" und bei der Versenkung eines Sarges wird die Fahne zur Ehrenbezeugung gesenkt.

Verwendung für Dekorationszwecke

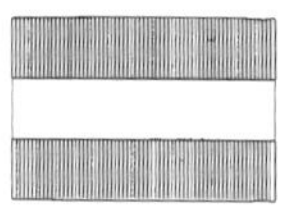

Die Verwendung des Flaggentuches in geraffter Form für Dekorationszwecke ist zu vermeiden. Zum Schmuck von Festräumen, Bühnen und dergleichen sind Grünpflanzen besser geeignet.
Wird das rot-weiß-rote Flaggentuch für sich allein verwendet, soll es das Format 2:3 haben. Die Streifen waagrecht, ist der Stoff faltenlos an der Stirnwand des Saales über Kopfhöhe anzubringen.

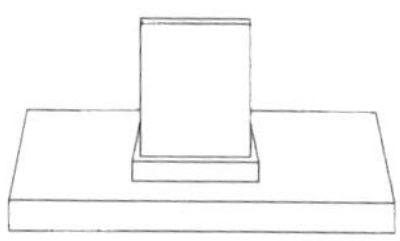

Das Schmücken eines Rednerpultes oder Podiums durch Bespannen mit einem Flaggentuch ist zu vermeiden. Hingegen kann das Rednerpult bei offiziellen Anlässen mit dem freischwebenden Bundeswappen geschmückt werden.
Bei der Enthüllung eines Standbildes oder einer Wandtafel ist die Einbeziehung der österreichischen Farben in die Feier wünschenswert, doch darf das Flaggentuch nie als Hülle verwendet werden.

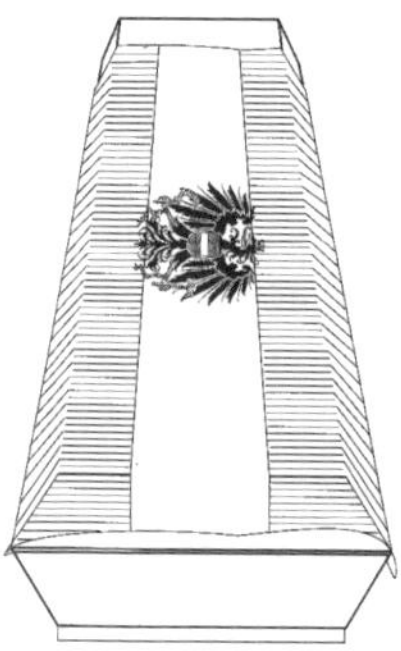

Ein Sarg, der die sterblichen Überreste einer Persönlichkeit des öffentlichen Lebens oder eines im Einsatz für das Vaterland Verstorbenen enthält, kann mit einem Flaggentuch bedeckt werden. Dieses ist so aufzulegen, daß der weiße Streifen über den Deckel des Sarges in der Längsrichtung zu liegen kommt, während die roten Streifen die Seiten bedecken. Wird die Bundesdienstflagge verwendet, blickt der Wappenadler zum Kopfende des Sarges. Auf das Flaggentuch werden keine Kränze oder Blumengebinde gelegt, jedoch können ein Helm oder die Orden des Verstorbenen darauf ruhen. Das Flaggentuch wird nicht der Erde übergeben, sondern vor der Versenkung des Sarges abgehoben und gefaltet. Es kann als Geste der Erinnerung den Verwandten des Verstorbenen übergeben werden.
Das Anbringen von Inschriften, Zeichnungen und Bildern aller Art auf österreichischen Fahnen und Flaggen ist unzulässig, desgleichen die Verwendung der Nationalfarben und des Bundeswappens auf Gegenständen, die zum Verbrauch bestimmt sind.
Werden die Farben Österreichs zum Beispiel in Form eines Wimpels an einem Fahrzeug geführt, ist auf sichere Befestigung und darauf zu achten, daß eine Verschmutzung verhindert wird.
Tischfähnchen und andere kleine Ausführungen von Fahne und Flagge sollen maßstabgerecht und im Sinne der obigen Richtlinien hergestellt werden.

PRAKTISCHE HINWEISE ZUM GEBRAUCH VON FLAGGE UND FAHNE

Flaggenmast

Es wurde schon darauf hingewiesen, daß das aus historischen Gründen mangelnde Verständnis des Österreichers für seine Staatssymbole – wie auch die fehlende Kenntnis nautischer Gepflogenheiten im Binnenland Österreich – dazu geführt haben, daß sich die relativ wenigen in Österreich in Gebrauch befindlichen Flaggenmaste meist in einem schlechten Zustand befinden. Insbesondere sind Flaggenmaste in Österreich vielfach zu kurz und zu gedrungen – wahrscheinlich spielen da sowohl mangelndes ästhetisches Gefühl als auch „Sparsamkeit" mit.
Bei Neuanschaffung empfiehlt sich ein optimales Verhältnis zwischen Höhe der Flagge und Höhe des Mastes von mindestens 1:5. Eine 2 × 3 Meter messende Flagge ist demgemäß an einem 10 m hohen Mast zu hissen, für 1 × 1,5 Meter große Flaggen soll der Mast rund 5 Meter hoch sein.

Die Flaggenleine

Die Rollen oder Führungen für die Flaggenleine (das Drahtseil) sollen an der Mastseite gegenüber der Hauptwindrichtung angebracht sein, da sich dadurch die Flagge im Seil weniger leicht verhängt.
Bei den meisten in Österreich in Gebrauch stehenden Flaggenmasten wird ein Drahtseil, das um zwei Eisenrollen führt, als Flaggenleine verwendet. Diese Form der Befestigung hat drei gravierende Nachteile:

1. Die Flagge muß mit Hilfe von Karabinern eingehängt werden, was sehr oft dazu führt, daß sich das Flaggentuch verwickelt und verhängt und schneller abnützt.
2. Drahtseil, Spannvorrichtung und Eisenrollen rosten mit der Zeit, was bald zu mühsamem Hissen und später zu totaler Unbrauchbarkeit führt.
3. In Österreich werden sehr viele Flaggen weit unter der Mastspitze gehißt, weil entweder die obere Rolle zu tief sitzt oder die Spannvorrichtung des Drahtseils irrtümlich über die Flagge gesetzt wird oder weil sich das Drahtseil mangels einer hinreichenden Fixierung von selbst etwas nach unten verschiebt.

Wer offenen Auges durch unser Land fährt, wird verwundert sein, in wie vielen Fällen auf diese Weise ein schlampiger, unansehnlicher „Halbmast-Effekt" erzielt wird.
In den meisten am Meer liegenden Ländern, wo ja Wind und Seewasser noch stärker wirksam werden als Schnee und Regen, werden Flaggen grundsätzlich an Leinen hochgezogen; heute sind dies praktisch unverwüstliche Kunststoffschnüre. Hiezu ist freilich eine besondere Verarbeitungsform der Flagge erforderlich: das Flaggentuch enthält ein an der Mastseite („Liek") eingenähtes Stück Leine, das oben und unten in einen Karabiner – oder, seit neuestem, in eine S-Öse aus Plastikmaterial – ausläuft. Damit wird das Flaggentuch zwischen die zwei offene Enden der Flaggenleine eingehängt. Kleinere Flaggen erhalten ein Plastikband mit zwei Ösen.
Diese Form der Anbringung hat zwei entscheidende Vorteile:

1. Die Flagge kann leicht bis zur Mastspitze hochgezogen werden und kann sich kaum verheddern, da die Liekseite des Tuches immer gespannt bleibt.
2. Der Winddruck verteilt sich statt auf zwei oder drei Karabiner auf die ganze Höhe des Saums an der Mastseite der Flagge, wodurch diese eine erheblich höhere Lebensdauer erhält.

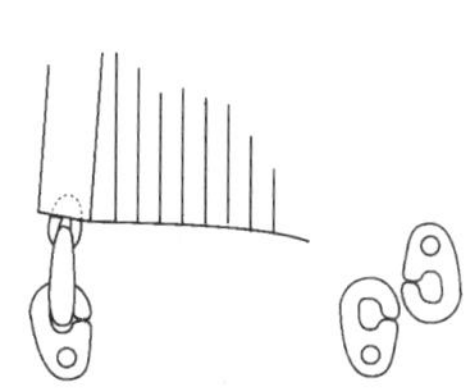

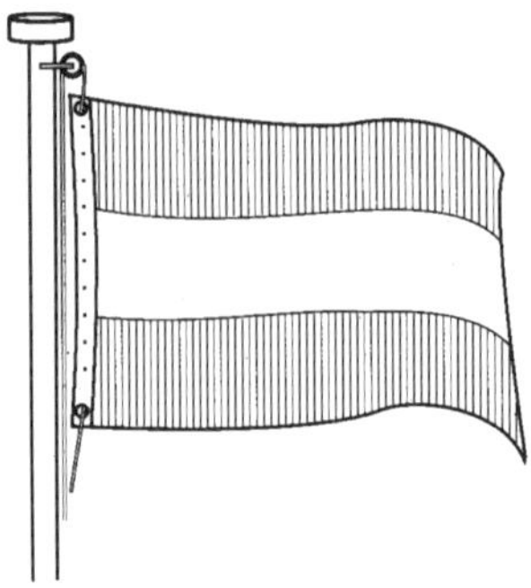

Als Argument gegen diese Befestigungsart wird eingewendet werden, daß die Verknotung der Leine zu schwierig ist, daß Flaggen leichter gestohlen werden können etc. Dagegen hilft nur Information und Beispiel. Es wäre deshalb von großer Bedeutung, wenn die österreichischen Flaggenfabriken diese Ausführung von Flaggentuch und Leine generell einführen würden, noch dazu, wo sie erheblich billiger kommt als der Drahtseilmechanismus und die Karabiner. Da in der Praxis ohnedies nur in Einzelfällen mit einem Einholen der Flaggen über Nacht gerechnet werden kann, würde sich insbesondere auch bei den betrieblichen Flaggen die Lebensdauer erhöhen.

Das Flaggentuch

Die österreichischen Flaggenfabriken bieten heute ein Reihe von langlebigen Stoffen (Perlon etc.) an. Die sogenannte „Hißflagge" (Flaggentuch im Format 2:3) kommt erheblich billiger als die üblichen „Sportplatz-", „Banner-" oder „Knatterfahnen" bzw. die langen oder trapezförmigen „Hausfahnen" und hält länger, wenn sie ordentlich gehißt wird. Die gelegentliche Reinigung oder Ausbesserung wird von den Fahnenfirmen gerne übernommen.

Der Stabilisator

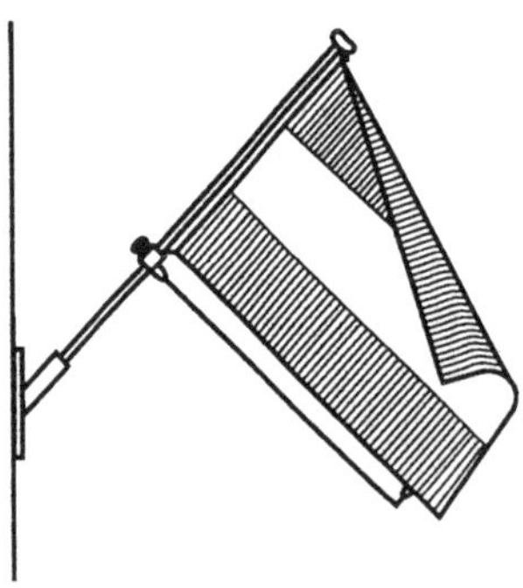

In der sehr beflaggungsfreundlichen Schweiz wurde eine Methode entwickelt, mit der an der Hausfassade schräg angebrachte Flaggen am Überschlagen und Verheddern gehindert werden. Der sogenannte „Stabilisator" ist ein steifes Drahtstück, das an der Mitte der Innenseite des Flaggentuchs mittels Karabiner befestigt ist und zum Fahnenstock/Flaggenmast zurückführt. Die Einführung dieses einfachen Behelfes würde in Österreich viel dazu beitragen, daß vor allem Geschäftsleute ihre Portale öfter beflaggen würden, da die Flagge immer ansehnlich entfaltet wäre.

Die Tischflagge

Im politischen und gesellschaftlichen Leben ist es eine schöne Geste, bei Besprechungen mit ausländischen Partnern die österreichischen Farben und die Farben des Gastes auf den Besprechungstisch zu stellen. Dazu sollten kleine Tischflaggenmaste verwendet werden, an denen die Flagge vexillologisch richtig, d. h. im rechten Winkel zum Mast „gehißt" wird. Dies geschieht mit Hilfe einer kleinen elastischen Schnur. Diese Ausführung ist jederzeit erhältlich und kostet nicht mehr als jene mit der traditionellen, aber meist unansehnlichen „Bannerfahne".

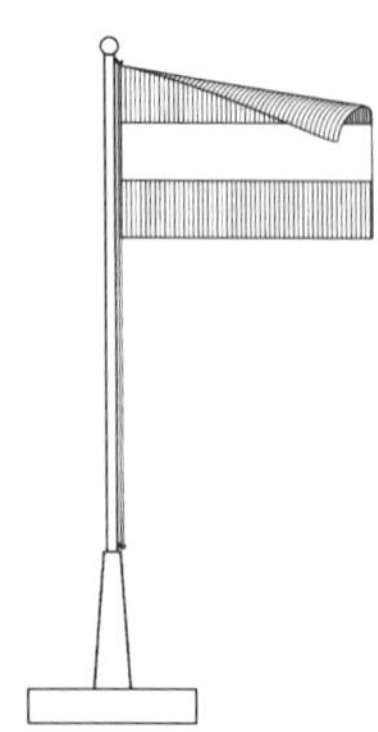

Die Firmenflagge

Für Firmenflaggen gilt dasselbe wie für die staatlichen Flaggen. Die Ausführung als Hißflagge im Format 2:3 ist allen anderen Flaggenformen vorzuziehen, da die richtig wehende Flagge einen dynamischen und professionellen Eindruck vermittelt.
Architektonisch und ästhetisch wirkt die Anordnung von drei Masten vor der Betriebsstätte am besten. In der Mitte wird die Nationalflagge, rechts die Landesflagge und links die Firmenflagge gehißt. Damit zeigt das Unternehmen seine Verbundenheit mit der Republik und dem jeweiligen Bundesland. Die Belegschaft wird den Stolz auf die Leistung des Betriebes mit der Liebe zum Land verbinden. Ein Tochterunternehmen einer ausländischen Firma kann natürlich auch dessen Nationalflagge hinzufügen – an einem vierten Mast oder statt der Landesflagge. Auch die Europaflagge paßt gut zu National- und Firmenflagge.
Ideal ist es, wenn die Flaggen täglich morgens gehißt und abends eingeholt werden. Dem Werksportier wird diese zusätzliche Aufgabe nur gut tun, sitzt er ohnedies den ganzen Tag und manchmal auch in der Nacht in seinem Büro. Läßt er sich aber nicht dazu herbei, so sollten die Flaggen in der Nacht beleuchtet werden, was überdies einen besonders guten Werbeeffekt hat. Jedenfalls ist von Zeit zu Zeit nach dem Zustand der Flaggen zu sehen. Es ist keine gute Visitenkarte für ein Unternehmen, wenn diese in jener erbärmlichen Verfassung sind, in dem sich Flaggen in unserem Land heute noch leider sehr oft befinden.

Fahnen in Amtsräumen und Schulen

Träger öffentlicher Ämter – vom Regierungsmitglied bis zum Bürgermeister der kleinsten Gemeinde – sollten in ihrem Amtsraum die Fahne ihrer Gebietskörperschaft aufstellen. In den Büros des Bundespräsidenten und des Bundeskanzlers und im Amtszimmer des Wiener Bürgermeisters geschieht dies bereits in vorbildlicher Weise, ebenso in einigen Ministerien.
Auf lange Sicht wäre es anzustreben, wenn in allen Klassenzimmern Österreichs eine rot-weiß-rote Fahne stünde. Die Elternvereine sollten aufgerufen werden, die Kosten dafür zu übernehmen. Ohne daß dies in ein paramilitärisches Zeremoniell nach dem Muster der NS-Zeit ausarten dürfte, ist es schließlich vorstellbar, bei bestimmten Schulfeiern gemeinsam die Nationalflagge zu hissen, insbesondere auch bei sportlichen Anlässen. Dazu könnte eine eigene Schulflagge treten. Damit würde die Identifikation mit der eigenen Anstalt und dem österreichischen Vaterland gefördert.

COUNTRY CODES OF INTERNATIONAL ORGANIZATION FOR STANDARDIZATION
(ISO 3166 - Alpha 2)

CODES DES NOMS DE PAYS DE L'ORGANISATION INTERNATIONALE DE NORMALISATION
(ISO 3166 - Alpha 2)

Country Name	Country Code
Albania	AL
Algeria	DZ
Australia	AU
Austria	AT
Bangladesh	BD
Barbados	BB
Belarus	BY
Belgium	BE
Bosnia-Herzegovina	BA
Brazil	BR
Bulgaria	BG
Canada	CA
Chile	CL
Croatia	HR
Cuba	CU
Cyprus	CY
Czech Republic	CZ
Denmark	DK
Egypt	EG
Estonia	EE
Finland	FI
France	FR
Gabon	GA
Germany	DE
Greece	GR
Greenland	GL
Hong Kong	HK
Hungary	HU
Iceland	IS
India	IN
Iran	IR
Ireland	IE
Israel	IL
Italy	IT
Japan	JP

Nom du Pays	Code Pays
Afrique du Sud	ZA
Albanie	AL
Algérie	DZ
Allemagne	DE
Australie	AU
Autriche	AT
Bangladesh	BD
Barbade	BB
Bélarus	BY
Belgique	BE
Bosnie-Herzégovine	BA
Brésil	BR
Bulgarie	BG
Canada	CA
Chili	CL
Chypre	CY
Corée, République de	KR
Croatie	HR
Cuba	CU
Danemark	DK
Egypte	EG
Emirats ArabesUnis	AE
Espagne	ES
Estonie	EE
Etats-Unis	US
Finlande	FI
France	FR
Gabon	GA
Grèce	GR
Groënland	GL
Hong Kong	HK
Hongrie	HU
Inde	IN
Iran	IR
Irlande	IE

Country Name	Country Code
Jordan	JO
Korea, Republic of	KR
Kuwait	KW
Latvia	LV
Lebanon	LB
Libya	LY
Lithuania	LT
Luxemburg	LU
Former Yugoslav Republic of Macedonia	MK
Malawi	MW
Malaysia	MY
Malta	MT
Mauritius	MU
Mexico	MX
Moldova	MD
Monaco	MC
Morocco	MA
Nepal	NP
Netherlands	NL
New Zealand	NZ
Norway	NO
Oman	OM
Pakistan	PK
Poland	PL
Portugal	PT
Romania	RO
Russian Federation	RU
Senegal	SN
Slovakia	SK
Slovenia	SI
South Africa	ZA
Spain	ES
Sri Lanka	LK
Sweden	SE
Switzerland	CH
Syria	SY
Tunisia	TN
Turkey	TR
Ukraine	UA
United Arab Emirates	AE
United States of America	US
United Kingdom	GB
Vatican State	VA
Venezuela	VE
Zimbabwe	ZW

Nom du Pays	Code Pays
Islande	IS
Israël	IL
Italie	IT
Japon	JP
Jordanie	JO
Koweït	KW
Lettonie	LV
Liban	LB
Libye	LY
Lituanie	LT
Luxembourg	LU
Ex-République yougoslav de Macédoine	MK
Malaisie	MY
Malawi	MW
Malte	MT
Maroc	MA
Maurice	MU
Mexique	MX
Monaco	MC
Moldova	MD
Népal	NP
Norvège	NO
Nouvelle-Zélande	NZ
Oman	OM
Pakistan	PK
Pays-Bas	NL
Pologne	PL
Portugal	PT
Roumanie	RO
Royaume-Uni	GB
Russie, Fédération de	RU
Sénégal	SN
Slovaquie	SK
Slovénie	SI
Sri Lanka	LK
Suède	SE
Suisse	CH
Syrie	SY
Tchèque, République	CZ
Tunisie	TN
Turquie	TR
Ukraine	UA
Vatican	VA
Venezuela	VE
Zimbabwe	ZW

Ausgewählte Literatur

ALLMAYER-BECK, Johann Christoph: Das Heeresgeschichtliche Museum Wien. 4. Band, Wien 1898
AMANN, Klaus: Die Dichter und die Politik. Wien 1992
ANDICS, Hellmut: Die Insel der Seligen. Wien 1976
ANDICS, Hellmut: Gründerzeit. Wien – München 1981
ANDROSCH, Hannes/HASCHEK, Helmut H. (Hg.): Österreich – Geschichte und Gegenwart. Wien 1987
ANRICH, G./CRONFORD, A.: Das Flaggenbuch. Ravensburg 1978
ANTHONY VON SIEGENFELD, Alfred Ritter: Das Landeswappen der Steiermark. Graz 1900
ARDELT, Rudolf u. a.: Unterdrückung und Emanzipation. Wien – Salzburg 1985

BACHINGER, Karl/MATIS, Herbert: Der österreichische Schilling. Graz – Wien 1974
BACHLEITNER, Rudolf/KODERA, Peter: Der Wiener Dom. Wien 1966
BANIK-SCHWEITZER, Renate u. a. (Hg.): Wien wirklich – Der Stadtführer. Wien 1992
BÁRÁNY-OBERSCHALL, Magda von: Die Sankt Stephans-Krone. Wien – München 1961
BARANY-OBERSCHALL, Magda von: Die Eiserne Krone der Lombardei. Wien 1966
BÄRNTHALER, Irmgard: Die Vaterländische Front. Wien 1971
BAUMANN, Joachim: Vom heiligen Schwachsinn. Wien 1993
BECKER, Hans: Österreichs Freiheitskampf. Wien 1946
BEGRICH, Ursula: Die fürstliche „Majestät" Herzogs Rudolfs IV. von Österreich. Wien 1964
BENDA, Kalman/FÜGEDI, Erik: Tausend Jahre Stephanskrone. Szeged 1988
BERMANN, Moritz: Alt und Neu Wien. Geschichte der Kaiserstadt . . .Wien 1880
BERNER, Hans: Reichsstadt Wien. St. Pölten 1942
BIEDERMANN, Hans: Knaurs Lexikon der Symbole. München 1989
BIENEK, Gustav K.: Ein Leben für Österreich. Theodor Körner zum 80. Geburtstag. Wien 1953
BRACKMANN, Karl-Heinz/BIRKENHAUER, Renate: NS-Deutsch. Straelen 1988
BRANDSTÄTTER, Christian/TREFFER, Günter (Hg.): Stadtchronik Wien. Wien 1986
BRAUN, Josef: Tracht und Attribute der Heiligen in der deutschen Kunst. Stuttgart 1943
BREITENSTEIN, Max (Hg.): Commersbuch der Wiener Studenten. Wien 1885
BRENNER, Helmut: Stimmt an das Lied. Graz 1986
BREYCHA-VAUTHIER, Arthur: Österreich in der Levante. Wien 1972
BROCKDORFF, Werner: Kollaboration oder Widerstand. München – Wels 1968
BRONDER, Dietrich: Bevor Hitler kam – Eine historische Studie. Hannover 1964
BRUCKMÜLLER, Ernst: Nation Österreich. Wien 1984
BRUCKMÜLLER, Ernst: Österreichbewußtsein im Wandel. Wien 1994
BRUSATTI, Alois/HEINDL, Gottfried (Hg.): Julius Raab. Linz 1985
BUNDESMINISTERIUM für Verkehr und verstaatlichte Betriebe (Hg.): 100 Jahre österreichische Briefmarke. Wien 1980
BURMEISTER, Karl-Heinz: Die Gemeindewappen von Vorarlberg. Sigmaringen 1975

CARDORFF, Peter: Was gibt's denn da zu feiern? Wien 1983
CARMIN, E. R.: „Guru" Hitler. Zürich 1985.
CHORHERR, Thomas (Hg.): 1938 – Anatomie eines Jahres. Wien 1987
CORETH, Anna: Pietas Austriaca. Wien 1959
CONTE CORTI, Egon Cäsar: Die Kaiserin. Graz 1953
COUDENHOVE-KALERGI, Richard: Die Wiedervereinigung Europas. Wien 1964
CRANKSHAW, Edward: Die Habsburger. Wien 1971
CSENDES, Peter: Wappen und Siegel der Stadt Wien. Wien 1986
CZEIKE, Felix: Das Rathaus. Wien – Hamburg 1972
CZEIKE, Felix: Das Große Wien Lexikon. Wien 1974
CZEIKE, Felix: Historisches Lexikon Wien. Band 1-3, Wien 1992 ff.

DAIM, Wilfried: Der Mann, der Hitler die Ideen gab. 2. Aufl., Wien 1985
DANIMANN, Franz/PEPPER, Hugo (Hg.): Österreich im April '45. Wien 1985
DEDE, Klaus: Die mißbrauchte Hymne. Oldenburg 1989
DEDIJER, Vladimir: Jasenovac – Das jugoslawische Auschwitz und der Vatikan. Freiburg 1993
DEÉR, Josef: Die Heilige Krone Ungarns. Wien 1966
DIKOWITSCH, Hermann/SCHWARZ, Walter A.: Orden und Ehrenzeichen der k. u. k. Monarchie. Wien 1993
DOR, Milo/FEDERMANN, Reinhard: Das Gesicht unseres Jahrhunderts. Wien 1960

DOUCET, Friedrich W.: Im Banne des Mythos. Die Psychologie des Dritten Reiches. Esslingen 1979
DUSEK, Peter/PELINKA, Anton/WEINZIERL, Erika: Zeitgeschichte im Aufriß. Wien 1981

EITNER, Hans-Jürgen: Der Führer – Hitlers Persönlichkeit und Charakter. München – Wien 1981
ENGEL, Hans-Ulrich: Die Straße nach Europa – Reichskleinodien und Kaiserkrönungen. Hamburg 1962

FEST, Joachim C.: Hitler. Franfurt/Main 1973
FESTSCHRIFT zur Wiedereröffnung des Albertinischen Chores. Wien 1952
FEUCHTMÜLLER, Rupert/HUBMANN, Franz: Der unbekannte Dom. Wien 1984
FICHTINGER, Christian: Lexikon der Heiligen und Päpste. Salzburg 1983
FILLITZ, Hermann: Die Insignien und Kleinodien des Heiligen Römischen Reiches. Wien 1954
FILLITZ, Hermann: Die österreichische Kaiserkrone. Wien 1959
FILLITZ, Hermann: Die Schatzkammer in Wien. Salzburg – Wien 1986
FIRTH, Raymond: Symbols – Public and Private. Ithaca, N. Y. 1973
FISCHER, Heinz (Hg.): Karl Renner – Porträt einer Evolution. Wien 1970
FLOECK, Oswald: Der Sänger auf der Festenburg. Graz 1915
FRÄNKEL, Richard: 80 Jahre Lied der Arbeit. Wien 1948
FRIEDEL, Alois: Deutsche Staatssymbole. Frankfurt/Main 1968
FRITSCH, Theodor (Hg.); Die Zionistischen Protokolle. Leipzig 1933

GALBREATH, D. L./JEQUIER, Leon: Handbuch der Heraldik. München 1989
GALL, Franz: Österreichische Wappenkunde. Wien 1977
GALLIKER, Joseph Melchior: Schweizer Wappen und Fahnen. Zug – Luzern 1987
GEHMACHER, Johanna: Jugend ohne Zukunft. Wien 1994
GESCHWENDT, Fritz: 5000 Jahre Hakenkreuz. Breslau 1935
GEDYE, Erik: Als die Bastionen fielen. Wien 1981
GINZKEY, Franz Karl: Der Wundervogel. Leipzig 1929
GÖHRING, Walter (Hg.): 100 Jahre 1. Mai. Eisenstadt 1990
GOSZTONY, Peter: Endkampf an der Donau. Wien 1978
GRASBERGER, Franz: Die Hymnen Österreichs. Tutzing 1968
GRITZNER, Maximilian: Handbuch der Ritter- und Verdienstorden aller Kulturstaaten der Welt. Wien 1893
GRIX, Rudolf/KNÖLL, Wilhelm: Flagge und Hymne der Bundesrepublik Deutschland. Frankfurt/Main – Berlin – München 1982
GRONER, Richard: Wien wie es war. Wien 1922
GRUPE, Friedrich: Jahrgang 1916 – Die Fahne war mehr als der Tod. München 1989
GSCHNITZER, Franz: Tirol – Geschichtliche Einheit. Wien 1958
GUBEN, Berndt: Schwarz, Rot und Gold. Berlin 1991
GUTKAS, Karl: Geschichte des Landes Niederösterreich. St. Pölten – Wien 1974
GUTKAS, Karl (Hg.): Landeschronik Niederösterreich. Wien 1990

HAMANN, Brigitte (Hg.): Die Habsburger – Ein biographisches Lexikon. Wien 1988
HARENBERG, Bodo (Hg.): Chronik 1936. Dortmund 1985
HATTENHAUER, Hans: Deutsche Nationalsymbole: Zeichen und Bedeutung. München 1984
HAUKE, Erwin u. a.: Die Flugzeuge der k. u. k. Luftfahrttruppe und Seeflieger 1914-1918. Graz 1988
HÄUSLER; Wolfgang (Hg.): Geld – 800 Jahre Münzstätte Wien. Wien 1994
HAUTMANN, Hans: Die verlorene Räterepublik, Wien 1971
HEER, Friedrich: Gottes erste Liebe. Esslingen – München 1967/1981
HEER, Friedrich: Der Glaube des Adolf Hitler. München 1968
HEER, Friedrich: Der Kampf um die österreichische Identität. Wien 1981
HEIBER, Helmut (Hg.): Die Rückseite des Hakenkreuzes. München 1993
HEIMATSCHUTZ in Österreich. Wien 1934
HEILIG, Konrad Josef: Österreichs neues Symbol. 2. Aufl., Wien 1936
HEINDL, Gottfried: Die Welt in der Nuß oder Österreichs Hauptstadt. Wien 1972
HENZ, Rudolf: Fügung und Widerstand – Eine Autobiographie. Graz 1981
HITLER, Adolf: Mein Kampf. München 1938
HOFBAUER, Peter: Insel der Fröhlichen. Wien 1989
HOFFMANN, Alfred: Das Wappen des Landes Oberösterreich als Sinnbild seiner staatsrechtlichen Entwicklungsgeschichte. Linz 1947
HOFFMANN, Alfred: Österreich und das Land ob der Enns. Wien 1981
HOFFMANN, Hilmar: Und die Fahne führt uns in die Ewigkeit. Frankfurt/Main 1988
HOFMANN, Paul: The Viennese. New York 1981
HORAKOVA, Ljuba: Die böhmischen Krönungskleinodien (mit dt. Kurzfassung). Prag 1993
HORSTMANN, Hans: Vor- und Frühgeschichte des europäischen Flaggenwesens. Bremen 1971
HUBMANN, Franz/TROST, Ernst. Das Heilige Römische Reich Deutscher Nation. Wien 1984
HUNKE, Sigrid: Allahs Sonne über dem Abendland. FrankfurtMain 1990
HÜNERMANN; Wilhelm: Der Apostel von Wien – Klemens Maria Hofbauer. Innsbruck 1988
HYE, Franz-Heinz: Das Tiroler Landeswappen. Bozen 1985
HYE, Franz-Heinz: Grundzüge der Tiroler Landesgeschichte. Innsbruck o. J.

JAECKEL, Peter: Die Münzprägungen des Hauses Habsburg 1790-1918 und der Republik Österreich seit 1918. Basel 1967
JAINDL, Elisabeth: Der Stephansdom im alten Wien. Korneuburg o. J.
JANTSCH, Franz: Heilige Heimat – Lebendige Kirche. Graz 1957

JUNG, Carl Gustav: Der Mensch und seine Symbole. Olten – Freiburg 1984
JUNG, Carl Gustav: Archetypen. München 1990

KALTENBRUNNER, Gerd-Klaus: Grund zum Feiern. Freiburg 1981
KASAMAS, Alfred (Hg.): Österreichische Chronik. Wien 1948
KAUFMANN, Paul: Brauchtum in Österreich. Wien – Hamburg 1982
KEIL, Nora: Der österreichische Briefmarkenstich. Wien 1965
KIESLINGER, Alois: Die Steine von St. Stephan. Wien 1949
KIMMEL, Josef: Das österreichische Staatsbürgerbuch. Wien 1936
KING, Bernard: Die Runen. Braunschweig 1994
KLEINDEL, Walter: Österreich – Daten zur Geschichte und Kultur. Wien 1978
KLEINDEL, Walter: Das große Buch der Österreicher. Wien 1987
KLEINDEL, Walter: „Gott schütze Österreich". Der Anschluß 1938. Wien 1988
KLENNER, Fritz: Eine Renaissance Mitteleuropas. Wien 1978
KNAPPICH, Wilhelm: Die Habsburger-Chronik. Salzburg 1986
KNOPP, Guido/KUHN, Ekkehard: Das Lied der Deutschen – Schicksal einer Hymne. Berlin – Frankfurt/Main 1988
KOCH, Hans-Jürgen (Hg.): Wallfahrtsstätten der Nation: Zwischen Brandenburg und Bayern. Frankfurt/Main 1986
DIE KOMMUNISTEN im Kampf für die österreichische Unabhängigkeit. Wien 1955
KOVÁCS, Éva/LOVAK; Żsuzsa: Die ungarischen Krönungsinsignien. Budapest 1980
KRAUS, Karl: Die Dritte Walpurgisnacht. München 1952
KUBIN, Ernst: Die Reichskleinodien. München 1991
KUGLER, Georg: Franz Joseph und Elisabeth. Florenz – Graz 1994
KUGLER, Georg Johannes: Die Reichskrone. Wien 1986
KUNSTHISTORISCHES MUSEUM Wien (Hg.): Prag um 1600. Katalog zur gleichnamigen Ausstellung. Freren 1988
KURZKE, Hermann: Hymnen und Lieder der Deutschen. Mainz 1990
KUSTERNIG, Andreas: Adler und Rot-weiß-rot – Symbole aus Niederösterreich. Katalog, Wien 1986
KÜHNE, Karl: Wie Wien wieder wurde. Wien 1945

LAICH, Mario: Altösterreichische Ehrungen – Auszeichnungen des Bundes. Innsbruck 1993
LAMMEL, Inge: Das Arbeiterlied. Frankfurt/Main 1980
LÄPPLE, Alfred: Das Hausbuch der Heiligen und Namenspatrone. München 1992
LECHLER, Jörg: Vom Hakenkreuz. Leipzig 1934
LECHNER, Karl: Wappen und Farben des Gaues Niederdonau. St. Pölten 1942
LECHNER, Karl: Die Babenberger. Wien 1976
LEITSCH, Walter u. a.: Polen – Österreich. Wien – Warschau 1988
LERNET-HOLENIA, Alexander: Die Standarte. Hamburg – Wien 1959
LESER; Norbert: Genius Austriacus. Wien 1986
LESER, Norbert/WAGNER, Manfred (Hg.): Österreichs politische Symbole: historisch, ästhetisch und ideologiekritisch beleuchtet. Wien – Köln – Weimar 1994
LHOTSKY, Alphons: Aufsätze und Vorträge. Wien 1971
LIEDTKE, Klaus (Hg.); Aufstieg und Fall des Kommunismus. Hamburg 1990
LIND, Karl: Das Wappen der Stadt Wien. Wien 1866
LION, Jindrich: Typisch österreichisch – Hintergründig-Heiteres aus der Alpenrepublik. Freiburg/Breisgau 1989
LIST, Guido: Deutsch-Mythologische Landschaftsbilder. Wien, ca.1910
LIST, Guido: Die Bilderschrift der Ariogermanen. Leipzig 1910
LOEHR, August: Österreichische Geldgeschichte. Wien 1966
LORENZ, Willy: AEIOU. Linz 1979
LUDWIG, V. O.: Der heilige Leopold. Innsbruck 1936
LUGMAYER, Karl: Das Linzer Programm der christlichen Arbeiter Österreichs. Wien 1924

MAGENSCHAB, Hans: Andreas Hofer. Graz – Wien 1984
MAGRIS, Claudio: Der habsburgische Mythos in der österreichischen Literatur. Salzburg 1966
MAGSCHOK, Hans: Rote Spieler, blaue Blusen. Wien – Köln – Graz 1983
MALETA, Alfred: Bewältigte Vergangenheit. Österreich 1932-1945. Graz 1981
MANTL, Wolfgang (Hg.): Politik in Österreich. Wien 1992
MASSICZEK, Albert (Hg.): Zeit an der Wand. Wien 1967
MAZAKARINI, Leopold K.: Die Attribute der Heiligen. Wien 1987
MEHLING, Marianne (Hg.): Knaurs Kulturführer in Farbe – Kärnten. München 1984
MELL, Alfred: Die Fahnen des österreichischen Soldaten im Wandel der Zeiten. Wien 1962
MENASSE, Robert: Land ohne Eigenschaften. Wien 1993
MERICKA, Václav: Orden und Ehrenzeichen der österreichisch-ungarischen Monarchie. Wien – München 1974
MERICKA, Václav: Das Buch der Orden und Auszeichnungen. Wien 1976
MEYSELS, Lucian O.: Der Austrofaschismus. Wien – München 1992
MISSONG, Alfred: Heiliges Wien. Wien 1948
MOLDEN, Fritz: Fepolinski und Waschlapski auf dem berstenden Stern. Wien 1976
MOLDEN, Fritz: Die Österreicher oder die Macht der Geschichte. München – Wien 1986
MOLDEN, Otto: Der Ruf des Gewissens. Wien 1958
MOSSE, George L.: Die Nationalisierung der Massen. Frankfurt/Main 1976
MÖHRING, Rubina: Türkisches Wien. Wien 1983
MÖLZER, Andreas: Österreich und die deutsche Nation. Graz 1985
MÖLZER, Andreas: Österreich – Ein deutscher Sonderfall. Berg am See 1988
MRAZ, Gottfried: Österreich und das Reich 1804-1806. Wien 1993

NAMESTNIK, A. R.: Darstellung des Wappen- und Adelsbeweises. Wien 1824
NECK, Rudolf (Hg.): Wien 1938. Wien 1978
NEMETSCHKE, Nina/KUGLER, Georg J.: Lexikon der Wiener Kunst und Kultur. Wien 1990
NEUHARDT, Johannes: Salzburgs alte Schatzkammer. Salzburg 1967
NEUWIRTH, Walther Maria: Kleine Kunstgeschichte der österreichischen Briefmarke. Wien 1968
NIEDERLE, Helmuth A.: „Es war sehr schön, es hat mich sehr gefreut". Wien 1978
NOELLE-NEUMANN, Elisabeth: Eine demoskopische Deutschstunde. Zürich 1983
NOLTE, Ernst: Der Faschismus von Mussolini zu Hitler. München 1968
NOLTE, Ernst: Die faschistischen Bewegungen. Lausanne 1969
NOLTE, Ernst: Der Faschismus in seiner Epoche. München 1984

ÖSTERREICH im Jahre 1918. Berichte und Dokumente. München 1968
ÖSTERREICHISCHE NATIONALBANK (Hg.): Münz- und Papiergeld in Österreich 1816-1966. Wien 1966

PAKOSTA, Karl Rudolf (KRPaW): Die Herkunft des rotweißroten Bindenschildes. Wien 1976
PATERA, Herbert von: Unter Österreichs Fahnen. Graz 1960
PATUZZI, Alexander: Geschichte Österreichs. Wien, nach 1861
PAULEY, Bruce F.: Hahnenschwanz und Hakenkreuz. Wien 1972
PELINKA, Anton: Karl Renner zur Einführung. Hamburg 1985
PELINKA, Anton/WEINZIERL, Erika: Das große Tabu. Wien 1987
PFAUNDLER, Wolfgang: Tiroler Jungbürgerbuch. Innsbruck 1963
PFERSCHY, Gerhard/KRENN, Peter (Hg.): Die Steiermark – Brücke und Bollwerk. Katalog zur gleichnamigen Ausstellung. Graz 1986
PICK – RICHTER: Papiergeld. Spezialkatalog Österreich 1759-1986. Dornbirn 1986
PLAUT, W. Gunther: The Magen David. Washington D. C. 1991
PORTISCH, Hugo: Österreich II – Die Wiedergeburt unseres Staates. Wien 1985
PORTISCH, Hugo: Österreich II – Der lange Weg zur Freiheit. Wien 1986
PORTISCH, Hugo: Österreich I – Die unterschätzte Republik. Wien 1989
PRAWY, Marcel: Johann Strauß – Weltgeschichte im Walzertakt. Wien 1975
PREBLE, George Henry: The Symbols – Standards – Flags and Banners. Winchester o. J.
PRICE, Billy F.: Adolf Hitler als Maler und Zeichner. Zug 1982
PROCHÁZKA, Roman: Österreichisches Ordenshandbuch. München 1974

RABBOW, Arnold: dtv-Lexikon politischer Symbole. München 1970
RAGOZAT, Ulrich: Die Nationalhymnen der Welt – Ein kulturgeschichtliches Lexikon. Freiburg 1982
REBHAHN, Fritz M.: Bis in den Tod: Rotweißrot. Wien 1988
REICH, Wilhelm: Die Massenpsychologie des Faschismus. Köln 1986
REICHHOLD, Ludwig: Kampf um Österreich. Wien 1985
REITER, Andreas: Österreichisches Schwarzes Kreuz – Kriegsgräberfürsorge. Wien 1987
RETTINGER, Leopold u. a. (Hg.): Zeitgeschichte. Wien 1982
RINGEL, Erwin: Die österreichische Seele. Wien 1984
RINGEL, Erwin: Friedrich Heer als Therapeut der österreichischen Neurose. Wien 1990
ROTH, Gerhard: Eine Reise in das Innere von Wien. Frankfurt/Main 1993
RÖHRIG, Floridus: Der Babenberger-Stammbaum im Stift Klosterneuburg. Wien 1975
RÖHRIG, Floridus: Das niederösterreichische Landeswappen. St. Pölten – Wien 1980
RÖHRIG, Floridus: Stift Klosterneuburg und seine Kunstschätze. St. Pölten – Wien 1984
RÖHRIG, Floridus: Der hl. Leopold – Landesfürst und Staatssymbol. Wien 1985
RÜBELT, Lothar: Österreich zwischen den Kriegen. Wien 1979

SACHER-MASOCH, Leopold von: Dunkel ist dein Herz. Wien 1957
SALIGER, Arthur: Erzbischöfliches Dom- und Diözesanmuseum. Wien 1973
SALIGER, Arthur: Dom- und Diözesanmuseum Wien. Graz 1987
SCHARSACH, Hans-Henning: Haiders Kampf. Wien 1992
SCHEERER, Dietrich: Textbücher Deutsch – Politisches Lied. Freiburg – Basel – Wien 1977
SCHELLHAUS, Eberhard: Die Nationalhymne. Stuttgart 1987
SCHIRACH, Baldur von (Hg.): Das Lied der Getreuen. Leipzig 1938
SCHMIDT, Günter Erik: Ehrenzeichen und Medaillen der Republik Österreich und der Bundesländer ab dem Jahre 1945. Wien 1960
SCHNECK, P./SRETENOVIC, K. (Hg.): Zeitgeschichte als Auftrag politischer Bildung. Wien 1979
SCHOLEM, Gershom: Das Davidschild – Geschichte eines Symbols. Frankfurt/Main 1963
SCHREIBER, Georg: Der Krone Glanz und Last. Wien 1978
SCHUBERT, Peter: Schauplatz Österreich. Wien 1976
SCHULZE-DÖRRLAMM, Mechthild: Die Kaiserkrone Konrads II. (1024-1039). Wien 1992
SCHUSCHNIGG, Kurt: Dreimal Österreich. Wien 1937
SCHWARZENBERG, Karl Fürst: Die Sankt Wenzels-Krone und die böhmischen Insignien. Wien 1960
SEBOTTENDORF, Rudolf von: Bevor Hitler kam. München 1933
SEITER, Josef: „Blutigrot und silbrig hell . . ." Wien 1991
SEITER, Josef: Visuelle Symbole und Embleme der österreichischen Sozialdemokratie. Wien 1991
SHEPHERD, Gordon: Die österreichische Odyssee. Wien 1958
SHEPHERD, Gordon: Engelbert Dollfuß. Wien 1961
SINHUBER, Bartel F.: Guten Morgen Österreich. Wien 1988

SMITH, Whitney: Die Zeichen der Menschen und Völker. Luzern o. J.
SOUKUP, Richard: Lueger und sein Wien. Wien 1953
STAATS, Reinhard: Die Reichskrone. Göttingen 1991
STARHEMBERG, Ernst Rüdiger. Memoiren. Wien 1971
STEGER, Hanns-Albert: Die Auswirkungen der französischen Revolution außerhalb Frankreichs. Neustadt an der Aisch 1991
STEGER, Gerhard: Rote Fahne – Schwarzes Kreuz. Wien 1987
STEIN, Hans-Peter: Symbole und Zeremoniell in deutschen Streitkräften. Herford 1991
STEINBAUER, Johannes: „Markig und feierlich ..." Diplomarbeit, Graz 1993
STÖBER, Otto: Drudenfuß-Monographie. Linz – Neydharting 1981
STREISSELBERGER, Josef (Hg.): Ostarrichi Gedenkstätte Neuhofen/Ybbs. Bad Vöslau o. J.
DIE STREITKRÄFTE der Republik Österreich. Wien 1968
STRÖHL, Hugo Gerard: Österreichisch-ungarische Wappen. Wien, um 1890
STRÖHL, Hugo Gerard: Heraldischer Atlas. Stuttgart 1899
STRÖHL, Hugo Gerard: Städte-Wappen von Österreich-Ungarn. Wien 1904

TABOR, Jan (Hg.): Kunst und Diktatur. Katalog zur gleichnamigen Ausstellung. Baden 1994
TEUFFENBACH, Albin Freiherr von (Hg.): Österreichs Hort. Wien 1908
THAUSING, Moriz: Die Votivkirche in Wien. Wien 1879
THIERFELDER, Franz (Hg.): Nationalhymnen. Texte und Melodien. Stuttgart 1963
TIETZE, Hans: Geschichte und Beschreibung des St. Stephansdomes in Wien. Wien 1931
TILL, Wolfgang: München, „Hauptstadt der Bewegung". München 1993
TILLICH, Paul: Symbol und Wirklichkeit. Göttingen 1966
TOMKOWITZ, Gerhard/WAGNER, Dieter: „Ein Volk, ein Reich, ein Führer". München 1968
TÖTSCHINGER, Gerhard: Auf den Spuren der Habsburger. Wien – München 1992
TRENKER, Luis/SCHMIDKUNZ, Walter: Berge und Heimat. Berlin 1933
TROPPER, Peter G.: Hemma von Gurk. Klagenfurt 1988
TRUNZ, Erich: Wissenschaft und Kunst im Kreise Kaiser Rudolfs II. Neumünster 1992

UNIVERSITÄT Salzburg (Hg.): Zeitzeugen. Wege zur Zweiten Republik. Wien 1987
UNVERGÄNGLICHES WIEN. Wien 1964
URRISK, Rolf M.: Die Wasserfahrzeuge des österreichischen Bundesheeres 1918-1990. Graz 1990

VACHA, Brigitte (Hg.): Die Habsburger. Graz – Wien – Köln 1992
VAJDA, Stephan: Mir san vom k. u. k... Die kuriose Geschichte der österreichischen Militärmusik. Wien 1977
VERDORFER, Martha: Zweierlei Faschismus. Wien 1990
VISSER, Dirkwillem: Flaggen, Wappen, Hymnen. München 1987

WAGNER, Georg: Österreich – Zweite Republik. Thaur – Wien 1987
WAGNER, Georg (Hg.): Österreich – Von der Staatsidee zum Nationalbewußtsein. Wien 1982
WAGNER, Renate: Würde, Glanz und Freude. Graz 1981
WALLISCH, Friedrich. Die Flagge Rot-Weiß-Rot. Leipzig 1942
WANDRUSZKA, Adam: Wie die Ostarrichi-Gedenkstätte entstand. o. J.
WANDRUSZKA, Adam: Das Haus Habsburg. Freiburg 1968
WEBER, Edmund (Hg.): Dollfuß an Österreich. Wien 1935
WEIDINGER, Erich: Die Apokryphen – Verborgene Bücher der Bibel. Augsburg 1990
WEIGEL, Hans: Das kleine Walzerbuch. Salzburg 1965
WEINZIERL, Erika u. a.: Österreichische und europäische Geschichte. Wien 1957
WEINZIERL, Erika/SKALNIK, Kurt (Hg.): Österreich – Die Zweite Republik. Graz 1972
WEINZIERL, Erika: Zu wenig Gerechte. Wien 1986
WEISSENSTEINER, Friedrich: Der ungeliebte Staat. Wien 1990
WEISSMANN, Karlheinz: Schwarze Fahnen, Runenzeichen. Düsseldorf 1991
WELAN, Manfried: Das österreichische Staatsoberhaupt. Wien 1986
WELAN, Manfried: Der Bundespräsident. Kein Kaiser in der Republik. Wien 1992
WENINGER, Peter: Friedrich III. Kaiserresidenz Wiener Neustadt. Wien 1966
WERNER, Arthur: Otto von Habsburg. Wien 1958
WILDGANS, Anton: Musik der Kindheit. Wien 1928
WILTSCHEGG, Walter: Die Heimwehr. Wien 1985
WILTSCHEGG, Walter: Österreich – der „Zweite deutsche Staat"? Graz 1992
WIMMER, Kurt: Damals. 1938. Wien 1988
WIMMER, Friedrich/KIEBEL, Ernst. Das Grabmal Friedrichs III. im Wiener Stephansdom. Wien 1924
WISE, Terence/ROSIGNOLI, Guido: Flaggen und Standarten 1618-1900. München 1978
WONISCH, Othmar: Die Gnadenbilder unserer Lieben Frau in Maria-Zell. St. Lambrecht 1916

ZAUSBERGER, Friederike/PFEIFFER, Nikolaus: Salzburger Gemeindewappen. Salzburg 1985
ZEITGEIST wider den Zeitgeist. Wien 1988
ZENTNER, Christian: Illustrierte Geschichte des Dritten Reiches. München 1983
ZENTNER, Christian: Heim ins Reich. Wien 1988
ZITZENBACHER, Walter (Hg.): Landeschronik Steiermark. Wien – München 1988
ZÖLLNER, Erich: Der Österreichbegriff. Wien 1988
ZÖLLNER, Erich u. a..: 1000 Jahre Babenberger in Österreich. Wien 1976
ZWEIG, Stefan: Die Welt von Gestern. Stockholm 1947

Personenregister

Bildnachweis

Textteil:

Archiv und Photographie Dr. Peter Diem, Wien: 15, 46, 48, 49, 50, 51, 57, 59, 61, 63, 64, 66, 75, 76, 85, 92, 94 (Film im Archiv des ORF), 106, 113, 117, 121, 122, 123, 124, 126, 127, 133, 136, 143, 145, 150, 158, 162, 165, 169, 171, 172, 176, 178, 179, 181, 184, 191, 192, 196, 201, 205, 207, 210, 214, 216, 217, 218, 219, 221, 223, 224, 228, 229, 238, 253, 254, 259, 261 o., 264, 266, 269, 271, 280, 287, 289, 294, 297, 301, 305, 309, 316, 323, 326, 332, 335, 340, 345, 350, 353, 358, 363, 364, 368, 369, 370, 371, 372, 379, 382, 393, 394, 396, 402, 403

Dokumentationsarchiv des österreichischen Widerstandes, Wien: 248

Mag. Barbara Guggenberger, Wien (Computergraphik): 17, 19, 20, 21, 24, 25, 27, 28, 29, 32, 35, 36, 37, 38, 47, 56, 58, 62, 67, 109, 119, 260, 261 u., 265, 268, 273, 277, 287 (rechts), 391, 418, 428, 430, 431, 432

Haus-, Hof- und Staatsarchiv, Wien: 12

Institut für Zeitgeschichte, Wien: 99, 100, 103, 270 (Photo: Lothar Rübelt), 390 (Photo: Lothar Rübelt)

National Archives, Washington: 167

Peter Pleyel, Wien: 45

Ullstein Bilderdienst, Berlin: 69, 256

Verlag Doblinger (B. Herzmansky) KG., Wien - München: 376

Farbteil:

Archiv und Photographie Dr. Peter Diem, Wien: VII, VIII, IX, X, XI, XIII, XIV, XV, XVI, XIX, XX, XXI, XXII, XXIII, XXIV, XXV, XXVI, XXIX, XXX, XXXI, XXXII

Dr. István Gedai, Budapest: II oben

Israelitische Kultusgemeinde, Innsbruck: XXVI oben rechts (Photo: Dr. Peter Diem)

Kunsthistorisches Museum, Wien: I, II unten links und rechts, III (Photo: Marianne Haller)

Haus-, Hof- und Staatsarchiv, Wien: IV unten, XII

Photostudio Willibald Haslinger, Wien: XXVII, XXVIII

Prokop Paul, Prag: IV oben

© Ing. Gerald A. Simperl, Perchtoldsdorf: XXI unten rechts

Stadtarchiv Innsbruck (Photo: Dr. Franz-Heinz Hye): VI unten

Steiermärkisches Landesmuseum Joanneum, Abteilung für Kunstgewerbe, Graz: VI oben

Stift Klosterneuburg: V

Verlag und Autor danken folgenden Briefmarkenentwerfern bzw. Rechteinhabern für die Reproduktionsgenehmigung der Marken auf den Seiten XVII und XVIII: Prof. Sepp Buchner, Helga Herger, Prof. Alfred Nefe, Prof. Werner Pfeiler, Prof. Adalbert Pilch, Wolfgang Seidel, Marianne Siegl (als Vertreterin der Otto Zeiller-Gesellschaft), Prof. Rudolf Toth, Valentin Wurnitsch

VBK, Wien: zwei Briefmarken von Prof. Otto Stefferl auf XVII, XVIII (4-Schilling-Marke, Tassilokelch, 1976; 6-Schilling-Marke, Flugbegleiter, 1994)

Folgende drei Marken wurden von Prof. Otto Zeiller geschaffen (Veröffentlichung mit Genehmigung der Otto-Zeiller-Gesellschaft):

2-Schilling-Marke, Dr. Karl Renner 1870–1970

2-Schilling-Marke, XIX. Kongreß des internationalen Gemeindeverbandes 1969

2-Schilling-Marke, 50 Jahre Republik Österreich 1918–1968

Geltende Wappen und Hymnen: Landesgesetzblätter und amtliche Unterlagen